경제편
식민지 산업기반 침탈(3)
도로 항만 정책의 수립과 운영

경제편

일제침탈사
자료총서 45

식민지 산업기반 침탈(3)
-도로 항만 정책의 수립과 운영

동북아역사재단 일제침탈사 편찬위원회 기획

이명학 · 고태우 · 구병준 · 김태현 · 노상균

박우현 · 박정민 · 박진서 · 이민성 · 주동빈 편역

발간사

　일본이 한국을 침탈한 지 100년이 지나고 한국이 일본의 지배로부터 벗어난 지 70년이 넘었건만, 식민 지배에 대한 청산은 이루어지지 못하고 있다. 일본의 독도영유권 주장은 도를 넘어섰다. 일본은 일본군'위안부', 강제동원 등 인적 수탈의 강제성도 인정하지 않고 있다. 일본군'위안부'와 강제동원의 피해를 해결하는 방안을 놓고 한·일 간의 갈등은 최고조에 이르고 있다. 역사문제를 벗어나 무역분쟁, 안보위기 등 현실문제가 위기국면을 맞고 있다.

　한·일 간의 갈등은 식민 지배의 역사를 어떻게 볼 것인가 하는 역사인식에서 기인한다. 역사는 현재와 과거의 대화이며 이를 기반으로 미래로 나아갈 수 있다. 과거 침략의 역사를 미화하면서 평화로운 미래를 말하는 것은 불가능하다. 식민 지배와 전쟁발발의 책임을 인정하지 않고 반성하지 않으면 다시 군국주의가 부활할 수 있고 전쟁이 일어날 위험성도 배제할 수 없다. 미래지향적 한일관계를 형성하고 나아가 동아시아의 평화와 번영의 기틀을 조성하기 위해 일본은 식민 지배의 책임을 인정하고 그 청산을 위해 노력해야 할 것이다.

　식민 지배의 역사를 청산하기 위해서는 식민 지배는 어떻게 이루어졌는지 그 실상을 명확하게 규명하는 일이 긴요하다. 그동안 일본제국주의에 맞서 조국의 독립을 위해 헌신한 독립운동가들의 활동을 찾아내고 역사적으로 평가하는 일에는 상당한 성과를 거두었다. 반면 일제 식민침탈의 구체적인 실상을 규명하는 일에는 충분한 노력을 기울이지 못했다. 제국주의가 식민지를 침탈했다는 것은 너무나 당연한 사실로 여겨졌기 때문에, 굳이 식민 지배에서 비롯된 수탈과 억압, 인권유린을 낱낱이 확인할 필요가 없었는지도 모른다. 그러는 사이 일본은 식민 지배가 오히려 한국에 은혜를 베푼 것이라고 미화하고, 참혹한 인권유린을 부인하는 역사부정의 인식을 보이는 데까지 이르고 있다. 일제의 통치와 침탈, 그리고 그 피해를 종합적으로 조사하고 편찬할 필요성이 여기에 있다.

　일제침탈사를 체계적으로 정리하는 일은 개인이 감당하기 어렵다. 이에 우리 재단은 한국학계의 힘을 모아 일제침탈사 편찬위원회를 꾸렸다. 편찬위원회가 중심이 되어 일제의 식민지 침탈사를 정치·경제·사회·문화 모든 방면에 걸쳐 체계적으로 집대성하기로 했다. 일제 식민침탈의 실체를 파악하기 위해 2020년부터 세 가지 방면으로 사업을 추진하고 있다. 하나는 일제침탈의 실상을 구체적이고 생생한 자료를 통해서 제공하는 일로서 〈일제침탈사 자료총서〉로 편찬한다. 다른 하나는 이들 자료들을 바탕으로 연구한 결과물을 〈일제침탈사 연구총서〉로 간행한다. 그리고 연구의 결과를 대중들이 이해하기 쉽게 〈일제침탈사 교양총서〉를 바로알기 시리즈로 간행한다. 자료총서 100권, 연구총서 50권, 교양총서 70권을 기본목표로 삼아 진행하고 있다.

〈일제침탈사 자료총서〉에서는 정치·경제·사회·문화 모든 방면에 걸쳐 침탈의 역사를 자료적 차원에서 종합했다. 침략과 수탈의 역사를 또렷하게 직시할 수 있도록 생생한 자료를 제공하는데 목표를 두었다. 그동안 관련 자료집도 여러 방면에서 편찬되었지만 원자료를 그대로 간행한 경우가 많았다. 이번에 발간되는 자료총서는 해당 주제에 대한 침탈의 실상을 체계적으로 이해할 수 있는 구성방식을 취했으며, 지배자의 언어로 기록되어 있는 자료들을 독자들이 쉽게 읽을 수 있도록 모두 번역했다. 자료총서를 통해 일제 식민 지배의 실체와 침탈의 실상을 있는 그대로 이해할 수 있게 되기를 기대한다.

2024년
동북아역사재단 이사장

편찬사

　　1945년 한국이 일제 지배로부터 해방된 지 79년의 세월이 지났다. 그럼에도 불구하고 일본 사회 일각에서는 여전히 일제의 한국 지배를 합리화하고 미화하는 주장이 나오고 있으며, 최근에는 한국 사회 일각에서도 일제 지배를 왜곡하고 옹호하는 주장이 나오고 있다. 이는 한국과 일본 사회, 한일 관계와 동아시아 국제관계의 미래를 위해서도 결코 바람직하지 않은 일이다.

　　이에 동북아역사재단은 일제의 한국 침략과 식민 지배에 대한 학계의 연구 성과를 총정리한 〈일제침탈사 연구총서〉를 발간하기로 하였다. 이에 따라 2019년 9월 학계의 전문가를 중심으로 편찬위원회를 구성하였으며, 편찬위원회는 학계의 연구 성과를 토대로 정치·경제·사회·문화 부문에서 일제의 침탈이 어떻게 이루어졌는지 정리하여 연구총서 50권을 발간하기로 하였다.

　　주지하듯이 1905년 일제는 러일전쟁에서 승리한 뒤, 한국에 군대를 주둔시키면서 한국의 외교권을 빼앗고 통감부를 두어 내정에 간섭하였다. 1910년 일제는 군사력으로 한국 정부를 강압하여 마침내 한국을 강제병합하였다. 이후 35년간 한국은 일제의 식민 통치를 받았다.

　　일제는 한국의 영토와 주권을 침탈하였을 뿐만 아니라, 군사력과 경찰력으로 한국을 지배하면서, 정치·경제·사회·문화의 모든 부문에서 한국인의 권리와 자유, 기회와 이익을 박탈하거나 제한하였다. 정치적으로는 군사력과 경찰력, 각종 악법을 동원하여 독립운동을 탄압하고, 한국인의 정치활동을 억압하고 참정권을 박탈하였으며, 집회와 결사의 자유를 억압하였다. 경제적으로는 일본자본이 경제의 주도권을 장악하고, 일본인 위주의 경제정책을 수행했으며, 식량과 공업원료, 지하자원 등을 헐값으로 빼앗아 갔고, 농민과 노동자 등 대다수 한국인의 경제생활을 어렵게 하였다. 사회적으로는 한국인들을 차별적으로 대우하고, 한국인의 교육의 기회를 제한하고, 한국인으로서의 정체성을 박탈하여 결국은 일본의 2등 국민으로 만들고자 하였다. 문화적으로는 표현과 창작의 자유, 종교와 사상의 자유를 억압하고,

한글 대신 일본어를 주로 가르치고, 언론과 대중문화를 통제하였다. 중일전쟁, 아시아태평양전쟁을 도발한 뒤에는 인적·물적 자원을 전쟁에 강제동원하고, 많은 이들을 전장에 징집하여 생명까지 희생시켰다.

〈일제침탈사 연구총서〉는 침탈, 억압, 차별, 동화, 수탈, 통제, 동원 등의 단어로 요약되는 일제의 침략과 식민 지배의 실상과 그 기제를 명확히 밝히고자 하였다. 이를 통해 일제의 강제병합을 정당화하거나 식민 지배를 미화하는 논리들을 비판 극복하고, 더 나아가 일제 식민 지배의 특성이 무엇이었는지, 식민 통치의 부정적 유산이 해방 이후에 어떤 영향을 미쳤는지를 밝히고자 하였다.

편찬위원회는 연구총서와 함께 침탈사와 관련된 중요한 주제들에 관하여 각종 법령과 신문·잡지 기사 등 자료들을 정리하여 〈일제침탈사 자료총서〉도 발간하기로 하였다. 아울러 일반인과 학생들이 보다 쉽게 읽을 수 있는 〈일제침탈사 교양총서〉를 바로알기 시리즈로 발간하기로 하였다.

일제의 한국 침략과 식민 지배의 역사는 광복 후 서둘러 정리해냈어야 했지만, 학계의 연구가 미흡하여 엄두를 내기 어려웠다. 이제 학계의 연구가 어느 정도 축적되어 광복 80주년을 맞기 전에 이와 같은 작업을 할 수 있게 된 것을 다행으로 생각한다. 한일 양국 국민이 과거사에 대한 올바른 역사인식을 갖고 성찰을 통해 미래를 향해 함께 나아갈 수 있기를 기대하면서 삼가 이 책들을 펴낸다.

2024년
동북아역사재단 일제침탈사 편찬위원회

차례

발간사 ·············· 4
편찬사 ·············· 6
편역자 서문 ·············· 13

제1부 항만

I 관련 신문기사 ·············· 21

〈해제〉 ·············· 22

1 일제의 대륙 침략과 항만 건설 ·············· 26
2 항만 무역과 미곡 유출 ·············· 48
3 항만 노동자와 파업 ·············· 62

II 실행 계획과 내용 ·············· 85

〈해제〉 ·············· 86

1 1910~1920년대 식민지 무역 구조의 형성과 항만 건설 ·············· 92
2 1930년대 초·중반 일제의 대륙 침략과 북선 지역의 항만 '개발' ·············· 330

| 3 | 1930년대 후반 이후 식민지 조선의 병참기지화와 전시 물자 수송을 위한 항만 확충 | ·········388 |

Ⅲ 관련 법령 ·········453
〈해제〉 ·········454

Ⅳ 실행 결과 ·········489
〈해제〉 ·········490

제2부 도로

V	**관련 신문기사**	503
	〈해제〉	504
1	도로 용지 수용과 토지 소유자에 대한 강제적 비용 전가	508
2	도로의 위치와 지역·민족 간 차별	522
3	도로 건설 부역과 조선인의 저항	534

VI	**실행 계획과 내용**	563
	〈해제〉	564
1	제1~2기 치도사업	568
2	북선개척사업과 궁민구제사업의 도로 건설	642
3	도로를 이용한 전시 물자의 공급과 금 수탈	662

VII	관련 법령	……………695
	〈해제〉	……………696
VIII	실행 결과	……………753
	〈해제〉	……………754

참고문헌	……………762
자료목록	……………766
찾아보기	……………780

일러두기

1. 일제침탈사 자료총서는 가급적 일반 시민들이 읽고 이해할 수 있는 현대적인 문장과 내용으로 구성했다.
2. 인명 및 지명 등 고유명사는 처음 등장할 때 원어를 병기하고 이후에는 한국어만 표기했다. 한국어 표기는 국립국어원 외래어 표기법에 따랐다.
3. 연도는 서력 표기를 원칙으로 하고 관련 연호는 병기했다. 날짜는 원문 그대로 옮기고 음력과 양력 여부를 알 수 있는 경우에만 '(음)' 또는 '(양)'으로 기재했다.
4. 화폐 단위는 엔으로 통일했다.
5. 숫자는 천 단위까지 아라비아 숫자로 표기하고 만 단위 이상은 '만' 자를 넣어 표기했다. 도표 안의 숫자는 가급적 그대로 표기했다.
6. 신문기사의 경우 원문의 맥락을 해치지 않도록 한글을 우선 노출하되 한자어를 병기하는 방식으로 표기했다. 단, 한자어 병기만으로는 문맥을 이해하기 힘든 경우는 현대어에 가깝게 윤문했다.
7. 낱말이나 문구에 대한 설명이나 편찬 사업의 취지에 따라 자료 해설이 필요한 경우에는 각주를 달았다.
8. 판독이 불가한 글자는 ■로 표기했다.
9. 일제강점기 당대의 시대적 맥락을 반영하기 위해 차별적 표현이라도 순화하지 않고 그대로 번역하여 수록했다. 단, 역사적 사건이나 인물에 대한 설명에서 사실관계에 오류가 있는 경우에는 편역자 주를 통해 이를 바로잡았다.

편역자 서문

근대 자본주의 체제는 시간의 단축과 공간의 압축을 특징으로 한다. 이것을 가능케 한 것이 동력 계통의 혁신이었다. 증기, 가솔린, 디젤 등을 사용하는 내연 기관의 등장은 자본 축적의 법칙과 일상생활에 근본적인 변화를 가져오는 동시에 사회기반시설의 재창조를 추동했다. 자연환경에 무방비로 노출된 협소한 포구와 사람·동물의 통행에 적합한 낡은 도로는 기선과 자동차의 운행에 알맞지 않았기 때문이다. 이에 각국은 철도를 부설하는 단계에서 한 발 나아가 점점 더 대형화되고 빨라지는 기선과 자동차가 온전한 능력을 발휘할 수 있도록 방파제, 계류시설, 부두 등이 완비된 항만을 건설하고 넓은 포장도로를 구축했다.

한반도에서 항만, 도로와 같은 사회기반시설이 본격적으로 정비된 때는 일제시기였다. 이 기간에 부산, 인천, 군산, 원산, 청진 등지에는 근대적인 시설이 구비된 항만이 조성되었고 흔히 신작로로 불린 도로는 국도(1~2등 도로)와 지방도(3등 도로)를 합하여 31,447km(1942년)에 이를 정도로 거미줄처럼 전국에 깔렸다. 그러나 항만과 도로의 외형적 확충은 조선인 사회의 바람과는 지향이 달랐다. 항만과 도로의 건설은 철저히 제국 본위의 경제적이고 군사적인 목표에 따라 움직였다. 조선총독부가 주도하는 항만·도로정책은 사회기반시설의 공적인 성격을 강화하는 데에 초점을 두기보다는 식량과 자원의 공급 기지이자 일제의 대륙 침략을 뒷받침하는 전초 기지라는 조선의 역할을 충실히 수행하는 방향으로 펼쳐졌다.

이 자료집은 일제시기 항만·도로정책의 주요 내용과 특징을 비롯하여 그것의 실제 운영 과정에서 야기되는 각종 문제와 조선인의 대응에 관한 방대한 자료 중에서 반드시 참고할 필요가 있는 핵심 자료를 주제별로 선별하여 수록했다. 당대의 실상을 드러내는 이들 자료를 통해 일제시기에 전개된 항만 정책과 도로정책의 수탈적이고 침탈적인 성격을 명확히 파악할 수 있을 것이다.

1. 기존 연구와 주요 논점

일제시기 사회기반시설에 천착한 연구는 다른 주제에 비해 풍부하지 않다. 철도를 제외하면 여전히 규명되어야 할 부분이 많다. 항만과 도로 역시 마찬가지이다. 좁게는 한반도, 넓게는 동아시아 교통(무역)체계의 형성과 밀접히 연관된 두 분야를 다룬 연구는 대체로 특정 지역의 미시적인 변화상을 세밀히 추적하는 데 집중했다. 먼저 항만의 경우 식민지 무역구조에서 핵심적인 위치를 차지한 부산을 중심으로 만주사변(滿洲事變) 전후 주목을 받은 동해안 일대의 나진·웅기·청진·함흥, 중일전쟁(中日戰爭) 이후 재부상한 서해안 지역의 인천·해주·다사도·장항 등의 대규모 항구 건설이 조명되었다.[1] 다음으로 도로의 경우 제1~2기 치도계획의 전개 과정을 비롯하여 도시의 시구개정, 도(道)와 부(府)·군(郡)을 단위로 한 신작로의 정비, 특수한 목적을 지닌 도로의 부설 등이 연구되었고 법률과 관행의 외피를 쓴 토지 강탈과 노동력의 강제 동원이 강조되었다.[2] 이상의 연구를 통해 규명된 일제시기 항만·

---

1 김흥관, 1998, 「일제강점기 부산의 도시개발과 그 성격-도시계획, 항만개발을 중심으로」, 『향도부산』 15; 전성현, 2009, 「일제시기 東萊線건설과 근대 식민도시 부산의 형성」, 『지방사와 지방문화』 12-2; 차철욱, 2010, 「일제시대 부산항 설비사업과 사회적 의미」, 『한국학논총』 33; 배석만, 2012, 「부산항 매축업자 이케다 스케타다(池田佐忠)의 기업 활동」, 『한국민족문화』 42; 2012, 『일제시기 부산항 매축과 池田佐忠』, 선인; 송규진, 2013, 「일제강점기 '식민도시' 청진 발전의 실상」, 『사학연구』 110; 2013, 「일제의 대륙 침략기 '북선 루트'·'북선3항'」, 『한국사연구』 163; 장지용, 2013, 「일제강점기 부산항 무역의 전개과정 연구」, 『향도부산』 29; 서일수, 2014, 「1930년대 海州의 도시기반시설 확충과 '식민 권력'」, 『한국사연구』 167; 송규진, 2014, 「함경성 부설과 길회선 종단항 결정이 지역경제에 끼친 영향-나진·웅기·청진을 중심으로」, 『한국사학보』 57; 加藤圭木, 2017, 『植民地期朝鮮の地域變容: 日本の大陸進出と咸鏡北道』, 吉川弘文館; 김승, 2018, 「일제시기 다사도항(多獅島港) 개발과 신의주·다사도간의 철도 부설」, 『해양도시문화교섭학』 18; 이동훈, 2018, 「1910년대 인천항 축항 사업과 식민자 사회-'동양유일' 이중갑문식 독의 준공」, 『인천학연구』 28; 김윤미, 2019, 「1930년대 나진 개항과 항만도시 건설의 군사적 전개」, 『인문사회과학연구』 20-4; 배석만, 2020, 「일제시기 장항항 개발과 그 귀결」, 『역사와 현실』 117; 양지혜, 2020, 「일제하 기업의 항만 개발과 '번영'의 동상이몽: 일본질소의 지역 진출과 함흥의 항만 건설을 중심으로」, 『역사와 현실』 117; 김윤미, 2021, 「제국 일본의 교통망과 부산항의 군사적 역할」, 『향도부산』 42; 양지혜, 2021, 「총력전과 바다: 전시체제기 인천항 연안의 변용」, 『역사와 현실』 121; 임송자, 2021, 「부산항만을 중심으로 본 일제 말기와 미군정기의 하역노동과 하역노동자」, 『역사학연구』 82; 김대래·정이근, 2023, 「일제강점기 부산항의 무역 변동-시계열 통계의 정비와 기초적 분석」, 『향도부산』 46.

2 소두영, 1992, 「韓末·日帝初期(1904-1919) 道路建設에 對한 一研究: 用地收奪과 夫役을 中心으로」, 한양대학교 사학과 석사학위논문; 안유림, 1994, 「1930年代 總督 宇垣一成의 植民政策: 北鮮收奪政策을 中心으로」, 『이대사원』 27; 손정목, 1996, 「V. 道路와 自動車」, 『日帝强占期 都市社會相研究』, 일지사; 廣瀨貞三, 1997, 「1910年代の道路建設と朝鮮社會」, 『朝鮮學報』 164; 박이택, 2002, 「식민지기 부역의 추이와 그 제도적 특질」, 『경제사학』 33; 轟博志, 2004, 「20世紀前半 韓半島 道路交通體系 變化-"新作路"건설과정을 中心으로」, 서울대학교 지리학과 박사학위논문; 김종혁, 2007, 「근대 지형도를 통해 본 경인로의 노선 변화」, 『역사문제연구』 18; 김경남, 2009, 「1930·40년대 전시체제기 부산 시가지계획의 군사적 성격」, 『한일관계사연구』 34; 小林拓矢, 2010, 「일제하 도로 사업과 노동력 동원」, 『한

도로정책의 특징을 정리하면 다음과 같다.

첫째, 중국이나 러시아와 맞닿은 한반도의 동해와 서해를 일본의 호수로 만든다는 구상이 상징하듯이 조선의 항만은 일제의 대륙 침략을 뒷받침하고 러시아의 해양 진출을 견제하는 군사적 성격을 강하게 띠었다.

둘째, 식민지 무역구조가 원활히 작동하는 데에 중요한 위치를 차지한 조선의 항만은 미곡과 지하자원의 반출 통로이자, 일본에서 생산된 공산품의 반입·중계 창구로서 본연의 역할을 충실히 수행했다.

셋째, 고된 작업 환경 속에서 낮은 임금을 받으며 착취를 당한 조선인 부두 노동자는 불합리한 노동 조건을 개선하고 최소한의 권리를 쟁취하기 위한 생존권 투쟁을 전개했다.

넷째, 식민 지배 네트워크의 한 축을 담당한 조선의 도로는 군사적 용도와 더불어 내륙지방의 식량과 자원을 철도역까지 원활히 수송하는 수단으로 사용이 되었다.

다섯째, 조선총독부는 토지 기부를 강요하는 방식을 통해 도로 건설에 필요한 땅을 사실상 지주로부터 빼앗거나, 사적 소유권을 제한하는 「토지수용령(土地收用令)」을 무분별하게 적용하여 헐값에 용지를 확보했다.

여섯째, 도로의 부설·유지·수선에 요구되는 노동력은 인근에 거주하는 조선인을 강압적으로 동원하는 형태를 취했고 그들에 대한 보상 조치는 관행이라는 이름 아래 제대로 이루어지지 않았다.

국사론』 56; 이기훈, 2010, 「일제하 전라남도의 육상교통망 형성과 일상의 변화」, 『지방사와 지방문화』 13-2; 김신재, 2011, 「제5장 1910년대 경주의 도시 변화와 문화유적」, 조성운 외, 2011, 『시선의 탄생: 식민지 조선의 근대관광』, 선인; 조병로 외, 2011, 『조선총독부의 교통정책과 도로건설』, 국학자료원; 고태우, 2012, 「1930년대 조선총독부의 궁민구제토목사업과 지역개발」, 『역사와 현실』 86; 김경남, 2015, 「1894-1930년 '전통도시' 전주의 식민지적 도시개발과 사회경제구조 변동」, 『한일관계사연구』 51; 김병희, 2015, 「구한말~일제강점기 전주와 수원의 경관 변화-식민지 경관 및 도로와의 관계를 중심으로」, 『역사와 교육』 21; 염복규, 2016, 『서울의 기원 경성의 탄생: 1910-1945 도시계획으로 본 경성의 역사』, 이데아; 조성운, 2016, 「1910년대 조선총독부의 금강산 관광개발」, 『한일민족문제연구』 30; 이찬우, 2018, 「인천지역 도로망 변천 연구」, 『인천학연구』 29; 서일수, 2019, 「1930년대 北鮮開拓事業과 城津의 도시 공간 변동」, 『도시연구』 22; 박진한, 2020, 「1910년대 인천부의 주요 정책과 시가지행정에 관한 연구」, 『도시연구』 23; 김경남, 2021, 「아시아태평양전쟁기 대구의 시가지계획과 군사기지화 정책」, 『영남학』 78; 전현정, 2022, 「일제하 관광도로와 자동차관광의 변화양상」, 서울시립대학교 국사학과 석사학위논문.

2. 자료집의 구성

이 자료집은 식민지 조선의 항만 정책과 도로정책의 특징을 반영하여 아래와 같이 2부 8장으로 구성했다.

먼저 항만을 다루는 제1부의 Ⅰ장에서는 항만 정책의 사회·경제적 실태를 대변하는 67개의 신문 기사를 수록했다. 주제는 첫째, 1930년대 서선(西鮮)과 북선(北鮮)[3]을 중심으로 전개된 항만 건설의 흐름, 둘째, 항만을 통해 이루어지는 조선 미곡의 반출 구조, 셋째, 항만 노동자의 열악한 노동 환경과 각 지역에서 일어난 항만 노동자의 파업 양상을 선정했다. 이를 통해 일제의 대륙 침략과 경제적 수탈의 교두보로 역할을 다한 항만의 성격과 조선인 노동자에 대한 착취 양태를 파악할 수 있다.

Ⅱ장에서는 항만 정책의 세부 계획과 운영 내용을 살펴볼 수 있는 43개의 자료를 수록했다. 주제는 시기별 변화상을 고려하여 세 가지를 선정했다. 첫 번째는 1910~20년대 식민지 무역 구조의 형성과 주요 항만의 건설이다. 두 번째는 1930년대 초·중반 일제의 대륙 침략과 북선 지역의 항만 '개발'이다. 세 번째는 1930년대 후반 조선의 병참기지화와 항만 확충이다. 세 가지 주제는 일제의 군사적이고 경제적인 의도에 발맞춰 진행된 항만 정책의 식민성을 보여준다.

Ⅲ장에서는 12개의 항만 관련 핵심 법령을 범주별로 수록했다. 첫 번째는 항만시설의 이용을 규정한 부산세관잔교사용규칙, 인천선거 사용규칙, 세관·잔교·계선벽 및 선거 사용규칙이다. 두 번째는 해수면 이용을 명문화한 관유수면매립규칙, 조선공유수면매립령, 조선공유수면취체규칙이다. 세 번째는 운수 사업의 통제를 규정한 항만운송업등통제령(시행규칙)이다. 이들 법령을 통해 항만의 수축부터 경영에 이르는 일련의 정책과 해운업의 제도적 근거를 확인할 수 있다.

Ⅳ장에서는 항만 운영의 실상을 살펴볼 수 있는 5개의 통계를 수록했다. 주제는 메가타 다네타로(目賀田種太郞)가 작성한 계획에 따라 시행된 해관 공사비 내역, 조선에서 일본으로 이출된 미곡 가액 추이, 조선총독부가 추진한 주요 항만의 수축 현황이다. 이를 통해 일제의

---

3 서선과 북선은 일제시기에 사용된 용어이다. 서선은 황해도와 평안남·북도를, 북선은 함경남·북도를 지칭한다.

군사기지이자, 자원의 유출 통로로 기능한 항만의 속성을 파악할 수 있다.

다음으로 도로를 다루는 제2부의 Ⅴ장에서는 도로정책의 실체를 보여주는 71개의 신문 기사를 수록했다. 주제는 첫째, 도로 용지의 수용과 토지 소유자로의 비용 전가, 둘째, 도로 부설의 지역·민족별 차별, 셋째, 도로 건설을 위한 부역(賦役)과 조선인 저항을 선정했다. 이를 통해 물적·인적 자원을 마음대로 동원하는 동시에 일본인 거주지의 '문명화'에 방점을 둔 도로정책의 착취적이고 차별적인 면모를 파악할 수 있다.

Ⅵ장에서는 도로정책의 기본 계획과 운영상을 살펴볼 수 있는 28개의 자료를 수록했다. 주제는 시기별 특징이 잘 드러날 수 있도록 세 가지를 선정했다. 첫 번째는 도로망의 골격을 형성한 제1~2기 치도사업이다. 두 번째는 1920년대 후반부터 1930년대 중반까지 식민지 '개발'과 사회 안정을 목표로 진행된 북선개척사업(北鮮開拓事業)과 궁민구제사업(窮民救濟事業)의 도로 건설이다. 세 번째는 1930년대 후반 군수 물자와 중요 자원의 신속한 수송을 위한 특수 도로의 부설이다. 세 가지 주제는 안정적인 식민 지배와 효율적인 자원 수탈에 초점이 맞춰진 도로정책의 식민지적 성격을 보여준다.

Ⅶ장에서는 10개의 도로 관련 주요 법령을 범주별로 수록했다. 첫 번째는 도로에 관한 제반 규정을 포괄한 도로규칙이다. 두 번째는 노동력 동원에 의지한 도로유지수선규칙이다. 세 번째는 도로체계를 재정비하고 조선총독부의 권한을 강화하는 한편 도로상의 사적 권리 행사를 금지한 조선도로령(시행규칙)이다. 네 번째는 대중교통에 공용되는 사설 도로의 관리 방법을 명시한 소선사도규칙이다. 제·개정 조문을 총괄한 이들 법령을 통해 도로의 건설·사용·유지·수선과 관련된 정책의 법률적 기반을 확인할 수 있다.

Ⅷ장에서는 도로망의 성격을 들여다볼 수 있는 4개의 통계를 수록했다. 주제는 조선인의 희생을 담보로 한 제1~2기 치도계획의 건설 현황과 예산액 추이, 궁민구제사업의 도로 공사비, 등급별 도로 공사 현황이다. 이를 통해 사회 구성원의 공공적 이해보다 일제의 군사·경제적인 이해에 결부된 도로의 확충 흐름을 파악할 수 있다.

편역자를 대표하여

이명학

제1부

항만

I

관련 신문기사

해제

Ⅰ장에서는 일제 시기에 발행된 신문 속에서 식민지 조선의 항만 정책과 관련된 주요 기사 67개를 선별 수록했다. 신문은 당시 민족지(民族紙) 역할을 담당한 《동아일보》, 《조선일보》, 《시대일보》를 비롯해, 조선총독부 관변지(官邊紙) 역할을 수행한 《매일신보》를 대상으로 했다. 기사는 1. 항만 노동자와 파업, 2. 일제의 대륙 침략과 항만 건설, 3. 항만 무역과 미곡 유출 등의 세 가지 주제를 중심으로 선별했다. 주제별 주요 내용은 다음과 같다.

1. 일제의 대륙 진출 야욕과 항만건설	〈자료 1〉~〈자료 12〉
2. 항만 무역과 미곡유출	〈자료 13〉~〈자료 34〉
3. 항만 노동자 파업	〈자료 35〉~〈자료 67〉

1. 일제의 대륙 침략과 항만 건설

제1절에서는 1930년대 본격적인 대륙 침략을 꾀하던 일제가 서선과 북선 지역에서 시행한 축항 관련 기사 12개를 수록했다. 이는 일제시기 항만 건축이 일제의 대륙 침략을 위해 어떻게 활용되었는지를 잘 보여준다.

중일전쟁 이후 대륙 침략을 위한 물자 수송이 중요해진 일본은 나진(羅津)·다사도(多獅島) 등에 항만 수축을 계획했다. 나진의 경우 수심이 깊으면서도 파도가 잔잔해 군사·물류 거점으로 최적의 조건이었다. 이러한 상황에서 나진은 경도 철도의 종착 항으로 결정이 되었고, 이 지역은 일본 본국과 만주를 연결하는 새로운 루트의 경유지로서 개발이 이루어졌다. 그중 나진은 청진, 웅기와 함께 '북선 3항'의 하나로 시가지 계획이 실시되었다. 나아가

요새사령부가 설치되는 등 대소전(對蘇戰)을 의식한 일본의 군사적 거점이기도 했다.[1]

나진항과 관련해서는 〈자료 1〉, 〈자료 5〉, 〈자료 6〉, 〈자료 8〉이 주목된다. 〈자료 5〉, 〈자료 6〉, 〈자료 8〉은 일제가 대륙 침략을 위해 나진을 교두보로 삼고자 한 사실을 확인할 수 있다. 특히 〈자료 1〉을 보면, 나진의 항만 건설에 대한 조선인의 이해관계를 살펴볼 수 있다. "돈도선의 완성, 나진 종단항 결정, 일본해 항로의 개척 등은 경제적 가치보다도 정치적 군사적 의의가 더 많이 포함되어 있는 것이라고 보는 것이 타당하다. 그렇다고 경제적 가치를 도외시하자는 말은 아니다"라며, 경제적 가치를 중요시 여기고 있다. 그리고 나진 지역의 유력 인사들이 나진, 웅기의 경제적 개발을 요구하는 등 이 기사는 일제의 대륙 침략 정책에 경제적 이득을 얻고자 하는 조선인 유력자의 모습을 보여준다.

다음으로 1940년 7월 일본에서는 2차 고노에(近衛) 내각이 성립되었고 삼국동맹에 들어가면서 '신체제'의 수립이 주창되었다. 이는 영·미경제권과의 단절과 전시 경제로의 전환을 의미했다. 따라서 이 시기 항만 정책은 한반도와 일본의 연결성을 강화하기 위한 부산·마산·여수·삼천포 등지의 항만 축항에 방점을 두었다.[2] 〈자료 9〉, 〈자료 10〉, 〈자료 11〉를 보면, 일제가 조선에 시행한 항만 건설이 대륙 침략과 전쟁 수행에서 어떠한 역할을 했는지 확인이 가능하다.

2. 항만 무역과 미곡 유출

제2절에서는 일제의 식량 공급 기지로 설정된 조선에서 생산된 미곡의 일본 유출과 관련한 기사 22개를 수록했다. 이는 일제시기 항만을 통해 조선에서 유출된 미곡의 양적·질적 규모를 잘 보여준다.

개항 이래 미곡은 조선의 수·이출 품목 중에서 가장 중요한 품목이었고 이출 품목에서

---

1 加藤圭木, 2017, 『植民地期朝鮮の地域變容: 日本の大陸進出と咸鏡北道』, 吉川弘文館, 239~243쪽.
2 배석만, 2012, 「부산항 매축업자 이케다 스케타다(池田佐忠)의 기업 활동」, 『한국민족문화』 42, 127~170쪽; 양지혜, 2021, 「총력전과 바다: 전시체제기 인천항 연안의 변용」, 『역사와 현실』 121, 155쪽; 박우현, 2023, 「일제시기 조선사업공채 발행정책과 식민지 인프라 개발」, 고려대학교 한국사학과 박사학위논문, 263~264쪽.

가장 큰 비중을 차지했다. 1930년대에는 미곡 생산량 중 절반 이상이 이출되면서 식량 공급 기지의 성격이 강화되었다. 그 결과 조선의 미곡은 부족해졌고 수입 좁쌀이 빈자리를 채웠다. 전시체제기에는 전체 미곡 생산량에서 이출되는 미곡의 수량이 줄어드는 대신 관동주(關東州), 만주국(滿洲國), 중국으로의 수출 비율이 높아졌다.[3] 이처럼 일제는 자국 내 미곡 수급의 안정과 침략 지역의 식량으로서 조선 미곡의 공급을 중요시했는데, 이는 식량 공급 기지이자 병참 기지로 설정된 조선의 성격을 잘 보여준다.

3. 항만 노동자와 파업

제3절에서는 항만 운송에 중요한 요소인 부두 노동자의 노동 환경과 파업에 관한 기사 33개를 수록했다. 부두 노동자는 아래와 같은 작업을 하는 자였다. 1. 하주(荷主)나 선박 운항업자의 위탁을 받고 선박의 화물을 선박으로부터 인수, 또는 하주에게 인도하거나 선박에 의해 운송될 화물을 선박에 인도, 또는 하주로부터 인수하는 행위, 2. 화물을 선박에 적하(積荷)하거나 선박으로부터 양하(揚荷)하는 일, 3. 화물을 선박 또는 부선(艀船)을 통해 운송하거나 예선(曳船)으로 부선 또는 뗏목을 예항(曳航)하는 일, 4. 선박, 또는 부선에 의해 운송된 화물을 창고, 하역장에 반입하거나 선박·부선에 의해 운송될 화물을 하역장으로부터 반출하는 일 등이다.[4]

일제시기 실업난과 생활난으로 인해 항만에서 노동을 시작한 부두 노동자들은 장시간 노동, 저임금 구조 속에서 착취당했다. 〈자료 36〉의 1924년 12월 10일 《조선일보》 기사에서는 부두 인부의 일급이 일본인은 매일 2원 40전, 중국인은 1원 50전인데, 조선인은 50전에 불과하다고 지적하고 있다. 이러한 차별은 조선인과 중국인 노동자의 갈등이 보도된 〈자료 39〉 기사에서도 잘 나타난다. 〈자료 36〉에서는 진남포부의 항만 노동자 실태를 소개하며 "노동자들의 비애야말로 날이 갈수록 더욱 심하여 실업고 생활난의 참상은 뜻있는 사람

---

3 송규진, 2002, 「일제하 식민지자본주의와 조선무역」, 『한국사학보』 12, 166쪽.
4 임송자, 2021, 「부산항만을 중심으로 본 일제 말기와 미군정기의 하역노동과 하역노동자」, 『역사학연구』 82, 191쪽.

의 한줄기 눈물을 금치 못할 뿐이라더라"라고 할 정도였다. 이러한 참상은 〈자료 36〉, 〈자료 41〉, 〈자료 44〉, 〈자료 45〉의 신문기사에서도 확인할 수 있다. 이에 조선인 부두 인부들은 각종 파업을 일으켰고 조선총독부와 물주는 파업을 탄압했다.

한편 위와 같은 부두 인부의 파업은 소기의 성과를 거두기도 했다. 그중에서도 〈자료 37〉의 《조선일보》 1924년 12월 26일 기사를 보면, 물주가 명태 한발 품삯을 30전에서 20전으로 삭감하자, 함남 흥원 부두 인부 노동조합이 동맹파업을 일으켰다. 이에 조합과 물주의 협의로 다시 명태 한발 품삯이 30전으로 복구되는 성과를 얻기도 했다. 더불어 〈자료 49〉의 《조선일보》 1931년 9월 22일 기사를 보면, 원산 부두노조도 임금과 휴식 수당 삭감에 대하여, 협상을 통해 임금 1원을 1원 10전으로, 휴식수당을 25전으로 타협하기도 했다. 또한 〈자료 43〉의 《조선일보》 1927년 11월 25일 기사에서 보이듯이 노동야학 등을 실시하며, 조선인 부두 노동자의 권리 향상을 위한 활동도 지속되었다. 한편 〈자료 56〉과 같이 조선인 부두 노동자의 파업, 객주 간의 갈등 문제에서 일본 경찰이 중재하는 경우도 있었다.

전시체제기에는 〈자료 62〉, 〈자료 63〉, 〈자료 64〉의 기사를 통해 항만 부두 인부 부족 현상을 확인할 수 있다. 〈자료 60〉, 〈자료 61〉, 〈자료 65〉, 〈자료 66〉, 〈자료 67〉의 기사를 보면 부두 인부 부족을 해결하기 위해 조선총독부가 실시한 구호 기관 설치, 항만 작업회사 설립, 여성 노동자 동원 등의 정책을 확인할 수 있다.

마지막으로 '와카마쓰항 부두 노동자 청부업연합조합'의 파업은 조선인 노동자가 참여했는지는 확인되지 않으나, 조선에 소식이 전해지면서, 조선인 부두 인부들의 노동운동에 영향을 주었을 가능성이 있었다. 따라서 〈자료 50〉, 〈자료 51〉을 수록했다.

(김태현)

1 일제의 대륙 침략과 항만 건설

자료 1 | 《동아일보》, 1933. 5. 10, 4면 6단

나진과 웅기의 장래 발전책 여하

김기도(金基道) 씨 담

　우리는 나진, 웅기의 경제적 가치 내지 발전성에 관심하기 전에 먼저 그 정치적 의의를 명백히 인식할 필요가 있다. 왜 그러냐 하면 정치적 의의를 가장 정확히 파악하는 것은 곧 모든 경제적 활동의 기준이 되는 까닭이다. 일본이 러일전쟁(露日戰爭)의 결과로 획득한 바 만주에서의 특수 권익을 보호하기 위하여 여러 가지 거대한 시설과 경론을 실행하였지만 그 가운데에도 특히 세간의 주목을 끄는 것은 남만철도(南滿鐵道)의 간선, 즉 대련(大連) 장춘(長春) 간선 이외에 새로 길림(吉林) 회령(會寧)간의 간선, 소위 길회선(吉會線)의 계획이었다. 그리하여 그 제1보로 길장철도(吉長鐵道)에 대한 차관에 응하고 뒤이어 길회선 차관을 제공하였다. 그러나 중국 및 열국은 일본의 길회선 장악을 비상히 시의(猜疑)하였다. 그래서 중국은 차관 의무의 실행을 차일피일 모피(謀避)하기를 일삼았고 열국은 음으로 양으로 여기에 가세했다. 그리하여 일본의 대륙정책의 일부분인 길회선 완성의 숙망은 풍풍우우(風風雨雨) 30년 동안 속절없이 짓밟히고 말았다. 그러다 재작년 9월에 만주사변이 발발하여 동삼성(東三省) 반거(盤踞)하여 일본과 대척적 관계를 가지고 결항하여오던 봉천파 군벌이 몰락하고 친일적인 만주국의 성립을 보게 됨에 일본은 이 숙망을 그야말로 초련적(超連的)으로 도달하기를 위하여 돈도선(敦圖線)의 완성, 북선(北鮮)과 이일본(裏日本)과의 직접 연락하는 종단항(終端港)의 결정으로 맥진(驀進)하게 된 것이다. 그 결과로 나진은 일약 종단항으로서 현재의 현상을 보게 된 것이다. 그러므로 돈도선의 완성, 나진 종단항 결정, 일본해 항로의 개척 등은 경제적 가치보다도 정치적 군사적 의의가 더 많이 포함되어 있는 것이라고 보는 것이 타당하다. 그렇다고 경제적 가치를 도외시하자는 말은 아니다. 경제적 가치로도 비상히 중대한 역할을 연출할 것은 만주 더욱이 북만주의 경제적 조건 및 장래 교통망의 예정에 비춰보아 명백히 간취할 수 있는 것이다. 종래 중동철도(中東鐵道)가 해삼항(海蔘港) 번영책의 일 수단으로서 그 남부선, 즉 합장선(哈長線)의 운임을 고율로 인상하여 북만주 하물(荷物)의 대련 진출을 방지한 결과 만철(滿鐵)이 비상한 고심을 하여온 것은 일반이 주지하는 사실이다. 그리하여 일본은 장춘 대련 간의 일간선주의(一幹線主義)가 얼마나 중동철도의 경쟁에 있어서

불편하다는 것을 체험하고 ○○선의 완성에 의한 2대 간선주의(幹線主義)로서 대항하지 아니하면 안될 것은 통감한 것이다. 그러나 중동철도는 중(中)·노(露) 합판(合辦)이오, 또 동삼성 정권은 역치(易幟)이래 배일 정책의 강화에 열중하여 일(日)·중(中) 간에 수차 열린 철도 교섭은 모두 도로(徒勞)에 돌아가고 말았다. 이것이 만주사변 이전의 상태였다. 그러나 사변 발생으로 인하여 동삼성 군벌이 몰락된 후에는 일본은 실력으로써 권익의 보호 계획의 실현에 돌진하였다. 더구나 만주국이 성립되고 일만의정서(日滿議定書)의 조인에 의하여 일만 관계가 일층 밀접화한 이래는 아무 거리낌 없이 일본의 30년 내의 숙망인 ○○선의 이명인 돈도선은 완성을 고하여 8월 1일로서 개통할 기운에 달하였다. 그리고 이 신(新)간선에 의하여 북조선 다시 일본 번영책의 종종이 수립되어가는 과정에 있지만 신간선의 배양선(培養線)으로서 돈녕(敦寧) 길돈선(吉敦線) 등이 완성된다면 동철 이남의 화물이 신간선에로 집중 폭주 될 것은 필연의 세일 것이니 따라서 웅기, 나진 지방의 급극(急劇)한 발전과, 반대로 중동로(中東路) 동부선 해삼항의 쇠퇴는 그에 비례하게 될 것이다. 그런데 북만에서 신간선으로 집중되는 물화는 그 대부분이 원료로서 이일본(우라니혼, 裏日本) 방면의 공업 발전의 자료가 될 것이니 만일 우리가 원료품의 가공에 착목하여 본다면 나진, 웅기 지방의 공업 발전도 허망한 기대가 아닐 것은 물론이다. 더 길게 말할 재료가 없는 것은 아니나 유한한 지면이니까 이만 생략한다.

윤성두(尹聖斗) 씨 담

이 사람은 여러 가지 설문을 축조적으로 대답하는 것보다도 포괄적으로 소견의 일단을 피력하는데 끝이고자 합니다. 나는 조선 사람의 생활이 이와 같이 조잔영쇄(凋殘零碎)해지는 중요 원인이 공업의 미발달에 있다고 생각합니다. 자기는 원료품을 염가로 팔아먹고 고가의 가공품을 소비하니 생활이 점점 쇠퇴해질 것은 필연의 결과입니다. 우리가 일본이나 기타 외국에서 수입하여 소비하는 각종의 공예품 가운데도 아직 우리의 힘으로 어찌할 수 없는 것도 적지 않겠지만 자작자급할 가능성이 크다고 생각합니다. 그러나 그것은 전체 문제이니까 여기서 구체적으로 말할 수 없으나 웅기, 나진 지방의 장래 발전상에 가장 유망 유리한 공업 방면에 착목하여 나진 웅기를 공업도시로 화하기를 바랍니다. 우선 만주에서 대두(大豆)가 무진장으로 산출하지 않습니까? 대두를 원료로 수입하여 두박(豆粕), 두유(豆油), 내지 두

유의 경화(硬化) 등 고장을 경영하는 것도 필요할 것이오, 길림 동쪽의 막대한 재목도 많이 진출할 것이니 목재제조업 가구 제작 등도 경영하기 용이할 것이라고 생각합니다. 요컨대 공업 방면에 많이 유의하는 인사가 분기함에서 나진 웅기 지방 발전을 기대합니다.

유진만(兪鎭萬) 씨 담

귀사의 설문하신 바는 우리 웅기, 나진 지방 인사로 연구하여 둘만한 적절한 문제로 생각하는 고로 천견(淺見)일지라도 말해 드리겠습니다.

1. 나진은 종단항으로서 상당한 시설이 있을 것인데 아직 도시계획 같은 것을 상세히 알지 못하니까 구체적으로 말씀을 드릴 수는 없으나 대체적으로 말하면 대련, 여순 관계와 흡사할 줄 압니다. 즉 나진은 종단항이면서 군항이 될 터이니 상공업의 발전은 크게 기대할 수 없을 것이외다. 말하자면 여순에 해당할 것이오, 웅기는 상업이 은성(殷盛)한 상항(商港)으로서 또는 일본의 가공품과 만주의 원료품 교역의 관문이므로 거대한 무역항이 될 가능성이 있습니다.

2. 나진은 종단항이 되어서 여러 가지 시설이 있을 것이니 그만큼 발전할 것은 명백하다. 지형상으로 보아 도시로서 미흡한 점이 많습니다. 그러나 웅기는 광활한 평야를 끼고 또 공업 발전에 필요한 수원(水源)도 있는 터이니 아무래도 웅기의 장래 발전이 더욱 유망하다고 생각합니다.

3. 나진, 웅기의 국제적 지위는 물론 나진이 고위(高位)에 처하게 될 것입니다. 적어도 해삼(海蔘), 대련 등과 필적할 항구가 될 것입니다.

4. 나진의 장래 대개는 동북으로 발전하기가 용이할 것이오, 웅기는 서북방으로 팽창할 것이라고 보입니다.

김영근(金永根) 씨 담

나진과 웅기가 도시로서 장래 어떠한 발전을 보일 것인가 또는 어떠한 종류의 도시가 될 것인가. 이것은 비단 나진 웅기 지방에 거주하는 인상(人上)만이 관심할 문제가 아니라 적어도 북조선 지방 전체의 장래에 중대한 체척관계(體戚關係)를 가진 문제의 하나로 생각한다. 그러므로 이번에 귀사에서 나진, 웅기 지방의 현상을 소개하는 소개판을 발행하는 동시에 양 지방의 각 방면 인공(人工)의 지방 발전에 대한 의견을 넣어 소개하고자 하는 것은 가장 기회를 득(得)한 기도라고 믿는다. 그러나 천식(淺識)의 인(人)으로서 이런 중대문제에 대하여 감히 예언적 현안(顯案)을 내리기는 거의 불가능한 일이니 다만 평소에 품고 있던 일단을 피력하여서 여러분의 판단에 맡기고자 한다. 나진, 웅기가 장래 군항 혹은 무역항으로서 얼마만큼 발전하던지 여하한 국제적 지위를 획득하던지 그것은 도리어 우리 다 깊이 관심하지 않아도 좋을까 한다. 우리는 차라리 지방 발전의 속도와 반비례하여 우리의 생활이 조락(調落)되어가지 아니할까에 더 많은 관심을 가지지 아니하면 안될 것이라 한다. 원래 우리는 경제사상이 유치하고 기업조직에 대한 기량과 사업경영에 대한 경험이 부족한지라 의외에 토지가격이 등귀하여 약간의 부력이 증가된데 도쇄(陶碎)하여 여하 등의 사업계획을 세우지 않고 낭비 부화를 일삼는다면 나진이나 웅기가 여하히 방대한 대국제 도시가 되더라도 우리의 장래는 비참한 나락의 구렁에 빠지게 될 것은 명약관화가 아니랴. 그러면 우리는 지금부터 경제생활의 자위적 조직, 합리적 체외화에 전폭의 노력을 경주할 필요가 있는 것이다. 그리하여 우리의 부력이 가장 능동적으로 사회적으로 활용하기를 희망하여 마지않는다.

임영권(林英權)씨 담

귀사의 설문에 대하여 축조(逐條)대로 답하는 것은 여러분들의 좋은 의견이 많을 줄 아니까 본인이 평소에 생각하고 있는 바를 말씀하여 약간의 참고에 공하고저 합니다. 목재와 해운 방면에 대하여 다소의 경험 및 경험이 있는 만큼 이 방면에 많이 유의합니다. 그런데 나진이 지금 개통된 돈도선(敦圖線), 길돈선(吉敦線)의 종단항으로서 신경(新京) 길림(吉林)에 직통하게 되는 고로 길림 방면의 무진장의 목재가 비상한 세력으로 진출하리라고 봅니다. 길림 목재의 진출로 조선 목재가 상당한 위협을 받을 것은 물론이나 웅기, 나진의 목재업이 매우 은성해질 것은 명약관화입니다. 그러니까 우리는 이 방면에 많이 유의하기를 바랍니다. 그리고 해운 방면으로 보더라도 일본해를 횡단하여 북선과 만주와 이일본(裏日本)과 직통하게 되는 만큼 시간상으로 크게 단축이 될 동시에 해운업의 발달이 놀라울 것입니다. 그런데 우리가 깊이 유의할 점은 나진 지방의 발전과 가장 밀접한 관계를 가지고 있는 일본해 항로에 대하여 상당한 감시를 할 필요도 있고 우리로서 어떠한 구체적 계획을 수립할 필요가 있다고 생각합니다. 이런 사업의 경영은 도저히 개인으로 경영하기는 곤란하니 유력자들의 이 방면의 주의를 환기할 방책을 언론기관으로서 강구해 주기를 바랍니다.

류종학(柳宗學)씨 담

나진이 종단항으로 결정되어 토지가격이 갑자기 폭등하여 우리 조선 사람으로도 졸부가 된 사람이 나진, 웅기를 통하여 상당한 수에 달한 것이 사실이외다. 그러나 이것을 외래자본가의 이득에 비하면 비교적 근소한 부분에 불과한 것이외다. 그리고 금후에도 외래자본의 세력이 더욱 힘 있게 진출할 것이니 현재의 조선 사람 손에 있는 약간의 부력조차 몰락하고 말 위험성이 십이 분(十二分) 있다고 생각합니다. 우리는 이런 대세의 추문(趨問)을 명백히 인식하고 현재 우리의 손에 있는 약간의 부력이라도 힘을 모아서 영구성 있는 사업을 시설하여야 될 줄 압니다. 그러므로 나는 나진이나 웅기가 상공업 도시가 되던지 무역항이 되던지 어항(漁港)이 되던지 우리 조선 사람의 근거지인 도시가 되기를 바라는 의미에서 많은 사업가가 진출하여 생산적 혹은 문화적 가치가 있는 사업을 힘자라는 대로 하기를 바랍니다.

서상진(徐相振)씨 담

나진은 천연적으로 된 양항(良港)이었으나 오늘날까지 하나의 어촌으로 있는 것은 교통이 부족한 까닭이었는데 이번에 종단항으로 되어 만주와 일본을 연락하는 관문으로 되었으니 비상한 속도로 발달할 것은 명약관화입니다. 그리고 웅기는 그 전부터도 북선의 유수한 양항이었는데 겸하여 나진이 그렇게 된다면 그 자매항으로서 적어도 나진과 같은 정도로 발전할 것입니다. 더욱이 만주 지방의 풍부한 원료가 나진, 웅기를 경유하여 일본으로 수입되고 일본의 가공품이 대량으로 만주 시장에 진출될 것이 사실이니 상공업 도시로도 매우 유망하다고 생각합니다. 일본의 자본이 직접 많이 진출하여 만주에 수출품을 제조한다면 노동임금이 저렴하고 운임이 적은 것만큼 더 유리하게 될 것이니 필연적으로 어떠한 정도의 발달을 수(遂)하게 될 것이외다. 그리고 본인의 전문적 방면으로 보아 두 지방 인사에게 기대하는 것은 조선 기성 도시들은 모두 위생상으로 보아 매우 불안한 도시입니다. 나진과 웅기로 말하면 전혀 신흥도시이니 당국자를 많이 편달하여 이상적 위생시설을 하도록 노력하여 주시기를 바랍니다.

김기택(金基宅)씨 담

1. 나진과 웅기는 도시로서 각각 특색을 가질 줄로 압니다. 나진은 소비도시로서 웅기는 상공업 도시로서 각기 특장을 발휘할 줄로 압니다.

2. 나진은 원래 1개 어촌이었으니 종단항이 되고 겸하여 아군항(我軍港)이 된다면 그야말로 경이의 발전이 될 것입니다. 그러나 도시될 요건으로 부족한 이 우리 소견도 없지 않은즉 아무래도 대도시가 된다면 웅기가 된다고 하겠지요. 그리고 선박의 항로가 여하(如何)히 될지 이것이 나진, 웅기의 소장(消長) 관계에 큰 변동이 생길 것입니다.

3. 나진항의 국제적 지위는 적어도 대련과 대등하게 되리라고 믿습니다. 웅기는 국제적으로 별로 큰 가치가 없으리라고 생각합니다.

4. 나진의 발전은 장차 동북으로 치우쳐질 것 같습니다. 지세가 그리된줄로 생각합니다. 웅기는 서북방으로 평야를 끼고 있으니 아마 서북을 향하여 발전하게 되겠지요.

너무 생략하여서 미안합니다.

신경천(申敬天)씨 담

저 같은 사람이 뭘 압니까. 물으시는 말씀에 촌견(寸見)이나마 말하지요. 나진은 종단항이자 군항 격이 될 줄 압니다. 여러 가지 시설이 많은 동시에 우선 금년 내로 소비 인구가 약 2만인 이상은 집중될 줄로 압니다. 그리고 웅기는 나진이 큰 도시로 형성되는 동시에 무역항으로 큰 관문이 될 것이지요. 또 웅기 나진 관계로 말하면 웅기는 서쪽으로, 나진은 북으로 발전하는 동안에 장래 상공 도시로는 웅기 나진 중간이 아닐까 합니다. 웅기와 나진이 각각 상이한 조건으로 독특한 발전이 있으리라고는 보지 않습니다. 비하자면 도쿄(東京)와 요코하마(橫濱) 관계같이 될 줄 압니다. 국제적 지위로 보아서도 나진이 웅기보다 고위에 처할지는 모르나 웅기는 수원(水源) 및 평야가 있는 관계로 자연적으로 유리한 조건을 구비하기 때문에 상공 도시로 먼저 발달하리라고 봅니다.

김팽석(金澎錫)씨 담

귀사의 설문에 대하여 말하자면 웅기는 무역항으로 사명을 다할 것이오, 나진은 군항이자 소비도시가 될 줄 압니다. 물론 이것은 절대적 구별이 아니라 대체로 보아 그렇다는 말입니다. 그런데 나진의 종단항 설비를 진행하는 과정에 웅기는 상당한 근세(近世) 도시로서 팽창해지리라고 봅니다. 그리고 먼 장래를 보더라도 웅기가 나진보다도 더 발전성이 풍부하다고 생각합니다. 나진은 다만 국제적 지위를 가졌으니, 장래에는 대련, 해삼항(海蔘港) 등과 같이 발전할 터이지오, 또 웅기와 나진이 각각 어느 편으로 향하여 발전될는지는 참으로 전문가의 연구라도 단언키 곤란하리라고 봅니다.

이동빈(李東彬)씨 담

귀사에서 웅기, 나진을 소개하신다는 것은 좋은 일이오나 우리 조선인으로서 소개할 바가 그 무엇인가 합니다. 이 사람으로 소감을 말하라면 우리가 서로 자중할 것이라고 생각합니다. 소위 종단항 바람에 촌민 및 시민을 불구하고 불시에 생활 수준이 높아진 것이 크게 우려될 바가 아닌가 합니다. 세상에서 이르는바 졸부 된 사람이 다 이러하다는 말은 아니오나 어제같이 조반석죽(朝飯夕粥)도 겨우 하던 사람들로써 너무도 경제원칙에 등지는 생활이 아닐까 합니다. 우차(牛車)도 없던 촌민들이 자동차를 대절타기가 일쑤이며 소주 한잔도 결혼식이나 3년 상이 아니면 보지도 못하던 인사들이 일야청루(一夜靑樓)에 100여 원어치 양주는 좀 어렵지 않을까 합니다. 우리로서 사회교화의 큰 지도적 중추 단체가 없음을 느끼는 동시에 피아가 서로 자중할밖에 없을 줄 압니다.

자료 2 | 《조선일보》, 1938. 1. 18, 3면 1단

북조선 항만문제 검토

함북 특파원 오쾌일(吳快一)
당면의 제(諸) 문제

이번은 3항 자체의 발달을 위하여서 현재 절실히 필요를 느끼고 있는 가장 현실적인 현안 몇 가지를 들어 3항의 활동 범위를 일별하려 한다. 역사의 천박함으로 보아서나 또는 건설의 초기에 속한 점으로 보아서 현상 그대로를 평판하는 것은 경우를 몰각하는 것임으로 금물일 것이다. 그러나 현존상태를 1일이라도 천연(遷延)시킨다는 것은 명일(明日)의 대성(大

成)에의 길을 소홀히 걷는 것이 됨으로, 아래의 제(諸) 현안은 그대로 급무 중의 급무로 신 경제권 확립에 지대한 관계를 가지는 것으로 보이기로 현안 중 일부를 열거하는 바이다.

1. 운임정책

작년에 실현된 만주국 내의 철도 일원화를 계기로 각선의 운임에는 비교적 공정한 방법이 시행되고 있어 종래의 대련 중심주의 운임정책에 약간의 수정은 있었으나 좀 더 철저한 것이 요망되고 있다.

2. 취인기관

3항의 중요성은 인식하지만, 경제계의 제(諸) 행사는 중요성 여하에 의하는 것이 아니오, 경제적으로 어느 정도의 활용가치가 있느냐 하는데 있으므로 특산물을 집산시키는데 상취인(商取引)이 불가능한 것은 결국 집산을 불가능하게 만드는 것과 같이 특산물 취인소를 설치하여야 한다는 것이다.

3. 세관 문제

1935년(康德 2) 5월의 일만협정(日滿協定)에 "도문(圖們) 국경통고열차 직통 운수 및 관세수속 간첩화(簡捷化)의 건"이란 항목이 있고, 다시 그중에는 (1) 객화차(客貨車) 직통 운전, (2) 만주국 세관의 북선 진출에 의한 통관 수속의 간이화, 라는 조항이 있어 종전보다는 간이화한 점이 현저하다 할지라도 고율의 관세는 건전한 통상무역을 저해하는 바 많음으로 이것을 철폐 내지 감하하라는 것이다.

4. 보세창고 문제

만주국에는 보세제도가 있고 특히 대련항에는 보세창고의 설치가 있어 무역상 지대한 편익이 있으나 이곳에는 그러한 종류의 시설을 결(缺)하였음으로, 속히 그 제도를 실시하라는 것이다.

5. 위체관리법(爲替管理法)의 완화 문제

대만관계(對滿關係)에 한하여 현행법규를 완화하여 달라는 것이다.

6. 자유항제(自由港制) 실시의 건

대련항이 자유항인데 감(鑑)하여 대항 항으로서의 3항에 자유항제도를 포고하라는 요망이 있는데 이것은 종종의 사정상 구체화할 가망이 없는 것이다.

7. 선운임(船運賃)과 배선(配船)에 관한 문제

일본해 항로의 개선을 요망하는 것이니 현재의 배선보다 우수한 것으로 고치고 운임을 저하하여 대련-오사카 선의 것과 동률 정도로 하라는 것이다.

이외에도 3항 각자의 지방적 현안이 산적하여 있으나 전부를 생략한다.

결론

이상 수 항목에 뻗쳐 상술한 바로 북조선 3항의 탄생으로부터 현상 및 요망의 제(諸) 조항에 대한 각 문제를 조치할 수 있었다. 이제는 개괄적으로 본문의 귀결점을 논하고 이어서 3항 자체 내에 각 분야 형성에 대한 것과 금후의 운명이 어떠한 것일까를 열거하여 본문의 결론을 삼고자 한다. 누차 설명한 바와 같이 3항 출세의 시대적 배경은 만주사변과 이에 따르는 만주국의 출현이라는 획기적 변동에 있다. 이로 인하여 북조선 3항은 사장 상태에서 발굴되어 일약 국제적 지위에 승진하였으니 그 지위란 이렇게 볼 수 있다. 즉 정치적으로는 일본의 대륙정책 강화에 따라 신설된 노선의 기간부에 처하였고 교통적 일만일체(日滿一體)를 전제할 때, 일만 교통의 최첩경으로 취택된 선로의 관문을 이루고 나아가서는 유럽-아시아 연락의 요충지가 되었고 경제적으로는 소련의 해삼위항(海蔘威港)의 동북 만주에서의 지위에 교대하고 이를 좀 더 확대시켜 신 경제권을 형성하여 그 탄토항(吞吐港) 내지는 배양항(培養港)으로서의 지위에 오르고 산업적으로는 각종의 공업이 3항을 중심으로 발기하고 특히 군수공업을 중심으로 한 중공업 지대로 화(化)하고, 군사적으로는 일만소(日滿蘇) 3국의 국경 지대에 있어 소위 국방 제1선으로서 착종한 대외적 제(諸) 사정이 항상 이곳을 자극하고 있어 국방적 제시설이 이에 집중되고 있다는 점 등을 들 수 있으니 3항의 대내외를 통하여 점유한 지위의 중요성에는 놀랄 수밖에 없다.

이 같은 중요성에 따라 현실적으로 나타난 신 사실로는 신생의 경제권 때문에 필연적으로 운수교통로가 변경되고 따라서 만철 왕국의 대련 집중주의 해항 정책이 수정되어 광범한 만주국으로 하여금 1. 대련 중심의 남만 3항, 2. 북조선 3항, 3. 호로도항(壺盧島港) 등 3지대의 "힌터랜드"로 분할한 소위 3지대 병용 정책이란 것을 낳게 한 것, 이로 말미암아 3항은 배후지대의 분할을 받고 자체의 건설을 촉진시키고 아울러 연대항과의 사이에 개재한 제(諸) 문제를 해결하려고 노력 중이란 것이다.

그러면 규정된 신 분야에 의하여 3항 각자는 어떠한 내부적 관계를 갖게 되는 바. 즉 세분한 신분야를 여하히 형성하여 각자의 특색을 나타내어가며 발전 성장시킬 것인가? 이것은 3항 자체가 자연발생적으로 금일의 지위를 획득한 것이 아닌데 비추어보더라도 명료한 것과 같이 금후의 발전 여하도 곧 국가적 시설 내지 국책 또는 만철의 방침여하에 의존할 것은 또한 사실이다. 그러므로 당국이 기도하는 바에 쫓아갈 것은 자명의 이치라 하겠다. 만철 및 기타의 기관에서 기도하는 3항의 분야는

> 1. 나진항: 경도선(京圖線)의 종단항-3항의 중심항-으로서 만주 특산을 위시하여 대만주 \관계 물화의 대탄토항(大呑吐港)으로서 통상무역의 본거지를 만들고,
> 2. 웅기항: 나진항의 보조항으로서 만주 오지에 무진장인 목재, 석탄의 반출항으로 하고,
> 3. 청진항: 어업 및 수산가공업을 비롯하여 공장지대로서의 지위와 "로컬"물화의 탄토항으로 만들자는 것이다. 각 항은 각자의 욕망 여하에 불구하고 그 나아갈 길은 오직 선정된 길을 걸어 나가야 할 운명에 있다는 것 뿐이다.

최후로 부언할 것은 3항에 의존하는 정치적 관계에 대한 고찰인데, 어느 지방적 항만도 정치정세 여하에 직접 간접 지배를 받지만, 북조선 3항은 그 출발점으로부터 중대한 정치적 사명을 가진 곳이기 때문에 가장 심각한 영향을 받고 미묘한 극동 정국과 항상 밀접한 관계를 지속하여 그 소장이 표면화할 것이다. 즉 다시 말하면 3항의 장래는 일본의 대륙정책

강화의 실현에 따라 부단의 발전을 볼 것임으로 이것을 떠나서는 본론의 의의는 세워질 수 없다는 것이다. 그리고 또 한 가지 간과할 수 없는 정치적 관계는 3항 일대의 북조선 일부가 불원한 장래에는 조선과의 관계(행정 지역상)보다도 만주국과의 제(諸) 관계가 더 밀접해질 것이라는 것이다. 이는 흡사 선년(先年)에 간도를 조선 측에서 특별구역으로 해달라는 요구와 같은 종류의 것인데 북조선 일부를 만주국에 개방한 오늘 한걸음 나아가서 위양(委讓) 내지는 특별지구로 하여 철도항만이 경영권과 같이 통치권까지를 요구하는데 이르지나 않을까? 이런 일이 있다고 하면 조선 측으로부터는 그 제안을 용인하기에 도달하지나 않을까? 이들의 제(諸) 관계를 구명하는 동시에 3항 문제를 이에 부합시켜 고찰하고 검토하는 것은 가장 타당한 방법이고 또한 흥미 있는 일이 아닐까 생각한다.

자료 3 | 《조선일보》, 1938. 11. 7, 2면 1단

다사도(多獅島)항 확충안 의외로 선만(鮮滿)간 확집(確執)

다사도 대축항 문제는 홀로 조선만의 필요로서가 아니라 동변도(東邊道) 일대의 물산에 대한 탄토항(呑吐港)이 없는 만주국으로서도 반드시 필요하여 조선과 만주국 측이 합동하여 쌍방의 종합적 계획으로 이를 수행하고자 지난번 조선총독부 측과 만주국 측이 신경(新京)과 안동(安東)에서 서로 협의를 서듭하였으나 지금까지의 협의 결과를 보면 최근 만주국에서는 조선의 다사도에 의뢰하지 않고 자기 국내에 항구를 축항하자는 의견이 상당히 강경하게 대두하여 결국 조선과 만주국 측이 합동하여 다사도를 축항한다는 것은 좀처럼 실현을 보기 어렵게 되었다. 즉 만주국으로서는 독립국가의 체면도 있고 다사도를 그 탄토항으로 삼는다면 관세문제 등만 해도 자기 국내 항구만 같지 못한 불편이 있다고 하여 결국 압록강 하구에 있는 만주국 측의 조씨구(趙氏溝)에 큰 도수제(道水堤)를 만들어 축항할 의견이라고 한다. 따라서 그 부근의 대공장지대를 만들어서 압록강 수력전기의 만주국 측에 배급될 전력을 소비할 복안이라고 한다.

이와 같이 지금 상태로서는 다사도 확충안은 만주국과 제휴하여 해나가기가 자못 곤란하게 되었는데 하여튼 다사도항을 서로 제휴하여 축항하든가 그렇지 않으면 조선 측은 그대

로 다사도항을 확충하고 만주국에서는 조씨구에 축항하기로 하든지 간에 압록강 하구항을 어떻게 하겠느냐 하는 것은 방금 상당히 미묘한 문제가 되었다.

이에 쌍방에서 위원을 내어 이달 하순에 안동에서 압록강 하구항 조사위원회를 조직하기로 되어 결빙중의 조류상태와 지반 등 그 조사 항목을 결정하여 구체적 조사를 해나가기로 되었는데 이는 당면의 사무적 문제이고 그 보다는 지나(支那)대륙을 건너다보는 황해 호수화(湖水化)라는 대국적 견지에서 고려되지 않으면 안될 바가 있어 금후 쌍방의 절충에는 정치적 해결이 요구되고 있는 터이다.

자료 4 | 《조선일보》, 1939. 2. 25, 2면 1단

황해호수화(黃海湖水化), 대륙 진출의 문호(門戶)로 서해안 4대항 비약

사변이 장기건설의 계단에 들어섬에 따라 대륙에의 생산적 병참기지로서 조선의 사명은 여간 크지 않은 터인데 이 크나큰 사명을 다하기 위하여는 지나(支那)대륙의 풍부한 자원을 조선에 가지고 와서 이를 가공생산하는 일대 공업을 조선에 일으키지 않으면 안 된다. 이러한 절실한 필요에서 총독부에서는 지나 대륙과 해운의 편리가 가장 좋은 조선의 서해안에 방대한 공업지대를 걸머지고 있는 다수의 공업항을 만들 계획을 하고 있다. 이 공업항이라는 것은 일반 상업항 내지 무역이나 또는 어항이며 단순한 피난항과는 그 성질을 달리하여, 그 제1요건으로 항구의 배후에 광대한 공업지대를 가지고 있어야 되는 것이다. 조선 서해안에서 가장 공업항으로 적당한 곳은 부평 평야를 등진 인천항을 비롯하여 해주항과 진남포항과 다사도항이다. 이 4대 항구를 중심으로 평북 공업지대, 평남 공업지대, 황해 공업지대와 경기 공업지대를 설정하여 이곳에 내지의 유력한 공업자본을 유치하여서 지나 대륙의 각종 풍부한 공업자본을 '링크' 제도에 따라 획득하여 일대 공업을 일으키자는 것으로, 이 계획이 실시되는 날이면 조선의 공업은 공전의 발전을 하게 될 것으로 매우 기대된다.

자료 5 | 《동아일보》, 1939. 5. 2, 1면 9단

대나진(大羅津) 건설을, 미나미(南) 총독 관민에 격려

미나미 총독은 30일 나진항 시찰 후 당지 관민에 대하여 나진항의 장래에 대하여 좌(左)와 여(如)히 훈시하고 대나진(大羅津) 건설을 격려하였다.

내가 총독으로서 착임하여 먼저 어느 곳보다는 최초의 시찰한 것은 나진이다. 이는 1936년(昭和 11) 11월이다. 나진은 장래 대륙에 있어서 세계적 탄토항(呑吐港)으로서 대련(大連)과 아울러 발전할 것이다. 따라서 나진의 개발에 대하여는 총독으로서도 가장 관심을 가지고 있다. 곧 총독 착임 제1의 시찰에 당지를 선택한다. 현지는 리일본(裏日本 우라니혼)의 연락(連絡)이라고 하는 임무에 당하고 있는데 나진의 장래라고 하는 것은 결코 그렇게 적은 것은 아니다. 갱진(更進)하여 세계적 물자의 탄토항으로서 약진할 중요성을 가지고 있다. 그러므로 당지에 있어 나진 건설의 임(任)에 있는 관민 각위(各位)는 화친협력하여 이 중요 사명을 다할 각오로써 매진하기를 절망(切望)한다. 그리고 금하(今夏) 7월에는 나진청(羅津廳)을 개설하여 행정기구를 크게 확충하여 대나진 건설에 비약적 진용을 정비할 생각이다.

자료 6 | 《조선일보》, 1939. 5. 7, 1면 7단

대륙정책 수행 상 조선 지위는 중대

미나미 조선 총독은 최근의 조선사정을 주상(奏上)하고 중앙정부와 사무를 협의하고자 1년 3개월만에 도동(渡東)의 길을 떠나 북조선 니가타(新潟)를 경유 5일 미즈우에(水上) 온천에서 1박, 6일 오후 1시 2분 미즈우에역(水上驛) 출발, 동(同) 4시 59분에 고이소(小磯) 척무대신을 위시로 마쓰오카 요스케(松岡洋右)[5] 씨, 고다마 히데오(兒玉秀雄) 백작 등 관민 다수의 출영(出迎)을 받고 우에노역(上野驛) 도착, 입경하여 즉시 성선(省線)[6]으로 가마쿠라(鎌倉)에 가

---

5 본문에는 宋岡洋右로 되어 있지만 오기로 보인다.
6 철도성·운수성이 관리하던 시절의 철도 노선 이름이다.

서 자저(自邸)에 들어갔는데 동(同) 총독은 차중(車中) 대요(大要) 다음과 같이 말하였다.

근일 나의 진퇴 문제에 관하여 세상에서 구구한 추측이 있는 듯한데 이는 조선 통치상 실로 유감이다. 금일의 시국에 있어 조선 총독의 지위는 극히 중대하다. 나는 총독의 지위는 적어도 5년쯤 재임하여 조선 통치에 전념하여 총독정치에 어느 정도의 항구성을 줄 필요가 있다고 생각한다. 나 자신은 이런 생각으로 노력할 작정이다. 나의 배후에는 2,300만의 조선 동포가 있다. 나는 이들과 상휴(相携)하여 내선일체의 실(實)을 나타내어 금일의 시국에 처할 각오이다. 이번에는 특히 북조선으로부터 니가타(新潟)에 출(出)하는 일본해(日本海) 항로를 이용하였는데 이 항로는 금후 일본의 대륙정책을 수행하는데 크게 중요시하지 않으면 안 된다. 이런 의미에서 나진항을 대련(大連)과 함께 대륙에의 세계적 탄토항(吞吐港)으로 하고자 7월 1일부터 나진청(羅津廳)을 설치하고 나진에 특별시제(特別市制)를 시행하여 항만의 확장, 기타 제 시설을 대대적으로 하기로 되어 있다. 북선철도와 만철과의 접속 문제도 마침 만철총재가 체경(滯京) 중이므로 체경 중에 해결하려고 생각한다. 조선의 최근 상태를 보건대 산금(産金) 5개년 계획도 대체로 순조롭게 발전하고 농촌 상태도 점차 개선되고 있어 약진 조선은 농공(農工)이 병진하고 있다. 민심은 극히 안정하여 작년부터 실시한 지원병 제도도 성적이 극히 양호하여 장래 당연 징병제도로 발전할 것이다. 이에 따라 참정권 문제도 일어날 것이다. 본인은 가급적 속히 그런 시대가 도래하여 내선일체가 문자 그대로 실현되도록 혼신의 노력을 다할 작정이다. 잠시 동경에 오지 못하였으므로 각 방면의 인사들과 충분 회담하여 중앙의 근본방침을 잘 듣고 귀임할 생각이다.

자료 7 | 《조선일보》, 1939. 6. 19, 3면 1단

신의주 다사도(多獅島)를 연결, 40키로 대도시계획의 전모

신의주를 중심한 근방 지역 일대는 공업에 적당한 광대한 토지가 있고 방금 공사 중인 압록강 수력발전 사업도 머지않아 완성을 보게 되어 풍부하고 저렴한 동력이 공급될 것이고, 압록강의 복류수(伏流水)를 이용한 공업발달의 삼대 조건을 구비하였으므로 대공장의 유치

운동이 각 방면에서 연구되고 있다. 최근 만주국의 경제건설에 따라 건설을 보게 된 대동항(大東港)에 호응하여 공사 중인 다사도 축항 공사도 진공되고 있고, 신의주 다사도간의 철도 완성에 따라 운수교통망도 완비를 보게 되어 명실상반한 공업적 호망성을 가진 곳이 되었으므로 신의주와 다사도 사이를 연결한 대규모의 대공업도시계획을 세우고 도당국에서 구체안을 세우고 있던 바 이번에 구체안이 작성되었으므로 제1기 계획의 실현을 보게 되었다.

동 계획의 전모는 신의주를 중심으로 신의주부 고성(古城), 광성(光城), 고진(古津) 등을 합한 도시와 고진, 양광(楊光), 양하(楊下), 양서(楊西), 동하(東下), 북중(北中)의 6면을 합한 양서 중심의 도시와 북중, 용천(龍川), 부라(府羅), 용암포(龍巖浦)의 4면을 합한 다사도 중심의 세곳으로 나누었는데, 계획 총면적은 2,800만 평이고 이것을 다음과 같이 주택지, 공업지, 상업지 지구로 나누었다.

신의주-다사도 제1기 공업 도시계획

(단위: 평)

	계획구	주택 지구	공업용 지구	정리 지구
다사도(多獅島)	27,700	1,480	5,470	2,500
양시(楊市)	21,300	3,780	2,240	-
신의주	15,710	2,830	2,480	-

신의주와 다사도 사이의 거리는 40km인데 천도 외에 '힛토리' 도로를 건설하여 운수교통에 만전을 다하고 장래에는 운하도 두어 곳에 굴착하기로 되어 있다. 도당국에서는 사업가의 투자와 공장, 대회사를 유치하기 위하여 토지가격의 등귀를 억제하는 의미로 토지를 적당한 값에 관청에서 사들인 다음 기업가에게 양도하기로 하였다.

대다사도항(大多獅島港)의 제2기 공사 진보, 1942년(昭和 17) 말에 완성

대 시가지계획과 아울러 압록강 연안의 동변도(東邊道)와 평북 일대의 물자를 실어내고 실어들일 대다사도항의 축항 공사는 작년 6월에 추가건설비로 1,300만 원을 들여 제2기 공사를 착수한 이래 호안(護岸) 총연장 3,800m의 공사를 계속 중인데 예정보다 일 년 앞서 1942년(昭和 17)에는 완성을 보게 되리라 한다. 완성된 후에는 안벽의 연장이 750m로 2,000톤급의 선박이 6척은 들어서게 된다.

제1기 공사 완수, 7월 초순에 개통 대기, 다사도 철도 제2기 공사 착수

다사도 축항과 불가분의 관계를 가진 다사도 철도는 제4구 공사도 얼마 전에 마치고 개통 준비를 하고 있는데 늦어도 7월 초순에는 개통을 보게 될 것이다. 8월경에는 다시 제2공사로 양시(楊市)와 남시(南市)간 19km 공사를 오는 8월부터 착수하게 되었다. 이 선전부가 개통되고 다사도항이 개통되는 날에는 연선의 여객화물수송은 물론, 항행이 불편하고 또한 위험하기 짝이 없던 압록강 수로 화물의 대부분을 흡수할 뿐 아니라 해륙연락을 완비하고 다사도항을 종단항으로 하고 일반물자를 포함하게 될 것이 예상된다.

자료 8 | 《매일신보》, 1940. 9. 8, 10면 5단

나진항의 운영 청진항과 협조

북선(北鮮) 청진(淸津)-상산봉(上三峰) 간 소운송업의 조선 운송에 대한 양도인계가 원만히 완료하였으므로 관계 방면에 인사차 6일 오후 3시 20분 착 입성(入城), 9일 오후 11시 5분 발 퇴성귀만(退城歸滿)할 예정인데 다음과 같이 말하였다.

조운(朝運)과의 인계는 매우 원만히 해결을 보았다. 청진 부두도 해륙 일관하여 조운에 인도하였다. 회원과 부두인부 등도 태반 조운에 인계되었다. 금후의 국제운수의 북선에서의 경영방침은 만철의 나진 중심주의의 강화에 의하여 운임정책, 부두 작업비, 기타 온갖 나진항의 이용에 중점을 두는 결과로 매사마다 청진항과 마찰이 생기지나 않을까 고하나, 차(此) 점에 관하여는 양자에서 금후 모두 협조하여 그런 일이 생기지 않도록 굳게 약속하고 있다. 청진항은 동양 제1의 어항을 갖고 또 각종 공업의 발흥으로 말미암아 일대 공업도시로서의 장래가 약속되어 있고 나진항은 ■■만주에 있어 일만(日滿)간의 ■■으로서 각각 그 국책적 사명에 전기능을 발휘할 것이며 양항의 비약적 발전은 아마도 가까운 장래에 남북 양 회선

(廻線) 모두 보강할 필요를 통감하게 될 것이다. 나진항에는 현재 2,500명의 부두 노동자 중 약 600명의 고력(苦力)[7]을 사역하고 있는 바 능률은 비상히 양호하다.

자료 9 | 《매일신보》, 1941. 1. 13, 2면 1단

원산항 3배로 확장 묵호(墨湖), 삼천포, 여수항도 확충

총독부 명년도 예산 가운데서 그 중심이 될 항만 설비의 적극적 확충강화에 관한 경비는 1,040만 원에 달하는 바, 이로써 항만의 확장 또는 수축계획을 실현하기로 되었는데 1941년도(昭和 16) 할당의 경비는 472만 원으로 결정되었다. 그런데 신규 계획 예산의 자세한 내용은 다음과 같다.

▲ 흑호항파제(黑湖港波堤)
제1기 계획은 지난 15년도에 완료됨으로 다시 제2기 연장계획을 세워서 실시한다. 그 계획의 내용은 1941년도(昭和 16)부터의 3개년 계획과 기성 계획의 2배의 상당하는 연장을 갖게 될 모양이다. 총액 190만 원으로 하여 초년도에는 60만 원을 계상 지출한다.

▲ 원산항의 확장공사
평원선의 완성 기타로 말미암아 탄토(呑吐) 능력이 극도로 핍절하게 되었음으로써 현재의 안벽(岸壁) 설비보다 3배나 확장하기로 하고 총경비는 980만 원으로 초년도에는 7만 원을 지출한다.

▲ 삼천호항 증축
총액 240만 원으로 하고 초년도에는 50만 원을 계상한 다음 항구의 시설을 일신한다.

▲ 여수항 수축
이미 계획한 공사를 완성하는 추가비로서 1941년도(昭和 16)부터 2개년 계획으로 총공비 55만 1,000원을 계상했는데 1941년도에는 그중 16만 원을 지출한다.

---

7 쿨리를 지칭한다.

자료 10 | 《매일신보》, 1944. 2. 16, 1면 9단

남선(南鮮) 항만 개선, 본부에 조사위원회 설치

대륙 수송의 육운(陸運) 전환에 반하여 내지와 대륙 간의 수송로의 접속점인 남선 일대의 항만은 획기적 시설의 개선 확충이 요청되어 있어서 1944년도(昭和 19) 총독부 예산에 신규로 556만 원을 계상하고 급속한 확충 실시에 관하여 교통국을 중심으로 계획추진방책을 강구 중이다. 내지의 관문 기타큐슈(北九州)와 남선 항만시설의 일대(一大) 개선 확충을 성취하여 일위대수(一葦帶水)인 조선해협의 종합적 연수운영(連輸運營)을 본격화함은 대동아 북방권 경제건설의 대동맥의 일부분인 기능 여하가 내선만화북(內鮮滿華北) 건설의 건륜(鍵錀)으로 되어 있을 뿐 아니라 물적 전력 증강에 있어 시급한 요청으로 되어 있는 터인데, 총독부내에 설치하고 위원장을 다나카(田中) 총감으로 하여 총독부 관계국장, 내무성·대장성·운통성의 관계국(關係局), 군부 관계, 만선(滿鮮) 민간 운수 선박 관계단(關係團) 간부, 기타 민간인으로서 구성하고 항만시설 확충 최고방침에 관하여 조사심의를 하기로 되었다. 그리고 총독부 측 위원 씨명과 규정은 다음과 같다.

위원장 다나카 정무총감

위원 총독부측 미즈다(水田) 재무국장, 에구치(江口) 광공국장, 단게(丹下) 경무국장, 고바야시(小林) 교통국장, 이토(伊藤) 문서과장, 마치야마(待山) 교통국 기사, 다나베(田邊) 교통국 이사, 효도(兵頭) 전남지사, 오노(大野) 경남지사

위원회 규정

제1조 남조선의 주요 항만시설의 강화방책과 조선 해협 종합운용계획을 조사 심의하고자 조선총독부에 항만조사위원회를 치(置)한다.

제2조 위원회는 위원장 급(及) 위원 약 10인으로써 조직한다.

제3조 위원장은 조선총독부 정무총감으로써 이에 충(充)한다.

제4조 위원은 조선총독부 부내 고등관 급(及) 학식 경험 있는 자 중 조선 총독이 명하고 또 위촉한다.

제5조 약(略)

제6조 위원회에 간사장 급(及) 간사 약간인을 치(置)한다. 간사장은 교통국장으로서 이에 충(充)한다.

제7조 약(略)

제8조 약(略)

제9조 심의의 필요에 응하여 부회를 설치함을 득(得)한다.

자료 11 | 《매일신보》, 1944. 12. 29, 1면 7단

부산항의 사명 중대

아베(阿部) 총독은 진해 경비부(警備府)에 인사를 겸하여 부산항만을 시찰하고자 후루다(古田) 비서관, 도요시마(豊島) 근로동원 과장을 대동하고, 27일 아침 삼랑진역까지 출영(出迎)한 오노(大野) 경남지사, 요네자와(米澤) 경남 경찰부장의 안내로 오전 10시경 진해에 도착하였다. 즉시 진해 경비부를 방문하여 오카(岡) 사령장관에게 인사하고 약 30분간 담화를 한 후 ○○해원양성소로 향하여 동(同) 소장의 설명을 들으면서 상세히 시찰하고 오카 사령장관 관저의 오찬회에 임한 후 진해를 자동차로 출발하여 오후 2시 40분경 부산에 도착하였다. 용두산(龍頭山) 신사에 참배한 후, 궁사로부터 동(同) 신사 어조영(御造營)의 진척 사항을 청취하고 오후 3시에 도청에 도착하여 가네(金) 농상부장 이하 각 부장, 과장을 접견하였다. 그 후 오노 지사와 요네자와 경찰부장으로부터 관내 상황과 부산의 방위 상황을 약 1시간 동안 청취하고 제1 회의실에 참집(參集)한 전도청원(全道廳員)을 앞에 세우고 부산항 사명 달성에 전력을 다하라고 대요(大要) 다음과 같은 힘찬 훈시를 한 다음 부산지방법원과 부산부청을 방력(訪歷)하여 제1일의 일정을 마치고 자동차로 숙사(宿舍) 해운대 온천관으로 향하였다.

조선 남단의 문호로서의 부산항의 사명은 중차대하다. 조선에는 다수의 항만이 있는데 부산항에 비할 것은 없다. 이 부산항을 잘 살리고 못 살림은 전력 증강에 미치는 영향이 심대하다. 이 전쟁을 우리가 예기(豫期)한 바와 같이 인도하는 그 활력의 반분 이상은 부산에 기대

하고 있다고 하여도 과언이 아니다. 어떠한 사태에 처할지라도 완전히 그 중대 사명을 완수하도록 굳은 결의를 가지고 더욱 분투하여 주기 바란다.

자료 12 | 《매일신보》, 1944. 12. 30, 1면 11단

총독 부산항만 시찰

부산 시찰 제2일인 28일 아베(阿部) 총독은 오노(大野) 경남지사 이하를 거느리고 오전 6시 숙사 ■■■■관(■■■■館)을 출발하여 일로(一路) 부산 제1 기교(機橋)로 향하여 내지로 가는 응징사들의 출발 상황을 약 1시간여에 걸쳐 시찰한 다음 철도 호텔에서 아침을 마치고 오전 9시에는 부산 요쇄사령부를 방문하고 9시 40분 부산지방교통국에 도착하여 이곳에서 고바야시(小林) 교통국장을 거느리고 다나베(田邊) 부산지방교통국장으로부터 관내 상황을 청취한 다음 국원(局員)에 대하여 별항과 같은 훈시를 하여 결전 상 전송전(轉送戰) 분투하는 국원의 부하(負荷)한 임무를 강조하여 그 실천의 철저를 격려하여 일동을 감격시켰다. 정오 지나서는 송도(松島)의 장문(長門)에서 ■식소■(■食少■)한 후 부두교를 향하여 ■동선(■動船)에 편승하여 싸우는 항만의 자취를 약 2시간 반에 걸쳐 상세히 순시하고 오후 6시부터는 지방관민 약 50명을 철도 호텔에 초대하여 만찬을 함께하고 다망한 진해부산의 일정을 종료하고 오후 7시 30분 귀착의 도(途)에 올랐다.

과거 수년간에 걸쳐 부산 철도 해운의 주요성은 대단히 ■대(■大)되었다. 물론 부산항은 대륙의 문호였는데 지금은 국방 기타 기지의 진해에도 새로운 사명이 부담되어 있다. 해륙운수에 중차대한 책임이 부여되어 있다. 그런데 배가하는 사명의 요청에 상반하여 자재(資財)는 결핍하고 노력(勞力)도 부족하다. 그러나 이것은 전시적 현상이어서 이를 돌파함에는 평시의 생각으로는 안 된다. 급속히 생각을 바꾸고 전시적 기관(技關)으로 비약하지 않으면 안 된다. 또 일을 더 한다고 해도 더 많은 보수(報酬)을 받지 못한다는 이해타산으로 하는 것은 오해이다. 자못 하늘이 준 시련을 극복하는 데서만 일본이 살고, 대동아 나아가서는 세계는 소생하는 것이다. 제1선에서 필승의 신념을 견지하고 육탄돌격을 하는 장병이 있는 동안은 일본은 반드시 이긴다. 1억 일본인이 모두 육탄적 결의로써 물자, 노력의 부족을 극복 돌파하지 않으면 안 된다. 나는 제군에게 언제든지 긴장하라고 말하였지만 쉴 때는 충분히 쉬어도 좋다. 그러나 임무를 잠시도 잊지 말고 연구하여 노력으로 싸워 그 임무를 완수하기 바란다.

2 항만 무역과 미곡 유출

자료 13 | 《매일신보》, 1911. 9. 14, 2면 5단

수이출 미곡 상황

조선미(朝鮮米)의 수이출은 근래에 비상히 진보하여 소년(素年) 기(其) 수액을 증가하였는데 거(去) 1906년(明治 39)에는 40만 9,617석 차(此) 대금 160만 3,648원이더니 1910년도(明治 43)에는 77만 6,412석 차(此) 대금 527만 7,752원으로 증가하는 성황을 정함에 지(至)하였으니 시등(是等) 미곡이 내외국으로 수출지는 거(去) 1906년에 일본으로 수출한 금액이 62만여 원이더니 1910년에는 415만 원이 되고 기타는 대련(大連) 급(及) 블라디보스토크(浦鹽) 방면이오, 일본의 중요 수출지는 오사카(大坂)에 170만여 원 고베(神戶)에 40여만 원 요코하마(橫濱)에 700~800여 원이라더라.

자료 14 | 《매일신보》, 1912. 3. 14, 2면 3단

만주의 조선미(朝鮮米)

작년 1911년(明治 44)에 부산, 목포, 군산, 인천, 진남포의 모든 항으로부터 대련에 수출하는 조선미 총액은 실로 10만 1,130석인데 1910년(明治 43)에 비하면 1만 9,572석의 증가를 견(見)한 바 내지미(內地米) 및 남청미(南淸米)에 비교하면 내지미의 4푼 9리, 남청미의 8푼에 대하여 조선미는 8할 7푼 1리를 점하였으니 만약 육로 안동현(安東縣)으로 수입하는 것을 합하면 만주의 쌀은 태(殆)히 조선미의 독점이라 위(謂)할 터인데 작년에 안동현으로 수입한 분은 아직 상지(詳智)치 못하였으나 1910년에는 4만 1,727석이라더라.

자료 15 | 《매일신보》, 1913. 2. 26, 1면 4단

수이출미(輸移出米)의 호망(好望)

　　1912년(大正 1) 중에 대한 미(米) 수이출액은 752만 4,179원인데 차(此)를 1911년(明治 44)에 비하면 실로 224만여 원의 증가이나 그 수량은 현미, 정미, 인미(籾米) 등을 통하여 약 4,000석의 감소이라. 차(此)와 여(如)히 수량은 감소하나 가격이 증진을 견(見)함은 주요로 미가의 폭등에 기원하며 또 조선 내에 대한 소비고(消費高)의 증가함으로 인하여 다액의 출하를 견(見)하기 불능함에 유(由)함이오 또 내지 이출에 대하여는 현미, 인미(籾米) 등이 모두 1911년에 비하여 수량이 감하나 조선에 대한 정미업 발달로 인하여 정미는 약 10만 담(擔)을 증가하였고 또 만주 급(及) 블라디보스토크(浦鹽) 등에 향하여 수출은 미가등귀한 결과 ■은 대용품의 수요 증가와 외국미의 수입 등에 의하여 기분(幾分) 감퇴를 ■면(■免)하는 모양이 유(有)하나 일반이 조선산 미(米)의 전도는 익익(益益) 호망(好望)됨은 명백한다더라.

자료 16 | 《매일신보》, 1913. 6. 24, 2면 3단

인천의 수이출미(輸移出米)

　　인천 대(對) 지나(支那) 무역품 중 수출품의 주요품은 미(米)와 인삼인데 작년 중에 조선미(朝鮮米) 수출 ■■■■■■■■■■■■■ 동년(同年) 중 내지에 이출된 조선미 76만 5,009원에 비하는 시(時)에는 50 대 50이니 상호백중간에 재(在)하여 이를 1910년(明治 43)의 지나행 66에 대하여 내지행의 34, 1911년(明治 44)의 지나행 68에 대한 내지행 32되는 할합(割合)인고로 차(此)로 인하여 견(見)하면 저대(著大)히 내지행의 격증을 시(示)함을 지(知)하겠고 차(此)는 작년도부터 시행된 조선미 이입세의 저감에 기인한 것인데 상(尙)년 7월 1일부터 관세 철폐 실시 후에는 일층 내지행의 증가를 견(見)할 터이오, 종(從)하야 내지행 7, 지나행 3의 할합을 시(示)함에 지(至)하리라고 운하나 차(此)는 단히 내지행의 조선미가 그 액에 대하여 심히 증가함에 과(過)하고 조래 경험에 의하면 지나행에 대하여는 결코 감소치 아니하고 영(寧)히 연연 기분식(幾分式)의 증가를 시(示)한 고로 금후에노 조선미 내지이출의 호

황을 견하는 동시에 지나수출이 감퇴하는 사(事)는 무(無)할지라 혹은 만주 수전(水田)의 개척 급(及) 육도(陸稻) 발달의 영향을 설(說)하여 인천 대지나무역의 전도를 비관하는 자가 유(有)하나 차(此)도 그 수요■는 대개 대련 급(及) 북청지방에 이주한 내지인고로 만주산의 미곡으로는 차에 대하기 난(難)하겠고 종(從)하여 조선미의 수출은 대영향은 무(無)하리라더라.

> **자료 17** | 《매일신보》, 1914. 7. 30, 2면 5단

미속(米粟) 수입과 조선

선미(鮮米) 대용제 실행에 반(伴)하여 조선미의 내지 이출이 점차 증가하고 갱(更)히 작년 이입세의 철폐로 인하여 일층 저대히 증가하는 추세가 유(有)하며 현금 미가 하락으로 인하여 이출에 다소 감퇴가 유(有)하나 장래 고귀할 것을 예상하여 일반이 방매하기를 석(惜)하는 모양이라 고로 일반의 저장미(貯藏米)는 풍부한 경향이라 일반에 미가가 앙등(昂騰)하면 흡사히 일류(溢流)하는 형세로서 이출 될 것은 물론이나 미(米)의 유출에 반(伴)하여 차(此)의 대용 식료품 된 외국 미율(米粟)의 수입도 격증하여 작 2년의 미곡 이수출액 1,500만 원에 대하여 미율맥분(米粟麥粉)을 가(加)하여 약 700여만 원의 수입액을 시(示)하고 취중 인천항과 여(如)한 처(處)는 미(米) 4만 1,000석, 율(粟) 10만 1,000여 석의 수입을 산(算)함에 지(至)하였고 차등 미율의 수요는 생활 정도의 이(異)함을 종(從)하여 각각 차등이 유(有)하나 만주율(滿洲粟)의 수요가 북선지방에 다(多)하고 남선에 소(少)하며 외미(外米)의 수요가 남선에 흥왕하고 북선지방에 소액됨은 저문(這聞)을 증명하는 일례 증(證)을 득할 것이라.

미율의 하(何)를 불문하고 차(此) 수요의 여하는 내선 미가의 고저에 재함은 물론이라. 차(且) 조선에서 율과 여(如)한 염가의 대용 식료품을 채(採)하고 고가되는 미의 수이출을 도(圖)하여 일면 외국미의 수입을 방지함은 조선의 경제상 파(頗)히 긴요한 사(事)에 속함 연이(然而) 목하 조선율에 자급은 아직 희망하기 난(難)한 상태라. 차 공급을 만주에 구(求)치 아니치 못하며 만주율의 주산지는 봉천(奉天) 사평가(四平街) 지방인데 취중 창도(昌圖) 이북, 장춘 이남 지방산은 품질이 최(最)히 양호하여 요양(遼陽), 개원(開原) 지방이 차에 아(亞)하며 조선산품(朝鮮産品)에 비하여 손색이 무(無)하고 또 그 생산액의 여하는 정확한 통계의 징(徵)할만

한 자(者)가 무(無)함으로 명(明)치 못하니 친히 동지방을 답사한 인(人)의 담(談)을 거하면 동지방 일대는 촉첨(蜀忝)으로써 주산물과 상식물(常食物)로 충(充)하여 율과 여(如)한 것은 부산물이 되나 소비액이 지선(至尠)하고 그 생산의 대부분은 수출함을 득함으로써 일반농작물의 부작(不作) 또는 방곡령 등을 견(見)함을 한하여 조선에 재(在)한 수요를 충함에는 충분할지라. 이로 말미암아 보면 만주율의 수입 증가를 도(圖)하여 외미의 수입을 방지할 여부는 의문으로 식자의 연구를 요할지나 만주율의 수입 증가를 도하여 미곡을 대용으로 함은 확실히 국가 경제상에 최유익하고 또한 경시치 못할 것이라고 모 경제통은 어(語)하더라.

자료 18 | 《매일신보》, 1916. 5. 2, 4면 5단

회착미(回着米)와 이출미(移出米)

본월 11일부터 15일에 지(至)하는 5일간 회착 현미는 2,879석으로 이출미는 1,700석인데 정미의 이출은 700석이오 인(籾)회착수는 1,050석이라더라.

자료 19 | 《매일신보》, 1916. 11. 14, 2면 7단

전주에서

미곡업자의 주의

군산항의 적재 미곡은 건조 완전한 것 가히 전무하다 하여도 과언이 아니로다. 금(今)에 전북미 검사는 생산 검사시대에 입(入)한 바 본포미(本浦米)의 성가(聲價) 융융(隆隆)함은 전(全)히 이상적 건조에 불출한 바니 당국에서도 차(此)에 착목하여 지방 농가로 하여금 건조에 대한 설비를 행하게 함을 물론이어니와 산출원(産出元)되는 농가와 미곡제조업자는 건조에 일층 주의하여 전부미의 성가(聲價)를 고(高)하게 함이 가하더라

군산항 미(米) 수출

군산항에서는 10월 중순으로부터 점차 미의 하동(荷動)이 왕성하게 되었는데 11월 5일 현재 수이출 무역액은 약 30만 원인데 그중 미곡 수이출 수를 들은즉 백현미(白玄米) 합하여 1,187석 10만 2,525원에 달하여 내(內)에 정미(精米)는 2,612석 3만 7,597원에 지(至)하였는 데 현미의 주요 도착지는 오사카(大阪)이오 정미는 오사카, 고베(神戶), 시모노세키(下關), 대련(大連) 등지라더라.

자료 20 | 《매일신보》, 1918. 7. 23, 3면 1단

내지행(內地行) 이출미(移出米)의 선재(船載)로 활기를 정(呈)한 인천항

19일 오전 인천항에 떠 있는 '군대환(君代丸)' 651톤과 그다음 제2 '심천환(深川丸)' 639톤이 들어왔고 2~3일 내로 또 상선 두척이 들어온다 하여 근일에 적이 고요하던 인천항도 돌연히 활기를 띠었더라. 이것이 조선 미곡계를 한 번 흔들어 놓은 고니시(小西) 일파가 사 모은 쌀을 한 번에 실어 가려는 것이니, 가는 곳은 도쿄라. 인천곡물협회에서 임시총회를 열고 협의하던 날에는 인천세관 구내에서 21척 정거장 방면에서 32척 인천의 살판이라는 것은 모두 몰아다가 작업에 종사하게 하며 400~500의 지게꾼을 모아들이며 쌀섬이라고는 짊어보지도 못한 내지 인부에게까지 엄청나게 많은 삯을 주며 잠시도 쉴 틈이 없이 운반하여 본선으로 실어 들이는 모양이 매우 급히 서두르는 모양. 19일 밤부터 밤을 새워 21일 새벽까지에는 4,670여 가마의 쌀을 실어 만복이 된 군대환은 먼저 떠나고, 제2 심천환도 동일 물때를 보아 1만 2,300가마를 싣고 떠났으며, 팔대환(八代丸)은 모지(門司)로부터 시멘트를 싣고 왔는데 귀로에는 1만 가마를 가져갈 터이오, 그다음에 올 배 2척은 아직 모르나 이것도 군대환, 심천환과 동양(同樣)으로 부인배로 와서 실어 갈 터이라. 쌀로 생명을 삼는 인천항민(仁川港民)은 혀를 내두르며 놀라지만 어찌할 수가 없다. 스즈키(鈴木) 상점의 말을 들은즉, 이번에 인천에서 가져갈 쌀은 4만 9,000가마가 되는데 발송지는 인천뿐이 아니라 수원, 황해도, 충남 지방이더라. 비싸진 지게 삯전. 19일부터 밤낮으로 인천부두는 쌀을 내여 싣기에 눈이 붉어지도

록 야단이라. 지게꾼도 4~500명을 몰아다가 평시에는 한 가마에 5리 1전을 주던 지게 삯을 단번에 2전 내지 4전을 준다고 격려한 결과, 일은 속히 진행되어 군대환과 심천환도 얼른 출범하게 된 것이라. 이로 인하여 지게꾼은 하루 수원을 벌었으며 쌈판 삯도 여간이 아니라 어쨌든지 그런 경향은 인천 설시(設市) 후 처음이라 하더라.

인천의 재미(在米) 일간에 다 없어진다

별항과 같이 고니시 일파가 조선 전토에서 쌀을 사 모으고, 한편으로는 어느 때든지 한번에 그 쌀을 운송할 만큼 유루없이 준비하였는 듯 19일 이래로 3척의 배를 인천항에 들어오게 하고 또 2척이 들어와 한 번에 4만 석 이상의 쌀을 실어가게 되었으므로, 인천에는 쌀이 전혀 없으며, 현금에는 세관 창고에 다소 남은 쌀이 있으나 이것도 2~3일 내로는 다 실어 갈 터인즉 쌀 한 가지로 자랑거리를 삼던 인천에 쌀이 아주 없어진다고 탄식하는 자도 있더라.

장치(藏置)하였던 외미(外米) 감취뒀던 안남미(安南米)가 있었다

조선에 안남미를 들여올 것도 멀지 아니하였으나, 고베 스즈키 상점에서는 벌써 4월 18일에 신덕환(神德丸)으로 수송하여 목하 세관 창고에 있는데 탐지하여 본즉 현재에 대략 700여 석이 있는데, 당시에는 스즈키 상점에서 장래에 쌀값이 더 오를 줄 알고 인천에 들여왔으나 별안간 쌀값이 떨어졌으므로 시장에 내보지 아니하였다가 이번에 곡가가 한없이 뚫어 올라가는 바람에 이 기회를 놓치지 아니하고 수일 전에 각처로 견본을 보냈는데 모씨는 말하되 스즈키 상점이 사들여 올 당시에는 한 되에 20전 6리더니 지금은 28전 화인 한 되 42전 금이 되어 팔기만 하면 한번 먹을 것이라. 그러나 요사이 같아서는 큰 이익을 보기는 하려니와 이입할 당시에는 도저히 미리 짐작하지 못하였을 것이라 하더라.

자료 21 | 《동아일보》, 1921. 3. 22, 2면 7단

군산항 이출미(移出米)

본년 2월 중 군산항으로부터 일본에 이출한 미곡 수량은 4만 6,141석 2두, 정미 1만

8,209석 분미(粉米) 2,042석 8두인데 그 도착지별로 견(見)할 시(時)는 오사카(大阪)가 현미 2만 2,980석, 백미 9,958석 2두요, 나고야(名古屋)가 현미 1만 1,900석 4두, 백미 320석, 고가 현미 9,278석 4두, 백미 1,221석 2두가 최상이오. 모지(門司), 시모노세키(下關), 나가사키(長崎), 고베(神戶) 등지가 차(此)에 차(次)하고 소량이나 고치현(高知縣), 스사키(須崎)에도 현미 70석, 백미 280석을 송치하였다는데 나고야 등지에 전기(前記)와 여(如)히 다량을 송치함은 군산 개항 이래 신기록이라더라.

자료 22 | 《동아일보》, 1922. 11. 25, 4면 3단

곡물 이출 격증

도쿄(東京), 오사카(大阪), 고베(神戶) 각 방면에 이출되는 전북미(全北米)는 점차 증가되어 작년 10월부터 금년 9월 30일까지 군산항으로부터 이출된 미곡수량은 현미 52만 7,330석, 백미 33만 1,967석, 합계 85만 9,302석인데 차(此)를 전년 회기에 비하면 현미 13만 523석, 백미 6만 7,979석, 합계 19만 8,502석이 증가되었더라.

자료 23 | 《조선일보》, 1924. 11. 30, 1면 10단

청진항(淸津港)도 번창, 곡물의 출회 왕성

청진항은 신곡기(新穀期) 이래로 일본 수출 곡물이 예상 이외에 번창하여 선복(船腹)은 만선 상태이며 산협지(山峽地) 곡물의 출회도 개시되었다. 조선총독부 동(同) 방면의 곡물적출과 청진항이 상응하면 성황■■할 터인데 ■■지(■■地) 곡물은 대두(大豆)는 ■■42만 석에 대하여 본년은 감수(減收)되어 30만 석가량이나 그 외 백두(白豆) 안외(案外) 호성적임으로 청진의 적출 곡물은 상당히 흥왕하리라더라.

자료 24 | 《시대일보》, 1926. 5. 22, 3면 7단

원산 현미 이출 격증

당항의 본월 중순 미곡이 출고는 현미 4,399석, 백미 889석, 계 5,285석인 바 전순(前旬)에 비하여 현미 약 4,000석이 격증하고 백미는 300석이 감소되었는데 이는 17일 칠미환(七尾丸)으로 시바우라(芝浦)행, 현미 3,000여 석이 출하된 까닭이오, 최근 외미(外米) 수입이 두절됨은 북만율(北滿栗)으로 인하여 수요자가 태(殆)히 개무(皆無)하게 된 까닭이라고.

자료 25 | 《동아일보》, 1926. 10. 26, 4면 9단

원산항 이출미(移出米)

원산에서 본월 중순에 외국으로 이출미곡은 현미 458석, 백미가 100석이요 이입은 나미(糯米) 13석인바 차(此)를 전월 중순에 비하면 현미는 동일하고 백미는 약 650석이 감(減)하여 전월보다 약 1,000석이 감소되었고 구미(舊米)도 점차 감소되어 지금까지는 저불(底拂)된 모양이요 내월 상순부터는 신미(新米) 이출이 왕성하다더라.

자료 26 | 《매일신보》, 1928. 12. 22, 4면 2단

미곡 이출 활황

금년은 일반으로 미(米)의 매매가 불활발(不活潑)한 것은 작가(作價) 기타 종종의 원인이 있을 터이나 마산, 진주 방면은 예년에 비하여 거의 배나 출회하는 활황을 정(呈)하였다. 사와야마(澤山) 기선(汽船)의 오사카·고베(阪神) 직항선이 마산에 입항하여 미(米)를 재(載)함이 유력한 원인이다. 종래 남선지방의 이출입 화물은 부산, 목포 양항에 의하여 탄토(呑吐)되어 있었으나 남선의 개발과 철도보급으로서 부산 목포 간에 갱(更)히 1~2의 유력한 이출입항이 출현 될 듯하다더라.

자료 27 | 《매일신보》, 1929. 12. 30, 3면 7단

마산항 금월 중 이출미(移出米) 상황

12월에 들어 마산에는 미(米)의 출회가 상당하여져서 21일까지 이출미가 2만 석 약 40만 원에 달하였는데 금월 말까지는 5,000석의 이출은 될 것 같고 또 금액은 61만 원에 달할듯 하다는데 전월 35만 원 이출에 비하면 배수에 달하였으나 작년 동기(同期)에 비하면 반액도 못 되는 상태이다.

자료 28 | 《동아일보》, 1935. 8. 19, 3면 1단

미곡 이출항(移出港) 군산에 모순

미곡 이출로 그 생명을 이어가는 군산항에 멀리 일본 내지(內地) 홋카이도에서 쌀을 이입하는 모순된 현상을 볼 수 있다. 이제 자세한 것을 조사한 바에 의하면 군산의 미가(米價)는 천정부지격으로 올라가서 현재 3등미에 30원 60전이란 고가인 동시에 금년도 잡곡인 대소맥(大小麥)은 농가에서 자기의 통제를 취하기 위하여 금융조합과 농회에서 융통하여 주는 저리자금으로 전부 저장되어, 도회지 빈민층이 여름 한철에 유한일 주식물로 없어서는 안 될 보리 출회가 없는 동시에 값도 폭등하여 1석 14원인 관계상, 그들의 생활을 많이 위협하던바, 군산미곡조합 중개인 모씨가 1933년도(昭和 8) 산 홋카이도 쌀 5등미 1,500포를 지난 14일 오사카 상선 기선으로 이입시켰는데 1표의 가격이 10원으로 빈민층에는 유한일 주식물이 된다고 하며 앞으로도 자꾸 입항될 것이라는 모순된 현상을 보이고 있다 한다.

자료 29 | 《동아일보》, 1935. 11. 7, 4면 2단

원산항 일대 화물 수송 활황

흑자(黑字) 「레-루」를 주마등과 같이 달리는 약진 원산의 발랄한 용자(勇姿)를 철도수송

진의 약동보(躍動譜)가 고주(高奏)하고 있으니, 이제 원산철도사무소 10월 말 통계를 본다면 화물수송의 청구차가 2,330대로 전년에 비하여 44차가 증가되었고 실제 사용 수는 139로 89량(輛)의 격증상이며 재화톤수 6,786톤으로 이 또한 전년의 2배여의 숫자를 표시하여 발송 톤수 3,227톤을 산하면 수수입(數收入)이 1만 2,536원인데 전년보다 4,386원의 대흑자 경기를 현출한 바 그 발송한 주요 화물은 흥남질소회사의 비료가 대맥(大脈)을 점령하고 천내리(川內里) 오노다(小野田)시멘트, 기타 미곡 출회, 건축재료 목재, 당절기의 잡화 등으로 약진하는 원산항의 편린을 반영하고 있다 한다.

자료 30 | 《조선일보》, 1936. 1. 24, 4면 1단

개항 이래 신기록, 12월 부산 미곡 이출

부산항의 12월 중 미곡 이출 수량은 개항 이래의 신기록으로 백미 19만 1,617석 현미 15만 6,593석, 쇄미(碎米) 1만 343석, 기타 1,088석, 합계 35만 9,641석인데, 전년 동기(同期)에 비하여 4할, 즉 9만 7,722석의 증가를 보았다. 작년 10월부터 실시된 정조강제검사(正租強制檢查)의 결과 미곡 이출항 급(及) 집산지에는 출회가 감소되었음에도 오직 부산이 그와 같이 격증된 원인은 1933년(昭和 8), 1934년(昭和 9) 양년의 경남북 일대의 대흉작으로 농민들의 곤궁이 극도에 달한 까닭으로 농가의 방매가 격증하게 된 때문이라고 한다.

자료 31 | 《조선일보》, 1937. 2. 16, 7면 4단

군산 미업(米業)도 부진

미곡항(米穀港) 군산도 농촌의 흉작으로 인하여 벼의 출회 격감으로 군산 정미업 급(及) 기타 미곡상들은 방금 비명을 부르짖고 있는 터로서, 이로 인하여 지난 1월 중의 미곡 수이출액도 전년도 동기(同期) 564만 209원에 비하여 약 4할인 226만 9,113원이 감소를 보게 되었다. 가 관계자 간에는 이는 곡항(穀港)으로서의 4할 문제라 하여 방금 적극책을 강구 중이라 한다.

자료 32 | 《조선일보》, 1937. 6. 19, 5면 1단

조선 제1 미항(米港)에서 공업군산(工業群山)에로 전향

군산의 위치를 지도면으로 볼진데 조선의 남해안에 속하여 동경 126도 42분 북위 35도 59분에 위치되어 있다.

그런데 군산은 개항 전에는 갈대가 만목황량한 작은 어촌이었던 것이 1899년(光武 3, 明治 32) 5월 1일 한국 정부의 칙령에 의하여 군산을 끊임없이 포육(哺育)하여 준 조선의 5대하(大河)의 하나인 금강으로 하여금 개항을 보게 된 바, 개항 당시에는 인구 겨우 5백여 명에 무역액이 또한 1만 2,000원에 불과하던 것이 1910년(明治 43) 3월 6일 군산 철도가 개통되자 추년(追年) 발전의 일로를 밟을 뿐 아니라 공비(工費) 285만 원을 들여 1926년도(大正 15)에 기공하여 1932년도(昭和 7)에 제1기 축항의 준공과 또한 동년에 군산부 행정구역 확장 등으로 인하여 1936년(昭和 11) 말 현재로서 호수(戶數) 9,062호에 인구 4만 2,127명으로서 최근 7년간의 인구 동태를 기록하면 다음과 같다.

1930~1936년 군산 인구 동태

(단위: 명)

	1930년	1931년	1932년	1933년	1934년	1935년	1936년
조선인	16,541	16,843	26,200	-	27,144	30,742	31,492
일본인	8,781	9,115	7,000	-	9,408	9,711	10,063
외국인	638	582	385	-	407	624	572

그리고 무역액도 1억 1,000만 원에 달하며 또한 미곡 수이출만이 228만 5,000여 석을 돌파하여 미곡항으로서의 단연 조선 제일을 뽐내고 있는바 최근 10년간의 수이출미의 수량을 보건대 다음과 같다.

1927~1936년 군산 수이출미 수량

(단위: 석)

연도	1927	1928	1929	1930	1931	1932	1933	1934	1935	1936
수량	147만 1,942	161만 1,358	125만 963	105만 5,144	185만 6,599	162만 7,427	178만 5,539	228만 5,114	214만 30	186만 3,680

    그런데 이곳에서 일언(一言)코자 하는 것은 군산이 지금까지 "미(米)의 항(港)"으로서 그 이름을 떨치게 된 것이 역사적으로 보아 우연이 아닌 숙명이었다는 것을 말하려 한다. 군산은 역사적으로 옥구(沃溝)에 속한바, 옥구군을 원백제(元百濟)의 마서량현(馬西良縣)으로 그 후 신라조에는 옥구군이라 칭한 후 임진군에 속하였었다. 그 후 다시 고려 이조(李祖) 6년에 군산에다 진을 두고 병마사로 하여금 현치(縣治)를 하다가 1423년(世宗 5)에 군산을 영포(營浦)에 두어 전함, 병함, 사후선(伺候船)을 두어 관방(關防)하였다. 이조 중엽 1652년(孝宗 3)에 대동공미법(大同貢米法)이라는 신법령이 실시되자, 군산에는 호남청이라는 관아가 설치되어 전주의 발, 지류(紙類), 진안(鎭安)의 엽초, 정읍의 저마(苧麻)를 비롯하여 옥구, 만경, 함열, 김제, 남원 급(及) 기타 전라북도 내의 공미를 집중하여 해로로 인천으로 올려와서 그곳에서 육로로 서울로 상납을 한다. 이는 전기한 바와 같이 군산이 전조선 유일의 미곡 탄토항(呑吐港)으로 이름을 떨치게 된 것은 실로 우연한 일이 아닌 숙명적이었던가 한다.

자료 33 | 《매일신보》, 1941. 10. 16, 4면 7단

내지향(內地向) 이출미강(移出米糠) 7만 톤으로 결정

    명년도의 조선산 미강(米糠)의 내지 이출량에 대하여는 과반래 농림성으로부터 야가와(谷川) 사무관이 내선(來鮮) 총독부와 종종 절충 중이었는데, 요즘 이출량으로 7만 톤을 협정 성립하게 되었다. 그리고 8만 톤 중 미강은 3만 톤, 탈지강(脫脂糠) 4만 톤으로 조선의 사정이 허하는 한 9만 톤까지 증가하기로 되었다.

자료 34 | 《매일신보》, 1942. 10. 27, 2면 8단

미창(米倉) 항만 운송 항만회사에 양도

미창(米倉)에서는 금회 정부의 방침에 기하여 동사(同社) 업무의 일부인 항만운송사업을 근간 각지에 설립되는 항만운송회사에 양도하기로 하였으므로 22일 오후 2시 동사에서 임시총회를 개(開)하고 「당사의 항만운송설비와 운송사업을 금회 신설하는 항만운송회사에 양도하는 건」을 부의 가결하였다. 그리고 각지의 항만운송회사는 11월 중에 각각 창립총회를 개최할 예정이다.

3 항만 노동자와 파업

자료 35 | 《매일신보》, 1913. 4. 26, 2면 7단

웅기만(雄基灣) 인부 파업

함경북도 웅기령(雄基嶺) 도로 공사에 종사할 지나(支那) 인부 및 석공 192명은 청부자(請負者) 오카타구미(岡田組)가 준공기한이 절박하였으므로 종래의 일고(日雇)를 평(坪) 청부로 바꾸었으나 사정을 알지 못하는 인부 등이 이를 오해하고 본월 10일에 전부 휴업하였는데, 연(然)이나 석공 60명은 취업할 모양이 유(有)하나 다른 자들은 다른 곳으로 옮기어 재차 취업의 모양이 무(無)함으로 소할(所轄) 경찰서에서 목하(目下) 주의 중이더라.

자료 36 | 《조선일보》, 1924. 12. 10, 2면 3단

실업고(失業苦)! 생활난! 남포(南浦) 노동계의 참상

진남포의 노동계는 종래 불철저한 제도로 인하여 유형, 무형으로 무제한 비애를 느껴오던 중, 근년은 일반재계의 공황과 외국 노동자의 침해와 기타 일부 자본계급의 음흉한 착취 등 가지각색의 원인으로 인하여 날을 쫓아 직업을 잃고 도로에 방황하는 무리의 참담한 현상은 이루 말할 수 없는 형편이다. 요사이 진남포부에서 조사한 바에 의하면 직업이 있는 노동자가 2,000명이오, 기타 일정한 직업 없이 방황하는 자가 3,000여 명인데 그 외에 일본인 노동자 160명은 모두 직업을 확정하여 일본인은 평균 매일 2원 40전과 중국인은 평균 1원 50전을 받아서 비교적 유족한 생활을 하나 조선 노동자는 천재일우의 기회를 만나서 직업을 얻은 사람이라도 각 정미소의 쌀 고르는 여직공(選米女工)과 유년 노동자를 합하여 700명과 기타 잡역인 부두에서 곡물을 운반하는 각 노동조합의 400여 명 조합원뿐으로 삭전은 평균 50전을 넘지 못하여 전시의 외관은 의구하나 그 이면에 감추어 있는 노동자들의 비애야말로 날이 갈수록 더욱 심하여 실업고 생활난의 참상은 뜻있는 사람의 한줄기 눈물을 금치 못할 뿐이라더라.

자료 37 | 《조선일보》, 1924. 12. 26, 2면 10단

홍원(洪原) 부두 인부 파업 해결

함남 홍원 전진(前津) 부두 인부들이 홍원에서는 처음이라고 이를 만한 동맹파업을 지난 20일에 일으켜 물주들의 머리를 아프게 하였는데 그 원인은 재작년에는 풍선(風船)에 실은 명태 한발에 품삯이 30전이던 것을 작년에 와서는 물주가 위탁업자와 협의하고 몇 개인 노동자의 찬성을 얻어 10전을 감(減)하여 20전으로 작정되었는데 물가의 고등으로 말미암아 그 품삯으로는 도저히 생활을 유지하여 갈 수 없으므로 절실히 느끼는 노동자들은 재작년과 같이 30전으로 올려달라고 물주들을 상대로 반항하다가 결국 동맹파업을 하였다고 함은 이미 보도한 바와 같거니와 물주들은 노동자들의 단체인 노동조합의 태도가 강경함을 알고 요구대로 30전을 내게 되어 원만히 해결되었다더라.

자료 38 | 《시대일보》, 1925. 5. 17, 3면 6단

무허가 노동자 부두에서 검거

부산부 초량동(草梁洞) 931번지 강재련(姜在煉)과 울산군 유곡리(裕谷里) 박기수(朴基洙) 2명은 허가 없이 노동자 30여 명을 모집하여 지난 13일 오후 9시 반경에 관부(關釜) 연락선 창경환(昌慶丸)으로 도일(度日)하려다가 수상경찰서 형사에게 발각되어 목하 엄중한 취조를 받는 중이다. 그 내용을 들은즉 전기(前記)한 강재련은 금년 1월 7일경에 일본 후쿠오카현(福岡縣) 구라테군(鞍手郡) 신뉴촌(新入村) 신뉴탄갱(新入炭坑)에서 갱부로 있다가 지난 10일경에 귀국하였다. 돌아가는 길에 조선 인부 기숙업을 하는 기무라 이치로(木村一郞)란 자로부터 인부 10여 명을 데리고 오면 감독을 시켜주마라는 부탁을 받아 그 수수료로 금 60원을 받고 모집하여 가지고 들어가다가 발견된 것이라는데, 박기수는 자기 친형되는 박성수(朴成洙)가 현재 일본 니가타현(新潟縣) 남운소군(南雲沼郡) 철도공사장에서 역시 노동기숙업을 하고 있는 자인 바, 또한 전기(前記)와 같은 편지가 왔으므로 17~18세 되는 인부 15~16명을 데리고 일본으로 가다가 발견되었다고 하며 대개 응모자들은 일본만 가면 매일 평균 2원 이상의 일급

을 받는다는 말로 꾀었으나 기실은 음식업자의 부탁으로 인부 모집에 대하여 몇 원씩 수수료를 받는 까닭이라 한다.

자료 39 | 《조선일보》, 1926. 4. 25, 2면 5단

조선 노동자를 위협하는 고력군(苦力群)

근일(近日) 봄날이 따뜻함을 따라 조선 노동계를 침해하는 중국의 고력군들이 조선 내지로 들어오는 그 수효가 나날이 늘어간다는 놀라운 소식을 종종 듣는 바이어니와, 요사이 웅기 부두에도 선편(船便)마다 밀려드는 중국인 노동자가 매일 40~50명에 달하여 벌써 웅기 부두에 올라선 것만이라도 수백 명이 넘었으며 또한 금후도 많이 밀려들어 올 형세가 보인다. 이 많은 외국 노동자가 이 조그만 지방에 달려드는 것은 이 지방 우리 조선인 노동자에게 절대한 위협인 것은 물론이오, 심하면 조선 노동자의 생활을 근저로부터 파멸시키기도 어렵지 않은 놀랍고 무서운 일이라고 일반 노동계에서는 벌써부터 전전긍긍하는 중이다. 이로 인하여 이 지방 노동계에는 머지않아서 한 번의 파란은 면하기 어려운 기세가 지금부터 은은히 보인다고 하며 또한 다수의 중국 노동자가 웅기 부두에서 흩어져 가는 곳을 보면 대개가 로서면(芦西面)에 있는 하토야마 농장(鳩山農場)으로 향하고 가는 것을 보아 아마 그 농장에서 중국 노동자를 끌어내는 것인 듯하다. 지금 조선 사람들도 노동하고자 하여도 노동할 곳이 없어 헤매는 이때 하필 중국 노동자를 끌어오는 그 농장 당국자들의 심사도(다소 이해는 있겠지만) 알 수 없는 일이라고 일반의 비난이 많다더라.

자료 40 | 《시대일보》, 1926. 6. 3, 3면 3단

남포 부두 노동조합 창립

당 지역 노동자 30여 명은 지난 31일 오후 9시 30분경에 시내 비석리(碑石里) 안석조(安錫祚) 씨 집에 회집하여 남포 부두 노동자 조합 창립총회를 열고 이겸효(李謙孝) 씨의 시대변천

과 단결하지 않으면 안 되겠다는 취지의 설명이 있은 후, 수십 조의 규약을 낭독하고 조합장 안석조, 총무 이겸효 씨를 선정한 후 오후 10시 50분경에 폐회하였다고.

자료 41 | 《동아일보》, 1926. 7. 14, 2면 8단

200여 노동자 부두에서 방황

조선 안에서는 도저히 먹고 살아갈 수 없다고 하여 노동력을 팔고자 일본으로 건너가는 조선 노동자가 날마다 많아지는 것은 세상이 다 아는 바이어니와, 조선 노동자가 무제한으로 이렇게 일본으로 건너가면 일본 노동자에게 적지 않은 위협이 되겠다고 하여 당국에서는 얼마 전부터 일본으로 건너가는 조선 노동자를 제한하여 노동자들은 이역에서 날품을 팔아 생명을 이어 나가는 길까지 자유로 얻지 못하게 되었다. 최근에 어디에서 나온 말인지 일본으로 건너가는 노동자 제지를 해제하였다는 풍설이 남도 지방에 유행하여, 노동자들은 한동안 단념하였던 일본 건너갈 일을 또다시 계획하여 얼마 되지 아니하는 가산을 전부 팔아 부산으로 몰려드는 사람이 많다. 관계 관헌은 여전히 그들의 도일을 제지함으로 매일 이렇게 부산으로 몰린 200여 명 노동자는 오도 가도 못하고 부산 부두에서 방황하는 중, 모처럼 가산을 팔아 만든 여비는 부산에서 전부 소비하게 되어 그들은 진퇴양난에 빠져 있다. 이에 대하여 관계 당국에서는 하등의 대책을 강구하지 않는다고 하여 일반의 여론이 비등하는 중이라 하며 이들 200여 명의 노동자들이 날마다 부산 수상경찰서에 가서 일본으로 보내 달라고 애걸복걸하는 형상은 차마 볼 수가 없다더라.

자료 42 | 《동아일보》, 1926. 11. 28, 1면 2단

각 항 파업 형세, 부두 노동자 계속 파업?

한구(漢口)의 대일(對日)파업은 대체로 타협이 성립되어 머지않아 종료할 터이나, 부두 노동자가 파업하여 화물 적하(積下)가 전연 불가능하게 되었으며 금후 각 항 공(共)히 계속하여

파업할 형세임으로 재계의 불안은 당분간 제거할 여망이 없더라.

자료 43 | 《조선일보》 1927. 11. 25, 4면 12단

신의주 부두조(埠頭組) 노동야학 개시

당지의 부두 조합에서는 연래부터 숙제이던 당 조합원 기타 노동자들에게 문맹 퇴치를 하기 위하여 벌써 얼마 전부터 야학을 개강하였는바, 강사는 당지 독지 청년인 김안석(金安錫) 군이 담임하여 열심 교수한다는데 성적이 매우 양호하다 하며 과목은 아래와 같다더라.

조선어, 일어, 산술, 작문, 습자, 강담(講談)

자료 44 | 《조선일보》, 1931. 7. 22, 6면 1단

한산기(閑散期)에 든 마산 부두에 격증하는 실업군(失業群)

지난봄 이래로 전례 없는 곡물 출회가 많은 마산 부두에는 다소 활기를 띠고 그곳에서 그날그날 품을 팔아 연명해 가던 백여 명의 노동자들도 다소 숨을 돌려 쉬어 오던바, 하절(夏節)의 한산기에 들어와서는 곡물의 출회가 끊어지게 됨에 수백의 노동자들은 할 수 없이 약 80%나 실업자가 되고 그 나머지 노동자들도 하루 종일 12시간 이상 노동을 하여도 불과 15전의 임금을 받게 되는 참상에 있어 일반은 매우 우려하여 이러한 참상이 적어도 3개월을 계속하게 되겠으므로 이에 대한 구제책이 없지 못하리라 한다.

자료 45 | 《조선일보》, 1931. 7. 23, 7면 1단

온발(鰮拔)노동 부녀(婦女)간 노동 쟁탈 격심

함북 어업항 중심으로 어선 300~400척 출입과 함께 정어리(鰮魚) 산출이 하루만으로

1만여 통이 다량으로 보고 있는바, 그로 인한 온발노동 부녀가 매일 그 수효를 헤아릴 수 없으리만큼 각지에서 집중하여 단돈 한 푼이라도 벌어야 먹고 살겠다는 생활난의 극지로 서로서로 집어뜯고 악발하는 그 싸우는 소리는 차마 듣고 있을 수 없는 형편이라 하며, 더욱이나 10리, 20리 밖에서 며칠을 두고 일하러 왔다가도 주린 공복에 헛되이 돌아가는 사람이 반수 이상이라 하는 바, 일반은 그들이 통제 있는 노동 방법과 규율 있는 행동으로 금후 피차간 같은 처지에 있는 사람을 상호 부조하여 여찬히 무지 난폭한 행위가 없기를 바란다.

자료 46 | 《조선일보》, 1931. 7. 27, 2면 6단

노동터를 뺏고자 양(兩) 조합원 난투

신의주에서 가장 큰 노동조합인 부두 조합이 신구로 분립 대치된 후 서로 노동시장을 중심으로 쌍방의 충돌 알력이 계속되어 오던 중 7월 24일 쌍방의 충돌이 노골화되고 말았다. 이날 오전 7시 30분경 신의주 신(新) 부두 조합원 40여 명이 압록강안에서 후지와라(藤原) 정미소 소유의 벼를 상륙시키고 있던 중 돌연 신의주 부두 조합원 100여 명이 습격하여 쌍방에 맹렬한 난투가 계속되어 이 중 10여 명이 경상을 당하고 말았다.

자료 47 | 《조선일보》, 1931. 7. 29, 7면 7단

노동단체 충돌

신의주 노동단체로 가장 역사가 깊은 부두 조합과 또 여기서 분립하여 이루어진 신(新) 부두 조합 간에 충돌이 자주 있어서 신의주 노동계에 적지 않은 유감을 느끼게 되는바, 지난 24일 오전 8시에도 또 일대 충돌이 일어나 일시는 험악하였었는데 사실에 있어서는 하주(荷主) 후지와라(藤原) 정미소에서 전기(前記)한 신 부두 조합원을 시켜 세관 부두에서 벼를 하륙하던 바 부두 조합의 조합원들은 연래로 맡아 일하는 등원 출장소 것으로 잘못 알고서 '우리가 일할 것을 왜 빼앗느냐'며 언쟁이 시작되어 쌍방이 정면충돌로써 수십 명의 부상자를

내었는데 강안(江岸) 파출소 경관이 현장에 출동하여 진압하고 가해자로 부두 조합원 23명을 검속하였다 한다.

자료 48 | 《조선일보》, 1931. 9. 16, 2면 1단

임금 인하 절대 반대, 부두노동조(埠頭勞動組) 긴장

원산국제통운주식회사에서는 그 회사에서 일하는 운수 노동자 부두 조합 조합장 장세환(張世煥) 씨와 십장(什長) 세 사람을 12일 불러 근래의 심한 불경기로 하물(荷物)도 없으니 임금 인하할 것을 제안하였다. 즉 일이 있을 때는 일급 1원 20전 주던 것을 1원으로 내리고 없을 때는 30전 주던 것을 20전으로 내리자는 것인데 동 회사에서는 15일까지 회답을 요구하였다. 동 노동조합에서는 조합원 123명이 2일간을 두고 협의한 결과 결국은 일치하여 임금 인하에 반대하기로 태도를 결정하고 15일 오후 1시 함남 노동회를 통하여 그 뜻을 회사 당국에 통하였다. 회사 측에서도 상당히 강경한 태도로 인하를 주창할 모양이므로 사태에 따라서는 파업이 생길 듯한데 전년에 대(大)파업이 있었던 원산이라 노동계는 자못 긴장하고 있다.

자료 49 | 《조선일보》, 1931. 9. 22, 2면 9단

결국은 타협 해결

원산국제통운주식회사에서는 수일 전 종래에 사용하여 오던 관계 노동자 약 100명에 대하여 불경기라는 구실로 종래 임금 1원 20전을 1원에, 휴식한 날의 수당 30전을 20전으로 감하기로 하여 그동안 노동자는 이를 발단으로 자못, 동란(動亂)되어 맹파의 기세를 보이고 반대운동을 하여 오던 중 9월 21일 회사 측과 노동자 사이에 절충한 결과 임금을 1원 10전에, 휴식일은 25전에 타협하였다 한다.

자료 50 | 《조선일보》, 1931. 10. 5, 4면 1단

노동자 구제금 분배하라고 200여 명 또다시 소란

　와카마쓰(若松)시 실업 노동자 300여 명이 작대하여 "데모"하는 동시에 와카마쓰 시역소(市役所)에 와서 쌀을 얻어갔다는 것은 이미 보도하였거니와, 이 사실이 있은 지 3~4일이 지나지 못한 지난 30일 오전 11시경에 '와카마쓰항 부두 노동자 청부업연합조합' 소속 십장(什長) 20여 명이 그 조합사무소를 찾아와서 소두조(小頭組)에 자기들의 궁박한 생활난을 호소하고, 이어서 지난 8월 27일 부두 노동자 쟁의 당시 석탄상 조합으로부터 노동자 정리구제금을 속히 분배하여 달라고 요구하고 돌아간 후 얼마 안 되어 부두 노동자 200여 명이 작대하여 연합조합 사무소에 와서 고함을 치며 이구동성으로 너희들도 좀 굶어보아야 남의 사정을 안다고 하며 우리도 사람이라 안 먹고는 못살겠다 하여 살기가 등등한 얼굴로 소두(小頭)들에게 면회를 청구하여 오후 3시경에 소두조합 측 대표 다마이(玉井) 조합장 외 5명과 노동자 측 대표 20명이 담판한 결과 노동자 정리구제금 분배는 오는 13일까지 해 주기로 하겠다는 소두조합 측 대표의 책임 있는 회답을 들은 후 오후 6시경 모두 헤어졌다는데, 조선 노동자도 100여 명이 참가하였다 하며 접종하여 일어나는 노동문제에 와카마쓰(若松) 육상경찰서와 수상경찰서에서는 동분서주로 눈코 뜰 사이가 없는 상태라 한다.

자료 51 | 《조선일보》, 1931. 10. 7, 7면 8단

와카마쓰시(若松市) 부두 인부 150명 총파업

　'와카마쓰시 부두 노동자 청부업연합조합' 소속 노동자 200여 명이 지난 2일 오후 2시 동회 사무소에서 와서, 시위하는 동시에 노동자 정리구제금 30% 분배의 건을 강경 담판하였다 함은 기왕의 보도와 같다. 공동조(共働組) 노동자 150여 명은 지난 1일 밤 와카마쓰(若松)시 산수통(山手通) 백산(白山) 신사(神社)에 집합하여 노동자 모(某)로부터 연합조합의 비행을 들어 조원 일동을 격려시킨 후 곧 파업을 단행하기로 결의하고, 2일 아침부터 파업을 단행하였다. 각 우의 단체의 동정은 물론 시민의 동정까지 끌게 되었다는데 동맹파업은 점점 확대

되어 와카마쓰(若松)시 전 노동단 체에게로 만연될 것 같다 하여 시기가 시기인 만큼 일반의 주목은 이곳으로 집중된다고 한다.

자료 52 | 《조선일보》, 1932. 1. 23, 7면 1단

마산 부두○조(埠頭○組) 인부 동맹파업을 단행

마산 부두 마루이치(丸一) 해운사 인부 21명은 18일 오후부터 단연 동맹파업을 단행하였다. 이제 그 자세한 내용을 들건데, 지난 14일에 하주(荷主) 측으로부터 짐 한 짝 고출(庫出) 임금 1전 5리를 1전으로 인하하여 달라는 요구가 있었으나 인부 측에서는 단연히 거절하였던 바 이래 아무런 소식도 없다가 18일 별안간 상선 창고에 있는 성냥을 1전씩에 하주에게 고출하여 주라는 회사의 무리한 요구에 인부들은 절대 반대하고 다소 언쟁이 있었다. 인부로서 자기 명령을 복종치 않는다는 계급감정에서 서기 다카하시(高橋)라는 자는 인부 정두칠(鄭斗七)을 곤봉으로 다리를 때렸으며 주인 야마시타(山下)는 김순남(金順南)의 뺨을 무수히 때렸다는데 여기에 분개한 인부들은 즉시 다음의 7개 조건을 요구하고 동맹파업을 단행하였다 한다.

요구조건

1. 다카하시 해고의 건

2. 노동자 임금으로부터 지불하는 서기급료 10할 3푼 철폐의 건

3. 성냥 고출(庫出) 임금을 1전 5리로 할 것

4. 잡화에 대한 수시협정은 조합주와 노동자 양방의 협정으로써 이를 결정할 것

5. 대우 개선의 건

6. 우사인(牛飼人)[8]과는 따로 정할 것

7. 희생자를 내지 아니할 것

마루이치(丸一) 쟁의단(爭議團) 백(白)

---

8   우차(牛車)의 소를 다루던 사람이다.

조주(組主) 측 담(談)

이 소식을 듣고 곧 야마시타(山下) 씨를 찾아갔더니 마침 밖에 나가고 그 부인이 나와 맞아주며 "글쎄요 제가 말씀하여도 좋을까요? 14일 하주 측과 임금 인하에 대한 상의가 있었으나 인부들의 반대로 역시 우리도 인부들의 생활 형편을 생각해서 부산 본점과 여러 가지로 교섭 중입니다. 그러나 본점에서 미리 1전씩에 통지가 온 것일 뿐 아니라 이곳 수취인은 수요 형평상 본사와 타협을 기다리지 않고 1전씩에 고출을 요구하게 되므로 할 수 없이 인부들에게 그렇게 하여 주라고 하였더니 회사의 형편은 도무지 생각하여 주지도 않고 서기와 언쟁까지 되었는데, 다카하시(高橋) 서기는 본래 군인 출신으로 명령 불복종에는 질색하는 사람이므로 자기 명령을 듣지 않는 인부를 몽둥이로 몇 차례 때렸는가 봅니다. 그리고 주인 야마시타(山下) 씨도 너무 인부들이 고집함으로 승■은 급하고 해서 뺨이나 때렸는데 그것이 도화선이 되어 어제 오후 4시부터 인부들이 일터에 나오지 않습니다. 그래서 보시다시피 임시 인부를 대어 일은 계속합니다만은 지금이라도 인부들이 자기들의 잘못을 깨닫고 오면 어디든지 써줄 작정입니다"라고 하였다. 다시 기자는 "들으니, 요구조건을 제출하였다는데 원만한 해결책은 없을까요"하고 물으니 "요구조건요? 우리는 그런 것 모르겠습니다. 원만한 해결은 인부가 잘못하였음에 주인이 몇 차례 때렸기로서니 ■■ 무슨 잘못이겠습니까. 어쨌든 ■ 인부들이 와서 잘못하였다고■■ 우리도 생각이 있으니 임금은 본사와 될 수 있는 대로 타협하여 보지요. 우리도 본사에 대하여 오랜 해 동안 신세를 져 왔으니 강경히 임금 인상을 요구하여 본사의 마음을 상하게 할 수는 없습니다"라며 기자와 더 말하기를 피하였다.

쟁의단 측 담

"1전 5리에도 그날그날 생활이 어려운 터에 1전으로 인하한다는 것은 우리의 생목숨을 끊어버리는 말과 같습니다. 예전부터 우리 조(組)에는 대단히 불평이 많이 있었습니다만 이번에 동무가 죄 없이 얻어맞았다고 하는 것은, 우리 일동은 사람으로서의 분함을 참지 못할 일입니다. 어제 저녁에 야마시타(山下)와 다카하시(高橋)에게 가서 때렸다고 하는 것은 그들이 잘못하였다라고 구두 사과는 받았으나 우리는 그것으로 만족할 수 없습니다. 어디까지든지 요구조건을 관철하기까지 정의를 계속할 작정입니다. 그러나 한 가지 어려운 것은 촌에서 몰려오는 자유노동자들의 무의식한 행동 때문에 제일 두통입니다"라고 말하는 그들은 자못 긴장하였으며 동(同) 쟁의단은 사무소를 마산노동연맹 경영인 공제소비조합 안에 두고 쟁의를 착착 진행 중이라 한다.

자료 53 | 《조선일보》, 1932. 1. 24, 7면 1단

마산 자유노동자 동맹하여 파업

지난 20일 마산항 부두 이와타(岩田) 회조부(回漕部)에 있는 자유노동자들이 동맹파업을 단행하였다는데 그 내용을 알아보니 동(同) 회조부에 있는 모리타(森田) 서기란 자가 물품 운반 임금에 대하여 주종간이 아니고 동업자 처지에 있음에도 불구하고 불공평한 태도를 취함에 대하여 노동자 중 황양수(黃良守)가 불평한 점을 말하였던 바, 모리타 서기는 무조건 해고를 선언함에 분개한 노동자들은 긴급회의를 열고 황씨 복직과 모리타 서기 해고의 두 조건으로 그와 같이 동맹파업을 단행하였다 하며 모리타 서기는 이전에도 수삼(數三) 불공평한 점이 있는 것을 감내하고 왔던바 금번에 또 그와 같은 짓을 함으로 드디어 숙감(宿憾)이 폭발하였다 하며 기자가 모리타 서기를 방문하니 내용을 일체 회피하고 함구무언하며 노동자 측의 태도는 강경■■다.

자료 54 | 《조선일보》, 1932. 3. 1, 2면 7단

청진 운수조원(運輸組員) 맹파(盟罷) 30여 명 마침내 검거

27일부터 운수조(運輸組) 3개 소의 노동자 300여 명은 6개 조의 요구조건을 제출하고 동맹파업을 단행하였다. 경찰에서는 파업단에게 밥을 나르는 여자를 쫓고 철야 경계 중이다. 28일에 파업단에서는 경찰 당국에 8개 조의 요구서를 제출하고 계속 파업 중에 있다. 또 경찰에서는 파업단 측에서 김창일(金昌一) 등 30여 명을 검소하였는데 쟁의단의 요구는 다음과 같다.

요구조건

1. 역전(驛前) 부두 조합 요구조건(朝運組)

    가. 단체계약권 확립

    나. 계약상의 임금 중 1할 5푼 할려제(割戾制)의 완전 실행

    다. 시멘트 적입(積込) 임금 1전 3리로 인상(전 임금 1전 2모)

    라. 임금은 매월 말 완불할 것

    마. 십장, 서기를 대표자로 인정 말고 노동자가 선정한 대표자와 회견 판단할 것

2. 신진(新津) 부두 조합 요구조건[이와타조(岩田組)의 중사단(仲仕但)]

    가. 시멘트 2부대 수양(水揚) 임금 1전 4리를 1전 7리로 인상할 것

    나. 목재, 철물 등 톤수 27전을 30전으로 인상할 것

    다. 잡화 2전 5리, 소물(小物) 1전 7리를 2리씩 인상할 것

    라. 문제 중인 곡물 1가마니 1리, 1부대 2리를 정식으로 만보(계수를 의미)에 기입하여 지불할 것.

    마. 단체계약권 확립

3. 통운(通運) 부두 조합 요구조건[통운조의 중사조(仲仕組)]

    시멘트 임금을 인상할 것

4. 통운 선내조(船內組)도 임금 인상 요구

자료 55 | 《동아일보》, 1933. 11. 21, 2면 5단

진남포 부두 인부 200여 명 동맹파업

곡물 출회기에 들어가면 더욱 활황을 띠게 되어 진남포 항구에 미증유의 대파업이 20일에 결행되었다. 그 까닭에, 배에 싣고 내리는 작업이 일체로 정지되어 대공황을 일으키었다. 파업단은 진남포노동조합, 부두노동조합, 니시히로조(西廣組)의 세 노동 단체원들이다. 이 세 단체원들은 종래로 하주(荷主) 겸 무역 위탁업자가 합체되어 물산 객주조합과 연락을 취하여 화물 적취 운반에 당하였던 것을 지난 19일 객주조합은 운반부를 새로 설치하고 동 조합

의 관계 화물은 직접 운반하게 되어 전기(前記)한 세 노동단체는 일거리가 없게 된 까닭이라 한다. 이 관계로 200여 노동 단체원들은 실업을 하고 방황하게 되어 이것은 사활문제라고 운송부 설치를 반대하고 파업의 봉화를 든 것이다. 그 결과 200여 명의 노동자는 객주조합 전속 인부 30여 명과 진남포 항구 부두에 대기하고 있어 어느 때에 혈전이 일어날는지도 모르는 까닭에 소관 진남포 경찰서에서는 서원이 총동원을 하여 경계 중에 있다 한다.

| 자료 56 | 《동아일보》, 1933.11.30, 3면 5단

부두 노동자 거절은 구파(舊派)에 대한 분풀이

작보(昨報) 계속. 진남포 물산 객주조합에서 그와 같은 역사적 건물인 동 조합 회의실과 그 대지를 아울러 가격 2,650원에 매도해 가지고 그 금액으로 동지 미곡 주식회사의 주권(株券) 200주를 인수한 것은 물론 그들이 사리사욕을 탐내서 한 것은 아니었다. 적어도 쌀 150만 석을 수출한다는 서(西)조선 유한일 곡항(穀港)으로서, 더구나 수백 명의 조선인 곡물상이 있다면서 직접 조선인의 손으로 일본 시장에 쌀을 수출하는 무역 기관이 없어서는 동 지역 조선인 곡물 상계를 위하여 아니 되었다고 해서 조선인 곡물상의 이익과 발전을 도모한다는 간판을 내걸고 객수조합과 중개조합이 주체가 되어 전기(前記) 미곡회사를 창립하면서 객주조합 측에서는 문제의 회의실을 출자하게 된 것이라 한다. 그러나 어찌 뜻하였으랴. 그 부동산의 소유권을 대부분 가지고 있는 옛날의 조합원들은 그것을 용인치 않을 뿐 아니라 강경한 반대가 일어나 결국은 소송 문제까지 발생하게 된 것이라 한다. 사태가 이와 같이 전개되고 보니 최후의 승패는 장차 법률의 귀정을 보아 알 것이어니와 당장 대 낭패를 당하고 또 궁박에 직면하게 된 객조 측에서는 구파(반대파)에 대한 분풀이로 먼저 부두노동조합[객주 반대파 측, 안석조(安錫祚) 씨가 조합장]에 향하여 사용거절을 하고 뒤를 이어 동 조합의 유지비를 노동임금에서 얻기 위하여 노동부(운송부)를 설치하고자 종래 사용하던 기성 노동조합 전체에 향하여 사용 거절을 고한 것이라 한다. 그리하여 객조 신구파의 알력도 더욱 첨예화하는 동시에 지난 20일부터는 노동쟁의까지 더 덮쳐 일대 소동이 일어나게 됨에 진남포 경찰서에서는 즉시 정사복 경관으로 부두 일대를 경계하는 한편 동 경찰서 이케우치(池內) 서장은 문제를 조정하고자 객조와 노조 쌍방의 수뇌자들을 경찰서로 소환하여 타협안을 발견하기에 노력하였다.

자료 57 | 《조선일보》, 1936. 2. 23, 2면 1단
임금 반감(半減)을 취소, 파업은 해결 형세

인천 부두인부 중 영신조(永信組)와 인신조(仁信組) 인부 1,200명의 파업은 21일 오후 5시에 이르러 그들이 소속하고 있는 객주조합 측과 미곡창고주식회사 측의 대표자가 회담한 결과, 결국 임금 반감은 철회하고 해결을 지은 셈이나 사실은 미곡회사 측은 객주조합소속 인부보다도 임금이 4리 씩 싼 전속 인부(현재는 수가 부족)를 늘려서 쓸 형편이므로 해결된 셈인 이 파업 사건이 앞으로 또다시 어떻게 전개될지는 아직도 예상을 허락하지 않는다.

자료 58 | 《조선일보》, 1937. 1. 14, 2면 1단
요구에 불응하면 최후론 동맹파업

노동자 측 모(某) 조두는 다음과 같이 이야기한다. 임금이 헐한 데도 있고 높은 데도 있을 뿐만 아니라 일용물가는 자꾸 올라가는데 일삯은 물가가 헐할 때나 그냥 마찬가지로 한 달 수입이 겨우 20원 내외밖에 안 되니 이대로야 어떻게 살아갈 수 있겠습니까. 그래서 우리들은 작년 세 말에 일삯을 40%가량 올려달라고 요구하였던 것인데 이날까지 아무 회답이 없으므로 우리 부두 노동자는 보조를 같이 취하여 결속하게 된 것입니다. 우리 요구를 들어주지 않으면 파업이라도 할 각오입니다.

자료 59 | 《조선일보》, 1938. 6. 16, 2면 9단

인천 부두 인부 맹파(盟罷)사건 해결

14일 아침부터 돌연 동맹파업을 단행한 인천 창신조(昌信組)와 영신조(永信組) 소속 부두 인부 약 1,500명은 그 뒤 불온한 형세를 보이고 있더니 인천경찰서에서 주모자로 인정되는 약 40명을 검거하여 취조를 개시하고 동시에 파업 인부들의 취업에 관해서도 조정을 한 결과, 14일 밤 11시에 이르러 파업단은 인천서의 요구대로 15일 아침부터 일제히 취업하였다고 한다. 14일에 인천 항구에 입항한 선박은 14척이 있었는데 동일은 파업으로 인하여 운반을 못한 관계로 하루 동안의 손해액이 수만 원에 달하였다 한다.

자료 60 | 《매일신보》, 1940. 9. 21, 7면 2단

구호기관을 설치, 대우까지 개선

인천 축항의 하역(荷役) 인부는 일 평균 2,000~3,000명에 달할 뿐 아니라 하물이 폭주할 때는 4,000~5,000명 인부로도 도리어 부족한 감이 있을 뿐 아니라 하역이 늦은 만큼 하주(荷主)와 선수(船主)측의 손해가 막심하다. 이런 중에도 과거에 있어서 인부의 대우 문제 또는 임금에 불만이 심하여 다른 곳에 전향하는 경향이 많으므로 인부난(人夫難)은 갈수록 심각하여 최근에 조선 운송회사와 창신조(昌信組) 사이에 전속계약을 하였을 뿐 아니라, 2만 원을 투자하여 인부의 구호 기관까지 설치하기로 되었으므로 지금까지 불만이 많던 부두 인부의 대우 문제도 완전히 해결 개선되었다 한다.

자료 61 | 《매일신보》, 1940. 9. 22, 8면 7단

인부 보충에 "여역군(女役軍)" 군산 운수 관계 회사에서 적극 채용

군산 수송 관계의 노동자 부족으로 고통을 받고 있는데 현재 인부의 모집 방법도 없으므로 동화해운(同和海運)에서 여자 노동자를 채용하여 시역(試役)해 본 결과 좋은 성적이었으므로 조운(朝運) 군산지점에서도 속히 여자 노동자를 모집하여 시역해 본 바 역시 좋은 성적이라 함으로 금후 적극적으로 쓰게 되었다 한다.

자료 62 | 《매일신보》, 1940. 9. 27, 7면 3단

부두 인부에 낭보

무역액 연 3억 원을 돌파하는 만큼 인천항에 출회하는 하물(荷物)은 실로 번잡을 이루고 있으며, 따라서 인부 문제가 가장 큰 난관을 보이고 있다. 즉 농번기에는 부두의 하역보다는 모내는 인부로 유동되어 인부난이 심각하여 이에 각 회조업자(回漕業者)와 운송업자 간에서는 각방으로 그 방지책을 연구하였으나 인부의 대우를 개선하며 또는 임금에 있어서는 인상할 필요가 있으므로 인천부세진흥회에서는 26일 오후 1시부터 상공회의소에 하역간담회를 개최, 지금까지에 제도를 개혁하는 동시에 적하(積荷)의 완화책을 토의하기로 하였다 한다.

자료 63 | 《매일신보》, 1940. 10. 8, 7면 7단

석탄 양륙(揚陸)에 지장, 인천항 인부 부족으로

엄동(嚴冬)을 불과 1개월 앞에 두고 방한 연료 준비에 급급하고 있는 이때, 인천항에는 금번에 각 공장과 가정에 배급될 석탄 3만여 톤을 실은 암정환(岩井丸) 외 7~8척이 입항하고 있으나 부선(艀船)의 부족과 축항 구내의 하역 부족으로 미처 양륙하지 못하는 터로 석탄 양륙

을 못하여 선주(船主) 측도 자못 비명을 올리고 있다고 한다.

자료 64 | 《매일신보》, 1940. 10. 25, 3면 5단

노임문제로 상쟁(相爭), 인천항 내 인부 석탄 하역을 중지

인천항에는 요즘 석탄이 매일 1,000톤 이상이 입하되나 하수인(荷受人) 측과 내항(內港) 하역 인부 측과의 임금에 대한 의견 상이로 근(近) 수일 동안에는 양륙(揚陸)작업을 중지하고 있다는 바 그 내용을 탐문 한 바에 의하면 인부 측으로서 매일 삭전을 1원 80전씩 주지 않으면 12시간 노동에 생명을 걸어놓고 위험한 일을 못하겠다 하고 하수인 측에서는 매일 1원 50전씩 주겠다 하여 30전 차(差)의 힐난이 되어 하역작업을 중지 중인데, 이로 말미암아 공도(工都) 인천의 엄동에 연료문제도 크거니와 각 공장 공업탄이 들어오지 못하여 생산 확충에도 막대한 영향을 끼치고 있다 한다.

자료 65 | 《매일신보》, 1942. 7. 3, 2면 1단

항만작업 7월 개시

항만운송업통제령에 기(基)하여 조선 내 항만의 연안 하역 부선(艀船) 내 작업 등을 일원화하는 항만작업회사의 설립에 관하여는 제1차 통제항인 부산, 인천, 성진, 원산, 군산, 목포, 여수, 마산, 포항, 신의주, 해주, 진남포 12항 중 부산, 마산, 포항은 6월 2일, 인천은 9일, 성진은 13일 원산은 16일, 군산은 19일, 목포, 여수는 20일 각각 설립위원의 임명을 보고 항만운송업 통제방침요항을 제시하였다. 이에 기(基)하여 작업회사를 설립하게 하기로 되어 남은 신의주, 해주, 진남포의 3항도 근간 설립위원의 임명으로 준비에 착수하기로 될 터인데 앞선 12개 항이 영업을 개시함은 대체 10월 초순의 예정으로, 이에 계속하여 청진을 위시하여 11개 특수항에 제2차 통제를 행하게 된다. 그리고 제1, 제2차 통제완성 후는 선내에 23개의 작업회사가 설립되어 시국의 추이에 따라 육해 2원적 일관작업을 행하게 될 터이다.

자료 66 | 《매일신보》, 1942. 8. 11, 2면 2단

항만작업회사의 설립 촉진을 통첩

항만운송업의 통제에 대하여는 7월 초에 설립된 부산을 위시하여 7월 상순까지 주요 11개 항에 항만작업회사설립위원회가 설치되어 각 항이 모두 준비를 진행 중인데 그 통첩 상황은 그다지 원만하다고는 할 수 없으므로 체신국에서는 10일 각 항만작업회사설립위원회에 대하여 오는 10월 1일 개업을 목표로 각 업자의 취급실적조사서, 수익률조사서와 현물 출자물건 품목명세서의 세 가지 서류를 오는 15일까지(신의주, 진남포, 해주는 위원회 설립이 7월 중이므로 8월 말까지) 반드시 제출하여 신 회사 설립 준비를 급히 하도록 통첩을 발(發)하였다.

자료 67 | 《매일신보》, 1944. 9. 12, 3면 1단

근로가 열어준 "새길"

"황국의 흥망이 이 전쟁 하나에 달렸으니, 국민은 한층 더 분투 노력하라", 하늘 드높이 한번 "Z기"가 휘날리자 성낸 파도와 같이 국기 아래로 몰려드는 국민의 우렁찬 대오. 남자가 여자가 늙은이가 젊은이가 … 그중에는 마침내 ■회로부터 한 걸음 물러나가 마음은 병들고 몸은 피폐한 형여자(刑餘者)들까지 보무 당당히 참가하게 되었다. 항만정신대 선내 각 사법보호위원회를 중심으로 하여 기소유예자, 형집행유예자, 가석방자, 만기 석방자 등을 중요한 항만에 모두 용약결전수송임무에 정신을 시킴으로써 찬연한 갱생의 길을 열어주자는 것이 바로 그것이다. 그러나 한때 잘못으로 말미암아 사회로부터 버림을 받은 이들에게 완전한 재생의 길을 열어주는 데는 당국의 방침 하나만으로는 부족하다. 사법 보호에 대한 일반 민중들의 깊은 인식과 형여자들에 대한 뜨거운 동포애- 이 두 가지를 겸비할 때 비로소 새 생활 위에 첫발을 들여놓은 버림받은 동포들은 영구히 건전한 생활을 이루어 나아가게 되는 것이다. 9월 13일 때마침 뜻깊은 사법 보호 기념일을 기회로 하여 이하는 기자가 직접 보고 온 해주, 진남포 두 항만 정신대의 힘찬 갱생보(更生譜)이다.

정신삼훈(挺身三訓)을 아로새겨

멀리 아득한 수평선을 바라보며 항구 앞 언덕 위에는 갓지은 주택들이 제법 한 개 마을을 이루고 있다. 이른바 '조운료(朝運寮)'이니 사업주인 조선해륙운수주식회사에서 ■■■평이라는 너른 터전에 ■■■■■■■한 공사비를 들여 지어놓은 항만 정신 대원들의 합숙소이다. 주인을 일터로 내보내어 텅빈 합숙소 뒤에는 대원들의 담요가 가득히 널려 있고 방에는 열어 재낀 남창(南窓)으로 명랑한 햇볕이 넘쳐흐른다. 숙소마다 대원 15명씩 수용하는 커다란 온돌방 한 개와, 면회 온 ■■■■ 재우는 조그만 골방이 한 개, 큰 방에는 나지막이 선반을 매었고 선반 위에는 대원들의 일용도구가 가지런히 놓여 있다.

1. 대원은 황은(皇恩)에 감사하여 수송 작업에 정신하라
1. 대원은 윗사람의 명령을 복종하여 봉사 생활에 정신하라
1. 대원은 협력 일치 근로 저축에 정신하라

벽에 붙은 정신삼훈

타오르는 조국애로써 새 생활을 개척하려는 대원들의 굳은 결의는 거처를 대하는 첫눈에도 완연한 것이다. 합숙소 앞 너른 뜰 한복판에는 푸른 하늘을 배경으로 하여 눈이 부시게 아름다운 일장기가 바람에 펄럭인다. 이 국기 아래에서 ○○명의 정신 대원들은 아침마다 진충보국을 맹서하는 것이며 그런 아침이 거듭할수록 감출 수 없이 얼굴에 깃들었든 음울한 빛은 나날이 청명하게 개어가는 것이다.

비록 무교육자지만 현재 수용되어 있는 ○○명의 정신 대원들이 해주 부내 연성소(鍊成所)로부터 입소를 개시한 것은 지난 ○월 ○일, 대원들 가운데 거의 전부가 학교라고는 문 앞에도 가보지 못한 무교육자들이로되 연성소의 기본적인 훈련과 계속하여 규율 있는 단체생활의 덕택으로 지금에는 작업을 하는 동작은 물론 걸음걸이까지 군인처럼 씩씩하다. 그들이 해주(海州) 부내 연성소에서 기본 훈련을 받는 것은 불과 열흘동안이니 물론 이 짧은 동안에 오직 육체적인 훈련만으로 대원들의 단체행동을 길들인다는 것은 도저히 불가능한 일이다. 그러나 엄격한 훈련 가운데 따듯한 인정으로써 대원들의 메마른 가슴을 어루만질 때 그들 속에 차갑게 얼어붙었던 그들의 마음속에는 삽시간에 커다란 변화가 생기는 것이다.

규율 있는 훈련의 덕(德)

항만 정신대 연성소란 사법 보호 위원회장인 각지 지방법원 검사정(檢事正)이 소장이 되어 고문, 주사, 교관 등의 손으로 대원들에게 현장 취업 이전에 예비 훈련을 시키는 것인데 현재 해주 항만 정신대 연성소 주사인 이시모토 고쿠시로(石本國四郎) 씨는 침울한 형여자들을 지도하기에는 가장 적합한 인물이었다. 지금은 해주지방법원 검사국 서기로, 일찍이 국민학교 교원 생활 20여 년이라는 경력을 가진 씨는 성격이 또한 다정하여 연성을 한번 개시하면 가정도 전혀 잊어버리고 연성소에서 대원들과 기거를 같이하는 것은 물론 나중에는 교관과 함께 불침번까지 자신이 본다는 것이다.

떳떳한 황국민(皇國民)으로

처음에는 정신대라는 제도의 참뜻을 알지 못하여 경솔히 탈주를 꾀하는 대원도 적지 않았으나 이시모토 주사의 침식(寢食)을 헤아리지 않는 진정한 지도로 지금은 어느 정도 연성소의 한 개 전통을 이루어 가족까지 데려다가 회사에 정식으로 취직하여 항구에 영주할 뜻을 보이는 대원까지 무수히 생기게 되었다. 연성이란 군대식인 교련을 중심으로 하여 강화, 훈화 등으로 완전한 국민 의식을 대원들에게 불어넣어 주자는데 목표를 두고 있지만, 결국은 상대가 형여자들인 만큼 지도하는 사람이 가족적인 애정으로써 무엇보다도 그들의 병든 정신을 어루만져 주는 것이 가장 필요한 것이다. "당신도 떳떳한 사람 몫 국민이외다. 한때 잘못은 누구에게나 있는 것이외다." 거짓없는 위안으로써 마음의 쓰라린 상처를 쓰다듬어 그들의 잃어버린 신명을 갱생시켜주는 일-한 가지 실례를 들면 다음과 같은 이야기가 있다.

눈물겨운 미담 하나

대원 가운데 모리야마(森山承明, 가명)라는 청년은 고향에서도 무뢰한으로 유명한 사람이어서 처음 입소하였을 때는 몇 번이나 탈주까지 하였으나 마침내 이시모토(石本) 주사 이하 여러 지도자의 감화를 받아 한 번은 출범까지 시각을 다투는 배가 들어와서 짐을 싣기에 열중한 때 고향에서 홀어머니가 위독하다는 급보를 접하여 대장도 즉석에서 휴가를 주었으나 "어머니는 나 한 사람의 일이지만 배가 제 시간에 떠나느냐 못 떠나느냐 하는 것은 나라 전체의 일입니다" 하고 끝까지 남아서 일을 하다가 부고를 받은 후에야 비로소 고향으로 돌아갔다는 것이다. 이런 정신은 어느 틈엔가 정신대 전체에까지 영향을 미쳐 기자가 현장으로 갔을 때 목뒤로 구슬땀을 흘리며 석탄을 퍼 나르는 대원들의 일하는 태도에는 묵묵한 가운데도 한 가닥 위엄을 띄우고 있었다. 일은 배에서 실어 내리는 석탄을 "리어카"에 담아서 부두에다 산처럼 치켜 쌓는 것이었다.

(노상균)

Ⅱ

실행 계획과 내용

해제

Ⅱ장에서는 일제시기 조선 항만 정책의 계획과 실제 운영 내용을 살펴볼 수 있는 주요 자료 43개를 수록했다. 식민지 조선의 무역구조는 원료품 수입, 완제품 수출과 더불어 일제의 대륙 진출을 위한 교두보 건설과 관련이 깊다.[1] 일제시기 조선의 항만 정책은 크게 세 가지 흐름을 중심으로 변화했다. 그 흐름을 주제별로 보면 1. 1910~1920년대 식민지 무역 구조의 형성과 주요 항만의 건설, 2. 1930년대 초·중반 만주사변으로 표면화된 일제의 대륙 침략과 북선 지역의 항만 '개발', 3. 1930년대 후반 중일전쟁에 따른 조선의 병참기지화와 전시 물자 운송을 위한 항만의 확충이다.

여기에서는 세 가지 주제의 실상을 보여줄 수 있는 주요 자료 43건을 수록했다. 첫 번째 주제는 러일전쟁 전후 경상남도 진해의 군항 수축과 전쟁 요새 건축 등의 상황이 기재된『극비 메이지 37·38년 해전사 제4부 권1(極秘 明治三十七八年海戰史 第4部 卷1)』, 항만협회[2]에서 발간한《조선항만(朝鮮港灣)》을 중심으로《조선사상통신(朝鮮思想通信)》,《조선회보(朝鮮彙報)》,《조선항만(朝鮮港灣)》을 활용했다. 두 번째 주제는《북선일보(北鮮日報)》와《조선과 만주(朝鮮及滿洲)》에 실린 북선 지역 항구 관련 기사와『조선교통사(朝鮮交通史)』에 나와 있는 실행 결과를 선정했다. 세 번째 주제는『제국의회 설명자료(帝國議會說明資料)』를 필두로《부산일보(釜山日報)》,〈북선 수송부대 철도 수송 중의 병참 및 급양 업무 상세 보고의 건(北鮮輸送部隊鐵道輸送間に於ける兵站幷給養業務詳報の件)〉등을 활용했다. 이하 각 절의 내용은 다음과 같다.

---

1 송규진, 2002,「일제하 식민지자본주의와 조선무역」,『한국사학보』12, 158~159쪽.
2 1922년 설립된 항만협회는 항만 개발, 항만 정책의 연구와 조사(항만연구회 창설), 항만 관련 강습회, 기관지《港灣》을 발간(1923년 4월)하였다. 다사도·군산·진남포·성진항 수축에 대한 정책 제안서와 건의서를 제출하는 등 항만 건설에 필요한 여론 조성, 자료의 수집과 연구에 적극적으로 나섰다(1923,〈港灣協會創立趣意書〉,《港灣》1-1; 1923,〈建議書〉,《港灣》1-3).

1. 1910~1920년대 식민지 무역 구조의 형성과 항만 건설	〈자료 68〉~〈자료 87〉
2. 1930년대 초·중반 일제의 대륙 침략과 북선 지역의 항만 '개발'	〈자료 88〉~〈자료 97〉
3. 1930년대 후반 이후 식민지 조선의 병참기지화와 전시 물자 수송을 위한 항만 확충	〈자료 98〉~〈자료 110〉

1. 1910~1920년대 식민지 무역 구조의 형성과 항만 건설

제1절에서는 각 개항지 및 항만 건설의 현황과 성격을 보여주는 20개의 자료를 수록했다. 그중 〈자료 68〉~〈자료 69〉는 1906년 메가타의 세관 시설 확충 8개년 계획과 강제병합 이후 진행된 항만확충계획의 결과를 보여주는 자료이다. 〈자료 68〉은 해방 이후(1973년)에 발행이 되었지만, 일제시기 전체 항만의 상황을 볼 수 있다는 점에서 수록했다. 상기 자료를 보면, 조선총독부가 주도한 항만 공사는 1911년 이후 부산·인천·진남포·평양의 항만 수축, 1914년 신의주항 강안(江岸) 정비와 인천항의 쇄암(碎岩)공사, 1915년 원산항 수축, 1917년 제2기 인천항 확장, 1919년 제2기 부산항 확장이 시행되었다. 1922년에는 청진·성진항의 수축, 1926년에는 군산·목포·다사도·웅기항의 수축이 시작되었다.[3]

다음으로 《항만(港灣)》에 게재된 기사 6개, 인천부와 부산 세관에서 작성한 해당 지역의 항만 개설 상황과 조선총독부의 『조선항만요람(朝鮮港灣要覽)』(1925년), 《조선회보(朝鮮彙報)》(1926년 9월호)는 각 지역의 항만이 지닌 경제·군사적 목적 혹은 그 복합적 특징을 보여준다. 그중에서 〈군사상으로 본 조선의 제항만(軍事上より見たる朝鮮の諸港灣)〉의 기사와 해군군령부(海軍軍令部)가 작성한 『극비 메이지 37·38년 해전사 제4부 권1』은 조선의 항만이 일제의 대륙 침략과 물자 운송에서 중요한 위치를 차지했음을 보여준다.

마지막으로 〈자료 73〉, 〈자료 76〉, 〈자료 77〉은 각 지역 사업회의소의 축항 관련 요구

---

[3] 전성현, 2009, 「일제시기 東萊線건설과 근대 식민도시 부산의 형성」, 『지방사와 지방문화』 12-2; 김승, 2018, 「일제시기 다사도항(多獅島港) 개발과 신의주·다사도간의 철도 부설」, 『해양도시문화교섭학』 18; 이동훈, 2018, 「1910년대 인천항 축항 사업과 식민자 사회 - '동양유일' 이중갑문식 독의 준공」, 『인천학연구』 28; 배석만, 2012, 「일제시기 부산항 매축과 池田佐忠」, 선인; 서일수, 2019, 「1930년대 '北鮮開拓事業'과 城津의 도시 공간 변동」, 『도시연구』 22; 양지혜, 2020, 「일제하 기업의 항만 개발과 '번영'의 동상이몽: 일본질소의 지역 진출과 함흥의 항만 건설을 중심으로」, 『역사와 현실』 117.

이다. 이를 보면, 재조일본인 자본가로 구성된 상업회의소가 북부 항만의 경제적 가치와 군사적 가치를 강조하면서 항만 축조를 강력히 요청한 사실을 알 수 있다.

2. 1930년대 초·중반 일제의 대륙 침략과 북선 지역의 항만 '개발'

제2절에서는 '북선 루트(北鮮-Route)'와 일제가 벌인 대륙 침략의 연관성을 보여주는 10개의 자료를 수록했다. 1930년대 만주의 동북 지역과 조선의 북부 지역 철도가 연결되면서 주목을 받은 '북선 루트'는 동해를 가로지르는 항로의 개설로 완성이 되었다. 일제가 대륙을 침략하는 시기에 '북선 루트'는 만주와 일본을 연결하는 교통의 대동맥으로 조선의 물자를 수탈하는 역할을 담당했다. 한편 '북선 루트'가 아닌 서선 지역의 축항 요구도 지속되었다. 이것은 진남포 상공회의소가 항만 확충을 요구한 〈자료 97〉에서 확인된다. 진남포 상공회의소는 '선만일여(鮮滿一如)'를 근거로 항만 수축을 요구했다. 이는 곧 조선과 만주의 국방 자원 확보 및 이용후생을 명분으로 진남포의 항만 수축을 요구한 것이다. 그럼에도 만주 일대의 철도를 조선의 철도와 접속하여 '북선 3항'에 이르게 하고 '북선 3항'에서 출발하는 선박이 동해를 횡단하여 일본의 여러 항구에 도달하는 것이 '북선 루트'의 핵심이었다.

'북선 루트'의 형성은 러일전쟁 이후 꾸준히 대륙 침략 통로를 확보하고자 한 일본군의 영향이 컸다. 이에 대해서는 〈자료 88〉에서 확인할 수 있다. 다음으로 조선군 참모장 야나가와 히라스케(柳川平助)가 1932년에 작성한 〈자료 90〉의 「웅라철도 부설 및 나진항 축항을 위한 공유수면 매립 및 준설의 건(雄羅鐵道敷設竝羅津港築港ノタメ公有水面埋立及浚渫ノ件)」 문서는 조선군이 나진항 수축을 위한 공유수면 매립과 준설에 관련되어 있음을 간접적으로 보여준다. 제1장 제2절의 〈자료 34〉에서 확인했듯이, 실제로 길회선(吉會線)을 개통하는 과정에서 '북선 3항'의 종단항 유치를 두고 청진과 나진이 경쟁했는데 일본 육군의 적극적인 후원을 받은 나진이 종단항으로 결정되었다.[4] 이외에도 '북선 3항' 이관 문제를 다룬 《북선일보》

---

4   송규진, 2012, 「조선의 '북방권' 무역을 통한 경제협력 네트워크 강화과정」, 『사총』 76; 2013, 「일제강점기 '식민도시' 청진 발전의 실상」, 『사학연구』 110; 2013, 「일제의 대륙 침략기 '북선 루트'·'북선3항'」, 『한국사연구』 163.

기사 3건과 『조선교통사』 등의 자료는 '북선 루트'의 건설 현황과 이를 둘러싼 여러 이해관계를 살펴볼 수 있다. 특히 〈자료 95〉와 〈자료 96〉은 만주와의 연결성을 강조하는 남만주철도주식회사와 조선 중심의 선만일여 정책을 펼치려는 조선총독부의 이해관계가 충돌하는 지점을 확인할 수 있다.

3. 1930년대 후반 이후 식민지 조선의 병참기지화와 전시 물자 수송을 위한 항만 확충

중일전쟁 이후 항만은 해상 수송력의 관점에서 가장 핵심적인 문제로 취급이 되었다. 제3절에서는 이와 관련한 13개의 자료를 수록했다. 해운을 통한 제국 차원의 원활한 물자 수송은 전쟁의 승패를 가르는 중요한 요소였다.[5] 따라서 일제의 대륙 침략 통로인 식민지 조선의 항만은 그 중요도가 더욱더 올라갔다. 조선군사령부(朝鮮軍司令部)의 전시 물자 수송 전략이 기재된 「북선 수송부대 철도 수송 중의 병참 및 급양 업무 상세 보고의 건」과 《朝鮮及滿洲》의 기사, 조선총독부 교통과가 작성한 「국방상 긴요한 조선철도 항만 능력 증강에 관한 건(國防上緊要なる朝鮮鐵道港灣能力增强に關する件)」, 『제79회 제국의회 설명자료[第79回帝國議會說明資料(司政)]』는 위와 같은 내용을 잘 보여준다. 특히 〈자료 104〉의 수축계획을 보면, 아직 개항되지 않은 여수, 군산, 묵호, 딘친, 삼천포, 신해, 보산, 성주 등의 해륙연락설비 및 방파제 축조 등이 실시될 예정이었다. 남부 지역의 항만 건설 확대는 아래에서 살펴볼 '대륙 물자의 육운전이(陸運轉移)' 정책과 관련이 깊다.

태평양전쟁 시기에 접어들어 항만의 건설과 해운은 핵심적인 '국책' 과제로 설정이 되었고 '대륙 물자의 육운전이(陸運轉移)' 방침이 결정되었다. 이에 1930년대 후반부터 진행 중이던 항만 공사 중에서 군사적 효용성이 떨어지는 항만 공사가 중지되었고 그 여력을 '대륙 물자 육운전이'의 종착항인 한반도 남해안 항구의 확충에 집중하는 정책이 전개되었다. 이는 조선을 종단하는 철도를 통해 남해안 각 항구에 도착한 대륙 물자를 신속하게 일본으로 운

---

5 原朗, 2013, 『日本戰時經濟研究』, 東京大學出版會; 배석만, 2014, 『한국 조선업사: 일제시기편』, 선인.

송하기 위함이었다. 이를 단적으로 보여주는 〈자료 104〉의 항만 공사비의 집행과 예정 내용을 보면 1941년부터 1943년까지 인천항이 차지하는 비율은 50%에 그쳤다. 이는 부산항(94%), 여수항(88%), 삼천포항(73%), 마산항(70%)과 비교하면 큰 차이를 보인다. 다만, 이것은 예산으로서 실제 사업으로 연결되지 못했다.

나아가 1942년 12월부터 '조선 경유(經由) 육운(陸運) 전가(轉嫁)수송 방침'에 의거해 중국 물자의 운송이 조선 철도를 이용한 육상수송으로 집중되었다는 점 역시 주목할 필요가 있다. 조선의 종관철도망을 따라 만주와 중국 지역에서 반입된 물자들은 부산, 여수, 마산 등 남해안의 여러 항만을 통해 일본으로 수송이 되었다. 이에 1944년도에는 이들 남해안의 전가 화물 인계 항구를 비롯해, 삼천포와 같이 남해에 위치하여 그 역할을 분담할 수 있는 지역에 대한 투자가 집중적으로 기획되었다.[6] 이 시기 대륙 물자의 '육운전이' 방침과 그에 따른 한반도 남부 지역의 항만 수축, 그리고 해운업의 통제 내용은 〈자료 107〉의 『제79회 제국의회 설명자료(체신, 재무)[第79回帝國議會說明資料(遞信, 財務)]』, 〈자료 109〉의 《부산일보》, 〈자료 110〉의 『제86회 제국의회 설명자료(교통)[第86回帝國議會說明資料(交通)]』 등을 통해 확인할 수 있다.

(김태현)

---

[6] 국가기록원, 2017, 「항만관련 기록물의 개설과 해제」, 『국가기록원 일제문서해제 토목편』, 국가기록원; 양지혜, 2021, 「총력전과 바다: 전시체제기 인천항 연안의 변용-」, 『역사와 현실』 121.

1 1910~1920년대 식민지 무역 구조의 형성과 항만 건설

자료 68 | 鮮交會, 1973, 『朝鮮交通回顧錄 工務·港灣編』第六章 港灣, 230~241쪽.

1. 조선의 항만

머리말

대륙에서 돌출된 좁은 조선 반도를 사이에 둔 일본해(日本海)와 황해의 해안에 상대적으로 다른 자연현상을 나타내고 있는 주요한 것을 짚어보면,

(1) 반도의 배릉산맥(背陵山脈)이 동해안을 따라 종주하고 있기 때문에, 일본해 측에는 높은 산과 깊은 바다가 이어져 있고, 백사청송(白砂靑松)으로 풍광명미(風光明眉)한 해안이 많다. 한편 황해 측에서는 평야가 많고 물이 얕고 또한 이름과 같이 황색으로 탁하다. 이것은 주변의 하천이 운반하고 있는 미세한 토사가 해수 중으로 유입되고 있기 때문으로, 탁하기 때문에 물속에서는 눈이 보이지 않는다. 잠수부는 손으로 더듬어 작업을 한다. 익숙해지는 것은 대단한 것으로 탁한 물속에서의 능률은 그 정도가 떨어지지 않는다. 한편 탁한 정도는 500ppm의 농도를 보이고 있고, 항구의 수심을 유지하기 위해서는 끊임없이 복기할 필요가 있다.

(2) 조석(조수간만)은 일본해에서는 일일 1회 만조와 간조가 나타나 그 차이는 적고, 40~50cm로 거의 알아차리지 못하는 정도이다. 그러나 동절기의 평균 조위(潮位)는 하절기보다 수십 센티 낮은 것은 주의해야 하는 것으로, 일본해 측의 힝민의 설세에 대해서는 동절기 간조시의 조위를 기준으로 하는 것이 필요하다. 2~3년 내 우리나라 태평양 연안의 항만부 도시에 8월~9월 상순에 걸쳐 이상고조(高潮) 때문에 침수되어 큰 소동을 초래하고 있지만, 이와 반대로 일본해 측은 동절기에 이상저조(低潮)에 있다. 겨울에는 선저에 닿지 않도록 심려해 두는 것은 긴요하다. 황해 측에서는 일일 2회 간조가 일어난다. 게다가 극적인 변화를 보인다. 반도 중앙의 인천에서는 큰 조수간만의 차가 9.5m에 달하여 세계에서도 두 손가락에 들 정도로 굉장히 유명하다. 조석의 변화는 인천을 피크로 군산, 목포의 남쪽으로 내려가는 한편, 해주, 진남포, 다사도로 북상함에 따라 점차 작아진다.

(3) 일본해 측의 항만은 대개 외해에 직접 닿아 있기 때문에 거대한 방파제로 파랑으로부터 지키는 것이 필요하지만, 황해 측에서 하구와 섬 뒤편을 이용하지 않는 것은 재미있는 점

이다. 조선해협에 닿아있는 남선(南鮮) 항만으로는 여수부터 삼천포·마산·부산 등, 서에서 동으로, 순차적으로 황해형, 일본해형의 자연현상의 영향을 받았다. 조선의 항만으로는 지방의 번영이라든지, 피난항을 위해 지방청이 있는 도가 시행 주체가 되며 국가는 보조한다. 또 주요 항만은 국가가 직할로 시행하는 방식으로 하여 내지(內地)와 대륙 접점의 사명을 위해서 조선미를 이출하고 그에 대응하여 조선 내에서 일상적으로 소비하는 잡화의 부족분을 이입하는 기지로 하기 위함으로, 쇼와(昭和) 초에도 800만 석(120만 톤, 800만 인분)이 매년 조선 내 각 항에서 이출되고 있었다. 따라서 조선의 근대적 항만은 대부분 한일병합 이후에 착공되었던 것으로 청진, 원산, 부산, 목포, 군산, 인천, 진남포 등이 준공되었다.

1931년(昭和 6) 호구교사변(芦溝橋事變) 이래, 극동의 분위기에는 먹구름이 감돌기 시작하여 그 무렵 우리나라(일본)는 대륙 작전의 준비에 돌입하여 1937년경부터 남선(南鮮)과 서선(西鮮)의 항만을 대규모로 확장하여 유사시에 대처할 수 있도록 하였다.

당시 내지의 제 항만과 비교하면 조선은 굉장히 빈약하여 일시에 인원 및 기타를 양륙하는 것은 불가능하였기 때문에 시급히 개수할 필요가 있었다. 이 대상이 되었던 항구는 부산을 주항으로 했고, 마산, 삼천포, 여수, 인천, 해주항이 포함되었다

한편 이와 동시에 북선(北鮮)의 지하자원을 생산 확충하여 이용하기 위해 무산 철광석을 청진에서 가공하여 청진서항에서 단천 부근의 황산마그네슘(내화벽돌의 원료), 원산의 오묵호(奧墨湖)와 가까운 평양 주변의 무연탄은 각기 원산북항, 묵호항, 진남포항에서 이출되었던 것으로 이들 제 항구의 정비가 시급하였다. 그 무렵부터 조선 내의 공업도 번성하게 되어 공업항도 생기기 시작했고, 주요한 것은 청진서항, 흥남항, 인천항, 다사도항이다. 1937년(昭和 12)부터 수년간은 이 항만 공사들이 일제히 정비되어, 자재 및 인원 부족 등이 눈에 띄게 되어 예정대로 공정을 진전토록 하는 것은 매우 어려운 일이었다. 종전 가까이에는 내지의 도시는 폭격으로 인가와 공장이 소실되는 일이 속출하였다. 공장 일부는 당시 만주국(滿洲國)으로 분리시켰던 것으로 원산 이북의 제 항으로 목조 잔교를 만들어 소형 선박의 접안에 대비하였다. 그 항만들은 남선, 서선의 항만과 달리 전쟁 중에는 적기의 내습을 받지 않았으나, 종전 수일 전 소련군이 상륙하여 항만 관계 직원에서 순직자를 내었음은 참으로 유감이다.

이하 각 항만에 대해 그 개요를 기술하였으나 북조선에 관한 자료가 부족하여 이번에는 주로 한국 측의 항만에 대해서 기술하고, 북조선 제 항에 대해서는 간단하게 기술하여 둔다.

1) 부산항

한국의 메인포트로 관록이 충분한 항구로 영도(影島)(목도, 절영도라 불렀다.)와 방파제로 둘러싸여 있는 이 섬과의 사이에 가설되었던 솟아오르는 다리는 부산의 명물이며, 항구를 어항(남항)과 상항(동항)으로 나누고 있다. 현재는 동측의 기설된 방파제의 내측이 사용되고 있어 내항 및 근해의 섬을 이용하여 방파제를 신설하는 계획이 있다. 이 구획 안을 외항으로 하여 장래 확장 준비에 대비하였다. 수면적은 내항 944ha, 합계 173ha로 이 넓이는 일본의 대표적인 항만에도 뒤떨어지지 않는다. 항만시설로 제1, 제2제방(突堤)은 1912년(大正 元年)부터 1927년(昭和 2)까지 완성하였다. 제1제방은 관부 연락선의 발착장으로 다수의 사람에게 익숙해졌고, 오지로부터의 열차는 (사람들을) 제방까지 끌어들여 선차(船車)의 연락이 매우 편리하였다.

제2제방은 화물 전용으로 그 일부는 수심 11m의 바스(선석)[7]을 가지고 있다. 당시는 내지에서도 요코하마(橫浜)와 고베(神戶) 두 항구에 이 정도의 암벽이 있었을 뿐이다. 제3, 제4제방과 중앙 부두는 1941년(昭和 16)부터 1944년(昭和 19)에 걸쳐 완성하였다. 중앙 부두는 645m의 직선으로 관부 연락선용으로 축조되었다. 그 무렵 국철은 잇달아 총 7,500톤의 호화로운 쾌속선을 건조하였는데 그것은 조선 측의 수입용 암벽으로 만들어졌다. 국철과 선철에서는 궤간이 달랐기에 화물 환적 용지로는 항구 매립용 토사 채취장이 사용되도록 하고 있었다.

암벽은 철근 콘크리트제의 잠함(潛函) 케이슨을 사용하였다. 케이슨 한 개의 무게는 약 800톤으로, 그것에 사용한 철근은 한 개에 35톤이었지만, 전쟁의 진전에 따라 철재는 점차 부족해졌기 때문에 개당 사용량을 15톤 남짓까지 줄였다.

부산항은 겨우 10년 사이 항구로서의 면목을 일신하여 대륙 운송의 기지가 되었지만, 이 때문에 넓은 매립지가 요구되어 100만m³의 산, 토양과 40만m³의 석재가 매년 주변 산에서 운반되었다. 이 수량은 당시로서는 획기적인 것으로, 6km 정도 떨어진 산을 깎도록 하고 레일을 4선 시설하여 70량의 가솔린 기관차와 1,000량의 토운차를 주야겸행으로 운행하였다. 연료용 가솔린이 점차 궁핍해졌기 때문에 카바이트로 바꿨으나, 이것은 능률이 반감되어 할당량의 달성은 요원해졌기 때문에 중앙과 교섭하지 않으면 안 되어 재차 가솔린의 배급을

---

[7] 선석(berth, 船席)은 항내에서 선박을 계선하는 시설을 갖춘 접안장소를 말한다.

받게 되었다. 공용으로 최후까지 가솔린의 배급을 받았던 것은 소방용 자동차와 부산의 매립용뿐이었다. 한편 가솔린 기관차에 보충할 엔진이 도쿄(東京)에 있었기 때문에 그것을 운반하기 위해 화물차와 동행한 담당관의 노력과 제방에 지을 상옥(上屋)용 목재를 성진까지 가서 제재를 구해 배치했던 담당관의 고심의 결과로 항구는 훌륭하게 조성되었다. 이와 같은 것은 하나의 사례로써, 여타 각 항만도 최후 몇 년간은 점차 필사적인 노력을 계속하고 있었던 것이다.

1950년(昭和 25)에 접어들고 익년 초에 걸쳐, 미군이 북조선에서 퇴각하였던 때, 이 항구는 충분히 이용된 것으로 보인다. 최근 남북 간의 긴장도 점차 완화되어 항만 기능의 확충에도 손대어 시모노세키(下關)와의 사이에 대형 페리(외화 525만 톤, 내화 705만 톤)로 유출 60%, 유입 30%라는 숫자를 보인 것과 같이, 현재로서도 한국의 대표적인 항만이다.

2) 마산항

남선 3항(마산, 삼천포, 여수)은 대륙 정책상 부산항의 보조항으로써 정비되었다. 마산은 진해 근처로 당초 계획에서는 진해의 행암만(行厳灣)에 양륙시설을 할 예정이었으나, 육해군의 조정이 이루어져 마산으로 변경되었다. 길이 1,000여 m의 물양장과 140m와 200m의 암벽과 20만㎡의 매립지가 1962년(昭和 37)부터 1966년(昭和 41)까지의 사이에 조성되었으며, 현재는 이 매립지를 이용하여 자유항을 만들 계획이 진행되고 있다.

3) 삼천포항

마산과 여수의 중간에 있어 옛 고도 진주에서 20수 km 남하한 곳에 있다. 37년부터 새로이 물양장의 축조공사에 착수하였으나 미완성한 상태로 종전을 맞이하였다. 마산항과 동일하게 전면에 섬이 많아 방파제는 필요치 않지만, 항로에 암초가 많고 대형선의 출입은 무리다. 철도와의 연락 때문에라도 금후 상당한 자본을 투입할 필요가 있다.

4) 여수항

박려(博麗)항로[8]의 기지로서 규슈(九州) 사람에게 잘 알려진 항만으로 암벽, 물양장, 긴 방파제는 종전 연도까지 조성되었다. 항만의 축조 당시 방파제의 위치는 해저 지반이 연약하였기 때문에 설치한 케이슨이 침하하여 당황하거나, 암초를 폭파할 때 남모를 고통이 있었던 것도 당시 관계자에게는 추억 중 하나이다.

5) 목포항과 군산항

여수항과 인천항의 중간에 있는 목포항은 영산강, 군산항은 금강의 하구항이다. 두 하천 모두 비옥한 평야를 관류하여 이 평야에서 얻은 쌀의 이출항으로 이용되었다. 간만의 차가 큰 까닭에 접안용으로는 세토(瀨戶) 내해에서 쉽게 볼 수 있는 선함을 사용하였다. 두 항구 모두 침전이 쌓이기 쉬워 끊임없이 준설 할 필요가 있었지만, 방파제는 필요치 않았다.

목포항 부근은 다도해라 불리어 섬이 많고, 섬 중 하나를 이용하여 매우 간이한 잔교를 내어 양륙시설로 하였으나 그다지 이용되지 않은 채로 종전을 맞이하였다.

6) 인천항

인천항은 상항과 공업항으로 분류되고 간만의 차가 크기 때문에 상항은 도크식으로 되어 있다. 항만 기술적으로는 폐구식이라는 것으로 영국의 런던항, 리버풀항, 우리나라(일본)에서는 아마가사키(尼崎)항이 동한일 형태이다.

도크는 폭 150m, 길이 450m로 4,500톤의 선박 3척과 2,000톤의 선박 4척이 동시에 계류할 수 있는 능력을 가지고 있다. 또 공업항은 보통의 항만과 동한일 방식의 개구식 항만이 채용되었다. 그 후 상항의 확장계획이 실시되어 폭 450m, 깊이 1,200m의 제2도크의 건조가 착수되었다. 그러나 도크를 만들 때 필요한 800톤의 철재 입수가 불가능해졌고, 공사 도중 종전을 맞이하였다. 전후는 미군의 기지가 되어 남북전쟁 때는 전화를 받았다. 현재는 대규모의 확충계획이 수립되어 월미도와 소월미도 사이에 제2갑문을 시공 중이다.

7) 울산항

울산항은 부산에서 동북쪽으로 70km 떨어져 있고, 가늘고 긴 만의 안쪽으로 새로이 조성된 공업항이다. 두 해안에 접붙은 산은 천연의 방파제와 방풍지를 겸하고 있다. 대전 중에

---

8   하카타(博多)-여수 항로를 뜻한다.

유울항로(油蔚航路)[9] 계획이 제기되었으나, 이러저러한 사정으로 계획이 중지되었다.

전후에는 1960년경부터 공업항 계획이 수립, 제철소·석유제정공장·비료공장 등 대규모 공업지대가 건설되었다.

8) 포항항

울산항 북쪽으로 100km, 경상북도의 남동부에 있다. 고대 일본과 인연이 깊은 영일만에 접하고 있고, 신라의 고도 불국사가 포항 가까이에 있다.

재래 포항항은 형산강(兄山江) 하구 좌안의 소규모 항구였으나, 최근 우안에 대규모 제철소가 우리나라(일본)의 지도 하에 건설되고 있다.

9) 묵호항

배후로부터 산출한 우수한 무연탄의 적출항으로 일본해의 거센 파도를 막기 위해 긴 방파제로 항구 내를 보호하고 있다. 항구 내에서 돌출된 잔교는 수심 7.3m이고, 총 3,000톤(중량 4,500톤)의 접안이 가능하여 총 100만 톤을 내지로 적재하였던 실적을 가지고 있다.

북조선의 일본해 측 항만으로는 원산항, 흥남항, 단천항, 성진항, 청진항, 나진항, 웅기항 등이 있어 상당히 다채롭다. 이는 북조선에는 지하자원, 임산업, 수산물이 많고, 당시 신흥 만주국의 출입구가 되어 급격히 교통이 증가하였기 때문이다.

10) 원산항

원산항은 영흥만의 남서쪽 모퉁이에 있다. 이 만은 동쪽으로 트여 있고, 남에서 북으로 펼쳐진 갈마(葛麻)반도가 일본해의 거센 파도를 가로막고 있지만, 북에서부터 순회하고 있는 파도를 막기 위해 2개의 방파제가 길이 1km에 걸쳐 조성되었으므로 수심 7.3m, 총 톤 수 3,000톤의 화물선 접안이 가능한 암벽 4바스가 완성되어 용흥강(龍興江) 유역의 농산물의 적출항 역할을 이루어냈다. 본 항구에서 약 10km 북쪽에 기업에 의한 전교가 조성되어 평원선의 연선으로부터 운반된 무연탄이 내지로 이출되었다.

---

9 유야만(油谷灣)-울산 항로를 뜻한다.

11) 흥남항

쇼와 초년 장진강, 부전강 수력 발전을 이용하여 함흥부 남쪽 10km 해변에 일대 공장지대가 조성되어 흥남으로 이름 지어졌다. 당시 우리나라에서는 최신예의 화학공장이 있어 원료·제품의 하역을 위해 회사의 손으로 암벽이 조성되었다. 수심 9.5m, 총 톤 수 1만 톤, 바스 2개로 나누고 직경 1여 m의 철관 폴대를 투입하여 자립하게 하였는데, 당시로서는 암벽에 철관을 사용하는 것은 대단히 희귀한 것이었다. 대전 중 해군의 화약을 만들었던 공장의 시설은 종전과 함께 모두 가져갔다고 한다. 해도에서는 흥남항의 이름이 없고, 서호진이라는 오랜 지명이 기재되어 있다.

12) 단천항

함경남도의 북단 근처에 새로이 조성되었던 항구로 주변에는 황산마그네슘(내화벽돌의 원료) 등의 지하자원이 많고, 이것을 내지로 적출하기 위해 설비를 하였던 것으로 방파제는 양측에서 근해로 뻗어 있다. 항구 내에는 직경 600m의 선회장이 준비되었고, 철도로 운반된 광석을 배로 싣는 설비는 미완성 상태로 종전을 맞이하였다.

13) 성진항

함경북도의 남단에 있는 항구로 남측은 일본해로, 서측은 작고 높은 산을 등에 지고 있다. 안벽(岸壁)은 산과 평행하여 7.3m이다. 총 3,000톤의 화물선용 바스가 3개, 상옥도 완성되어 있다.

14) 청진항

함경북도의 거의 중앙에 있고, 나진, 웅기와 함께 북조선 3항의 하나이다. 항구는 산을 등지고 상항과 어항이 있고, 조금 떨어진 모래사장에 공업항이 있다. 상항과 어항의 전면은 급격히 깊어져 방파제는 수심 30m의 깊이까지 펼쳐져 있다. 당시 이렇게 깊은 곳에 방파제를 조성하였던 사례는 내지에서도 없었다. 쓰루가(敦賀)와의 사이에 연락항로는 당시 우리나라에서도 중요한 교통로 중 하나로 꼽았다. 청진의 어항은 한 때 번영이 극에 달했던 멸치 어업의 일대 근거지로, 이를 짜내어 어유를 얻고, 가수분해하여 글리세린(화학공업의 원료)과 지방을 얻었다. 그 무렵 청진에서는 "생선 냄새가 나지 않으면 인기가 없다"라는 말이 들렸었다. 청진에서 100km 정도 안쪽의 무산은 빈광이었으나 다량의 철광석을 산출하였다. 이를 청진까지 내어 이곳에서 반제품으로 하여 내지로 이출하기 위해 삼릉제강(三菱製鋼)은 입철공장을 조성하여 가동하고 있었다. 한편 일본제철(日本製鐵)은 이곳에 큰 제철소를 조성하게 되어 약 300만m²로 100만 톤 능력의 공장을 조성하고 있었다.

15) 나진항

청진항의 동북 100km에 있는 항구로 당시 남만주철도주식회사(南滿洲鐵道株式會社)가 경영을 담당하여 대형 제방 3개가 밖으로 나 있어 연간 300만 톤의 화물 취급 능력을 가지고 있다. 만주국이 건국된 지 얼마 지나지 않아 이 부두가 조성되었지만, 완성 무렵 정치 상세가 급변하였기 때문에 이 항구는 사용되지 않은 채로 종전까지 수년이 경과했다. 만의 형태가 양호하였기 때문에 방파제는 필요하지 않았다.

16) 웅기항

웅기항은 소련에 가장 근접한 상항으로 청진항과 더불어 예전부터 개항된 항만이었지만, 나진과 같은 이율 종전까지 수년간은 거의 선박의 출입이 없었다.

서선 측의 황해에 접하였던 항만에는 해주, 진남포, 다사도의 3항이 있다.

17) 해주항

해주항은 인천에서 서북 100km의 위치에 있어 만의 안에 있기 때문에 방파제는 없다. 황해도가 관리 주체로 수심 64m, 총 2,000톤 용 안벽이 조성되어 있고, 약간 떨어진 곳에 조선시멘트주식회사[우부흥산(宇部興産)계]의 공장과 안벽이 있다. 서선 제 항구를 군사 목적을 겸하여 정비하게 되었을 때 이 항구도 손보게 되었던 것으로, 국가가 직관(直管) 7.3m, 수심 총 3,000톤의 안벽, 2개의 바스를 축조하기 시작했지만, 미완성 상태로 종전을 맞이하였다. 그 후 운명의 38도선은 안벽을 둘로 나누게 되었지만, 현재 해주항은 북조선 측으로 편입되어 있다. 한편 이 안벽 안은 입강(入江)되어 안벽의 대안(対岸)이 가까이 닿아있기에 입강으로 출입하는 해수는 안벽 전면에서 적당한 유속이 되므로 준설하지 않더라도 진흙이 침전되지 않는 것이 이 항구의 특징이다.

18) 진남포항

진남포항은 대동강의 우안에 있는 하구항으로 황해 항로에서 30여 km쯤 거슬러 올라간 곳에 있다. 대동강 연안의 산물, 특히 쌀의 이출항으로써 오래전부터 알려져 있는 항구로, 그 시설은 길이 500m, 폭 200m, 수심 5.4m의 굴입(堀込)식이다. 대조간만의 차는 5.5m로 서해안 안벽 구조 항만의 공통된 것으로 기중기를 사용하여 하역할 필요가 있다. 진남포의 80km 상류 평야 부근은 양질의 무연탄 산지로, 이 무연탄을 덕산의 연료창 및 기타 등지로 이출하기 위해 전술한 굴입 항만의 상류 1km쯤에 흐름에 평행한 잔교가 조성되어 본선에 하역된 상류로부터의 석탄은 주로 거룻배로 대동강을 타고 내려갔다.

조선에는 큰 하천이 많고 선운이 편리하였는데 평양, 진남포 사이의 대동강은 그것의 대표적인 것이다. 하구에서 100여 km를 거슬러 올라간 상류의 평양에서조차 대조간만의 차는 1.2m로 그 하류에서는 간조 시 급류로 배의 운행이 어려웠기 때문에 그 일대 6km에 걸쳐 운하를 파서 갑문을 조성하여 상하류 수위 조정을 행하였다. 예선(曳船) 100톤, 거룻배 수 쌍을 동시에 예항하여 평양, 진남포 간을 왕복했다.

대동강은 동절기에 결빙하여 하구 부근을 유영하기 위해 잠시 선박의 항행이 정지됨은 황해 항만의 결점이다. 진흙의 침전은 이 항구의 명물로, 바다부터 항구까지의 정박지 안은 드래그 석션 준설선이라는 특수한 작업선으로 끊임없이 제거가 필요했다.

19) 다사도항

1935년(昭和 10)경부터 압록강 수 개소를 막아 2만 kW라는 당시로서는 전대미문의 수력발전사업을 행하여 조선과 만주국의 양국에 그것을 반분하여 이용할 계획이 실시·이행되었다. 그 전력을 사용하여 신의주 부근에 화학공업을 흥하도록 하고, 그 외 항구로서 다사도항을 조성하게 되었다. 신의주는 하구에서 40km 정도 상류에 있는 하천항이기 때문에 얕고 작은 배밖에 출입할 수 없고, 결빙하는 동절기는 전혀 사용할 수 없기에 하구항의 다사도항을 조성하여 동절기도 대형선이 발착할 수 있도록 새로이 항구를 조성하기 시작했다. 소다사도 쪽으로 약 2km, 폭 100m의 매립을 하고, 그에 선행하여 길이 750m, 중량 800톤 용 안벽, 바스 5개를 축조하였다. 이러한 긴 매립을 한 것은 준설을 하지 않고도 수심의 유지를 도모하기 위함이었다. 일부 안벽공사에 착수할 무렵 종전하였다.

세월이 꿈처럼 빨리 지나 종전 후 눈 깜짝할 사이에 40~50년이 경과하였다. 그렇지만 눈을 감으면 이 항구, 저 항구의 모습이 손에 잡힐 듯 목전에 떠오르고 함께 일했던 선배와 동료의 속삭임이 들리는 듯 한 기분이다. 이 중 몇몇은 형해화되어 접할 수 없게 되었다.

(박우현)

자료 69 | 朝鮮及朝鮮人社, 1925, 《朝鮮港灣》, 朝鮮及朝鮮人社, 66~134쪽

각 개항의 연혁 및 개황

조선에서의 개항은 1876년(明治 9) 10월 부산을 효시로 하여, 1880년(明治 13) 5월 원산, 1883년(明治 16) 1월 인천을 개항하고, 1897년(明治 30) 진남포 및 목포의 2개 항구, 1899년(明治 32) 군산, 마산 및 성진의 3개 항구를 개항하였다. 또한 압록강 어귀의 용암포가 러일전쟁 후 사실상 개항되었으며, 1908년(明治 41)에 청진을 개항하였다. 병합 후에는 이상 외에 신의주를 개항하고 종래 개항 중이었던 마산을 폐쇄하였다. 다시 최근에는 1921년(大正 10) 6월에 웅기를 개항하였다. 이상 11개소의 개항을 해안의 지리 구분에 의거하면, 남해안에는 부산·목포, 서해안에는 군산·진남포(평양항 포함)·용암포 및 다향도(多鄕島)[10] 정박지(錨地)·신의주, 동해안에는 마산·성진·웅기가 있다. 개항 연도 순서에 따라서 연혁 및 개황을 간략히 서술하면 아래와 같다.

1. 부산항

1) 연혁

부산항이 한일통상교통의 요진(要津)으로서 이용되어 온 역사는 지극히 오래되었다. 아득히 멀어 알 방도는 없으나, 서로 간의 수교(修交) 정약(訂約)이 성립함은 지금으로부터 480년 전, 고하나조노(後花園) 천황 치세이자 아시카가 요시카쓰(足利義勝) 장군 시대, 즉 가키쓰(嘉吉) 3년 이조(李朝) 세종(世宗) 25년, 가키쓰조약으로 울산의 염포(鹽浦), 웅천(熊川)의 제포(薺浦)와 함께 한일 양국의 교역장으로 정한 것이 본 항구 개항의 시초이다. 그 후 몇 번의 곡절을 거쳐 분로쿠의 역(文祿の役)[11] 이후 기유조약(己酉條約)에 따라서 1609년(慶長 14) 부산항에 공관 건설공사를 일으켰고, 1618년(元和 4) 경영(經營)을 모두 마친 이래로 부산은

---

10 다사도(多獅島)의 오기로 추정된다.
11 임진왜란(壬辰倭亂)을 의미한다.

통상교통의 본거지가 되었다. 당시 부산포라고 칭한 것은 현재 초량(草梁)과 부산진 사이에 있는 오늘날의 고관(古館) 지역에 있다. 이곳은 해저가 얕아 선박의 출입과 정계(碇繫)가 불편하기 때문에, 대대로 조선 통상을 맡았던 대마(大馬)의 영주 종씨는 끈기 있게 절충을 이루어, 지금으로부터 253년 전인 1672년(寬文 12)에 현재의 부산으로 이관하게 되었다. 이래로 1876년(明治 9) 개항되기까지 대략 450년간 한일통상의 일은 오직 대마 영주 종씨의 관장에 속하였다.

그리고 이 거류지역은 용두산(龍頭山)을 중심으로 2,200여 간(間)[12]의 흙벽을 두르고, 3면에 문을 설치하여 그 안에 관사(官舍), 상점, 창고 100여 동을 만들어 매월 3일 또는 8일에 문 안에 시장을 열어 교역하였다. 유신(維新) 이후 '한일수교조약(韓日修交條約)' 계약이 성립하여 새롭게 부산항을 통상항(通商港)으로 하여 공개되기에 이르러, 한결같이 통상 사무를 맡아 거류민의 보호를 담당하였다. 1883년(明治 16) 11월 부산해관이 개청하였으며, 이후 한국 정부의 정정(政情) 변화, 러일전쟁(露日戰役), 한일합방(韓日合邦) 등을 거칠 때마다, 무역항으로서의 면목(面目)을 급진적으로 바꾸어, 한일의 연락항 또는 유럽-아시아 교통로의 간선(幹線)에 해당하는 중요지점으로서 오늘날에 이르게 되었다.

2) 항만의 상황

(1) 위치

부산항은 조선 반도의 남쪽 끝에 있어, 대마도 북쪽에서 북서방향으로 겨우 30해리(浬)[13] 거리이며, 북위 35도 7분·동경 129도 5분에 위치한다. 서북산(西北山)을 등에 지고 동남해에 임하여, 중앙에 절영도[絶影島, 목도(牧島)] 옆으로 반달형을 그리며, 동서 양쪽으로 통로를 형성하고 있다. 서쪽 통로는 물이 얕고 협애(狹隘)하여, 겨우 소형선만 출입할 수 있다. 동쪽 통로는 만이 넓고 물이 깊으므로 선박의 출입은 주로 동쪽 통로에 의존하고 있다.

---

12 길이를 나타내는 단위다. 1간은 약 1.8m에 해당한다.
13 해수면 혹은 항해상 거리를 나타내는 단위로서, 해리(海里)로도 표기한다. 1리(浬)는 약 1,852m에 해당한다. 마일을 나타내는 리(哩, 약 1.6km)와 거리 단위로서 리(里, 약 3.9km)와 구분하기 위하여, 리(浬)는 '해리'로 일괄하여 서술하였다.

(2) 기상

부산항 근해는 난류가 둘러싸고 있어, 기후가 조화롭기 때문에 겨울철에 약간의 대륙적 변동을 보이는 것 외에 사계절이 온난하고, 한서(寒暑)의 차이와 강수의 분포 등은 내지(內地) 동해안 지방과 비슷하다. 조선 내에서는 겨울철 기온 평균이 가장 높고, 여름철 기온은 가장 낮다. 최저기온은 1월 하순 내지 2월 상순, 최고기온은 7월 하순 내지 8월이 보통이다. 오늘날 부산과 거의 같은 위도라고 믿어지는 각 지역의 기온을 비교하면 아래와 같다. [섭씨, 1922년(大正 11) 평균]

(단위: ℃)

지명(위치)	평균	2월	8월
부산 (북위 35도 7분)	13.5	2.9	25.2
목포 (북위 34도 7분)	13.0	1.5	25.7
오사카 (大阪, 북위 34도 39분)	14.9	4.1	27.1
도쿄 (東京, 북위 35도 41분)	13.8	3.0	25.4
조시 (銚子, 35도 44분)	24.7	5.3	24.6

다음으로 본 항구 전년(全年)의 주풍(主風)은 북풍으로 여름철에는 편남풍, 겨울철에는 편북풍이 많다. 폭풍 최고풍력은 40m(1초간) 내지 48~49m(米)이다. 그리고 강수량은 조선 내 제일인에도 불구하고 맑은 날씨가 가장 많다. 우기는 4월에서 8월까지이며, 2월이 가장 건조하다. 상설(霜雪)을 볼 일은 매우 드물지만, 농무(濃霧)는 4월부터 7월에 나타나며, 이 중 6월 장마철에 심하다. 다만 일반적으로 풍랑 때문에 항구 내에서 선박 하역이 불가능한 날은 거의 드물다. 또한 농무로 인하여 선박의 출입이 방해받는 일도 극히 적다.

(3) 항만의 면적

동측의 항구 경계는 부봉말[浮鳳末, 적기(赤崎)]부터 절영도 광섬말(廣蟾末)로 이어지는 일선(一線), 서측 항구 경계는 부민동(富民洞) 남단에서 절영도 대풍우(大風雨)에 이르는 일선이다. 동측의 폭은 약 960간, 서측은 약 180간이다. 수면적(水面積)은 선류(船溜) 약 15만 평을 포함하여 약 217만 평으로 요코하마(橫濱)항 및 오사카항의 약 2배 상당이다. 물 밑의 지질은 동측 통로 일부에 근소하게 암초가 흩어져 있는 외에는 대체로 진흙이다. 때문에 묘소(錨搔)가 양호할 뿐만 아니라 준설(浚渫)¹⁴ 역시 용이하다.

(4) 수심

축항 제1기 공사 이전에는 만 내부 및 항구 내부의 수심이 충분하지 않은 지점도 있었다. 하지만 제1기 및 제2기 공사에 따른 준설 결과, 오늘날 주된 정박지인 절영도 북서쪽의 약 40만 평은 해안에서 겨우 250간 거리에 심도 30척(尺)¹⁵ 내지 50척을 갖추고 있다. 제1잔교(棧橋) 부근은 24척, 동쪽 통로 및 제2잔교 전반부는 36척, 그 후반부는 27척이다. 24척 이상의 수면적은 약 90만 평, 18척 이상의 수역은 약 200만 평이다. 서쪽에는 흘수(吃水)¹⁶ 15척 미만의 선박을 통과시킬 수 있음에 지나지 않지만, 동쪽은 흘수 30척 이내 선박의 출입에 지장이 없다.

(5) 조위(潮位) 및 조류(潮流)

부산항만 내 조수간만의 차이는 최고가 겨우 약 5척이며, 정박지의 창조류(漲潮流)는 남서쪽으로, 낙조류(落潮流)는 북동쪽으로 향해 움직인다. 그 속도는 동쪽 통로에서 매시간 반(半) 해리, 서쪽 통로에서는 4분의 1해리를 넘지 않는다. 다만 서쪽 통로의 협착부에서는 3해리 4분의 1의 속도를 가진다.

---

14 항만·항로 등의 바닥에 쌓인 토사를 파내어 수심을 깊게 만드는 토목공사를 말한다.
15 길이를 나타내는 단위다. 1척은 약 30.3cm에 해당한다.
16 선체의 아랫부분이 수면 아래로 잠긴 깊이를 말한다.

(6) 항만 설비

① 한국재정고문시대의 시설(150만 9,700여 원)

1906년(明治 39) 이후 5개년 계속사업으로 완성

매립	1만 400여 평(현재 세관부지)
제1잔교	돌제(突堤)	폭 10간, 장 161간 여
	편측(片側) 구(舊) 잔교철조	폭 12간 9분, 장 152간 9분
	능력	3,000~4,000톤급의 기선 2척을 동시에 계류할 수 있음
물양장(物揚場)	연장 180간(대외무역용)
북빈(北濱) 물양장	연장 281간(연안무역용)
세관 청사 기타	합계 209평 5합
화물상옥(貨物上屋)	4동 658평

② 제1기 축항공사(공사예산 388만 490원)

1911년(明治 44) 이후 7년 계속사업
1917년(大正 6) 다시 육상설비비 12만 원 추가
1919년(大正 8) 완성

매립	1만 6,262평 (제1잔교의 북쪽 철도용지 앞쪽)
제2잔교	폭 21간, 장 200간
	계선(繫船)능력 2만 톤 2척, 7,000톤급 2척, 5,000톤급 1척
준설	제1잔교 앞 수면 4만 1,600평을 간조면 하 24척에 준설
	제2잔교 앞 및 항구의 면적 29만 3,140평을 27척 내지 26척에 준설
상옥	1동 폭 63척, 장 152간(철골)
	창고 2동 면적 각 168평(벽돌)
방파제	연장 626간, 부산진예정매립지

③ 제2기 축항공사(공사예산 917만 2,000원)

1919년(大正 8) 이후 6개년 계속공사

준설		면적 22만 2,100평을 수심 24척 내지 27척에 준설
항구방파제 축조	남쪽 제방 513간	미착수
	북쪽 제방 308간	
해륙연락설비확장	제2잔교 항부 매립	1만 4,400평(상옥창고부지)
	제1잔교 확장	제1잔교 가장자리 돌제를 확장한 계선잔교(폭 36척, 장 200간)를 축조함
	제2잔교 확장	부두를 63간으로 함
		21간 너비를 61간의 부두로 함
	상옥	상옥면적 약 3,980평을 증설함
	수도 및 전등	설비

(7) 현재 시설완성의 예상

부산 제2기 축항 공사 완성 후, 부산에 갖추어질 항만 설비의 주요 부분을 일괄 게재하면 아래와 같다. 이것이 즉, 한국재정고문시대 이래의 시설 중 직접 해륙연락에 관련된 것의 총계다.

① 매립면적

(단위: 평)

구분	부산세관 공사	부산 축항		합계
		제1기 공사	제2기 공사	
면적 (잔교면적 포함)	12,483	20,462	31,431	64,376

이것이 부산항의 무역용 지구의 총면적이나, 심히 협애함을 면할 수 없다.

② 계선안(繫船岸) 및 상옥

가) 계선안

(단위: 간)

구분	부산세관 공사	부산 축항		합계
		제1기 공사	제2기 공사	
길이	152.5 (제1잔교)	200.0 (제2잔교 편측)	400.0 (제1부두 북측 및 제2부두 북측)	752.5

나) 상옥

(단위: 평)

구분	부산세관 공사 (세관 내 물양장)	부산 축항				합계
		제1기 공사		제1기 공사 (여객용 면적 생략)	제2기 공사	
		제1·2부두 중 물양장	제2잔교			
면적	1,099(4동)	462(2동)	798(3동)	3,981		6,340

동 계선안의 하역능력을 1개년 1일당 1,500톤이라고 하면, 총 연장 752간 5분으로, 향후에 1년 112만여 톤의 능력을 나타낸다. 상옥의 수용 능력을 1개년 1평당 150톤이라고 하면 6,340평으로 향후 1년에 95만 1,000톤의 수용 능력을 나타내는 것이다.

③ 준설

현재 공사가 완성되면 수심 24척 이상의 수면적이 114만 평이 되어, 총면적에 대하여 약 4.5% 정도는 3,000톤급 내지 그 이상의 선박을 정박할 수 있는 셈이다. 금일까지 항구의 항로도 36척, 항만 내에도 36척 이상인 부분이 있으므로 부산에는 2만 톤급의 기선이 입항하여도 하등의 지장이 없다. 다른 절반의 극히 얕은 부분을 순차적으로 준설하는 것도 물론 필요하다.

3) 무역

위와 같이 1883년(明治 16) 11월 부산해관의 개청에도, 당시에는 아직 본 항구의 무역이 미미하여 떨치지 못하는 바가 있다. 다만 대(對) 내지 및 외국 사이의 연락은 1885년(明治 18) 일본 우선회사(郵船會社)의 한일항로개시, 1890년(明治 23) 오사카 상선회사(商船會社)의 부산-오사카선의 취항 등을 시작으로 점차 진전의 노정을 더듬어 나아갔다. 또한 한일 양국 간의 정치경제적 관계는 청일·러일 양 전쟁을 거쳐 점차 긴밀한 정도를 더하였고, 나아가 조선 철도의 개통은 철로의 구아(歐亞) 직통의 정성(定成)을 이루었다. 한일합방은 내지인 거주를 유치하여, 지리적으로 우월한 본 항구의 대 내지무역은 빠르게 장족의 진보를 나타냈으나, 그중 구주전란(歐洲戰亂)의 촉발은 급진적 팽창을 불러오기에 이르렀다. 그 후 전란 종식에 따라서 일어난 세계적인 재계 공황의 여파를 받아 다소 불황에 빠졌으며, 계속하여 일반 재계의 쇠미(衰微)와 대진재(大震災)의 영향 등도 받게 되었다. 이에 수인계(受引界)도 위미소침(萎微消沈)의 영역을 벗어날 수 없는 상태에 있었으나, 때마침 내외 재계의 회복세가 농후함을 더하기에 이르러 부산항의 무역계도 역시 점차 견실해졌음은 부정할 수 없는 사실이다.

아래 부산항 무역의 개요를 표시하면,

(단위: 원)

연도	수이출	수이입	합계
1884	268,576	346,073	614,640
1894	701,880	1,089,300	1,790,388
1904	1,678,202	6,469,158	8,147,360
1914	11,794,136	16,909,920	28,704,056
1920	75,024,536	54,672,487	129,697,023
1921	64,059,897	50,560,779	114,620,676
1922	58,210,409	55,334,357	113,544,766
1923	93,723,975	73,568,387	167,292,362
1924	118,105,646	95,856,177	213,961,823

(1) 대외무역통상국

부산항의 수이출무역에서는 내지가 거의 대부분을 차지하며, 나머지는 미미하다. 1923년(大正 12) 수이출 총액 9,372만 3,975원 중에 내지는 6,570만 5,850원을 차지하고 있다. 외국의 여러 상국(商國)중 지나(支那) 41만 3,880원, 영국령 해협식민지 132만 690원[17],

---

[17] 1,320,690원 혹은 132,690원, 132,069원인지 불명. 해당 수치가 지나 약 41만 원과 미국 약 7만 원 사이이므로 맥락상 약 13만 원으로 추정되나, 정확한 수치는 알 수 없다.

미국 7만 9,078원, 러시아령 아시아 4만 6,744원 등이 주된 것이다. 그 밖에는 예로 들 것이 못 된다. 수이입에 있어서는 총액 7,356만 8,387원 중 내지가 6,570만 5,850원을 차지하고 있으며, 아시아에서 지나 30만 2,641원, 미국은 275만 5,849원, 영국 92만 2,481원, 네덜란드령(蘭領) 인도 76만 6,362원, 영국령 인도 29만 9,444원, 영국령 해협식민지 7만 5,040원, 러시아령 아시아 7만 1,851원 등이 주된 것이다.

4) 인구

부산항에 내지인 이주는 멀리 30년 전부터 있었던 일이지만, 정식으로 조약을 체결하여 거류한 것은 기유조약(316년 전) 이후이다. 당시 부산포에 거류한 인원은 자세히 알기 어려우나 500명 이하로 한정되었으며, 또한 대마도 사람 외의 거주를 금지하는 것과 같았다. 그런데 1875년(明治 8) 관리관청 개설 이래로 통상무역이 갑자기 은성(殷盛)을 더하고, 1912년(明治 45)경에는 호수가 400호, 인구가 2,000명으로 늘어나기에 이르렀다. 그 후 청일·러일 전쟁 및 한일합병 등을 거침에 따라서, 해를 거듭할수록 이주민이 증가해 온 것이다.

현재 부산항 호구(戶口)의 소장(消長)을 나타내면 아래와 같다.

연도	내지인 호수	내지인 인구	조선인 호수	조선인 인구	합계 호수	합계 인구
1912	6,826	26,585	5,239	23,061	12,122	49,878
1913	6,956	27,610	5,685	24,841	12,696	52,691
1914	7,115	28,254	6,099	26,653	13,259	55,094
1915	7,369	29,890	7,014	30,688	14,439	60,765
1916	7,110	28,011	7,395	32,846	14,554	61,047
1917	7,177	27,726	7,556	33,578	14,780	61,506
1918	6,993	27,895	8,071	35,485	15,122	63,567
1919	7,575	30,499	1,478	43,444	17,102	74,132
1920	7,689	33,085	9,515	40,532	17,294	72,855
1921	7,897	32,979	9,776	41,902	17,731	76,126
1922	8,111	34,915	10,031	42,971	18,206	78,161
1923	8,281	35,360	10,221	43,886	18,575	77,551

2. 원산항

1) 연혁

원산항은 과거에는 왕원부(往源府)[18]의 일부로서 봉수동(烽燧洞)이라고 불린 어촌이었으나, 원산진 즉 오늘날 원산부 원산리는 옛날 북쪽 지방의 기근 구조에 대비하기 위하여 창고를 설치하고, 경상남도 방면으로부터 미곡을 회송(廻送) 저장하는 지방으로서, 개항 전부터 한국 굴지의 시장이었다. 그런데 원산의 개항은 1875년(明治 8) 9월 강화도사건이 원인이 되어, 다음 해인 1876년(明治 9) 한(韓) 수교조약에 의하여 1880년(明治 13) 5월 23일 개항된 것이다. 이후 많은 변천을 거치며 때로는 소장(消長)도 있었으나, 청일·러일전쟁과 한일병합, 경원철도 및 도로의 개수 등을 통하여 오늘날의 성황을 이루기에 다다른 것이다.

2) 항만의 상황

(1) 위치

원산항은 영흥만(永興灣)의 서남쪽 귀퉁이에 위치하여, 북위 39도 10분, 동경 127도 26분에 해당한다. 서북쪽 일대에는 산악에 둘러싸여 해안과의 사이에 평탄한 옥야를 앞두고 있다. 동쪽에는 갈마반도(葛麻半島)가 2마일(哩, mile)[19] 반에 걸쳐 돌출되어 있고, 항구 내에는 물이 광활하고 깊어, 하늘이 준 양항(良港)이다.

(2) 기상

원산항의 위치는 일본 해안의 아키타(秋田) 및 태평양 해안의 미야코(宮古) 항과 같은 위도이지만, 봄에는 아키타, 미야코, 아오모리(青森) 지방에 비하여 기온이 약간 높아서 니가타(新潟), 후쿠시마(福島), 야마가타(山形)지방과 비슷하다. 여름의 혹서(酷暑)기는 8월이며, 평균

---

18 덕원부(德源府)의 오기로 추정된다.
19 거리를 나타내는 단위로서, 마일(mile)로도 표기한다. 1리(哩, mile)는 약 1.6km에 해당한다. 해상 단위로서 리(浬, 1.852km)와 거리 단위로서 리(里, 약 3.9km)와 구분하기 위하여, 본문에서는 마일(哩)로 일괄하여 표기하였다.

온도는 13도를 나타낸다. 가을은 후쿠시마 이시노마키(石卷) 지방과 유사하게 날씨가 청랑(淸朗)하여 최저 19.6도를 나타내고 있다. 우계(雨季)에는 예년 7월부터 9월까지이며, 강우량은 약 연 1,560mm로 반도 중에 가장 다량이다. 강설(降雪)은 11월 초순부터 4월 초순까지 걸쳐 있음을 볼 수 있으나, 적설량이 2척에 이르는 경우는 드물다.

(3) 조류 및 조석

원산항의 조석(潮汐)은 간만의 차이가 극히 적어, 최대 만조면은 삭망(朔望) 평역(平域)[20] 간조면보다 3척 5촌 높은 위치에 있으며, 최대 간조면은 동(同) 1척 5촌 낮은 위치에 있음에 지나지 않는다. 현재 원산항의 각 조위는 아래와 같다. (삭망 평균 간조면 수위는 동일)

(단위: 척)

구분	수위
최대 만조면	3.5
평균 망(望) 만조면	1.5
평균 만조 항(港)	1.0
평균 간조면	0.3
평균 삭망 간조면	0.0
최대 간조면	(1)1.5

원산항의 조류는 주로 조석의 간만에 기인하는 것이며, 영흥만의 구두(口頭)에 해당하여, 크고 작은 도서(嶋嶼)가 흩어져 있다. 한편 송전만(松田灣)과 연접하여 만의 형태가 극히 복잡하여, 조류도 따라서 유향(流向)이 어지럽고, 장소에 따라서 그 방향이 각기 다르다. 또한 유련(流連)으로 간만의 차이가 근소함으로써 극히 완만하다.

(4) 항내면적

원산항 내 면적은 외항 300만 평 내항 18만 6,000평이다. 다만 외항은 신적전천(新赤田川)의 하구 오른쪽 기슭에서 갈마반도의 연동리(連東里) 136고지(高地)에 일선을 그어 이것을 항

---

20 평균의 오기로 추정된다.

계선(港界線)으로 정하였고, 이 항계선 내에 수면적을 측정한 것이다. 또한 내항은 방파제 내의 수면적을 가리키는 것이다.

3) 항만의 설비

원산항의 설비는 관세행정의 민활(敏活)과 부선(艀船) 하역의 편의를 기하기 위해, 한국재정고문시대, 즉 1906년(明治 39) 공사비 49만 원으로 세관설비에 착수하여, 세관지 앞 해수면 6,500평을 매축하여 그 해안에 330간 5분의 물양장 축벽(石垣)을 세우고, 매립지 전면에 유효수면적 5만 4,000평을 포옹(抱擁)하는 연장 310간 방파제와 거류지 해안에 연장 150간의 돌제(突堤) 잔교(棧橋)를 축설하고, 매립지 위에는 상옥 창고 680평, 세관청사 등을 건설하여 1910년(明治 43) 그 공사를 준공하였으나, 이것 등의 설비는 다만 제1차 응급시설적 시설에 그쳐, 이래 교통기관의 정비와 산업의 진흥에 따른 원산항 무역의 증진에 대해서는 도저히 이것의 책응할 수 없는 현황이 되었으므로, 가까운 장래에 고장을 일으키지 않는 정도에서, 1915년(大正 4) 공사비 156만 원으로 해륙연락의 설비를 계획하였다. 거듭 1918년(大正 7)에는 육상설비 및 적전천 하류 정비를 위해 108만 3,000원을 추가하였으나, 구주전란의 영향으로 공사비가 부족하고, 세관 구내용지를 확장할 필요가 있었으므로 1923년(大正 11) 다시 85만 원을 추가하였다. 결국 총공사비 349만 3,000원으로 1927년(大正 16)에 전부 준공을 마무리할 예정이다.

그리고 계선 설비, 잔교 등의 주요한 공사는 이미 준공되어 한창 이용되고 있다. 현재 계획의 개요를 나타내면 아래와 같다.

(1) 매립

해안 통 돌제부터 구 적전천 고(尻) 부근에 이르는 일대 해면 약 2만 7,000평을 매립하였다.

(2) 안벽(岸壁) 및 물양장

① 계선벽

연장 150간이며, 그 앞쪽에는 간조면 아래 24척의 수심을 유지하고 있다. 3,000톤 기선 2척을 동시에 계류할 수 있다.

② 물양장

안벽의 서쪽 끝에 맞닿아 있으며, 북쪽 돌제(突堤) 쪽은 길이 110간, 남쪽의 구(舊) 적전천 쪽은 길이 160간의 침면(針面)[21] 물양장을 축조하였다.

(3) 잔교

재래(在來) 돌제잔교를 상부 목조 하부 철근 콘크리트로 만들어, 길이 50간 너비 6간으로 개축하고, 그 주위는 수심 21척을 유지하여 박안(泊岸)항로 소형기선의 계류에 충당하였다. 안벽 남측 물양장 앞쪽에 세관잔교, 너비 3간 길이 18간 1기(基) 및 육군잔교 너비 4간 길이 25간 1기의 목조잔교를 가설하여 모두 여용(旅容)[22]의 승강과 기타 편의를 제공하고 있다.

(4) 방파제

재래 방파제의 돌단(突端)과 수로 50간을 사이에 두고, 정박지 수면적 18만 6,000평을 갖는 연장 220간의 방파제를 축조하였다. 이 항점(項點)의 높이는 간조면 위로 7척이다.

(5) 준설

방파제 안쪽 및 안벽 앞쪽의 수면적 13만 4,000평을 수심 21척, 24척의 2개 구역으로 나누어 준설을 끝냈다.

(6) 육상설비

매립된 지상에 상옥 6동, 세관청사 및 부속건물 등의 축설, 철도 및 도로 등의 설비 기타, 구(舊) 적전천 하류(末流) 약 830간을 개착(開鑿)하여 바꾸었다.

4) 무역

개항 이래 순조로운 발달을 이루어, 특히 항만의 수축과 경원선의 개통, 도로의 수축 등

---

21 경사면(斜面)의 오기로 추정된다.
22 여객(旅客)의 오기로 추정된다.

에 따른 교통기관의 정비, 산업의 흥륭(興隆) 등에 따라서 급격히 발달을 이루어 개항 당초의 수이입·출이 겨우 21만 4,000여 원에 지나지 않았으나, 1905년(明治 38)에는 459만 9,000여 원에 달하였다. 1912년(大正 1)에는 586만 6,000원, 1919년(大正 8) 2,000만 원을 돌파하는 성황을 이루었고, 개항 당초에 비하여 실로 수백 배에 달하게 된 것이다. 1920년(大正 9) 이후 세계적 경제계 침쇠(沈衰) 및 러시아 화란(禍亂) 등의 영향을 받아, 무역액에 있어 다수가 느껴짐에도, 이후로 건실한 도정을 더듬어, 1923년(大正 12)에는 1,700여만 원, 수량 15만 4,000여 톤에 이르고 있다.

그리고 수이입 모두 최다 교역액은 내지이며, 다음으로 중국, 미국, 영국 등이다. 다만 러시아의 정정(政情) 안정과 함께, 이 방면의 무역 증가에 있어 평가할 만한 것이 있다고 믿는다. 또한 원산항의 주요 수이출품은 쌀(米), 콩(大豆), 섶(柴), 명태(明太), 물고기(漁) 기타 해산물, 소가죽(牛皮) 등이다. 수이입품은 밀가루(小麥粉), 설탕(砂糖), 석유, 생금건(生金巾) 및 시팅(シーチング, sheeting), 목면(木綿), 철 종류 등이다.

3. 인천항

1) 연혁

인천항은 옛날 제물포라고 불리며, 미미하고 황량한 일개 어촌에 불과하였으나, 1883년(明治 16) 1월 개항을 겪으며 일(日)·지(支)인의 이주가 점차 많아졌다. 청일·러일 전쟁은 인천항의 발전상 모두 신기록을 그었는데, 이 중에 러일전쟁 후 진전은 특히 현저하여 방인(邦人)[23] 1만 3,000명에 이르고, 지나인(支那人)의 내왕(來往)도 나날이 이어져, 지나정(支那町)은 대단히 은성하게 되었다. 이리하여 1910년(明治 43) 한일병합(韓日倂合)의 결과 새롭게 인천부청이 설치됨에 따라서 더욱 팽창하여 지금의 성황을 이루기에 다다른 것이다.

---

23 자국인(自國人). 여기서는 일본인을 의미하는 것으로 보인다.

2) 항만의 상황

(1) 위치

인천항은 조선 중부에 위치하고, 경성과의 거리는 철로 24마일이다. 서황해(西黃海)를 사이에 두고 지나 대륙을 대하고 있으며, 배후에 철로 26마일로 한강의 수로를 따라 경성에 접속하여, 교통운수의 요충을 맡아 물자집산의 중추에 위치하고 있다.

(2) 기상

기후는 대륙의 영향을 받아 추위와 더위 모두 심하지만, 해수의 영향으로 다소 완화된다.

인천항은 동쪽은 대륙, 북서남은 바다로 둘러싸여있다. 월미도(月尾島) · 소(小)월미도 · 주도(洲島) 등이 앞쪽에 가로놓여 내항을 형성하고, 영종(永宗) · 용유(龍遊) · 무의(舞衣) · 자월(紫月) 등의 여러 섬이 멀리 외곽을 이루어 외항을 형성하고 있다. 기온은 내지의 시나노(信濃) 지방과 동한일데, 가장 더위가 심할 때는 8월이고 가장 추울 때는 1월로, 혼슈(本州) 각지와 비교하여 한서의 차이는 약간 크다. 기온의 고극(高極)은 영점(氷點) 이하 21도를 나타내어 내지의 동북지방 이외에는 이를 비교할 수 없을 뿐만 아니라, 겨울철에는 북서풍이 많아서 일층 한기가 준열(峻烈)한 데가 있다. 그렇지만 항만의 동결을 가져오지는 않는다.

다음으로 풍향을 보자면, 가을 · 겨울철의 북, 내지 북서풍은 동해안 내륙에 비해 심하다. 여름철은 바닷가 특유의 계절풍이 많은데, 풍위(風位)는 남서쪽이며 서기(暑氣)는 현저히 완화(緩和)된다.

3) 항만의 설비

항만의 설비로서 제1기 공사는 한국재정고문시대에 공사비 94만 6,000원으로 1906년(明治 39)부터 6개년 계속사업으로서 일시명(一時明)의 응급시설을 하였다. 제2기 공사로서 이중 갑문(閘門)식 선거(船渠)의 축조를 보기에 이르러, 육상설비의 완성과 더불어 선박의 출입 정박을 완전히 하고 하역의 신속과 물자처리(荷捌)의 원활을 보기에 이르렀다.

(1) 선혁(船革)[24]

동서 길이 250간, 남북 너비 20간에 수면적 3만 평을 갖추고 있다. 계벽의 높이는 39척으로, 조석의 간만에도 불구하고 항상 27척 5촌 이상의 수위를 유지하며, 연장 250간 총 톤수 4,500톤급의 기선 3척을 일시에 계류 하역할 수 있다. 거(渠) 내 양쪽, 혹은 서쪽 일부는 연장 398간 호안(護岸) 축벽(石垣)을 겸하는 경사면(斜面)을 갖춘 물양장으로, 오직 석탄 적사(積卸) 및 연안무역에 속하는 소형선박 또는 부선 계류에 충당한다.

(2) 갑문

2중의 문비(門扉)를 갖춘 복문식으로, 그 전체 길이는 544척이고 갑거(閘渠) 길이(상하 문비간 거리) 426척 5촌 너비 60척으로, 4,500톤급의 선박으로써 표준을 삼는다. 갑문의 측벽은 높이 48척으로 구조는 측벽거(側壁渠) 바닥 전부 철골 콘크리트로 축조되었다.

갑문비 및 제수문비의 구조, 그리고 갑문의 장치는 미국 파나마 운하와 동한일 양식으로, 모두 전력으로 개폐한다. 개문 시간은 갑문비 1분, 제수문은 겨우 20초가 필요할 뿐이다. 선박이 갑문 통과에 필요한 시간은 내외 수위(水位) 차이가 어떠한지에 따라서 다소 다르며, 혹 선박의 대소에 따라서도 차이가 있지만 일반적으로 20분이 필요하다.

(3) 매립

총면적은 8만 5,967평, 그 높이는 간조면에서 33척이고, 모두 선거 및 갑문의 굴착 토사(土砂)로 매립한 것이다. 내역은 다음과 같다.

> ① 6만 5,930평을 세관 구내로 하여 상옥, 창고, 임항(臨港), 철도 등으로 이용
> ② 2만여 평은 시가 및 도로에 편입
> ③ 상옥: 계선벽 근처 6동, 물양장 근처 2동으로 총면적 2,868평
> ④ 철도: 연장 3마일 94

---

24 연혁(沿革)의 오기로 추정된다.

⑤ 준설: 항로(너비 60간, 면적 15만 1,000평)를 간조면 이하 14척으로 준설
　⑥ 쇄암(碎岩): 소월미도 앞쪽 항로의 암초(너비 120간, 길이 170간)를 간조면 아래 18척
　　　까지 파쇄하여 제거
　⑦ 순도제(馴導堤): 매립지의 서남각과 사도(砂島)의 서쪽 끝을 연결하는 선과 사도에
　　　서 서남쪽 앞바다로 향하는 선으로, 총연장 945간으로 함
　⑧ 돌제: 인천 정거장 앞쪽과 대월미도 사이 593간

　이상의 설비는 선거 내외를 통하여 1개년 65만 톤의 수이출입 화물 및 약 20만 톤의 연안 무역 화물을 처리할 수 있는 능력을 갖출 예정이다.

4) 무역

　개항 당초의 무역은 미미하여 그 액수가 겨우 56만 2,000원에 지나지 않았다. 그러나 이후 자못 순조로운 진전을 하여, 10년 후인 1894년(明治 27)에는 502만 4,000여 원으로 즉 9배 증진을 나타내게 되었다. 다음 10년 후인 1904년(明治 37)에는 약 20만 원[25]에 이르러, 해당 10년간 약 4배의 팽창을 보였으며, 거듭 러일전쟁을 계기로 한일 양국 간 정치경제적 관계가 긴밀해졌다. 조선철도의 개통, 한일병합 등에 따라서 점차 도시의 발전과 산업의 개방이 촉진되어, 1913년(大正 2) 무역액은 2,340만 원이 되어 개항 당초와 비교하면 실로 약 42배의 증가를 보였다. 다시 1918년(大正 7)에는 출입 물자 39만여 톤, 그 가액(價額) 4,473만여 원으로 증진하기에 이르렀다. 그리고 1918년(大正 7) 11월 항거(港渠)의 준공을 보기에 이르러서는, 해륙 연결이 매우 원활하게 되어, 시간의 단축과 부대비(附帶費) 경감 등에 따라서 탄토(呑吐) 물자가 더욱 격증하게 되었다. 뿐만 아니라 재계의 경기는 최고조에 달하는 등의 사유로, 1919년(大正 8) 무역 물자수량은 일약 63만여 톤으로 올라, 그 가액은 9,100만 원으로 약진하는 성황을 이루었다. 이후 재계의 반동(反動)과 경제계의 부침에 좌우되어 다소 성쇠를 보였으나, 1924년(大正 13) 무역물자는 84만여 톤, 그 가격은 1억 2,600만 원을 돌파하기에 이른

25　2,000만 원의 오기로 보인다. 원문은 20만 원으로 표기되어 있으나, 1894년 무역액의 4배는 약 2,000만 원이다.

것이다. 이를 10년 전, 즉 1914년(大正 3)과 비교하면 수량으로는 약 2배, 무역액으로는 6배의 증진이며 40년 전 개항 당초 무역액과 대비한다면 224배로, 참으로 격세지감이 아니라고 할 수 없는 것이다.

　생각건대 인천항의 무역은 위와 같이 은성의 경지에 이르렀으나, 특히 선거 완성 후의 약진에 주목할 만한 점이 있다. 특히 1920년(大正 9) 반동기 이래로 재계의 상처가 아물지 않는 불황에 처하여, 오히려 온건하게 진전을 이어갔다. 오늘날에 이르는 것은, 위와 같이 여러 가지 서술한 사정에 기인함이 있으나, 주로 항만 설비 완성에 크게 관여한 힘이 있음은 논할 여지가 없는 일로, 선거의 사명(使命)이 얼마나 중대한 것인가를 웅변한다.

무역액개표

(단위: 원)

연도	수이출	수이입	합계
1884	184,917	377,548	562,468
1894	1,320,909	3,703,115	5,024,024
1904	2,931,888	16,598,779	19,530,667
1913	5,818,133	17,589,203	23,407,336
1914	5,255,592	14,217,121	19,473,073
1915	9,131,133	12,833,423	20,964,555
1916	7,138,366	17,394,041	24,533,007
1917	9,868,824	21,293,536	31,162,360
1918	15,654,549	29,083,859	44,737,808
1919	26,375,456	64,613,597	90,988,053
1920	24,614,588	51,254,487	75,869,069
1921	42,413,241	52,836,472	95,249,691
1922	43,362,817	58,621,855	101,987,672
1923	39,721,419	53,562,289	93,283,708
1924	60,152,084	66,098,839	126,250,325

1884년(明治 17) 기준, 연도별 지수(指數)

연도	수이출	수이입	합계
1884	1	7	1
1894	7	10	9
1904	16	44	35
1913	31	47	42
1914	28	38	35
1915	44	34	37
1916	139	46	44
1917	53	56	55
1918	85	77	80
1919	143	171	162
1920	133	136	135
1921	230	140	170
1922	235	155	187
1923	215	142	166
1924	325	196	224

아래 무역액 개표(槪表) 및 화물수량표를 게재하여 변천의 흔적을 명료하게 하고자 한다.

무역화물수량 10개년 대조표

(단위: 원)

연도	수이출	수이입	합계
1915	180,085	271,099	451,184
1916	141,727	270,140	411,867
1917	144,034	267,672	411,706
1918	135,504	256,714	392,218
1919	205,787	427,119	632,906
1920	189,283	342,936	532,219
1921	475,382	274,108	746,490
1922	398,350	322,615	730,965
1923	369,901	370,227	740,148
1924	477,583	362,707	840,290

인천항 수이출품의 주류는 쌀이며, 전체 수이출액의 약 70%를 차지하고 있다. 품질 개선은 조선 쌀에 대한 성가(聲價) 향상과 맞물려서 점차 체증(遞增)의 추세에 있다. 또한 수이입품 중 수위(首位)를 차지하고 있는 금건(金巾) 및 시팅 및 중국마포(支那麻布)는 일반 조선인의 옷감으로서 매년 입하(入荷)가 더없이 성황이다. 다음으로 대(對) 내지무역의 비율은, 70~80%가 내지무역이며 쌀, 콩, 당, 우피, 활우(活牛) 등이 많이 이출된다. 직물류나 철류, 인쇄 요분(料粉) 등이 주로 이입된다. 또한 대외무역은 대지무역(對支貿易)이 60% 내외를 차지하고 있다. 전체 무역액으로 보면 15~16%에 해당하며, 주로 홍삼이나 어패류를 이출하고, 중국마포나 금건류 등을 매우 많이 입하한다. 기타는 미국, 영국 등이며 주로 석유를 수입한다.

(1) 선박출입의 상황

무역의 성쇠, 교통운수 상태의 변천 등에 따라서 선박의 출입은 때로 소장(消長)을 면치 못하지만, 이미 순조롭게 진전을 이어가고 있다. 구주전란의 영향을 받아, 일반 해운계에 선복(船腹) 부족이 생겼기 때문에 일시 감소의 시기도 있었으나, 평화 극복 이래로 점차 증가의 일진(一進) 하여, 1921년(大正 10)에 들어서서 모두 회복하고, 이후 순조롭게 증가하여 오늘날에 이르게 되었다. 1924년(大正 13) 입항 선박을 국적별로 표시하면 아래와 같다.

국적	기선		범선		합계	
	척	총 톤수	척	톤수	척	톤수
일본	699	1,047,836	5	293	704	1,048,129
중국	40	71,152	351	3,702	391	
영국	4	16,859			4	
북미	5	33,611			5	
독일	2	12,198			2	
네덜란드	1	6,403			1	
제위(諸威)[26]	1	2,363			1	2,363
합계	759	1,190,422	356	3,995	1,108	1,222,417

---

26 노르웨이(諾威) 오기로 추정된다.

(2) 항로

인천항은 선거 완성 이래로 정계가 안전하여, 하역 및 물자처리는 신속 원활해졌다. 후방 지대의 연락이 양호하여 지리상의 이익을 얻음으로써, 자연히 정기항로 또한 그 숫자가 점차 증가하였다. 현재는 명령항로 중에 지나 1·내지 2, 자영(自營)항로 중에는 중국 4·내지 21로 총 29항로에 이르렀다. 또한 곡물의 출회기(出廻期) 등에 있어서는 위 정기항로만으로는 선복이 부족하여 임시선박의 기항이 적지 않다.

(3) 선거 이용 상황

인천항의 선거는 장래의 출입 물자 60만 톤을 목표로 축조된 것이나, 그 발전은 예상 이상으로 각 선박이 서로 경쟁하여 이를 이용하였다. 이에 입거계류가 필요 없거나, 설비의 제한에 따라서 입거가 불가능한 경우 외에는 모두 이를 이용함은 위에 표시한 바와 같다. 그런데 선거는 완성 다음 해인 1919년(大正 8)에 이미 계획된 톤 수량을 돌파하였고, 1921년(大正 10)에는 74만 톤으로 약진, 1924년(大正 13)에는 84만 톤으로 격증한 것이다. 1924년(大正 13) 중 계선벽 이용을 보면, 1간 당 하역 톤수 2,800여 톤에 달한다. 내선(內鮮) 각 항만에서는 아직 보지 못한 상황이다. 이와 같이 화물 톤수의 증가에 따라서 출입선박이 폭주하여, 항만 설비의 협애를 통감하기에 이르렀다. 즉, 개거(開渠) 이래로 오늘날까지 수 개월간 실적에 비추어 볼 때, 그 출입선박은 하루에 3척 이상, 보통 6척, 최고 12척에 달한 적이 있다. 따라서 하역 상 지체를 불러오거나 혹은 입거 선박이 계선벽 이용이 편의치 못하고, 어쩔 수 없이 배가 기나린 적이 1922년(大正 11) 65척으로, 지체된 경우가 1,490여 차례 있었다. 다음 해인 1923년(大正 12)에는 일반 해운계(海運)의 부진에도 불구하고 27척, 430여 차례, 1924년(大正 13)에는 55척, 지체가 1,389차례에 달하여, 체선료도 역시 적지 않았다.

요컨대 인천항은 조선의 중부에 위치하여 조선 전체에서 교통운수의 요로이다. 배후에는 조선의 주도(主都)인 경성과의 거리는 겨우 10여 마일에 지나지 않으며, 서해안을 사이에 두고 지나 대륙과 마주하고 있다. 대지무역의 중추를 행할 호적(好適)의 위치로써 장래 점차 발전할 것은 명료한 사실이다. 생각건대, 항만의 설비는 그 규모가 협소하여 오늘날 무역상 이미 대다한 지장을 초래함은 앞에서 서술한 바이다. 따라서 인천항이 능히 그 사명을 다하여, 무역의 진전을 꾀하기 위해서는 항만 설비의 확장이 꼭 필요하다고 느끼는 것이다.

1924년(大正 13) 항거 이용 및 불이용 선박표

선박		숫자(척)	크기(톤)
기선	이용선	731	1,109,909
	불이용선	20	80,513
	계	752	1,190,422
범선	이용선	5	292
	불이용선	351	31,702
	계	356	31,994
합계	이용선	737	1,110,202
	불이용선	371	112,215
	계	1,108	1,222,417

비고: (1) 본 표는 연안선을 포함하지 않는다.
　　　(2) 범선 중 불이용선은 모두 지나 융극선(戎克船, Junk)[27]으로 입거할 필요가 없다.

4. 목포항

1) 연혁

목포항은 일찍이 목포진, 목포영으로 불리었으며 전라도 나주목(羅州牧) 무안현(務安縣)에 속하였다. 1895년(明治 28) 지방제도 개혁에 따라서 무안군(務安郡)이 되었고, 목포 개항에 즈음하여 무안부(務安府)로 바뀌며 부청(府廳)이 지금의 구(舊) 무안읍에서 목포로 이전하였고, 한국병합과 함께 무안부를 폐지하고 목포부(木浦府)를 두게 된 것이다. 그런데 목포항의 개항이 결정된 것은 1895년(明治 28) 6월이었으나, 삼국간섭 이후 러시아의 방해 운동이 크게 일어나 개항 문제가 중도에 좌절되었고, 이후 곡절을 거치며 마침내 1897년(明治 30) 10월 진남포와 함께 개항하게 되었다.

2) 위치

목포항은 조선 6대 강의 하나인 영산강(榮山江) 하구에 위치하며, 북위 34도 47분·동경

---

27 정크(Junk)선이라고 불리며, 주로 중국 연안 등에서 사용되었던 전통적 목조 범선의 총칭이다.

126도 20분에 해당한다. 앞쪽으로 다도해(多島海)를 품고 외양으로 통하며, 뒤로는 수천만의 평야를 두고 있다. 항구는 깊이 만입하며, 배후에는 유달산(諭達山)이 있어 북풍을 피할 수 있다.

3) 기상

목포항의 온도는 기후가 온화하며 내지의 시모노세키(下關) 또는 하기(萩) 지방과 비슷하다. 아래 평균기온을 게기(揭記)한다.

(단위: 도, ℃)

월별	평균기온	최고기온	최저기온
1	2.0	1.6	-12.5
2	1.0	1.7	-12.0
3	5.0	19.1	-5.0
4	10.7	22.9	-0.4
5	16.0	27.1	5.8
6	20.1	38.1	12.6
7	24.0	33.0	15.0
8	25.7	34.0	19.2
9	21.7	32.2	11.5
10	16.0	27.1	5.2
11	9.0	23.7	2.7
12	3.2	13.1	8.2

다음으로 목포항의 풍향을 보면 각 계간(季間)은 북풍이 많이 불고, 봄에는 북서풍, 여름에는 남풍이 주를 이룬다.

4) 설비

1897년(明治 30) 10월 개항 이래, 항만 설비로서는 물양장 2개소를 갖춘데 지나지 않았다. 그러나 1906년(明治 39) 9만 2,000원을 투자하여 물양장 4개소, 호안 1개소, 잔교 2기를 건설하였다. 병합 이후 다시 잔교 1기, 물양장 1개소를 축조하였다. 1915년(大正 4) 이후 항만 내

준설용으로 프리스트만(プリストマン, Priestman)식 준설을 상치(常置)하여 수심 15척을 유지 및 확장에 노력하였으며, 기타 잔교와 물양장 등 보수 개량을 할 뿐이었다.

장래 계획에서는 선차(船車) 연락의 설비가 본 항구 하역의 개선에 가장 긴급한 시설이다. 현재 목포항의 특산물인 해조(海藻), 조면(繰棉)의 운반 하역에는 시간과 노력, 임금에 손실이 많이 발생하는 상황에 비추어 볼 때, 철도 인입(引入)의 변경과 창고하치장의 정리, 매축, 계류 부잔교(浮棧橋) 설치, 정박지의 준설 확장이 필요하다.

5) 무역

목포항의 무역은 주로 조면의 수이출이고, 쌀 등 기타 농산물이 그다음이다. 1924년(大正 13) 무역액은 (1) 수이출 2,095만 9,857원 (2) 수이입 873만 6,890원으로, 금액 화폐 및 동(同)지 금액은 (1) 수이출액 16,120,854원 (2) 수이입액 1,671,296원에 달한다.

6) 호구

현재 인구는 약 2만 정도로, 내지인 6,500 조선인 1만 3,600여 명이다. 내지인 거주는 비교적 이른 만큼, 시가가 정돈되어 각 관아를 시작으로 민간의 여러 회사도 많다.

5. 진남포항

1) 연혁

진남포항은 개선(開船) 이전 쓸쓸한 한촌에 불과하였으나, 청일전쟁 즈음에 우리 함대가 진남포항을 물이 깊은, 천연의 양항으로 인정하여 근거지로 삼게 되었다. 우리 군도 역시 이 지역에 병참부를 설치하여 군수품 수송의 중계지로 삼았다. 이후로 점차 내외에 그 항만적 가치를 인식받기에 이르렀다. 1897년(明治 30) 10월 개항되어, 다음으로 러일전쟁 이후 내선인의 이주가 점차 많아져, 운수 교통기관의 정비, 후방지대 산업의 개발과 함께 점차 발전해 온 것이다.

2) 항만의 상황

진남포항은 북위 38도 42분, 동경 125도 24분에 위치하며, 평양과 46리(里)[28] 떨어져 있고, 대동강을 거슬러 약 21해리 거리의 북안에 위치하고 있다. 황해·평안남도의 산과 강을 사이에 껴안고 천연의 방수제를 형성하고 있으며, 항만 내부가 넓고 물이 깊어 15길(尋) 내지 20길을 갖추고 있다. 선박의 정계가 자유롭다. 다만 겨울철 며칠간 강에서 유빙이 관찰되어, 선박 출입이 불가능한 경우가 있음은 진남포항의 결점인 바이다.

유래로 조선의 세관설비는 각 개항장을 통하여 인공(人工)을 가한 것이 극히 적어, 단지 천연의 지형을 이용하여 화물 적재·도매를 행하는데 그쳤다. 따라서 세관 행정의 민활(敏活)이 부족하여, 국가경제상 손실이 적지 않았다. 이로써 1906년(明治 39) 한국재정고문은 이것에 개선의 뜻을 쏟아, 각 개항장을 통하여 각각 응급의 세관시설공사를 계획하였다. 진남포항에 대해서는 예산 14만 4,000여 원을 계상하여 설비 용지로 충당할 해수면의 매립, 잔교, 상옥 창고 및 청사의 건립 등에 착수하였으나, 이는 본디 응급시설에 불과하여 외양(外洋) 선박의 하역은 여전히 부선에 의존하는 것 외에는 방법이 없는 상태였다. 그런데 진남포항의 발전은 경의선의 건설이 추진되고, 또 각종 사업이 발흥하며, 평양을 중심으로 황해도 대부분과 평안남도·평안북도에 걸쳐 선박 출입 화물이 진남포를 경유하는 수가 매년 격증하여, 1907년(明治 40) 무역액은 실로 600만 원에 달하여, 부산과 인천에 버금가는 성황을 이루었다. 다음 해인 1908년(明治 41)에는 나가사키(長崎)-대련(大連) 정기항로가 개시되어 진남포의 발전이 더욱 현저하게 발전할 기운을 맞이하였으므로, 해륙연락설비의 필요를 인정하여 1909년(明治 42)에 재차 예산 99만 6,000여 원으로써 비발도(飛潑島)와 시가지 사이에 있는 간척지를 이용하여 갑선거(閘船渠) 축조 계획을 세웠다. 그러나 갑선거의 완성에는 총공사비 544만 원이 필요하였고, 당시 재정 관계상 먼저 제1기 공사에 99만 6,000여 원의 예산을 계상하여 공사에 착수하였다. 이후 다시 적당한 시기에 제2기 공사에 속하는 예산으로써, 갑선거를 완성 시킬 계획을 하였다. 그런데 제1기 공사에서 선거 굴착 중 1910년(明治 43) 한일병합이 되어, 다시 위 공사 지출 잔액인 83만 5,000원으로 1911년(明治 44)부터 1914년(大正 3)에 걸친 4개년 계속사업으로 공사를 진행하였다. 1912년(明治 45) 6월 예정된 갑선거 축

---

[28] 거리를 나타내는 단위이다. 1리(里)는 약 3.9km이다.

조 계획을 변경하여, 개선거로 고치고, 계선안벽 140간과 물양장, 호안석 축벽 및 4만 800평의 매립, 청사, 상옥, 도로 등의 육상설비를 시공하였다. 또 1913년(大正 2) 육상설비비를 12만 원을 추가하여 1915년(大正 4) 공사를 준공하였다. 이를 제1기 공사라고 칭하는 것이다. 이어서 부선 하역의 편의를 위하여 비발도와 가도(加島) 간 선류 및 매립지 2만 20평, 물양장, 잔교, 상옥, 도로 등을 시공하여 공사비 18만 원을 지출하였다.

3) 무역

1898(明治 31)년 진남포항의 개항 다음 해에는 무역설비 불완전, 시세(市勢)의 미숙(幼稚), 운수교통의 불편, 기타 각종 관계로 무역액도 극히 미미하여 수이출 8만 6,000여 원, 수이입 4만 5,000여 원 합계 13만여 원에 불과하였다. 그러나 이후 도시 발달과 배후 여러 관계가 밀접한 정도가 더해짐과 함께, 무역액도 역시 점증하여 10년 후 1908년(明治 41) 수이출 198만 원, 수이입 306만 원, 합계 504만 원으로 증가하였다. 1910년(明治 43) 10월 평남선 개통은 평양 및 조선 간선(幹線)을 연결시켜, 평양을 중심으로 한 지방의 발전에 따라서 무역도 매년 늘어나는 추세가 이어졌다. 1915년(大正 4) ■월에는 다년의 현안이었던 개갑식(開閘式) 선거가 완성되어, 해륙연락설비의 완성은 하역의 신속, 시간의 단축을, 이는 부대비용의 경감을 조성하여 무역에 다대한 효과를 가져왔다. 특히 1918년(大正 7) 구주전란의 영향을 받아, 상권 내에 속하는 평양, 겸이포 등에서 여러 공업이 발흥하여 진남포항의 집산 화물 증가가 초래되는 바가 자못 대단한 것이었다. 1918년(大正 7) 무역액은 수이출 2,500만 원 수이입 2,098만 원, 합계 4,678만여 원으로 개항 이래 미증유의 거액에 접근하였다. 당항 무역도 다소의 감소를 보았지만, 현저한 타격 없이 건실한 발전을 이어가고 있다. 현재 개항 이래의 무역액을 표시하면 다음과 같다.

(단위: 원)

연도	수이출	수이입	합계
1897	51,333	8,289	59,622
1904	1,151,257	2,413,187	3,564,444
1910	2,565,937	1,994,174	4,560,111

연도	수이출	수이입	합계
1915	4,987,048	2,545,216	7,532,264
1918	25,846,957	20,977,206	46,824,163
1920	24,327,728	17,513,477	41,841,205
1921	26,859,705	9,451,650	36,311,355
1922	21,834,710	29,209,265	29,209,265

그리고 이를 국외를 살펴보면, 내지무역이 대부분을 차지한다. 매년 소장이 있지만 총액 92%~58%이며[29], 그다음으로는 중국이 10~18%이다. 또한 미국이 7% 내외, 기타 영국, 영국령 인도 등이다.

다음으로 무역 주요품목을 보면, 수이출에서는 농산품과 광산품이 대부분이고 기타 공산 수산 등이 있다. 농산품은 쌀이 제일이며, 콩, 밀, 보리, 팥, 사과, 잡곡 등이다. 광산품은 철광, 석탄, 금광(金鑛) 등이다. 수이입에서는 대부분이 공산품, 식료품, 광산품인데, 주가 되는 것은 곡류와 주류, 설탕, 석유, 포백류(布帛類), 철 및 철제품, 여러 기계류와 시멘트 등이다.

4) 항로

항로는 조선 내가 5, 내선(內鮮)간 3, 외국 2로 총 10개선이다. 1개년 간[1923년(大正 12)] 입항 선박 숫자는 기선 694척(62만 6,876톤) 범선 1,218척(1만 2,734톤)으로 총 1,888척(6만 4,585톤)에 달한다.

5) 호구

청일·러일전쟁 후 내지인 이주자가 많아져 순식간에 하나의 무역항(商港)이 되었고, 1915년(大正 4) 축항 이래로 무역이 급속이 번성하였다. 현재는 인구 2만 5,000명 중 내지인 약 6,000명 조선인 1만 9,000명으로 부청, 지방법원 지청, 경찰서, 세관, 형무소 지소, 우편국, 고등여학교, 상공학교 등에 조선은행, 식산은행, 상업은행 각 지점이 있다.

---

[29] 원문 오기로 추정되며, 맥락 상 52~58%로 추정된다.

부(附), 평양항(평안남도 평양부)

1) 연혁

평양항은 오랜 역사를 가지고 있으며, 다른 이름으로는 기역(箕域), 낙랑(樂浪), 서경(西京), 서도(西都), 호경(鎬京), 억경(抑京) 등으로 불리었던 단군 이래의 구도(舊都)이자, 서선의 중진(重鎭)이다. 분로쿠의 역에서 가토(加藤), 고니시(小西)의 군사들이 한성(漢城)으로 쇄도하자, 조선의 왕이 도망쳐서 이 지역을 지나 북선(北鮮)으로 몽진(蒙塵)하였다. 고니시 유키나가(小西行長)는 이 지역을 공략하여 명나라의 이여송(李如松)과 전투를 벌였다. 또 청일전쟁에는 우리 군이 이곳을 포위하고, 러일전쟁에서는 우리 군이 이곳을 점령하였기 때문에 적의 유린(蹂躪)을 면할 수 있었다. 이에 앞서 우리 정부는 영사분관을 설치하고, 1906년(明治 39) 이사청(理事廳)으로 바꾸었다. 1910년(明治 43) 8월 한일병합과 동시에 부제(府制)가 시행되고 평양부청이 설치되었다. 동시에 평안남도 이하 관공서가 설치되어 서선(西鮮) 제일의 대도시로 발전하여, 오늘날 인구는 10구인(十舊人)[30] 에 달한다.

2) 상황과 무역

평양항은 대동강 강가에 임하고, 북위 39도 0분 20초·동경 125도 45분 3초에 위치한다. 진남포에서 상류 20해리 지점에 있는 하항(河港)이며, 서안(西岸)은 평양 시가이고 동안(東岸)은 선교리(船橋里)에 대하고 있다. 유효 수면적은 33만 9,000평이다. 대동강 유역의 물자 운송, 주즙(舟楫)의 편의가 있어, 수심은 평균 수위 6척 이상을 유지하고 있고, 내지 간 부선의 출입이 자유롭다. 그런데 항만의 하류 양각도(羊角島) 상단에 얕은 여울이 있어, 흘수 4척 이상의 선박은 조수 간만에 따라서 소항(遡航)한다. 또한 하류 겸이포 간은 350톤 내외의 기선 항행이 가능하므로, 겸이포는 수심 7심, 큰 배의 입진(入津)이 가능하다. 보통 진남포에서의 소항은 평양 ■ 약 3조(潮)가 필요하다.

하류에서의 출입선은 보통 내지형(型) 부선 20톤까지로, 최대 40톤급을 한도로 한다. 강 상류 모란대(牧丹台) 부근에서 수심이 갑자기 줄어들어, 흘수가 얕은 선박이 잘못하면 소행

---

30 '10만인(十萬人)'의 오기로 추정된다.

(遡行)하지 못하여, 겨우 선형선(鮮型船)에 한정된다. 계절은 예년 12월 중순부터 결빙하여 80일 내외 항운이 두절된다.

평양항의 무역은 1924년(大正 13) 중 수이출액 285만 1,000여 원, 수이입액 180만 9,000여 원으로, 통틀어 400만 원에 달하고, 취급 화물은 94만 1,007을 넘고 있다. 특히 평양항의 무역은 부근의 석탄 매장량이 풍부하기 때문에 공업의 발달이 현저하다. 때문에 조제 원료품의 수이입이 매년 증가의 경향을 이어가고 있는 것이 특색이다.

3) 설비

구국(舊國) 정부시대인 1909년(明治 42)부터 1912년(明治 45)까지 세관 설비공사로서 세관 출장소 부지, 청사 및 창고를 건설하여, 공사비 5만 6,384원을 지출하였다. 또한 대동강 철도교 조금 위 양각도(羊角島) 상류의 옅고 복잡한 여울을 1911년(明治 44)부터 2년 계속 공사로 개착에 착수하였다. 그 토사는 강안 연장 300간, 너비 평균 15간 매축에 이용하였다. 강안은 호안 축벽 4,855평을 축조하였다. 호안을 따라서 인입선(引入線)을 부설하여 구내와 연결을 계획하고, 또한 남쪽 하류에 인접하는 지역에 연장 120간, 면적 1,630평의 임시 하역장을 설치하는데 공사비 12만 9,212원으로 1913년(大正 2)에 준공하였다.

6. 군산항

1) 연혁

군상이 개항된 것은 1899년(明治 32) 5월 1일이다. 다만 당시에는 노적(蘆荻)이 무성하고, 근소한 조선인의 주거가 확인될 뿐이었다. 그러나 개항 이래로 홀연 무에서 유를 낳아, 일진월보(日進月步)의 기세가 급속하여, 마침내 오늘날 일 도시를 현출(現出)하기에 이르렀다. 게다가 미산(美山)의 발전은 자못 순조로워, 한 걸음 한 걸음 점진적으로 나아갔다. 인천, 진남포가 전투 때문에 팽창하였으나 이와 같은 은혜를 입지 않았으며, 또한 부산이 세계적 교통로로서 급격히 발전을 이룸과 같이 특별한 이익을 누리지 않았다. 오직 군산 자신의 실력, 즉 무역 부분의 재력에 기반하고, 단지 무역항의 입장에 근거하여 놀라운 성공을 거두는 것으로, 그 발전의 자취가 실로 현저하다.

2) 위치와 항세(港勢)

　군산은 남선(南鮮) 서해안 중앙에 해당하며, 전라북도의 서북쪽 귀퉁이에 위치하고 있다. 조선 6개 대강(大江)의 하나인 금강 하류의 남쪽 기슭에 임하여, 강류(江流)을 통하여 충청남도의 서천군(舒川郡)과 서로 대한다. 경위도(經緯度)는 동경 126도 42분 45초, 북위 35도 59분 10초로, 에치젠(越前)의 후쿠이(福井), 무사시(武藏)의 하치오지(八王子), 교주만(膠州灣)의 청도(靑島)와 대략적으로 위도가 같다.

　군산부 내에는 2~3개 작은 언덕이 있다. 군산부 서남쪽 경계, 혹은 경계 밖 부근에도 다소 산지가 존재한다. 그렇기는 하지만 기타 토지는 자못 평탄하여, 그 평지는 동남쪽으로 뻗어서 바로 조선 제일의 대(大) 옥야인 전주평야(全州平野), 강경평야(江景平野), 만포평야(萬浦平野)에 연접해 있다. 이들 평야는 금강, 만경강(萬頃江), 동진강(東津江)이 흐르고 있으며, 강의 흐름에 따른 충적토(沖積土)가 형성되어 예로부터 조선의 보고(寶庫)라고 불린다. 다만 마치 보고가 군산을 수호하는 것처럼 보인다. 배후에는 차령(車嶺)·노령(蘆嶺) 산맥계에 속하여, 일대가 높고 험한 땅이다. 이 고지(高地)는 수십리에 걸쳐서 멀리 평야의 남쪽과 동쪽에서 동북쪽을 돌아 북쪽의 충청남도 중앙부로 돌출하여 해안 가까이에서 끝난다. 마치 세 방면에서 병풍을 친 것과 같은 형상을 하고 있다. 병풍이 열려 있는 서쪽에는 황해에 닿아있는 해안 저지대로, 남북이 길고 해안선의 굴곡이 적다. 뿐만 아니라 해상에는 멀리 한신(阪神)·게이힌(京濱) 방면까지 어류를 공급함으로써 그 이름이 높은 죽도(竹島)를 시작으로, 수산의 이로움이 풍부한 여러 도서가 있다. 이리하여 군산은 지리학자들이 도시 발생의 3요소라고 하는 충적토와 강류, 해안을 겸비하고 있다. 따라서 수륙(水陸) 일대 교통운수의 편의가 풍부하며 산업 발달상에 모든 자질을 갖추고 있다. 이러한 상황은 낙동강변의 부산, 한강변의 인천과 유사하다.

3) 기상

(단위: ℃, ㎧, mm)

월별	기온			바람		강수량
	평균	최고	최저	최다풍	평균속도	
1	12.4	9.5	-20.2	북서	2.0	30.8
2	10.9	8.5	-16.0	남서	2.0	4.6

월별	기온			바람		강수량
	평균	최고	최저	최다풍	평균속도	
3	13.0	19.5	-19.5	남서	2.0	34.2
4	14.0	19.5	-14.0	남	2.0	77.7
5	12.5	25.5	3.0	서	1.3	128.7
6	13.3	28.5	7.0	서	1.1	66.7
7	12.0	31.0	12.0	서	1.7	125.6
8	12.7	34.0	6.0	남	1.6	155.0
9	12.3	30.5	5.0	서	1.4	138.7
10	13.4	21.0	1.0	서	1.6	46.5
11	14.0	16.5	12.5	서	1.8	53.3
12	9.0	11.0	17.0	동	1.7	10.0

4) 강수(江水) 및 운수의 상황

조석 간만의 차이는 18척 내지 21척에 달하여 화물의 적사는 모두 작은 배를 이용한다. 그럼에도 조류가 급하여 하역에 장시간이 필요하고, 따라서 화물 처리 비용과 같은 경우는 대단히 고율(高率)인 현상이다. 군산항은 육로 호남선(湖南線), 군산지선은 군산부 영정(榮町)을 시작으로, 이리(裡里)에서 접속하여 각 지역의 도읍과 연결되어 있다. 수로는 조선우편회사(朝鮮郵便會社), 아마가사키(尼ヶ崎) 기선부, 오사카상선회사(大阪商船會社) 기다 신박을 통하여 연안 가 항구와 내시의 여러 항구, 지나 대련, 청도, 지부(芝罘)와 연락을 갖추고 있다.

5) 항만 설비

1906년(明治 39) 한국재정고문시대 공사비 8만 9,000원으로 세관용지의 매립, 잔교 2기, 상옥, 청사 등의 건설을 행하고, 병합 이후 1910년(明治 43)부터 1915년(大正 4)에 걸쳐서 공사 4만 5,000원으로 잔교 3개소, 철도 인입선을 부설하였다. 재차 1920년(大正 9) 공사비 10만 6,000원으로 강안 매립을 행하였고, 1921년(大正 10) 공사비 2만 7,000원으로 도로 및 철도인입선 연장, 상옥 건설을 행하는데 지나지 않았다. 또한 1915년(大正 4)부터 잔교 부선 하역의 필요 상 수심 유지를 위해 준설선을 상치하여, 준설을 계속하고 있다.

6) 무역

군산항의 무역 추세를 개관하면, 개항한 해, 즉 1899년(明治 32) 수이출입 총액은 겨우 1만 2,000원이었다. 그러나 병합 이후 1910년(明治 43) 260여 배인 339만 6,000여 원이 되었고, 1916년(大正 5)에는 765만 원, 1919년(大正 8)에는 3,500만 원을 돌파하기에 이르렀다. 1923년(大正 12)에는 4,100만여 원으로 약진하여 성황을 이루어, 개항 당초에 비하면 실로 4,000배에 달하는 것이었다.

그리고 주요 통상국 별로 보면, 내지가 약 80%를 차지하고 있다. 이 밖에는 지나, 북미 등이다. 주요 수이출품은 미곡이며, 다음으로는 콩 등 농산물이다. 수이입품은 생금건 및 생 시팅이 대부분이며 기타 설탕과 맥주, 소금, 성냥(燐寸), 석탄, 철제품이다. 군산항 무역이 위와 같이 약진적 성황을 이루게 된 이유는, 배후에 전주와 강경, 김제 등의 대평야를 끼고, 미곡 산출의 전도(全道) 제일이라고 불리는 전북, 충남 대부분을 그 상권으로 차지하고 있기 때문이다. 따라서 군산항은 농산을 기초로 두는 항구라고 할 수 있다. 철도편 및 금강 기타 항운(航運)에 의한 집중되는 것은, 1년간 실로 약 120만 석에 달한다. 1923년(大正 12) 중 미곡 수이출액 111만 7,167석을 계상하여, 미곡수이출항으로서는 각 항구의 수위(首位)를 점하고 있다.

7) 상권구역

군산항의 상업 영역은 그 상세(商勢)가 미치는 정도에 다소 후박(厚薄)이 있으나, 전라북도 일대와 충청남도 일대, 전라남도의 영광(靈光)·함평(咸平)·담양(潭陽)·나주(羅州)·장성(長城)의 각 군, 충청북도의 영동(永同)·보은(報恩)·청주(淸州)·진주(鎭州)의 각 군, 경기도의 2~3군에 걸쳐 있다. 범위 내의 교통기관은 철도이며, 국유 경부선(京釜線)과 호남선이 관통하고 있다. 그 밖에 전북철도회사(全北鐵道會社)의 이리-전주, 조선철도회사(朝鮮鐵道會社)의 조치원(鳥致院)-청안(淸安)·송정리(松汀里)-담양, 경남철도회사(慶南鐵道會社)의 천안(天安)-광천(廣川)간 노선이 있다. 연장 약 380마일(경부·호남선은 상권 범위 내의 거리만 계상)에 달하는 거리이며, 주즙(舟楫)구간의 연장은 35리 정도이며, 금강이 관류(貫流)하고 그 외에 만경강, 동진강이 있다. 수륙 양쪽에 의해 각 지 도읍과 연접하고, 내지 여러 항만과는 오사카 상선, 조선우선(朝鮮郵船) 야마시타(山下)기선, 가와사키(山下) 기선, 근해우선(近海郵船) 이케기(尼ヶ

崎)기선 등의 정기선과 부정기선 및 범송(帆松)[31]의 기항(寄港)으로 교통이 빈번하므로 화물의 집산이 대단히 많다. 이에 상업은 해가 갈수록 더없이 성황이다.

① 상권 내 호구 및 면적: 호수 66만 5,573, 인구 352만 483, 면적 1,587,028 방리(方里)
② 상권 내 논밭(田畑) 면적: 논 45만 1,399정, 밭 22만 209정 9반(反)
③ 상권 내 농산물: 쌀 468만 4,633석, 보리 168만 9,232석, 콩 81만 6,722석, 잡곡 13만 6,259석, 면(綿) 2,215만 6,697근, 견(繭) 2만 7,090석

위와 같이 군산이 조선 남부의 요항으로서, 후방에 광막(廣漠)한 전북·충남의 대옥야를 끼고 앞쪽으로는 강을 사이에 두고 충청남도 연해(沿海)와 서로 대하고 있어, 지방 물산의 취산(聚散)과 물자의 탄토를 행하여, 철도가 아직 개통되지 않은 시대에 이미 배후 지역에 문명의 서광을 비추었다. 그럼에도 매년 항세의 발전이 현저하여 1924년(大正 13)에는 무역액이 4,868만 8,000원에 달하였으며, 조선의 각 개항장 중에 제3위를 차지하며 조선의 식산흥업에 지대한 관련을 가지고 있다.

7. 성진항

1) 연혁

성진항은 1606년(慶長 11)에 관찰사(觀察使) 이시발(李時發)이 조정에 청하여 진(鎭)을 설치하였고, 이후 1615년(元和 1) 석성(石城)을 쌓고 첨사(僉使)를 두었다. 이후 수많은 변천이 있었지만, 1894년(明治 27) 폐지될 때까지, 여러 차례 첨사를 두었던 지역이었다. 성진이라고 불린 것은 1898년(明治 31)으로, 다음 해에는 부(府)로 승격되었다. 군산과 동시에 개항된 역사가 있다. 우연히 길주(吉州)와의 합군을 주장하는 북당과 분군을 주장하는 남당의 당쟁이 야기되어, 폭민의 운동이 일어나 우리 원산영사관의 분관 주임은 국기를 내걸고 재류관민

---

31 범선(帆船)의 오기로 추정된다.

을 이끌고 원산으로 피난한 사건이 있었다. 합군이냐 분군이냐 하는 문제는 대단히 분규를 겪다가, 마침내 우리 공사의 권고가 부득이하게 이르러, 분군이 확정되어 성진부가 되었으나 전후 6년간 두 차례 합군, 세 차례 분군하는 사건이 있었다. 그럼에도 분·합군 문제는 점차 낙착(落着)하였다. 상업의 발전을 지향함에, 러일전쟁이 일어나 1904년(明治 37) 4월 러시아 병사가 멀리 이 지역까지 습격해 와 일본인 설비에 속하는 관아·민가를 모조리 소훼(燒燬)하였다. 관민은 원산으로 난을 피한 것이 약 1년에 이르렀고, 그 사이 러시아 군의 점령에 놓여 있었으나, 1905년(明治 38) 우리 군이 북진하여 성진에 수송본부 및 수송선 지대로서, 35척의 군함(艨艟)이 일시에 항만 내로 집결하는 장관을 이루어, 평화 회복과 동시에 현저하게 부흥하여 오늘날에 이르렀다. 다만 청진이 개항하며 발전상에 타격을 적지 않게 입었다.

2) 상황

성진항은 함경북도의 남단에 위치한다. 남쪽에는 원산으로 120해리, 북으로는 청진으로 84해리, 건너편 쓰루가(敦賀)로 원산을 경유하여 509해리(직통 430해리), 후시키(伏木)항으로 청진을 경유하여 582해리, 블라디보스토크(浦鹽)로 209해리이다. 도로는 성진항에서 북쪽으로 길주, 명천(明川), 경성(鏡城)을 경유하여 청진, 회령으로 통한다. 남쪽으로는 단천(端川), 북청으로 통하는 1등 도로가 있으며, 서쪽으로는 동점(銅店), 갑산(甲山)을 경유하여 혜산진(惠山鎭)에 이르는 2등 도로가 있다. 무엇보다도, 자동차를 통한 교통운수편이 있다. 특히 최근에는 단산(端山), 길(吉)[32] 사이에 함경선 중부선 국유철도가 개통되어, 해안과 육지의 연결편이 구비되어 있다. 북선(北鮮) 중부 화물의 탄토항(呑吐港)으로서 각 실상(實相)이 따르기에 이르렀다.

3) 설비

항만 내 수면적은 200만 평에 달한다. 1909년(明治 42)에 공사비 4만 원, 8,000간으로써 세관용지를 매축하고, 물양장 50간 5분으로 축조, 청사 1개, 상옥 2동, 방파제 86간 축조에 착수하여 1911년(明治 44)에 준공하였다. 후년(後年)에 물양장 25간을 증축, 상옥 1개 동을 신축하였다. 그러나 항만 내에 표사(漂砂)의 침전이 많고, 선류가 평온하지 않아 부선의 하역

---

32 길주(吉州)를 의미하는 것으로 보인다.

이 불편하였다. 따라서 1922년(大正 11) 이후 34만 원으로 방파제 57간을 축조하여 수면적 약 1만 5,000평의 선류를 설치하고, 물양장 앞에 4,000평을 간조면 이하 6척으로 준설하여 완전한 선류하역이 가능하도록 현재 공사 중이다.

4) 무역

성진항은 개항 이래로 액난(厄難)을 겪으며 그 발전을 방해받았다. 다만 원래 상권구역 남북 양도에 걸쳐, 특히 소·콩·운모(雲母)·흑연(黑鉛)·석탄 등 물산이 풍부하기 때문에 착실하게 건실한 발전을 이루고 있다. 무역연액은 600~700만 원 정도에 달하고 있으나, 함경선의 개통 후에는 더욱 현저하게 발전할 것으로 추측되고 있다.

8. 용암포 다사도(多獅島)

1) 연혁

용암포는 러일전쟁 초기에 러시아군이 이곳에 병참부를 설치하여 조선반도 계략(計略)의 축원지(築源地)였으나, 1904년(明治 37) 4월 우리 군이 점령하고 육군의 군수품 적사항(積卸港)으로서 항상 크고 작은 선박이 집중되었다. 1906년(明治 39) 8월 개항되었으나, 1907년(明治 40)경부터 압록강류 수맥의 변화로, 항만 내에 기주(奇州)가 생겨, 일부는 현재 간조면에 노출된 부분이 약 8척 내지 10척에 달하여 항만 내 전색(塡塞)되기에 이르렀다. 간신히 강기슭을 따라 협애한 수로가 남아 소형기선 또는 흘수 6척 이하의 부선은 만조위에 출입하고 하역할 수 있는 상태이다. 지난날의 면월(面月)은 잃었으나, 위치관계상 항만으로서의 가치는 전혀 한각(閑却)할 수 없다.

다사도는 1894년(明治 27) 청일전쟁에서 우리 군이 여기에 선함(船艦)을 정격(碇擊)하여 이도포(耳島浦)에 상륙한 것을 기원으로, 1904년(明治 37) 8월 러일전쟁으로 이 정박지를 이용하여 북진군의 행동을 도왔다. 그 후 무역선박의 정박지로 이용되었는데, 특히 최근에는 국경무역의 증장에 따라서 발달하였다.

2) 위치 및 상황

용암포는 평안북도의 서부 압록강 강안에 있다. 동경 124도 22분 10·북위 39도 55분에 위치한다. 신의주에서 수로 약 13해리, 육로 약 6리에 있다. 용암포의 서남면은 구릉으로 가려져 있고, 동·남쪽은 대체로 평탄하다. 항만 설비는 수산조합의 목조잔교 하물장(荷物場)이 있을 뿐으로, 항만의 이용은 완전히 한각되어 있다.

다사도는 평안북도의 서남, 압록강 입구에 가까이 위치한다. 북위 39도 47분·동경 124도 25분에 있으며, 용암포항과 거리는 수로 13해리, 육로 4리 25정(町)[33]이다. 안동 및 신의주와의 거리는 육로 24마일, 수로 26해리이며, 압록강 동쪽 수로에 해당하는 천사자도(天獅子島) 갑곽곶리(岬郭串里)의 남쪽 바다 상, 약 1,500간에 개재하는 조그만 섬 부근이다. 섬은 주위 759간, 면적 약 2만 4,500평이며 암석으로 이루어진 언덕 형상의 무인도이다. 정박지는 동서 약 450간, 남북 약 1,000간 안쪽이다. 수심은 간조 시에 18척 내지 45척이며, 파도가 고요하다. 정박지의 서쪽에 위치한 간석지는 자연 방파제인데, 특히 본 항구의 특색은, 압록강 안에 있는 각 항만이 모두 겨울철 결빙됨에도 본 정박지는 거의 동결되지 않는다는 점이다.

3) 무역

용암포는 위에 이야기한 바와 같은 사정에 의하여 실제로는 어항(漁港)으로서의 생명을 가지고 있는데 그친다. 압록강 하구의 신도(新島) 정박지 또는 다사도 정박지에서 적사를 행하고, 그 수속을 본 항구에서 행하는 상황이다. 양 정박지의 취급을 더하여 매년 1,200 내지 1,300만 원의 무역액에 그친다.

다사도의 성황은 앞서 이야기한 것과 같이, 용암포의 매년 쇠망(衰亡)의 징후가 있는데 반하여, 다사도 정박지는 급격히 발달을 거듭하고 있으며, 다사도 축항의 여론이 대두하는 이유이다. 출입선박도 1922년(大正 11) 이미 120척, 그 톤수는 40여 만 원에 달한다. 그러나 현재의 상황으로는 하역은 거룻배로 하여, 하역 운반에 3일에서 1주일이 필요하기 때문에 노력 시간의 손실이 크다. 따라서 해륙연락과 항만 설비에 상항한 시설을 더하며, 특히 육상철도 연결 계획은 국경무역 상 긴급한 일이다.

---

33 거리를 나타내는 단위이다. 1정은 60간(間)이며, 약 109.09m이다.

9. 청진항

1) 연혁

1904~1905년(明治 37~38) 전쟁 당시에는 호수가 겨우 109호에 불과한 자그마한 일개 어촌이었으나, 전쟁으로 일본군의 한반도 북부 양륙지점이 된 이래로 내지인의 내왕과 이주가 매해 증가하였다. 1908년(明治 41) 4월 통상항으로 개항되어 오늘날에 이르게 된 것이다.

2) 위치

청진항은 북위 41도 47분, 동경 129도 50분에 위치한다. 내지 아오모리-하코다테(函館) 중간의 쓰가루(津輕) 해안과 동위이다. 동쪽에는 고말산 반도가 돌출되어 있어, 완만한 항형을 이루기에 조석 간만의 차이는 깊이가 최대 2척에 불과하다. 해저의 진흙, 모래로 대선(大船)과 거선(巨船)의 정박이 가능하지만, 만 입구가 극히 얕고 외양에서 일어나는 폭랑(暴浪)의 여파가 침입하므로 천연의 양항이라고 부를 수는 없다.

3) 기후

청진항의 기온은 홋카이도(北海道) 하코다테를 방불한다. 최고기온 섭씨 28도, 최저기온 영하 20도이며, 겨울철 하주(河州)는 항상 결수하지만, 항만 내의 해수면은 거의 결빙하지 않는다. 여름은 기온이 평순(平順)하여 섭씨 28두를 넘는 일은 드물다. 그럼에도 혹서기는 극히 짧고, 아침저녁으로 시원한 바람이 부는 절호의 피서지이다. 우기는 7~8월경이며, 우량은 남선에 비하여 비교적 적다. 과거 최대 우량은 1919년(大正 8) 1,664mm이며, 월별 최대 우량은 1914년(大正 3) 7월 291.5mm이다. 기후는 해풍의 조화에 따라서 대체로 순조로우나, 5~6월경에는 짙은 안개가 덮쳐온다. 다만 그 기절(期節)은 길지 않다.

4) 면적 및 수심

면적은 86만 9,000평이며, 30척 이상의 수심면적 66만 6,000평, 20척 내지 30척은 4만 7,000평, 12척 내지 34척은 2만 7,000평, 12척 내지 18척은 6만 6,000평 등이다.

5) 항만 설비

1908년(明治 41) 한국재정고문시대 공사비 37만 4,000여 원으로서, 동서로 뻗는 방파제를 축조하여 수면적 1만 2,200평의 선류를 설비하였다. 동시에 세관용지 매립, 물양장 상옥 청사 등의 설치를 행하였다. 위 공사는 1911년(明治 44) 준공하였다. 거듭 잔교 2기, 상옥, 창고 등을 건설하였으나 이것들은 모두 응급적 설비였다. 항만의 진전에 순응하여, 1922년(大正 11) 이후 5개년 계속사업 공사비 250만 원으로 약 200간의 방파제와 3,500평 매립, 물양장 및 철도 인입선의 시설을 계획하였다. 같은 해 공사에 착수하였으나, 재정상 몇 년간 준공 기간을 연기하게 되었다. 1914년(大正 3) 철도인입선 공사만 먼저 시행하기는 하였으나, 청진항의 축항은 지세상 막대한 공사비를 필요로 하므로, 위의 공사는 응급적 시설이라고 하지 않을 수 없다. 또한 청진항에 대하여 청진부는 1909년(明治 42) 이래로 제1기~제4기로 나누어 2만 9,814평을 매립하여 308간의 물양장 등을 시설하여 항만 발전에 기여함이 적지 않았다.

6) 무역

개항 이래로 무역액의 상황을 보면, 해마다 장족의 진보를 이루고 있다. 개항 당시 43만 8,000원이었으나, 1921년(大正 10)에는 216만 3,000원, 1916년(大正 5)에는 390만 원, 1921년(大正 10) 1,396만 원, 1923년(大正 12)[34] 2,200만 원으로, 조선 내 14개 개항장 중 6위를 차지하였다. 지난 10년간, 평균 1개월 증가율은 무역액이 3위, 톤수가 제2위, 출입선박 톤수가 제2위[35]를 차지했다. 이에 결국은 지리적 관계에서 통상 상으로 우수한 지위를 점하여, 후방지대의 삼림·석탄·축우·대두·마포 등의 풍부한 산품을 갖추고 있기 때문에 장래 배후지의 산업개발과 교통기관의 정비, 특히 길회철도(吉會鐵道)가 개통된다면 청진항의 상권은 점차 넓어져 무역이 번성할 것을 예측하기 어렵지 않다(무역표 생략).

---

[34] 원문 연도 표기 오류로 추정된다.
[35] 원문 오기. 문장 맥락 상 무역액 3위, 톤수 2위에 이어 출입선박 수가 제1위가 되어야 할 것으로 보인다.

7) 호구

1908년(明治 41) 개항 이래로 호구 수의 증가를 보면, 매년 평균 증가율은 15%에 달하며, 1915년(大正 4) 이후는 특히 급속히 증가하였다. 즉, 아래와 같다.

연도	내지인 호수	내지인 인구	조선인 호수	조선인 인구	외국인 호수	외국인 인구	합계 호수	합계 인구
1908	271	745	244	824	9	169	524	1,738
1912	593	2,019	366	1,558	15	99	974	3,676
1916	1,042	3,385	1,059	4,212	39	153	2,140	7,740
1920	1,007	4,114	1,470	6,858	37	242	2,534	11,214
1924	1,947	6,654	2,866	14,184	166	691	4,979	21,529

10. 신의주항

1) 연혁

신의주는 서선의 국경이자, 북위 45도 6분·동경 124도 32분에 위치한다. 조선의 서북쪽 끝, 압록강변에 위치하는데, 강 입구를 거슬러 올라가면 약 15해리, 용암포에서는 약 13해리, 다사도 정박지에서는 약 26해리에 있는 압록강 유역 사구(砂丘) 상에 있는 신(新) 시가지이다. 강을 사이에 두고 남만주(南滿洲) 안동현(安東縣)과 맞닿아 있으며, 신의수항 부근의 압록강 너비는 약 400 내지 500간이다. 신의주항이 개항장으로 지정된 것은 1910년(明治 43) 8월 한일병합 때였다. 이로부터 앞서 1904~1905년(明治 37~38) 러일전쟁에서 경의철도(京義鐵道)가 개통되며, 함께 임시군사철도감부(臨時軍事鐵道監部) 출장소가 이 지역에 설치되었다. 다음으로 1905년(明治 38) 1월 신의주역 및 우편취급소 등이 개설되었다. 1906년(明治 39)에는 세관출장소, 1907년(明治 40)에는 이사청이 설치되었으며, 1911년(明治 44) 압록강 가교(架橋) 공사가 준공되어 만선철도(滿鮮鐵道) 연대 운송이 개시되었다. 1924년(大正 13)에는 평북도청이 의주(義州)에서 이곳으로 옮겨와 발전이 현저해졌다.

2) 상황

압록강의 흐름은 항상 바뀌며, 현재로서는 강 건너편의 안동 쪽으로 치우쳐 있다. 때문에 수심은 신의주항 측이 얕고, 건너편이 깊다. 만조를 이용하여 500톤급 내외의 기선이 입항할 수 있다. 홍수기에는 강바닥의 심도가 바뀌고, 토사의 퇴적하여 기주가 발생하는 일이 많다. 오늘날 간조 때는 강안 부근은 3척 내외이지만, 조석 간만의 영향을 받기 때문에 삭망 때 깊이는 12척 5촌이다. 강의 유속은 승조(昇潮)시 매초 약 2척 5촌, 퇴조(退潮)시 약 3척 6촌이다. 강바닥의 지질은 진흙으로, 선박의 닻을 내리기에는 적당하다. 기후는 1월 평균 섭씨 영하 8도 2분, 8월에는 섭씨 23도 4분, 최고기온은 섭씨 33도 6분, 최저는 영하 36도 7분이다. 매년 12월 상순부터 3월 하순에 걸쳐 4개월간은 소위 결빙기로, 강 표면이 전부 얼어붙어 선박의 항행이 전혀 없다.

3) 설비

신의주항의 무역은 주로 철도운수에 의존하고 있다. 해운의 의존하는 것은 강의 수심이 얕고, 겨울철 결빙 때문에 이용이 충분하지 않았다. 강기슭은 뗏목(筏) 및 범선 융극(戎克)의 계류를 가늠할 뿐이었다. 그 설비로서는 1907년(明治 40)에서 1910년(明治 43) 사이 공사비 4만 5,000원으로 잔교를 가설하고, 상옥과 청사를 건설하였다. 1916년(大正 5)부터는 공사비 24만 원으로 강안을 매립하고, 호안 축벽, 물양장 및 철도 인입선 등을 완성하여 세관설비를 갖추었다. 또한 1920년(大正 9)부터 강안의 준설을 계속하여, 범선 융극선의 정박 유지를 설계하였고, 영림창(營林廠) 구내의 강안에는 목재양장, 저목장(貯木場)을 설비하였다.

4) 무역

신의주항의 무역 상황으로서 특색은 국경무역이 극히 왕성하여, 출입선박의 대부분이 지나형 융극선이라는 점이다. 즉, 국경무역연액이 5,500만 원에 달하여 조선 제3위의 무역을 나타내고 있다. 지나형 융극선의 출입은 1924년(大正 13)에 4,951원[36] 2만 3,436톤이며, 조선 융극선은 590척의 3,894톤에 달한다. 조선 전체에서 각 항 정크선 출입 숫자의 70%가 본 항

---

36 조선 융극선과 같은 맥락에서 '원'이 아니라 '척'이라고 표기해야 할 것으로 보인다.

으로, 제1항의 지위를 점하고 있다. 신의주항의 인구는 내지인 약 5,000 조선인 1만 1,000 지나인 2,800 합계 2만 명으로, 국경시가지로서 은성을 보기에 이르렀다.

11. 웅기항

1) 연혁

북선 국경에 가깝고 일본해와 인접하여, 북위 42도 18분·동경 135도 23분에 위치한다. 두만강(豆滿江) 입구에서 서쪽으로 겨우 12해리 떨어져 있으며, 러(露)·지(支)국경의 해륙 교통 요충지이자 북선 중요 항진(港津)으로 일찍이 알려져, 1921년(大正 10)에 개항되어 현재에 이르렀다.

옛날 웅기항의 흔적은 막막하여 알 수 없으나, 본래 송진산(松珍山)[37] 남쪽 기슭의 소규모 부락을 이루어 주로 농업에 종사하며, 유치(幼稚)한 어업을 영위하는데 지나지 않았다. 그러나 시세가 진운(進運)함에 따라서 교통이 빈번해지고, 1896년(明治 29) 우리 기선인 마쓰우라호(松浦丸)가 입항하기에 이르렀다. 이후 매년 발전하였는데, 특히 러일전쟁에서 우리 군대가 상륙 주둔하여, 재차 청진항의 발전과 함께 내지에서 이주하는 사람들이 늘어나게 되었다. 그 후에 국도의 개수와 조선기선의 기항으로 훈춘(琿春)무역이 촉진되어 후방 대륙의 물자 이·출입액이 격증하여, 마침내 북선 지역 중에서 국경지방 개발의 자물쇠(鎖鑰)를 쥐기에 이르렀다.

2) 설비

웅기항 항만은 1916년(大正 5)에 해륙 연락, 하역의 민활을 기하기 위하여 면(面) 비로써 해안석축을 축조하였다. 동시에 폭 2간 7분, 길이 27간 2분의 목조 잔교 1개를 가설하였다. 1919년(大正 8)에는 연장 23간의 방파제를 축조하고, 소형 선류를 설치하고, 동시에 연장 17간 5분의 물양장 석축을 축조하였다. 개항장이 된 이래로는 1922년(大正 11) 세관 신영(新營)을 위해 설비비 4만 16원으로 청사와 창도 및 물양장 석축을 축조하였다. 1923년(大正 12)

---

37 송진산(松眞山)의 오기로 추정된다.

에는 항진 유지비 4,400원으로 너비 2간 길이 27간 5분의 목조 잔교를 가설하였다.

웅기항은 재차 장래의 발전상 일부 항축 시공, 또한 해수면을 준설하여 3,000톤급 선박 계선 잔교의 가설, 오지(奧地) 철도 도로의 부설개통과 더불어, 재차 적극적인 계획을 추진할 필요가 있었다. 기후가 추운 지역이기 때문에 겨울철 호소(湖沼)가 얼어붙고, 서쪽의 강한 바람에도 불구하고, 조석 간만의 차기 매우 적고, 물이 깊으며 수면적은 약 70만 평에 달한다. 따라서 수 많은 시설을 구축할 여지가 있다.

3) 호구

거주 호구는 때에 따라서 일진일퇴를 면하지 못하나, 군마보충부(軍馬補充部)의 건설과 측후소(測候所) 기타 시설, 기업의 발흥으로 인구는 증가하여 오늘날에는 4,500으로 계산되고 있다. 무역연액은 겨우 300~400만 정도인데, 장래에는 후방의 교통기관의 완비에 따라서 중요한 항진이 될 것임에 틀림없다.

각 세관지정항의 개황

조선 내의 지정항 숫자는 20항에 달한다. 항만의 수축, 매립, 방사제(防砂堤), 방파제, 잔교, 물양장 등의 축설, 개축, 제각 등에 관한 행정상 처분은 모두 조선 총독의 권한에 속한 것이다. 게다가 이 중에 특정한 항구는 조선과 내지, 대만, 가라후토(樺太) 또는 남양군도 간에 선박화물 출입을 행할 수 있는 세관지정항이다. 이에 세관출장소를 설치한 곳은 10개 항구다. 남해안에는 마산·행암(行巖)·여수·통영·성산진(城山津)이며, 동해안에는 포항(浦項)·도동(道洞)·방어진(方魚津)·서호진(西湖津)·신포(新浦) 등이다. 개황은 아래와 같다.

1. 마산항(경상북도 마산부)

1) 연혁

마산항은 임나(任那) 판도 시대에 '코시무라(コシムラ)' 혹은 '쿠시무라(クシムラ)'라고 칭해

져 온 토지로서, 신라 말의 이름난 유학자 최치원(崔致遠)이 둔세(遁世)한 것도 이 지역이다. 그 후 평도(枰島) 수많은 왕조들의 흥망사에는 반드시 이 지역을 중심으로 한 비통장렬의 사변이 되풀이되었다. 마산이라고 불리기 시작한 것은, 히데요시(秀吉)가 평도에 원정군을 보냈을 때, 사가(佐賀)의 성주 나베시마(鍋島) 가가노카미시게(加賀守茂)가 창원(昌原)을 수비하였는데, 정한군(征韓軍)이 물러난 후 병영이 소재한 일대에 민가가 들어서며, 마침내 지방 유수의 부락이 되어 마산이라고 불린 것이 오늘날에 이르게 된 연유라고 할 수 있다.

이태왕(李太王) 1898년(光武 2), 즉 메이지(明治) 31년 5월 경성정부는 아국의 요구에 응하여 마산포를 개항장으로 하였으며, 다음 해에는 각국의 거류지가 설치되었다. 1900년(明治 33) 처음으로 일본인회가 조직되었으나, 당시에는 러시아인의 발호(跋扈)가 대단하여 일반에 배일(排日) 기분이 농후하였으므로, 대낮에도 왕래가 불안하였다. 러일전쟁 해전 후인 1904년(明治 37) 8월 철도감부가 군용선 마산선을 건설하기 위하여 상륙하였다. 마산선은 1904년(明治 37) 10월 1일부터 일반여객을 편승(便乘)하기에 이르러, 이주하는 사람들이 증가하여 일본인회는 거류민회(居留民會)로 이름을 바꾸고, 거류민단 제도가 만들어졌다. 1914년(大正 3) 4월에는 부제가 실시되고, 또한 진해요새사령부 중포대대가 설치되었다.

2) 상황 및 무역

마산항은 북위 35도 11분·동경 128도 33분에 위치하며, 동북서의 삼면으로 위요(圍繞)하고 남쪽으로는 마산만에 면하고 진해요항구에 접히고 있다. 군도(群島)가 흩어져 있는 수면이 넓고 물이 많고 깊으며, 항 내부는 사시 평온하고 풍광이 명미하다. 부산에서 동쪽으로 39해리, 진해에서 동쪽으로 10해리에 위치한다. 항 내부의 철도는 경부선 삼랑진(三浪津)으로 통하고, 사철(私鐵)은 진주로 통한다. 인구는 약 1만 7,000명으로, 내지인이 4,000명을 넘고 있다. 준(準) 개항으로 무역연액 400만 원, 연안무역 560만 원을 이루었다. 특히 내지인의 청주 양조가 왕성하게 행해지고 있다.

3) 설비

한국시대에 세관 잔교 연장 13간, 창고 1동을 공사비 1만 4,000원으로 설비하였다. 1911년(明治 44) 및 1912년(大正 1)에는 세관 신영(新營) 및 설비비로써 부지 지균(地均) 및 창고 이전, 목조 부잔(浮棧)을 가설하였다. 또한 공사비 1만 3,700원을 지출하여 개인 매축으로 면적 1만 1,100여 평을 구(舊) 마산에 갖추었고, 소형 선류 1,800평과 연장 35간의 사석(捨石) 방파제를 두었다. 현재 제2선류라고 부르는 것은 옛날 지방민이 시설한 것으로, 조선철도 개통 후에 연안무역이 현저하게 진전하였으나, 해륙연락설비와 구 마산의 어항 수축은 긴급한 일이다.

2. 행암항(경상남도 창원군)

1) 연혁 및 상황

원래 벽지(僻陬)의 한촌이었으나, 러일전쟁에서 배후 진해만에 해군근거지가 설치된 이래로 급격히 발달하게 되었다. 이후 진해 진수부가 설치되자, 행암항은 그 연락항으로써 점차 이용되어 내지인 이주가 증가하였다. 다만 진해만 진수부 폐지 후에는 진해와 함께 갑작스럽게 쓸쓸한(寂愁) 시가지가 되어 현재에 이르렀다. 진해와 창원 사이의 철도가 곧 개통되면, 후방 연락이 완비되어 발전할 것을 의심치 않는다.

행암항은 행암만에 임하고, 세 면이 높은 봉우리로 둘러싸여 있으며 동쪽으로만 열려 있다. 게다가 만의 머리에는 부도(釜島)와 기타 작은 섬들이 흩어져 항 내부를 구획하고 있어, 하늘이 준 좋은 항만이라고 할 수 있다. 서쪽 인근에는 사이토(齊藤)만이 있는데, 마산·진해와의 교통 상 일반 화물 및 승객은 이곳에서 왕래한다. 진해 시가지는 현재 인구 1만, 기후는 온화하고 시가지는 정연하며, 도로와 하수, 수도가 모두 정비되어 있다. 1923년(大正 12)에 수이출입은 겨우 10만 1,000여 원이지만, 수이입은 104만 2,000여 원에 달한다.

2) 설비

행암항은 1911년(明治 44) 진해요항부(鎭海要港部) 설치에 즈음하여, 처음으로 세관설비에 착수하였다. 1913년(大正 2)까지 세관, 청사, 창고, 잔교, 가(假)호안 석벽 등을 공사비 2만 5,525원으로 시공하였다. 그 후 1922년(大正 11) 항진 유지설비 자금으로 1만 5,460원으로 돌제 폭 4간·길이 28간, 잔교 폭 2간·길이 13간과 매립 면적 306평을 축조하였다. 1924년(大正 13)에는 해륙연락설비비 예산액 12만으로, 매립 면적 2,724평과 물양장 호안 및 도로, 돌제

25간, 잔교 40간을 축설하였다. 부근을 조면(潮面) 이하 12척에 3,604평으로 준설하였다. 이 밖에 진해 시가지 설비를 1912년(大正 1)부터 해군이 총독부에 인계하였으므로, 1912년(大正 1) 이후 1917(大正 6)에 걸쳐서 총공사비 31만 8,000원의 시가설비계획을 세워, 매년 5만 3,000원 예산으로 공사를 시행하였다. 1916, 1917년(大正 5, 6) 연액 2만 7,000원을 할애하여 창원-현동(縣洞) 연락도로 개수보조에 충당하였으므로, 양 년도의 시가설비비는 연액 2만 6,000원으로 줄었으나, 제1기는 1917년(大正 6)으로 종료를 고하였다. 재차 제2기 계획, 총공사비 18만 8,440원을 1918년(大正 7) 이후 1923(大正 12)까지 매년 2만여 원을 지출하여 시가 도로, 수로, 교량 수도 등의 여러 설비를 완성하였다.

3. 여수항(전라남도 여수군)

1) 연혁

여수항은 백제(百濟)의 원촌현(猿村縣)으로, 오랜 옛날에는 좌수영(左水營)이라고 불리었다. 그 후 다소의 변천, 개칭이 있었는데, 현재와 같이 여수라고 불리기에 이른 것은 고려 태조 때이다. 예로부터 이 지역은 해륙의 보초지(步哨地)였다. 이조의 성종왕은 수군 절도영(節度營)을 설치하였고, 이후 충청·전라·경상의 삼남 통제영을 두었을 정도로 중요한 지역이었다. 분로쿠의 역에서 우리 수군을 괴롭혔던 이순신의 주둔은 실로 그 무렵의 일이며, 160여 년을 지나 이태왕 때에 절도사(節度使)를 폐지하게 되었다. 수군의 소재지로서 이처럼 오랜 역사가 있는 지역이지만, 육상에는 조선인 부락이 흩어져 있는 데에 지나지 않았다. 또한 뒤쪽의 산과 구릉이 높아, 오지로서 교통이 불편하였다. 다만 병합 이후 수산업의 발달에 따라 내지인, 특히 어민(漁民) 이주가 격증하였다. 오늘날 시가의 인구가 대략 7,000에 달하며, 다카세(高瀨) 모(某)가 공사비 22만 원을 들여 매립한 2만 6,000여 평이 이미 준공되었다.

2) 상황

여수항은 여수반도의 남단에 있으며, 동경 127도 44분 북위 34도 42분에 위치한다. 내지 오카야마(岡山) 부근과 같은 위도이다. 부산과 목포의 중간 위치이며 기후는 온화하여 항내의 풍파는 정온하다. 다만 가라앉아 있는 진흙이 많아, 간조면 상 닻을 내리기 불편하다. 정박지는 해안부에 있어 조류가 빠르기 때문에 닻 내리기에 양호하지 않다. 그렇지만 후방지대의 농산물, 특히 전남의 특산물인 목화(棉)의 반출과 수산업의 발달이 여수항으로 하여금 출입선박이 모여들게 하기에 지방항구로서 장래가 충분히 인정된다. 특히 예정계획인 철도의 연장이 대단히 유망하다. 시설로서 사영 매립 이외에는 하등 존재하지 않는다.

4. 통영항(경상남도 통영군)

1) 연혁

통영항은 과거 전라·충청·경상 삼도통제사(三道統制使)가 주둔하였고, 남선 군사행정의 중심지인 요새항만이다. 특히 문록·경장 이후 이조의 명장인 이순신의 수군 책원지(策源地)가 되어 우리 수군의 여러 장군이 고전한 바로서, 오늘날에도 그 유적이 남아 있다. 그 후 통제사가 폐지되어, 이와 같은 은성 없이 다소 쇠퇴하였으나, 수로가 사방으로 통해 있기 때문에 어항으로서 상당한 발달을 이루어 이조 말에 이르렀다. 내지 어업자가 탄수(炭水) 공급을 받거나 상거래를 위해 내왕한 것은 상당히 오래된 일이지만, 이주의 경우 1900년(明治 33) 대주인(對州人)[38] 야시마(八島) 모(某) 씨를 효시로 한다.

그 후 점차 이주자가 증가하여 러일전쟁 개전 당시에는 60여 명에 달하였다. 1905년(明治 38) 1월에는 일본인회가 설립되었다. 일본인회는 한때 중절되었으나, 1906년(明治 39) 5월 재흥하였다. 일면으로는 이주자 중에도 재력이 있는 사람이 증가하여 토지 매수를 시도할 정도였으나, 일반의 배외사상과 관헌의 압박으로 여러 차례 물의가 발생하여, 동포의 진전에는 예상 밖의 고심이 있었다. 병합 이후 우편, 경찰, 세관 및 법원지청 등의 관아가 설치되었으며, 일본인회는 학교조합으로 바뀌었다. 수산업의 진전에 따라서 장족의 발전을 가져왔다.

---

[38] 대마도(對馬島) 사람을 의미하는 것으로 추정된다. 본문의 야시마(八島)는 야시마 젠시치(八島善七)로 보이는데, 대마도 출신으로서 1900년 통영에 정착한 인물이다[在馬山 領事 坂田重次郞 -> 在京城 特命全權公使 林權助, 1900.9.21, 「八. 機密馬山領事館來信 一·二, (56) 活貧黨就縛者의 진술에 관한 件(機密公第53號)」, 『駐韓日本公使館記錄(15)』; 在馬山 領事 坂田重次郞 → 在韓國 特命全權公使 林權助, 1901.4.1, 「一. 馬山領事館機密往復, (22)鎭海灣及統營ニ於ケル露國軍艦ノ行動ニ關スル件(機密公第31號)」, 『駐韓日本公使館記錄(16)』; 김예슬, 2020, 「일제강점기 통영의 일본인 이주어촌 형성과 조선인 어민의 대응-」, 『인문논총』 53, 131쪽].

2) 연혁

통영항은 통영군 고성반도(固城半島)의 첨단, 북위 35도 18분 동경 128도 26분에 위치한다. 마산항과 26해리 반, 여수와 39해리이며 부근 연안 어장의 상행위가 번성하였다. 전자(前者)의 집산액 만으로 연액 100만 원이 넘고, 연안무역 연액 650만 원대를 주창하여 지방 항구로서 대단히 중요한 위치이다. 인구는 1만 6,000명이며 이 중에 내지인이 2,500명에 달한다. 통영군청의 소재지이다.

통영항은 뒤쪽에 높은 봉우리를 지고, 시가지가 좁고 해안에 붙어 있으며 평탄한 토지가 부족하다. 때문에 1906년(明治 39) 조선인 명의를 내세워 해안 1만 평의 매축허가를 받아, 공사비 1만 5,000원으로 2,800평을 매축하였다. 또한 1917년(大正 6) 항구 내를 영하(零下) 8척으로 준설하고, 1923년(大正 12)에는 국비 3,300원으로 길이 12간, 너비 2간의 목조잔교를 가설하였다. 또 부근 미근도(彌勒島)[39]의 이주어촌 오카야마(岡山)촌에는 국비와 오카야마현의 보조로 6,300원을 지출하여 매립, 방파제를 축조하였다. 미륵도와의 지협(地峽)은 대합굴(大閤堀)이라는 이름이 있는데, 자세한 내용은 별항의 경상남도의 항만개황에서 서술한다.

5. 성산포항(전라남도 제주도)

1) 연혁

성산포항은 제주도에 있으며, 제주도는 탐라국(耽羅國) 또는 탐모라(耽牟羅)라고 칭하였다. 1295년(紀元 1955)에 제주라고 개칭하였는데, 일본과의 교통은 멀리 상고에서부터 이루어졌는데, 661년(齊文 7)[40] 쓰모리노 키사(守津吉祥)가 당(唐)으로 갔다. 백제를 거쳐 돌아가는 길에 풍난(風難)을 만나서 제주도에 표착한 사실이 있다. 그 후에도 서로 어선이 표착하여 자연스럽게 왕복이 거듭되었다. 원(元)의 쿠빌라이 칸(忽必烈)이 아국을 공격하였을 때도, 제주도에서 의장(儀裝)한 것으로 전해져, 어쨌든 외관의 어려움을 조우하게 된 것은 틀림없

---

39 미륵도(彌勒島)의 오기로 보인다.
40 사이메이(齊明) 천황 7년의 오기로 보인다. 쓰모리노(守津)가 제주도에 표착한 시기는 사이메이(齊明) 천황 7년이다. 원문에는 제문(齊文)으로 표기되어 있다.

었다. 성산포는 1270년(紀元 1930) 역적(反賊) 舍邇精[41]가 내항하여 성곽을 쌓아 제주도를 공략하려고 하여, 방어에 대비하고자 한 지점이다. 이에, 오늘날에도 항구의 사석이 당시를 이야기해 주고 있다. 이전에는 명포(皿浦)라고 불리었으나, 예로부터 유형지(流刑地)로서 교통편이 없었다. 1900년(明治 33) 소형 기선이 기항하고, 1909년(明治 42) 이래로 정기항로가 개시되었다. 어업은 1912년(大正 1)에 가가와(香川)·오카야마(岡山)현 사람이 통어(通漁)하기 시작하여, 장족의 진보를 이루어 오늘날에 이르렀다.

2) 상황

성산포항은 제주도의 동쪽 끝, 북위 33도 28분 9초 동경 126도 56분 8초에 위치한다. 제주의 동쪽으로 11리 26정, 해로 28해리이다. 부산에서 170해리, 목포에서는 114해리이며 성산반도 끝에 위치한다. 남북으로 2개 만이 있다. 항만은 남쪽으로 열려 있으며 물이 깊다. 북쪽 오조리(吾照里)와 상옹(相擁)하는 항만을 오조리포라고 부르며, 북쪽으로 열려 있다. 이러한 남북 2개 만을 성산포라고 총칭한다. 일반적으로는 성산포를 남항, 오조리포를 북항이라고 부르고 있다. 남항은 만입(灣入)이 적지 않으나, 수면이 넓고 크다. 기선의 정박지로서 적당한 수면적은 약 15만 평, 수심 18척 이상의 면적은 5만 6,000평을 갖추고 있다. 다만 만의 어귀가 크므로 여름철에 동·남쪽의 격랑 침습으로 선박의 정계가 어렵다. 따라서 기선은 우도(牛島) 수도에, 어선은 북항에 피난한다. 북항은 만 입구가 깊어 어선의 근거지로서, 수면적은 27만 7,000여 평이다. 항구의 부근 및 수로 부근의 3만 2,000평을 제외하면 암초가 솟아 있다. 항구의 폭은 20여 간이지만, 양안(兩岸)에서 사석이 쌓여 있어 유효한 항구 너비는 약 5간에 지나지 않는다.

성산포항의 생명은 계절 어선에 있으며, 매년 평균 내지의 통선은 300척에 달한다. 1923년(大正 12) 무역액은 약 60만 원이다.

---

[41] 의미 불명. 원문의 1270년 제주도라는 맥락을 고려하면 삼별초 관련 인물인 김통정(金通精)의 오기로 추정된다.

6. 포항항(경상북도 영일군)

1) 연혁

포항항은 영일만의 서북, 형산강(兄山江) 하류에 위치한다. 지난날 이즈모(出雲) 조정이 반도와 왕래할 당시 요진이 되었고, 시간이 흘러 신후(神后)가 정한(征韓)의 사족(師族)을 상륙시킨 것도 포항항의 부근이었다고 전해진다. 1904년(明治 37) 봄, 내지인 십 수명이 넘어와 영일만 일대에 고등어(鯖), 청어(鰊)가 유망하다고 판단하여, 내선인 공동 경영으로 어업을 개시하였다. 이후 매년 내선인 어업가가 늘어났으며, 동시에 해륙 양면의 교통과 거래가 번성하여, 마침내 현재와 같은 시가지 정주인구 6,500여에 달하기에 이르렀다.

2) 상황

포항항은 동경 129도 22분·북위 36도 2분에 위치한다. 북서쪽에는 산을 등지고, 남쪽은 평야, 동쪽은 마을(州)을 사이에 두고 바다와 대한다. 만의 입구 동북쪽으로 트여 있으나, 광활함이 지나쳐서 풍파를 막을 지형상의 이점이 결여되어 있다. 특히 겨울철 서풍 및 서북풍은 비교적 격렬하여, 돌풍의 내습하여 피해가 클 수 있다.

항구 내의 면적은 도수제(導水堤) 내부의 수심 3척 이상 부분이 약 3만 5,000평이지만 매몰(埋沒)할 수 있는 곳을 준설하면 10만 평 이상 확장할 여지가 충분하다. 하역은 아직 잔교가 없고, 만 내부로 흘러드는 형산강 기슭에 판자를 달아두는 데 그쳐, 하역능력은 1일에 1,200톤 내외이다.

3) 무역 및 출입선박

무역은 주로 부산·주문전(注文田)·죽전(竹田)·마산·삼섭(三涉)·강릉·감포(甘浦)·구룡포(九龍浦)·방어진(方魚津)으로 한정되었다. 1924년(大正 13) 7월부터 점차 하마다(濱田)와의 직통항로가 개시되어 전도가 유망하고, 영일만 중심 어항으로서 번영의 최대 요인을 이루고 있다. 1923년(大正 12) 이출입 총액은 500여 만 원으로, 약 50 이입 초과였다. 출입 선박은 어기(漁期)에 하루 300척을 밑돌지 않는다. 1923년(大正 12) 출입선박 숫자는 기선 881척이며, 어선을 제외한 선박의 출항이 5,019척, 입항은 3,582척에 달한다. 포항항의 후방지역은 동해·형산·연일(延日)에 걸친 약 2,500정보의 옥야로, 포항에서 경주를 거쳐 대구로 이어지는 경철(輕鐵)이 있어 교통이 편리하여 물자의 집산이 자유롭다.

4) 항만의 설비

하구는 표사로 인하여 폐색되어 있기 때문에, 이를 방지하기 위한 목적으로 1914, 1915년(大正 3, 4) 공사비 3,500여 원을 지출하여 사석(捨石) 사방제(砂防堤) 45간을 설치하였다. 1918년(大正 7) 국비 6만 7,300원 보조 및 지방비 5만 9,700여 원, 지역에서의 기부금 1만 원 합계 13만 7,040원을 지출하여 2개 조(條)의 도수제와 5개소의 제수공사를 시행하여 항상 수심이 4척을 유지하게 되었다. 또한 1922, 1923년(大正 11, 12) 국비 2만 3,000원 보조를 받아 총공사비 4만 5,000원으로 위의 도수제를 32간으로 연장하였다. 좌안(左岸)의 제수제(制水堤) 22간을 축조하였으나, 흘수 5척 이상의 선박은 항구 바깥에 정박해야 하는 부득이한 불편이 있어 축항의 필요가 긴급하다.

7. 도동항(경상북도 울릉도)

도동항은 울릉도의 동남단, 북위 37도 29분 동경 130도 9분에 위치한다. 만입(彎入)이 겨우 50여 간, 폭은 60간이 되지 않는 작은 수면적을 가지고 있다. 좌우 양측에는 단애(斷崖), 항구 안쪽에는 사빈(砂濱)이 있으며, 시가지는 이에 임하여 동남쪽으로 향하여 있다. 부산 간 정기 기선의 발착 지점이며, 어선의 근거지로서 모든 섬 중에 제일이지만, 기선은 항만 내부가 협소하고 풍파가 거칠어 외해에 임시로 닻을 내리는 것이 부득이하여 하역이 불가능한 경우가 적지 않다.

울릉도는 과거 거주가 금지되어 있었기 때문에, 조선인의 이주도 비교적 최근이다. 내지인의 도래 이주는 1882년(明治 15)경부터 이루어져, 1892년(明治 25)경에는 매년 시마네(島根)현에서 통어자의 왕래가 있었다. 1894년(明治 27)부터 이주가 늘고, 내지와의 교통 무역이 이루어졌다. 따라서 1897년(明治 30) 세관출장소가 설치되었다. 현재 거주인구는 1,600~1,700에 달한다. 1923년(大正 12) 이출입 및 연안무역액은 약 30여만 원이다.

8. 방어진항(경상남도 울산군)

1) 연혁

방어진항은 과거 일개 한촌에 지나지 않았으나, 1903년(明治 36) 11월 삼치(鰆) 유망(流網) 어부 후지모토(藤本) 모(某)와 13~19명의 통어단(通漁團)이 어선 31척으로 방어진항을 근거지로 하였다. 또한 다카다(高田) 모(某)가 물자공급, 어획물 매수를 위해 내왕한 것이 내지인 이주의 효시이다. 이후 근해어업의 발달에 따라서 통어단의 수가 늘어났다. 1909년(明治 42) 후쿠오카(福岡)현 어민단체가 이주하여, 이주 호수는 130여에 달하였다. 일본인회가 설립되었고, 우편소 설치, 해안도로의 축조로 시가지의 면모가 갖추어졌다.

2) 설비

방어진항은 동해안 일본해에 면하고, 울산군 울기반도(蔚崎半島)의 끝에 있다. 북위 35도 29분 동경 129도 25분으로, 부산에서 38해리, 포항에서 52해리이며, 육로는 6리로 울산에 이르는 조선 내 추요(樞要)의 어업근거지이다. 다만 처음에는 항만에 어떠한 시설도 없어, 파랑(波浪)으로 인하여 선박의 손상과 인축(人畜)의 사상을 입는 일이 잦았다. 1910년(明治 43) 공사비 6,000여 원을 지출하여 연장 50간 방파제를 축조하였고, 600여 평을 매축하여 유효수면적 3,500평을 얻었다. 그러나 이 방파제는 1914년(大正 3) 7월 및 8월 대폭풍으로 파손되었으므로, 개축하여 1915년(大正 4) 1월 준공하였다. 1924년(大正 12)에 5개년 계속사업 공사비 70만 5,000원으로 양암산(陽岩山) 기슭부터 연장 154간의 방파제를 축조하고, 포옹 면적 4만 9,500평을 얻어 어선 1,500여 척을 완전히 수용할 계획을 세워 현재 공사 중이다.

방어진항은 동해안은 물론, 전 조선 굴지의 어항으로, 성어기에는 입항선박 1,300~1400척에 달하는 성황을 이룬다. 특히 부근 일대의 삼치 어업은 근래 현저하게 발달하였다. 현재 인구는 약 4,000명이고 그중 내지인은 1,800명인데 성어기에는 현저하게 증가한다. 연액 이출입 200만 원에서 무역액 외에 연안무역액도 역시 결코 적지 않다. 수운 교통은 내지의 시모노세키(下關)에 가까워 직접 통상거래가 이루어진다.

9. 서호진항(함경남도 함흥군)

1) 연혁

서호진항은 30년 전에는, 겨우 조선식 어선이 부산-웅기 간 연안을 수시로 항해교통 할 때 기항하는 곳에 불과하였다. 그러나 러일전쟁 시기 북한군 제13사단의 상륙지가 된 이래로, 군사상 긴절(緊切)한 지점이 되었다. 육군운수부(陸軍運輸部)가 개설되어, 함흥과 서호진항 간 10마일의 수압철도(手押鐵道)를 부설하였고, 해륙교통편에 따른 여러 설비가 점차 정비되었다. 또한 오사카 상선, 고베(神戶) 호광상회(互光商會)의 어용선(御用船) 기항에 이르러, 갑자기 북선 추요의 지역이 되어 내지인 이주가 증가하였다. 1916년(大正 5) 이상의 궤도(軌道)가 함흥탄광회사 손에 의하여 경철이 되었고, 함흥 간 국도를 통하게 되어 현저한 운수교통의 편리가 커졌다. 1919년(大正 8) 국철(國鐵)이 함흥에서 원산 간 개통되기에 이르러, 서호진항은 대 타격을 받았다. 육군운수부가 이전하여 화물 집산은 원산으로 빼앗기게 된 것이다. 이에 지난날의 번영은 모습을 감추고 쇠미하였으나, 1922년(大正 11) 말 함경선이 목포를 경유하고, 경철선의 철저함에 이르러, 오지 산업의 개발과 상응하여 재차 물자의 집산이 매년 증가하게 되었다.

2) 상황

서호진항은 영흥만을 바라보고 있으며, 동경 127도 38분 북위 39도 49분에 위치한다. 원산에서 남쪽으로 42해리, 신포항은 북쪽으로 35해리, 함흥은 육로로 4리 떨어져 있다. 북쪽에는 작은 언덕을 앞두고 있으며, 함흥평야를 따라서 서남쪽에는 백사(白砂)가 완연하여 호도반도(虎島半島)를 이루고 있다. 동쪽은 내양도(內洋島), 외양도(外洋島)가 서로 이어져, 수면적이 약 50만 평에 달한다. 앞쪽의 대진도(大陳島)와 소진도(小陳島)는 자연의 병장(屛障)을 이루어, 선박의 정계지로서 더할 수 없이 좋다.

1919년(大正 8) 국철 함경선이 함흥과 원산을 잇기 이전에는, 콩만으로 1만 톤을 수출하였고 이출입 무역액은 약 700만 원을 넘었다. 다만 위에서 서술한 이유로 격감하였고, 근년에 이르러서 우선 철도연결 상 관계와, 다음으로 함흥평야 및 함남 오지의 보고 개발에 따라서 물자의 집산이 증가하여 200만 원을 넘어서는 무역액을 나타내었다. 또한 1923년(大正

12) 4월 세관지정항이 되어 개항과 같이 물화(物貨)가 자유로워져 점차 발전으로 향하였으며, 북선 개발에 대한 기대가 커짐과 동시에 서호진항 장래의 고황(高況)이 유망 시 되고 있다.

10. 신포항(함경남도 북청군)

1) 연혁

신포항은 1904년(明治 37) 12월 북한(北韓) 항로의 기선 사무장으로서 내지인 모(某) 씨가 처음 상륙하여, 다음 해 4월까지 체류·시찰하였다. 때마침 러일전쟁에 즈음하여 전주호(全州丸) 조난자로 상륙한 모(某) 씨 등은 일행을 구호하여 원산으로 인양하였고, 1906년(明治 39) 5월 가족을 동반하고 돌아와서 영주한 것이 내지인 도래의 효시이다. 같은 해 12월에는 수비대가 주둔하여 내지인 이주가 증가하였고, 1907년(明治 40) 3월 육군운수부가 잔교를 가설한 이후 상공업이 점차 면목을 고쳐 오늘날에 이르렀다.

2) 상황

본년[42]은 북선 일본해에 면하고, 동경 128도 12분·북위 40도 2분에 위치한다. 세 면이 산악으로 둘러싸여 있고, 남쪽만이 바다와 맞닿아 있다. 앞쪽에 2해리를 사이에 두고, 둘레 약 7리의 마양도(馬養島)를 앞에 두고 있다. 바다는 깊고 맑으며, 천연의 양항이다. 신포항은 바다 위에 수많은 기선이 기항하고 있지만, 뒤쪽으로는 겹겹의 산맥이 치솟아 있다. 겨우 한 줄기의 도로에 의존하여 오지와 교통하는 데에 지나지 않아 물자의 집산이 부족하다. 무역 선박의 기항은 적으나, 국철 함경선 개통으로 인하여 어느 정도 활기를 띠었다. 그렇지만 명태의 어획이 대다수로, 고기가 많이 잡히는 시기에는 족히 1년간의 생활비를 얻기 어렵지 않다. 조선 전체 각지의 소비량은 모두 본 항구에서 이출, 발송할 정도이다.

항구 내의 수면적은 22만 2,000평이고 연안무역액은 1년 140~150만 원에 달한다. 인구는 내선인 모두 3,700명이다.

---

42 '본 항(港)'의 오기로 보인다.

기타 지정항의 개황

20곳의 지정항 중에 세관지정항을 제외한 10개 항구는 남해안의 별도항(別刀港) 및 산지항(山地港), 삼천포항(三千浦港)이 있다. 서해안에는 결성포항(決聖浦港) 및 용당포항(決聖浦港), 동해안에는 감포항(甘浦港), 구룡포항(九龍浦港), 장전항(長箭港), 나진항(羅津港), 서수라항(西水羅港)이며, 그 개황은 다음과 같다.

1. 삼천포항(경상남도 사천군)

1) 연혁

지난날 일개 한촌에 불과하였으나 내지인 이주 후에 삼천포라고 불리기 시작하였다. 게다가 그 유래에 따라서 병합 이후 수남면(洙南面), 문선면(文善面)과 병합하여 삼천포라는 명칭을 공인받기에 이르렀다.

한국 정부시대에는 문선면 삼천리(三川里)는 특히 진주군(晉州郡) 관할에 속하였으며, 남단 높은 산에 망루를 설치하여, 삼천포 수도를 통항하는 선박에 대한 검열을 행하였다. 이에 등재 물자의 종류 및 수량의 많고 적음에 따라서 세금을 부과하였다. 그런데, 항구 동쪽에서 전라남도 기타 서선지방에 왕복하는 조선 선박은, 거제도(巨濟島) 및 남해도(南海島)의 남쪽으로 항해하면 거리는 짧지만 해상이 험악하다. 때문에 안전하게 삼천포 수도를 통항하여 세금을 납부하는 것이다. 한일병합과 더불어 삼천포는 사천군에 편입되었다. 징세제도 또한 폐지되었다. 게다가 삼천포항 부근 조선인은, 분로쿠의 역에서 가토 요시아키(加藤嘉明)의 수군이 근해에서 이순신에게 격파당하여 비상한 굴욕을 당한 역사를 전승하여, 최근까지 내지인에게 경모(輕侮)의 마음을 품고 있다. 배일사상이 치열하여 내지인 이주의 기운이 현저하게 저해 받고 있다. 현재 인구 중 내지인은 약 500명, 조선인은 4,500명이다. 지방 항구로서 진주 오지와의 연락과 앞쪽의 어장 도서(島嶼)와의 통상에 중요한 위치를 점하고 있어, 연안무역액 연액이 200여만 원에 달한다.

2) 상황

본년[43]은 사천군의 남단, 동경 128도 04분 북위 34도 55분에 위치한다. 북동서는 청룡산(青龍山)으로 둘러싸여 있고, 남쪽은 진주만(晉州灣)의 동쪽 출입구가 삼천포 수도에 임한다. 창선도(昌善島)와 신수도(新樹島)가 가로지르며 자연의 방파제를 이루고 있다. 해수면은 항상 고요하며, 수면적은 8만 평, 수심은 18척 내외로 족히 1,000톤급의 기선 정계에 적당한 지방 상항으로서 알려져 있다.

2. 별도항·산지항(전라남도 제주도)

1) 연혁

다도해(多島海)에 인접하고 있는 제주 바깥쪽의 중앙부에 위치하며, 제주읍(濟州邑) 동쪽으로 1리, 성산포에서 11리 떨어져 있다. 산지항에서 해로 2해리, 목포에서 95해리, 부산에서 180해리이다. 지세는 산을 등지고 앞에는 제주 해안에 임하며, 남쪽에는 만입(灣入)하여 겨우 조그만 항구를 이루고 있다. 항구 내부의 수면적은 만조 시에 4,200으로, 어선 510척을 수용할 수 있다. 항구 부근의 1,200평을 제외하면 큰 선박이 출입하기는 어렵다. 주민은 1922년(大正 11) 말 조선인 3,500여 명, 정주어선 25척, 해녀 250명, 수산물 매상은 약 10만 원이다.

2) 상황

과거에는 군사상 중요시되어, 수전소(水戰所)를 두어 병사 250여 명을 상비하고, 지금으로부터 188년 전에 연장 80간의 방파제 1조(條)를 축조한 사실이 있다. 1916, 1917년(大正 5, 6) 국고보조 약간을 받아 지방비로써 항구 및 제방 내부의 암초와 필요 없는 돌제를 제거하고, 항구 내부의 장효(長効) 면적을 확대하였으며, 범(帆)·부(艀)의 정계를 편히 하였다. 본 항은 제주도청 소재지로, 인구 5,000여 명이다. 1923년(大正 12) 해안무역액은 120만 원이며 매년 증가하는 경향이 있다. 항로로서는, 조선우선이 목포를 기점으로 제주도를 월 6회 일주한다. 부산 기점으로는 1척이 월 6회 운행한다. 또한 조우(朝郵)·아마가사키(尼ヶ崎) 기선의

---

43 '본 항(港)'의 오기로 보인다.

오사카(大阪) 직행이 있어, 내지와의 연락을 도모하고 있다.

3. 법성포항(전라남도 영광군)

1) 연혁

법성포항은 과거 오히려 중요한 군사 및 행정상 중심지로, 부근 10여 군의 조세미의 집산이 이루어졌다. 전라도의 탄토항으로서, 당시 군산과 목포를 능가하였다. 이조 말기(明治 22)에도 호남 전운어사(轉運御使)를 두어 조세징수 사무를 관장하였다. 그러나 군산과 목포 발전에 밀려, 겨우 4년 만에 폐지되었다. 내지인 거주는 1905년(明治 38) 목포의 무라카미(村上) 모(某) 씨가 지점을 설치한 것이 효시이다. 1907년(明治 40)에는 11호(戶) 인구 22명에 달하였으나, 같은 해 전남 각지에서 소연(騷然)한 때를 전후로 두 차례 폭도의 액(厄)을 만나 토지 진전에 차질을 빚게 되었다. 그 후 법성포항은 해륙물산의 집산지로서 내지인이 점차 증가하였고, 1912년(大正 1)에는 개인 사업으로 호안 연장 330간 매립, 약 1만 5,500평의 공사를 일으켜 1914년(大正 3)에 완성하였다. 1917년(大正 6) 가와사키(川崎) 전남 농장의 간척사업에 종사하는 등 순차 정비되어 오늘에 이르렀다.

2) 상황

법성포항은 군산, 목포의 중간 지점으로, 북위 35도 21분 동경 136도 20분에 위치한다. 주변이 산악으로 둘러싸여 있고, 항 안쪽의 일부 간석지(干潟地)로 인해 선박 일부가 수로(澪筋)를 항행한다. 정박지는 약 8척, 너비 약 60간에 그치므로 기선의 닻을 내리기 자유롭지 않다. 또한 항 입구의 항로는 기주로 인하여 간조 시에 수심 약 3척 5촌(寸)에 불과하고, 평균 간만의 차는 약 20척이며 유속은 매초 최대 5척에 달하여 불편이 있다.

주민은 1923년(大正 12) 말 내지인 160여 명, 조선인 3,000여 명이다. 학교와 곡물검사소, 금융조합, 정미공장 등이 있다. 교통은 해로를 통해 군산목포가 각각 50해리, 조우(朝郵)에서 인천·목포선이 월 3회 왕복하며, 범선이 월 3회 정기항로 기항한다. 법성포항의 무역은 목포·군산과 거래하고, 배경지로서는 영광군 전부와 전북의 고창군(高敞郡) 대부분의 물자를 탄토한다. 수량은 1년에 약 1만 톤, 연안무역액은 이출 약 100만 원, 이입은 약 50만 원이다.

이출품은 주로 미곡, 면실(棉實), 어류이다. 또한 법성포항 부근의 양안(良岸)을 칠산해(七山海)라고 부르며, 조선의 조기(石首魚) 주요 어장이다.

4. 용당포항(황해도 해주군)

용당포는 해주군 해주면에 자리하며, 동경 125도 42분 북위 37도 59분 30초에 위치한다. 인천항은 동쪽으로 75해리, 용호도(龍湖島)에는 서쪽으로 42해리에 있다.

용당포항은 과거 해주의 현관항(玄關港)으로서 일대의 물산 반출과 잡화품을 반입하는 상거래가 행해졌으며, 일찍이 인천항과의 일발(日發) 정기 내왕이 있었다. 그리고 해주로 통하는 2등 도로가 개통하여 육로운송의 왕래가 성하였다. 부근 연안의 수산물은 상대적으로 빈약하여, 겨우 1년 중 4~5월경 연평열도(延平列島)에 통어하는 내지의 어선이 기항하는 경우가 있을 뿐, 어항으로서 발전은 적은 지방 항구이다. 조석 간만의 차이가 크기 때문에 간석(干潟)이 많고, 선박의 정계가 자유롭지 못하여 하역에 불편이 있다.

본 항구에 거주하는 내지인은 주로 상업, 조선인의 대부분은 농업에 종사한다. 어업 종사는 근소하다. 연안무역 연액은 100만 원이며, 항 내 수면적은 30만 평이다. 수심의 경우, 3길(尋) 내지 6길에 이르는 부분은 육지에서 멀기에 불편함이 있다. 다만 장래, 만의 설비를 갖추게 되면 후방지대의 개발과 더불어 지방항구로서 발전 여지가 있다.

5. 감포항(경상북도 경주군)

1) 연혁

감포항은 경주군 양북면(陽北面) 감포리에 소재한다. 해로 기준 부산에는 남쪽으로 60해리, 방어진에는 남쪽으로 22해리, 구룡포에는 북쪽으로 12해리에 위치한다. 북쪽과 서쪽은 산악으로 막혀있고, 정동쪽에서 정남으로 개창되어 있다. 항구는 폭 240간, 깊이 200간의 형태를 이루고 있으며 일본해에 접하고 있다. 십자갑(十字岬), 창사갑(滄砂岬) 및 갓바위(冠岩)가 동, 남쪽의 풍랑을 막아주어 약간의 정박지를 구성하고 있다. 감포항은 경주군의 동남쪽 모퉁이에 위치한 벽촌으로, 원래 장기군(長鬐郡)에 속하였다. 한국 태종(太宗)시대 이 지역이 대해(大海)에 접하고 있기 때문에, 본 군을 진수(鎭守)하도록 고위 무관을 현지사로 삼았다. 1914년(大正 3) 4월 부군의 폐합 즈음에 경주군에 속하여 오늘날에 이르렀다.

2) 상황

감포항은 항로의 교통이 있지만, 육상은 후면에 산악이 중첩되어 교통이 매우 불편하다. 또한 특종 육산물도 부족하고, 물자의 집산도 역시 크지 않다. 그에 반해 해산물은 근해 일대의 풍부한 어장을 갖추고 있어 어획물이 막대하다. 그 종류는 고등어, 삼치, 정어리(鰯), 게(蟹), 가다랑어(鰹), 전갱이(鯵), 방어(鰤), 넙치(平目)인데, 그 연안무역 연액은 100만 원에 달한다. 항 내부의 물은 맑고 깊으며, 1922년(大正 11) 이후 3개년 계속 공사로서 총공사비 26만 원이며 그 중 지방비 지출은 12만 원이다. 지방의 부담은 14만 원으로써, 연장 90간의 방파제를 축조하였다. 방파제가 포용하는 수면적은 1만 4,000평이나, 훗날 재차 방파제 연장 증축의 필요가 있기에, 해안의 정비와 하양장(荷揚場)의 축조 등이 꼭 필요하다.

6. 구룡포항(경상북도 영일군)

1) 연혁

구룡포항은 과거 겨우 소규모 조선인 부락에 지나지 않았으나, 1906년(明治 39) 가가와(香川)현의 오다구미(小田組), 오사카부(大阪府)의 유료구미(有漁組) 2개 어업단이 본항을 근거지로 삼아 근해의 통어를 시행한 것이 내지인 통어의 효시이다. 1909년(明治 42)에 유료구미가 사무소를 건설함과 더불어 점차 정주하는 사람이 증가하였다. 1913년(大正 2) 말에 이르러 도로의 수축과 시가지의 정리 등이 행해졌다. 또한 1914년(大正 3) 4월 관공서가 설치되어 오늘날에 이르렀다.

2) 상황

구룡포항은 경상남도 영일군의 동남쪽에 위치하며, 동경 129도 33분 북위 35도 59분이다. 만의 입구가 넓고 동남쪽으로 열려 있으나, 삼면이 산악으로 덮여 있다. 북서쪽은 서쪽에서 흘러드는 계류(溪流) 토사와 해안 일부의 사빈(沙濱)으로 인해, 해저 2, 3개의 암초가 있는 것 외에는 대체로 진흙과 모래이기 때문에 선박의 정계가 양호하다. 구룡포항의 후면은 산악이 중첩되어 평야가 적고, 교통로로서는 동북쪽의 동외곶(冬外串)과 서북쪽의 포항, 서남의 감토를 통하는 세 갈래의 도로가 있다. 포항에는 자동차로 통과하는 것 밖에는 도로의 폭이 협소하고 언덕이 급하여 교통이 불편하다. 이에 물자집산이 심히 곤란하다. 근해에는 삼치 및 고등어 산출이 풍부하며, 어업법의 진보와 더불어 그 액수가 증가하여 근년에는 연액 60만 원 이하로 내려가지 않는다고 한다.

구룡포항의 방파제는 1922년(大正 11) 3개년 계속 공사로써 연장 100간을 축조하여, 총공사비 35만 원 중에 국고보조 13만 원, 지방비 지출 10만 원, 지방 기부금 12만 원으로 최근 완성되었다. 이 옹호(擁護) 면적은 1만 4,000여 평으로, 장래 방파제의 연장과 해안 하양장, 계선 설비의 필요가 있다.

7. 주문진(강원도 강릉군)

1) 연혁

주문진은 과거 일개 한촌이었다. 내지인의 이주는 1906년(明治 39)에 구마모토(熊本)현 에가미(江上) 모(某) 씨가 원산에서 찾아와 잡화 무역에 종사한 것이 효시다. 1908년(明治 41) 미에(三重)현 나카무라(中村) 모(某)가 이주하여 어업을 경영하였으며, 차례로 내왕하는 사람이 있었으나 그 숫자는 겨우 6호에 지나지 않았다. 1909년(明治 42) 2월 순사주재소를 설치함에 따라서 이주가 증가하여, 1912년(明治 45) 은사수산(恩賜授産) 어업의 실습에 이르러 활황을 보이게 되었다. 1914년(大正 3) 1월 우편소, 조선수산조합(朝鮮水産組合) 강원도지부가 설치되었다. 과거 교통상의 편리는 겨우 마을길(里道)을 따라 강릉에 이르는 데에 불과하였으나, 1917년(大正 6) 강릉-양양(襄陽) 간 2등 도로 개통, 부산-원산 간 항선(航船) 및 기선의 기항으로 이주자가 늘어났다. 이에 현재 인구 중 내지인은 200여 명, 조선인은 1,000여 명에 달한다.

2) 상황

주문진은 강원도 강릉군의 북단, 동경 128도 49분 북위 39도 54분에 위치한다. 부산항은 남으로 208해리. 원산은 북으로 119해리이며, 강원도 연안의 중앙에 있다. 남쪽에는 강릉의 평야를 앞에 두고, 2등 도로를 따라서 강릉과 통한다. 항구는 남서가 산악으로 둘러싸여 있고, 동쪽은 일본해 쪽으로 완전히 개창되어 있다. 북쪽으로 주문산(注文山) 갑(岬)이 약간 돌출되어 어느 정도 방파제 용도를 이루고 있으며, 포옹 수면적이 작다. 그렇지만 해저가 대체로 사질(砂質)로 이루어져 있으며, 심도는 약 16척에 이르러 1,000톤급 기선 정계에 유용하다. 강원도 유일의 항진으로서 부산-원산 간 피난항(避難港)[44]에 해당한다. 현재 연안무역은 연액 200여만 원에 달하며, 설비는 총공사비 24만 원(국고보조 8만 원, 지방비 지출 8만 원, 지방기부 8만 원)으로 방파제 90간, 방파제 70간, 제수제 30간을 축조하여 유효 수면적 2만 3,500평을 얻을 계획으로, 1923년(大正 12)부터 3개년 계속사업으로 현재 공사 중이다. 현재 항구 내부 수심은 18척이다.

8. 장전항(강원도 통천군)

내지인 어부는 1명 군함항(軍艦港)이라고 부른다. 만 내부가 넓어 대선(大船), 거선(巨船)이 정박하기 적당하여, 각국의 군함이 자주 입항함에 따른 것이다. 장전항은 금강산 탑승객의 해상에서 상륙하는 지점으로 세간에 알려져 있다.

동경 128도 11분, 북위 38도 44분에 위치한다. 만의 어귀가 동쪽으로 향하여 있으며, 그 너비는 600간으로, 깊이 서쪽으로 만입하고 있다. 배후에는 금강산의 군봉(群峯)이 솟아 있으며, 세 방향으로 산맥이 둘러싸고 있다. 만 내부의 수심은 4, 5심인데, 만 언저리의 경우 9심에 달한다. 해저의 질이 닻 내리기에 적당하여, 동해안에서 보기 드문 양항이다. 북쪽으로 23리, 해상 51해리로 원산에 이르며, 겨울철 서북풍이 강하여 항행이 곤란하지만, 매월 2회 내지 3회의 기항이 있다. 물론 여름에는 금강산 탑승객의 형편을 위해, 원산에서 매일 정기항로가 있다. 거진(巨津)에 28해리, 주문진에 67해리 떨어져 있다.

기후는 주위 산봉우리가 중첩되어 있어 해풍이 화(和)하여 한서가 모두 조화롭다. 우기는 대체로 7, 8월 두 달에 걸쳐 있다. 우기 중이 가장 어기(漁期)인 만큼 다소의 강우(降雨)는 말린 정어리(干鰮) 제조에 영향을 준다. 바람은 늦가을(晩秋)부터 봄인 4월경 까지 북·북서풍이

---

44 피난항(Refuge Harbor)은 악천후 등을 피하거나 사고 수습을 위하여 임시적으로 피난할 수 있는 항구를 의미한다.

많다. 5월부터 9월 사이에는 남·남동풍이 많다. 북·북서풍은 풍력이 맹렬하여 겨울철 항해에 어려움이 있다. 그러나 만은 북서풍의 강풍을 피하기 용이하여, 어선의 정계는 만의 북쪽 모퉁이에 있는 장전동(長箭洞) 부락 앞이 완전하다. 장전동은 소규모 부락으로, 근해 어획물이 풍부하여 내지 어선이 출어하는 경우가 적지 않다. 정어리, 방어, 대구(鱈), 삼치, 문어(蛸), 가리비(海扇), 해삼(海鼠) 등 어장이 많으므로 거주자의 대부분은 어업을 경영한다. 이에 해안무역이 1년 35만 원에 달하고, 항구 내의 면적은 218만 평이다.

9. 나진항(함경북도 경흥군)

나진항은 웅기항 서남쪽으로 4리 떨어져 있으며, 일본해에 인접하고 동부반도에 둘러싸여 있는 나진만 주변의 소규모 어촌이다. 러일전쟁 즈음에 러시아군이 이 지역을 방비하여 아군의 침입을 막았으며, 전쟁으로 웅기항이 발전함에 따라서 본 항구도 북선 굴지의 양항만으로서 중요시되기에 이르렀다. 나진만은 천혜의 항만으로써, 넓이 약 2,000간, 만입(灣入) 약 2리이며 남쪽으로 바다와 통한다. 그 앞쪽으로는 소초도(小草島)와 초도(草島)가 가로놓여 있어, 수면적 약 380만 평을 갖추고 있다. 수심은 만의 주변이 10심 내외이며, 만 내부는 5, 6심이다. 해저는 조사(粗砂)로 이루어져 있어, 거선 정박에 적당하다. 조석 간만의 차는 1척 2촌이다.

부근의 연해 또한 어류가 풍부하여 양호한 어장을 이루고 있다. 주로 대구, 명태, 청어, 방어, 게 등으로, 나진만 주변 부락이 점재하고 있으나 모두 한촌으로 특기할 만한 것은 없다. 나진항은 반도(半嶋) 갑각(岬角)에 가깝고, 토지가 협소하며, 경작지가 적다. 이에 호수 50호, 인구는 194명으로 계산될 뿐이다. 기온은 조선 최북부에 위치하여, 최저 섭씨 영하 24도, 최고 36도 4이다. 겨울철 만 내부의 결빙은 비교적 크지 않으나 5, 6월 두 달 동안 농무가 잦아 항해가 곤란한 일이 있다.

10. 서수진항(함경북도 경흥군)

서수진항은 국경 두만강 하구 서남쪽 1리 반 떨어져 있으며, 일본해에 인접한 반도(半島)이다. 구(舊) 한국시대에는 수군만호(水軍萬戶) 경흥진(慶興鎭)이 있었다. 동쪽으로는 러시아령 연해주와 경계를 이루고, 서쪽으로는 웅기만의 외곽에 대치하고 있다. 동남 및 서북으로 2개 만이 있다. 두 만 모두 원천(遠淺)하고, 만 주변부는 동남만이 7심, 서북만이 15심이다. 해저는 모래로 이루어져 선박의 정박에 적당하다. 서북만은 11월부터 3월까지 일부 결빙이 있어 선박의 입항이 불편하다. 따라서 겨울철은 동남만을 이용하고, 계절과 풍향, 파랑에 따라서 양 항구를 서로 바꾸어 가며 이용한다. 부근에는 어업 및 해초 생산이 이루어지고 있다. 육상 교통은 두만강 안의 토리(土里)를 경유하여 경흥으로 이어지고, 서쪽으로는 웅상(雄尙), 대진(大津)을 경유하여 웅기로 통한다. 다만 화물은 대부분 수로운반에 따르고 있다. 러시아령과의 교통은 오래되었으며, 무역 또한 일성일쇠(一盛一衰)함이 있었다. 1914년(大正 3) 영림창(營林廠) 출장소가 설치되어, 강안의 토리에서 두만강재를 경편궤도를 이용하여 이 지역으로 운반 개시하였다. 이와 더불어 어업 역시 발전의 기운을 맞이하여 본 항구 역시 활황을 나타내기에 이르렀다. 1917년(大正 6) 영림창이 철폐되었으나, 일반 어업이 성하여 거주가 점차 늘어났다. 특히 러시아령 선해주(船海州)[45]에서 통어하는 자가 늘어나, 오늘날에는 5, 600척에 달한다. 인호(人戶)는 860명이다. 본 항구는 겨울철 결빙이 있지만, 항구 내부의 수면적이 넓고 물이 깊어 정박과 하역에 편리하다. 장래 두만강 유역 지방의 천산물(天産物)과 훈춘지방의 농산물이 반출되는 탄토항으로서 유망한 지점이다. 현재 서북만에는 연장 30간의 방파제가 축조되고, 선류가 설치되어, 부선 및 어선의 정계가 안전하다.

각 도의 항만 개황

1. 경상남도의 항만개황

경상남도 토목과장 세키야 긴로쿠(關谷金六)

경상남도는 동·남 양쪽 모두 바다로 접하고 있으며, 게다가 욕동(浴東)[46]·섬진(蟾津)의

---

45 연해주(沿海州)의 오기로 보인다.
46 낙동(洛東)의 오기로 추정된다.

2대 강을 품고 있다. 이에 해만(海灣)과 하진(河津)이 산재하여 수운이 편리하다. 특히 해안이 들쭉날쭉하며 굴곡진 항만이 서로 이어지고, 크고 작은 400개의 섬이 점재[47]하고 있다. 해안선은 경상남도 231리, 도서 339리 합계 570리이며, 육지 면적 1평방리(平方里)에 대하여 약 0.72리가 된다. 수심은 일반적으로 깊어 항만 내부의 파랑은 평온하여 해수는 고요하다. 조석 간만은 서남에서 점차 동북으로 향하며 감소하여, 최대선(最大善)은 9척 내지 6척이며 평균 삭망선(朔望善)은 7척 내지 4척 정도이다. 조류는 한난(寒暖)이 교류하는 바도 있지만, 주로 흑조(黑潮)의 분류(分流)에 따라 온도가 따뜻하여 일체의 해조, 어패류의 발육이 극히 양호하므로 조선 전체 수산 총액의 3분의 1을 차지하고 있다. 이하 주요한 항진(港津)의 상황을 간단히 기술한다.

1) 부산

부산항은 일본과 조선의 연락항이자, 유럽과 아시아의 교통로인 항구이다. 항구 내부의 수면적은 255만 평, 수심 24척 이상 면적은 110만 평이며, 수출입 화물은 136만 톤, 가격 약 1억 5,000만 원 이상에 달한다. 입항 선박의 숫자는 4,151척, 등록 톤수는 234만 톤에 이르며, 현재 시행 중인 축항공사가 완성되면 계선안(繫船岸) 연장 752간, 상가(上家) 평수는 6,300평에 이른다. 본 항구에 대해서는 또한 별도로 서술하는 바가 있을 것이다.

2) 마산

마산항은 지정항으로서, 인구 1만 8,000명을 보유하고 있는 경상남도 제2의 도회이다. 그 위치는 마산만의 경계로, 항 내부의 파랑(波浪)이 평온하다. 또한 비교적 여울이 얕고, 현재는 하역(荷揚) 잔교 1개만 축설되어 있을 뿐으로, 큰 배의 기항이 곤란한 아쉬움이 있다. 또한 범선의 선착장인 구(舊) 마산에도 어떠한 시설도 없기 때문에 심히 불편하다. 그렇지만 오지가 넓게 트여 있고, 또한 경남선의 철도가 개통됨에 따라서 물자 출입이 1,000만 원 이상 다다른데다, 여전히 증가하고 있다. 이로써 잔교의 증설과 범선 및 어선의 계류장 등 상당한 시설이 필요로 한다.

---

[47] 묵재((默在)의 오기로 추정된다.

3) 진해

진해항도 지정항이며, 행암만항(行巖灣港)이라고도 불린다. 진해요항(鎭海要港) 동쪽의 작은 만 내부에 자리하고 있다. 항구 내부는 넓고 수심도 크며, 파랑이 고요하여 천혜의 양항으로, 철근 혼응토 잔교 및 안벽도 이번 봄에 완성되어 곧 개통될 진해-창원 간 철도와 더불어 장래 장족의 발전을 불러올 것이 분명하다. 현재 물자 출입은 1,400만 원에 달한다.

4) 통영

통영항은 지정항임은 물론, 전면에 다수의 도서(島嶼)가 에워싸고 있어 파랑이 매우 평온하고 항구 내부의 면적 및 수심 역시 적지 않다. 게다가 기후가 온난하여 하늘이 준 양항이라고 할 수 있다. 부산과의 거리는 40해리, 인구는 1만 6,000명이다. 경상남도 추요(樞要)의 도읍이며, 게다가 부근 일대 전부가 훌륭한 어장으로, 종업 어선이 1,500척이며 한 해의 어획고가 500원을 충분히 상회하는 어항으로서 그 이름이 조선 전체에서 제일이다.

게다가 통영은 관공서, 회사, 공장 등이 충분하여 행정 경제의 중심이다. 현재 수출입 총액은 1,200만 원이고, 육상교통 기관의 충실과 태합굴(太閤堀) 개착이 실현되면 장래 발전의 정도를 짐작할 수 있다. 이에 통영항으로서 급시를 요하는 것은 (1) 태합굴 개착 (2) 무역항을 겸하는 어항 수축 (3) 계선벽 겸용 매축이다.

(1) 태합굴 개착사업

태합굴은 통영항의 서쪽 끝 10여 정 지점으로, 미륵도와 사이에 위치한다. 연장 100간, 너비 3간 내외에 불과하며, 착량(鑿梁)에 의하여 직접 외해로 통한다. 전설에 따르면, 과거 분로쿠의 역[48]에서 도요토미 히데요시(豊臣秀吉)의 부하 가토 다카아키(加藤高明)[49]가 이끄는 수군이 조선 수군제독 이순신의 군략에 걸려 통영항 내부로 내몰리게 되어, 거의 전멸할 때 일부 장졸이 이 지점에 길을 만들어 도주하였다고 하여 '태합굴'이라는 이름이 있다. 그렇지만 현재는 만조일 때 겨우 20분(分) 내외간으로, 조그만 물고기 40마리가 어렵게 위험을 무릅쓰며

---

[48] 임진왜란(壬辰倭亂)을 의미한다.
[49] 가토 요시아키(加藤嘉明)의 오기로 추정된다.

통행할 수 있을 뿐이며, 하루 종일 거의 한 척의 작은 배도 통과하기 어려운 상태이다.

미륵도 남서 일대는 훌륭한 어장이 대단히 많고 통영과 아주 가까우나, 이러한 이유로 무수히 많은 어선이 많은 경비와 시간, 노력을 낭비한다. 8해리 정도 미륵도를 우회(손해시간 6시간 내지 8시간)하여 왕복하고 있으며, 때문에 가끔 외해의 물고기 떼(魚群) 발견 보고를 접하여도 회항이 여의치 않아, 항상 아까운 기회를 놓치는 데 아쉬움이 있다. 또한 출어 중에 이를 어획하여도 운반에 시간이 낭비되어 모처럼의 선어(鮮魚)도 비료, 혹은 무가치와 같게 되는 것이 이상하지 않다.

이와 같이 어업상 입는 손실이 막대할 뿐만 아니라, 부산 중심 남선 연안항로의 종(從) 선박 기타 선박이 받는 시간 및 경비의 손실도 역시 적지 않다. 실로 이 태합굴이 개착되면 항로 8해리가 단축되고, 1년간 절약할 수 있는 항로는 현재 통과 예정인 선박만으로 40만 해리에 이른다. 사회 전반에 걸쳐 이로운 바가 분명 깊을 것이다.

공사의 대략적인 계획은, 공사비 50만 원으로 연장 700간, 너비 120척, 수심 간조 이하 6척 내지 12척의 운하 개착 및 해저준설을 행하여 500톤급까지 선박이 자유롭게 항행할 정도로 한다. 경비 중 25만 원은 국고에서, 잔액 92만 5,000원은 도지방비율(道地方費率) 지방(地元) 면비(面費)에서 지출하여 5개년간 완성할 예정이다. 그러나 관동진재(關東震災) 이래로 정부의 예산 긴축방침으로 인하여 그 실현이 매우 곤란해진 모양으로, 이에 계획을 축소하여 단지 어범선(漁帆船)만을 통과시키는 정도로서, 제1기 공사는 수심 5척에 너비 45척에 경비도 10만 원으로 하여, 아무쪼록 오는 1926년(大正 15)부터 착수할 계획을 추진하였다. 그러나 이번 여름 대규모 풍수해 복구 등에 막혀 국비와 지방비 모두 여유가 없어져, 혹 1년간 이를 연기할 수밖에 없는 비운(悲運)에 이르러 믿을 수 없는 대한사(大恨事)가 되었다. 본 사업 달성을 위하여 핫토리(服部), 야마구치(山口) 두 사람과 더불어 와타나베(渡邊) 면장의 열성적인 제창은 인정할 만하다고 할 것이다.

(2) 축항사업

전술한 바와 같이 통영은 남선 어업의 중축(中軸)을 쥐고 있으며, 상업이 번성하여 앞날이 희망찬 위치에 있다. 그렇다고 하더라도 시가지 면적 5만 평에 미치지 못하는 협지(狹地)가 되면 토지가격이 매우 높아질 뿐만 아니라, 장래의 발전 역시 적잖이 저해된다. 따라서 얕은 여울·간사(干潟)를 이용하여 계선안벽을 겸용하는 호안을 시공하여 항만의 형태를 정리하고, 시가지 준공 매립이 필요하며 또한 유망한 사업이다.

5) 방어진

방어진 역시 지정항이다. 경상남도의 동북부 울산군 내에 위치한다. 고등어, 삼치가 유명한 어장을 가지고 있어, 어획량이 연액 300만 원에 이르러 동부 해안 굴지의 어항이다. 인구는 5,600명, 기선·범선 및 어선으로서 본 항을 근거지로 삼은 것이 약 600척이며, 성항기(盛港期)에는 항구 내부의 한쪽 면이 어선으로 가득 채워진 감이 있다.

항구 내부의 수심이 깊으며, 또한 직접 일본해와 면하고 있기 때문에 풍랑이 격렬하며, 특히 본년도 9월 6일 밤 폭풍우를 만나 하룻밤에 약 40만 원의 손해를 입었다. 이로 인해 어로(漁撈) 등 항접(港接)의 손해가 얼마인지 알 수 없다. 이에 일찍이 완전한 피난항이 되도록 방파제 축조를 계획하여, 1923년(大正 12) 이후 5개년 계속사업으로서 현재 도청(道廳) 직영으로 공사를 실시 중이다. 총공사비는 70만 5,000원(국고보조·도지방비·지방관계자 기부금이 각각 3분의 1씩)으로, 방파제 연장 154간을 축조하여 약 5만 평의 유효 방파 면적을 만들고자 한다.

방파제 구조는 견석(堅石)으로서 사석을 갖춘 위에 철근혼응토 함괴(函塊) 폭 24척·높이 12척을 간조면 아래 설치하고, 재차 그 위에 상건(上巾) 22척, 간조면 위로 7척까지 혼응토 제체(堤体)를 축조한다. 사석은 1절(切) 내지 7절 크기로 한다. 총용량은 1만 9,500입평(立坪), 혼응토 용적 1,200입평을 요한다. 방파제 최대 높이는 51척, 최대 넓이는 176척에 달한다. 현재 시공이 완료된 부분은 약 3.5%이며, 1927년(大正 16) 중 완성될 예정이다.

본 공사의 기성에 대해서 나카베(中部), 후지모토(藤本), 오바야시(大林), 다이료쿠(大力), 이시모토(石本), 도우다(當田) 등 여러 사람이 매우 진력하고 있음에 감사하는 바이다.

6) 삼천포

삼천포 역시 지정항이다. 사천군 남단에 위치하며, 인구 5,400명, 경상남도 서부 지방의 추요항(樞要港)으로서 수출입이 약 180만 원, 어획고 30만 원 이상에 달한다. 다만 현재 항역(港域)은 면적이 좁고, 수심이 얕다. 게다가 어떠한 항만시설도 없어 불편을 느끼고 있다. 그럼에도 본 항구는 장래를 가진 지형으로, 또한 내해에 면하고 있어 풍랑이 심하지 않다. 면적과 수심이 상당히 큰 동쪽 만(灣) 내부의 시설을 갖춘다면 지방항으로서 장족의 진전을 볼 수 있을 것이 분명하다.

어항으로서 욕지도(欲知島, 통영군 남단, 어획고 30만 원), 장승포(長承浦, 통영군 건제도 동쪽 연안, 어획고 50만 원), 미조항(彌助項, 남해군 동남단, 어획고 60만 원)이 저명하며, 준(準) 무역항으로서 선진항(船津港, 사천군 선진만 내, 수출입 250만 원), 장생포(長生浦, 울산군 읍내의 남쪽, 수출입 170만 원), 진교항(辰橋港, 하동군 내, 수출입 90만 원), 노량진(露梁津, 하동군 남단, 60만 원) 등이 유명하지만 재정 관계상 어느 것이나 하등의 항만 설비가 없는 것이 한스러운 일이다.

하항(河港)으로서는 구포(龜浦), 삼랑진, 선암(仙岩), 수산(守山), 남지(南旨), 박진(泊津), 적포(赤布, 낙동강), 하동(섬진강) 등은 화물의 집산이 많기로 유명하다.

2. 강원도의 항만개황

강원도청

강원도의 해안선은 남북 연장 약 230해리에 이른다. 그렇지만 곡절이 적어 해안 전체가 거의 일직선을 이룬다. 게다가 크고 작은 섬들이 극히 드물어 항해의 불편함이 심하다. 특히 겨울철에 있어서는 북서풍이 연일 불어, 파도가 높아 어선의 항행이 곤란하다. 그 결과 크고 작은 항만을 합하면 36개 소이나, 천연의 양호함은 오직 북부의 장전항 뿐이다. 그 외에는 오직 만의 형태를 이루고 있는 데에 지나지 않아, 어선 기타의 피난이 곤란하다.

연안 기선이 기항지는, 남쪽부터 후포(厚浦), 죽변(竹邊), 임원진(臨院津), 정라진(汀羅津), 서호(西湖), 주문진, 옹진[瓮津, 대포(大浦)], 거진(巨津), 장전, 고저(庫底)로 10곳이 있다. 이들의 1924년(大正 13) 수출입 총액은 670만 원에 달하며, 매년 증가하고 있다.

위 항만에 대하여 종래 다소나마 인공을 가한 것은 옹진항 및 정라항이나, 소규모 수축으로 어선 피난에 편의를 준 것에 지나지 않는다. 따라서 정라항은 1926년(大正 15) 재차 수축할 계획 중이다. 주문진항은 관내 추요항으로서 현재 도지방비 사업으로 수축 중이다. 본 항구에 대해서는 아래 개황을 기술한다.

1) 주문진

주문진항은 북위 37도 54분·동경 128도 50분에 위치한다. 강원도 동해의 중앙 즈음으로, 소위 영동(嶺東) 6군의 중앙에 해당하여, 강릉군 북단에 자리한다. 해로는 부산과 219해리, 원산과는 120해리 거리에 있다. 남으로 강릉의 평야를 앞두고 있으며, 육로로 대화(大和)·원주(原州)를 거쳐 충주(忠州) 또는 경성으로 통한다. 북으로는 양양, 간성(杆城), 인제(麟蹄)를 거쳐 춘천으로 통하는 2등 도로가 있다. 항구 내부의 물이 깊어 선박의 기항이 편리하지만, 겨우 주문산 한 귀퉁이에 의해 옹호(擁護)될 뿐으로, 그 면적이 좁아 천혜(天惠)가 부족하다. 그렇지만 매년 화물의 출입은 강원도의 각 항구 중 제1위를 점하고 있음은, 생각건대 그 위치가 중위(中位)에 있으므로 각지 교통의 편리함에 의함이다.

본 항구는 1906년(明治 39) 구마모토(熊本)현 사람 에가미 호사쿠(江上豊作)는 원산에서 화선(和船)으로 때로 잡화 무역을 위해 내항하여 내지인 무역을 시작하였다. 이후 1908년(明治 41) 미에(三重)현 사람 나카무라 타로사에몬(中村太郎左衞門)은 이 지역에서 어업을 경영하게 되며 내지인 이주가 시작되었고, 1909년(明治 42) 2월 순사주재소가 신설된 이후 내지인이 증가하기에 이르렀다. 1912년(明治 45) 은사수산어업실습소(현재 수산시험장)이 설치되어, 강원도 동해안 어부들의 실습이 이루어졌다. 1914년(大正 3) 1월 우편소 신설, 같은 해 2월 수산조합 강원조 지부가 신설되었다. 1914년(大正 3) 10월에는 내선인 기부금으로 시장에서 동쪽 해안에 이르는 120간, 너비 5간의 도로가 개설되었다. 1916년(大正 5년) 10월 강릉-주문진 간, 1917년(大正 6) 7월 경성-강릉 간, 1920년(大正 9) 12월 주문진-원산 간 등의 2등 도로가 개통을 고하게 되어 오지와의 교통이 아주 편리해졌다. 1923년(大正 12) 4월부터 지정항이 되어 원산세관출장소가 개설되어, 점차 발전의 도상에 있다.

(1) 무역항으로서 주문진

강원도 연안에서 현재 기선의 기항은 위에 서술한 바와 같이 주문진 외에 9개소가 있다. 장전항을 제외하면 대부분의 만이 좁고, 물자의 집산 범위가 협소하여 장래 지방항으로 기대가 적다. 장전항은 위치가 지나치게 북으로 치우쳐져 있어 원산과 가까우므로, 그 이용이 적다. 오직 주문진이 그 위치상 보아도 이출입액 제1위를 점하고 있음은 그리 이상한 일이 아니다. 하물며 그 세력범위는 강릉, 정선, 평창, 인제, 양양 5개 군에 걸쳐서 면적 약 200방리, 경작지 면적 6만 정보, 5만 여 호(戶)의 지역을 거느리고 있다. 이에 강원도의 지방항으로서 가장 중요한 지점이라고 할 수 있으며, 1912년(大正 1)과 1924년(大正 13)의 호수·인구, 이출입을 대비하면 아래와 같다.

① 호수·인구표

연차	내지인		조선인		합계	
	호수	인구	호수	인구	호수	인구
1912	26	85	102	425	138	510
1924	70	255	492	2,130	562	2,385

② 이출입액표

연차	이출액	이입액	합계
1912	146,000	129,000	275,000
1924	1,066,000	833,000	1,899,000

이상과 같이 증가하여, 매년 오지와의 교통기관이 정비됨에 따라서 점차 늘어나고 있음이 분명하다.

(2) 어항 및 피난항으로서 주문진

주문진항을 근거로 하는 어선은 150척, 1년 어획고는 겨우 11만 3,000원으로 수산업이 미미하다. 예로부터 강원도 앞바다는 위험하다는 이유로 해상생활에 익숙한 어부가 오히려 그 출어를 망설이게 하는 지역이었기 때문이다. 최근 몇 년간 남쪽 지방의 어업자가 모여들고, 어업방법이 개선·진보됨에 따라, 예기치 않게 남북 양쪽에서 부원(富源)의 어획에 착수하기에 이르렀다. 다만 먼 곳으로 출어하는 것은 여름철로 한정되어 있으며, 가을철 고기잡이는 비바람이 심할 경우에 피난할 장소가 없다. 때문에 대규모 어업이 행해지지 않는다.

또한 원산에서 부산 340해리 사이에 적당한 피난처가 없기 때문에 정기 연안항선의 선박이 괴로움을 당하는 일이 자주 있으므로, 다소 날씨가 나쁠 경우에는 금세 휴항을 일삼는다. 그렇지 않아도 빈약한 동해안의 발달을 저해하는 일이 심대하므로, 이 사이에 적어도 한 곳 이상의 피난항을 설치하는 것이 급선무이다. 또한 천연의 양항을 바란다면 장전항이 있으나, 원산에 가깝고 부산과 멀어진다. 따라서 위치상으로 주문진이 적당하나, 천혜가 심히 깊어 피난 목적에 부합하려면 상당한 시설을 요한다. 이는 본 항구의 수축을 시행하기에 이른 까닭이다.

(3) 주문진항의 수축공사

경성-강릉선 2등 도로와 연결되는 본 항구는, 총독부 제1기 치도계획 실시에 따라서 상당 수축의 필요를 인정받았다. 총독부는 1915년(大正 4) 일반 조사, 1916년(大正 5) 지질 조사를 시행하여 대략적인 설계를 성립하였으나, 주변의 형세가 본 항구의 수축에 용이하지 않았다. 이에 지방산업의 개발상 내버려 둘 수 없어, 어선 피난항으로 수축계획을 세워 국고보조를 받는 지방비 사업으로서 그 제1기 사업을 시행하기에 이르렀다.

제1기 수축계획은 본 항구의 동쪽 연안에 돌출되어 있는 암반 첨단으로부터 방파제 91간 6분을 축조하여, 북·동풍에 의한 파랑을 차단하여 선박의 정박을 안전하게 하였다. 서쪽에는 방사제 81간을 해안에서 돌출된 해안으로 옮겨 표사(漂砂)의 침입을 방지하였다. 현재 항구 내부로 유입되고 있는 신리천(新里川)은 도수제를 축조하여 이를 바로 외해로 흘러나가도록 하였다. 또한 주문천(注文川)은 하신(河身)을 부체(付替)하여 내해로의 유입을 막고, 해안을 갈라 외해로 직류하도록 하였다. 이에 내해 수리면적 2만 3,500평을 얻었으며, 어선 족히 500척이 피난할 수 있게 되었다. 수심은 깊은 부분이 24척으로, 기선의 피난에 지장이 없도록 하였다.

총공사비는 24만 원으로, 1923년(大正 12)부터 3년간 계속사업으로 1923년(大正 12) 11월 기공하였다. 어느새 모든 공사의 90%를 준공하여, 1926년(大正 15) 1월에는 완성될 예정이다.

장래 제2기 공사로서 시설할 것은, 서(西) 방파제 100간을 축설하고, 항구를 30간 단축하며, 만 내부의 얕은 부분을 6척 내지 18척 준설하고, 해안의 안벽 및 부두를 설치하는 것이다. 이들의 공사비는 대체로 계산하여 26만 원이 필요하다. 동시에 빈지(濱地)를 매립하여 새롭게 시가지 1만여 평을 얻는 것으로 한다.

2) 장전항

장전항은 고성군(高城郡) 북부에 위치하며, 강원도 제1의 양항이다. 또한 동해안에서 희귀한 양항으로서, 일반적으로 군함항(軍艦港)이라고 불리는데, 만 내부가 넓어 약 120만 평의 수면을 갖추고 있으며, 수심 역시 깊어 40척에 달한다. 이에 큰 배의 정박에 적당하여, 각국의 군함이 때로 항구에 들어오도록 되어 있다. 만의 입구는 동쪽을 향하고 있으며, 서쪽으로는 금강산맥이 솟아 있다. 남북은 그 지맥이 뻗어 있어 만을 둘러싸고 있다. 때문에 북·서·남풍을 피하기 적당하다. 어선의 정계장은 만의 북쪽 모퉁이 장전리 부락의 앞쪽에 위치하고, 여러 바람에 아울러 안전하기 때문에 피난항으로서 가장 적당하다. 그럼에도 겨울철이면 금강산에서 불어오는 맹렬한 바람이 내습하여 입항이 곤란한 경우가 자주 있다. 가까운 바다에는 청어, 정어리, 방어, 삼치 등 어장으로 유명하다. 또한 이 지역은 과거 러시아 포경선이 할절장(割截場)을 설치한 곳으로, 러일전쟁 후에는 일본동양포경회사가 이를 계승하여 포경에 종사하고 있으나 근년에는 고기가 잡히지 않고 있다고 한다. 또한 구주전쟁 당시에는 미쓰이합명회사(三井合名會社) 경영으로 금강산맥에서 채굴하는 석광(石鑛) 및 수연광(水鉛鑛) 사업이 왕성하였다. 때문에 한때 비상히 발전하여 1919년(大正 8)에는 인구가 1,800명에 달하였으나, 전쟁 이후 광석의 가격이 폭락하여 사업이 중지되었다. 이에 일시에 쇠미하게 되었지만, 현재에는 어업 향상을 꾀하여 점차 발전하고 있다. 그럼에도 본 항구는 원산과의 거리가 51해리, 또 경제구역은 고성, 통천(通川), 회양(淮陽) 3개 군의 일부에 그치므로 지방항으로서의 가치는 크지 않다. 본 항구의 개선을 요하는 점은, 현재 연안의 항로에 종사하는 기선으로 하여금 부선에 의존하지 않고 해륙의 연락을 할 수 있도록 현재 회조점(回漕店)에서 경영하는 잔교를 30간 연장하여 기선의 정계를 꾀하는 것이 각하(刻下)의 급무이다.

본 항구의 1924년(大正 13) 어획고는 37만 원으로, 각 항만 중에 수위를 점하고 있다. 호수 및 무역액은 다음과 같다.

① 호수·인구표

연차	내지인		조선인		합계	
	호수	인구	호수	인구	호수	인구
1914	48	235	148	542	196	777
1924	58	510	213	707	271	1,217

② 이출입액표

연차	이출액	이입액	합계
1914	33,000	7,000	103,000
1924	278,000	214,000	492,000

3) 옹진항

본 항구는 양양군에 중앙에 위치하며, 원산과의 거리는 98해리이며, 군읍(郡邑)과 북쪽으로 3리 떨어져 있다. 도천면(道川面) 대포리(大浦里)에 있어 명태 어장으로 유명하지만, 항구는 겨우 옹진 가장자리에 튀어나와 있는 모서리에 의존하는 소규모 만의 형태를 이루고 있음에 지나지 않는다. 만 내부는 극히 좁고, 어선의 피난이 곤란하기 때문에 1914년(大正 3) 3월 군내 유지는 본 항구의 수축기성동맹회를 설립하고 기금 축적에 노력하였다. 1916년(大正 5) 국고보조를 출원하였고, 1917년(大正 6) 6월 본부(本府) 조사에 따라서 공사비 1만 5,600원으로 동쪽 방파제 70간, 남쪽의 방사제 30간을 축설하여, 수면적 3,000평을 확보하고, 어선 100척의 피난장을 설치하는 설계를 하부 받았다. 다만 보조에 관한 논의가 이루어지지 않았기 때문에, 1918년(大正 7) 재차 보조를 출원하여 허가를 받았다. 그러나 물가가 폭등하여 설계 금액으로는 예정 공사를 수행할 수 없었다. 이에 방파제를 40간으로 단축하여, 1918년(大正 7), 1919년(大正 8)에 걸쳐 공사비 1만 3,000원(국고보조 1,500원, 지방비 2,000원, 지방기부금 3,800원, 군내 부역 1만명 환산 6,000원)으로 공사에 착수하였다. 1919년(大正 8) 준공되었으나, 방파제의 단축으로 인하여 항구 내부의 수면적은 겨우 1,500평 내외로 효과가 충분치 않았다. 이에 장래 확장을 목적으로 대포리에 번영회가 설치되어 현재 기금 축적에 노력 중이다.

본 항구의 1924년(大正 13) 어획고는 9만 원이며, 호수 및 무역액은 아래와 같다.

① 호수·인구표

연차	내지인		조선인		합계	
	호수	인구	호수	인구	호수	인구
1915	10	36	102	396	112	433
1924	12	76	117	640	139	716

② 이출입액표

연차	이출액	이입액	합계
1915	79,000	84,000	163,000
1924	264,000	202,000	466,000

4) 정라항

정라항은 삼섭항(三涉港)[50]으로도 불리었으며, 오십천(五十川)의 하구에 위치한다. 부산-원산항의 중간 지점으로, 삼섭읍(三涉邑)[51] 읍내와의 거리는 1리가 되지 않는다. 오십천은 그 하구에서 사출되는 토사에 의하여 남북으로 입구가 둘로 나뉘어 있다. 남쪽 입구는 물이 얕고, 때로는 폐색되어 있기도 하다. 북쪽 입구는 어느 정도 물이 깊고, 어선의 출입이 자유롭다. 다만 하구 앞쪽에 암초가 돌출되어 있으므로, 풍랑이 심한 날에는 위험을 면치 못한다. 한 번 강 내부로 들어가면 어떠한 날씨에도 파도의 내습 걱정이 없이 정계가 극히 안전하지만, 날씨가 거칠 때는 해안의 표사가 이동함에 따라 하구가 축소되어 출입이 곤란해지는 경우가 자주 있다. 때문에 1915년(大正 4) 국고보조를 받아서 공사비 3,800원(국고보조 1,300원 및 기부금)으로 방사제 60간을 축조하였고, 1916년(大正 5)에는 공사비 3,000원(국고보조 1,200원 및 기부금)으로 하구 수심을 6척, 너비 10간으로 준설하였다. 동시에 하안의 연장 137간의 호안장석(護岸張石)을 시공하고, 1922년(大正 11)에는 방사제의 근원인 빈지의 유실에 따라서 공사비 4,000원(기부)으로 방사제 30간을 연장하였다. 그 후 수차례 폭풍과 높은 파도에 따라서 곳곳에 방사제의 피해가 생겨나, 그 때마다 현지에서 유지·수리해왔지만 재작년 폭풍으로 또다시 파손되었다. 더구나 올해 홍수로 인하여 도저히 임시적 방편으로서의 수리로는 조금의 효과도 없음을 인정하여, 공사비 10만 원으로 오십천의 도류제(導流堤) 연장 20간의 축조 및 하구 방사제 연장 20간과 북쪽 방파제 연장 50간의 축조를 계획하였다. 다만 국고보조를 요구하여도 논의가 곤란함을 인정하여, 1926년(大正 15)에는 제1기 사업으로 초미(焦眉)의 급무인 도류제 축조 및 방사제 확장을 공사비 3만 원(지방비 보조 1만 원, 현지 부담 2만 원)의

---

50 삼척항(三陟港)의 오기로 보인다.
51 삼척읍(三陟邑)의 오기로 보인다.

면 사업으로 시행할 계획이다.

본 항구 근해의 어업은 대구, 삼치, 도미(鯛), 방어, 게 등이다. 이 지역은 종래 대구의 성어지(盛漁地)로 이름난 곳이다. 본 항구의 세력범위에 들어가는 후방지역은 정선(旌善), 봉화(奉化), 강릉, 삼척 각 군의 일부이다.

1924년(大正 13) 어획고는 13만 원으로, 호수 및 무역액은 아래와 같다.

① 호수·인구표

연차	내지인		조선인		합계	
	호수	인구	호수	인구	호수	인구
1914	5	17	83	417	88	434
1924	44	153	198	1,205	242	1,358

② 이출입액표

연차	이출액	이입액	합계
1914	64,000	105,000	169,000
1924	346,000	241,000	587,000

3. 경상북도의 항만개황

경상북도청

경상북도의 동해안은 일본해와 접하고, 어족이 풍부하여 매년 어획고 500만 원을 밑돌지 않는다. 성어기에는 연안 각 지역에 집합하는 어선 총 숫자가 1,000여 척에 달한다. 이와 더불어 발전의 여지가 충분하여 장래가 극히 유망하다. 그런데 연안선 46리 사이에 완전한 양항이 없다. 감포(甘浦), 구룡포(九龍浦), 포항(浦項) 및 강구(江口)의 4개 지역은 천연의 지형상으로 서북풍에 대하여 어느 정도 안전하여, 출어하는 선박은 오직 위의 4개 지역을 근거지로 하고 있다. 특히 포항, 강구는 후방 오지와의 교통상 장래 지방의 무역항으로서 중요한 위치이다. 이외에 울릉도(鬱陵島)의 중요 항진으로 도동항이 있으며, 연안 각 지역에 10여 곳의 소규모 항만이 있지만, 어선의 계류지에 그치므로 항만이라고 부를 정도는 아니다.

1) 포항항

포항항은 영일군 포항면에 있으며, 반도 동해안 굴지의 어업 근거지이자 상업지이다. 조선철도 경동선(慶東線)의 종점이자, 부산-원산 및 부산-울릉도 간 정기 기선의 기항지이며, 최근 하마다(濱田)와 포항 간 일본직통항로가 개시되어, 앞으로 더욱 중요한 지역이 될 것이다. 전해지는 바에 따르면, 과거 이즈모(出雲) 조정이 반도와 왕래했을 때, 영일만(迎日灣)이 그 중심지였다고 한다. 시대가 지나서 신후황후(神后皇后)[52] 정한(征韓)의 사려(師旅)를 상륙시키도록 한 것도 이 항구였으며, 포항읍의 서남쪽 죽림산(竹林山)에는 당시 황사(皇師)가 잠시 머물렀던 진(陳)의 흔적이 있다고 전해진다.

1904년(明治 37)경 내지인 수 명이 건너와, 영일만 일대에서 청어, 고등어가 유망하다는 것을 인식하였다. 내지인 공동 경영 아래서 처음으로 조직된 어업이 개시되었으며, 이래로 매년 내선인 어업가 증가와 더불어 해륙 양면의 상거래가 극히 번성하였다. 이에 현재 시가지 정주인구는 6,500여 명에 이른다.

포항항은 영일만의 서북쪽 형산강 하류에 위치하여, 서북쪽은 산을 지고 남쪽에는 평야가 있다. 동쪽에는 섬을 사이에 두고 바다에 임하고 있으며, 항구 내부에는 상당한 선류를 갖추고 있다. 그럼에도 항구의 입구는 표사로 인하여 항상 폐색되어 있으므로 선박의 출입이 자유롭지 않다. 이를 방지하기 위한 목적으로 수년간 걸쳐 두 줄기의 도수제, 그리고 6곳 제수 공사를 시행한 결과 상당한 수심을 확보하여 어선 및 발동기선의 출입이 가능해져 좋은 결과를 얻었다. 그러나 흘수(吃水)가 6척 이상인 선박은 여전히 항구 밖에 정박하고 있는 상태로, 항세(港勢)의 발전에 따라 훗날 근본적 계획에 따라서 일대 축항의 필요가 있다.

2) 감포항

감포항은 일본해 유수의 어항으로, 부산-원산 및 부산-울릉도 간 정기기선의 기항지로서, 정주 인구는 내선인 통틀어 2,300여 명이다. 본 항구는 항구 입구 동쪽에서 어느 정도 남쪽으로 향하여 열려 있다. 너비는 240간, 깊이 200간, 수심 5척 이상 수면적 약 4만 5,000평이다. 초대 수심은 36척 내외에 달한다. 후방에는 바로 구릉이 붙어 있어 평지가 적다.

---

52 진구황후(神功皇后)의 오기로 보인다.

본 항구는 본래 일개 한적한 어촌에 지나지 않았으나, 1907년(明治 40)경 내지인 중 통어하는 사람들이 1년간 두 차례 왕래함에 이르러, 예망(曳網)을 경영하여 어획고가 훌륭하며, 또한 고등어, 삼치 어업이 유망하다는 점을 알게 되었다. 이에 매년 통어하는 사람들과 이주하는 사람들이 늘어나, 현재 성황을 이루게 되었다. 감포항을 중심으로 하는 어업 종사자는 1,000명 내외이며, 1년간 어계(魚季)에 내지에서 통어하는 사람들도 6,000명이다. 이 지역의 선어(鮮魚) 운반업자를 추가하면 무려 1만 명으로, 어획고 연액 200만 원 내외에 달한다. 그런데 어항으로서 설비가 아직까지 더해지지 않아 매년 수많은 인명과 어선의 피해가 있었다. 이에 현지 주민의 여러 해에 걸친 열망에 따라, 1922년(大正 11) 말에 이르러 공사비 26만 원으로 포옹면적 1만 1,000평을 갖추고, 사석(捨石) 방파돌제 연장 90간의 공사에 착수하여, 1925년(大正 14) 10월경 완성되었다.

3) 구룡포

본 항구는 영일군 창주면(滄洲面)에 위치하며, 일본해 유수의 어항으로, 부산-원산 및 부산 울릉도 간 정기 기선 기항지이다. 정주 인구는 내선인 1,900여 명이다. 본 항구는 입구가 넓고 동남쪽이 트여 있으며, 너비 400간 깊이 180간을 갖추고 있다. 수심은 5척 이상 수면적이 약 8만 평으로, 최대 수심은 33척 내외에 달한다. 주위 3면이 산 구릉이 덮고 있다. 본 항구 또한 본래 일개 한적한 어촌에 불과하였으나, 1902년(明治 35)경 야마구치(山口)현 군야 타마무라(郡矢玉村)의 조망(鯛網)[53] 50여 척의 통어를 효시로, 고등어 및 삼치 등이 유망함이 눈에 띄어 일반 어업자가 이를 인지함에 이르렀다. 또한 생선 운반 방법이 발달함에 따라, 매년 통어 및 이주자가 늘어나 후방 도로가 완성됨과 더불어 성황을 보이기에 이르렀다. 또한 이 지역도 포항과 같이 어업에 종사하는 사람과 통어자, 생선 운반업자가 늘어남에 따라 인원이 무려 1만 명이 되어, 어획고 연액 160만 원 내외에 달하였다. 그런데 감포항과 같이 어항으로서 설비가 없어, 매년 다수의 인명과 어선의 훼손이 많다. 이에 현지 주민의 여러 해에 걸친 열망에 의하여 점차 1923년(大正 12) 공사비 35만 원으로 포옹면적 1만 4,000평을 갖추었으며, 사석 방파돌제 100간의 공사에 착수하여, 1925년(大正 14) 8월 준공되었다.

---

[53] 도미 잡이용 그물의 총칭이다.

4) 강구항

강구항은 영덕군(盈德郡) 영덕면 내에 있으며, 감포, 구룡포 등 일본해 유수의 어항이자 부산-원산 및 부산-울릉도 간 정기 기선 기항이다. 정주 인구는 내선인을 통틀어 1,400여 명이다. 본 항구는 오십천 하류에 위치하며, 그 시가지는 강을 넘어 남북 양안에 걸쳐 있다. 북서쪽에는 산 구릉이 덮여 있으며, 앞쪽에는 일본해에 임하고 있다. 하구에 가로놓인 중추(中洲)는 천연의 방파제를 형성하고 있어, 하늘이 내린 내항(內港)을 갖추고 있다. 이에 선박의 정계에 적합하며, 어떠한 풍랑에도 안전하다. 중추에서 내부에 해당하는 내항의 깊이는 약 500간이며, 너비 평균은 100간, 수심 3척 이상 수면적이 약 4만 2,500여 평이며 최대 수심은 30척에 달한다. 다만 항구의 입구는 표사 때문에 항상 폐색되어 있다. 현재 어선의 출입은 전혀 자유롭지 않은 상태이며, 천연의 양항도 이것의 이용에 이르지 못하고 있다.

본 항구는 원래 일개 한촌에 지나지 않았다. 1912년(大正 1) 가가와(香川)현 통어자가 본 항구의 어선 출입이 편리함을 인지하여, 이를 시작으로 가가와(香川)·오카야마(岡山) 방면에서 고등어·삼치 낚시 등으로 이주하는 사람들이 보이기 시작하였다. 이후 통어 및 왕래하는 사람들이 매년 증가하여, 이에 따라 한편으로 해륙 물자의 집산지로서 항진되어 매년 발전해 나갔다. 그러나 1919년(大正 8) 오십천 대홍수로 인하여 다수 가옥과 인명이 훼손되었고, 위와 같은 항세의 현황으로 인하여 점차 세력이 기울어 과거의 성황을 보기 어렵게 되었다. 그렇지만 앞쪽에 바로 일본해 어장과 면하고 있으며, 성어기에는 1,000여 척의 어선이 모여들기에 어항으로서 유지할 필요가 있다. 뿐만 아니라 오지와 해륙연락 상으로 중요한 위치를 점하고 있다. 따라서 현재 상당의 축항 계획에 대하여, 그 실현 및 완성되는 날에는 다시 본 항구의 사명을 발휘할 수 있어, 옛날 이상으로 발전의 경지에 이를 것으로 짐작된다.

5) 도동항

도동항은 강원도 죽변항에서 동북쪽으로 76해리에 위치한다. 인구는 내선인을 통틀어 1,300여 명이다.

항구 내부는 깊이가 겨우 50여 간이며, 너비는 60간이 되지 않는다. 좌우 양측에 단애암(斷崖岩)이 다가서 있으며 항구 안쪽에는 흰 모래가 이어져 시가지도 이것이 빈번하다. 본 항구의 선박 출입이 많아진 것은 1894년(明治 27), 1895년(明治 28)경 방인(邦人)의 이주가 늘어나며, 이주자의 생활필수품 이입과 섬의 특산품 이출을 목적으로 하는 범선무역이 발단이 되었다. 주로 돗토리(鳥取) 현경(縣境) 방면과 교통이 이루어지며, 이후 본 섬의 해륙산업의 발전에 따라서 이출입이 증대하여, 1913년(大正 2) 10월부터 본 항구와 부산 간 정기항로, 또한 본 항구와 원산 간 부정기항로가 개시되었다. 동시에 어선 근거지로서 본 섬의 중요한 항진이 되었다. 다만 외해의 파랑이 직접 항구 내부로 내습하기 때문에, 항상 이것을 사빈(沙濱)으로 예인해야 하는 불편함이 있다. 장래 상당한 축항을 요한다.

1. 항구별 선박 출입 및 물산 수이출·입은 아래와 같다.

(단위: 척, 원)

항별	선박 출입 숫자(중복 출입 수 게재)			물산 수이출·입		비고
	기선	기타 선박 (어선 제외)	근거지 어선 수	수이출	수이입	
포항	439	3,327	5,027	1,442,635	1,419,200	1923년 말 조사
감포	354	566	1,563	1,175,798	572,475	
구룡포	321	8,164	1,563	542,750	2,260	
강구	273	256	1,209	355,816	285,934	
도동	51	1	469	122,771	138,911	

2. 군(郡)·도(島) 별 어획고는 아래와 같다.

(단위: 톤, 원)

군별	주요 항진	1921년		1922년		1923년	
		수량	가격	수량	가격	수량	가격
경주군	감포항	4,393,075	2,560,255,000	3,156,942	1,805,528,000	3,599,725	1,883,603,000
영일군	구룡포항 포항항	9,745,120	2,797,990,000	8,249,240	2,614,240,000	10,801,250	3,470,240,000
영덕군	강구항	1,449,340	389,285,000	2,929,434	579,770,000	2,254,694	772,429,000
울릉도	도동항	77,181	42,296,000	84,291	81,858,000	139,770	103,789,600
합계		12,694,316	5,789,826,000	14,419,907	5,081,396,000	16,795,439	6,230,061,600

(이민성)

자료 70 | 海軍軍令部, 1911, 『極秘 明治三十七八年海戰史 第4部 卷1』, 1~2, 8~9쪽.

제4부 방비 및 운수통신

　　1894·1895년(明治 27·28) 청일전쟁 후 우리 해군은 요코즈카(橫須賀), 구레(吳) 및 사세보(佐世保) 3곳의 군항, 그리고 다케시키(竹敷) 요항(要港)의 규모를 확장하여 방비 기관을 개선하였으며 마이즈루(舞鶴) 군항을 개설하였다. 또한 전승(戰勝) 결과 우리 영토가 된 대만 방면에서 마공(馬公) 지역을 요항으로 삼았다. 다음으로 1903년(明治 36) 7월 앞서 예정된 무로란(室蘭) 군항을 폐지하였으며, 당시 군사 필요 상 방어항(防禦港)을 나가사키(長崎), 하코다테(函館), 모지(門司), 유라(由良) 및 오미나토(大湊) 5개 항구로 하였다. 한편으로 우리 해군은 장래 작전에 필요한 함대의 전진근거지 및 전략지점의 수색·측량에 힘써, 그 중심을 한국 남안과 서안 여러 항구에 두었다. 1896년(明治 29) 이후 진해만(鎭海灣), 팔구포(八口浦), 해주읍(海州邑), 장산열도(長山列島)[54], 대동강(大同江), 아산묘지(牙山錨地)[55], 영흥만(永興灣), 나주군도(羅州群島) 및 나원만(羅源灣)[56] 등을 정밀하게 측량하여 각각 군기해도(軍機海圖)를 제작하였다. 특히 진해만, 나주군도, 나원만에 대해서는 방어계획을 책정하였다.

　　육군에 있어서는 2월 4일 사세보, 쓰시마(對馬), 나가사키, 하코다테 및 팽호(澎湖)섬의 요새 동원을 명하였다. 2월 5일 도쿄만(東京灣), 유라(由良), 히로시마만(廣島灣), 마이즈루, 시모노세키(下の關) 및 기륭(基隆)에 요새의 경급배비(警急配備)[57]를 명령하고, 개전 당시 각 군함과 수뢰정이 국지 방비에 임하도록 한 것은, 대체로 1903년(明治 36)도 해군 전시편제에서 정한 것과 같다. 전국(戰局)의 발전에 따라서, 연합함대로 편입되어 간 것이 있어, 이들의 함대는 점차 그 수가 줄어들었다(제4부 제1편 제3장 참조).

54　중국 요동지역 해안 일대에 위치해 있는 여러 섬들을 의미하는 것으로 추정된다.
55　오늘날 아산만, 그중에서 주로 정박지로 사용되었던 아산만 북부를 의미하는 것으로 보인다. 아산만의 북측을 의미하는 것으로 보인다. 아산만 북측은 폭이 넓고 수심이 깊어 '아산묘지'로 불리기도 하였다.
56　중국 복건성(福建省) 해안에 위치한 항만으로 추정된다.
57　'경급배비(警急配備)'는 '준전비(準戰備)', '본전비(本戰備)'와 더불어 전비(戰備) 명령 3종 중 하나에 속하는 명령이다. '경급배비'는 평시 명령으로서 임시적인 태세를 취하도록 하는 명령을 의미한다(김윤미, 2015, 『일제시기 일본군의 대륙침략과 부산의 군사기지화』, 부경대학교 사학과 박사학위논문, 25쪽).

같은 해 2월 10일 전시지휘관이 임명되었는데, 이는 아래와 같다(지휘관으로서 전투 중 교대한 자는 제4부 제1편 각지 방비 부분 참조).

> 10일 야마모토(山本) 해군대신은 「방어해면령[防禦海面令 1904년(明治 37) 1월 22일 공포 칙령]」에 의거하여 도쿄만, 하코다테만(函館灣), 오타루만(小樽灣), 사세보 군항, 다케시키 요항 및 마이즈루 군항, 나가사키만(長崎灣, 1월 13일) 및 기탄해협(紀淡海峽, 1월 17일)을 방어해면으로 지정하였다(제4부 제1편 제2장 참조). 또한 모지, 기륭의 임시부설대를 편제하고, 사메지마(鮫島) 사세보 진수부(鎭守府) 사령장관(司令長官)에게 명하여 진해만 임시 근거지 방비대의 재료 등으로 급히 응할 수 없는 경우에는 후송(後送)하는 것으로 하고, 방비대의 출발을 재촉하였다. 방비대는 2월 18일 사세보 군항을 출발, 20일 진해만에 도착하여 바로 방비 작업을 실시하였고, 6월 5일 완성하였다.

(이민성)

자료 71 | 朝鮮思想通信社, 1929, 《朝鮮思想通信》第三十七號, 5쪽

진해의 군용지
소작지 배분에 불평의 목소리

경남 진해 군용지는 종래 「역둔토대부규정(驛屯土貸付規定)」에 준하여 현지 주민이 소작을 해왔다. 올해 3월 기한이 완료됨과 함께, 과거의 불평을 일소하여 규정대로 실시하게 되었다. 이에 1호 3,000평 이상은 대부하지 않으며, 5,000평 이상의 사유지를 가지고 있는 자에게는 군용지를 대여하지 않는다는 군(郡) 당국의 성명이 있었다. 그러나 그 실행에 있어서는 여전히 불공평한 처분이 있다. 일본인에게는 1호 3,000평 이상인 5,000~6,000평 이상의 사유지를 소유한 사람에게도 수천 평의 토지를 대여하지만, 조선인에 대해서는 이 규정을 엄격하게 시행하였기 때문이다. 불공평한 차별적 취급에 대하여 조선인 측의 불평이 심하여, 강경한 태도로 대항하고자 창원군청의 취급을 감시하는 중이다. 또한 진해소작회(鎭海小作會)가 대책을 고안하고 있는 중이며, 대표가 군수를 방문하도록 하였다.

(이민성)

자료 72 | 朝鮮總督府, 1915,《朝鮮彙報》九月號, 136~142쪽.

제7장 교통, 3. 항만

1. 연혁

1906년(明治 39) 통감부가 설치되고, 구(舊) 한국 정부는 그 지도에 따라서 통상무역의 상세(狀勢)에 비추어 항만 설비 개선의 필요를 인정하여, 우선 제1기 계획으로서 응급적 설비를 시설하였다. 이에 해륙 운수의 연락과 해관행정의 원활을 도모하여, 1906년(明治 39) 이후 5개년 계속사업으로서 총공사비 364만 6,546원으로 인천, 부산, 진남포, 군산, 목포, 경성, 원산, 청진, 신의주, 성진, 대구, 마산, 평양의 세관공사에 착수하였다. 그 후 1908년(明治 41) 진남포, 인천 세관공사 확장을 위하여 경비 125만 원을 증가하였다. 예산총액은 490만 830원으로 경정(更訂)하였으며, 계속 연한을 8개년으로 연장하였다. 1910년(明治 43) 다시 총공사비 예산을 증가하여, 495만 1,823원이 되었다. 이에 따라 앞에서 언급한 각지의 방파제 축조, 수면 매축, 항만 준설, 기타 해벽(海壁), 잔교(棧橋), 하양장(荷揚場), 세관청사 등을 시공하였다. 1910년(明治 43)에 이르면, 인천과 부산, 진남포를 제외하고 모든 예정계획의 시공이 완료되었다. 그런데 공사 실시 결과 예산 금액에서 71만 6,000여 원의 잉여가 발생하였다. 이 중에 3만 3,394원을 인천 공사로, 65만 5,000원을 진남포 공사로 전용(轉用)하여, 합계 68만 8,394원이 1911년(明治 44) 이후 해관공사 계속비로 합산되었다. 세관공사로서 각 개항장 기타에 제반 설비가 시행되었지만, 본래 그 재정의 범위 내에서 응급적 시설을 행한 데에 지나지 않았으므로 항만 설비로서는 또한 유감스러운 부분이 있었다. 그런데 때마침 압록강 가교공사를 기공하게 되었다. 조선 종관철도는 머지않아 구아(歐亞) 연락의 지름길이며, 반도 교통무역도 이로 인해 현저하게 발달할 것으로 예상되었다. 따라서 병합 이후 재차 부산과 인천, 진남포, 평양의 수륙연락 설비를 확장 대성(大成)할 계획을 세웠다. 이를 1911년(明治 44)부터 1916년(大正 5)까지 6년 계속사업으로, 한국 정부 시대의 세관공사비 예산 잔액의 일부를 합산하여 총공사비 예산액 827만 1,829원으로 기존 잔여공사와 더불어 이를 수행하였다. 그러나 재정상의 이유로 1913년(大正 2) 이후 연할액(年割額)이 변경되었으며, 계속 연한도 7년이 되었다. 그 후 1913년(大正 2) 이후 2개년 계속사업으로 공사비 24만 원으로써 신의주 강안(江岸) 정리를 시행하였다. 1915년(大正 5) 이후에는 4개년 계속사업, 공사비 150만 원으로 원산 축항공사에 착수하기에 이르렀다.

2. 각 지역의 항만 설비

1) 부산항 설비

부산항은 1906년(明治 39) 이후 5개년 계속사업, 총공사비 151만 1,438원으로서 응급적 시설을 행하였으며, 세관 부지 기타를 충당하기 위하여 해면 1만여 평을 매축하였다. 매축지역의 일부는 길이 160여 간(間)의 돌제(突堤)로 하고, 이를 따라서 폭 12여 간, 길이 152간의 철조 잔교를 가설하였다. 3,000톤 내지 4,000톤의 기선 2척이 동시에 계류할 수 있으며, 돌제 내부로 인입하는 철도, 선로를 통하여 화물과 승객의 해륙연락을 갖추었다. 현재 제1잔교라고 불리며, 선만(鮮滿) 급행열차 발착에 제공되는 것이 이것이다. 그 외에도 물양장(物揚場), 세관청사, 상옥(上屋), 창고, 검역소 등 여러 설비를 완성하였다. 1911년(明治 44)에는 5개년 계속사업, 공사비 382만 4,060원으로 소위 제1기 부산해륙연락설비를 계획하여, 현재 이를 시행 중이다. 본 계획에서는 제1잔교의 북쪽의 현 철도용지 부근 1만 6,000여 평을 매축하여 제반 육상설비의 부지로 삼았다. 그리고 부지 인근의 제1잔교와 병행하여 150간의 간격을 두고, 너비 21간·연장 200간의 철조 잔교를 축조하였다. 이에 7,000톤 내지 2만 톤의 기선 각 2척을 동시에 계류할 수 있게 되었다. 잔교 중앙에는 철도선로를 인입하여, 선로를 사이에 두고 철조 상옥 4개 동을 설치하여 화물 처리를 편리하게 하였다. 그 밖에 항내 준설과 제반 육상설비를 행하여 해륙 연락을 완비하였다. 또한 부산진 매축지 앞쪽에는 총 연장 615간의 방파제 두 줄을 쌓아, 약 12만 평의 정박지를 설치하여 소형기선 및 범선의 정박에 편리하도록 하였다. 현재 공정은 약 70.58% 정도이며, 1917년(大正 6) 완성될 것으로 보인다.

2) 인천항 설비

1906년(明治 39) 이래 세관 공사를 시작으로, 92만 7,049원으로 인천 정거장 부근의 해안 확축(擴築) 물양장, 호안(護岸), 잔교, 상옥, 세관청사, 검역소, 철도인입선 등 제반 설비를 완성한 바 있다. 다만 본래 인천항은 조위간만(潮位干滿)의 차이가 최대 33척에 달하므로, 큰 배의 경우 멀리 3해리 정도의 앞바다에서 하역을 하는 상황이었다. 따라서 정부는 1911년(明治 44) 이후 7개년 계속사업, 공사비 348만 3,394원으로 갑문식 축항을 계획하여 해륙연락 완성을 꾀하였다. 1911년(明治 44) 4월 공사를 시작하여 현재 이를 시행 중이다. 본 계획은 갑문식 선거(船渠)를 설치하여 조위의 간만에 관계없이 4,500톤 선박 3척을 동시에 선거 내 계선벽(繫船壁)에 계류할 수 있도록 하였다. 간이 하양장도 설치하여 연안 무역에 사용할 수 있도록 하였다. 선거 내 수심은 항시 27척 5촌 내지 35척으로, 상시 계류와 하역에 편의를 주도록 하였다. 갑문 전체 길이는 537척인데, 갑거(閘渠)는 길이 420척 및 너비 60척으로 철제 쌍비(雙扉)의 갑문을 두 곳에 설치하도록 하였다. 외항과 통하기 위해서 너비 30간, 수심, 간조면 이하 14척의 수로를 준설하며, 매축지 서남쪽 모퉁이와 모래섬에 순도제(馴導堤)를 축설하여 항만 내의 평온을 유지하도록 하였다. 그 밖에 육상에는 기중기 3대, 상옥 4동을 설치하고 약 8만 7,000평의 매축을 행하였다. 이 중 2만 평은 시구확장지구, 또는 사설창고용지에 충당할 계획이다. 그 후 약간의 설계변경이 이루어졌으나, 공사는 예정대로 진척되어 현재 약 60.6%의 공정에 도달하였다.

3) 진남포항 설비

병합 전 기획된 세관공사에 따라서 1906년(明治 39)부터 제반 육상설비에 착수하였다. 대동강안의 착평(鑿平) 매축, 하안(河岸)지역 정리, 잔교 축설, 상옥, 창고, 세관청사, 검역소의 설치 등 1910년(明治 43)에 이르기까지 48만 8,280원을 지출한 바 있었다. 합병 이후에는 1911년(明治 44)부터 3개년 계속사업, 83만 5,000원으로 선거 및 양륙장 시설을 계획하였다. 1914년(大正 3)에 재차 12만 원으로 육상설비 및 수로(澪筋) 매축을 계획하였다. 선거 공사는 1914년(大正 3) 7월에 대강의 공사를 마쳤으며, 같은 해 12월 1,661톤의 신우환(神佑丸)의 입거를 보아, 극히 양호한 성적으로 출입할 수 있었다. 본 계획에서는 비발도(飛潑島)에서 서쪽 세관용지로 이어지는 대동강 부근 간석지에 면적 2만 1,000평의 개선거(開船渠)를 설치하고, 비발도 쪽에는 길이 140간의 직립 계선벽을 설치하고자 했다. 이에 항면(項面)에서 만조면 위로 3척, 간조면 위로 23척 5촌이 되어 3,000톤급 이하 선박 2척을 계류할 수 있다. 또한 하역용으로 2대의 트랜스포터를 안벽(岸壁) 상부 궤도에 설치하고, 계선벽 바깥쪽으로 이어서 36여 간의 해벽을 쌓고자 하였다. 그리고 이에 따르는 길이 약 57척·폭 6척의 계단을 설치하였는데, 가장 아랫단은 간조면 위로 약 2척 3촌이므로, 간조 시에 소형 기선의 여객 승강에 편리하였다. 거구(渠口)에서 대동강으로 통하는 항로 면적 4,800평은 계선벽 부근과 동일하게 간조면 이하 18척으로 준설하여 출입에 지장이 없도록 하였다. 선거의 주변 약 3만 2,000평을 매축하여 도로와 상옥, 세관감시소를 설치하고자 하였다. 양륙장은 비발도 동쪽의 재래 수로(澪筋)를 이용하여 너비 36간·길이 130간의 선입장을 설치하고, 대동강변 및 선입장 주변에 호안 돌담을 쌓았다. 또한 대동강변에 목조 잔교를 설치하여, 하역에 편리토록 하였다. 간석지 2만 2,000평을 매축하여 도로와 배수구, 철도인입선, 세관감시소, 세관 상옥 2동을 마련하였다. 원래 진남포항 최초의 계획은 갑문식이었다. 그런데 해당 계획에 따르면 제2기 공사로서 약 444만 원의 추가 공사가 필요하였다. 진남포항의 현상과 재정상 관계를 고려하여, 기정 예산의 범위 내에서 적당한 시설을 행하기로 하였으며, 마침내 기정 계획을 변경하여 개선거로 하게 되었다.

4) 평양 수륙연락 설비

1911년(明治 44) 해관공사계획을 세워, 오탄(烏灘) 천뢰(淺瀨) 중류 부분을 굴착하여 대동강 상류지방과 평양의 연결을 완전하게 하였다. 또한 바닥 폭 20간, 저수위 수심 4척 5촌 이상으로 수로(澪筋)를 열었으며, 물양 돌담 300간을 쌓았다. 앞쪽의 해수면은 오탄의 강바닥 수로(澪筋)와 연결 준설하였다. 한편 평양정거장에서 철도 약 1리(哩)를 세관출소 내부로 연장하여, 대동강 수운과 철도 수송을 연결하였다.

5) 신의주 강안정리

신의주는 제국의 북관(北關)으로 압록강을 사이에 두고 안동현과 맞닿아 있다. 강 위로 수십 리의 뱃길이 있을 뿐 아니라, 강안 또한 깊어 능히 상선이 들어올 수 있다. 따라서 화물의 집산이 적지 않다. 강안 일대는 영림창(營林廠) 부지로서, 하물(荷物)의 편의가 심히 나빠, 상권이 점차 피안(彼岸)으로 옮겨가는 경향이 있었다. 1914년(大正 3) 공사비 24만 원, 2개년 계속사업으로 강안정리에 착수하여, 영림창을 이전하고 세관 부잔교에서 하류로 이어지는 235간에 물양장 및 호안공사를 시행하였다. 그 뒤쪽으로는 전반적으로 지성(地盛)하여 강물의 범람에 대비하였으며, 도로를 신설하여 시가지와의 연락을 꾀하였다. 상옥과 창고를 설치하고, 강안 화물정거장에서 철도를 연장하여 수륙연락의 상태를 개선하고자 하였다. 본년 6월 말에 약 4.5% 완료되었다.

6) 원산항 설비

보호정치시대의 세관공사에 따라서 1906년(明治 39) 제반 설비를 시행하여, 설비용지 6,500평을 매축하고 연장 1,025간의 물양장 돌담을 축조하였다. 이 밖에 동북풍을 대비하여 250간의 방파제를 만들고, 거류지 해안에 해벽 및 잔교 등을 설비하여, 1910년(明治 43)까지 45만 1,000여 원이 지출하였다. 경원철도의 개통, 현재 착수 중인 평원도로의 준공으로 내륙적 관계가 한층 유리해졌으며, 뿐만 아니라 이일본(裏日本)과 이조선(裏朝鮮)의 연락 역시도 고려해야 할 시기가 되었다. 따라서 재차 제1기 공사 계획을 세워, 1915년(大正 4) 이후 4개년 계속사업으로 150만 원 예산을 계상하였으며 본년 축항설비 착수에 이르게 되었다. 본 계획은 기존 무역의 상황을 보아 가까운 장래에 화물의 집산액이 33만 2,000톤으로 계산하여, 이에 대하여 편리한 해륙 연락설비 실시를 목적으로 한다. 구(舊) 적전천(赤田川) 끝에서 세관 돌제에 이르는 일대 해면 4만 평을 매축하고, 물양장 돌담 410간을 축조하였다. 또, 장덕도(長德島) 서쪽으로 향해 있는 재래 방파제와 약 50간의 수로를 사이에 두고 225간의 방파제를 쌓았다. 제방 안쪽은 6척 내지 24척으로 준설하였으며, 재래 돌제의 앞쪽에는 길이 60간·폭 7간의 잔교를 설치하여 소형 기선의 계류가 편리하도록 하였다. 원산정거장에서 물양장 후면 매축지로 철도를 연장하여, 수륙의 연락이 일층 완성되도록 할 것이다.

(이민성)

자료 73 | 鎭南浦商業會議所 外, 1925,《朝鮮港灣》, 朝鮮總督府, 125~176쪽

각지의 항만문제 요망

1. 진남포의 수축을 급무로 하는 까닭

진남포상업회의소

진남포의 축항이 계획된 시기는 1906년(明治 39), 한국 정부 고향(顧向)[58]시대였다. 당시 14만 4,000여 일(日)[59]의 예산으로 해수면 잔교(棧橋), 상옥(上屋), 창고 및 청사 건축에 착수하였으나, 이는 응급 설비에 지나지 않았다. 하역도 부선(艀船)에 의존하는 것 외에는 없었다. 그런데 경의철도선 건설이 이루어지면서, 진남포항의 상권이 현저하게 확대되었다. 1909년(明治 42) 축항 완성 계획이 부의됨에 이르러, 총공사비 544만여 원으로 갑문식 선거(船渠) 축조를 계획하였다. 다만 재정을 감안하여, 먼저 제1기 공사를 99만여 원의 예산으로 완성을 기하도록 절차를 구성하였다. 제1기 공사 진행 중에는 한일병합(韓日倂合)이 일어나, 한국 정부의 예산을 답습하여 공사가 속행되었다. 그런데 기술적으로 제1기 계획의 갑문식 선거만으로는 항양(航洋) 1척을 안벽(岸壁)에 계류시킬 수 있을 뿐이고, 갑문식으로는 조위(潮位) 관계상 수시로 선박 출입이 어려웠다. 충분한 실익을 발휘하기 위해서는 절대로 제2기 공사가 필요하였다. 그러나 444~445만 원의 추가 예산이 필요하였다. 이에 처음 정한 갑선거를 개선거(開船渠)로 변경하여 3,000톤급 이하의 기선 2척이 계류할 수 있을 정도로 계획을 고쳤다. 1915년(大正 4) 3월 축항공사는 중단되었는데, 형식적으로는 준공이라고 불렀으나 실제로는 미완성의 상태에 있었다. 따라서 축조 이래로 준설선(浚渫船)이 선거 내의 준설에만 매달려 손을 쉬지 못하고 있었으니, 그 준설 비용은 1년에 10만 원을 요하여 오늘날까지 150만 원이라는 비용이 투입되었다. 축항 공사비 총액은 128만여 원[해륙연락설비 61만 7,000여 원, 육상설비 및 수로(澪筋) 매축비 11만 9,000여 원, 돌담(石垣) 및 매축비 6만 5,000여 원이

---

58 고문(顧問)의 오기로 추정된다.
59 엔(円)의 오기로 추정된다.

주된 것이다]이었다. 현재는 안벽의 길이 140간, 거(渠) 내의 규정수심 18척, 준설면적 약 2만 5,000여 평, 1년간 준설 진흙은 약 9만 평이다. 만약 임시로 1년간 준설을 중지하게 되면, 거 내부에 1일 약 6.6%의 퇴적토 발생이 예상된다. 준설에 휴일이 없는 현재도, 간조(干潮)에는 진흙이 노출되고 범선(帆船)이 교착되어 있는 상태다.

진남포의 발전, 특히 경제 무역의 상황을 돌이켜보면, 실은 참으로 온건한 발전을 보였다고 할 수 있다. 이는 아래의 무역 상태나, 출입물자의 수량, 입항선박이 명백하게 증명하고 있다.

(단위: 원, 톤, 척)

연도	무역액	출입 화물량	입항선박 수	등록선박 수량
1912	7,123,977	326,011	814	290,020
1913	7,307,802	368,009	928	307,052
1914	6,318,382	392,786	539	320,416
1915	7,532,264	510,397	661	332,921
1916	12,076,406	455,304	686	254,375
1917	19,063,647	451,277	675	211,007
1918	46,824,163	689,604	1,527	308,375
1919	46,609,655	791,973	2,148	408,135
1920	41,841,205	858,880	1,141	455,807
1921	36,311,355	818,684	1,096	626,378
1922	29,209,265	549,928	1,043	411,447
1923	32,008,376	638,736	1,280	454,006
1924	45,682,508	708,436	1,245	539,009

위 표에 따르면, 1924년(大正 13) 무역액은 5년 전인 1920년(大正 9)에 비하여 9%, 10년 전인 1915년(大正 4)에 비하면 500% 증가하였다. 1918년(大正 7)과 1919년(大正 8)은 호경기의 정점이었는데, 두 해와 비교하여 큰 감소는 보이지 않는다. 즉, 진남포항의 모습은 일시적인 것이 아니라, 깊게 뿌리내린 바에 의하여 지탱되고 있는 것이라고 생각된다.

그러나 위의 무역액이나, 출입 화물량, 입항 선박 숫자가 모두 축항 선거를 이용하고 있는 바는 아니다. 진남포항 소관으로 개항이 아닌 겸이포(兼二浦) 및 청양도(靑洋島)에서 취급하고 있는 것을 포함하고 있다. 무역품 중에도 석탄(石炭), 수입 석유, 소금 같은 것들 역시 모두 축항과 관련이 없다. 석탄이나 소금은 그 하양(荷揚)이나 하적(荷積)을 위한 특정 장소가 있고, 석유는 위험성으로 인하여 축항 이용을 허가받지 못하였다. 그렇다면 어떠한 화물이 축항 선거를 이용하고 있는가 하면, 그 대부분은 미곡이다. 수이출하는 것은 쌀, 콩(大豆), 밀(小麥) 등이다. 그다음으로는 면실(棉實), 설탕, 시멘트, 철광석, 금광석, 해산물, 사과(林檎), 밀곡(麩穀), 쌀겨(糠), 잡화로 구성되어 있다. 수이입은 철류, 기계, 맥주, 성냥(燐寸), 잡화이다. 이들의 총톤수는 1924년(大正 13) 27만 1,968톤이다. 이에 진남포항 무역은 70여 톤, 약 40%가 축항 안벽을 이용하여 짐을 배에 싣거나 내리고 있다. 지금 안벽의 이용능력은 125간으로 계산되며, 1간 당 톤량은 2,175.74톤 상당으로 아래의 표를 통하여 그 관계가 확인된다.

(단위: 척, 톤)

연도	선박		화물 수량	안벽 1간 당 수량
	척수	톤량		
1918	147	58,508	57,114	456.09
1919	123	82,909	115,269	921.91
1920	141	127,502	106,158	849.212
1921	278	317,777	154,627	2,037.02
1922	243	291,394	181,545	1,452.43
1923	210	267,801	171,592	1,372.73
1924	375	396,862	171,968	2,175.74

위 표에 따르면 축항 선거가 선박, 그리고 화물에 대하여 얼마나 이용되고 있는지 추측할 수 있다. 그러나 한편으로, 진남포항 무역의 발전은 현외(現外)의 항구로서는 크게 부족한 점이 보인다. 이는 진남포항의 상공업자들이 통절하게 느끼고 있는 바이다. 사유는 다음 항에서 서술하도록 한다.

축항을 이용하는 무역품이 대체로 미곡이라는 것은 위에서 적은 바와 같다. 미곡은 매년 거래량이 늘어나고 있다. 1922년(大正 11)에는 38만 석, 1923년(大正 12)에는 41만 5,000석이었으며, 1924년에는(大正 13) 62만 5,000석으로 매년 격증하고 있는 징조는 분명하다. 미곡은 예년 11월부터 다음 해 2월까지 거래가 가장 활발한 기간으로, 소위 출곡기라고 한다. 이 기간에는 선박이 모여들지만, 한편 대동강에 유빙 때문에 해상 하역이 절대적으로 위험하다. 따라서 선박이 입거를 서둘러 안벽 하역이 왕성한데도 이것이 가능하지 않아, 자연히 앞쪽 바다에서 기다리는 모양새다. 이에 시간이 낭비되어 거래가 늦어지고, 부대비용이 들게 된다. 공교롭게도 비나 눈이라도 계속 내리면 전혀 손 쓸 방법이 없으므로, 유형의 손해가 막대한 액수에 이른다. 1924년(大正 13) 중에는 앞에서 대기하는 선박의 숫자가 46척, 7만 5,521톤이었다. 대기 시간도 1,347.3시간에 달하였으며, 아직 입거해야 할 선박도 16척, 1만 9,982톤이었다. 다른 각 항구들이 해운연락 설비에 완전함을 내세우는 현상에서 너무나 비참한 사실이다. 축항의 완성을 하루라도 늦출 수 없는 상황이라는 점은 이 사실만으로도 충분한 사유가 된다고 믿는다.

축항의 완성은 현재 그 필요에 조우하고 있는 바는 이와 같으나, 발전의 추세로 본다면 통감하는 정도가 일층 절실하다. 우리가 믿는 바로는 진남포항 무역의 대부분인 미곡의 수이출액이 100만 석을 돌파하는 시기는 1, 2년이 되지 않을 것으로 예상한다. 1924년(大正 13) 기준 62만 석은 약 10만 톤이고, 100만 석이라면 16만 6,000여 톤이다. 따라서 미곡 이외의 화물이 현재 이상으로 늘어나지 못한다고 하더라도, 안벽을 이용하는 톤수는 33~34만 석이 된다. 하물며 미곡 이외의 물자가 전혀 늘어날 수 없는 상황이 너무나 역력하다. 우리의 눈앞에 전개되어 있는 해산물, 면화, 사과, 설탕, 금광, 철광, 밀기울(麩), 당, 생우(生牛)와 같은 수이출품부터 밀, 잡곡, 맥주, 기계류, 마대(麻袋), 쇠붙이 같은 것들은 지방산업 발전의 재료나 판매 확장, 혹은 구하라(久原) 제련소(製鍊所) 조행(操行) 개시나, 생활 향상을 위해서, 그리고 진남포항의 견실한 발전이 이루어지도록 하는 자양분이다. 이러한 자양분을 충분하게 소화할 수 있도록 제반 설비의 완성을 요망함은 그다지 어려운 일이 아니라고 생각한다.

축항은 생산의 발달과 떨어질 수 없는 절대 필요의 설비다. 따라서 화물의 집산뿐만 아니라, 해운계의 추세로 하급 노동자, 특히 조선 노동자를 구제한다는 의미로 요망하는 것이라고 보아도 무방하다고 믿는다. 바꾸어 말하면 해운계는 점차 선체가 커지고 수송력도 팽창하여 선박의 운항이 나타나고 있다. 따라서 선박의 계선이나 출입이 편리하도록 해야 한다. 또한 조선인 노동자 대부분이 실로 극히 비참한 상태에 있으므로 노동을 부여하여 그들을 구제적으로 사역한다는 관점에서도 지방에 축항공사 같은 사업을 일으킬 필요가 있다고 믿는다. 다만 어느 정도 정치적으로 연관될 우려가 있어, 일단 무역경제의 범위에서 다만 간단히 부언해 둔다.

2. 군산의 축항이 급무인 까닭을 적다

군산상업회의소

　군산항은 조선 삼남(三南) 일대의 대규모 쌀 생산지역을 품고 있는 미곡 수이출항으로서, 모국(母國)의 식량공급 상으로 안전을 기해야 하는 중대한 사명을 가지고 있음은 물론이다. 이 밖에 무역에 대해서도 매년 건실한 발전을 이어가, 이제는 무역액이 조선 각 항 중에 제3위를 차지하고 있는 추세를 나타내고 있다. 그럼에도 불구하고 항만의 설비는 개항 이래 25년간 불과 26만 7,000원의 시공비, 약 10만 원의 준설비가 투입되었을 뿐이다. 더구나 이는 정부가 과거에 조선항만 시공비로서 투입한 총 액수의 1%도 되지 않았다. 이른바 당면한 바를 보충하는 소규모 설비로서, 근본적인 개선은 어떠한 착수도 없었다. 이에 하역이 불편하고, 육상교통 기관과의 연락도 갖추어지지 않았다. 여전히 구태(舊態)를 새로이 하지 않아, 항만으로서의 능률도 높지 않았기에 항만 수축의 급무는 식자들이 모두 인정하는 바였다. 이와 같은 견지에서 군산항 국영수축의 건의안이 제45회 제국의회 중의원에서 결의되었으며, 재차 군산 축항속성의 청원이 제46회 제국의회 귀·중 양원에서 채택되었다. 또 중의원에서 재차 군산 축항급시의 건의안이 가결되었다. 당국 역시 일찍부터 그 필요를 인정하여, 시공의 의도를 가지고 있었다. 그러나 재정 관계상 예산의 계상이 되지 않았음에 유감이 극에 달하였다. 더구나 정부의 조선산업진흥정책의 철저와 더불어, 농사개량촉진의 결과 군산항에서 200만 석의 미곡이 이출되었다. 아직 몇 년이 지나지 않은 오늘날에도 군산항 구축의 지연은 단순히 항만이용자의 불편만이 아니라, 아국(我國)의 경제상 일대 불이익이라고 단언하지 않을 수 없다. 그 필요의 이유를 뽑아 적으니, 아래와 같다.

1) 생산자의 이익옹호에서의 필요

　농업은 오래전부터 조선 국부(國富)의 기초로서, 오늘날에도 조선 생산의 추축(樞軸)이다. 총 인구의 80%가 이에 종사하고 있으며, 농업 생산액의 약 80%에 달한다. 농업 생산품 및 농업 가공품의 수이출액은 수이출액 전체의 약 70%를 차지하고 있다. 따라서 농업의 개량발달을 꾀하는 것은, 곧 조선의 부력(富力)을 증진하여 다수 민중의 행복으로 이어지는 길이다. 따라서 생산자가 그 생산품을 판매하는 데에 있어, 그 이익을 옹호하여 자력(資力)의 조장을 강구하는 것 역시 급선무라는 점은 이야기할 필요가 없다. 군산은 농산물의 수이출항으로서 1923년(大正 12) 시장으로 운반된 쌀이 129만 8,000석을 상회하였다. 그런데 항만의 설비는 구태를 벗어나지 못함으로써 미곡의 수이출에 부대하는 여러 비용이 높은 비율을 차지함은 유례가 없었다. 또한 하역의 전부를 작은 배(艀)로 처리하며, 상옥의 설비가 불완전한 등으로 인하여 여러 사고가 있었다. 품질이 손상되거나, 포장이 난퇴(亂頹)는 물론 감량이 발생하는 등 역시 심히 적지 않았다. 이로 인하여 상인 측에서는 매번 손실을 감안하여 예산을 짜고 있다. 즉 생산자의 손실이 되는 것이다. 오늘날 군산항만의 개선이 이루어져, 상옥과 창고의 설비가 완성되고, 부하세(艀荷稅)가 필요로 하지 않다고 가정하면, 부임(艀賃)에 따라서 1석당 15전, 화물의 손상을 제거하는 정도에 따라서 1석당 5전, 야적(野積) 및 기타 보관비에 따라서 1석당 2전의 여러 부대비용을 줄일 수 있다. 이를 1923년(大正 12) 수이출고 111만 석에 대하면, 그 액수는 실로 24만 4,200원이 된다. 그 밖에 선박이 정박하는 시간이 단축되어 1년간 약 5만 원, 대형 기선의 입항에 따라서 발생하는 운임 차액 약 5만 원을 더하면, 24만 4,000여 원은 응당 생산자의 손으로 돌아갈 것이며 전라북도와 충청남도 등 널리 원산지를 윤택하게 할 것은 더욱 의심의 여지가 없다. 이러한 이익은 영구한 것이며, 생산액 증가와 동시에 앞으로 더욱 증가할 수 있도록, 그 비용이 거대함을 알아야 한다. 더하여 수이출입 화물의 운반비 약 5만 원을 줄이는 것도 이익이 된다. 이러한 견지로서 군산항 수축 급무의 창도(昌道)를 멈출 수 없는 것이다.

2) 산미증수계획에 따른 필요

조선총독부에서는 1920년(大正 9)부터 산미증수계획을 세워, 경지 및 경종법(耕種法)을 개량하였다. 수리사업, 미간지 이용, 화학비료(金肥) 사용 등의 여러 방면으로 장려하였다. 또한 하천 정리와 치수 사업 등 온갖 수단을 강구하여 15년 후에는 900만 석의 증수를 기하였다. 조선 내에서의 수요 증가를 대비하고, 한편으로 그 잉여분을 내지에 공급하여 제국 식량문제 해결의 일단에 이바지하도록 노력 중이다. 그러나 군산항의 오지(奧地)인 전라북도, 충청남도의 일대 옥야(沃野)에서 수전면적은 현재 33만 정보이고, 개간·간척사업에 따라서 재차 7만 정보가 늘어날 여지가 있다. 가령 1 반보(反步) 증수에 3되(升)라고 보면, 33만 정보에 대한 증수액은 99만 석, 개간지 7만 정보에 대해서는 증수액 63만 석이다. 그 대부분은 군산항에서 수이출될 것으로, 가까운 장래에 군산항에서의 쌀 수이출은 200만 석 아래로 내려가지 않을 것이다. 이러한 점에서 생각하여도, 앞의 항에서 설명한 것과 같이 생산자의 이익을 옹호하여 농가경제의 향상을 이어감은 조선 경제의 진흥을 꾀하고, 또한 국가의 식량항으로서 군산항만수축의 급무가 더욱 절실함을 깨닫게 된다.

3) 대지(對支)무역 촉진 상 필요

군산항의 대(對) 지나(支那) 무역은 부산, 상해(上海), 청도(青島), 진남포, 군산, 목포(木浦) 각 항구를 일주하는 조선우선항로(朝鮮郵船航路)를 이용하며 운영되고 있다. 또한 본년부터 나가사키(長崎)와 대련(大連) 항로를 왕복하여, 이에 대한 항선의 기항을 보기에 이르렀다. 이후 항만 설비가 완성되면 융성이 나타나게 될 것은 조금도 의심할 수 없는 바이다. 또한 구즈하라(葛原) 냉장주식회사는 군산항이 발해(渤海) 황해(黃海)의 중앙에 위치하여, 지리적인 이익이 다른 곳보다 뛰어난 점에 착안하여 100여 만 원을 투자하여 어류 냉장고 건축을 개시하였다. 이에 조선 및 지나해에서 어획되는 생선을 모아 저장하고, 회사의 냉장장치 기선이 끊임없이 입항하여 내지 각 도시를 향하여 운반하고 있다. 이러한 추세로 미루어, 군산항은 대규모 미곡 수이항(輸移港)인 한편으로, 수산물의 일대 집산항(集散港)으로의 실질을 갖추고 있다고 할 수 있다. 특히 작년부터 여러 차례 프랑스령 인도산 쌀이 직수입되어, 오사카(大阪) 상선 호노루루호(ほのるる丸, 5,760톤)과 미쓰이(三井) 물산 기선 이코마야마호(生駒山丸, 3,173톤) 등 기타 3,000톤급 대형선이 입항하고 있다. 이후 더욱 번성하려고 함에 있어, 이들 대형선이 양륙 하역에 심히 곤란을 통감하는 사실에 비추어 볼 때도, 역시 항만수축을 하루라도 소홀히 할 수 없음을 알아야 한다.

4) 다른 항구와 비교에서의 필요

군산항은 1906년(明治 39) 이후, 한국 정부에서 공사비 8만 9,000여 원을 투입하여 세관용지 일부로 강안(江岸)을 매축하고, 잔교 2개소 및 육상 설비를 행하였다. 병합 이후인 1910년(明治 43)부터 1915년(大正 4)까지, 재차 공사비 4만 5,000여 원을 투입하여 잔교 3개소와 인입 화물철도를 부설하였다. 그 후 1920년(大正 9) 공사비 10만 6,00여 원으로 강안을 매축하고, 1922년(大正 11) 공사비 2만 7,000원으로 강안 도로 공사와 인입선 연장을 행하였지만, 모두가 당면적(當面的) 시설에 그쳤으며 항만 개선의 근본에는 닿지 않았다. 이를 비교하면 부산은 1,200만 원, 인천 780만 원, 진남포 100만 원{1911년(明治 44) 기공, 1914년(大正 3) 준공. 물가와 임금이 저렴한 시대에 속하기에, 족히 현재의 300만 원에 상당함}, 원산 350만 원의 국비가 투입되어 항구를 수축하였다. 또한 청진은 약 300만 원의 축항공사를 시행하려고 하였다. 개항 이후 20년 하고 6년의 나이를 먹고, 무역액이 증진하여 1924년(大正 13)에는 각 항의 무역액 중에서 마침내 제3위를 점하여, 장래가 더욱 뻗어나가고 있다. 군산항의 시설은 겨우 국비 투입 20 만여 원에 불과함을 보면, 그 설비가 항세(港勢)의 진보와 어떻게 동반되는지를 알아야 한다. 이 점에 비추어 생각하여도, 군산항 수축이 급선무임은 인정하지 않을 수 없다.

5) 군산 축항문제와 여론

군산항의 설비가 다른 항구에 비하여 자못 불완전하여, 화물의 처리는 모두 작은 배를 이용하고 있다. 게다가 조류가 급하여 하역에 긴 시간이 필요하고, 이에 하역비도 다른 비슷한 사례를 보아도 높은 비율로 지불하고 있는 상태이다. 따라서 적당한 수축을 시행하여, 해륙연락 상 유감이 없도록 하고, 이로써 항만능률의 증진과 하역비 경감을 꾀하였다. 군산의 부민은 병합 전부터 정부의 청원, 혹은 요망을 이어갔다. 1922년(大正 11)에는 목적 달성을 기하기 위하여 적극적인 운동을 필요로 하여, 시민이 회원으로 참여하여 군산 축항기성회(群山築港期成會)가 조직되었다. 종래 축항문제 제창에 노력한 군산상업회의소가 협력 호응하여 열렬히 부르짖은 결과, 제45회 및 제46회 제국의회 중의원에서 군산항 국영수축 건의안이 가결되었고, 제46회 제국의회 귀·중 양원에서 채택되었다. 또한 조선상업회의소연합회가 군산 축항속성을 정부에 청원한 것이 두 차례에 달하였다. 최근에는 본년 1월의 임시 전라북도 평의회는, 1926년(大正 15)부터 군산항 국영 수축이 실시되기에, 도 당국에 대하여 도지사의 진력을 요망하는 뜻의 건의안을 만장일치로 가결하였다. 또한 총독부에서도 일찍부터 군산 축항의 급무를 인정하여, 1924년(大正 13) 예산에 공사비를 계상하였다. 그런데 때마침 관동진재(關東震災)라는 불행으로 삭제가 어쩔 수 없는 일이 되었다. 그럼에도 오늘날 이미 군산 축항의 급무는 국가의 문제로서, 여론은 모두 시공의 속성을 기대하고 있다.

3. 다사도 축항의 급무를 제창한다

신의주 다다 에이키치(多田榮吉)

우리는 다사도 축항의 급무를 절규하여, 침식(寢食)을 잊은 채 동서로 분주히 노력하였다. 이제는 당국이 이에 유의하는 바가 적지 않다. 문제는 사업에 착수하려고 하는 효광(曉光)을 인정하는 관점도 있으며, 잡지『조선급조선인(朝鮮及朝鮮人)』에서 특별호로서 항만호(港灣號)를 간행함에 즈음하여 재차 다시 급무의 까닭을 사람들이 호소하고, 속히 이의 달성을 바랐다.

생각하건데 다사도의 축항은 지방적인 소문제가 아니다. 실로 넓은 범위에 걸쳐있는 중대한 의의로서, 사명을 가지고 있는 것이다. 이것이 완성될 때는 우리의 국시(國是)라고 할 만 몽의 개발에 이바지하고, 이웃 민국(民國)의 복리증진과 더불어, 일화(日華) 공존공영(共存共榮)의 과실을 거둘 수 있다. 이 중에는 무궁무진한 실고(實庫)라고 불리는 국경의 삼림의 적극적 개발을 유도하고, 하늘이 내린 이로움을 펼쳐 새로운 동포에게 널리 생업을 부여하여 그 생활의 안정을 꾀할 수 있을 것이다. 또한 생업이 뿌리내림에 따라서 생활난에 고달픈 압록강 상류지방의 좀도둑(鼠賊)또한 구제할 수 있다. 실로 새로운 백성들로서 선정(善政)의 은덕을 입을 수 있게 되는 것이다. 더하여, 다사도가 부동항(不凍港)인 관계로 종래 겨울철 결빙기에 수운이 단절됨에 따라서 각종 공업의 조업(操業) 단축 혹은 휴업 등의 손실을 만회한다. 또한 현저하게 큰 복음의 하나로써 운반 내지 부대비용이 격감하는 데에 따른 이득, 그리고 수산업 진흥이 편의 등 일반 국경 산업무역의 면목을 일신하는데 이르기를 기대한다.

1) 다사도 축항의 기술적 가능

다사도의 가치에 관해서는 일찍이 육해군부 내에서 이를 인식하고 있었다. 특히 1905년 (明治 38)부터 3년간에 걸친 육군운수부(陸軍運輸部) 조사를 통하여, 이미 부동항으로서 가치가 충분하여 가장 유망한 양항(良港)임이 밝혀졌다. 또한 첫 통감이었던 이토(伊藤) 공은 제국의 만몽정책, 일(日)·지(支) 양국 복리증진의 방편으로 국경의 다사도 축항이 필요하며, 동시에 이것의 급선무를 인정하였다. 뒤를 이어 여러 세대의 총독과 요로(要路)의 대관(大官)들도 역시 모두 충분히 그 필요를 인정하였다. 그럼에도 불구하고 예산 관계상 일이 지연되어 오늘날에 이르게 되었기에, 이는 극히 국가(邦家)의 유감이라고 할 수 있다.

그렇지만 총독부에서는 1919년(大正 8) 이래로 매년 기술원을 파견하여 기온 및 수온, 기타 기본적인 조사를 하고 있다. 전문적인 조사 결과, 기온은 최저 평균 영하 20도이며 수온은 최저 영하 1.8도였다. 다사도 부근의 수면은 얼어붙지 않는 점이 인정되어, 기술상 가장 유망하다. 항만 시공상 지질과 수로, 수심 기타 모든 조건이 정비되어 있다. 그럼에도 공사비용은 겨우 330만 원으로 모두를 완성할 수 있다. 더구나 이 분야의 대가인 히로이(廣井) 박사가 순시(巡視), 실견(實見)함에 따라서 점차 실현의 기술적 가능성이 입증되었다.

2) 국경정책 및 임업정책상 가치

다사도의 군사적 가치에 대해서는, 우리가 이야기할 것이 아니지만, 청일(淸日)·러일(露日) 전쟁 즈음의 다사도항이 사실상 공적이 현저함에 비추어 이미 명백하다고 할 수 있다.

만선(滿鮮)이 육지가 접하고 있는 국경은 국제적으로 복잡한 관계를 가지고 있다. 정치적·경제적으로 극히 중요한 지대이며, 특히 강 건너 지나 땅에 뿌리내리고 살고 있는 다수의 비적은 매년 조선 내로 침입하여 양민을 위협하고 있다. 따라서 손해가 적지 않을 뿐만 아니라 비적의 행동이 민심 악화에 미치는 영향은 실로 두려운 점이 있으며, 일반 산업의 개발과 문화적 시설을 저해하는 바가 심대하다. 본디 당국이 비적에 대한 대책을 충분히 고려하고 있다고 할지라도 아직 만족에 이르지는 못하였다. 특히 그들은 모두 제국의 굴레를 벗어나려고 하는, 소위 진정한 독립주의자가 아니라, 대다수는 의식이 궁핍한 결과로 시국을 표방하며 참학(慘虐)을 자행하는 좀도둑에 불과하였다. 따라서 단지 위력으로 이를 막아내고자 하는 것은, 그들의 절멸을 기하기에는 극히 어렵다. 한편으로는 문화적 시설로 그들을 회유, 선도하며 생업에 뿌리내리도록 하고, 그들을 어려운 처지에서 구제하여 양민이 되도록 하는 방책을 강구하지 않을 수 없음을 통감하는 바이다.

한편, 국경 상류지대에서 잠재되어 있는 물자를 검토해 보면, 우선 제1로 목재를 꼽지 않으면 안 된다. 국경 전체의 영림창(營林廠) 소관 임야 면적만으로도 240만 정보이다. 게다가 축적량이 10억 척체(尺締)[60]에 달하므로, 경영상 당국의 기정계획의 갱신방침에 따르더

---

[60] 재적(材積)의 단위로서, 1척체 = 100재(才), 또는 0.334㎡로 환산할 수 있다.

라도 연간 벌채량 약 800만 척체를 얻을 수 있다고 계산된다. 그런데 현재 1년 벌채량은 겨우 100만 척체이므로, 오히려 700만 척체가 남아 있음을 알 수 있다. 그렇지만 반출이 곤란하고, 식종(植種) 관계상 바로 그 전부를 산출 가능할지 단언할 수 없으며, 좌우간 현재 벌채량만으로도 직접 이에 종사하는 사람이 적어도 3만 명 이상이다. 간접적으로 임업을 통하여 의식(衣食)을 얻는 사람들은 어느 정도인지 알 수 없다. 이후에 만약 적극적으로 이 사업의 진흥을 도모하여 미칠 혜택이 얼마나 넓어질지는 예측하기 어렵다. 임업정책의 진전은 실로 국경산업개발의 근본 요소라고 하지 않을 수 없다. 더하여 아국의 무역수입 초과액 6억 5,000만 원 중에 외국 목재의 수입액 6,000만 원 내외가 포함되어 있음이 주목되는 현상이다. 외국 목재의 수입을 막아내는 것으로써 압록강 삼림개발을 서둘러야 할 필요를 절규하지 않을 수 없다.

압록강 임업개발의 방도는 다양하지만, 종래 부진했던 흔적을 비추어 보면 완전한 운수기관의 정비를 기하는 것은 유력한 방책의 하나라는 점은 부정할 수 없다. 단적으로 말하면, 육상운수기능이 불비 및 불충분한데다가, 해상운수는 완전히 경색되어 있다. 우리는 다사도 축항이 긴급한 요무(要務)라고 느끼고 있으며, 참으로 간절한 것이 아닐 수 없다.

3) 축항의 경제적 가치와 의의

오늘날 안동(安東)과 대련 사이의 콩깻묵(豆粕)·목재(木材) 운송비를 ① 육로 ② 다사도 경유 수운(현재) ③ 다사도 축항 완성 후로 나누어 비교하면, ① 육로는 콩깻묵 1매(枚)가 42전 7리, 목재 1톤이 18원 78선 ② 현재 다사도 경유 수운은 콩깻묵 1매 15전 7리, 목재 1톤 10원 85전 ③ 축항 완성 이후에 콩깻묵 1매 13전 3리, 목재 1톤 8원 30전으로 저렴해질 수 있다.

또한 신의주와 오사카(大阪) 사이의 목재 운송을 ① 기선직통 ② 택산기선(澤山汽船) 연락 수송 ③ 다사도 경유(현재) ④ 축항완성 이후로 나누어 비교하면 다음과 같다. 운임과 여러 비용을 합하여 척체로 환산하면, ① 3원 60전 ② 2원 40전 ③ 2원 ④ 1원 57전이다. 축항 완성 이후 이익이 극히 심대함이 일목요연하다.

다사도항과 신의주 사이의 접속하는, 소위 임강철도(臨江鐵道) 부설지역은 평안북도 유일의 우량미 생산 지대이며 미래 철도연선의 쌀과 잡곡 생산은 30만 석이다. 본래 해당 지역은 기후 관계상 수확 직후 결빙이 발생한다. 때문에 수운을 이용할 수 있는 지대라고 하더라도,

그 이용기회가 적다. 대부분은 소달구지, 혹은 우마(牛馬)의 등에 지고 운반하게 되는데, 임금이 비싸고 수송력도 빈약하여 일반 상인 혹은 생산업자의 불편·불리가 적지 않다. 거래도 자연히 충분한 안전율(安全率)을 감안하여 매입하는 것이 일반적이다. 만약 철도 운송이 시작되어 미곡 1석 당 운임과 안전율을 더하여, 1원 이상의 이익을 족히 얻게 되면 농가경제상 지대한 복음을 가져올 것이다. 나아가 근래 평가가 높아지고 있는 평북산 쌀로 인하여, 필시 그 정채(精彩)가 더해가게 될 것이다.

4) 지나 통상에서의 필요

다사도항으로 인하여 누리는 이익이라는 점에서, 일위대수(一葦帶水)하고 있는 지나 측의 안동현도, 역시 평안북도와 대략 같은 지위에 있다. 현재 안동에서 대련, 지부(芝罘), 천진(天津), 상해 기타 지나 연해와의 무역은 실로 왕성하다. 그런데 그 대부분은 해운에 의존하고 있다. 따라서 동계 결빙기간에는 교통이 두절되어, 무역도 자연스럽게 멈춘 상태가 된다. 다만 다사도 축항이 완성되는 때는 이들 해운선 모두가 다사도항을 출입하고, 그 수입화물은 조선 일부를 통과하여 항상 통상무역을 속행할 수 있는 이익이 또한 매우 중대하다.

이상 우리는 다사도 축항이 간절한 까닭 2, 3가지를 이야기하였다. 이를 요약하면, 다사도항의 축성은 정치·경제·군사적으로 극히 중대한 사명을 가지고 있다. 크게는 조선통치의 철저와 만몽의 개발에 이바지하고, 작게는 국경문화에 도움과 산업촉진 상에 유익함이 매우 크다. 그 시설은 실로 하루라도 늦어질 수 없는 국가적 산업이라고 믿는다. 그런데 이에 필요한 경비를 계산하면, 축항 비용 330만 원, 철도 비용 200만 원으로 합계 530만 원이다. 그럼에도 축항을 완성한 후에 얻을 수 있는 유·무형의 것들과 비교하면, 필시 구우일모(九牛一毛)에 지나지 않을 것이다. 단지 금액만으로도 개항 이후 몇 년 지나지 않아 회수할 수 있음은 의심의 여지가 없다.

4. 청진항의 수축과 두만강의 유역

본지 기자

청진항이 수성(輸城) 하원(河原)으로 이동하여, 대륙철도의 종점 기지로서 부끄럽지 않은 완전한 자유항으로서 출현한 것이 가능하려면, 그 철도의 종점은 두만강 어귀로 나타나게 된다. 훈춘(琿春)이 일대 사업의 중심지화되는 때에 철로와 두만강 어귀로의 연락이 필요함은 명백하다. 그 부근에도 역시 탄광이 많아, 함흥(咸興)·경원(慶源) 등에 널리 퍼져 있는 것들이 통일적으로 경영되어 자유항구에 집중되는 때에, 훈춘과의 연락은 매우 용이해질 것이다. 특히 경철(輕鐵)로서 회령(會寧)에서 종성(鍾城)까지의 철도는 이미 운행되고 있다. 따라서 회령 이하 20여 마일(哩) 사이의 강류를 따라가는 철도간선의 동쪽으로 달리는 것을 생각하는 것은 결코 공상이 아니다. 청진 시민은 이 시기를 깊게 유의하지 않으면 안 된다. 또한 두만강 어귀는 유동성 퇴사(堆砂)로 이루어져 있으므로, 이를 개착(開鑿)하는 데 콘크리트식 기사(技師)도 필요하지 않다. 상류에서의 급세(急勢)를 완화하고, 하안(河岸)을 정리하여 수운(水運) 용도로 제공해야 할 물도 적지 않다. 회령의 상류, 20여 마일가량의 주읍(舟揖) 운송편이 있다고 하는, 아주 먼 옛날부터 방류되고 있는 유역에 회령이 있고, 훈춘이 있지 않는가. 하물며 장백산(長白山) 영령(嶺靈)이 깊어 수원이 끝이 없다. 일본의 지(智)와 자(資)로써 일대 운하화에 무슨 무리가 있겠는가. 굶주린 민족의 진지한 활동이며, 우물쭈물 이권을 찾아다니는 것과는 경우가 다르다.

현재 강 하류 도리(土里)에 집적되어 있는 두만강재의 숫자는 알 수 없다. 그러나 하구의 준설이 이루어져 있으므로 유벌(流筏)[61]로써 서수라(西水羅) 및 웅기(雄基)로 예인하고 있다. 강어귀 일대에 일본의 지(智)와 자(資)를 집중시킴으로서, 일본해의 핵심에 영구(營口)와 천진 지역을 드러내는 데에 매우 용이한 땅이기도 하다. 웅기산(雄基山)의 동쪽, 옛 하구를 에워싸고 있는 토리(土里)는 하항(河港)의 중심으로서 노령(露領)에 대하고 있으며, 적도(赤島) 내면은 각항(各港)으로서 큰 배가 들어온다. 서포항(西浦項)은 하항(夏港)으로서 범선(帆船), 융극선(戎克丸)이 가능하고, 동서로 서수라 해안도 가지고 있으므로 충분히 수로 본류로서 사용

---

[61] 목재를 뗏목 등의 형태로 강물에 띄워 보내는 운반 방식을 의미한다.

할 수 있어 용이하다. 국제적으로 일·지·러의 중심 자유항으로서 나무랄 데 없으며, 이 지역을 중심으로 자유항을 경영하는 것은 일본 전체의 국책으로서 심수(心髓)가 되어야 한다.

1) 자유항으로서 청진 축항

스스로 북선(北鮮)의 중심항구로 임하고 있는 청진항은, 자유항으로써 필요는 없는 것인가. 좁고 높은 해안지면을 무관심한 한 둘의 자본가들이 점유하여, 전적인 비개방주의를 실현하였다. 창고 지역이나 거래소의 여분의 토지도 없다. 한 줄의 궤도(軌道)도 설치되기 어려운 이 지역에, 특권자까지 나타나 공적 성질을 사유화하였다. 선박의 편리를 가늠하는 탄수(炭水)의 공급도, 마음이 있는지 없는지, 방치되어 있다. 물 값은 금지적으로 가격이 높은데, 관수(灌水) 방법은 수성강 상류에서도 용이하게 끌어올 수 있다. 선박용 석탄은 회령, 생기령(生氣嶺)의 광산(礦山) 부근에 갖추어져 있으나, 항을 위한 저탄장(貯炭場)은 없다. 적양(積揚)의 하역능력을 늘리기 위해서는 부선이나 사역업(仲仕業)을 보편적으로 보호 장려해야 하나, 특권자가 존재하여 항만 발달에 방해가 되고 있다. 제도상으로 이렇게 불편한 경제적 이기주의를 제거하는 것이 급선무임을 잊고 축항을 서둘러 중심항(中心港)을 꿈꾸는 것은 인간의 한심스러운 바이다. 청진항은 일본 민족의 기대를 저버리고 있는 것은 아닌가.

어찌되었든 현재 청진은 축항의 필요가 있다. 오직 250만 원이 부선이 모여 있는 현재 항구의 형상에 묶여있다. 방파제 공사용 외에는 창고, 안벽, 철도, 시장, 운하 등을 고려한 여분의 토지도 없다. 겨우 2~3척의 기선이 정박한 채로 평온한 항구 내에서 하역할 수 있을 뿐이다. 기공식에서 연일 환희하고 있는 관민에게는 최대의 비극을 느끼지 않을 수 없다. 청진의 생명은 수성 하원에 있다. 오지의 철도에 대한 기점항만으로는 광대한 조차(操車)가 필요하며, 부피가 큰 생산물을 쌓아놓을 광대한 하치장도 필요하다. 오지 각 지역의 발착이 이루어지게 되려면 대차(貸車)의 분류장(仕分場)도 필요하다. 청진항이 수성강의 평원을 전부 이용할 정도의 규모로 개방되어 활동무대가 되는 때는, 점차 민중이 기대하는 북선의 중심항으로서 자격을 인정받을 수 있다. 대련 부두에서조차 종종 하역에 대하여 고민하는 의 경험을 겪어야 하는 상황은, 청진 관민이 많은 비교 연구를 해야만 하는 바이다. 청진은 쓸모없이 제방 축조공사를 서두르기보다, 해안지면을 매수하여 개방하고, 수성강 물을 끌어와 수도를 부설하거나, 탄광업자로 하여금 저탄장을 설치하도록 하거나, 계선부표를 설치하거나, 창고를 공설하거나, 선원 위안 기관을 설치하거나, 하역제도를 갖추어야 한다. 하여간 현실의 청진항 개선과 실력 배양에 노력해야 한다. 그리고 다가오는 시대에 흔들리지 않는 초석을 쌓아, 지금부터 지(智)와 자(資)를 갖추는 것이 급선무이다. 길회선(吉會線)의 관통에 따라서, 오히려 간도 물자까지 대련 근방까지 회송되고 있는 것과 같은 모양새다. 오늘날 중심항만의 실질을 개량하지 않으면, 북선의 관민, 특히 청진부민의 대책임이 여기에 존재하는 것이다. 헛되게도 어항(漁港)으로서의 방파제 기공에 환희한다고 하여 선박이나 화물이 집중되는 것은 아니다.

5. 서호진항(西湖津港)의 수축과 함길선(咸吉線) 부설의 급무

북선의 야인(野人)

조선의 함흥을 기점, 만주의 길림(吉林)을 종점으로 하는 철도를 부설한 것은, 우리의 교통·경제상으로 보아도 국경 경비상으로 보아도 자못 긴요한 선로이다. 또한 우리의 국시를 수행할 중요한 사업이다. 우리는 이 노선을 함길선이라고 부르며, 그 급설의 필요를 절규하였다. 여기서 말하는 함길선에는, 이미 조선철도주식회사의 삼림선이 있다. 함경남도의 함흥을 기점으로 하며 장진(長津)에 이르고, 재차 평안북도 강계(江界)를 경유하여 압록강 부근인 만포진(滿浦鎭)을 종점이 되는 것이다. 이는 함길선의 조선 내 선로로 삼았는데, 만포진 건너편에는 만주 봉천성(奉天省) 집안현(輯安縣)의 주도(主都)인 동구(洞溝)가 있다. 이곳으로부터 북서쪽으로 나아가면 봉천성 통화(通化)에 이른다. 통화는 훈춘, 즉 종가강(終家江) 유역의 중앙부에 위치한다. 교통상으로 요지이며, 그 동북 방향으로 향하여 압록강 인근으로 나아가면 길림성 임강현(臨江縣)의 소재지인 모자산(帽仔山)이 있다. 이는 평안북도 자성군(慈城郡) 중강진(中江鎭)의 대안이다. 또한 통화 지역에서 서로 향하다가 서북쪽으로 가면, 봉천성 흥경부(興京府)가 나온다. 서남으로 향하면 봉천성 회인현(懷仁縣)이다. 거듭 통화 지역에서 북으로 향하면 훈춘의 지류를 거슬러 길을 따라가면 송화강(松花江) 상류의 삼통하(三通河)라고 부르는 지역으로 이어진다. 즉, 함길선은 만포진에서 압록강을 건너, 동구 지역에서 통화로 이어지며, 통화에서 삼통하에 달한다. 삼통하에서 서쪽으로 향하여 고개 하나를 넘으면, 송화강 지류의 상류에 해당하는 만구자구(灣口子溝)에 이르게 된다. 여기서 강을 따라서 내려가면 봉천성 해룡(海龍)에 도착한다. 해룡은 남만철도 개원역(開原驛)보다 북동쪽에 있으며, 개원과 길림의 중간에 위치한다. 그런데 개원역에서 해룡을 경유하여 길림에 이르는 노선이, 이미 일지협약(日支協約)에 따라서 우리가 보류한 예정선로라는 것은 누구나 알고 있는 바이다.

지도를 펴 시험 삼아 만선의 산야를 생각하면, 그 남서쪽의 한 편에는 경의선(京義線)과 안봉선(安奉線)과 봉천, 장춘선(長春線)이 있다. 여기서 장춘, 합이빈선(哈爾賓線)과 합이빈, 우라자오선(浦鹽線)은 그 북변을 달리고 있다. 또한 일본해에 임하는 방면으로는 노령(露領) 연해주(沿海州) 남부의 작은 부분을 제외하고, 우리 함경선이 회령에서 남하하여 함경남북도의 연해를 달려, 원산에 이르는 경원선에 접속한다. 경원선은 경성에 이르러 경의선과 연결되어 있다. 즉, 이를 개관하면, 상술한 철도선로가 선만의 산야를 감싸고 있으며, 아울러 기정 평원선이 준공되어 길회선으로서 실현되지 않겠는가. 백두산(白頭山)을 중심으로 만선의 대륙적 성질상으로 원형의 철도선로를 그린 것이다.

이에 만선의 대륙적 성질이라는 것은, 만주는 말할 것도 없고, 조선에서 함경·평안의 남북으로 나 있는 네 방향의 길은 지리학적으로 대륙적 성질을 가지고 있다고 할 수 있다. 그런데 소위, 함길선은 위와 같이 철도선로로써 표현된 원형의 대륙적 성질을 남북으로 종단하는 철도이다. 이에 그 가운데 부분의 미개발 지방을 개척하여 교통선로로 삼아야 할 것이다.

옛날부터 백두·흑수는 동방의 원기가 모이는 곳이라고 불렸다. 지금도 지나·조선의 일부 사람들에게는 신비한 지역으로서 받아들여지고 있다. 이를 역사적으로 보면, 백두산 산기슭과 흑룡강 유역에 해당하는 지방에는 가장 먼저 국가가 건설된 것은 부여족(扶餘族)의 멸국(滅國)이었다. 이는 오늘날 동청철도선 부근의 농안(農安)에서 남쪽으로 길림 및 개원 방면이다. 다음으로 고구려는 부여족의 주몽(朱蒙)이 남하하여 비류강(沸流江) 상류, 즉 오늘날 훈춘의 지류인 부이강(富爾江) 부근에 국가를 건설하였으며, 후세에 이르러 조선의 절반 이상과 만주를 엄유(奄有)하였다. 위에서 이야기한 동구 지역은 고구려 국내성(國內城) 터에 해당한다. 다음으로 발해(渤海)는 흑룡강의 지류인 장단강(壯丹江) 부근의 영고탑(寧古塔)에 국가를 건설하였다. 이들 역시 함경·평안 2개 도의 태반, 그리고 만주를 점령하고 5경(京) 20부(府)를 설치하였음은 사람들에게 알려진 바이다. 그 후 여진(女眞)의 금(金)은 오늘날 합이빈과 블라디보스토크(浦塩)선의 아시헤(アシヘ)역으로, 아지고(阿之古)에서 세력을 일으켜 남쪽 지방을 항상 압박하였다. 지나로서는 명(明)에 이르러 점차 그 지방을 공략하였으나, 다시 백두산록의 여진족인 애친각라(愛親覺羅)씨, 즉 청(淸)이 흥경(興京) 지역에서 세력을 일으켜 끝내 명을 멸망시켜 지나 전체를 지배하게 되었다. 한편 발해가 흥기(興起)한 때, 지나는 당(唐) 왕조로서 한족의 전성기였다. 중화로서는 명예롭겠지만, 이때부터 점차 북방민족으로 인한 압박을 받았다. 조선도 마찬가지였다. 이에 백두·흑수는 동방 원기가 모이는 원인(遠因)으로서 명 왕조가 이 지방을 공략하기에 이르렀다. 결국 조선과의 국경 문제가 일어나, 이 지방은 점차 중립지대가 되었다. 또한 지금부터 214년 전 이조(李朝) 숙종(肅宗) 37년 청국과 조선 사이에 백두산정계비를 세우게 되어, 이를 신비로운 지역으로서 받아들여지기에 이르렀다. 청국의 사절인 길림성 총관(總管) 목극등(穆克登)의 오만과, 조선 접반사(接伴使) 박권(朴權)의 무기력함, 그리고 이에 더하여 청 조정이 당시 강희제의 전성기였는데, 이에 선조 발상의 형승지(形勝地)라는 구실을 내세우게 되었다. 그러한 선전은 이 지방을 신비로운 지역으로 묘사하는 것은 아니라고 생각된다.

이렇게 역사적인 관찰로 보아, 현재 각 철도선로로써 둘러싸인 만선의 산야는 예로부터 북방 민족이 활약한 지역으로서, 이들의 활약은 남방민족에 대한 위협과 압박이었다. 끝내는 이곳을 동방 원기가 모이는 곳이라고 칭하는 데에 성공하며, 신비로운 지역으로서 받아들여지도록 하기에 이르렀다. 이와 동시에 대체로 지나·조선 간 중립지대와 같은 지역이 되었다. 그런데 이러한 중립지대는 세계 각 방면의 변경에서도 확인할 수 있는데, 예로부터 대다수는 법률의 보호를 받지 못하는 패거리(徒輩)들이 은거지를 이루고 있었다. 즉, 17·18세기 노령(露領) 코사크(コサック) 변경은 도망친 농노, 혹은 탈세 농민들의 은거지가 위치해 있었다. 만선 변경의 삼림지대도 지나·조선에 불평불만을 가진 불령한 무리의 소굴이 될 수밖에 없는 지세를 가지고 있다. 결국 이러한 신비로운 지역이 불령한 무리의 소굴이 된 점은, 교통기관이 갖추어져 있지 않기 때문이다. 만약 여기에 대량수송의 교통기관, 즉 철도가 부설되면 그 개발이 용이하다. 뿐만 아니라 물자가 넉넉함은 옛날부터 북방민족이 활약한 사실(史實)에 비추어 보면 확실하다. 게다가 오래전부터 알려져 있지 않은 삼림이 지상에 위치하고, 매장량을 알기 어려운 석탄 기타 광물이 지하에 있음은 확실하다. 또한 매년 1,800만 원의 정비비로 7,000명의 경찰관에게 임금을 주어 호랑이 등 삼림과 산골짜기를 단속하여 어느 때에 공적을 얻을지 모르는 어리석음을 행하는 것보다는, 4~5년어치의 정비 비용을 철도부설비용으로 사용한다면 아침저녁의 기적소리가 100개, 1,000개의 총성보다 효과적일 것이라는 점은 말할 나위도 없다.

흑수, 즉 흑룡강 유역의 신비로움은 이미 서력(西曆) 1905년 시베리아 철도 전도(全道)에 의하여 개방되어 이제는 세계의 사업계가 탐내는 곳이 되었다. 백두, 즉 백두산 산록의 신비로움도 또한 어찌 개방되지 않겠는가. 그리하여 중화민국(中華民國)의 양해를 받아야 할 것은 봉천성 집안현 동구에서 봉천성 해룡에 이르는 사이의 철도부설 선로이다. 민국에서도 그 지방개발과 마적단속을 위하여 필시 승인함에 이를 것이다. 우리는 위에 서술한 견해에 따라서, 평원선 및 길회선보다도 함길선의 급설이 실현되기를 바란다. 이에 함흥의 바다가 되는 서호진의 축항을 행하며, 함길선을 함경선에 접속해야 하지 않겠는가. 일본 내지에서 구아(歐亞)의 대륙에 연결할 최대의 첩로(捷路)가 함길선이라는 점은 말할 것도 없다. 그 삼림선인 철도부설은 일개 사립회사에 위탁할 선로는 아니며, 국가의 손으로 적절히 부설해야 한다.

6. 평원선 관통과 일본해 횡단항로

원산상업회의소

일본해 횡단항로가 모국 대 선만 무역에 지대한 관계를 가지는 것은 구태여 설명할 필요가 없을 정도라고 생각한다. 그런데 현재 만주와 모국과의 연락은 관동부에서 해로를 통하는 것과 별도로, 조선을 종단하여 부산으로 향하는 것, 그리고 경성에서 원산으로 향하는 일본해 횡단항로에 의하는 것 밖에는 없다. 따라서 한 차례 횡단항로가 개시되고, 원산을 기점으로 하는 항로를 이용한 운행으로 무역은 매년 비상한 발전을 나타내고 있다. 오늘날 본 항로에 종사하고 있는 기선은 모두 2,000톤 혹은 2,500톤급이다. 정기적으로는 조선우선회사의 다테가미호(立神丸), 긴코우호(錦江丸), 호리쿠기선회사(北陸汽船會社)의 호쿠유호(北祐丸) 니시와키기선부(西脇汽船部)의 후쿠유호(福陽丸) 등이 있다. 이들은 조선에서 원산을 기점으로 청진에 이르렀다가, 다시 원산으로 돌아가며, 건너편 쓰루가(敦賀)로 직항하고, 마이즈루(舞鶴) 및 미야즈(宮津)에 기항한다. 호리쿠 기선은 후시키(伏木)와 나나오(七尾)에서 블라디보스토크(浦鹽)에 이르는데, 청진과 성진, 원산이라고 하는 소위 순환항을 채택하였다. 모두 정부의 명령항로(命令航路)에 해당한다. 다만 니시와키기선부의 후쿠유호는 이 항구들을 유익

(遊弋)할 수 있는 자유항로(自由港路)에 해당한다. 다음은 1924년(大正 13) 원산과의 이출입 무역품의 주요 부분을 나타낸 것이다.

수출품

품목	액수
쌀 및 벼	1,357,287
콩	1,249,204
팥	22,028
어류	12,059
명란	5,067
흑연	7,644
활우	246,735
목재	5,455
비료	28,802
기타	172,503
합계	3,106,784

수입품

품목	액수
청주	6,855
맥주	46,200
기구·기계	38,718
타면(打綿)	143,858
어망	63,945
기타	339,270
합계	638,846

위의 합계 숫자를 1923년(大正 12)와 비교하면, 수출이 3배이며 수입이 2배로 늘어났다. 특히 현저한 증가를 나타낸 부분은 쌀이었다. 1923년(大正 12) 중에는 겨우 5,000석 수출하였으나, 1924년(大正 13)에는 5만 7,000석에 달하였다. 주로 함경남도의 쌀 종류를 개량하고 산

미의 증가를 장려 노력한 결과였다. 예로부터 함경남도의 농민과 노동자는 조(粟)를 주식으로 하였다. 따라서 과거에는 쌀 생산액이 많지 않았으며, 품질도 떨어졌다. 이에 수십 년 전에는 내지인 용도로 백미를 인천 혹은 부산방면에서 공급받았던 것이다. 그런데 현재 다른 도와 비교하면 아직 자랑스러워 할 정도는 아니다. 어쨌든 도 내에서 약 40만 석을 생산한 것은 기뻐할 만한 일이다. 그리하여 그 일부분을 대안(對岸)으로 수출할 수 있게 되었다.

당 항구에서 모국에 가령 소수라고 할지라도 쌀을 공급함에 대하여 놓칠 수 없는 부분은, 아직도 남는 쌀을 보내는 것이 아니라는 점이다. 쌀을 대신할 식료품, 즉 조(粟)를 만주에서 받고 있으므로, 1924년(大正 13) 만주조(滿洲粟) 수입은 실로 13만 2,000여 석에 달하였다. 원산에서 만주로는 명태와 염장 고등어(塩鯖), 염장 청어(塩鯡), 염장 정어리(鹽鰮), 혹은 해삼(海蔘)이라는 것을 수출하였다. 만주와 원산 방면과의 관계는 종종 다른 상품에 이르려고 하는 추세가 관찰된다. 콩지게미(豆糟), 콩기름(豆油) 혹은 기타 대량의 품목을 만주에서 이출하며, 한신(阪神) 또는 나고야(名古屋), 교토(京都), 후쿠이(福井) 여러 현의 생산품을 이곳으로 수출하여 피아 무역의 발전이 나타나려고 하였다. 현재 경성을 돌아가는 우회선은 편리하지 않은데, 이는 이미 의회의 찬성을 얻고 있는 바이다. 이에 평양과 원산 사이의 평원철도 건설의 급무를 절규하고, 이것의 완성을 목도하여 비로소 정부가 많은 국비를 투입하여 수축하였다. 우리 원산항이 점차 위력을 발휘하여 전만 대 모국의 무역에 공헌할 수 있게 되는 것이다.

다음 동조선의 요항으로 우리 원산항의 현상을 소개한다.

원산항은 조선 동해안의 중앙부인 영흥만(永興灣)의 서남단에 위치한다. 동쪽으로는 갈마반도(葛麻半島)가 둘러싸고 있으며, 항 내부는 광활하고 수심이 적당하다. 간만의 차이는 1, 2척이다. 조류가 완만하고, 해저는 진흙으로 정박지로서 극히 안전하다. 그렇지만 항구가 동북쪽으로 전개되어 있기 때문에, 때로는 북동풍으로 고생하는 바가 있으나 연중 대체로 평온하다.

항만의 건설은 처음 1906년(明治 39) 공사비 50만 원을 투입하며 시작되었다. 당시 세관소재지를 우선으로 해수면 6,500평을 매축하였다. 이 물가에는 화물을 오르내리기 위하여 3,030간의 암벽을 축조하였다. 매축지 앞쪽에는 유효 수면적 5만 4,000평 포함하는 연장 210간의 방파제와 거류지 해안에 연장 150간의 축제(築堤) 잔교(棧橋)를 설치하였다. 매축지상으로는 상옥 및 창고를 설비하였다. 1910년(明治 43) 제1차 공사를 마치게 되었다. 그런데 원산항 무역의 진전과 조선 중앙부 및 그 이남의 각 지역과 노령(露領) 블라디보스토크(浦鹽) 방면 내지 대안의 모국과 화물 탄토(吞吐) 중개항으로서 위의 설비는 심히 빈약하였다. 따라서 1915년(大正 4)부터 국비 약 150만 원으로 해륙연결설비를 계획하였다. 1918년(大正 7)까지 육상의 여러 설비 및 적전천류(赤田川) 끝자락 정비를 위하여 추가 예산으로 100만 원, 1922년(大正 11) 85만 원을 추가하여 총공사비 350만 원을 사용하였다. 1924년(大正 13)에 모두 준공되어, 원산항의 해륙연락설비는 이에 완성을 고하게 되었다. 또한 대체로 이상의 내용을 서술하면, 계선벽은 화강암으로 연장 150간 수심 간조면 24척으로 3,000톤급 배 2척을 동시에 계류할 수 있다. 그 밖에 양쪽의 110간·160간 연장 경사면의 화물 적사장(積卸場)으로 돌담을 축조 완비하였다.

또한 예전 공사에 관련된 잔교를 개축하여 상부목조 다리 부분을 철조 혼응토로 길이 50간, 너비 6간, 둘레 수심 21척으로 만들어, 주로 연안 항행 선박의 계류에 사용하고 있다. 그 앞쪽으로는 연장 225간의 방파제가 있으며, 내측으로는 18만 6,000평의 정박지가 갖추어져 있다. 또한 육상 설비는 상옥 6동으로 건평 1,938평이며, 창고 3동은 542평이다. 또한 안벽 및 화물 적사장 뒤쪽으로 병행하여 임항(臨港) 철도선로 9선을 보유하고 있다.

대체로 위와 같이 당분간 조선 중앙부 및 원산항 부근, 그리고 대안 각 항구와의 연락 중계항으로서의 설비는 완성의 일단락을 이루었다. 다만 배후 만주와의 후방을 연결하는, 소위 평원철도의 부설을 보지 못하여 아직 만주출입화품은 원산항을 이용하지 못하기에 심히 유감이라고 할 수 있다. 평원철도는 1927년(大正 16)에 완성될 것으로 결정하여 공사에 착수 중인데, 재작년 진재(震災)로 인하여 진행이 중지된 바는 참으로 유감이다. 우리는 평양 방면의 여러 사람과 서로 제휴하여 하루라도 빨리 그 공사가 착수될 수 있도록 절규하는데, 그 까닭은 단지 원산항만의 이용을 선전하여 지방의 번영을 계산하는 목적이 아니다. 만몽과 북부 조선과 모국과의 완전한 연락이 이로서 시작되어 가는 것이기 때문에, 이것이 국가에 가장 유리하다고 믿기 때문이다.

7. 부산의 자유항 및 어항문제에 대하여 그 희망을 말하다

부산상업회의소 회두 가시이 겐타로(香椎源太郞)

부산항은 항만으로서 자연의 위치 형세 상 동양 제일의 양항으로, 선박의 출입이 편리할 뿐만 아니라, 항구 안쪽은 300만 평의 면적을 보유하고 있다. 연안선 역시 삼리(三里)에 걸쳐 있으며, 동양의 모범적 자유항 및 자유항구를 건설할 천여의 자격을 갖추고 있는 지역이다. 나 자신은 전문가가 아니기 때문에, 자세한 설계에 대해서는 언급하지 않으나, 대체적인 안건으로는 오륙도(五陸島)에서 입항하는 우측 연안의 전부(부산진에서 해운대까지)를 자유항으로 하고, 그 육상을 자유항구로 하며, 낙동강에서 운하를 열어 소수(疎水)를 통하여 해륙의 연락을 완성할 수 있는 것이다. 물론 부산항은 하늘이 준 양호한 항만일 뿐만 아니라, 육상(부산진 해운대 방면)이 넓고, 또한 지가도 저렴한 점이 항만으로서 아마도 세계에서 유례가 없다. 저렴한 곳은 1평에 20전 정도이며, 비싸도 2원 내지 3월까지 매매할 수 있는 곳이 대부분이다. 더하여 조선은 노동임금이 비상히 저렴하여 내지의 약 반액이다. 그런데 이는 오늘날의 현상에서 세계의 대세 상으로 동양도 나날이 물가 및 공임이 등귀하고 있다. 그러므로 장래에는 역시 고베(神戶), 요코하마(横浜) 등과 같이 점차 지가가 등귀하여, 아무리 자유항을 건설하려고 하여도 그 설비 자금으로는 도저히 착수가 가능하지 않을 것이 명료하다. 즉, 오늘날은 국가가 비교적 소액의 자금으로 부산 자유항을 건설하기에 절호의 기회라고 믿는다. 부산항은 아시아 대륙의 최동단에 돌출한 동아의 관문으로이다. 해상에서는 쓰가루(津輕) 해협에서 일본해를 통하여 부산에 접하고, 서남으로는 황해·지나해 및 남양(南洋)으로 이어진다. 해상의 지대함뿐만 아니라 이웃 국가인 러시아는 풍부한 원료국으로서, 또한 장래 많은 수요국이 될 것이다. 지나도 마찬가지 원료국으로, 동시에 수요국이다. 두 대국과 인접하고 일본 내지와도 접근한 데다, 지가와 공임이 저렴함은 실로 모든 점에서 자유항으로서 요소를 구비한 것이다. 그러한 유망한 점은 거의 세계에서 유례가 없다고 믿지 않을 수 없다.

세계의 추세를 살피건대, 이제 세계의 상업무역은 일진월보하는 상태다. 구미 각국은 모두 점차 무역의 확장 발전 방침을 수행하고 있다. 우리 일본도 역시 이러한 대세를 위배할 것이 아니라, 만약 다른 상대국이 없다면, 혹은 종래와 같은 방침에 안주하여 자연 발전에 맡길 수 있을 것인가. 이미 세계가 무역전쟁에 따라서 국운의 소장이 결정되고, 병사 간의 전투에서 완전히 바뀌어 평시에 상업 전쟁으로 변화한 이상, 일본으로서도 역시 이에 적응하여 무역상의 진수부(鎭守府)인 자유항 내지 자유항구를 건설하여 전선을 확장해야 한다. 즉, 오늘날 부산항이 자유항이 된다면, 동양의 일개 구멍가게(軒店)가 그 번창을 맞이하여, 물자와 공업이 자연히 이 지역에 집중될 것이다. 대개 교통은 물자가 움직임을 불러 필시 금전이 집중된다. 이는 경제상 원칙으로, 부산항의 건설은 즉 국부 증진의 근원책이다. 국가가 자유항 건설에 많은 경비를 지출한다고 가정하여도, 그 원대한 이익이 곧 수백 배로 돌아올 것이다. 게다가 이는 영구적으로 지속, 확대될 수 있다. 즉, 부산 자유항은 우리의 국책 내지 아시아 정책의 가장 크고 급박한 사항으로, 구구히 부산, 조선 내의 작은 문제가 아니다. 만약 아직 이웃 국가인 지나, 러시아 등이 하루라도 먼저 이를 시설한다면, 곧 그 기점을 빼앗기게 될 것이다. 일본은 헛되게도 뒤처진 상태에 빠져, 훗날 후회하고 돌이킬 수 없음을 두려워해야 할 것이다. 대체로 일이 되어가는 날인 요즈음, 온갖 어려움을 물리치고 단호하게 이 국책을 해결해야 할 필요가 있다. 요즘은 지가 및 물가 상으로 가장 일을 이루기 쉬운 천여의 기회다. 경제·재정상으로 이야기하여도 정리·긴축 후 중요한 신 시설에 성의를 다할 절호의 시기이다. 내각의 여러분을 시작으로 귀·중 양원 의원이 필히 이에 착안해 주었으면 한다.

이상은 부산 자유항의 대략적인 방침을 말씀드렸다. 그런데 자유항 내지 자유항구 밖에도 부산 중앙지대, 즉 현재 부산항만시설은, 그대로 이를 연결하여 무역지대로 하고 자유항구에도 접속하고자 한다(주로 내지 무역거래를 위해서). 다음으로 남빈(南濱) 일대는 방파제를 완성하고 또한 해안을 정리하여 조선 연안무역항으로서, 겸하여 완전한 어항을 경영하고자 한다. 조선의 수산물에 대해서는 현재 비상히 풍부한 것뿐만 아니라, 장래에도 역시 한없이 많다고 한다. 경상남도만 하여도 그 어획고는 연액 4,000만 원 이상이다. 그 수산물의 대부분은 생선으로서 수이출되고 있으나, 남빈 및 목도(牧島) 양안에서 이를 정제·가공하여 지나 내지 구미로 수출하면, 현재 가격의 3배로 오를 것임은 명백한 사실이다. 이 역시 국부의 일책(一策)이다. 그런데 남빈의 연안을 정리하여 일부를 매립하면, 그 지가만으로 충분히 남빈 방파제의 공사비를 지불할 수 있다. 또한 국비의 보조를 받지 않아도 충분하다. 또한 대안의 목도는 해안 정리 후 일부를 어선정박장으로 하거나, 일부는 목재·시멘트·석탄·석유 기타 무거운 짐들을 정치하는 곳으로 하는 등 가장 적당하게 사용할 수 있는 유망한 지구이다.

8. 목포항 백년대계에 대한 당국의 일고를 바란다

목포 우에무라 코지로(植村鏗次郎)

1) 진전의 추세

누군가 목포의 항세는 지지부진하다고 말한다.

목포 인사(人士)들이 좋게 이야기하면 온건착실(穩健着實), 나쁘게 말하면 인순고식(因循姑息)으로, 그 항세가 떨치지 못하는 것은 부민성(府民性)에 기인하였다는 이야기가 때때로 들리는 바이다. 어떠한 근거로 이렇게 이야기하는 것인가. 시험 삼아 최근 5년간 호수의 증가 추세를 보자.

연차	호수
1921	3,828
1922	4,028
1923	4,270
1924	4,604
1925(10월 말)	4,955

즉, 4년 간 1,135호이며 1년간 227호가 증가하였다. 게다가 매년 속도가 격증하여 올해에는 약 350호가 증가하고 있다. 이러한 추세로 나아가면 이후 10년간 배가될 것이라고 이야기함은 구태여 망상은 아닐 것이다. 따라서 무역액도 호수와 정비례하여 증가하고 있다. 1921년(大正 10) 1,400만 원은 1922년(大正 11)에는 1,700만 원이 되었다. 1923년(大正 12) 2,200만 원, 1924년(大正 13)에는 300만 원을 돌파하였다.[62] 즉, 4년 전에 비하면 배 이상의 진전이었다. 이러한 숫자를 보면 목포의 항세가 지지부진하다는 이야기는 사실을 보지 않은 바임을 알아야 할 것이다.

---

[62] 3,000만 원 혹은 3,100만 원의 오기로 추정된다.

2) 시가지 설치의 막막함

그런데 슬프고 한탄스러운 것은 시가지 설치를 막막하게 만드는 지세다. 목포는 처음 유달산(諭達山)의 남동쪽 바다를 따라가는 저여지(沮洳地)[63]을 매축한 것으로, 산과 바다로 막혀 있어서 시가지를 넓힐 땅이 남아 있지 않다. 매년 증가하는 호구(戶口)를 어디에 두어야 하는지, 현재로는 운동장조차도 부족한 상태다. 시내에 산재해 있는 인건장(籾乾場)이 수천 평이며, 이를 택지로 충당하면 상당의 공지가 없는 것도 아니다. 그러나 인건장을 어디로 옮겨야 하는가. 본래 시중에 인건장을 두지 않는다는 것은 시의 미관으로 보아 놀랍지 않으며, 또한 토지이용 상으로 보아도 이 정도는 낭비가 아니다. 평당 4, 50원의 가격인 땅을, 게다가 반년도 사용하지 않은 인건장에 제공하는 것은 큰 손실이라고 생각하여도 유감이 없는 것이다. 즉, 당연히 이 문제의 발단은 목포의 도시계획, 신시가지의 설정이다. 이것은 항만문제와 별도로 교섭할 수 없는 것이다.

3) 항만의 개수

이 문제의 해결하는 것은 항구의 동북쪽으로 전개되어 있는 넓은 갯벌 지역이다. 제2의 목포는 제1의 목포와 같이 간석지(干潟地)를 매축으로 나타나지 않을 수 없으며, 이 계획으로 머지않아 항만이 개수되어 해륙의 연락이 이루어질 것이다.

목포 정거장에서 이학도(二鶴島)[64]에 이르는 간석지는 수백만 평으로 추산된다. 조그만 언덕에 있는 송도(松島) 신사공원(神社公園)을 경계로 하여 현재 시가지와 연결되어 있다. 이를 매축하는 것은 송도와 삼학을 무너트리면 가능하다. 송도신사는 목포공원 예정지인 유달산의 일각(一角)으로 이전하고, 자동차 도로를 개수할 예정이다. 송도와 이학도[65]를 깎아내려 매립하는 간석지는 현재 시가지와 접속되어 새로운 시가지가 된다. 그 넓이는 현재 목포의 배 이상이 될 것이다. 현재의 시가지 중간을 횡단하는 철도인입선은 신·구 시가의 접속점으로써, 삼학도의 말단(實端)으로 옮길 것이다. 이것으로 해륙의 연락이 설비되어 3,000톤의 선

---

63 토지가 낮고 배수가 잘 되지 않아 항상 습한 땅을 의미한다.
64 목포 삼학도(三鶴島)의 오기로 추정된다.
65 목포 삼학도(三鶴島)의 오기로 추정된다.

박을 가져올 수 있을 것이다.

이것이 목포의 백년대계로서 부민의 기대하는 바이다.

4) 당국의 냉담

이러한 도시계획에 대하여 말하기 쉬운 것은 항만의 개수를 수행함에 얼마의 땅과 공사비가 필요한가이다. 이는 현재 부(府)와 도(道)의 당국자가 애써 조사 중이기 때문에 곧 발표될 것이다. 그런데 일고를 번거롭게 하고자 하는 바는 총독부의 태도다.

현재까지 총독부가 목포에 가지고 있는 태도는 심히 냉담하다. 혹은 그 존재를 무시하고 있는 것은 아닌가 의심될 정도이다. 본래 목포항이라는 것은 목포의 인사들이 맨주먹으로 만들어 냈다고 이야기하여도 과언이 아니다. 한국 정부 당시에 겨우 10만 원의 축항비를 얻었을 뿐으로, 총독이 된 후에는 매년 2만 원도 되지 않는 준설비를 투입한 것 밖에는 하등의 비호를 받지 못하고 있다. 목포부민의 요망에 대해서 총독부 당국의 사령(辭令)은 두 가지였다.

> '목포는 천연의 양항이다'
> '목포는 숫자가 부족하다'

'목포는 자연의 양항이다.' 다소 불편·불리하지만 더욱 급한 다른 항만이 있으므로, 잠시 기다리라는 말이다. 목포는 천혜의 항만으로서 외양에서 2마일 정도 만입(灣入)되어, 바람과 파도가 심한 날에도 하역이 불가능한 경우는 없다. 그러나 겨우 2, 300톤의 선박도 안벽에 횡착 할 수 없다. 이로 인한 손해는 매년 200만 원을 밑돌지 않을 것이다. '숫자가 부족하다'라는 이야기도 이 때문이다. 군산과 형평성을 맞춰야 한다는 말이지만, 동의할 수 없다. 매년 팽창하는 부민의 안주지(安住地)를 어떻게 해야 하는지, 위에 적은 바와 같이 극도로 답답한 지세는 지금 수년이 되지 않아 내왕하는 사람들이 살기 좋은 곳이 되었다. 때문에, 오늘날이라고 할지라도 지가가 심히 등귀하여 그 발전을 심히 저해하고 있다. 단지 바다만 바라보며 타산하는 것을 멈추어야 한다. 천혜의 항만으로 숭앙받는 목포는, 그 생기에 기대어 육지에서 결핍된 것을 조금도 얻지 못하고 있다.

다음으로 숫자가 부족하다고 하는 말은 시간의 문제이다. 목포의 무역액은 조선에서 부산, 인천, 군산, 진남포 다음이다. 만약 숫자로서 항만 개수의 빠르고 늦음을 운위한다면, 목포보다 아래 있는 항만에 막대한 국비를 투입하였는가. 혹여 국제항이라는 이유로 둘러댈지 알 수 없으나, 목포 또한 역시 국제항이 될 수 없다고는 할 수 없다. 목포 개항의 본뜻이 대지무역 책원지가 되도록 하는 것은 아니지만, 원산·포항이 가까워 대러 국제항인 점과 같이, 상해와 청도에 가장 가까운 목포를 대지 국제항으로 해야 한다. 이것이 목포 개항이라는 사명의 전적인 까닭이다.

특히 목포 건너편에서 경부선(京釜線)과 연락하는 남해안 철도는 아마도 10년 이내로 완성될 것이다. 그 때는 목포항의 무역은 군산을 능가할 수 있다고 생각한다. 또한 당국이 예의(銳意) 노력을 기울이고 있는 면화 증식이 수년간 좋은 성적을 거두며, 더불어 목포의 숫자도 꾸준히 늘어났다. 현재 1924년(大正 13) 수이출액은 미곡과 면화가 서로 절반 정도에 이르고 있다. 면화의 장래가 다망함과 더불어 목포 무역도 역시 다망하다.

이상과 같이 목포항 수축은 그 도시계획과 함께 초미의 급무임에도 불구하고, 당국은 냉담하여 아무런 관계가 없는 것처럼 취급하고 있다. 부민들이 불만스러워하는 까닭이다. 목포 인사는 온건착실, 혹은 인순고식일지 모르나 운동술에 있어서는 심히 보잘것없다. 강요되는 운동은 할 수 없으나, 당국은 운동 여하에 따라서 시설을 2, 3가지로 할 것이라고 믿고 있다. 그런데 목포부민은 옛날의 희망이 머지않아 이루어져, 당국의 시설이 있을 것임을 확신하고 있다.

잡록

1. 실현이 결정된 군산 축항의 설계 내용

군산부민이 다년 열망을 멈추지 않은, 군산항의 축항계획도 점차 1882년(明治 15)부터 5년간 계속사업으로 착수하기로 결정되었다. 이것의 실현에 관해서는 부민일동의 열심인

제창에 따름은 물론이다. 다만 군산 지역의 유력자인 아카마쓰 시게오(赤松繁夫)씨 등이 그 3년간에 걸쳐 동분서주의 노력도 역시 문제 실현에 대다한 공헌하였다는 점은 인정하지 않을 수 없다. 동시에 군산항의 축항문제에 생각이 미칠 때는, 아카마쓰 군이 있다는 것을 영원히 잊을 수 없다.

해당 축항계획의 공 공사비는 285만 원으로, 재원은 보통재원 및 차용금으로 지불될 것이다. 공사를 착수하게되면 어떠한 설계에 따라서 시공할지라는 것은 일반에서도 이를 기대하고 있다. 그 설계내용을 전하면 아래와 같다.

1) 매립예정지

매립예정지는 현재 토목공영소(土木工營所)의 끝단에서 동해의 라이징(ライジング) 석유창고 사이의 해안 면적 약 1만 2,600평을 매축하고, 이에 호안 300간 및 하양장 180간을 축조한다. 또한 현재 구조통(九條通), 육조통(六條通), 사조통(四條通)이라고 불리는 3곳에 부잔교(浮棧橋)를 축조하고, 그 앞쪽에 기선이 계류하여, 하역하게 된다. 이 세 곳의 잔교 위치는 다분히 변경될 모양으로, 앞에 서술한 위치는 결정된 것은 아니라고 한다. 해안 1만 2,600평을 매축한 지상에는 철도인입선, 경편궤도, 도로, 상옥, 수도 등의 여러 설비를 행할 계획이 대체로 되어 있다.

2) 호안과 하역장

호안은 사석(捨石)으로 기초를 시공하고, 외부는 15% 경사로 하며, 간조면 이하 6척 6촌의 위치에 너비 6척 6촌의 둔덕을 설치하여, 2간, 15% 경사로 간조면 이상 8척에 달하게 된다. 그리고 5척의 공간을 두어 5% 경사의 견치(間知) 돌담을 쌓아, 높이는 간조면 이상 25척에 달하도록 하였다. 하양장은 사석 및 견치석담 모두 보통 호안과 마찬가지로 한다. 견치석담은 간조면 위로 18척으로 하고, 이로부터 40%의 경사를 가진 장석(張石)으로 간조면 위로 25척에 달하도록 한다.

부잔교는 3개소를 위에서 이야기한 호안에 축조한 것으로, 길이 13간·너비 약 5간의 고정 잔교를 연락교로 하였다. 부잔교를 가설은 너비 약 7간·길이 약 35간 내지 40간으로 축조할 계획인 모양이다.

3) 육상설비와 수심

매축지, 착평지(鑿平地)에는 너비 5간, 8간 및 10간의 도로를 축조하게 되었다. 이 도로의 총면적은 5,000평으로 설계되어 있다. 도로 및 상옥 창고부지에는 경편궤도를 부설하고, 또한 철도본선에서 3개 인입선을 설비할 예정이다. 군산 축항은 대체로 위에 서술한 것과 같이 설계한 바에 따라 시공되었다. 그 밖에 항 내의 수심을 유지하기 위하여, 건너편에 연장 200간 제수제(制水堤)를 축조하여 항 내 정박지의 수심 유지를 설계하게 되었다. 이를 위에 최초 설계의 275만 원이 10만 원을 증가하여 총공사비 285만 원이 되었다. 이 설계는 일부 변경될 것이나, 현재 문제라고 할 만한 것은 해안 1만 2,600평의 매축에 이용할 토사이다. 이는 세관지서 및 부청의 뒤쪽 언덕을 착굴하여 매축하는 것으로 되었다. 세관지서 뒤쪽은 조류 관계상 착굴하기는 적당하지 않다는 이야기가 나와, 결국에는 부청 뒤쪽의 일부를 이에 충당하는 것으로 하였다. 세관지서 뒤쪽은 현상 그대로 할지는 모르지만, 이 또한 결정적인 것은 아니며 의견 중에 하나이다.

2. 각 항만 배경지(背景地)에서 불이흥업(不二興業)의 토지사업

불이흥업주식회사가 조선 전체의 각 지역에서 시행하고 있는 수리, 개간사업 기타 토지 개량사업이 농사개량은 물론, 이민사업과 더불어 지방의 문화개발에 이바지하고 있다. 이러한 점에서 사회 지실(知悉)의 사업이며, 또한 사업이 점차 진전하여 각 지방에서 집약적 생산이 증가하고 있는 사실은 각 항만 배경지의 개발을 촉진하는 바가 많다.

1) 군산의 배경지

군산 방면에는 1904년(明治 37)에 착수한 전북농장(면적 1,500정보)를 시작으로 옥구농장(沃溝農場, 면적 1,900정보)이 있으며, 그 밖에 수리조합으로서는 익옥수리(益沃水利, 면적 9,500정보)와 임익수리조합(臨益水利組合, 면적 3,400정보)가 있다. 각 사업의 완성에 따라서 직접적인 매년 증수액은 38만 석을 초과하였다. 이는 모두 군산항을 경유하여 내지 시장으로 이출되고 있다.

2) 다사도의 배경지

다사도 방면에는 면적 3,200정보를 보유하고 있는 서선농장(西鮮農場)이 1912년(大正 1)부터 경영되었다. 잇달아 서선간척지(면적 750정보), 1916년(大正 5)에는 대정수리조합(大正水利組合)이 조직되어 1918년(大正 7)에 제1기 사업을 완성하였다. 재차 1922년(大正 11)에 그 확장계획이 수립되어 최근에 완성되었다. 이상 각 사업의 개량완성에 따라서 직접 매년 증수액은 약 37~38만 석에 달할 정도였다. 배경지의 생산 가치가 증진되고 있는 바는 다대하다.

3. 제국탄업주식회사(帝國炭業株式會社) 경영 함흥탄의 평가가 오르다

제국탄업주식회사는 자금 1,000만 원 전액을 납입하였으며, 본사는 시모노세키(下關)시의 대자관음정(大字觀音町) 5-1번지에 위치한다. 지점은 조선 함경남도 함흥 대화정(大和町)에 위치하며, 함흥탄 채굴판매 등을 운영하며 유명해졌다. 지점은 1912년(明治 45) 창립되어 함흥탄광철도회사(咸興炭鑛鐵道會社)라고 불리어왔다. 1921년(大正 10) 12월 제국탄업주식회사와 합병된 이래로 그 지점이 되어 오늘날에 이르고 있다.

1) 광구면적과 탄질

회사는 주된 영업은 탄업이다. 소유 중인 광구의 전체 면적은 201만 7,876평으로, 함경남도 신흥군(新興郡) 가평면(加平面) 장풍리(長豊里)에 있다. 본 탄광은 국철 함흥역에서 서북 방향으로 17.7마일 지점에 있으며, 그 사이 사철 조선철도주식회사의 함남선(咸南線)이 있어 약 2시간이 걸린다.

광구의 지질은 태고기 편마암 및 화강암, 혹은 이를 뚫고 분출한 산생화산암(酸生火山岩) 내지 이들로 덮어씌워진 제3기층으로 이루어져 있다. 그런데 제3기층은 위의 화강암을 기반으로 사암(砂巖), 혈암(頁巖), 역암(礫岩) 등이 서로 포개져 있다. 탄광 작업을 견딜 수 있는 탄층이 몇 겹 있지만, 주된 것은 상층 6척·하층 8척의 두 개 층이다. 이들의 층향은 북 70도 동쪽을 나타내고 있으며, 경사는 서쪽으로 20도를 나타내고 있다. 탄질은 양호한 갈탄(褐炭)으로 칠흑색을 띤다. 이번 조선총독부 중앙시험장에서 분석한 결과, 토질은 우량한 것으로 인정되었다.

2) 출탄능력과 판로

현재 설비로서 1개월 1만 톤, 1년 생산액은 20만 톤을 채탄할 수 있다. 작년에는 1개월 7,000톤, 1년 8만 톤을 생산하였다. 주된 판매로는 먼저, 경성을 필두로 약 8만 톤을 수출하였다. 현지에서는 원산·청진·성진, 호남지방은 대구·군산·대전 이리, 전선(全線)에 다수 수송되었다. 최근에는 멀리 이일본(裏日本)으로 진출을 꾀하여 마이즈루(舞鶴), 쓰루가(敦賀) 지방에도 이수출이 되고 있다. 대체로 수용자는 각지의 회사·관청이고 개인 가정용으로도 오이(大井)에서 애용되고 있어 매일 수용이 늘어나고 있다.

3) 호평받고 있는 특장점

제일의 특장점은 가격이 저렴하고, 가정용으로 매연이 적으며, 가옥의 안팎을 더럽히지 않고, 화력이 강하기 때문에 목탄 대용이 될 수 있다는 것이다. 또한 지금까지 널리 사용되어 온 순탄(順炭) 및 내지탄(內地炭)과 비교하면 1톤의 가격으로 70% 이상 저렴하여 매우 유익하다.

4. 조선해안의 해난(海難) 통계: 1년 평균 55척

체신국(遞信局)의 해사(海事)통계가 나타내고 있는 바에 따르면, 과거 15년간 조선연안에서 해난을 당한 선박은, 조선에 항적을 가지고 있는 것이 350척이며, 총 톤수는 9만 6,042톤이다. 내지에 항적을 가지고 있는 경우는 198척이었으며, 총 톤수는 16만 1,244톤이다. 즉, 1년 평균 55척, 2만 5,729톤이 해난을 당하였다. 가령 1톤 당 50원의 손해가 있다고 한다면 매년 128만 6,000여 원의 거액을 상회한다. 이 밖에 또한 인명, 탑재 하물(荷物)의 망실 손해도 매우 심하다. 그런데 이러한 해난지점은 조선의 서해 다도해 방면의 난(難) 항로에 많다. 기술적 문제도 있다. 항로의 표식 설치가 충분하지 않은 점도 주된 원인이 되고 있다. 현재 조선 연안 도서에 설치되어 있는 등대는 모두 107만기이다. 해안선 길이 9,300여 해리(浬)에 비교했을 때, 87해리에 1기의 등대만 갖추어져 있을 뿐이다. 구미 각국의 보급 상태와 비교하면, 화란(和蘭)[66] 2해리, 미국 및 독일은 3해리, 불국(佛國)[67]은 4해리, 영국 및 이국

---

[66] 네덜란드를 의미한다.
[67] 프랑스를 의미한다.

(伊國)[68]은 6해리에 등대 1기를 갖추고 있다. 비율을 따지면 현저하게 멀리 떨어져 있는 것이다. 지나에서는 34해리에 1기 비율로 등대를 두고 있기 때문에, 등대 설비를 늘리는 것은 가장 급선무인 일이다. 가령 현재의 약 두 배로 늘려서 등대 100기를 신설하여도 그 비용은 약 250만 원 내외다. 이를 통하여 매년 121만 원의 손해를 미연에 방지할 수 있다면, 증설을 통해 얻는 이익이 실로 심대하다고 할 수 있다.

잡록: 조선해운계의 연혁 및 상황

1. 항로의 연혁

예로부터 조선은 일본 및 지나에 대하여 통상한 사실이 있음에도 불구하고, 근세에 이르기까지 서로 겨우 범선이 왕래하는 데에 지나지 않았다. 1876년(明治 9) 일한수호조규(日韓修好條規)가 체결됨에 따라서 처음으로 일본우선회사(日本郵船會社) 소속의 내항을 보기에 이르렀다. 다음으로 원산, 인천이 개항되어 오사카상선회사(大阪商船會社) 역시 기선항로를 개시하였다. 이후 세운(世運)의 진보에 따라서 일선(日鮮) 및 조선연안 전체에 이르러 기선항로가 점차 증가하여, 결국 오늘날의 융성을 이루게 되었다.

해운사업은 별도로 본부(本府)의 보조명령에 따르거나, 자영(自營), 또는 다른 명령에 따르는 것으로 크게 구분할 수 있다. 이하는 주로 본부 보조명령에 따르는 것에 대하여 자세히 적는다.

한국 정부의 해원 관련 시설은 종래에 무엇도 찾아볼 수 없었으나, 청일전쟁 후 정부는 해운사업에 소홀할 수 없다는 까닭을 깨달았다. 당시 정부의 소유선박인 창룡(蒼龍)·현익(顯益)·해룡(海龍) 세 척을 일본우선회사에 대여하고, 정부 보호 아래 북선 방면으로 항해하였다. 이는 실로 한국 정부 당초의 해운정책으로 보아야 할 것이다. 이후 일본우선회사는 그 보호 아래 항해를 계속한 것이 3년에 이르렀다. 부산에서 조선인이 경영하는 협동기선회사

---

68 이탈리아를 의미한다.

가 설립되어, 정부는 일본우선회사에 대한 위탁을 해제하고, 더불어 협동기선회사에 소유선박을 불하, 대여하고 경영을 인계하였다.

1897년(大正 30) 인천의 호리(堀) 모 씨가 기선 경보호(慶寶丸) 외 1척으로 인천에서 군산, 대동강 부근 사이의 자영항로를 개시하였다. 일본우선회사 및 오사카상선회사의 부산, 인천 항로와 연락을 취하여 오직 조선 쌀의 수출을 계획하였으나, 몇 년간의 경영 후 폐업에 이르렀다. 원산에 거주하는 요시다(吉田) 모씨는, 그 사용선박을 매수하여 원산을 기점으로 하는 북선 연안의 자영항로를 개시하였다. 그 항로는 원산 방면의 개발에 이바지하는 바가 적지 않았지만, 수지 계산이 꼭 양호한 것은 아니었기에 경영에 점차 곤란함을 느끼게 되었다. 1908년(大正 41) 한국 정부는 국고에서 3만 원을 나누어 요시다(吉田)에게 대여하고 부산과 웅기 간 명령항로 4개 선을 개시하도록 하였다. 조선 보조항로의 효시였다.

동부 연안의 해운은 이렇게 차차로 절제, 질서적인 항해를 나타나기에 이르렀다. 다만 남부 연안에 대해서는 아직 아무런 시설이 없고, 물자의 우수도 원활하지 않았다. 이에 당시 부산 이사관(理事官)은 민간 유력자를 설득하고 그 사이에서 알선에 진력하여, 결국 부선기선회사(釜山汽船會社)가 창립되었다. 한국 정부는 역시 부산기선회사에 명령하여 보조금 3만 원을 대여하고 포항, 목포 간에 명령항로를 개시하도록 하였다. 그 후 얼마 되지 않아서 마쓰에(松江)의 공동기선회사 및 오사카상선회사 역시 부산 방면에 사영 항로를 개시하여 서로 경쟁하였다. 그 경영에는 항상 일소일장(一消一長)이 있을 수밖에 없었고, 이로 인하여 부산기선회사는 유지상 심히 곤란한 사정에 빠져 있는 것 같았다. 1909년(明治 42)에 이르면 한국 정부에서는 재차 목포에 거주하는 다케우치(武內) 모씨에게 보조금 연액 5,000원을 대여하여 다도해 및 목포, 군산 간 명령항로를 개시하도록 하였다. 이에 서부 연안 역시 정기기선이 출입하게 되었다. 위와 같은 명령항로는 한일합병 이후 당연 조선총독부가 이를 계승하였다.

1) 제1기 명령항로의 개황

이와 같이 조선연안은 서북부를 제외하면 정기항로가 실현되었다고 하지만, 모두가 소규모 회사 또는 개인 경영에 속하여 다소 그 성적이 충분하지 않다. 그럼에도 조선 산업의 고무·장려, 무역의 진흥, 교통의 개선·발달 같은 부분은, 위의 명령항로에 기대하기 곤란한 사정이 있다. 따라서 총독부에서는 명령기간이 만료되는 것을 좋은 기회로 삼아, 각자 분립되어 있는 항해업자를 모아 2개 단체로서 일대 회사를 조직하였다. 이에 상당한 항로보조금을 지급하여 총독부 감독하의 절제 있는 항해를 수행하게 되어, 조선병합의 목적을 달성하는 데에 일조하였다. 더불어 만약 유사시에는 명령 하나로 선박의 징발 및 매수에 응하도록 하여, 군대·병기 수송에 유감이 없도록 할 필요가 인정되어, 각 경영인에 대하여 합동경영의 이익을 장려하고, 각자의 분발을 희망하였다. 그런데 각 영업자는 종래 영업상으로 경영직 및 경영방침이 근본적으로 달라 발생하는 지연으로 인하여 합동이 진전되기 어려웠다. 이에 여러 차례 독려한 결과 결국 1912년(明治 45) 1월 19일 자본금 300만 원으로 조선우선주식회사(朝鮮郵船株式會社)가 설립되었다. 총독부는 회사에 대하여 1912년(明治 45) 이후 3년을 기하여, 연안 정기항로 9개 노선의 항행을 수행하도록 명령하였다. 이에 처음으로 연안항로가 통일되어 그 정리개선을 기하는 기초를 세웠다. 그런데 이와 동시에 내륙 산업의 개발에 이바지하고, 교통의 편리함을 위하여 대동강 및 금강(錦江) 하천항로를 개설하였다. 전자는 이를 남포진기선합자회사(南浦鎭汽船合資會社)에, 후자는 경성 거주 마쓰나가(松永) 모 씨에게 명령하여, 이를 본부 항해보조명령의 제1기로 하였다.

제1기 명령항로와 조건

노선명		연 항해 횟수	사용 선박		명령 받는 곳
			척 수	1척 당 톤수	
부산-웅기선		36	2	800	조선우선주식회사
원산-웅기선		72	2	200	
영일만-울릉도선		14	1	(보조) 50	
부산-방어진선		240	1	100	
부산-목포선 (외회·내회)	부산-■수	240	4	100	
	목포-여수	120			
		96	2	200	
목포-군산선		72	1	80	
인천-군산선		60	1	200	
인천-진남포선		4 (결빙기 제외)	1	200	
인천-해주선		120	1	60	

노선명		연 항해 횟수	사용 선박		명령 받는 곳
			척 수	1척 당 톤수	
대동강 항로	재령	18 (결빙기 제외)	2	(보조) 30	진남포기선합자회사
	금산포	18 (결빙기 제외)	1	(보조) 20	
금강 항로		25 (결빙기 제외)	3	8	마쓰나가 사다지로 (松永定次郎)

1913년(大正 2) 4월 연안항로의 일부를 개정함과 더불어, 조선우선주식회사에 대하여 명령을 추가하여 남부 연안의 다도해선을 개시하였다. 해를 넘어 1914년(大正 3) 4월 압록강 유역 각 지역의 개발에 이바지하기 위하여 압록강 항행을 개시하였다. 신의주 거주 다카바(高羽) 모 씨에게 그 수행을 명령하고, 위의 개정 명령의 조건은 아래와 같다.

노선명	연 항해 횟수	사용 선박		명령 받는 곳
		척 수	1척 당 톤수	
목포-제주도선(동회·서회)	48	2	180	조선우선주식회사
목포-다도해선(남도·북도)	36	1	150	
압록강 항로	-	30	죄인호송선	다카바 히데요시(高羽秀吉)
		100	나룻배	

2) 제2기 명령항로의 개황

앞에 서술한 바와 같이 제1기 명령항로는 점차 양호한 성적을 거두었다. 1914년(大正 3) 말 기간이 모두 만료되고, 시세의 진보하여 재차 현재 항로를 개량·정리하였으며, 이를 근해로 확장할 필요를 인정하여 1915년(大正 4) 이후에도 보조를 계속하도록 계획을 수립하였다. 때마침 의회의 해산으로 예산이 불성립되어 응급조치하였는데, 그 실행에 따라서 종래 명령항로에 다소 정리를 가하여 수로 개폐로 인한 항행 불능인 금강항로를 폐지하였다. 1915년(大正 4) 4월 1일부터 12월 말까지를 기간으로 하여, 종래 각자 명령을 받아온 사람들에게 지시하여 항로를 지속하도록 하였다. 그 후 추가예산의 성립에 따라서 각 항로의 예정 정리를 가하였다. 한편 대러무역 관계와 더욱 밀접해지는 점을 비추어, 원산에서 블라디보스토크(浦

鹽斯德)로 이어지는 근해항로를 신설하였다. 1920년(大正 9) 3월 31일까지 5년을 기간으로 하여 근해 및 연안항로는 여전히 조선우선주식회사가, 하천항로는 진남포기선합자회사 및 다카바(高羽) 모 씨가 그 항로의 수행명령을 교부하였다. 이를 제2기 항해보조명령이라고 한다. 이에 본 명령에 따른 주요 조건은 아래와 같다.

제2기 보통명령항로와 조건

항로	노선명		연 항해 횟수	사용 선박		명령 받는 곳
				척 수	1척 당 톤수	
근해항로	원산-블라디보스토크선		27	1	1,200	조선우선주식회사
연안항로	웅기-모지(갑·을)선		72	2	900	
	원산-웅기선		72	2	700	
	부산-울릉도선		48	2	300	
	부산-포항선		365	1	150	
	포항-제주도선		48	2	180	
	목포	제주도선	96	1	200	
		다도해선	36	2	180	
	부산-여수선		240	3	150	
	목포-여수선		120	1	100	
	인천-진남포선		34	1	200	
	인천-목포선		72	2	150	
	인천-해주선		240	2	60	
하천항로	진남포	재령선	120	2	30	
		진강포선	120	1	20	
	신의주	중강진선	-	죄인 호송선 3	18석	
		강계선	-	나룻배 75	10	
				75	10	
				25	8	

1914년(大正 3)에 촉발된 구주의 전란은, 본 기간의 명령 시작부터 전국(戰局)이 확대되어, 전시적 방면으로 선박의 수요가 날로 급격해졌다. 각지 일반은 그 영향을 받아 선복(船腹)이 부족하고, 해상운동 상으로도 지장을 초래한 바가 적지 않았다. 조선연안의 해상운송에 있어서는 다행히 본 명령항로에 있어 영향이 심대하지는 않았다. 그럼에도 내지 및 지나 방면과의 연락·통상에 있어서는, 종래 이 때 항행에 종사하고 있는 오사카상선회사 등 기타 사외선(社外船)의 폐항 또는 항해 감소 등으로 인하여 물자 수송이 원활하게 이루어지지 못하였다. 이에 서로 간 그 다대한 불편을 겪어야 했다. 따라서 이것의 완화책으로서 1917년(大正 6) 12월 이후 명령항로 원산-블라디보스토크선을 모항으로 오사카(大阪)까지 연장함으로써 내선(內鮮) 사이의 수송 연락을 계획하였다. 또한 북지나(北支那)에 대해서는 조선우선주식회사에 종용하여 진남포, 대령 간 자영항로를 개시하도록 하는 등, 극력 수송의 결함을 보완할 방침을 채용하였다. 조선의 대지무역은 점차 진전하여, 종용에 따른 일시적인 자영항로만으로는 대응하기 어려웠다. 따라서 1922년(大正 11) 아와쿠니(阿波國) 공동기선주식회사의 대련-지부선을 인천에 기항시킴과 더불어, 또한 같은 해 조선우선주식회사가 조선-북지나선 보조항로를 개시하도록 하였다.

　조선 북부와 이일본(裏日本)은 일위대수(一葦帶水)의 지리적 관계로 근접하여 피아의 통상무역을 조장할 필요가 있다. 이에 항로를 개시하는 문제는 다년의 현안으로서 창도(唱導)되어 온 바이다. 시대의 진운(進運)에 따라서 그 시설의 긴급함을 인정받아, 1918년(大正 7) 이후 조선우선주식회사에 대하여 보조명령을 추가하여 2,000톤급 1척으로 한 달에 2.5회 항해를 수행하도록 하는 조건으로, 청진-원산-쓰루가(敦賀) 정기항로를 개시하도록 하였다. 일반적으로 이를 일본해 횡단항로라고 부른다. 시베리아 내륙의 소요로 인한 우리의 출병으로 인하여 대러시아 교섭이 밀접함을 더해가기에 이르렀고, 그 대책으로서 조선우선주식회사가 종래 결빙기 중 휴항한 원산-블라디보스토크 항로를 1년 속행하도록 하였다. 또한 우수리(烏蘇里) 연안에서 군수품 수송편으로 원산-웅기선을 연장 시항(試航)하였다. 또한 1920년(大正 9) 이후 북륙(北陸) 기선주식회사의 후시키(伏木)-나나오(七尾)-블라디보스토크(浦鹽斯德) 노선을 청진에 기항하도록 명령하는 등 시대의 요구에 순응하는 적절한 조치를 강구하여 산업 개발·무역 진흥·교통 개선발달에 이바지하는 것이 적지 않았다.

　과거 50년간 항해운동 시설에 따라 조선에서 연안항로망은 이제야 완성 단계에 도달하였다. 앞으로 이것을 정리·개선하는 것만으로는 근해항로의 현상으로서 아직 만족할 수 없다. 장래의 시설은 주로 근해항로의 확장·개선을 기할 방침이다.

또한 본부 이외의 명령은 자영항로의 방면에 대하여 해운사업의 소장성쇠가 이어졌다. 조선인 경영 협동기선회사는 1899년(明治 32) 전후로 한국 정부의 보호를 받아 연안항로를 개시하였으나, 그 경영은 오래가지 못하고 일시적으로 폐업에 이르렀다. 이는 전술한 바와 같다. 또한 일본우선 및 오사카상선회사는 조선의 개항과 더불어 체신성(遞信省) 보조명령을 받아 조선항로를 개시하고, 경영 십수년에 걸쳐 산업개발에 공헌한 바가 적지 않았다. 부득이 명령해제가 된 후에도, 일본우선은 요코하마(橫浜)-북지나 노선을 왕복하는 배를 인천에 기항시켰다. 또한 오사카상선회사는 자영으로 지방청의 보조를 받아 서조선(西朝鮮) 연안항로를, 또한 육군성의 특수명령을 받아 호광상회(互光商會)와 함께 내지-조선 연안항로를 계속 경영함이 1914·1915년(大正 3·4)에 이르렀다. 그런데 서구 전란이 촉발하여 항운계통이 적지 않은 영향을 받게 되었다. 오사카상선회사는 일시에 서선항로 운항을 멈추고, 또한 폐지에 이르게 되었다. 다만 평화와 함께 재차 서선 방면에 대한 부정기 항로를 개시하여 지금까지 계속되고 있다. 그 밖에 대마운수회사(對馬運輸會社)는 지방청의 보조를 받아 나가사키(長崎), 하카타(博多)-부산 사이의 항로를, 아와쿠니(阿波國) 공동기선회사는 관동청의 보호를 받아 대련-인천 항로를 경영하였다.

회사, 또는 개인이 자체적으로 운영하는 항로에 있어서는 인천의 호리(堀) 모 씨가 서부 연안 일부에 항해를 개시한 것이 효시이다. 이후 원산의 요시다(吉田) 모 씨, 인천의 아카다(赤田) 모 씨 등 매년 차츰 연안 및 근해에서 여러 경영자가 계속하여 나타나지만, 이들은 모두 사업에 일장일소가 있었다. 그 연혁과 경영의 경위는 오늘날 이를 자세히 알 수는 없으나, 매년 조선의 산업개발에 따라서 점차 견실한 경영자가 늘어나, 자영 항해운송 역시 점차 왕성해지는 추세는 의심할 여지가 없다.

2. 항로의 현상

예로부터 조선의 해안은 연안항로의 정비와 더불어, 대(對) 모국항로의 충실을 주력으로 하는 경향이 있었다. 이에 보조금을 지급하여 항로의 유지·발달을 촉구하는 정책을 수립하였다. 현재까지의 일은 전술한 바와 같다. 현재의 항로 상황은 아래 별도의 표로 나타냈다. 즉, 조선의 항로는 총독부 명령으로 대(對) 모국항로를 기간으로 하고, 다른 관서의 명령항로를 이에 배치하여 연안항로와 서로 아울러 산업상의 필요에 대응하도록 시설하였다. 그중에 정기선은 대(對) 모국항로에 속하는 것이 20개 노선, 연안항로 57개 노선, 하천항로 8개 노선이다. 재차 이를 명령선과 자영선으로 구별하면, 총독부 명령선은 20개 노선[외국 및 대(對) 모국항로를 포함]이고, 조선지방청 명령에 의한 것은 10개 노선, 체신성 명령을 받은 것은 4개 노선, 민간 자영선은 53개 노선이다. 기타 관영 1, 부영 2개 노선이 있다. 지방별 분포에 따르면, 동해안은 17개 노선, 조선 남부가 43개 노선, 서해안 30개 노선이다.

또한 외국항로의 상황을 보면, 보조연안을 연장한 것을 합하여 명령선 2, 지방청 명령선 1로 합계 5개 노선을 보유하고 있을 뿐이다. 그 배선 숫자는 겨우 8,361톤에 지나지 않는다. 이를 연안항로 및 대(對) 모국항로 85개 노선 6만 4,040톤과 비교하면 몹시 불균형적인 상태라는 점을 면치 못한다. 특히 항로 횟수가 적고 선형(船型)이 지나치게 작아, 항로가 불규칙한 등을 생각하면 조선 관계의 외국항로는 여전히 유치한 단계에 있다고 할 수 있다.

① 대(對) 내지 · 외국 항로

(단위: 척, 톤)

항로의 종류	내지(척)	외국(척)	수량(톤)
명령 항로	16	21	33,263
관영 항로	1	5	16,920
자영 항로	9	13	15,689
소계	26	39	65,872

② 연안 · 하천 항로

(단위: 척, 톤)

항로의 종류	연안(척)	하천(척)	수량(톤)
명령 항로	19	112	7,709
관영 항로	2	6	111
자영 항로	40	52	3,496
소계	61	170	22,316
합계	87	209	77,188

3. 선박의 상황

조선에서 처음으로 선박사무를 집행한 것은 지금으로부터 14년 전으로, 1910년(隆熙 4·明治 43) 4월이었다. 당시 해사행정사무는 도지부 세관국에서 이를 담당하여 인천·부산·원산·진남포 각 세관 관할 관청에서 사무를 맡게 하였다. 그 밖에 각 개항장에서 통감부, 이사청에서도 역시 등록 및 검사사무를 집행하였다. 전자는 한국 선박법 및 검사법을 따르는 구(舊) 한국 정부 및 한국 신민의 소유 선박에 대한 선박법 집행 기관이다. 후자는 통감부령에 의한 선박규칙에 구속되어 있는 일본관민 소유 선박에 대한 기관이었다. 창업 당년도 말의 선박원부에 등록되어 있는 선박은 기선 40척·7,815톤, 범선 33척·1,099톤, 석수선(石數船) 15척·4,680석이었다. 미등록 선박으로는 기선 16척·1,51톤[69]이며 석수선 300척·24,186석으로 빈약함이 실로 가련하였다. 이에 당시 해운사업의 상태를 추측해 볼 수 있다. 1912년(明治 45) 해사행정사무를 체신국 소관으로 옮기고, 다음으로 1914년(大正 3) 해사법규를 통일하여 해운사업이 빠르게 진보하고, 치적(置籍) 선박의 증가가 또한 현저하였다. 1914년(大正 3) 말에는 현재 창업 당년과 비교하여 기선이 778척·20,137톤이고, 석수선은 3,248척·264,591석으로 증가세를 나타내었다. 생각하자면 기존에는 무(無)감찰, 혹은 한국에서 교부한 유사 감찰증표에 근거하여 운항에 종사하였으나, 새로운 법에 따라서 등록이 이루어진 결과로 증가한 것이라는 점은 의심의 여지가 없다. 다만 이것이 억제, 혹은 사업이 진보하는 기운에 대하여 부담이 적지 않다. 그 후에도 이러한 경향은 매년 점차 진전하여 치적선(置籍船)의 수가 늘어남에 이르렀다. 특히 기회를 보는데 명민한 선주는 내지 또는 관동주 치적에 비하여, 조선에 치적하는 것이 유리하다는 점을 알게 되었다. 이에 1916년(大正 5) 전후로 대형기선이 조선으로 적(籍)을 옮기는 경우가 적지 않았다.

그런데 구주 전국이 확대됨에 따라서 일반 선복(船腹)의 부족함이 날로 심해지게 되었다. 이 때문에 화물의 운송이 원활하지 못하여 상거래에도 타격을 적지 않게 받았다. 이에 완화의 필요가 있어 1917년(大正 6) 말, 1918년(大正 7)에는 조선의 조선계(造船界)에 큰 활황이 나타나게 되었다. 안으로는 범선항로를 확장하고, 밖으로는 지나 방면의 수요에 응하여 관해관

---

69 오기로 추정되나, 명확한 수량은 알 수 없다.

청의 사무소 역시 따라서 바빠지게 되었다.

　조선 및 철공사업은 종래 정부의 보호를 받아왔으나, 자본 및 설비에 있어 어느 정도 볼 만한 부분은 부산에서 무선 선거(船渠)를 이용하는 주식회사 나카무라(中村) 철공조선소, 인천의 인천철공소 및 진남포의 조선상공주식회사 등에 불과하다. 게다가 그 능력은 겨우 200톤 미만의 목조 선박을 새로 만들고, 500톤 이하의 선박을 수선할 정도에 불과하다. 철강선을 새롭게 조선하는 등은 절대 불가능하다. 내지의 공장과 비교하면 4류, 혹은 5류와 길항(拮抗)할 수 있을 뿐이다. 그런데 숙련직공의 임금은 저렴하지 않을 뿐만 아니라, 그 재료 또한 관세로 인하여 역시 저렴하지 않다. 또한 그 수선에 많은 일수가 소요되므로, 일반 선박을 소유하고 있는 사람은 대다수가 내지로 회항하여 수선을 하는 상태이다. 전시 활황에 따라서 일시적 현상으로 1917년(大正 6) 이후 일반선박이 부족한 영향을 받아, 조선의 조선계도 활황이 나타났다는 내용은 위에 서술한 바와 같다. 특히 압록강 부근에 비교적 대규모 조선소를 설립하고, 압록강 목재를 사용하여 대형 범선을 만들게 된 것은 오로지 조선 및 지나 방면에 응하고자 한 바이다. 그렇지만 평화가 찾아옴에 따라서 선복이 완화되어, 머지않아 사업에 일순 어려움을 초래하게 될 경향이 없지 않을 것이다.

(이민성)

자료 74 | 丸山芳樹, 1925, 《港灣》第三卷 第二號, 港灣協會, 55~61쪽.

조선의 항만 개황

조선 반도의 해안선 연장은 2,213여 리(里) 각 도서(島嶼)의 부분은 2,181여 리로 합계 4,395리가 되고, 육지 면적에 대한 해안선의 비율은 육지 1평방리에 대해 0.307리이다.

예로부터 이들 해안에 접하거나 대하천에 접한 항구로서 명칭이 있는 것은 크고 작은 것이 약 300항(港)에 달한다.

반도의 해안은 그 서부해안, 남부해안, 동부해안에서 각각 다른 특징을 가진다. 즉 조석(潮汐), 조류, 청탁(淸濁), 온도, 심천(深淺) 등이 서로 다르다.

서해안은 일반적으로 해안선의 굴곡이 심하고, 조석 간만의 차이가 심대하며, 최대는 인천(仁川)의 대조(大潮)[70]로서 33척 5촌, 평균 삭망 간만(平均 朔望 干滿)[71]의 차이는 29척, 국경 용암포(龍巖浦) 부근에서 평균 삭망 간만의 차이는 21척이고 남쪽 끝(南端) 목포(木浦)에서 13척 5촌을 보이듯이 변화는 특히 현저하다. 육상 지세(地勢)는 해안을 향해 완만한 경사를 이루고, 대하천의 유출(流出)은 이쪽 해안이 많고 해안이 멀고 얇으므로, 간석지(干潟地)에서 많은 바닷물은 일반적으로 혼탁하다. 조류는 국부적인 것이 많고 해수의 온도는 일반기온과 일치하며 폭풍에 의한 파랑(波浪)이 많다.

남해안은 도서가 점으로 존재하고 해안선의 휘어짐이 한층 심하며, 조석 간만은 서해안과 같지 않다. 목포의 최대 간만의 차 16척 5촌을 서쪽 끝(西端)으로 하여, 점차 동쪽으로 갈수록 감소하며, 부산(釜山)에서는 최대 간만의 차 6척 5촌이고 평균 삭망 차는 4척 5촌 정도이다. 육상 지세는 대체로 경사가 급하며 서해안에서 보는 것 같은 평지는 아니다. 1~2 대하천의 유입이 있지만 간석지는 적으며, 수심은 일반적으로 깊고 해수는 깨끗하며 조류는 구로시오해류(黑潮)[72]의 분류(分流)가 해협(난류로서 동일본해로 향한다)으로 흐르는 이외에는 국

---

70 그믐이나 보름 1~3일 후에 조차가 최대가 되었을 때이다.
71 그믐과 보름의 고조간격을 평균한 것이다.
72 필리핀에서 일본의 동해안까지 북동쪽으로 흐르는 따뜻한 해류로 투명도가 높아 검푸른색으로 보이기 때문에 검은색의 조류라는 의미로 구로시오(黑潮:흑조)라는 이름으로 불린다.

부적인 도서 사이의 빠른 조류(早潮)가 존재한다. 도서가 산재(散在)하며 휘어진 굴곡이 많으므로 만내(灣內)의 파랑은 지극히 평온하며, 온도는 따뜻하여 해안 전체적으로 해초어패류가 잘 자란다.

동해안은 서해안과 거의 정반대이다. 즉 해안선의 굴곡은 심하지 않고, 따라서 피난에 유리한 정박지는 적다. 또한 조석 간만의 차는 매우 적어서, 원산(元山)의 최대 간만의 차이는 5척이고 평균 삭망 간만의 차는 1척 5촌이다. 성진(城津)에서 평균 간만의 차 1척 7촌이고 청진(淸津)에서 2척을 가질 뿐이다. 육상 지세는 일반적으로 급경사인데, 단 함경남도(咸鏡南道) 영흥만(永興灣)의 굴곡진 해안선 부근 평원을 빼고는 대하천의 유입이 적다. 일반적으로 수심은 매우 깊고 해수는 맑으며 조류는 난류와 한류가 흘러 남과 북으로부터 앞바다에서 섞이므로 계절에 따라 짙은 안개(濃霧)가 심하며, 해수 온도는 조류의 영향을 받아 대기의 온도와 비례하지 않는다. 파랑은 폭풍에 의하는 것보다 기압에 지배받는 것이 특히 현저하다.

이와 같이 동, 서, 남의 해안에 따라 현저히 차이가 있으므로 항구의 상황도 대체로 이것에 지배되며, 따라서 설비도 각각 차이를 가지는 외에 서식하는 어족(魚族)의 종류도 계절이나 기타 수온에 따라 상이하다.

서해안에 속하는 개항(開港)으로서는 국경에 가까운 다사도(多獅島) 정박지, 신도(薪島) 정박지, 신의주(新義州), 진남포(평양), 인천, 군산(群山), 목포가 있고 지방항으로서 황해도(黃海道)의 겸이포(兼二浦), 용당포(龍塘浦), 전라남도(全羅南道)의 법성포(法聖浦) 등이 저명하다. 그 외에 어항(漁港), 휴박항(休泊港) 또는 계절항, 피난항으로서 평안북도(平安北道) 내 25개소, 평안남도(平安南道) 내 4개소, 황해도 내 17개소, 경기도(京畿道) 내 3개소, 충청남도(忠淸南道) 내 17개소, 전라북도(全羅北道) 내 7개소, 전라남도 내 17개소가 있다.

남해안에 속하는 개항으로 부산이 있고, 지방항으로서 전라남도에 여수(麗水), 제주(濟州), 성산포(城山浦), 경상남도(慶尙南道)에 삼천포(三千浦), 통영(統營), 마산(馬山), 행엄(行嚴, 진해), 장승포(長承浦), 미조(彌助), 거문도(巨文島) 등이 저명하다. 그 외 어항, 휴박항으로 전라남도 내 52개소로 다수에 달하며 경상남도 내 15개소가 있다.

동해안에 속하는 개항은 원산, 성진, 청진, 웅기(雄氣)가 있고, 지방항으로 경남의 방어진(方魚津), 장생포(長生浦), 경북(慶北)의 감포(甘浦), 구룡포(九龍浦), 포항(浦港), 도동(道洞), 강원도(江原道)의 장전(長箭), 주문진(注文津), 함남(咸南)의 서호진(西湖津), 신포(新浦), 신창(新昌),

함북의 어대진(魚大津), 나진(羅津), 서수라(西水羅) 등이 유명하고, 그 외 어항, 휴박항, 계절항, 피난항으로서 경남 2개소, 경북 4개소, 강원 25개소, 함남 5개소, 함북 17개소가 있다.

이상의 항구 가운데 세관(稅關) 개항이 12항, 준개항(準開港)이 2항인데, 1923년(大正 12) 3월 관세 개정 결과, 상기 개항 12항 외에 세관 지정항(指定港)으로서 19항이 설정되었는데, 1924년(大正 13) 말 세관 지정항이 10항으로 바뀌었다.

대한제국(韓國政府) 시대로부터 전기 개항 12항 및 준개항 2항 합계 14항에 시설된 설비비는 1924년도(大正 13)까지 합계 2,677만 5,411원에 달하고, 기타 항구 유지 설비비로서 합계 228만 110원, 총합계 2,905만 5,521원 국비의 지출을 했다.

개항 이외의 지방항에 대해서는 각 항의 완급에 따라, 국고, 지방비의 보조 및 지역의 부담 및 기부 등으로 설비된 항은 13항이고, 시설금액 1924년도(大正 13)까지 합계금 126만 6,116원이고, 항구 유지비 지출금 3,300원 총합계 126만 9,416원이다.

1925년도(大正 14) 이후 현재 공사 중인 항만으로서 국고 지출인 것으로 부산, 원산, 청진, 성진의 4항이 있고, 부산은 1927년도(大正 16)까지 준공할 예정, 원산 역시 1927년도(大正 16) 준공, 청진은 1928년도(大正 17)까지, 성진은 1926년도(大正 15)까지 각각 준공할 예정이다. 그 금액 합계 420만 원이다. 지방항으로 현재 공사 중인 것은 경상남도의 방어진항이 공비 70만 5,000원 1923년도(大正 12) 이후 1927년도(大正 16)까지 5개년의 공사로, 공비의 3분의 1을 국고보조로 하고 3분의 1을 지방비 부담으로 하고 3분의 1은 지방의 부담 기부로 하며, 공사의 주체는 방파제 154간[73]의 축조를 통하여 수면적(水面積) 약 5만 평을 포옹(抱擁)한다.

경상북도 감포항은 1922년도(大正 11)부터 3개년 간 계속사업으로, 공비 26만 원 내역으로 지방비 20만 원, 지역 면(面) 부담 4만 원으로 방파제 길이 90간(그 포옹 수면적 1만 4,000평)의 공사 중에 있다.

경상북도 구룡포항은 1922년도(大正 11) 이후 3개년 계속 공사로, 공비 35만 원 가운데 13만 원은 국고보조, 10만 원은 지방비 지출 및 지역의 기부금 12만 원이며, 연장 100간의 방파제를 축조 공사 중에 있다. 그 포옹 수면적 1만 4,000평이다.

강원도 주문진항은 1923년도(大正 12) 이후 3개년 계속 공사로, 총공비 24만 원 가운데 국

---

73 1간(間)은 6척(약 1.8미터)에 해당한다.

고보조 8만 원, 지방비 지출 8만 원, 지역 부담 8만 원으로 동쪽 방파제 91간 6분, 서쪽 방파제 72간, 그 포옹 수면적 1만 6,000평이며 현재 공사 진척 중에 속한다.

이러한 조선 반도에서 항만시설은, 대한제국 시대부터 점차 개항에 대해서는 상당한 공비 지출을 했지만, 각각 통상항으로서의 설비는 불완전하며 충분한 기능을 갖추기에 이르지 못했다. 현재 선박-기차 연결에 필요한 시설이 있는 것은 부산, 인천, 원산, 진남포가 있을 뿐, 이들도 무역의 진전에 따라 각자 시설 확장의 시기에 도달했다, 개항 중인 군산, 다사도 정박지, 목포 등과 같은 것은 설비가 전혀 없다. 항만으로서의 이용에 다대한 불리함과 불편함을 가지고 있는 것이므로 총독부에서도 이들 긴급 시설에 대해서 각각 연구를 거듭하여 실현 진전에 힘쓰고 있다. 그리고 그 계획의 대강을 말하면 다음과 같다.

> 다사도 정박지에서 선박-기차 연결 연간 40만 톤 계획에 대비해 계선(繫船)[74] 및 부선(艀船) 하역 설비를 필요로 한다.
> 진남포항의 확장에서 선박-기차 연락 연간 37만 5,000톤 취급에 대비해 계선벽(繫船壁) 및 하역장의 증축 매립, 창고, 철도선 연결 등을 필요로 한다.
> 군산항에서 선박-기차 연결 연간 45만 9,000톤 취급에 계선 잔교(棧橋), 하역장, 연결선, 건물, 매립 등의 설비를 필요로 한다.
> 목포항의 선박-기차 연결 연간 24만 톤의 취급에 대해 부유 잔교, 하역장, 매립, 연결선 등 시설을 필요로 한다.

인천항 내 항로 확장과 수심 및 선박 피난지 준설은 또한 긴급을 요하는 공사이다. 또 인천 도크 확장 원산 방파제 연장과 북부 국경 웅기항 잔교 하역장 등도 또한 긴급한 시설이다.

기타 부산, 원산, 청진, 성진 등도 추가 시설을 필요로 한다. 그 외 부산, 인천, 군산, 원산을 비롯하여 주요 지방항에서 연안 무역용 여러 설비는 현재 전혀 볼 만한 것이 없다. 대다수가 불편, 불리함을 가지고 있는데, 지방적 시설의 필요가 있다. 그리고 이들은 주로 지방청, 지역,

---

74 배를 묶어 둔다는 의미이다.

부면(府面)에서 실시할 것으로 되는데, 각각 고려 연구 중이며 그 내용은 여기에는 생략한다.

항만의 대체 상황에 대해서는 상술한 것과 같다. 그리고 장래에 대해서는 산업개발, 무역의 진전에 호응하여 교통기관의 완비에 따라, 각 항만에서도 그 후방 지대와의 연결, 수산, 항운, 기선의 각종 관계를 고려해야 한다. 또한 조선 반도는 그 국정(國情), 지세 상, 또 화물의 성질 상, 운수 출입에 대해서는 오로지 철도에 의한 장거리 수송을 집중시키는 중심항을 수축한다는 것은 득책이 아니다. 가급적 근거리 운송의 항만으로 집중할 경제적 관계가 있는데 통상항(개항), 지방항, 어항, 피난항, 휴박항 등을 선정하고, 수면적 약 10만 평 이상, 수심 15척 전후의 부분과 약 5만 평 이상을 포용하는 항만 약 90항의 시설이 필요하다고 인정된다. 이들 90항의 내역은 해항(海港) 66개소, 하항(河港) 4개소, 도서항(島嶼港) 20개소이다. 이들을 해안선 분포에 의하면 해안선 약 30리마다 1항의 비율이 된다. 또 이들을 분류하여 통상항(개항)으로서 16항(현재 개항 12항 세관지정항 10항이 있다), 지방항 74항으로 분류할 수 있다.

조선에서 무역은 1912년(大正 1) 수이출입 총액 8,810만 원대로부터 점차 진전하여, 1923년도(大正 12)에는 5억 2,746만 원대로 증가했다.

톤량에서(12년간 통계) 매년 각 항 최대의 최대 합계 687만 6,000여 톤에 달하고, 평균 452만 4,000톤이 된다. 그리고 이것을 항별로 보면, 부산을 첫째로 하고 1923년도(大正 12)에 1억 6,700만 원(총액의 100분의 31.7), 인천 9,300만 원(총액의 100분의 17.6이고 1922년(大正 11)은 1억 200만 원)으로, 양 항에서 전체의 약 반액을 점한다. 기타 신의주의 5,000만, 군산의 4,000만 원대, 진남포 목포의 2,000만 원대, 원산, 청진, 용암포(다사도 정박지, 신도 정박지)의 1,000만 원대이고, 기타는 1,000만 원 이하를 보인다. 연안무역 역시 연액 합계 1억 7,000만 원, 톤량 약 150만 톤으로, 수이출입 무역의 장래는 충분히 진전의 여지가 있다는 것은 명료하다.

수이출품의 주요한 것은 정미, 현미, 대두, 수산물, 작잠사(柞蠶絲), 철, 목재, 생사(生絲), 조면(繰綿), 생우(生牛), 금광석, 견(繭), 우피(牛皮), 인삼, 펄프, 해초, 석탄, 흑연 등이고, 수이입품[75]의 주요한 것은 생광목(生金巾), 생 무명, 좁쌀(栗), 석탄, 쌀, 지나(支那) 마포(麻布), 목재, 표백광목, 표백 무명, 설탕, 석유, 조면 및 타면(打綿), 지류, 모직물, 연초, 시멘트, 소맥분, 면직사(綿織絲), 서양지(洋紙), 맥주, 청주 등이다.

---

[75] 원문에는 "수이출품(輸移出品)"으로 표기되었으나, 맥락상 "수이입품(輸移入品)"의 오기로 보인다.

개항 출입 선박에서는 기선, 범선, 정크선을 포함하며, 각 항 합계 1923년도(大正 12) 출항은 1만 6,295척, 515만 1,811톤이고, 입항은 1만 7,946척, 536만 3,217톤이다.

연안 어업에 종사하는 자는 전업과 겸업, 합계 1921년(大正 10) 말에 호수 7만 1,333호, 인구 31만 8,324명이며, 1912년(大正 1)으로부터 증가는 호수에서 4할 증가, 인구에서 9할의 증가를 보인다. 그리고 어선은 1921년(大正 10) 말 조선형, 내지형, 발동기선 합계 2만 7,513척이며 1921년(大正 1)에 비교하여 약 10할의 증가를 보인다. 기타 수산물 제조·운반을 주로 하는 선박은 합계 1921년(大正 10) 말 3,772척이고, 어획고 1921년(大正 10)도 약 4,500만 원으로 1912년(大正 1)에 비교하여 5.3배의 증가를 보인다. 수산물 제조고는 1921년(大正 10) 2,566만 원이고, 내지로부터 와서 어업하는 자는 1921년(大正 10) 선박 수 5,485척, 인원 3만 2,402명이다. 내지로부터의 이주 어민도 개항 이래 점차 증가하여 1921년(大正 10)에는 호수 약 2,800호, 인구 약 1만 2,000명을 헤아린다. 현재 수산에 관한 통계를 내지와 비교하면 아래와 같다.

[내지 1920년(大正 9), 조선 1921년(大正 10)]

	일본	조선	비율	
연안 거리 (리)	7,040	4,395	62.4%	
어장 면적 (평방리)	96,000	50,000	52.1%	[내지 100심(尋) 이내 조선 동부는 100심 이내 서남부 연안(距岸) 평균 60해리 이내]
어선 수 (척)	383,505	27,513	7.2%	
어업자 호수 (호)	628,851	71,333	11.3%	
어업자 인구 (명)	1,335,555	318,324	23.8%	
어획고 (원)	270,294,228	44,997,590	16.6%	

이것을 연안 거리를 기준으로 할 때 연안 1리에 대해, 어장 면적은 내지 14평방리이고 조선 11평방리, 어선 수 내지 54척에 대해 조선 6척, 호수 89호에 대해 16호, 인구는 190명에 대해 72명, 어획고 3만 8394원에 대해 1만 238원을 보인다. 어장 면적 1평방리에 대한 비율을 보면, 어선 수 내지 4척, 조선 0.6척, 인구는 내지 14명, 조선 6명, 어획고 1인 평균 내지 201원, 조선 250원이다. 조선에서 어업은 내지에 비해 그 발전은 유망한 것이다.

조선 연안에서 어선의 조난은 1910년(明治 43) 이후 1923년(大正 12)에 이르기까지 합계하면 사망 또는 행방불명이 4,235명에 달한다. 연도 내에서 최대 973명(1923년(大正 12)), 최소 55명(1915년(大正 4))이다. 조난 및 파선(破船)수 합계 5,973척의 피해이고, 금액은 261만 1,445원이다. 연도 내에서 최대 704척, 금액 61만 8,482원(1923년(大正 12))이다. 이들 피해 대부분은 항구 부근의 것이며, 어항, 피난항의 완비와 통신설비에 의해 근절할 수 있는 것이다.

오지(奧地)에서 농업, 임업, 광업 등, 각각 산업개발에 막대하게 투자되어 점차 수확을 증대하고 있는데, 온갖 화물의 이동은 한층 번거롭고 바쁘게 되므로 도로, 철도 등의 교통기관의 연장(延長) 설비를 필요로 하고, 또 항만의 시설은 특히 그 영향이 크게 되는 것인데, 반도 시설 중 긴급한 사항인 것이다.

조선 연안에서 정기 기선(汽船), 항로에 대해서 말해 보면 정기항로에 대해 근해 연안으로 구별하면 1923년(大正 12) 10월 현재는 아래와 같다.

조선총독부 명령 항로

1. 근해에서는 조선우선회사(朝鮮郵船會社)의 청진-쓰루가(敦賀)선 한 척(2,485톤), 웅기-간몬(關門)선 두 척(994톤, 1,248톤), 부산-블라디보스톡-간몬 선 2척(1,625톤, 1,317톤), 인천-지나선 1척(1,010톤), 신의주-한신(阪神)선 두 척(708톤, 1,790톤) 및 호쿠리쿠(北陸)기선회사[체신성(遞信省), 이시카와현(石川縣), 도야마현(富山縣), 명령 병용]의 후시키(伏木)-염포(鹽浦)[76]선 1척(1,275톤)과 아와(阿波)공동기선회사(관동청(關東廳) 병용)의 대련(大連)-지부(芝罘)-인천선 1척(1,380톤)으로 총계 7선 3회사 10척, 총 톤수 1만 3,832톤이다.

2. 연안항로 명령에서는 조선우선회사의 부산-원산선 2척(470톤, 719톤), 부산-울릉도(鬱陵島)선 1척(372톤), 부산-목포선 4척(182톤, 185톤, 186톤, 262톤), 원산-청진선 2척(함북 명령 병용, 1,127톤, 1,033톤), 인천-진남포선 1척(240톤), 부산-제주도선 1척(372톤), 목포-제주도선 1척(199톤), 목포-다도해선 1척(187톤), 인천-목포선 1척

---

76 원문에는 "염포(鹽浦)"로 표기되었으나, "포염(浦鹽)"의 오기로 보인다.

(92척), 전부 조선우선회사이며 총계 9선 14척, 총 톤수 5,626톤이다.
3. 하천항로 명령은 압록강수항공사(鴨綠江輸港公司)에서 신의주-초산(楚山)선 1척(발동 27톤), 초산-중강진(中江鎭)선 1척(15톤), 중강진-신갈파진(新乫坡鎭)선 1척(7톤)과 압록강운수회사(鴨綠江運輸會社)에서 신의주-중강진선 다카세(高瀬)선 30척, 조자(艚子) 52척 및 진남포기선회사(鎭南浦汽船會社)에서 진남포-재령(載寧)-진강포(鎭江浦)선 3척(29, 24, 28톤) 합계 3회사이다.

타 관청의 명령 항로

1. 근해에서 육군성(陸軍省) 명령으로 오사카상선회사의 오사카(大阪)-청진선 2척(3,175톤, 3,212톤), 고코우상회(互光商會)의 오사카(大阪)-청진선 1척(1,899톤)이 있고, 체신성 명령으로 조선우선회사의 조선서해안 2척(1,260톤, 2,147톤)이 있고, 나가사키현(長崎縣) 명령으로 대도상선회사(對島商船會社)의 나가사키-이키(壹岐)·쓰시마지마(對馬島)선 1척(524톤)이 있고, 또 경기도-전라남·북도-경상남도 4도의 명령으로 조선우선회사의 조선-상해(上海)선 1척(1,580톤)으로, 총계 5선 4회사 7척, 총 톤수 1만 3,797톤이다.
2. 연안항로로 경기도, 황해도 명령으로 조선우선회사의 인천-해주선 1척(152톤), 전라남도 명령으로 진도운수회사(珍島運輸會社)의 진도(珍島)-목포선 1척(26톤), 완도면(莞島面) 외 6면 순항조합의 완도(莞島)-금일도(金日島)-노화도(蘆花島)선 1척(17톤), 해남공동운수회사의 목포-임자도(荏子島)선 1척(20톤), 해남공동운수회사의 목포-하의도(河衣島)선 1척(25톤), 오카자키구미(岡崎組)의 여수-연도(鳶島)선 1척(12톤)이 있고, 경상남도 명령으로는 통영해운회사의 통영-거제도(巨濟島)선 1척(8톤) 통영해운회사, 통영해운회사의 통영-미조리(彌助里)선 1척(25톤) 통영해운회사, 남해운수조합의 선소리(船所里)-삼천포선 1척(7톤)이 있고, 함경남도와 강원도의 병용 명령으로 조선우선회사의 원산-장전선 1척(하절기 105톤), 군산부 명령으로 군산-광천(廣川)선 1척(18톤) 카효우구미(下平組) 등이 있어서 총계 11선 8경영자 11척 480톤이다.

관공서 직영 항로

근해에서 철도성의 관부(關釜)연락선 5척(3,000톤급)과 연안항로로는 부산부의 부산-목도(牧島)선 4척(10톤 내지 16톤), 군산부영의 군산-용당포선 1척(17톤), 합계 3선 경영자 3 기선 5척, 1만 6,917톤 발동선 5척 73톤이다.

자영 항로

근해선으로 대도상선의 하카다(博多)-부산선 1척(737톤), 이노(飯野)기선의 하카다-부산선 1척(640톤), 리퉁수선공사(利通輸船公司)의 즈푸-인천선 1척(1,855톤), 오사카상선의 오사카-인천선 3척(1,200톤급), 니시와키구미(西脇組)의 청진-쓰루가선 1척(1,540톤), 시마타니(島谷)기선의 인천-가고시마(鹿兒島)선 2척(951톤, 987톤), 삼릉상사(三菱商社)의 오사카-진남포선 1척(762톤), 아마가사키(尼ヶ崎)기선의 오사카-웅기선 1척(993톤), 이케기기선의 오사카-제주선 1척(665톤), 조선우선회사의 오사카-제주선 2척(700톤급), 다롄기선의 다롄-톈진(天津)-단둥(安東)선 2척(1,262톤, 1,037톤), 렌허항업공사(人和航業公司)의 즈푸-단둥선 1척(417톤), 렌허항업공사의 단둥-대고산(大孤山)선 1척(51톤)이 있어서, 총계 13선 경영자 11, 18척, 1만 6,973톤이다. 연안 항로에서는 원산-웅기선에서 오카다(岡田)기선의 2척(200톤급), 타구치카이소우텐(田口廻漕店)의 1척(382톤), 조선우선회사의 2척(384톤, 257톤)과 부산-여수선에서 조선우선회사의 1척(203척)이 있다. 기타 발동기선, 소증기선 항로로서 29선, 경영자 27, 39척, 톤수 100톤 이하 합계 1,257톤, 총 합계 32선, 경영자 30, 45척, 2,970톤이다. 하천항로로 압록강수항공사의 신의주-중강진선 1척(13톤)이 있다.

항만행정

항만에 관해서는 아직 통일적 제도가 확정된 것이 없고, 오로지 종래의 관례에 따라 개항에서의 시설은 국비의 지출로 그것을 경영·유지하고, 개항 이외의 항만은 지방청, 지방단체의 시설 경영을 주체로 하며, 그 가운데 중요한 것은 지정항이 된다. 본부(本府)에서 각각의 계획을 확정하고, 감독을 하면서 국고의 상당 보조를 주어 그것의 빠른 완성을 계획하고 있다. 항만행정은 내지의 그것과 같이 복잡, 착종하지는 않지만, 항만관리, 감독, 축조·유지 및 비용부담의 구분 등에 관한 통일적 제도가 없으므로, 관계자는 물론 경제상으로 미치는 영향이 적지 않다. 그리고 이것의 통일은 내지와의 관계도 있어서 매우 중대한 사항이므로 심중 연구를 요하는 것이다. 현재 항만행정 분장 부서를 들면 다음과 같다.

내무국의 관장에 속하는 것

항만의 수축, 설비, 항내의 매립, 준설, 공작물의 설치 등 처분.

체신국의 관장에 속하는 것

항로, 등대, 표식, 선박, 해원, 수선인(水先人)에 관한 사항.

경무국의 관장에 속하는 것

이출우 검역, 개항 항칙의 제정.

재무국의 관장에 속하는 것

관세 기타 이입세, 톤세, 출항세, 관세의 단속, 보세창고, 세관잔교 및 선거(船渠)의 사용허가 등.

학무국의 관장에 속하는 것

기상의 관측, 기상예보, 폭풍경보 등.

각 도지사

개항 항칙의 집행 및 해항검역, 상수(上水) 검사 등.

기타, 철도의 3선 연결 취급 및 부두 구내의 철도운전 등은 철도국에서 취급한다.

(구병준)

자료 75 | 渡邊豊日子, 1925,《港灣》第三卷 第八號, 港灣協會, 16~22쪽.

조선의 산업과 항만

1.

지금으로부터 약 15년 전, 즉 1910년(明治 43) 한일병합의 당시에 조선의 총생산액은 약 4억 원이었는데, 1924년(大正 13)에는 17억 원의 거액에 달했다. 이것은 일면 생산 단가의 상승에 의한 것임에도 불구하고, 그 주된 원인은 각종 산물의 수량 증가와 품질이 개량된 결과라고 하지 않을 수 없다.

또 수이출입(輸移出入)[77] 무역에 대해서 봐도, 병합 당시는 수이출입 무역의 총액은 5,969만 6,000원이었고, 그 수이입 무역의 총계는 3,978만 2,000원이고 수이출 무역의 총계는 겨우 1,991만 3,000원에 불과했으므로, 결국 1,976만 9,000원의 수이입 초과의 상태였고 수이입은 수이출의 약 2배에 달하고 있었다. 그런데 1924년(大正 13)년에 수이출입 무역의 총액은 6억 3,863만 2,000원의 다액에 달하고, 수이입 무역의 총액 3억 959만 3,000원에 대해 수이출 무역의 총액은 3억 2,903만 9,000원이었고, 1,944만 5,000원의 수이출 초과를 보기에 이르렀다. 이러한 사실을 가지고 봐도 조선의 산업이 한일병합 이래 순조로운 발달을 이루고 있는 동시에, 그 경제 재정도 역시 순조롭게 나아가고 있다는 것을 증명하는 것이 가능하다고 생각한다. 현재 이런 총생산액 17억여 원의 내용을 농산·공산·수산·임산(林産)·광산(礦産)으로 크게 나누어 그 대략의 요점을 살펴보면 다음과 같다.

2.

1924년(大正 13) 조선 전체의 총생산액 약 17억 원의 가운데, 농산은 11억 7,000만 원의 거액을 점하고 있다. 즉 총생산액의 약 7할은 농산물의 가격이다. 그 주된 것은 쌀(米)·보리

---

[77] 수출입과 이출입을 합한 용어. 이출입은 조선과 일본 간 무역 등, 일본 제국 내 무역을 의미한다.

(麥)·콩(豆)·조(粟)·소(牛)·견(繭) 및 면(棉) 등이다.

1) 쌀

우선 쌀에 대해 말하면, 병합 당시는 조선쌀의 총생산고가 1,000만 석 미만이었지만, 오늘날에는 평년작으로 1,500만 석에 달할 뿐만 아니라, 그 품질이 개량된 것은 매우 두드러지며, 1910년(明治 43)경의 조선쌀과 오늘날의 조선쌀을 비교하여 보면 진정으로 격세지감이다. 다만 불행히도 품질이 개량되었다는 사실이 내지(內地) 사람들에게 충분히 알려지지 않아서, 불량쌀은 조선쌀이라고 사고하게 되는 경향이 있는 것은, 병합 당시에서 조선쌀에 대한 생각이 금일에도 아직 그대로 지속된 결과라고 생각되는데, 아무튼 유감스러운 사실이다.

원래 조선에서 논의 총면적은 약 155만 정보(町步)[78]였고, 그 가운데 관개(灌漑)의 설비가 있는 것은 겨우 35만 정보 내외에 불과했다. 나머지 120만 정보는 비를 기다려야 비로소 모내기를 한다고 하는 모양이다. 그런데 그 1반보(半步)[79]당 생산고도 내지의 평균 1반보의 생산고가 현미 2석(石)[80]임에 비해서, 조선의 평균 1반보의 생산고는 겨우 1석에 불과하다. 만약 조선에서 120만 정보의 천수답(天水沓)[81]에 수리의 편리를 열어 경종법의 개량을 행했다면, 내지에 가까운 성적을 거둘 수 있는 것은 결코 어렵지 않다. 내지에서 쌀의 평년작은 약 5,500만 석인데, 그 1개년의 소비고는 6,500만 석 내외이므로 1년에 400~500백만 석의 대만쌀과 조선쌀을 이입하는 외, 양곤(ヤンゴン)[82] 기타 지방으로부터 매년 300만 석 내외의 외국쌀을 수입하고 있다. 지금 가령 1석 25원이라고 하면 7,500만 원씩, 매년 해외에 대해서 금화를 가지고 결제하고 있는 셈이다. 게다가 우리 본국의 인구는 매년 60~70만 명씩 증가하고 있으므로, 도저히 내지에서 미미한 경지의 확장, 또는 경종법의 개량으로 그 수요를 충당한다고 하는 것은 불가능하다. 이것에 반해 조선은 산미 증식의 여지가 내지에 비해 매우 크

---

[78] 1정보는 3,000평에 해당한다.
[79] 1반보는 300평에 해당한다.
[80] 1석은 약 180리터에 해당한다.
[81] 벼농사에 필요한 물을 빗물에만 의존하는 논을 지칭한다.
[82] 당시 영국령 버마의 수도이다.

기 때문에, 총독부에서는 1920년(大正 9) 이래 산미증식 제1기 계획을 수립하여 현재 착착 그 것을 실행 중이다. 이 계획에 따르면 1920년(大正 9)년부터 향후 15개년을 기하여 약 40만 정보에 걸쳐 논에 대해 관개의 편리를 열고, 또 일반적으로 경종법의 개량을 하여 매년 900만 석의 증수를 보는 것으로 되고 있다. 다행히 그 계획이 예정대로 완성하여 매년 900만 석의 증수를 거둘 수 있게 된다면, 조선 내에서 수요의 증가를 빼고 500만 석 내외의 쌀을 내지로 이출할 수 있게 된다. 여기에 조선으로부터 내지로 이출하고 있는 490만 석에 그 500만 석을 추가하면, 매년 1,000만 석의 쌀을 내지로 이출할 수 있는 것으로 된다.

조선에서 산미증식 제1기 계획은, 전술한 것처럼 약 40만 정보의 논에 대해 수리 관개의 편리를 여는 것이 목적인데, 그 내용의 상세를 말하면, 원래 조선에서는 관개 개선을 할 토지가 약 40만 정보, 지목 변환을 할 수 있는 토지가 약 20만 정보, 간척 예정지가 약 13만 정보, 개간 예정지가 약 7만 정보, 합계 80만 정보가 있는데, 그 가운데 약 40만 정보를 제1기 계획으로 하여 실시하는 것으로 되고 있다. 제1기 계획 완성에 따라 매년 내지로 약 1,000만 석의 쌀을 보낼 수 있을 뿐만 아니라, 다시 제2기 계획으로 제1기 계획과 마찬가지로 40만 정보에 대해 토지 개량을 할 수 있는 여지가 있다. 그와 같이 차례로 만약 조선에서 수리 관개의 사업 및 경종법의 개량이 예정대로 된다면, 비록 내지의 인구가 매년 60~70만의 속도로 증가하더라도 영구히는 아니더라도, 지금 당분간은 식량으로 곤란할 걱정은 없다. 뿐만 아니라, 이들 수리 관개의 공사에 필요한 비용과 같은 것도, 만약 내지에서 같은 사업을 하는 것에 비하면, 조선에서는 대체로 3분의 1로 충분하므로, 같은 금액을 가지고 내지에서 1만 정보의 토지 개량을 할 수 있을 경우, 조선에서는 그 3배, 즉 3만 정보의 토지 개량을 할 수 있다. 그런데 현재 내지에서 식량정책이 항상 내지의 범위로만 국한되고, 조선과 같이 유리한 지방을 추가하는 대계획의 수립을 보기에 이르지 않는 것은, 우리의 커다란 유감이 될 것이다.

2) 보리

보리는 연 생산고 약 1,000만 석, 조는 연 생산고 약 530만 석 정도이며, 모두 조선 농가의 주식량이다. 보리는 내지로 이출되고 있는 소량의 소맥(小麥)[83]을 제외한 나머지는 전부

---

[83] 밀을 의미한다.

농민의 식량으로 소비되고 있다. 조는 서북 지방에서 농민이 늘 먹는 음식이다. 1919년(大正 8) 서북 지방의 가뭄에 즈음하여, 총독부가 궁민구제의 목적으로 다량의 만주조(滿洲粟)[84]를 수입한 이래, 만주조의 맛을 알게 된 조선 내의 농민은 가격이 저렴한 만주조를 먹고, 가격이 높은 조선쌀을 내지로 이출하는 경향이 매우 왕성해졌다. 이런 결과 1924년(大正 13)에 조선쌀의 내지 이출은 그 전년인 12년에 비해 80만 석을 증가하여 약 490만 석으로 올랐다. 또 1924년(大正 13)은 조선에서 주된 쌀 산지인 호남 지방이 가뭄을 입었으므로 220만 석의 감수를 보기에 이른 것으로, 일반적으로 조선쌀의 내지 이출은 300만 석 내외라는 예상이었는데, 오늘날에는 바로 450만 석에 달하고 있다. 이것들은 모두 만주조와 외국쌀이 조선으로 수입되고 있기 때문이다. 조의 수입은 약 150만 석이고, 외국쌀과 같은 것은 올해는 약 70만 석의 수입을 보고 있다.

3) 대두(大豆)[85]

대두의 생산은 병합 당시 350만 석 정도였는데, 오늘날에는 약 500만 석에 달하고 있을 뿐만 아니라, 그 품질과 같은 것도 쌀과 마찬가지로 크게 개량된 결과, 근시 매년 약 150만 석의 대두가 내지로 이출되고 있다. 그 주된 종착지는 쌀과 마찬가지로 오사카(大阪) 지방이다. 그 용도는 두부를 비롯하여 된장과 간장 등의 양조용이다.

4) 견

조선의 천지(天地)는 공기가 건조하므로 크게 양잠(養蠶)에 적합하다는 것이 시험의 결과 명료하게 드러났으므로, 병합 이래 계속해서 양잠의 장려에 종사하여 왔다. 즉 병합 당시는 연 생산이 겨우 1만 석이었고, 그 품질과 같은 것도 삼면잠(三眠蠶)[86]이 매우 조악한 것이었는데, 병합 이래 차츰차츰 개량을 해온 결과, 오늘날에는 삼면잠은 모두 그 흔적을 감추었고 전부가 교배종이다. 산견(産繭)과 같은 것도 1925년(大正 14)에는 27만 5,000석의 다수에

---

84 만주에서 생산한 조. 저렴한 가격으로 식민지기 조선인의 주요 식량이 되었다.
85 희고 단단한 콩. 백태, 메주콩, 콩나물콩 등으로도 부른다.
86 알에서 깨어 세 번 잠을 잔 뒤 고치를 짓는 누에. 세잠누에라고도 부른다.

달했다. 그 때문에 내지 제사가가 조선에 착목한 것이 깊고, 새롭게 경성부 외에서 종방, 대전에서 경도군시, 평양에서 편창조, 산십조의 공장 설립을 보기에 이르렀다. 27만 5,000석의 총 산견 중, 조선 내에서 실(糸)이 되는 것은 겨우 8만 석 정도이고, 나머지 20만 석 정도는 내지로 견 그대로 이송된다고 하는 모양인데, 임금이 저렴하고 원료 운반의 관계상 앞으로는 점점 조선 내에서 공장이 증가할 것이라고 생각한다. 총독부에서는 1925년(大正 14)도부터 향후 15개년을 기하여, 생산견 100만 석의 계획을 새롭게 수립하고, 매년 다액의 보조금을 지출하는 것으로 되므로, 앞으로 조선의 양잠계는 반드시 괄목할 가치가 있을 것으로 생각한다.

5) 면

면은 일본의 영토 중 어쩌면 조선이 유한일 대량 생산지이다. 종래부터 조선에서는 지나(支那)계의 면이 다소 재배되고 있었지만, 병합 전후부터 미국(アメリカ)계의 육지면(陸地棉)[87]을 조선에서 재배할 목적으로 다양한 연구를 거듭한 결과, 마침내 조선에 적합한 킹스 인프루브드(King's Improved)[88]의 신품종을 발견하기에 이른 이래, 육지면의 재배를 장려하고, 병합의 해부터 1918년(大正 7)까지 제1기 계획으로 10만 정보의 경작 면적에서 1억 만근(斤)[89]의 실면(實棉)을 생산시킬 목적으로, 예의 그 실현에 힘쓴 결과, 예정대로 1918년(大正 7)에 그 제1기 계획을 완성했다. 나아가 1919년(大正 8)부터 향후 10개년을 기하여 경작 면적 25만 정보에서 2억 5,000만 근의 실면을 생산시킬 목적으로, 현재 힘껏 그것의 장려 중이다. 특히 근시일 생육이 빠른 신품종이 연구의 결과 발견되었기 때문에, 종래 풍토 기후의 관계상 지나계의 재래면을 재배해 왔던 지방에서도 육지면의 신품종을 재배하는 것으로 되었으므로, 1928년(大正 17)까지 예정의 성적을 거두는 것은 아래와 같이 곤란한 것도 아니게 되었다. 또 육지면의 재배에 적합하지 않은 서선 지방에서는 지나계의 면을 재배시키고 있는데, 이것도 품종개량의 결과 수량은 증가하고 품질은 개량되어, 따라서 경작 면적과 같은 것도 가능한 확장될 모양이다. 이러

---

87 면화의 품종. 전 세계적으로 가장 널리 재배되는 품종이다.
88 킹스 인프루브드(King's Improved)
89 1근은 600g에 해당한다.

한 면의 경작 면적의 근시 현저히 증가하는 것은, 면은 다른 대항 작물인 대두·조 등의 재배보다도 유리하기 때문이다. 다행히 1928년(大正 17)까지 제2기 계획의 실면 2억 5,000만 근을 생산하는 것을 얻는다면, 이것을 조면하여 약 5,000만 근의 면이 취해진다. 그 가운데 6할을 내지로 이출시킨다면 3,000만 근의 조면을 내지로 이출하는 것으로 된다.

6) 소

조선의 소는 그 현재 두수 160만 두이며, 경우(耕牛)와 육우(肉牛) 모두 매우 적합하므로, 내지에서 조선소의 수요는 매년 증가하고, 작년과 같은 것은 약 6만 두의 생우(生牛)를 내지로 이출했다. 이것에 지육(枝肉)[90]을 더하면 더욱 많아진다. 총독부에서는 이후 조선 내에서 소의 두수를 270만 두로 증가할 계획으로 장려에 힘쓰고 있으므로, 내지로의 이출도 더욱 증가할 것으로 생각된다.

3.

조선에서 공업은 아직 유치하기 때문에, 그 총생산액과 같은 것도 겨우 2억 1,000만 원에 불과하다. 그 가운데 중요한 것을 들면, 주류·직물류·포면제품·약제품 등이다. 어느 것이나 조선의 수요를 만족시키지 못하고, 매년 다액의 물품을 내지 또는 지나에서 수이입하고 있는 모양이다. 현재 조선에서 보는 공업의 부족은 구시대 악정의 결과로, 첫째는 바로 이용할 석탄이 부족한 것과, 수력전기와 같은 동력도 내지에 비해 매우 빈약하기 때문이라고 생각된다. 그러나 조선에서는 평양 부근에 약 6억 톤의 무연탄이 있는 것 외에, 함경북도에는 대략 같은 양의 갈탄이 매장되어 있다는 것은 확실한 것이 명백해졌다. 이들 두 종류의 석탄 이용이 유리하게 되고 있다면, 저렴한 공임과 더불어 장래에 조선의 공업을 발달시킬 하나의 커다란 원동력으로 될 것으로 생각된다.

---

90 (소나 돼지의, 머리·내장 따위를 발라내고 남은) 뼈에 붙은 고기를 지칭한다.

4.

조선은 약 4,000리에 걸친 기다란 해안선을 가졌을 뿐만 아니라, 그 동남안에는 풍부한 어장이 부족하지 않으므로, 수산업은 매우 유망하다. 주된 어획물은 고등어(鯖)·조기(石首魚)·정어리(鰮)·청어(鰊)·명태(明太魚)·도미(鯛) 등이 있고, 오늘날의 총생산액이 약 8,000만 원으로 계상되고 있다. 그러나 조선 내에서 어업이 매우 유치하기 때문에, 내지로부터의 어선으로 인해 조선에 상륙하지 않고 바로 내지로 돌아가는 양이 매우 많다. 현재 오사카 서쪽 시모노세키(下關) 부근에는 이들 어선으로 인한 어획물이 매년 산처럼 올라오고 있다. 그러한 상황이므로 조선의 연안에서 얻어진 어류의 총 가격은 대략 8,000만 원의 2~3배에 달하고 있다고 하는 것은, 이 분야 전문가의 의견이 일치하는 바이다. 조선으로부터는 매년 남지나 방면으로 말린 전복(干鮑)·복어(鯸) 등을 수출하고 있는데, 이것은 장래 어느 정도 유망하다고 인식되고 있다.

5.

조선의 구시대에 악정의 흔적은 오늘날 무엇보다 산림에서 두드러지고 있다. 서북선지방의 국경방면을 빼면, 전선에 걸쳐 적토(赤土)의 민둥산(禿山)이 되고 있다. 임업시험장에서 시험의 결과에 의하면, 조선의 산림이 황폐해진 것은 조선이 식수(植樹)에 적합하지 않기 때문이 아니라, 남벌(濫伐)의 결과인 것이 명백해졌다. 총독부에서는 병합 이래 예의 조림에 힘을 기울여 왔지만, 아직 성적을 보기에 이르지 않았고, 그 총생산액도 7,000만 원에 불과하다. 따라서 오늘날 내지 또는 미국 등으로부터 매년 다액의 목재를 수이입하고 있다. 가령 1923년(大正 12)의 통계를 검토하면 내지로부터 480만 원, 미국으로부터 900만 원의 목재를 수이입했고, 조선으로부터는 내지로 740만 원, 지나로 약 110만 원의 목재를 수이출하고 있어서, 결국은 수이입 초과이다. 조선의 대부분은 앞에서도 말한 대로 모든 산이 암석을 노출한 민둥산인데, 다만 두만강의 상류 및 압록강의 연안에는 오랜 세월 도끼가 닿지 않은 커다란 삼림이 있는, 총독부는 신의주(新義州)에 영림창(營林廠)을 설치하고 제재(製材)에 종사하고 있고, 그 부근에는 왕자제지회사(王子製紙會社)의 분공장도 있어서 펄프를 제조하고 있다.

6.

　금과 철과 석탄과 흑연이라고 하는 것은 조선의 4대 광산물이다. 오늘날은 그 산업도 부진하기 때문에 연 생산액도 겨우 1,700만 원에 불과하지만, 1919년(大正 8)의 호경기시대에는 2,500만 원 정도로 올랐을 때도 있었다. 금은의 연 생산액은 약 650만 원이고, 금은 일본 전체의 총생산고의 약 2분의 1은 조선에서 산출되고 있다. 흑연은 전쟁 시 크게 외국으로 수출되었던 적이 있는데, 오늘날에는 인도·실론(セイロン)섬의 흑연에 빌려 부진을 겪고 있다. 철은 서북선지방에 상당 양질의 갈철광(褐鐵鑛)이 있다. 광석 그대로 야와타(八幡)의 제철소로 보내지는 것 외, 겸이포의 삼릉제철소에서 원광으로써 사용하고 있다. 겸이포(兼二浦)의 제철소의 모든 능력은 매년 15만 톤 정도인데, 최근은 연 생산액 750만 원 정도의 생산을 거두고 있다. 마지막으로 석탄에 대해서는 조선 내에서 오늘날 채굴되고 있는 석탄은 유연탄이 평균 20만 톤, 가격으로 140만 원, 무연탄이 마찬가지로 20만 톤, 가격이 마찬가지로 140만 원, 합계 280만 원에 불과하다. 그러나 조선 내 석탄의 매장량은 앞에서도 말했듯이 상당한 수량이다. 전문가가 말하는 바에 따르면 평양 부근의 무연탄이 약 5~6억 톤, 함경북도의 갈탄이 약 5억 톤, 합계 10억 톤 정도가 아닐까라고 하고 있다. 다만 유감스러운 것은 조선의 무연탄은 대체로 연대가 오래되어, 거의 흑연에 가깝고 지상으로 채굴하면 바로 풍화하여 분탄이 되어 불이 늦게 붙기 때문에, 오늘날에는 일반적으로 이용이 곤란하게 되고 있다. 또 함경북도의 갈탄은 반대로 연대가 짧기 때문에 화력이 약하다. 뿐만 아니라 그 소재지가 교통이 불편한 지방이기 때문에, 오늘날에는 모두 충분하게 이용되기에 이르지 않는다. 매년 내지 또는 만주에서 반대로 규슈탄(九州炭) 또는 무순탄(撫順炭)을 80만 톤이나 수이입하고 있다고 하는 모양이다. 그러나 다양한 연구의 결과 무연탄은 이것을 브리켓(briquet)으로 태우거나, 미분탄 장치를 가지고 완전히 태운 것은 시험의 결과 대체로 성공했던 모양이다. 또 다년의 문제였던 함경선(咸鏡線)의 개통도 가까이 있으므로 갈탄의 이용도 실현할 것이고, 그렇다면 조선의 무연탄이나 갈탄이 반대로 내지로 이출될 것이다.

7.

이것을 요컨대 조선의 산업은 아직 원시산업의 영역을 벗어나지 않았다. 그 생산물과 같은 것도 조선 내에서 소비되고 있는 이외는, 주로 내지로 이출되고, 식량 또는 공업원료로써 이용되고 있다. 앞에서 기술했듯이, 현재 쌀이 매년 480만 석, 대두가 매년 150만 석 이출되고 있으므로, 매년 쌀과 대두만으로도 약 600만 석인 것이 이출되고 있다. 지금 이미 6석을 약 1톤으로 하면 매년 쌀과 대두의 수송이 약 100만 톤이 넘는다. 1만 석을 싣는 배를 가지고도 매년 600항해, 5,000석의 배를 가지고는 1,200항해가 된다. 1년 365일 가운데 1,200회, 5,000석의 배가 조선쌀을 싣고 현해탄을 건너고 있는 것으로 된다. 장래 다행히 산미증식계획이 완성되면 쌀만으로도 내지에 대한 이출은 오늘날의 배 이상에 달할 것이다. 그 밖에 혹은 생우 또는 지육과 같은 것, 혹은 철광과 같은 것, 혹은 무연탄과 같은 것, 혹은 갈탄과 같은 것, 혹은 해산물과 같은 것, 상당 수송에 선적을 필요로 하는 것이 적지 않다. 그리고 이들의 물품은 모두 식량품 또는 원료품이며 중량이 큰 것이 많으므로, 그 수송에 편의를 가질지 가지지 않을지는 오로지 일본 내지의 소비자의 경제에 중대한 관계를 가질 뿐만 아니라, 생산자인 조선에 있는 사람들의 경제에도 중대한 관계를 가지고 있다. 최근 조사에 의하면 조선의 군산에서 1석의 현미를 오사카까지 보내는 것에는 1원 15전의 비용이 들고, 대구에서는 1원 10전, 부산에서는 1원 7전, 인천에서는 1원 18전이 든다. 가령 1석에 1원이라도 600만 석이라면 600만 원의 비용이 든다. 만약 해륙운수의 편의가 개선되어 반액으로 충분하게 된다면 매년 300만 원, 4분의 3으로 충족된다면 매년 150만 원의 돈이 남게 된다. 쌀과 대두의 현재 이출만으로도 위와 같으므로, 장래 각종 산업이 발달함에 따라 그 막대한 이익은 실로 커다란 것이 있다고 생각한다. 즉 견과 같은 것, 혹은 면과 같은 것도 그 대부분은 내지로 보내고, 무연탄 및 갈탄의 이용이 완성되면 더욱 일본으로 보낼 수량은 증가할 것이다.

8.

이상은 일본의 내지와 조선의 관계인데, 우리가 조선에 대해 논할 경우는 항상 아시아 대륙과 관련을 가지고 생각하지 않으면 안 된다. 매년 60~70만 정도 증가하는 일본 내지의 인

구인 점을 생각하면, 장래 이런 대 인구를 어떻게 처분할 것인가 하는 것이 가장 긴요한 문제이다. 일본 내지는 인구의 밀도가 1방리 2400여 명이고, 벨기에(ベルギー)에 다음으로 세계 제2위이다. 뿐만 아니라, 일본의 내지는 섬나라이며 평지는 총면적에 비해 매우 작다. 벨기에와 같은 곳은 소국이라고는 하나 국내는 대체로 평탄한 토지이므로, 인구 1인당 경지면적은 일본의 내지보다는 매우 넓다. 이런 것을 생각하면 일본이 장래 농업국으로서 서는 것은 매우 곤란하며, 앞으로는 어쨌든 상공업입국의 주의를 수립하여, 식량 또는 공업원료와 같은 것은, 이를 근접한 지방에서 얻는 방책으로 나갈 수밖에 없다. 즉 조선은 물론, 지나 혹은 노령아시아(露領亞細亞) 방면에서 식량 또는 공업원료를 얻지 않으면 안 되는 것이다. 어떤 학자는 인구의 증가에 따라 세계에 식량의 공급지가 항상 변동한다고 하고 있다. 즉 유럽(歐羅巴)과 같이 그 인구가 적은 당시는 각국에서도 자국에서 생산하는 식량을 가지고 충분했지만, 점차 인구가 증가하거나 아메리카 대륙, 특히 미국으로부터 한때 식량의 공급을 받았지만, 오늘날에는 미국이 상공업국으로 발달한 결과, 캐나다(加奈陀)·아르헨티나(アルゼンチン) 또는 호주(濠洲)에서 식량을 얻고 있다. 그러나 이런 방면도 점차 인구의 증가와 함께 상공업이 번성하게 되므로, 그다음으로는 남미의 브라질(ブラジル), 북부 아프리카(アフリカ)의 알제리(アルジェリア) 방면, 그리고 시베리아(シベリア)에서 중앙아시아(中央亞細亞)에 걸친 오늘날 인구가 적은 토지의 광대한 지방이 세계 최후의 식량공급지가 될 것이라고 하고 있다. 야마토민족(大和民族)도 그 장래를 생각하면, 반드시 시베리아, 만주 또는 조선의 지방에서 식량 또는 공업원료를 구하지 않으면 안 되는 시기가 조만간 도래할 것을 각오하지 않으면 안 된다. 과연 그렇다면 조선의 지위는 더욱 중대하게 된다. 즉 이들 지방의 화물을 일본 내지로 운반하기에는 어쨌든 조선에 상당한 시설을 갖추지 않으면 안 된다. 오늘날 만주 대련(大連)의 부두시설은 매년 약 400만 톤의 화물 처리를 할 능력을 가지고 있는데 만약 만주에서 조남(洮南)부터 치치하얼(齊齊哈爾)에 이르는 노선이나, 길림(吉林)에서 돈화(敦化)에 이르는 노선이나, 기타 만몽(滿蒙)의 소위 4철도가 개통하기에 이른다면, 대련만으로는 도저히 완전하게 수송의 목적을 달성하는 것은 불가능하므로, 반드시 조선의 항만을 이용하지 않으면 안 되는 시기가 도래한다고 생각한다.

 영국이 오늘날과 같이 번성한 상공업국이 된 것은 한 마디로 해륙연결의 시설이 완비된 결과, 즉 해외 원격지에서 저렴한 가격의 운임으로 식량품 및 공업원료를 수송해 와서, 이것에 가공하여 해외로 수출한 결과이다. 우너래 영국의 하천은 모두 내륙으로 깊게 침투하고 있어서, 유명한 항구는 모두 하천항이다. 때문에 대량화물과 같은 것도 거의 배에 의해서 내륙 깊은 곳으로 운반이 가능한 결과, 비상한 편의를 가지고, 공업은 수송의 관계상 매우 유리하게 되어, 마침내 세계 제일의 상공업국이 되기에 이르렀다. 조선의 하천은 도저히 영국의 하천에 비교는 할 수 없지만, 반도이기 때문에 항만은 상당히 천혜에 풍부함이 적지 않다. 이것에 적당한 시설을 하기에 이른다면, 반드시 크게 될 것으로 확신한다.

조선은 단순히 유럽-아시아 교통의 요충지에 해당하는 관계에서 뿐만 아니라, 일본의 장래 발전에 관해서도 크게 항만의 시설로 기여하는 바가 크다. 만약 다행히 조선의 항만이 빠르게 개수되기에 이르거나, 오로지 조선의 산업개발을 위해서 뿐만 아니라, 야마토민족 대발전의 사명을 완수하기 위해서 일대 좋은 영향을 줄 것을 단언하여 마지않는다.

(구병준)

자료 76 | 賀田直治, 1925, 《港灣》第三卷 第二號, 港灣協會, 28~29쪽.

조선의 항만문제 관견

　　조선의 항만은 결국 교통 기관의 일부이면서 산업 발달의 짝이므로, 항만문제를 논하는 것은 당연하게도 우선 이들 양자의 상태 및 추세에 주목하여 고찰하지 않으면 안 된다.

　　그리고 항만은 지방적인 성질이면서, 국제적 성질이 있는 것이므로 그 성질에 비춰 적절하게 대응하지 않으면 안 된다. 어떤 조선의 항만은 도쿠가와(德川) 막부 말 이래 60여 년간[91] 중단되어 한일 통상(通商)은 메이지(明治)의 초년에 이르러 겨우 회복되었을 뿐이다(부산 개항 1876년(明治 9), 인천 개항 1883년(明治 16), 원산 개항 1880년(明治 13)). 한일병합(韓日倂合) 이후에도 겨우 15년의 햇수를 지나기에 불과하므로, 본디 설비의 완벽을 기대하는 것은 어렵다. 그리고 교통기관 및 산업시설도 아직 완전하지 않은 시기로부터 진전되고 있는 길 위에 있음에 불과하므로, 항만의 규모와 같은 것도 아직 확정적으로 이것을 정할 수 없는 상태에 있다.

　　어쨌든 같은 항만으로서도 앞으로는 의외로 발달하는 것과 그렇게 되지 않은 것이 있으므로, 미리 이들의 추세를 달관하여 장래에 대한 예상을 정하고, 다른 한편으로 오늘날의 정도에 적합한 만큼의 공사를 하여 둘 필요가 있다. 따라서 오늘날은 더욱 관찰과 관리에 있어서 심려와 노력을 긴요하게 하는 시기라고 생각한다.

　　사실 오늘날 조선의 급격한 발전 상, 각 항만 모두 설비의 부족을 호소하고 있으므로, 실상을 조사하여 재정이 허용하는 한에서 이것에 응할 필요가 있다고 생각한다.

　　항만은 근본적으로는 이것이 오지에 있는 산과 하천에 지배되고, 기후나 조류에도 영향 받고 있다. 특히 조선에서는 그 성립 면에서, 그리고 내력 면에서, 불가피하게 천재(天災)가 많은 것을 각오하지 않으면 안 되므로, 이들의 사정에 대해 어떻게 적응할 것인지를 크게 고려해야 할 것이다. 본디 이 문제에 대해서도 평소에는 거의 용도가 없더라도, 언젠가 다가오

91　임진왜란 이후 조선과 일본 간 교역은 조선 통신사를 통해 이루어졌다. 그러나 1811년 일본이 조선 통신사 일행이 에도까지 왕래하는 접대비가 과다하다는 이유로 조선 통신사를 대마도에서 영접하기로 하였다. 이에 조선은 일본이 무례하다 하여 1811년부터 1876년까지 일본과의 무역을 중단했다.

는 문제가 있다는 것을 생각하고, 조선은 조선에 특별한 성질과 운세(運勢)가 있는 것을 깨닫고, 이 방면의 주의와 관찰이 매우 필요하다고 생각한다. 어쨌든 일반적으로는 눈에 보이는 것만 천박하게 생각하여 형식적이나 획일적으로 화려하게 외견이 좋은 것을 선호하지만, 조선에서는 아무쪼록 조선의 수준, 민력(民力), 산업, 교통의 현세와 천재의 성질 등을 정밀하게 조사하여, 귀중한 자금을 가장 유효하게 경제적으로 활용하여 시설할 필요가 있다.

항만은 또한 교통 및 산업을 촉진하는 전제이므로, 이 점에 대해서도 역시 생각하는 바가 없어서는 안 된다.

이상과 같이 항만을 지배하는 요소는 많고 계속적으로 다대한 자금을 요하는 일이므로, 잘 찾고 또 멀리 고려하여 시설에 대한 순서와 방법을 정하고, 가장 적절하고 유효하게 이것에 임하지 않으면 안 된다.

그중, 천재와 같은 것은 오랜 시간에 걸쳐 특수한 고찰을 요하는 사안이므로, 그 문제에 대한 고찰과 이와 관련한 산업, 교통의 문제에 대해서 따로 편(篇)을 바꾸어 소개하는 것으로 하고자 한다.

(구병준)

자료 77 | 丸山芳樹, 1925, 《港灣》第三卷 第一號, 港灣協會, 91~93쪽.

긴급을 요하는 조선 항만시설

조선의 항만시설에는 긴급을 요하는 것이 매우 많다. 조선의 해상 무역은 연액 수이출입(移輸出入) 합계 약 5억 원, 톤량으로 550만 톤 정도인데, 이 톤량을 취급하는 항만시설인 선박의 안전, 계류(繫留), 정박지(錨地), 선차(船車) 연락 설비, 육상의 임시 건물(上屋), 창고, 철도, 도로 설비 등에서 대체로 약 5,000만 원 내지 5,500만 원의 공사를 필요로 하는 것이다. 그런데 조선의 개항에서 시설은 오늘날까지 어떠한 정도인지 말하자면, 1924년도(大正 13)분까지 금액 약 2,700만 원 정도만 기설(旣設)되었다.

즉 5,500만 원의 설비가 필요함에도 불구하고, 실제로는 2,700만 원만 시설되었으므로 나머지 2,800만 원이 여전히 부족한 설비라고 할 수 있는데, 이런 설비 부족으로 각 항만에서 선박, 창고, 철도, 도로, 하역에 불편과 비경제성, 불안이 존재한다고 할 수 있다. 즉 선박의 정박지에서 불안해지고, 하역을 위한 정박 일수가 늘어나고, 화물의 육상 소운반비를 증가시키고, 손실이 늘어나고, 창고 금융이 불편해지고, 하역 임금 제 비용이 높아지고, 보험률이 증가하는 등 거래 면에서 시간, 노동력, 운임 등에 대해 커다란 차이를 만들고 영향이 막대함은 말할 나위도 없다. 이것은 산업개발, 국력 증진 면에서 등한히 할 수 없는 문제이며 1년을 미루면 그만큼 능률이 감퇴한다고 할 수 있는 것이다. 여기에 항만의 시설이라고 하는 것은 자금이 있다고 그 즉시 좌에서 우로 완비가 가능한 것이 아니라, 수년의 기일을 요하는 사안이므로 미리 적합한 계획을 세우고 시설에 착수하지 않으면 때에 알맞게 능률을 증진시킬 수 없다.

조선 반도는 그 국정(國情), 지세(地勢)상, 또 화물의 성질상, 그 운송 수출입에 대해서 상당히 가까이의 항만에서 드나드는 -경제상의 입장에 있으므로 철도 연락에 의한 장거리 운송을 위하여 오로지 집중 탄토항[92]만을 건설하는 정책은 적절하지 않다고 생각한다.

어느 정도로 분산 탄토항을 건설할 필요가 있다. 또 그 설비도 부산(釜山), 원산(元山), 청진(淸津), 성진(城津)은 공사 중인데, 이는 전술했던 부족한 미설비 비용 약 2,800만 원의 일

---

92 화물의 출입이 많은 큰 항구를 비유적으로 이르는 말이다.

부 공사를 계속 시공하고 있는 것이지만, 여전히 연락 설비에 불편·불리가 큰 군산(群山), 목포(木浦), 다사도(多獅島), 진남포(鎭南浦)는 그 시공이 시급하므로, 추가 시설하고자 하는 것이다. 조선에서 오늘날과 같이 항만 설비가 늦어지고 있는 가운데 특히 긴급한 것은 연차 연락에 관한 설비를 적절하게 시설하고, 그 하역의 취급을 간편하고 빠르게 하는 것이다. 1925년도(昭和 14) 예산에 요구한 항만 수축이라는 것도 거의 이런 하역 설비, 즉 선차 연락의 설비와 이것에 부속한 육상의 설비 수리가 중요한 공사일 뿐 단지 항만 수축의 일부분에 불과하며, 선박의 정박지, 수로의 정리, 방파제와 같은 것은 후일의 시설로 미뤄지는 상황이다.

연락 설비가 없기 때문에 입는 불이익 가운데 단순히 하역 임금의 손실만 해도 1톤당 1원을 평균으로 하여 조선의 모든 개항에서 화물 취급 톤량을 250만 톤으로 하면 연(年) 금액 250만 원의 낭비가 된다. 1925년도(昭和 14) 예산에 신규로 추가되는 4개 항에서는 그 취급 톤량이 149만 톤 내외이므로, 하역비 절약액은 약 160만 원 정도가 된다. 선박의 운항 능률 증진에 따라 운임의 감소, 화물의 안전, 보험률의 감소, 금융 취급상의 확실, 시간의 정확·단축 등에서 얻는 이득은 또 다대한 것일 수 있다.

조선에서 항만 설비는 상술한 대로 불완전하며 각 항구 모두 그 능률을 발양하는 것이 불충분하다. 개항 가운데 어느 정도 완비에 가까운 것은 인천(仁川), 원산, 두 항구뿐이며, 이것도 충분하다고는 할 수 없다. 그 외 부산, 청진, 성진, 원산(일부 미완성)은 전부 공사가 계속 진행 중이어서 완성의 단계에 이르지 않고 있고, 진남포와 같은 경우는 최초의 예정 계획을 중지하고 단지 안벽(岸壁)만의 설비이기 때문에, 그 전면 도크(船渠) 안에는 토사의 침전이 심하여 매년 적절한 준설이 필요하다. 군산, 목포, 다사도 정박지와 같이 매년 무역의 진전이 현저한 중요 항만마저 설비라고 할만 한 것은 전무하다.

군산에서의 시설은 병합 이전 8만 9,000여 원, 병합 이후 17만 8,000원, 합계 26만 7,000여 원이다. 그 외 1915년도(大正 4)부터 선박의 하역잔교 부근의 준설에 매년 1만 4,000원 내지 4만 6,000여 원의 준설비를 지출해오며 1922년도(大正 11)까지 합계 20만 7,000여 원이 지출되었는데, 이 준설비와 같이 부선(艀船)[93]을 위해서 낭비되는 것은 신규 계

---

93 동력 설비가 없어서 짐을 실은 채 다른 배에 끌려 다니는 배이다.

획의 공사를 완료하면 불용으로 될 것인데, 군산에 시설할 금액 36만 7,000여 원은 전 조선 개항에 시설될 전술한 금액 2,700만여 원의 약 100분의 1에 불과하다.

목포에 대해서는 군산과 마찬가지로, 축항의 시설이 없이 동절기 선박의 운행이라고 볼 만한 것이 없다. 병합 이전 9만 2,000여 원을 투자하고 1915년도(大正 4) 이후에는 대체로 군산과 마찬가지로 정박지 준설에 비용을 지출하여 매년 정박지의 확장과 유지를 계획하고 있을 뿐이다.

군산, 목포 모두 부선 하역은 그 정박지가 비교적 근거리에 있고, 하역상 좋은 조건인데, 그 능력은 부선 적재에 최대 1척(12시간 운영) 280톤 내외 보통은 200톤 전후이다. 하루 처리 능력은 군산에서 약 1,500톤 내외이고, 또 본선 하역은 1,000톤 적재에 9시간 내지 11시간을 요하는 상황이다. 다사도 정박지는 신의주(新義州)에서 수로의 조류 대기, 정박지의 본선 대기 등으로 부선은 3일 내지 1주 간의 하역 일수를 요하는 상태이다. 이것은 본선의 정박 기일을 증대시켜 선박 운임에 영향을 주어, 부선 하역은 시간, 노동력, 임금에 손실이 다대해지고, 또 사소한 기후의 변화까지 하역 상 민감하게 영향을 주는 것이 많은 상황이다. 그리고 이것을 육상 운수의 연결 관계에서 보면 경부선(京釜線)의 부산, 경인선(京仁線)의 인천, 경원선(京元線)의 원산 등은 오늘날까지 상당한 시설이 가능하고 또한 공사가 계속 진행 중이지만, 호남선(湖南線)에서 군산, 목포에는 그 시설 정도가 특히 지체되고 있고, 경의선(京義線)에 대해서도 진남포, 국경의 다사도 정박지 모두 전술한 대로 불완전하다.

진남포는 현재 취급 화물이 해가 갈수록 격증하여 그 안벽(岸壁)[94] 하역의 용량은 한계에 달하여 1간(間)마다 약 2,000톤에 이르렀으며 부선 하역으로 보충하는 상황에 있다. 그렇다면 새로운 안벽을 건설하고 창고를 증축하여 운수 연락의 불비(不備)를 보충하고 나아가 현재 안벽 개거(開渠)[95]의 부족에 대한 시설 공사를 진행하고, 또 이것에 대한 항로의 지도(指導) 표식의 설비가 필요한 현재, 도크 안벽의 수심 유지에 매년 상당한 준설을 요하기 때문에 늦어진다면 그만큼 준설을 계속 시행하지 않으면 안 된다.

---

[94] 선박을 대기 위하여 항만의 수제선(水際線)에 설치하는 계선안(繫船岸)으로 그 앞면이 거의 연직인 벽을 가진 구조물 중 수심이 큰 것(4.5m 이상)을 말하는데 본선을 계류해서 육상과의 사이에 직접 여객이 승강하고 화물을 싣거나 풀기 위한 설비이다.
[95] 위를 덮지 않은 수로나 도랑을 의미한다.

다사도 정박지는 철도선을 이 정박지 부근으로 연장하고 선차 연락의 안벽을 축조하여 현재의 부선 하역상 불리 불편을 개선함으로써, 천혜의 부원(富源) 압록강(鴨綠江) 유역 지대의 탄토항으로서 산업개발에 조응할 수 있게 하는 시설이 첫 번째 공정이다. 본 항은 장래 중요한 의의를 가지는 것이며 그 시설이 필요한 것은 물론이다.

요컨대, 조선 전체의 수이출입 무역액 약 5억 원, 톤량으로 550만 톤인데, 1922년도(大正 11) 요코하마(橫濱)가 1,258만여 톤, 오사카(大阪)가 970만여 톤, 고베(神戶)가 831만여 톤, 도쿄(東京)가 470만여 톤이라고 하는 수량을 보이고 있다. 이들에 비교해도 조선의 산업개발, 무역의 증진이 충분한 팽창의 여지가 있는 것이라면, 그 조장 기관인 항만 설비에 대해서 하루라도 빨리 설비를 완비시키고자 하는 것이다.

(구병준)

자료 78 | 木原淸, 1925, 《港灣》 第三卷 第二號, 港灣協會, 26~28쪽.

군사상으로 본 조선의 제항만

사업상이라기보다 직무상 주로 육군의 견지에서 조선의 제 항만에 대해 약간의 소견을 말해 보고자 한다.

조선의 항만으로는 아시는 대로 진남포(鎭南浦), 인천(仁川), 목포(木浦), 진해만(鎭海灣), 부산(釜山), 원산(元山), 청진(淸津) 등이 있고, 그중 러일전쟁에서 진남포, 인천, 진해만, 원산, 청진 등은 군사적으로 사용되었다. 즉 진남포는 제1군의 상륙 및 제2군의 요동반도 남안 상륙을 위해 운송선의 대기·집합지점으로, 인천은 기고시(木越)[96] 여단의 상륙에, 진해만은 도고(東鄕)[97] 함대의 집합지로, 원산은 제13사단 및 후비(後備) 제2사단 주력의 상륙으로, 청진은 제13사단 일부의 상륙을 위해 각각 군사적으로 중요한 역할을 맡았다.

이상의 제 항만은 러일전쟁 당시까지는 매우 중요한 가치를 가졌던 것인데, 조선이 병합되고 남만주철도(南滿洲鐵道)[98] 역시 우리의 세력 아래로 들어온 오늘날에는 군사상 조선 제 항만의 가치가 크게 정세를 달리하여 왔다. 러일전쟁 당시 거의 중요시되지 않았던 부산항이 우리 본토와 대륙을 연결하는 유한일 연락항으로 중대한 사명을 가지기에 이르렀던 것처럼, 그 변화가 가장 두드러지는 것이다.

그런데 부산항의 현상을 보면 그 설비는 아직 빈약하고 그 잔교에서 3,000~4,000톤급 기선 5척을 계류할 수 있는 정도에 불과하다. 뿐만 아니라 아직 방파제가 완성되지 않아서 항 내에 정박한 선박은 적 잠수함으로부터 어뢰 공격을 받을 수 있는 상황에 있다.

대륙에서 즉전즉결로 용병(用兵)의 묘를 발휘함에는 수송력에 크게 의존할 수밖에 없다. 그리고 수송력이 항만의 설비 여하에 좌우되는 것은 말할 필요가 없는 것이다. 그런데 조선

96　기고시 야스쓰나(木越安綱)는 일본 육군 장군으로 러일전쟁 당시 보병 제23여단을 이끌고 인천항에 상륙하여 한성으로 향하여 한국주차대(韓國駐箚隊)를 지휘했다.
97　도고 헤이하치로(東鄕平八郎)은 일본 해군 제독으로 러일전쟁 당시 러시아 해군에 맞서 일본 해군의 작전 전반을 지휘했다.
98　일본이 장춘-여순간 남만철도를 관리하기 위해 세운 반관반민의 특수회사이다.

남해안에서 설비가 가장 양호한 부산항조차도 위와 같은 상태이며, 그 현재 능력은 말할 나위도 없다. 여기에 작전상의 사안까지 말하기는 곤란하지만, 요컨대 현재 부산의 설비로는 우리의 요구를 충족하는 것이 불가능하며, 달리 어떻게든 보완할 방법을 강구하지 않으면 안 된다.

우리나라가 어떤 나라와 개전하더라도, 적이 해군을 가지고 있는 이상 잠수함의 활동에 대해서는 충분한 고려를 해야함은 물론이다. 그렇다면 조선 서안을 거쳐 대련(大連)에 이르는 항로는 잠수함의 위협에 노출되어 있으니, 따라서 우리 본토와 대륙의 교통로는 조선 동남안에서 동북안에 이르는, 일본해(日本海)에서 비교적 확실하게 엄호할 수 있는 해안에서 찾을 수밖에 없는 것이다. 그런 의미에서 원산, 청진은 부산의 보조항으로 유리하게 사용할 수 있는 것이다.

청진은 북선(北鮮) 방면 용병상의 주요항이다. 현재와 같이 함경북선(咸鏡北線)[99]이 완성되지 않은 상황에서 육로로 경성(京城) 방면에서 북선 방면으로 병력을 운용하는 것은 곤란하며 해로를 이용해야 하기 때문에, 따라서 청진은 가장 먼저 이용할 수 있는 항구이다. 그런데 청진의 축항(築港)은 원산, 기타 항만에 비해 한층 그 설비가 빈약하며 급속하게 대병력을 상륙시키는 것은 도저히 바랄 수 없는 실정이므로, 용병상에서라면 이 항구는 북선의 방비상 함경북선 완성 이후에라도 병력 수송상의 요점으로서 설비가 향상될 필요가 있는 것이다.

원래 군사상의 요구라는 점에서 해군의 군항이면서 어쨌든 육군 용병상의 필요만으로 항만의 설비를 이루기란 재정이 궁핍한 오늘날 도저히 바라기 어렵다. 군사상으로 이용하려라도 반드시 경제상의 발전과 상호작용할 수 있어야 한다고 생각하는 것이다. 이것을 청진항에 대해 생각하면 이상과 같이 단순히 군사상의 요구로 그 시설을 확대할 필요가 있을 뿐만 아니라, 경제적으로 발전시킬 요소도 매우 크다고 생각한다. 모든 항만의 가치는 그 부근의 요소만을 가지고 논할 수 없는 것이며, 반드시 넓은 배후지를 필요로 한다. 함부르크 기타의 독일 항만이 오늘날과 같이 발전했던 것은 자유항 및 자유항으로서의 제 제도상의 관계도 있지만, 그 주요한 원인이 중부 유럽 대륙의 풍부한 물자를 흡수한 배후지에 있었음은 모두 아는 사실이다.

---

[99] 원산과 상삼봉을 잇는 함경선의 북부 구간으로 청진-회령 구간을 일컫는 표현이다.

말할 것도 없이 조선은 좁고 기다란 영토이며 서쪽과 서남 연안 이외는 그 물자도 비교적 적기 때문에 단순히 조선만 가지고 생각할 때는 항만 발달의 요소는 크다고 할 수 없다. 특히 북선에서 그렇다. 그런데 조금만 눈을 북만(北滿)으로 돌리면 청진항에서 물자를 흡수할 수 있는 방도는 많다. 즉 배후에 광대한 북만 지역을 가졌으므로 일단 청진으로 뻗은 철도를 북만의 벌판으로 이끈다면, 본 항의 사명은 매우 중대한 것이다. 즉 본 항의 설비를 한층 확대하더라도 드나들 수 있는 물자는 얼마든지 나오는 것이다.

상술한 철도는 종래 현안으로 되고 있는 소위 길회(吉會)[100] 철도(吉會)이다. 현재에는 천도(天圖)[101] 철도로서 회령(會寧)에서 노두구(老頭溝)까지 경편철도가 있고 가까이 천보산(天寶山)까지 연장하고 있다. 이것을 형식은 어떻게 하더라도 어쨌든 길림(吉林)까지 연장하고자 생각하는 것이다. 이렇게 된다면 북만 오지와 해항의 연접에서 동지(東支)-우수리스크(ウスリ-)에서 블라디보스토크(浦鹽)에 이르는 1선, 남만선(南滿線)에서 대련에 이르는 1선의 외에 장춘(長春)에서 청진으로 통하는 1선이 더 생기는 것이다. 소위 북만 발전의 별로(別路)로서 교통 정책상에서도 경제상 특히 우리나라의 식량문제 해결을 위해서 최단거리로 내지(內地)와 북만을 연결할 수 있기 때문에 매우 유리하다.

정치상에서 관찰할 때는 조선 북쪽 국경에 교통선이 가능하다면 소위 마적의 소굴인 간도(間島), 돈화(敦化) 부근을 관통하기 때문에 그들로 하여금 정업(正業)에 종사하게 하는 직업을 만들어 주게 된다. 따라서 중국을 위해서도 유리하고 조선인도 역시 식산(殖産) 공업의 은택(恩澤)을 입는 것이 가능하게 되어 북선 개발을 위해 유리한 것은 물론, 마적, 불령단(不逞團) 등에 침해되고 있는 불안을 제거하므로 북선 경비상에서도 매우 좋은 것이다.

요컨대 조선의 제 항만에 대한 중요문제라고 하면 인천항은 물론 남선에서는 부산항, 북선에서는 청진항의 확장인데, 청진항은 항구 그 자체의 설비만으로는 불충분하며, 반드시 철도를 북만으로 연결하는 것이 필요하다. 이들에 대해서는 조선 관민의 노력을 희망하여 바라마지 않는다. 군사상의 요구에 대해 깊이 들어가기에는 군사기밀이 유출될 우려가 있으므로 유감이지만 개요를 말하는 것으로 그친다.

---

[100] 함경북도 회령과 중국 길림을 잇는 철도이다.
[101] 조양천(朝陽川)과 상삼봉(上三峯)을 잇는 철도이다.

여기서 한 마디 말하자면 북선 방면의 대표항으로 청진을 꼽지 않더라도 북선에는 웅기(雄基), 나진(羅津)과 같은 양항(良港)이 있으며, 그중 무엇을 선택할지는 전문가의 연구에 일임해야 할 것이다. 요지는 이 방면에서 북만 오지와의 완전한 연락항을 얻는 것이 요망하다는 것이다.

(구병준)

자료 79 | 朝鮮總督府 內務局 土木課, 1926,《港灣》第四卷 第八號, 港灣協會, 62~69쪽.

조선 제항만 수축 개요

청진항

청진항(淸津港) 수축 공사는 1922년도(大正 11) 이후 5개년에 걸쳐 총공사비 250만 원을 가지고, 방파제 192칸(間) 5푼(分), 물양장(物揚場) 121칸 및 철도인입선 부설 공사를 시행할 계획이다. 현재 공사 시행 중이지만 몇 차례의 순연을 한 결과, 1925년도(大正 14)까지는 철도 및 육상 설비의 일부를 시행하고, 공사비 50만 원 지출에 불과했다.

그런데 본 항구는 북선 제일의 항만이며, 그 상권은 멀리는 간도(間島)에 미치고, 또 배후지역으로는 많은 탄광이 있는데, 조사를 진행하면 할수록 매장량이 늘어나, 기업자의 채굴량 역시 톤으로 격증하는 상황을 보이니, 그 반출항인 본 항구의 설비는 도저히 종래의 계획으로 만족할 수 없다. 따라서 기존 계획의 방파제를 변경하고 이것을 연장하여, 보호해야 할 수면적(水面積)을 4만 평에서 11만 평으로 넓히고, 또한 해륙(海陸) 연락 설비를 시공하여 당장의 시급한 요구에 응하기 위해서, 총공사비 440만 원을 추가하여 7개년 계속사업으로 시행하는 것으로 한다.

계획개요

1. 방파제: 남 방파제 330칸을 축조하고, 수면적 11만 평을 보호하는 것으로 한다.
2. 매축(埋築): 입선정(入船町) 해안에 면적 5,400평의 매립을 시공하고, 그 전면에는 130칸의 계선안벽(繫船岸壁)을 두어, 일반 화물용으로 활용하고, 또 천마산(天馬山) 기슭에 면적 1만 1,000평을 매축하여, 그 전면에 135칸의 계선안벽을 두어 석탄 반출의 편리를 위해 활용한다.
3. 육상설비: 매축지 위에는 상옥(上屋) 1,500평 및 세관사무소 120평을 건축하고, 철도를 인입할 도로를 닦는다.

4. 준설: 매축지 앞의 수면, 그 면적 2만 3,500평을 수심 27척(尺)으로 준설하여 기선의 발착에 편리하게 한다.

공사 예산

일금 640만 원

기정액 200만 원
추가액 440만 원

내역			
구별	기정액(원)	추가액(원)	계(원)
방파제비	1,390,000	2,034,000	3,424,000
매축비		749,100	749,100
육상설비비	30,000	206,000	236,000
준설비		120,000	120,000
돌제비(突堤費)		85,000	85,000
기계비	100,000	565,900	665,900
잡공사비	60,000	190,000	250,000
보상비	220,000	10,000	230,000
공사비계	1,800,000	3,960,000	5,750,000
봉급 및 사무비	200,000	440,000	640,000
합계	2,000,000	4,400,000	6,400,000

군산항

군산항은 남선(南鮮)에서 중요한 항만이며, 그 배후에는 광활한 전북(全北), 충남(忠南) 2도의 옥토를 곁에 두고 근래 수리사업·미간지 개척 등의 여러 사업이 발흥하여, 상업의 형세(商勢)가 매우 번성하고 있다. 현재 본 항의 무역액을 보면, 1912년(大正 1)은 겨우 7만 8,000여 톤, 가액(價額) 442만 원이었으나, 1922(大正 11)년에는 31만 4,000여 톤, 3,500여만 원이 되어, 즉 11년 사이에 톤수에서 4배, 가액에서 8배가 증가하기에 이르렀다. 그런데 본 항은 조석 간만의 차 21척에 이르고, 하역의 불편이 심함에도 불구하고, 항만시설로서는 단순히 강가의 매축 및 소규모의 목조 잔교 몇 곳을 가설하는 것 외, 대정 4년 이후 준설기(浚渫

機)를 설비하여 잔교 부근 및 정박지의 수심 유지를 함에 불과하다. 따라서 정선(停船) 시간의 낭비, 부임(艀賃)의 부담 등 무역상의 장애가 적지 않다. 따라서 아래의 계획에 의거, 총공사비 285만 원으로, 1926년도(大正 15) 이후 6개년 계속사업으로 수축 공사를 실시하기로 했다.

계획개요

1. 매축: 세관지서 부근 전면, 총면적 1만 2,600평을 간조면상 25척으로 매축하고, 호안(護岸) 연장 300칸, 물양장 180칸을 축조하는 것으로 한다.
2. 해륙연락설비: 폭 5칸 이상, 길이 35~40칸의 부잔교(浮棧橋) 3개소를 설치하고, 육지와의 사이에 연락교를 가설한다.
3. 육상설비: 매축지, 착평지(鑿平地)에는 폭 5칸 내지 10칸의 도로를 축조하고, 그 총면적 약 9,000평으로 한다. 도로 및 상가(上家) 창고 부지에는 경편(輕便) 궤도를 부설하고, 철도 본선에 3개선의 인입선(引込線)을 설치한다. 또한 그 외 상가 창고 기타 설비를 이루는 것으로 한다.
4. 잡공사: 대안에 연장 약 200칸의 제수제(制水堤)를 축조하고, 항내 묘지의 수심 유지를 도모하는 것으로 한다.

공사비 예산

일금 285만 원

내역	
매축비	566,200원
해륙연락설비비	1,000,000원
육상설비비	420,000원
기계선박비	220,000원
잡공사비	308,800원
보상비	50,000원
공사비 계	2,565,000원
봉급 및 사무비	285,000원

목포항

목포항은 항내 수심이 깊고, 대형 선박의 정박지로서 32만 평의 수면을 가진 천연의 양항(良港)이며, 대(對) 내지 항로 관계에서도 부산의 다음이며, 우월한 지세(地勢)에 있다. 또 철도 호남선(湖南線)의 종점으로 해륙 물자의 집산이 많아, 이것을 무역액에서 보면 1912년(大正 1)에 4만 3,000톤, 가액 432만 원에 불과했는데, 1923년(大正 12)에 이르러서는 2,120여만 원으로 격증하여, 12년간 화물 톤량과 금액 모두 약 5배의 증가를 보였다. 최근 오지에서 산업의 발달 및 목포-청도(靑島) 항로의 개시에 따라, 본 항의 이용이 점점 빈번해지는 경향이 있다. 그런데 항만의 시설로서는 해안의 정리 및 부선용(艀船用) 반잔교(般棧橋) 몇 기를 가설하는 것 외, 오로지 1915년(大正 4) 이후 준설선(浚渫船)을 구비하여 겨우 수심의 유지에 힘쓰고 있을 뿐이며, 부선 설비를 갖추지 못함에 따라 여전히 부선 하역에 의존하지 않을 수 없다. 그런데 본 항에서 조석 간만의 차가 13척 5촌에 이르므로, 하역의 불편, 하역임의 부담이 심하여, 무역의 발전을 저해하는 것이 적지 않다. 따라서 아래 계획에 따라 총공사비 60만 원으로, 1926년도(大正 15) 이후 4개년 계속사업으로 수축을 실시하는 것으로 한다.

계획개요

1. 부잔교: 철도 화물선 종단 부근에 부유 잔교 2척, 세관의 사방 해안에 부잔교 1척을 설비하고, 해륙 연락에 활용한다.
2. 매축: 위 부잔교의 이용에 편리하도록, 각 부잔교 기부(基部)에 합계 면적 1,500평의 수면을 삭망(朔望) 평균 간조면상 17척으로 매축하는 것으로 한다.

공사비 예산

일금 60만 원

내역	
매축비	87,880원
잔교비	390,000원
기계비	20,000원

내역	
잡비	12,120원
보상비	30,000원
공사비 계	540,000원
봉급 및 사무비	60,000원

웅기항

　웅기항은 노지(露支) 국경에 근접하여, 그 상권은 지나(支那) 혼춘(琿春)에 이르고, 석탄, 목재 및 곡류의 반출항으로서 그 사명이 매우 중대하다. 그리고 혼춘하(琿春河), 가야강(伽耶江) 기타 유역에서 목재는 3억 척체(尺締)라고 하며, 또 탄광은 두만강(豆滿江) 연안 부근에서 혼춘에 걸쳐, 그 매장량 수억 톤에 이르고, 특히 최근 본 항의 직접 배후지인 아고지(阿古地) 기타에서 탄광은 이미 그 채굴에 착수한 상황이니, 본 항에서 항만 설비는 진정으로 초미의 급무로 쫓긴다. 그런데 본 항은 종래 천연 그대로 방치되어 어떠한 설비를 가지지 않았으므로, 이 때 수면적 3만 5,000평의 선류(船溜)를 축조하는 것으로 하고, 총공사비 60만 원으로 1926년도(大正 15) 이후 4개년의 계속사업으로 실시하는 것으로 한다.

계획개요

1. 선류: 길이 200칸의 파제제(波除堤)와 길이 100칸의 방파제를 축조하여 해안에 면적 약 1만 3,000평을 매축하여 선류를 만들고, 또 선류 내의 천소(淺所) 면적 2,300평을 수심 6척으로 준설하는 것으로 한다.

공사비 예산

일금 60만 원

내역	
방파제비	240,000원
매축비	92,000원

내역	
준설비	18,000원
기계비	60,000원
잡비	110,000원
보상비	20,000원
공사비 계	540,000원
봉급 및 사무비	60,000원

다사도항

다사도항은 압록강 하구에 위치하여, 서선(西鮮) 국경 방면에서 우량한 정박지이며, 3,000톤급 이상의 선박을 정박시킬 수 있지만, 부선 설비를 결여하여, 해륙연락설비를 시설하는 것이 산업의 개발상 매우 긴요하다고 인정되는 바이다. 그렇지만 그 완비를 기함에는 총경비 650만 원의 거액을 요하고, 지금 그 시간도 있지 않으므로, 우선 응급적 시설로서 6,820평을 매립하고, 호안 485칸, 돌제(突堤), 연락도로 240칸을 축조하고, 매축지에 도로 및 상가를 설비하여, 본선(本船)에서 부하역에 의해 화물의 육장(陸揚)을 한다. 이로써 본선의 정박 시간의 단축을 도모하여 무역상의 불리를 제거하는 것으로 한다. 그리고 이것에 필요한 총공사비 50만 원으로, 1926년도(大正 15) 이후 4개년 계속사업으로 시설하는 것으로 한다.

공사비 예산

일금 50만 원

내역	
매축비	216,200원
도로비	168,250원
기계비	30,000원
잡공사비	25,550원
보상비	10,000원
공사비 계	450,000원
봉급 및 사무비	50,000원

진남포

진남포는 현재 경비 25만 원으로, 1926년도(大正 15) 이후 2개년의 계속사업으로 석탄 적입(積込) 설비를 시행하는 것으로 한다.

> **계획개요**
> 1. 석탄 적입장 설비: 현재 해군 석탄치장에 인접하여, 면적 1만 2,500평을 매축하고, 전면에 부유잔교 1개소를 설치한다. 그리고 이것에 벨트 콘베이어(ベルトコンベヤー)를 설치하고, 매축지 상에 철도를 인입함으로써 석탄 하역의 편리를 도모하는 것으로 한다.

공사비 예산

일금 25만 원

내역	
잔교비	46,500원
운탄공	50,000원
철도비	30,000원
매축비	74,100원
기계비	18,800원
잡공사비	2,600원
보상비	3,000원
공사비 계	225,000원
봉급 및 사무비	25,000원

(구병준)

자료 80 | 內務局 土木課, 1931, 『朝鮮港灣要覽』, 朝鮮總督府, 8~44쪽.

조선항만요람 제2~4장

제1절 개항

보호정치(保護政治), 즉 통감부 설치 이전에는 항만의 수축이라고 부르기에 충분한 것은 없고 모두 방임의 상태에 있었다. 오로지 천연의 지형을 이용하여 왔던 것에 불과했는데 보호정치 이래 매년 무역의 증진을 가져왔기 때문에 그 때의 한국 재정고문(財政顧問)은 1906년(光武 10, 明治 39) 각 개항장을 통해 세관 설비의 충실을 위해서 항만 설비와 관세행정의 민활(敏活)을 기획하고, 제1기 공사로서 1906년(光武 10, 明治 39)부터 5개년의 계속사업으로 하여 총공사비 364만 4,500여 원의 예산을 정하고 그 공사에 착수했다. 그 후 1908년(隆熙 2, 明治 41)에 이르러 다시 진남포항 등에서 추가 공사 시행의 필요를 인식하여 계속 연한을 3개년 연장하여 1913년도(隆熙 7) 준공의 예정으로 총공사비를 495만 1,830원(항만 그 외의 세관 공사를 포함)으로 부산(釜山)·인천(仁川)·진남포(鎭南浦)·평양(平壤)·원산(元山)·신의주(新義州)·군산(群山)·목포(木浦)·청진(淸津)·성진(城津)·마산(馬山)의 11항에 대해, 각각 응급한 시설을 완료했다. 그것이 계통적으로 항만 수축 공사를 시행하기에 이르렀던 단서(端緖)이다. 그중 인천·부산·진남포와 같은 주요 항만의 공사는 수축 중에 한일병합(韓日倂合)으로 되었던 것이며, 총독부는 그 나머지 공사를 시행함과 동시에 더욱 그 규모를 확대하여 수륙(水陸) 연락 설비를 크게 완성할 계획을 세워 1911년도(明治 44) 이후의 계속사업으로 하여, 부산·인천·진남포 및 평양의 4개 항을 수축하고, 이어서 1914년도(大正 3) 이후의 사업으로 신의주 강가 정리, 인천항 내 쇄암(碎岩) 공사, 1915년도(大正 4) 이후의 사업으로 원산항을 수축하고, 1917년도(大正 6) 이후의 사업으로 인천항 제2기, 1919년도(大正 8) 이후의 사업으로 부산항 제2기 수축, 또한 1922년도(大正 11) 이후의 사업으로 청진항 및 성진항 수축을 시행하고, 다시 1926년도(大正 15) 이후의 계속사업으로 청진(추가)·군산·목포·다사도 및 웅기항의 공사를 기획하고, 1929년도(昭和 4)부터 인천·진남포항의 확장 수축 공사를 추가하여, 현재 모두 공사 중이다.

오늘날까지 국영사업으로 시행했던 항만 공사의 공사비 지출 총액은 1929년도(昭和 4)까지 3,982만 9,408원이었고 나아가 장래 계속지출의 확정예산액은 975만 6,712원이다.

개항에서 항만시설 및 유지비 국비 지출액 조(調)

구분	한국 정부시대 지출액(원)	총독부 설치 이후 1929년도까지 지출액(원)	1930년도 이후 지출확정 예산액(원)	
총액	4,256,240.319	35,708,992.078		9,756,712.690
부산항(제1기)	1,511,437.280	3,822,788.360		-
부산항(제2기)	-	7,868,167.790		-
인천항(제1기)	927,049.229	3,476,910.860		-
인천항(제2기)	-	3,144,076.940		-
인천항 확축		157,296.280	1934년도까지	1,376,695.720
(평양)	56,384.280	129,212.920		-
진남포항(제1기)	488,280.152	834,338.260		-
진남포항 확축	-	221,390.610	1934년도까지	2,730,181.390
원산항	471,650.660	1,718,338.833		-
청진항	374,758.518	3,147,700.490	1934년도까지	3,661,371.510
성진항	48,875.490	341,267.050		
웅기항	-	677,173.440	1931년도까지	385,362.560
군산항	89,656.400	2,018,728.600	1932년도까지	919,708.400
목포항	92,794.390	296,082.890	1930년도까지	301,417.110
다사도항	-	379,271.830		-
원산 육상설비 기타	-	1,773,620.477		-
부산 육상설비	-	459,916.704		
진남포 육상설비 및 매립	-	119,939.410		-
신의주 강안 및 시가 정리	-	220,146.920		-
인천항 쇄암비	-	430,473.270		-
항만 유지설비	-	4,363,346.034	1930년도까지	381,976.000
행암만 해륙연락설비	-	108,804.110		-

구분	한국 정부시대 지출액(원)	총독부 설치 이후 1929년도까지 지출액(원)	1930년도 이후 지출확정 예산액(원)
(경성 세관설비)	131,333.133	-	-
신의주항	45,607.250	-	-
(대구 세관설비)	4,491.640	-	-
마산항	13,921.897	-	-

개항에서 수이출입 화물 톤량 및 가격 누진표

항명	1912년		1921년		1930년	
	톤량	가격(원)	톤량	가격(원)	톤량	가격(원)
부산	480,019	22,359,943	1,345,974	114,620,676	1,480,863	180,697,192
인천	500,923	22,276,398	778,913	95,249,691	1,127,946	111,298,207
진남포	326,011	6,123,977	840,528	36,311,355	1,387,251	60,601,040
원산	71,629	5,866,636	165,878	14,479,879	229,324	23,324,387
청진	19,591	1,229,395	187,848	11,705,013	327,735	18,337,032
군산	79,973	4,426,632	234,814	26,686,719	441,212	39,498,057
신의주	불상	3,305,054	1,159,638	54,701,970	1,077,957	51,579,199
목포	60,861	3,213,274	111,861	13,888,089	387,407	29,272,299
성진	18,160	1,242,692	63,403	4,460,480	61,617	5,857,916
웅기	-	-	12,481	711,844	92,292	4,197,467
용암포	-	-	133,958	7,994,159	66,251	4,383,352
합계	1,557,167	70,044,001	5,035,296	380,809,875	6,679,855	529,946,148

비고: 용암포의 부분은 1921년(大正 10) 이전의 통계가 없으므로 1922년(大正 11)의 통계를 표시한다. 웅기는 1921년(大正 10) 5월 개항되었다.

제2절 지방항의 수축

조선에서 지방항, 어항은 그 수를 합하여 2백 수십 항이 있다. 그중 주요한 것은 40여 곳에 이르는데 한국 정부 시대에 이들 항만에 대하여 시설한 바로 거의 보이는 것이 없다. 그 다수는 천연 그대로 방임되어 있었다. 때문에 지방 산업의 개발상 유감이 적지 않을 뿐만 아니라, 인명, 선박의 참해(慘害)를 입은 것 역시 매년 점차 증가하는 상태여서 그 수축은 매우 중요한 일로 되어 있었다. 따라서 총독부 시정 이래 그 수축을 기획하여 1912년(大正 1) 이후 1918년도(大正 7)까지 지방 공공단체의 기업(企業)에 대해 1개항 평균 2,500원씩의 국고를 보조하여, 긴요한 곳 7개항의 수축을 완료했는데, 그 시설은 매우 고식적인 것이며 시운의 진전에 부응하지 않고 동떨어진 것이었다. 이후 조직적 계획을 정하여 1922년도(大正 11)부터 1925년도(大正 14)까지 구룡포항 외 3개항의 수축을 완료했다. 그러나 그 국고보조율은 대체로 총공사비의 3분의 1이었으며 현시의 지방재정으로서는 그 부담이 매우 무거운 것이었다. 따라서 공사의 진척을 저해하는 것이 적지 않았다. 따라서 1926년도(大正 15) 이후는 그 국고보조율을 총공사비의 5할 내지 7할로 증액하고 또 수축항 숫자도 늘려 예의 그 조장에 힘쓰는 한편, 장래의 시설 촉진상 미수축 항만에 대해서는 기획적 조사를 해둘 필요를 인식하여 완급에 맞게 주로 국비로서 점차 그 조사를 진행하고 있다.

지방항 및 어항 수축의 실적은 1912년도(大正 1) 이후 1930년도(昭和 5) 사이에 수축은(수축 중인 것을 포함) 36개 항이 있고, 나아가 1931년도(昭和 6) 이후 3개년의 계속사업으로 국고보조에 의해, 시행의 확정인 것 11개 항이 있다. 이것을 사업 주체별로 보면 아래와 같다.

(가) 국비로 수축한 것.
국비 수축은 진해 1개 항뿐이며 그 공사비 14만 1,000여 원이다.
(나) 지방 공공단체에서 국고보조를 받아 수축하는 것.
국고보조에 의해 수축하는 것은 현재 수축 중인 것을 포함하여 23개 항이며, 그 총공사비는 481만 5,472원, 그 가운데 국고보조액 212만 9,866원이다.
(다) 1931년도(昭和 6) 이후 3개년 계속사업으로 국고보조에 의해 시행 확정인 것은 10개 소이며 그 총공사비 예산은 245만 6,000원, 그 가운데 국고보조 예정액 134만 5,000원이다.
(라) 지방 공공단체에서 단체의 비용 및 기부금 등에 의해 수축하는 것.
도 지방비 및 면 등의 공공단체에서 주로 자기의 비용 등에 의해 수축하는 것은 12개 항에 달하는데, 위의 것은 거의 국부적인 공사이며 그 공사비 총액은 12만 1,543원에 불과하다.

지방항 수축공사비 조서(단위: 원)

A. 수축공사를 준공한 것

도명	항만명	시행연도	총공사비	국고부담	지방비	면비기타	사업주체	비고
경남	진해항	1922~1925	141,000	141,000	-	-	국가	
전북	어청도항	1912~1913	5,700	3,500	-	2,200	지방비	
전남	별도항	1916~1917	6,300	2,300	4,000	-	지방비	
전남	추자항	1917~1918	6,318	2,500	3,818	-	지방비	
전남	산지항	1926~1928	263,958	131,980	60,000	71,978	제주면	
경북	포항항	1919~1920	135,000	67,500	67,500	-	지방비	
경북	포항항	1922~1923	46,800	23,400	23,400	-	지방비	
경북	포항항	1926~1930	237,989	79,330	158,659	-	지방비	
경북	강구항	1913~1914	7,576	4,000	3,576	-	지방비	
경북	강구항	1914~1916	199,656	89,846	109,810	-	지방비	
경북	구룡포항	1922~1925	281,887	104,702	100,000	77,185	창주면	
경북	감포항	1925~1927	389,588	76,000	223,000	90,588	양북면	
경남	미륵도항	1915~1916	6,343	1,200	4,300	843	남포어업조합	
경남	방어진항	1923~1927	487,336	162,445	235,000	89,891	지방비	
강원	대포항	1918	5,000	1,500	3,500	-	지방비	
강원	정라항	1915~1916	4,745	2,500	2,245	-	지방비	
강원	정라항	1927~1930	169,172	69,427	59,745	40,000	지방비	재해복구공사를 포함
강원	주문진항	1923~1925	220,103	77,736	80,000	62,367	지방비	
함북	청진어항	1915~1916	63,000	50,000	13,000	-	청진부	재해복구공사를 포함
함북	청진어항	1928~1929	55,000	44,000	3,500	7,500	청진부	
계			2,782,471	1,147,866	1,192,053	442,552		

B. 수축 중인 것

도명	항만명	시행연도	총공사비	국고부담	지방비	면비기타	사업주체	비고
경남	통영항	1927~1931	300,000	100,000	125,000	75,000	지방비	
	부산항 (연안무역설비)	1928~1930	410,000	120,000	-	290,000	부산부	
황해	용당포항	1928~1933	500,000	250,000	150,000	100,000	지방비	
	연평도항	1929~1931	154,000	77,000	77,000	-	지방비	
함남	신창항	1929~1932	165,000	115,500	34,500	15,000	지방비	
평남	한천항	1929~1932	65,000	32,500	26,000	6,500	지방비	
강원	후포항	1929~1932	280,000	196,000	42,000	42,000	지방비	
	묵호진항	1929~1930	110,000	77,000	16,500	16,500	지방비	
함북	어대진항	1929~1932	240,000	168,000	48,000	24,000	지방비	
계			2,224,000	1,136,000	519,000	569,000		

C. 1931년도(昭和 6) 이후 새롭게 수축 확정인 것

도명	항만명	시행연도	총공사비	국고부담	지방비	면비기타	사업주체	비고
경북	강구항 (확축)	1931-1933	189,000	94,500	94,500	-	경상북도	
	감포항 (확축)	1931-1933	469,000	232,500	232,500	-	경상북도	
	구룡포항 (확축)	1931-1933	594,000	297,000	297,000	-	경상북도	
경남	부산항 (남항방파제확축)	1931-1932	180,000	90,000	-	90,000	부산부	
전북	군산어항	1931~1933	120,000	60,000	20,000	40,000	군산부	
전남	제주항	1931~1933	270,000	135,000	67,500	67,500	제주면	
황해	부포항	1931~1933	100,000	50,000	50,000	-	황해도	
평남	진남포어항	1931~1933	70,000	35,000	35,000	-	평안남도	
함북	성진어항	1931~1933	216,000	162,000	54,000	-	함경북도	
	서수라항	1931~1933	252,000	189,000	63,000	-	함경북도	
계			2,456,000	1,345,000	913,500	197,500		

D. 공공단체 등에서 수축한 것

도명	항만명	시행연도	공사비	사업주체
충남	선장항	1921	4,600	선장면
강원	옹진항	1919~1922	6,000	도천면
	정라항	1922	4,500	삼척면
함북	서수라항	1924	6,630	노서면
전남	서귀포항	1925	15,000	우면
	모슬포항	1926	5,311	대정면
	한림항	1930	8,200	구우면
황해	용당포항	1922	19,750	지방비
	용호도항	1925	3,985	지방비
경남	통영항	1926	8,000	지방비
	선소리항	1926	4,000	지방비
	삼천포항	1926	14,130	지방비
		1928	21,437	지방비
계			121,543	

제3장 항만의 관리

인천항 일반

항만의 관리·비용 부담의 구분 등에 대해서는 내지(內地)와 마찬가지로 아직 통일적 기본법령이 제정된 것이 없이 공사는 종래의 관행·수리 등에 의거, 개항에서 외국무역 시설은 국비만으로 시행하고 지방항·어항 등에 대해서는 지방 공공단체의 시설 경영으로 맡기며, 그 긴요한 정도·지방재력 등을 계사(稽査)하여 총공사비의 3분의 1 내지 10분의 7을 국고에서 보조하고 있다. 그리고 항만의 일반적인 유지관리비에 대해서는 항만의 본질에 비추어 원칙적으로 국비의 부담에 속하는데 수축의 경우와 동한일 수리·관습에 의하여 개항의 유지는 국비, 기타 항만은 지방 공공단체의 부담으로 하는 것이다. 또한 개항 및 주요 항만에서, 특히 법령에 의해 지정된 항만의 공유수면 매립, 각종 공작물의 설치 등의 공사에 대한 행정처분 사무는 총독부 내무국에서, 기타의 항만에 대해서는 도지사가 그것을 주관한다. 관세에 관한 사무 및 그 목적을 위해 존재하는 시설물의 관리는 세관장, 개항 항칙(港則)의 집행 및 해항검역·수상취체는 도지사, 항로표식·선박·해원·수선인 등에 관해서는 체신국 및 동(同) 국 해사출장소장의 권한으로 분속(分屬)하고 있다.

제4장 각 항의 상황

제1절 개항

1. 부산항(경상남도)

연혁

부산항이 오랜 옛날부터 아국(我國)와의 교통·통상의 관문이었던 것은 지리적 위치에서 생각하면 수긍된다. 역사에 따르면 1872년(明治 5)까지 약 250년의 장기간에 걸쳐 우리 거류지가 본 항에 설치되어 대마(對馬)의 영주 종씨(宗氏)가 아국의 통상을 관장하여 왔다. 1876년(明治 9) 10월 다시 한일수교조약(韓日修交條約)이 이루어져서 그에 근거하여 새롭게 부산을 통상항으로 개방시켰다. 그 이래 점차 발전을 이루어, 특히 한일병합(韓日倂合) 후에 진전이 현저하여 현재 그 인구 14만 6,000여 명(내지인 47,825명, 조선인 97,521명, 외국인 773명)에 달하고 무역연액은 2억 4,000여 만 원을 보여 병합 당시의(1910년(明治 43)) 무역연액 1,500여 만 원에 대비하여 실로 약 15배의 격증이며 무역항으로서 조선에서 수위를 점하기에 이르렀다.

지형

부산항은 조선반도의 남단에 있고 북위 35도 7분, 동경 129도 5분에 위치하여 동북서의 3면은 육지로 위요(圍繞)되고, 추가로 전면에 가로놓인 절영도(絕影島, 牧の島)라는 담장(屛障)을 얻어 천혜의 일대(一大) 항만을 형성하고 있다.

항은 동서의 양구(兩口)를 가지며 동구(東口)는 물이 깊어 대선거박(大船巨舶)의 출입이 자유로운데 서구(西口)는 비교적 얕은 곳으로 연안항로선에 의해 이용된다. 해저의 지질은 대개 이토(泥土)이므로 선박의 정박은 안전하다.

항만수축공사

한국재정고문시대

1876년(明治 9) 개항 이래 약 30년간은 거의 천연 그대로 맡겨둔 상태로 있었지만 통감정치 개시와 함께 1906년(明治 39) 이후 5개년의 계속공사로 공사비 151만여 원을 가지고 해륙연락설비, 기타 그것에 부대한 공사를 시행했다. 그 주요시설은 3만 4,380평방미터의 해수면을 매립하여 세관부지, 기타 설비에 충당하고, 또 매립지의 일부는 그것을 돌제(突堤)로 하고 그 남측에 접하여 폭 23미터, 길이 276미터의 철조(鐵造) 횡잔교(橫棧橋)를 가설하여 3,000톤 내지 4,000톤급 기선 2척을 동시에 계류하는 것을 가능케 하여 주로 관부연락선(關釜連絡船)의 정박에 활용하고 돌제 위로는 철도선로 2개 선을 유도하여 만선(滿鮮) 급행열차의 발착에 제공하는 것이다. 위 공사는 1911년(明治 44) 3월까지 대부분의 준공을 알렸는데 일부는 1912년(明治 45) 3월에 이르러 완성했다. 그 소요 공사비는 151만 1,437원이다.

제1기 공사(1911~1918)

한국재정고문시대에 위의 시설은 세관설비 및 관부연락선을 주로 한 응급적인 것이며 일반 선박의 계선(繫船) 설비 등은 여전히 결여하고 있는 것으로 1911년도(明治 44)부터 1918년도(大正 7)에 이르는 8개년의 계속사업으로 총공사비 382만 2,788원으로 대략 아래와 같이 시설을 완료했다.

기성 제1잔교의 북측 해면 5만 3,758평방미터를 매립하여 육상시설의 지구로 활용하고, 제1잔교에 접한 돌제와 나란히 하되 이것과 290미터의 간격을 두어 폭 38미터,

길이 363미터의 철조 제2잔교를 축조하여 철도선로 4개선을 부설했다. 본 잔교에는 7,000톤급의 기선 2척, 2만 톤급의 기선 2척을 동시에 계류하는 것이 가능한 것이다. 부산진(釜山鎭) 방면에 총 연장 1,138미터에 걸친 2조의 방파제를 축조하여 면적 49만 5,870평방미터의 선류(船溜)를 설치하여 소형선박의 정박에 활용했다. 또 육상에 상옥(上屋) 3동 및 창고 2동을 설치하고 또한 항구 및 잔교 부근의 정박지(錨地) 110만 6,000여 평방미터를 간조면 아래 7미터 내지 10미터에 준설하여 대선거박의 출입에 대비했다.

제2기 공사(1919~1927)

이상의 공사는 약 70만 톤의 화물을 표준으로 시설한 것인데 본 항의 무역톤량은 1918년(大正 7)에 이미 159만 톤에 달했고 장래 더욱 증진의 추세에 있으며, 항구 방파제의 결여는 선박의 정박, 하역에 지장을 초래하는 것이 적지 않고, 또 출입선박이 점차 대형으로 되고 있는 추세에 비추어, 계속해서 제2기 사업의 계획을 세워 1919년도(大正 8)부터 1927년도(昭和 2)에 걸친 계속사업으로 총공사비 786만 8,167원을 써서, (1) 제1잔교에 접한 돌제를 확장하고 상옥 및 도로를 설치하여 그 북측에 계선 잔교(폭 10.9미터, 길이 363.6미터)를 축조하여 부두의 총 폭원을 140미터로 하고 (2) 제2잔교 폭원 38미터에 돌제 및 잔교를 부가하여 총 폭원 116미터의 부두로 하여 이것에 따르는 상옥·궤도·도로를 설치하여 30톤 해상 기중기선 1척 및 육상에 30톤, 10톤 기중기 각 1기를 설비한다, (3) 항구에 연장 932미터의 방파제[구조 359미터는 사석제(捨石提)로 하고 나머지 572미터는 사석공(捨石工)의 상부에 콘크리트 더미 3단을 쌓고 다시 그 상부에

폭 7미터, 높이 1.5미터의 장소에 충전콘크리트를 시공했던 것이며 둑마루 높이는 (+) 2.87미터]를 축조하고, (4) 항내 65만 7,184평방미터를 간조면 아래 7미터 내지 8.18미터로 준설하여 정박지를 확장하고 또한 목도(牧の島) 선입장(船入場)의 일부 3만 413평방미터를 간조면 아래 1.21미터로 준설했다.

항만에 관계있는 국비 이외의 시설

부산항의 항만 설비는 종래 거의 국비뿐이었던 것인데 대단한 항세(港勢)의 발전에 따라 부산부 및 민간에서 시가지, 공장지대 등의 조성의 목적으로 항내의 매립, 항안의 정리 등을 기획 실시하여 본 항의 진전에 기여했던 것이 적지 않다. 그 주된 공사는 아래와 같다.

(가) 북빈(北濱) 매립공사: 1902년(明治 35)부터 1908년(明治 41)까지 부산매축주식회사(釜山埋築株式會社)에서 용미산(龍尾山) 아래의 재래 선류에서 현 정차장 본관에 이르는 일대의 해수면 약 13만 6,700여 평방미터의 매립을 실시하여, 종래 서쪽에 편재하여 항만에 대해 배면적(背面的) 발전을 하고 있던 시가지를 차례대로 항만에 접하여 북쪽으로 나아가는 단서를 열었다.

(나) 부산 착평(鑿平)공사: 부산거류민단에서 종래의 시가와 북쪽 초량(草梁) 방면과의 연락을 저해하는 산악의 착평을 기획하여 1909년(明治 42)부터 1913년(大正 2)까지 공사비 99만 2,000여 원을 사용하여 착평토지 4만 7200여 평방미터, 매립 10만 700여 평방미터를 조성했다. 그 공사는 정부에서 위탁을 받아 대행했던 것이다.

(다) 부산진 매축공사: 나고야(名古室) 방면의 자본가에 의해 조직되었던 조선기업주식회사(朝鮮起業株式會社)는 1912년(大正 1)부터 1918년(大正 7)까지 고관(古館)부터 부산진(釜山鎭) 앞에 이르는 해수면 약 47만 6,000여 평방미터의 매립을 완성했다. 이후 별도로 창립된 부산진매축주식회사(釜山鎭埋築株式會社)는 위 기업회사의 매립지에 맞닿아서 그로부터 동쪽 우암리(牛岩里)에 이르는 지역 약 101만 500여 평방미터의 매립공사에 착수하여 제1구는 대부분 그 공사를 준공했다. 그 완성의 날에는 공장지대로서 장래의 발전이 기대되고 있는 곳이다.

(라) 목도 살마굴(薩摩堀) 매축공사: 오사와 유키오(大澤幸雄)는 원래 부산거류민단이 가지고 있던 목도 연안 매립권을 인수하여 1916년(大正 5)부터 1926년(大正 15)까지 13만 2,800여 평방미터의 매립을 완성하고 부근 일대의 모습을 일신했다. (이 매립권을 최초로 인수했던 자는 시무라 사쿠타로(志村 作太郎)였는데 최종적으로 오사와

에게 넘겼다.)

(마) 남항 매립공사: 부산항의 서남부 시가의 중추에 연한 남빈(南濱) 앞은 연안무역 지대로서 장차 어항으로 이용해야 할 지역인데 종래 방파의 시설을 결여하여 방기의 상태에 있었다. 그런데 이케다 스케타다(池田佐忠)·도비시마 분키치(飛島文吉) 등에 의해 창립된 부산 축항합자회사(釜山築港合資會社)는 연장 630미터의 방파제와 47만 9,300여 평방미터의 매립을 기획하여 1928년(昭和 3) 이래 그 공사에 착수하여 목하 시행 중이다.

(바) 북빈 연안 무역설비: 부산부는 총공사비 41만 원 중 12만 원의 국고 보조를 받아 북빈 앞에 1만 1,222평방미터의 매립, 상옥·하치장·계선벽 등의 축조를 기획하고 1928년(昭和 3) 공사에 착수했다. 이 공사는 1931년도(昭和 6)에 준공 예정이다.

(사) 남항 방파제 축조공사: 남항에서 매립공사의 부대설비로 연장 630미터의 방파제가 축조되고 있는데 이것과 대립하여 방파제를 축조하지 않으면 종래 목도 연안을 따라 항내로 이동하는 막심한 토사를 막는 것이 불가능하므로 부산부는 총공사비 18만 원 가운데 국고 보조 9만 원으로 연장 210미터의 방사제(防砂堤)를 부설하고 동시에 해안 보호를 위해 그 기부(基部)에 항내로 향하여 연장 335미터의 방파호안(防波護岸)을 축조하기로 하였다.

(아) 부산간선도로·도진교(渡津橋) 및 선류 정리공사: 부산역에서 주요한 상업지구로 통하는 도로가 너무 협애(狹隘)하여 전차 복선을 부설하기 어려운 혼잡한 상황이므로 부산역부터 간선도로를 신설하여 남항 매립지 신설 도로에 연결하고, 또 목도와의 사이에 교량을 가설하여 쌍방의 연락을 도모하는 것으로 되었다. 그 목적을 달성하기 위해 기존 작은 선류를 정리 매립을 하고 또 그것을 대신할 새로운 선류의 조성, 항로 일부의 준설 등을 시행하는 것으로 되었다. 이것은 부산부의 사업으로 총공사비 360만 원(가운데 국고 보조 84만 원)으로 1931년도(昭和 6) 이후 3개년 간에 시행하는 것이다.

2. 인천항(경기도)

연혁

인천항은 원래 제물포(濟物浦)라고 불렸던 인적 드문 일개 어촌에 불과했으나 1883년(明治 16) 개항장이 되면서 점차 발전을 거듭하여 마침내 청일(淸日)·러일(露日) 양 전쟁, 그중 러일전쟁 이후는 그 진전이 특히 현저한 바가 있었다. 또 본 항은 반도 정치경제의 중심지인 경성의 관문인 관계상 그 항세는 약진적 발전을 거듭하여 현재 인구 6만 8,138명(내지인 11,765명, 지나인 3,366명, 조선인 52,972명, 기타 35명)에 달하고 또 그 무역액은 개항 당시는 겨우 56만 원에 불과했으나 1912년(大正 1)에는 2,327만여 원이 되었고 나아가 1929년(昭和 4)에는 1억 3,000여 만 원에 달하여 조선 제2위를 점하기에 이르렀다.

지형

본 항은 서해안의 중부에 있으며 북위 37도 28분, 동경 126도 37분에 위치한다. 항내가 광활하고 수심 또한 깊으며 크고 작은 도서(島嶼)가 나열하여 천연의 장벽을 이뤘다. 또한 겨울철 결빙의 우려가 없는 혜택을 가졌는데, 반면 최대 10미터에 이르는 간만의 차가 있는 것은 일대 결점이다. 본 항의 전면에는 크고 작은 양 월미도(月尾島)가 드리워 외항과 내항의 경계를 이루고 있다. 외항은 소월미도 바깥쪽 일대이고 그 수심이 10미터 이상을 유지하여 다수의 큰 선박도 안전하게 정박하는 것이 가능하다. 내항은 시가지와 월미도의 사이에 있으며 항로 및 선거(船渠)의 바깥은 수심이 얕아 항양기선(航洋汽船)의 정계(碇繫)에 적합하지 않다.

항만수축공사

한국재정고문시대

1906년(明治 39)부터 6개년 계속사업으로 공비 92만여 원이며 영국영사관 언덕 모퉁이에서 남쪽으로 대략 방형(方形)의 해수면과 나란하게 인천정차장 부근에 이르는 연안 약 5만 9,504평방미터를 매립, 또 물양장(物揚場) 260미터 및 교통잔교 1기, 부잔교

2기, 기타 세관청사 상옥(上屋) 5동, 창고 2동, 철도인입선, 기중기, 기타 부대설비를 완성했다.

제1기 축항공사[1911년(明治 44)부터 1923년(大正 12)]

위의 시설은 과도기의 응급적 대책에 그쳐, 도저히 본 항의 진전에 순응하기에 충분하지 않은 것이었다. 따라서 총독정치 개시에 즈음해 해륙연락설비로서 본 항에 가장 적절한 갑문식 선거를 축설(築設)하여 4,500톤급의 선박 3척을 동시에 거내안벽(渠內岸壁)에 계류할 수 있도록 해륙연락상 필요한 부대설비를 시공하는 것으로 되어, 총공사비 662만여 원으로 1911년(明治 44) 기공하여 1923년도(大正 12)에 완성했다. 단, 본 시설의 요점인 갑문식 선거는 1918년(大正 7) 10월 준공했다. 그 주요한 설비는 다음과 같다.

갑문비(閘門扉) 및 제수문비(制水門扉)의 구조 및 그 개폐장치는 파나마운하의 그것과 동한일 양식으로 모두 전력(電力)으로 개폐한다. 그 갑문의 개폐시간은 갑문비는 각 1분간, 제수문비는 20초를 필요로 함에 불과하고, 선거 북측 시가지에 병행하는 1선은 항양기선에 대한 계선안벽으로 하여 연장 454미터, 높이 11.81미터이고 4,500톤급의 기선을 동시에 3척, 또한 보통으로 출입하는 1,000톤 내지 3,000톤의 기선은 동시에 5척을 계류·하역하는 것이 가능하다. 또 선거 내 동남의 두 방향 및 서쪽의 일부 연장 723미터는 경사면을 가진 임시 물양장으로 하고, 장래 계선안벽 증축의 즈음까지는 오로지 연안무역에 속하는 소형 기선 또는 선박의 하역에 활용하는 것으로 한다. 선거 내에는 30톤 부장(浮裝) 기중기 1척을 설비하여 하역에 편리하게 한다. 항내의 평온을 보지하여 선박 출입의 안전한 정계에 편리하게 하기 위해 시가와 대월미도의 사이에 연장 1,078미터의 체절제(締切堤)를 축설하고 또 내항으로 이동·유입하는 토사를 막고 조류의 방향을 일정하게 하기 위해 사도(沙島)에서 서남쪽 앞바다를 향해 연장 1,718미터의 순도제(馴導堤)를 축설했다. 매립 총면적은 28만 4,189평방미터 정도이며 그 가운데 21만 7,951평방미터를 세관용지로싸 상옥·창고·철도선로·도로 등으로 활용하고 그 외 다수의 황하치장(荒荷置場)을 존치시키고 나머지 6만 6,116평방미터를 시가지로 편입시켜 사설창고·관아·은행 기타 무역 제(諸) 회사의 부지, 공공도로 등으로 충용했다.

확축공사(1929년(昭和 4)부터 1934년(昭和 9)까지)

위의 제1기 공사는 출입 화물 65만 톤을 목표로 했던 것이었는데 1927년(昭和 2)에 톤량은 실로 110만 톤에 달하여 선거의 협애(狹隘)를 느끼는 것이 심했고, 그 확장은 하루라도 소홀히 할 수 없는 것이었으므로 그 응급책으로 1929년도(昭和 4) 이후 4개년의 계속사업으로 공사비 140만 원으로(재정의 관계상 공사비의 일부 절감과 시행연한이 연장되었지만 편의상 당초의 예산을 게재) 선거의 남측 수제(水際)에 철근 콘크리트의 횡잔교를 가설하고 2,000톤급의 기선 5척을 동시에 계류할 수 있는 것으로 하여 계선능력을 배가시킴과 동시에 선거 남측 및 동측에 접하여 약 9만 7,000평방미터를 매립하여 여기에 도로·철도·상옥을 설치하고 순도제의 앞쪽 끝에 448미터의 방파제를 축조하여 항로에 토사의 침전·유입을 방지할 계획을 세워 현재 시행 중이다.

원문 30~34쪽 자료 누락

4. 원산항(함경남도)

연혁

본 항은 고래로부터 원산진(元山津)이라고 불려 동해안 유수(有數)의 시장이었다. 그러나 당시의 원산진은 현재 연안무역지구인 원산리 방면을 지칭하는 것이며 현재 원산항의 중추지대는 개항 이전에 있어서는 갈대가 우거진 벌판에 불과했다. 개항으로 공개되었던 것이 1880년(明治 13) 4월이고 당시 항만 설비로서는 거의 볼 것이 없고, 그 무역액과 같은 것도 실로 미미한 것이었는데, 그 후 경원선(京元線)·함경선(咸鏡線)의 개통·축항공사의 준공·일본해 횡단항로의 개시 등에 따라 누년 진전을 거듭하여 1928년(昭和 3)에 3,400만 원에 달하기에 이르렀다.

지형

본 항은 함경남도 영흥만(永興灣)의 서남쪽 모퉁이에 있으며 북위 39도 10분, 동경 127도 26분에 위치해 있다. 3면이 육지로 둘러 진 항구에는 수많은 도서가 산재하여 외항의 풍파를 차단하며, 항내는 광활하고 수심은 깊고 조류는 완만하며 간만의 차도 역시 겨우 0.46미터를 넘지 않아서 실로 천혜의 양항(良港)이다.

항만수축공사

1906년(明治 39) 한국재정고문시대에 국비 47만 1,000엔을 지출하여 1910년(明治 43)까지 해수면 2만 1,487평방미터를 매립하여 상옥·창고 등의 지구에 활용하고, 매립지 바닷가에 636미터의 물양장을 설치하며, 그 전면에 연장 563미터의 방파제를 축설하고, 17만 8,513평방미터의 수면적을 포용시키고, 또 200미터의 돌제잔교를 설치했다. 이후 경원선의 개통과 함경선의 연장에 따라 물자 집산 구역이 확대되었고 추가로 일본해 횡단항로가 개시되는 등으로 본 항의 무역은 급속한 진전을 이루어 설비의 부족을 느끼는 것이 심해졌던 것이며, 1915년도(大正 4) 국비 156만 원으로 해륙연락 설비를 기획하고, 나아가 1918년도(大正 7)에 육상설비 및 구(舊) 적전천(赤田川) 하류 정리를 위해 108만 3,000원을 추가했으며, 그 후 물가등귀로 인한 공사비의 부족과 세관용지 확장의 필요가 있었던 것으로 1926년도(昭和 11) 다시 85만 원을 추가하여 총공사비 349만 3,000원을 써서 1928년도(昭和 3)에 준공했다.

이 시설의 개요는 해수면 8만 9,256평방미터의 매립과 3,000톤급 기선 2척을 동시에 계류하여 얻은 연장 227미터의 계선벽의 축조와 재래 돌제잔교를 상부 목조, 하부를 철근 콘크리트조, 폭 11미터, 길이 91미터로 개축하여 연안항로선 계류에의 활용, 또 세관잔교(폭 5.45미터, 길이 32.7미터) 1기, 육군잔교 1기(폭 7.27미터, 길이 45.45미터)를 가설하여 장덕도(長德島)에서 서쪽으로 향하여 연장 409미터의 방파제를 축조하여 신구 방파제에 의한 비호이다. 정박지의 면적은 61만 4,878평방미터이다. 이곳 정박지의 준설, 물양장(연장 291미터)의 축조, 상옥·창고·세관청사·부속건물의 건설, 철도인입선의 부설, 도로의 축조, 조명·급수설비

외에 적전천 하류 1,500미터의 교체·정리 등이 있다.

위 국비 이외의 시설로서 원산부(元山府)는 구시(舊市)인 원산진에서 현재 연안무역의 주요 지대인 원산리(元山里)가 해안이 멀고 얕아서 하역이 불편하고 토지의 협애가 심한 것에 비추어 1925년도(大正 14)부터 1927년도(昭和 2)에 이르는 사업으로 공비 36만 원을 내어 동지(同地) 지선(地線) 해수면 11만 2,397평방미터를 매립하여 그 바닷가에 물양장을 축설했다.

원문 38~41쪽 자료 누락

6. 군산항(전라북도)

연혁

군산항은 본래 갈대 무성한 일개 한촌에 불과했는데, 1899년(明治 32) 5월 통상항으로 개방된 이후 광막한 옥야를 가진 전라북도·충청남도 유한일 탄토항(呑吐港)으로서 누년 급속한 발전을 이루어 현재 그 인구가 2만 6,000여 명에 달하여 1개년 미곡의 이출고 160여 만석에 달하는 성황을 보이기에 이르렀다.

지형

본 항은 조선 6대 하천의 하나인 금강(錦江) 하류의 남안에 있고, 동경 126도 43분, 북위 35도 59분에 위치해 있다. 본 항의 후방은 조선 제일이라 불리는 전라남북 양도에 걸친 대평야이고 북쪽은 강을 사이에 두고, 충청남도 서천군(舒川郡)과 마주하고 있다.

본 항은 소위 하항(河港)이며 강구를 거슬러 약 22킬로미터이다. 따라서 풍랑으로 인한 재액(災厄)의 두려움은 없지만 금강이 방류하는 토사로 인해 여러 차례 수심의 변화가 많고 조석 간만의 차이가 큰 것이 결점인데 이번의 축항공사에 의해 맞은편에 축설된 제수제에 의해 정박지의 수심 유지는 대개 유감없을 정도를 보이기에 이르렀다.

항만수축공사

한국재정고문시대에 1906년(明治 39)부터 1909년(明治 42)까지 국비 8만 9,000여 원을 투입하여 강기슭을 매립하고 상옥을 설치하여 목조잔교 2기를 가설하고, 병합 후 1910년 (明治 43)부터 1915년(大正 4)까지 국비 3만 3,000원을 지출하여 목조잔교 3기를 가설한 후, 1918년도(大正 7)부터 1923년도(大正 11)에 걸쳐 국비 15만 3,000여 엔으로 강안의 매립, 철도인입선의 부설, 상옥 등을 설치하고, 1925년(大正 14)부터는 준설선(浚渫船)을 상시 배치하여 잔교 부근의 수심 유지를 도모해 왔는데, 이러한 시설로는 도저히 항세의 진전에 순응할 수 없으므로 1926년도(大正 15) 이후 6개년 계속사업으로 총공사비 285만 원의 예산으로 기본적 수축의 공사를 일으켜 현재 실시 중이다.

그 시설의 개요는 현재 해안에서 길이 850미터에 걸쳐 폭 75미터, 면적 4만 6,000 평방미터를 매립하여 착평지(鑿平地)와 함께 세관설비지대로서 호안(護岸)·물양장을 두고, 그 전면에는 3,000톤급의 기선을 계류할 수 있는 부잔교 3기를 설치하고, 원양기선을 위한 부선(艀船)의 계류에 적합한 부잔교 1기 및 철근 콘크리트 잔교 2기를 둔 것이다. 부잔교는 모두 철근 콘크리트 제함선(製函船)으로 하여 육안(陸岸)과의 사이에는 연락교를 설치하고, 또 육상설비로서 매립지 및 착평지에는 폭 16미터 내지 20미터의 도로를 축조하고, 또 3선의 철도인입선을 부설하는 외 상옥, 창고를 두어 별도로 항내 정박지의 수심을 유지하기 위해 맞은편에 연장 450미터의 제수제를 축조한 것이다.

어항수축공사

본 항은 전북·충남 양도에서 중추적 어항을 겸하고 있으며, 종래 그 시설을 결여한 상항(商港)의 일부를 이용해 왔는데, 위 국영축항공사에 의한 강기슭의 정리에 따라 그 정계장(碇繫場)을 잃기에 이르렀던 것으로 군산부(群山府)는 1931년도(昭和 6)부터 1933년도(昭和 8)에 걸친 계속사업으로 총공사비 12만 원 가운데 국고보조 6만 원으로 방파제 연장 550미터를 축조하고 면적 11만 평방미터의 어선류(魚船溜)를 설치하는 것으로 되었다.

(구병준)

자료 81 | 仁川稅關, 1925, 《朝鮮港灣》, 朝鮮總督府, 61~70쪽.

인천항 일반

1. 인천항의 위치 및 연혁

인천항(仁川港)은 조선 중부에 위치하여 서황해(西黃海)를 사이에 두고 지나(支那) 대륙에 맞대고, 배후 철로 26마일과 한강의 수로로써 경성의 대도시에 접속하여, 전선(全鮮) 교통 운수의 요로에 해당하며 물자 집산의 중추에 위치한다. 그리고 항내의 수면적이 200만 평을 넘고, 수심이 깊고, 크고 작은 섬들이 외항을 포위하여, 풍파가 높지 않고 동절기 결빙을 보지 않아 천연의 항만을 형성한다.

이곳은 옛적에 제물포(濟物浦)라고 불렸고, 미미하고 황량한 일개 어촌이었다. 구 인천부(仁川府)는 현재 시가지에서 동남쪽 10리 남짓한 땅에 있었는데, 1883년(明治 16) 1월 해당 항구가 개항되고, 부치(府治)를 옮겨 인천이라고 부르기에 이르렀으며, 동시에 인천세관(仁川稅關) 역시 설치되었다. 이것이 실로 조선 최초의 세관이며, 이후 일지인(日支人)이 이주하는 것으로 점차 다수를 더했다. 청일(淸日)·러일(露日)의 양 전쟁은 해당 항구의 발전상 모두 한 신기원을 이루었고, 그중 러일전쟁 이후의 진전이 특히 현저했다. 방인(邦人)이 1만 3,000명에 달하고, 지나인(支那人) 왕래자가 날로 줄을 이었고, 지나정(支那町)이 은성(殷盛)을 드러내었다. 그리하여 1910년(明治 43) 한일병합(韓日倂合)의 결과, 새롭게 인천부청이 설치되기에 이르렀다. 공업, 교육, 장차 시가의 설비, 교통의 개선 등 모든 제도가 여기서 혁신되었다. 한편 1904년(明治 37) 메가타(目賀田)가 한국 정부재정고문으로서 취임하고, 1906년(明治 39) 이후 6개년 계속사업으로 공사비 88만여 원을 투입하였으며, 제1기 항만 공사에 착수하여 1912년(明治 45) 3월 완성했다. 또 1911년(明治 44) 이후 10개년 계속사업으로 공사비 560만여 원으로 제2기 항만 공사에 착수하여, 1918년(大正 7) 11월 현재 갑문식(閘門式) 선거(船渠)의 완성을 보기에 이르러, 항세(港稅) 발전 작업에 착수했다.

2. 무역설비

가. 항만 설비

항만 설비로서의 제1기 공사는 해수면의 매축, 잔교(棧橋)의 축조 등, 자연을 이용한 일시적 응급시설에 그쳐, 본 항 무역의 진전에 부응할 수 없었다. 더욱이 조석 간만의 차이가 동양에 비할 곳 없이 최대 33척(尺)에 이르러 자연의 항만으로써는 선박의 계류, 화물의 하역에 매우 불편하고 불리하므로, 제2기 공사로서 이중갑문식 선거의 축조를 보기에 이르렀고, 육상설비의 완성과 함께, 선박의 출입·정박을 안전하게 하고, 하역의 쾌속처리의 원활을 보고, 이에 비로소 무역항으로서의 면목을 일신하기에 이르렀다.

선거는 길이 250칸(間), 폭 120칸으로 하고, 수면적 3만 평을 가지며, 계벽(繫壁)은 높이 39척, 조석의 간만에도 불구하고 상시 27척 5촌 이상의 수위를 유지하게 하여, 연장 250칸, 총 톤 수 4,500톤급의 기선 3척을 일시에 계류, 하역할 수 있도록 했다. 선거 내 동남 두 방향 및 서쪽 일부 연장 398칸은 호안(護岸) 석원(石垣)을 겸하여 사면을 가진 물양장(物揚場)으로 하고, 오로지 석탄 하역 및 연안 무역에 속하는 소형 선박 또는 부선(艀船)의 계류에 충당했다.

갑문은 전장 544피트, 길이 426피트 5인치, 폭원 60피트, 측벽 높이 48피트이고, 구조는 측벽(側壁), 거저(渠底) 모두 전부 혼응토(混凝土)로써 축조한다.

예선(曳船)은 팔미환(八尾丸)(총톤수 93톤, 실마력 453), 시기환(しぎ丸)(총톤수 34톤, 실마력 120)이 담당하고 궁환(宮丸)(총톤수 21톤, 실마력 54)이 보조한다. 주로 안벽(岸壁) 계리(繫離)의 용도로 제공한다.

나. 육상설비

상옥(上屋)은 계선벽(繫船壁)을 따라 인접한 각 700평 3개동, 동남 호안을 따라 인접한 각 234평 2개동, 및 137평 1동, 기타 350평 1동, 합계 3,055평의 목조 상옥을 보유하였다. 700평의 상옥에는 구내 인입철도선로에 접하여 각 100평의 홈을 설치하고, 우천 시에도 화물의 하역에 하등 지장 없이 작업할 수 있도록 했다.

구내 인입철도선로는 인천정차장에서 상옥을 따라 인접하여 10개 선을 설치한다.

기중기는 구항(舊港) 호안 석원에 접하여 강력(扛力) 10톤 및 3톤의 수동 기중기 2기와 선거 양측에 1톤 반의 수동 기중기 1기에 불과하므로, 현재 30톤 부동(浮動) 기중기 설치를 계획 중이며, 작년 중의 기중기 이용 상황을 보면 아래와 같다.

원문 63~64쪽 자료 누락

이래 재계의 타격이 회복되지 않고 불황 한 가운데에 처했지만, 오히려 온건한 진전을 거쳐 금일에 이르러서는, 위와 같이 서술한 여러 종류의 사정에도 불구하고, 주로 항만 설비의 완성이 크게 주는 힘이 있는 것은 논할 여지가 없으며, 선거의 사명이 얼마나 중대한지를 웅변하는 것이다. 아래에서 무역액 개표(槪表) 및 화물톤량표를 게재하여 변천의 흔적을 밝힌다.

무역액 개표

연별	수이출(엔)	수이입(엔)	합계(엔)	지수(1884년=1)		
				수이출	수이입	합계
1884	184,917	377,548	562,465	1	1	1
1894	1,320,909	3,703,115	5,024,024	7	10	9
1904	2,931,888	16,598,779	19,530,667	16	44	35
1913	5,818,133	17,589,203	23,407,336	31	47	42
1914	5,255,952	14,217,121	19,473,073	28	38	35
1915	8,131,133	12,833,422	20,964,555	44	34	37
1916	7,138,966	17,394,041	24,533,007	39	46	44
1917	9,868,824	21,293,536	31,162,360	53	56	55
1918	15,654,549	29,083,259	44,737,808	85	77	80
1919	26,375,456	64,612,597	90,988,053	143	171	162
1920	24,614,588	51,254,481	75,869,069	133	136	135
1921	42,413,214	52,836,472	95,249,691	230	140	170
1922	43,365,817	58,621,855	101,987,672	235	155	181
1923	39,721,419	53,562,289	93,283,708	215	142	166
1924	60,152,084	66,098,839	126,250,925	325	196	224

무역화물톤량 10개년 대조표

연별	수이출	수이입	합계
1915	180,085	271,099	451,184
1916	141,727	270,140	411,867
1917	144,034	267,672	411,706
1918	135,504	256,714	392,218
1919	205,787	427,119	632,906
1920	189,283	342,936	532,219
1921	472,382	274,108	746,490
1922	398,350	322,615	730,965
1923	369,921	370,227	740,148
1924	477,583	362,707	840,290

수이출 중요품표

품명	단위	1924년		1923년	
		수량	가액(원)	수량	가액(원)
쌀	석	1,168,545	43,821,270	805,580	25,463,168
대두	석	351,456	7,104,797	372,374	6,603,393
홍삼	근	40,700	1,932,925	40,181	2,242,486
설탕	백근	498,213	874,984	409,395	647,029
우피	근	1,452,671	840,619	735,355	369,960
소맥	석	31,767	638,413	13,974	209,852
어패류	근	1,098,650	466,590	2,695,145	561,521
활우	두	7,762	458,043	7,177	434,335
기타			4,014,445		3,189,675
합계			60,152,086		39,721,419

수이입 중요품표

품명	단위	1924년		1923년	
		수량	가액	수량	가액
금건 및 시팅	평방야드	36,819,193	11,847,133	35,803,214	9,859,319
지나 마포	평방야드	8,884,889	4,150,208	10,199,266	4,584,220
인쇄료지	근	7,656,140	1,874,031	7,571,449	1,598,613
소맥	백근	220,238	1,773,681	48,841	367,234
능금건 및 운제포	평방야드	3,873,890	1,556,951	3,217,643	1,109,763
철조 장대 및 판	근	12,006,178	1,221,673	10,545,728	1,081,526
소맥분	근	10,741,754	1,195,480	7,717,710	771,815
석유	그램	2,779,570	1,175,157	3,060,000	1,277,937
기타			41,304,525		32,911,863
합계			66,098,839		53,562,289

앞 표에서 보는 것처럼 수이출품의 대종은 쌀이며 전체 수이출액의 약 7할을 점하고, 품질의 개선은 조선미(鮮米) 평판의 향상과 맞물려 나날이 체증(遞增)의 추세이다. 또 수이입품 중 수위를 점하는 금건(金巾) 및 시팅(シーチング), 그리고 지나(支那) 마포(麻布)는 일반 조선인들의 옷감으로서 매년 입하(入荷)가 번성하고 있다.

다음으로 대내지무역(大內地貿易)과 대외무역의 비율은 그 7할 내지 8할이 대내지무역이고, 쌀·대두(大豆)·설탕·우피(牛皮)·활우(活牛) 등의 이출이 많다. 직물류·철류·인쇄료지(印刷料紙) 등의 수입도 적지 않다. 또 대외무역으로서는 대지무역(對支貿易)이 그 6할 내외를 점하여 전체 무역액에서 보면 1할 6푼에 해당하고, 주로 홍삼, 어패류(魚介類) 등을 수출하며, 지나 마포 금건류 등의 입하가 많고, 기타는 미국·영국 등이며 주로 석유의 수입이다.

다시 당항(當港)에서 최근 10개년의 수입액을 표시하여 참고로 삼는다.

수입액 10개년 대조표

연별	수입액(원)	비고
1915	926,590	
1916	1,166,070	
1917	1,391,674	
1918	1,915,851	
1919	4,198,747	1923년 이후 수입액이 감소함은 이입세 일부 철폐의 영향임
1920	2,941,620	
1921	5,044,817	
1922	4,892,239	
1923	3,440,445	
1924	3,048,215	

4. 선박 출입의 상황

무역의 성쇠, 교통·운수 상태의 변천 등에 따라, 선박의 출입은 때때로 부침을 피할 수 없다. 대개 순조로운 진전을 초래한다고 할 만한, 구주전란(歐洲戰亂)의 영향을 받아 일반 해운계에 선박의 부족을 낳았기 때문에 갑작스러운 감소의 시기가 있었지만, 평화 회복 이래 점차 증가의 일로를 걸어 1921년(大正 10) 들어서 모두 회복하고, 이후 순조롭게 오늘에 이르렀다. 1924년(大正 13) 입항 선박을 국적별로 표시하면 다음과 같다.

입항선박표

국적별	기선		범선		합계	
	척수	총톤수	척수	총톤수	척수	총톤수
일본	699	1,047,836	5	293	704	1,048,129
지나	40	71,152	351	31,702	391	102,854
영국	4	16,859	-	-	4	16,859
미국	5	33,611	-	-	5	33,611
독일	2	12,198	-	-	2	12,198
네덜란드	1	6,403	-	-	1	6,403

국적별	기선		범선		합계	
	척수	총톤수	척수	총톤수	척수	총톤수
노르웨이	1	2,363	-	-	1	2,363
합계	752	1,190,422	356	31,995	1,108	1,222,417

선회사별 기선 입항표

선회사	척수	총톤수	비고
조선우선주식회사	154	183,518	
아마가사키기선주식회사	69	54,877	
오사카상선주식회사	68	108,113	
아와공동기선주식회사	56	74,830	
가와사키기선주식회사	41	52,704	
지푸이통윤선유한공사	36	53,223	1. 본표에는 연안선을 포함하지 않음
야마시타기선주식회사	14	22,144	2. 각 선회사의 용선은 모두 기타에 포함
근해우선주식회사	12	17,359	
시마타니기선주식회사	11	16,085	
구리바야시상선주식회사	3	6,917	
기타	288	600,652	
합계	752	1,190,422	

5. 항로

앞에 서술한 것처럼 선박의 출입·정박은 안전·편리하게 하고, 하역 및 처리는 쾌속·원활하게 하고, 또 지리적 이점을 확보한 상태에서 후방 지대와 연락이 양호하므로, 자연스럽게 정기항로도 그 숫자가 점증해 와서, 현재는 명령항로(命令航路) 중 대지 2개 노선, 대내지 2개 노선, 자영항로(自營航路) 중 대지 4개 노선, 대내지 21개 노선, 합계 29개 노선을 헤아리기에 이르렀다. 곡물의 출회기(出廻期) 등에 있어서는 위의 정기항로만으로 선복(船腹)의 부족을 초래하여, 임시선의 기항을 보는 것이 적지 않다. 정기항로표를 게재하여 참고로 삼자면 다음과 같다.

정기항로 일람표

1. 명령항로

종별	노선	기항지	항해횟수	선명	총톤수	경영자	비고
관동청명령	대련-인천	지부, 위해위	월4회	제21공동환	1,380.52	아와공동기선회사	
조선총독부 명령	청도-인천	대련, 지부, 진남포, 신의주	연27회	회령환	1,010.11	조선우선 주식회사	
조선총독부 명령	신의주-오사카	진남포, 인천, 군산, 부산, 간몬, 고베	연36회	신의주환	708.10	조선우선 주식회사	
				히요도리환	1,791.05	조선우선 주식회사	
체신성명령	도쿄-인천	지부, 시미즈, 나고야, 오사카, 모지, 부산, 목포, 군산	연24회	한강환	1,283.19	조선우선 주식회사	임시취항선
				천안환	2,150.14	조선우선 주식회사	
				시바우라환	1,260.85	조선우선 주식회사	
				사쿠라지마환	1,281.36	조선우선 주식회사	임시취항선

2. 자영항로

	항로	기항지	항해횟수	선명	총톤수	경영자	비고
	대련-인천	지부, 위해위	월4회	이통	1,855.70	지부이통윤선 유한공사	
	나가사키-대련	인천, 삼각, 가고시마	월2회	토키와환	1,197.00	시마타니 기선주식회사	
				장성환	2,040.70	시마타니 기선주식회사	종래 가고시마-인천선을 1924년 11월부터 연장한 것
	인천-상해	청도, 인천, 진남포, 군산, 목포, 부산	연18회	평안환	1,580.36	조선우선 주식회사	

항로	기항지	항해횟수	선명	총톤수	경영자	비고
오사카-인천	고베, 오노미치, 간몬, 부산, 목포, 군산	월2회	대신환	1,238.40	오사카상선 주식회사	
			소주환	1,653.00	오사카상선 주식회사	
			이나바야마환	983.00	오사카상선 주식회사	
	고베, 시모노세키, 부산, 목포, 군산		카미요환	1,995.17	아마가사키 기선주식회사	
			히데요시환	708.92	아마가사키 기선주식회사	
			후시미환	1,234.00	아마가사키 기선주식회사	
			아카미환	696.51	아마가사키 기선주식회사	
			대유환	647.84	아마가사키 기선주식회사	
	간몬, 한신		제1남양환	1,274.00	야마시타기선 주식회사	
			도토환	1,853.35	야마시타기선 주식회사	
	군산, 간몬, 고베		운해환	2,070.00	구리바야시 상선주식회사	
	군산, 목포, 간몬, 한신		이토자키환	1,220.00	가와사키 기선주식회사	
			대명환	984.00	가와사키 기선주식회사	
			옥영환	937.00	가와사키 기선주식회사	
도쿄-인천	군산, 목포, 나고야, 시미즈, 요코하마, 도쿄(진남포에 임시 기항하는 것 있음)	월1회	노시로환	2,336.00	가와사키 기선주식회사	
			명대환	2,163.00	가와사키 기선주식회사	
			마사토미환	1,727.00	가와사키 기선주식회사	
	군산, 부산, 간몬, 한신, 나고야, 시미즈, 요코하마		타케시마환	2,576.00	근해우선 주식회사	
			제2마사키환	1,224.00	근해우선 주식회사	
			은산환	1,707.00	근해우선 주식회사	

	항로	기항지	항해횟수	선명	총톤수	경영자	비고
	가고시마-인천	진남포, 부산, 나가사키, 삼각(대련, 군산, 목포에 임시 기항하는 것 있음)	월2회	춘천환	971.09	조선우선 주식회사	

각 주요항으로의 이정표

항명	해리
군산	122
목포	224
부산	403
진남포	227
요코하마	1,082
기륭	760
안동	281
대련	287
나가사키	452
간몬	492
고베	732
오사카	748
지부	268
청도	330
상해	465

6. 선거 이용상황

당항의 선거는 장래 출입 화물 60만 톤을 목표로 축조되었는데, 그 발전은 예상 이상이므로, 각 선박이 앞다투어 이것을 이용하고, 입거·계류의 필요가 없는 것 또는 설비의 제한에 의해 입거 불능인 것 외에 이것을 이용하는 전반은 별도로 표시하는 것과 같다. 그리고 선거는 완성의 다음 해, 즉 1919년(大正 8)에 이미 계획톤량을 돌파했고, 1921년(大正 10)에 74만여 톤으로 약진했으며, 1924년(大正 13)에 실로 84만여 톤으로 격증했다. 현재 1924년(大正 13) 중에 계선벽(繫船壁)의 이용을 보면, 1칸(間)당 하역톤량 약 2,800여 톤에 달하는데, 내선(內鮮) 각 항만에서 이전에 일찍이 보지 못한 상황이다. 이와 같이 화물톤량의 증가에 따라, 출입 선박의 폭주(輻輳)는 항만 설비의 협애(狹隘)를 느끼게 하기에 이르렀다. 즉 개거(開渠) 이래 오늘날에 이르는 수 년 간의 실적에 비추어 보면, 그 출입선박은 1일 3척 이상 6척을 보통으로 하고, 최고 12척에 달하는 것이다. 따라서 하역 상 지체를 초래하거나, 혹은 입거선(入渠船)으로서 계선벽 이용의 편리를 얻지 못하여, 여의치 않게 선박이 대기하는 것이 1921년(大正 11)에 65척, 그 연시수(延時數) 1,289시간을 헤아리고, 그 체선료(滯船料) 역시 적지 않다.

이것을 요약하면 인천항은 조선 중부에 위치하고, 전선(全鮮)과의 교통·운수의 요로(要路)에 있으며, 또 동계(冬季)에는 신의주·진남포 등의 항만 결빙으로 인해, 바로 조선은 물론 만주 일부의 화물 중계항(中繼港)이 되며, 특히 서황해(西黃海)를 사이에 두고 지나 대륙을 마주하는, 조선 유일의 국제 무역항으로서 발달해 와서 장래 역시 그 사명을 다할 것은 말할 필요 없는 바이다. 그런데 항만의 설비와 그 규모가 협소하여, 현재 무역상 이미 다대한 지장을 초래함은 앞에서 서술한 바와 같다. 따라서 인천항으로 하여금 더욱 그 사명을 다하고, 무역의 진전을 도모하기 위해 항만 설비의 확장에 착수하는 것은, 현재 급무(急務)라고 사유된다.

선거이용 및 불이용 선박표(1924년)

		척수	총톤	비고
기선	이용선	732	1,109,909	
	불이용선	20	80,513	
	계	752	1,190,422	본표에는 연안선을 포함하지 않음
범선	이용선	5	293	범선의 불이용선은 전부 중국형 정크선이며 입거
	불이용선	351	31,702	의 필요가 없는 것
	계	356	31,995	
합계	이용선	737	1,110,202	
	불이용선	371	112,215	
	계	1,108	1,222,417	

(구병준)

자료 82 | 釜山稅關, 1928, 『釜山港』, 1~19쪽.

부산항

제1. 서설

1. 연혁

거류지(居留地) 설치 이전: 일선(日鮮) 교통의 연원은 생각건대 먼 고대에 속한다고 하지만 오랜 옛날의 사적(事跡)에 대해서는 근거로 할 수 있는 것이 적기 때문에 막연히 지금 당장 알기 어려운 것이 있다. 그러나 진구황후(神功皇后)가 신라(新羅) 왕성에 들어갈 때 그 선봉의 한 부대가 본 항구 부근에 상륙했음이 틀림없다고 추정할 수 있으며, 시간이 흘러서 시라카와 천황(白河天皇)의 1082년(永保 2) 대마(對馬) 국수(國守)가 고려와 무역을 했다고 전해지고 있는데 역시 본 항구 부근이었을 것으로 생각되는 점이 적지 않다. 이후 가마쿠라막부(鎌倉幕府)에서 망명한 아사히나 사부로 요시히데(朝比奈三郎義秀)는 준토쿠 천황(順德天皇)의 1213년(建保 1) 대마도(對馬島)를 거쳐 절영도(絶影島)에 도래했다고 전해지며, 절영도 주갑(洲岬)에 아사히나 신사(朝比奈神社)를 모셨다고도 한다. 그리고 분에이(文永), 고안(弘安)의 원나라의 공격(元寇) 이후, 지나(支那) 및 조선(朝鮮)의 해안을 위협하고 약탈을 빙자한 왜구(倭寇)로 인해 교린이 저해되는 것이 적지 않았지만, 서로 수 차례의 절충과 연회를 거쳐, 왜구의 피해가 줄어들어 점차 본 항에서 거류지 설치의 기운이 만들어졌다.

부산진(釜山鎭) 거류지 시대: 고무라카미 천황(後村上天皇)의 1368년(正平 23) 쓰시마수(對馬守) 소 쓰네시게(宗経茂)를 파견하여 산물(産物)을 고려 왕전(王顓)에게 바치고, 고려왕 역시 사절로 하여금 부산포(釜山浦)에서 쌀 1천 석을 쓰네시게에게 주어 서로 무역을 약속하고 화평을 지켰으며, 부산포(다른 말로는 부산(富山) 기록하고 현재 부산진이 됨), 염포(鹽浦) 및 제포(薺浦)의 삼포를 열어 통상 무역장으로 하고 방인(邦人)의 재류를 허락했는데, 이것이 본 항에서 방인 거류지 설치의 효시이며, 염포는 현재 울산군(蔚山郡) 울산만

내의 동안(東岸) 장생포(長生浦)의 동쪽에 해당하고, 또 제포는 창원군(昌原郡) 웅천면(熊川面)에 있는 진해만(鎭海灣)에 임하는 김해(金海)의 서쪽, 거제도(巨濟島)와 마주하는데, 양 포구 모두 지금은 매몰되어 수심이 얕아 선박의 편의가 적다.

그러나 얼마 못가 이조(李朝)가 일어나 고려조를 대신하였으며, 왜관 역시 모두 멈추고 교린도 중단되었는데, 그 후 조선 조정(韓廷)이 사절을 아시카가 요시카츠(足利義勝)에게 보내어 왜구를 금하고 수교의 사안을 청하였으므로, 요시카츠는 즉시 대마수 소 사다모리(宗貞盛)로 하여금 여기에 담당케 하고, 다시 삼포를 열어 부산포의 재류자를 60호로 정했다. 고하나조노 천황(後花園天皇)의 1443년(嘉吉 3, 世宗 25)에 이르러 수교정약의 시작인 카키츠조약(嘉吉條約)(혹은 계해약조(癸亥約條))의 성립을 보았다. 여기서 종래 침략의 관계는 변하여 무역교통에 이르렀고, 고카시와바라 천황(後柏原天皇)의 1510년(永正 7), 부산포 재류방인과 그 첨사(僉使)와의 갈등으로 인하여 소위 삼포의 난이 일어나고, 재류민이 철수하게 되어 교린이 다시 단절되었다.

제포 왜관 시대: 2년 후 아시카가 요시카네(足利義稙)가 서한을 보내어 교린을 닦아 화의(和議)를 이루었는데, 왜관은 제포에만 설치되어 부산포 및 염포에는 방인의 거류를 금지했다. 이후 고나라 천황(後奈良天皇)의 1541년(天門 10), 제포 거류의 방인이 일을 꾸며 한인(韓人)과 다툼이 일어났는데, 조선 조정이 노해 방인을 쫓아내고 교린을 다시 중단하였다.

부산진 왜관 시대: 다음 해 아시카가 요시하루(足利義晴)가 사절을 공희왕(恭僖王, 중종)에게 보내어 방인 재류의 복구를 청하였지만 수용되지 않았다. 부산포는 해안 끝의 벽지(僻地)이므로 사고를 막기 쉽다는 이유로 관(館)을 부산포(지금의 부산진)으로 옮기는 것을 허락하여 제포 및 염포의 개항은 그것을 물렀다. 종래 단순히 방인의 재류에 그친 본 항에서 관소(館所) 설치의 효시이다.

고관(古館) 왜관 시대: 그 후에도 구해가 근절되지 않고, 이어서 도요토미 히데요시(豊太閤)가 정한(征韓)의 역을 일으켜, 1592년(文祿 1) 선봉 고니시 유키나가(小西行長), 소 요시토시(宗義智)는 본 항 우암리(牛巖里)(이출우 검역소 소재지)에 상륙하여 부산, 동래(東萊)를 함락하고 이후 전쟁이 7년에 이르러 국교의 단속(斷續) 또한 평소와 달랐지만, 점차 도쿠가와(德川) 씨에 이르러 소 요시토시로 하여금 수교를 제의하여, 1609년(慶長 14) 공매(公賣), 구청(求請), 개시(開市)의 3사를 약속하는 기유조약(己酉條約)의 성립을 보았다. 관을 개운포(開雲浦)(지금의 부산부내 고관)에 설치하고, 통상무역은 물론사빙(使聘) 왕래 역시 이전으로 복구하였고, 막부는 쓰시마번주(對馬藩主) 종씨(宗氏)로 하여금 대대로 수교의 임무를 맡겼다. 그러나 개운포는 수심이 얕아 선박의 정박에 불편이 적지 않았으므로, 관을 종래의 땅(지금의 부산진)으로 옮길 것을 청하여 종씨는 고사이인 천황(後西院天皇)의 1658년(萬治 1) 이후 교섭 사절을 도합 7회 보낸다. 이에 유명한 이관의 교섭이 일어나지만, 제5회의 정사(正使) 쓰에효고(津江兵庫)가 1671년(寬文 11, 顯宗 12) 마침내 당지(當地)에서 갑자기 사망하는 참사가 일어나, 고심·절충을 거듭하였으나 용인되지 않았다. 그런데 2년 후인 1673년(延寶 1) 우리 왜관에 불이 나서 전소되었으므로, 이것을 계기로 점차 관을 초량항(草梁項)(지금의 부산), 다태포(多太浦), 웅포(熊浦)의 하나로 옮기는 것을 허락하였으나 부산진 이관은 거절되었으므로, 따라서 그해 즉시 초량항에 신관의 공사를 일으켜 1679년(延寶 6) 이전하였는데, 1609년(慶長 14)으로부터 해를 넘기기가 70년으로, 즉 본 항 발전의 바탕은 여기서 건설되었다고 할 수 있다.

이관 당시의 부산: 이관 당시에 초량항은 갈대와 억새 해변으로 무성하고 송현산(松峴山, 지금의 용두산)의 동쪽 기슭에 선인(鮮人) 어가(漁家) 20여 호가 있음에 불과했다. 왜관은 주위에 약 1,200간, 면적 약 80,000평을 두르는 장벽(1876년(明治 9) 철거, 현재 흔적을 확인할 수 없음)이 있었고, 삼면에 곽문(廓門)을 설치하여, 관청·상점·창고 등을 포함하여 150동을 내었다고 한다.

부산 이관 이후: 위와 같이, 본 항에 있어서 재류 방인의 보호 및 통상의 사안에 대해서는 대마 영주 종씨가 관장하는 바로 되어왔는데, 유신(維新) 이후 1872년(明治 5) 우리 정부(我政府)의 대한(大韓) 방침 확립으로, 외무대승(外務大丞) 하나부사 요시모토(花房義質) 씨를 본 항에 파견하여 거류민에 관한 사무를 맡도록 했다. 이것이 본 항에 대한 메이지(明治) 정부 행정사무의 시작이었다. 그 후 1876년(明治 9) 한일수교조규(韓日修交條規)의 정

계(定契)가 이루어지고 새롭게 부산을 통상항으로 개항하자, 관리관청을 두고 관리관을 주재시켰는데, 1880년(明治 13) 이것을 다시 영사관으로 하고 영사를 두었으며, 1883년(明治 16) 일본인민무역규칙(日本人民貿易規則)에 의해 같은 해 11월 해관의 개청을 보았다. 그러나 당시는 아직 독립된 사법경찰기관이 없으므로, 거류민의 재판사무는 영사가 모두 관장하고, 경찰사무와 같은 것도 영사에게 직속되어 경찰관으로서 집행했는데, 1905년 (明治 38) 한일협약(韓日協約)이 이루어져 통감부(統監府)를 경성(京城)에 두게 되자, 같은 해 이사청 관제를 정하여 이사관을 두고, 종래 영사에게 속한 사무를 관리하게 하였으므로 거류민에 관한 행정기관은 여기서 외무성에서 통감부의 소관으로 옮겨지게 되었다. 이어서 1909년(明治 42) 통감부 사법청 관제, 동 재판소령 등을 제정함에 따라, 이들은 이사관의 관장에서 벗어났다. 다시 1910년(明治 43) 합병(合倂)과 함께 조선총독부 지방관 관제의 발포에 의해 종래의 이사청을 폐하고 부산부(釜山府)를 두고, 이사청 및 구한국의 지방행정기관으로 동래부(東萊府)의 사무를 계승하여 경상남도에 속하게 했다.

부산세관: 1883년(明治 16) 11월 본 항에서는 원산 및 인천과 함께 해관의 개청을 보게 되어, 청사는 종래의 왜관 소재지 부근, 현재의 어항(漁港)에 임하여 두어졌고, 영국인 로버트 씨를 해관장으로 취임시켰는데, 이것이 부산세관의 기원이다. 경성에는 총세무사청(總稅務司廳)을 두고 해관사무를 총괄하여 독일인 폰 묄렌도르프 씨를 초빙하여 총세무사로 위촉하였다. 그리고 당시 한국은 정치상 청국(淸國)의 세력에 지배되고 있었으므로, 해관 행정과 같은 것도 청국 정부의 지휘에 의해 독립의 실(實)이 없었는데, 청일전역(淸日戰役)의 결과 청국은 한국에 대한 종주권을 잃어버렸으므로, 한국의 해관사무도 역시 점차 청국의 기반(羈絆)을 벗어날 수 있었다. 1904년(明治 37년) 러일전역(露日戰役) 중 체결된 한일협약(韓日協約)에 기반하여, 메가타 다네타로(目賀田種太郞, 대장성 주세국장) 씨를 한국 재정고문으로 초빙하고, 영국인 브라운 씨를 대신하여 총세무사를 겸임하게 하였으며, 적극 방침으로 종래의 관세행정에 대개혁을 가하여, 해관장 이하 직원을 일본 정부에서 초빙하여 크게 해관사무의 쇄신을 도모했다. 곧 1906년(明治 39) 야마오카 요시고로(山岡義五郞) 씨가 부산해관장으로 취임하고, 1907년(明治 40) 해관을 세관으로 개칭했으며, 1908년 (明治 41) 관제 개정과 함께 총세무사청을 폐하고 관세국으로 바꾸었다. 다시 1910년(明治

43) 한일합병이 이루어져 조선총독부 세관이 되어, 세관 공사의 준공과 함께 1911년(明治 44년) 10월 현 청사로 이전했다. 그러나 수출입 무역 수속, 수출입 관세율을 비롯해, 관세 사무의 일체는 여전히 종래의 일본인민무역규칙, 조선국해관세목, 조선국세관가규칙 등에 의해 취급되었는데, 1912년(明治 45) 새롭게 조선세관령, 동 관세정률령, 동 톤세령 등의 발포가 있었고, 나아가 1920년(大正 9) 조선에 관세법 등이 시행되어, 내선(內鮮) 관세제도의 장벽은 일부를 제외하고 거의 전부 철폐되어 오늘날에 이르렀다.

지명「부산」의 기원: 고대의 통상장으로 부산포는 현재의 부산진이었다. 그 후 왜관은 현재의 고관을 거쳐 부산으로 이전하게 되었으므로, 항구의 중심은 만으로 향해 점차 왼쪽으로 치우쳐 현재의 시가를 이루게 되었다. 현 부산진역의 서쪽 영가대(永嘉臺) 및 동천(東川) 하구의 중앙, 바다에 임하여 자성대(子城臺, 통칭 부산진성)라고 하는 하나의 작은 언덕이 있었다. 옛날 그 형태가 가마솥(釜)에 유사하여「부산」이라고 칭하고, 본 항의 지명은 여기에서 기원하여 전해졌다. 이 땅은 옛날의 장산국(萇山國), 혹은 내산국(萊山國))이며 신라, 고려를 거쳐 이조에 이르러 비로소 진(鎭)을 두었다.

2. 항만 설비의 준공

러일전역 이전: 본 항은 1876년(明治 9) 새롭게 개항되었음에도, 러일전역 이전까지 항만적 설비로서는 거류지 시대 언젠가 시설된 용미산(龍尾山) 아래의 선류(船溜)를 둘러싼 간단한 파제제(波除堤)와 약 400평의 상옥(上屋)에 불과한 상태였다. 그런데 무역의 융성과 시세의 진운에 따라 그 축항계획의 수립을 보게 됨과 더불어 매축 기타에 관민 양영(兩營)으로 하여금 시공됨이 적지 않았다. 그 주된 것에 대해 아래에 개요를 들어 본다.

북빈(北濱) 매축공사: 당시 본 항의 동부 해안은 면적이 매우 좁아서 해수가 바로 구 초량가도 및 본정통(本町通)의 바로 아래까지 닥쳤으며, 시가 발전의 여지가 전혀 없었으므로, 그 해변 일대를 매축하여 시가지로 만드는 부산매축주식회사(釜山埋築株式會社)의 창립을 보았다. 그 제1기 공사로서 1902년(明治 35)부터 1904년(明治 37)에 걸쳐 32,627평을, 제

2기 공사로 1907년(明治 40) 및 1908년(明治 41)에 8,747평, 합계 41,374평을 매축했는데, 현재의 부산정차장의 일부 및 그 이남 시가지 대창정(大倉町) 등이 이 지역에 속한다.

철도용지의 매축 및 부산착평공사: 부산정차장 청사 동쪽의 철도용지 2만 2,569평은, 1907년(明治 40)부터 1908년(明治 41)에 걸쳐 철도 당국에 의해 매축되었던 것인데, 원래 본 항은 배후에 바로 산을 업고 있으므로 시가지로서의 여유가 부족했다. 따라서 시가지는 자연히 초량, 부산진 방면으로 확장할 필요에 쫓겼지만, 부산정차장에 근접하는 영선산(營繕山) 및 벽파산(碧波山, 일명 영사관산)은 단지 그것을 저지할 뿐만 아니라 부산과 초량 방면의 교통을 방해하는 것이 심대하였으므로, 부산거류민단(釜山居留民團)은 1909년(明治 42)부터 (이듬해 총독부 토목국에서 해당 공사를 계속하여 1913년(大正 2) 준공함) 정부 보장의 아래에 양 산의 착평공사(鑿平工事)에 착수하여 그 토석은 그것을 초량정차장 부근 해면의 매축에 충당하고, 착평지 46,690평, 해면매축지 30,590평을 획득하여 12간 가로를 통하게 했는데, 그 총 공비 107만여 원을 필요로 했다.

부산진 매축공사: 이상 매축, 착평공사 등에 의한 시가지의 확장도 아직 충분하지 않았으므로, 조선기업주식회사(朝鮮起業株式會社)는 1912년(大正 1)부터 1918년(大正 7)에 걸쳐 고관에서 부산진 앞바다 해면 약 15만 평의 매축을 완료하였다. 다시 부산진매축주식회사(釜山鎮埋築株式會社)는 1927년(昭和 2)부터 부산진 앞바다의 해면 약 30만 평의 매축공사에 착수하여 현재 시공 중에 있다.

구 잔교(棧橋) 및 연안무역설비: 통칭 구 잔교라고 하는 것은, 부산잔교주식회사(釜山棧橋株式會社)가 현재의 수상경찰서(水上警察署) 앞바다에 매축한 거리 100간, 폭 5간 반의 철도 잔교이다. 1906년(明治 39)부터 사용을 개시하여, 현재의 제1부두 남측 잔교의 가설 이전에는 주로 관부연락선(關釜連絡船)을 계류했지만, 동 잔교가 만들어지고 나서는 주로 연안무역 선박을 계선하여, 내외의 무역상 공헌하는바 적지 않음에도 불구하고, 유지 곤란의 원인으로 1918년(大正 7) 그것을 철폐하였는데, 연안 화객(貨客)의 연락설비가 결여하여 불편이 적지 않았다. 따라서 후술하는 제2기 축항공사 중에 이것의 설비를 하는 것으로 하여, 현재의 수상경찰서 앞바다 해면 2,400여 평을 매축하고, 현재의 호안(護岸) 석원(石垣)에 병행하는 길이 100간, 폭 6간의 편잔교(片棧橋)를 설치하고, 위 매축지 위에 상옥창고를 건설하는 등 연안무역에 대한 시설계획이 있었는데, 예산의 관계상 마침내 실현하여 완료하였으므로, 이번 부산부에서는 예산 약 40만 원, 2개년 계속사업으로 이것과 대동소이한 계획을 수립 결정하여 이에 착수하고 있다. 그리고 별도로 조선기선주식회사(朝鮮汽船株式會社)는 자기의 선박을 계류할 수 있도록, 1927년(昭和 2) 같은 곳의 해면에 철근콘크리트조 부잔교(浮棧橋) 1개를 설비하여 화객에게 편의를 주고 있다.

사쓰마굴(薩摩堀) 매축 및 절영도 연안의 매축 공사: 왕년 부산거류민단은 절영도 살마굴의 대부분 및 그 부근 해면 약 6만 평을 매축하여, 범선 선류, 하양장(荷揚場) 기타 어항적 설비를 더하였는데, 해당 계획은 시무라(志村) 아무개가 계승하는 것이 되어, 1911년(明治 44) 공사를 일으켰는데 허가되지 않아 그것을 중지하고 금일에 이르렀다. 그러나 같은 섬 주갑(洲岬)에서 청학동(靑鶴洞)에 이르는 연안에서, 자용(自用)을 목적으로 한 개인의 매축공사는, 이미 완성된 것 혹은 계획 중인 것 등이 다수에 이르러, 각자 항만 기능의 발휘에 이바지하는 바가 적지 않다.

남항의 수축: 본 항의 서쪽 입구에 상당한 수심과 넓이가 있음에도 불구하고, 남항은 종래 거의 이용되지 않았는데, 이번에 이케다(池田) 아무개, 쓰카고에(塚越) 아무개 외 수 명에 의해 이것의 수축의 계획이 확정을 보았으며, 남빈(南賓) 해안에서 남당민정(南富民町)에 이르는 앞바다 약 14만 5,000평의 해면을 매축하여, 물양장(物揚場)을 지어 무역지대로 함과 동시에, 항구에서의 파랑을 막기 위해, 방파제를 축조하는 계획인데 아직 공사 착수에 이르지 않았다.

한국시대의 부산세관공사: 1904년(明治 37) 메가타 씨가 재정고문으로 초빙되자, 그 적극 방침에 기반하여 항만 설비로서, 공비 150만 원을 투입하여 1906년(明治 39)부터 5개년의 계속사업으로 해륙연락설비 기타 부수 공사를 시공했는데, 1911년(明治 44) 3월까지 대부분의 완성을 알렸고, 일부는 1911년(明治 45) 3월에 이르러 완성되었다. 본 공사를 부산

세관공사라고 부르며 세관부지 기타 급요(急要)의 설비에 충당할 수 있는 1만 400여 평의 해면을 매축하고, 매축지의 일부를 돌제(突堤)로 하여 여기에 편면(片面) 계선잔교(繫船棧橋)를 설치시켰는데, 이것이 현재의 제1부두 남측 잔교이다. 그 기부(基部)에 세관 구내 물양장을 설치함과 함께, 북빈에도 물양장을 수축하고, 다시 육상설비로서는 위 매축지 위에 세관청사 및 상옥창고 등을 신축하고 또 용미산 아래 구세관 구내 선류를 정리하여 어항으로서의 설비하였다. 그리고 1911년(明治 44) 11월 준공식을 거행한 안봉선(安奉線) 개축, 압록강 가교에 이어서, 1912년(明治 45) 6월부터 위 잔교의 사용개시를 보았으며, 동시에 부산-장춘(長春)간 직통 급행열차를 운전하는 것으로 되었다. 1914년(大正 3년) 7월에는 시모노세키(下關)의 관부연락선용 잔교의 준공을 보았다. 이것으로 세계적 대교통로는 모두 완성되어 종래 수에즈운하 경유 6주간을 요했던 도쿄(東京)-런던 간도 이것을 겨우 2주간 거리로 단축할 수 있었다.

합방 후 제1기 매축공사: 위 부산세관공사에 의해, 세관설비 및 관부연락선을 대상으로 하는 선차(船車) 연락설비의 대부분은 정비될 수 있었음에도, 아직 일반 선박에 대한 설비를 결여하였으므로, 지속적 발전을 하고 있는 항세에 따라, 합방의 다음 해인 1911년(明治 44)부터 4개년의 계속사업으로 축항공사를 하는 것으로 되었다. 그러나 재정의 관계상 수차 지연되어 7개년이 되었다. 다시 1917년(大正 6)에는 2개년에 걸친 육상설비의 추가를 이루었으므로, 결국 8개년의 계속사업으로 되었다. 공사비 총액 388 만여 원을 필요로 했고, 본 공사는 매축·잔교·준설의 3항을 근간으로 하여, (1) 제1잔교의 북방 철도용지의 전면 1만 6,000여 평을 매축하여 시설지구에 충당하고, 물양장 석원, 호안 석원을 설치한다. (2) 전항 매축지 앞바다 제1부두에 나란히 하여 철도잔교를 축조하고, 중앙에 기관차를 통한 철도노선을 부설하고, 그 선로를 좁혀 잔교의 양측에 평옥건(平屋建) 철조 상옥, 여객대합실, 사무실, 하주류소(荷主溜所) 등을 설비하여, 이것이 현재의 제2부두 남측 잔교이며 1918년(大正 7) 7월 사용을 개시했다. (3) 제1잔교 앞의 수면 4 만여 평을 준설하여 3천 톤 내지 4천 톤급 선박의 출입에 제공하고, 제2잔교 연안 및 항구의 수면적 29 만여 평을 준설하여 대선(大船)의 출입에 대비하는 것으로 한다. (4) 제1부두 위에는 철골 상옥을 설치하여 여객대합실, 사무실, 소하물취급소, 매표소, 찻집 등을 설비하고, 세관 구내에 연와(煉瓦) 창고 2동을 신축하고, 다시 추가설비로 제2부두 기부(基部) 매축지에는 세관 및 철도사무실, 동 기부 물양장에 접하여 상옥 등을 축조한다. (5) 초량, 부산 간의 철도선로에서 분기하여 제2잔교에 이르는 선로를 부설하고, 매축지 위에는 10간 내지 15간 도로를 부설하며, 또 부산진 매축 예정지의 전면에는 2조(條)의 방파제를 축조하여 약 15만 평의 선류(船溜)를 만들고, 조선기업주식회사의 경영에 관계한 부산진 매축지와 관련하여 중요한 해륙연락지대를 이룬다.

동 제2기 매축공사: 부산항은 그 넓이에서 258만 평을 가지고, 요코하마항(橫濱港)의 160만 평, 고베항(神戶港)의 210만 평에 비교하여 전혀 손색없지만, 항내의 수심이 비교적 얕아 24척 이상의 수심을 가진 면적이 90만 평에 불과하므로, 이것의 준설이 필요하다는 것은 말할 것도 없다. 또 항은 북동쪽이 넓으므로 이곳으로부터 받는 파랑을 방지하지 않으면 안 된다. 과거의 참해(慘害)로 입은 것도 긴급한 것을 모면하지 않으면 안 되는 것이고, 또 이미 제1, 제2 잔교의 축조를 봤지만, 하역 능력은 1개년 70만 톤에 불과하므로, 그 설비를 확장하여 장래에 조응하지 않으면 안 된다. 따라서 이에 제2기 공사 계획을 이루어 1919년(大正 8)부터 6개년의 사업으로 착수되었는데, 재정 관계상 지연되어 1928년(昭和 3) 3월 완성하여 준공을 알렸다. 그 총공비 917만여 원의 가운데 진재(震災)의 영향, 기타로 인해 삭감되어 786만여 원으로 되었는데 (1) 수면적 22만여 평을 준설했다. (2) 항구에 남북 2개의 방파제를 축조했다(물가, 노은 등의 등귀에 비추어 예산 관계상 북제(北堤)는 공사 미착수인 채로 완료). (3) 제1부두 및 제2부두 모두 북측을 확장하여 잔교를 설치하고, 그 부수설비로 상옥의 증설 기타 하역시설의 정비를 도모했는데, 제1부두 북측 잔교는 1925년(大正 14) 5월부터, 제2부두 북측 잔교는 1928년(昭和 3) 4월부터 사용을 개시했다. 이와 같이, 오늘날까지 완성된 해면매축지는 이미 30만 평 이상에 달하고, 더욱이 현재 시공 중인 부산진 매축지, 혹은 계획 결정된 남항 매축지 등을 합하면 상당히 확대되는 시가지와 해륙연락시설지역을 얻을 수 있다. 또 현재 계선안(繫船岸)의 하역능력은 1개년 1간당 1,500톤으로 하여 약 100만 톤이고, 상옥의 화물수용능력에서도 역시 1개년 1평당 150톤으로 하여 100만 톤 내외가 된다.

〈구병준〉

자료 83 | 水野鍊太郎, 1925, 《朝鮮及滿洲》第二百十號, 朝鮮及滿洲社, 22~23쪽.

국운 발전과 항만 정책

바다와 육지를 연결하고 물자의 출입과 탄토(吞吐)에 이바지하는 항만은 일국의 자력, 문화와 중대한 관계를 가진다.

특히 일본은 사면이 바다이다. 섬나라인 내지(內地)[102]는 물론 반도인 조선도 마찬가지이다. 긴 해안선을 가진 일본의 육상과 해상을 연결하는 역할을 수행하는 항만에 대한 연구의 중요성은 두말할 나위가 없다. 그렇다면 육지와 해면의 접속지에 위치한 항만은 어떠한 지세를 필요로 할까. 항만은 자연 지형에 의존해서는 아무런 소용이 없다. 항만은 반드시 인위적 시설이 요구된다. 형편에 따라서는 자연 지형이 부적당해도 인위적 시설을 통해 완전한 항만을 완성할 수 있는 경우가 적지 않다.

바로 이러한 이유로 항만 정책이 필요하다.

한편 어느 외국인이 조선에는 항만다운 항만이 없다고 말한 적이 있다. 이는 다소 극단적인 표현이긴 해도 어느 정도 일리가 있는 주장이다. 그때 나는 단지 조선 해안선의 자연 지형을 보고 곧바로 조선에 항만이 없다고 말하는 것은 잘못이고 연안(沿岸) 모두가 항만은 아니라는 의견을 피력했다. 인위적으로 완전한 항만을 구성하는 일은 얼마든지 가능하다.

물자가 육상의 오지에 저장되어 있기만 하면 쓸모가 없다. 물자가 이동되어야만 부가가치가 발생한다. 이동에는 육상의 설비가 필요할 뿐만 아니라 해상의 경우 선박이 있어야 하고 이 선박이 드나들 수 있는 항구가 요구된다. 조선은 장래에 쌀의 증산과 3천만 석(石)[103]에 이르는 쌀의 이출이 기대된다. 연료로서 함흥 석탄의 장래도 밝다. 이들 물자를 밖으로 내보내는 방법을 강구하지 않으면, 조선 산업은 발전을 전망할 수 없다. 현재와 장래의 상태를 보건대 조선 항만 설비의 빈약함은 조선이 지닌 풍부한 자원의 발전력을 상당히 저해하고 있다.

수운(水運)과 육운(陸運)의 수송력을 대비했을 때, 적은 자본으로 대량의 물건을 운반할

---

102 일본 본토를 지칭하는 용어이다.
103 곡식, 가루, 액체 따위의 부피를 잴 때 사용하는 단위로서 1석은 180L에 해당한다.

수 있는 능력을 보유한 쪽은 수운이다. 한편 그 운임을 저렴하게 함으로써 결국 가격을 낮출 수 있으므로 우리는 물가문제와 운수비용을 분리해서 사고할 수 없다. 최근의 관동대지진(關東震災, 관동진재) 당시 육상의 수송력이 붕괴되어 재해 지방으로 보내야 하는 구호물자의 대부분은 선박에 의존했다. 그러나 불완전한 축항 설비가 지진으로 피해를 입었던 까닭에 당초의 육상 수송 계획은 어그러졌고 귀중한 구호물자는 수송 선박의 갑판에서 부패했다. 쓰라린 실패를 경험한 우리들은 이후 항만 설비의 완성에 최선을 다했다. 물론 항만만으로 제반 문제를 모두 해결할 수 있는 것은 아니지만, 항만이라는 것이 얼마나 중요한 지위에 있는지는 지금까지의 간략한 서술을 통해 확인되는 바이다. 항만의 완비는 비단 항만 부근의 번영으로 머물지 않는다. 그 파급력은 이처럼 대단하다. 아무쪼록 이 점을 강조하고 싶다.

(이명학)

자료 84 | 川村豊三, 1930, 《朝鮮公論》第十八卷 四月號, 朝鮮公論社, 109~113쪽.

항만 이용자가 본 웅기의 항만수축문제-최소의 경비로써 최대의 능률을 발휘하는 안

공사비 100만 원의 웅기 축항(築港)이 마침내 1930년도(昭和 5)에 완성될 예정이다. 작년 11월 도문철도(圖們鐵道) 동부선(東部線)이 개통될 때 웅기(雄基) 시민은 진심으로 기뻐했다. 그런데 반대로 북선(北鮮)[104]의 항만 수축 궤적을 돌이켜보건대 웅기 축항이나 청진(淸津) 축항은 항만 수축의 목적에 부합하지 않는 점이 있다. 이는 유감스러운 부분이다. 특히 제국의 재정 상태가 곤궁한 이때 항만 수축과 같이 막대한 공시비가 필요한 대사업은 관민의 일치 협력 속에서 항만 수축 비용을 가장 유효하고 유리하게 사용하여 국리민복(國利民福)에 이바지해야 함을 통감해야 한다.

본디 항만 수축이나 항만 설비와 관련하여 요란하게 논의되고 있지만, 궁극적으로 결국 항만 수축과 항만 설비의 근본은 선박의 안전을 보장하여 해륙 교통의 편리성을 도모하는 것에 지나지 않는다. 즉 항만 수축의 목적은 선박을 안전하게 운행해서 정신적으로는 승객과 선원의 해륙 교통을 유쾌하게 하고 경제적으로는 화물과 승객의 완벽한 해륙 연결을 통해 낭비되는 기항(寄港) 비용을 절감하여 항만을 무대로 한 경제전(經濟戰)에서 우위에 서게 함으로써 항만 도시가 더욱 발전·향상되도록 하는 일이 아닐까 한다.

이와 같은 판점에서 나는 웅기항 수축에 대해 다음과 같은 희망을 가지고 있을 뿐만 아니라 이것이 실현되기를 매우 기대한다.

부류(艀溜)[105]의 이용

100만 원에 달하는 웅기의 부류를 단지 부류로서 방치하는 것은 제국의 빈곤한 재정 상태를 감안하면 잘못된 일이다. 여러 각도로 연구한 결과 나는 앞으로 150만 원의 공사비를

---

104 일반적으로 함경남도와 함경북도를 아울러 지시하는 단어이다.
105 대형 선박과 육지 사이를 왕복하면서 화물과 승객을 운반하는 소형 선박을 대고 매어 놓는 장소이다.

추가하여 총공사비 250만 원으로써 수심 24척(尺)[106]을 준설(浚渫)하고 배를 매어 둘 수 있는 530간(間) 길이의 안벽(岸壁)을 축조한 후 여기에 총톤수 3,000톤 급 선박 8척과 1,000톤 내외의 연락 선박 2척, 도합 10척을 접안(接岸)하여 매년 50만 톤 내지 80만 톤의 화물(석탄과 목재를 제외)을 처리할 수 있도록 설비하면 어떨까 생각한다.

무엇보다도 이는 매우 협소한 항구 내에 다수의 대형 선박을 수용할 수 있는 방안이다. 때문에 우선 대련항(大連港)처럼 강제수선제도(強制水先制度)[107]를 시행하여 항구 안의 정리와 통제를 완벽히 하고 이로써 입항 선박에게 위험이 없도록 하여 선장을 안심시켜야 한다. 만약 종래와 같이 자유 정박을 허락해서 항구 안의 통제가 불철저하게 이루어진다면, 결국 원양 선박의 선장은 위협을 느끼고 안벽 계류(繫留)를 주저할 것이다. 따라서 이러한 점을 충분히 고려하지 않으면 앞서 언급한 계획도 화중지병(畵中之餠)으로 끝날지도 모른다. 나는 강제수선을 전제로 본 계획을 수립했다. 강제 수선에 관해서는 뒤에서 상술하겠다.

어쨌든 이 방안이 실현되면 10척의 선박이 안벽에 접안되고 매년 적어도 50만 톤의 화물이 그리 어렵지 않게 처리된다. 계획과 관련된 공사비 내역은 다음과 같다.

(중략)

긴급한 방책으로서 면영잔교안(面營棧橋案)[108]

전술한 계획은 100만 원의 축항을 완전히 활용할 수 있는 방안이다. 그런데 국비(國費)가 지출되지 않으면 이것은 실행이 불가능하다. 따라서 조선총독부의 예산 관계상 올해는 힘들다. 바로 이때 편법으로서 우선 방파제를 이용하여 당분간 면의 경영으로 잔교를 가설하는 일이 필요하다. 이는 앞서 언급한 계획이 시행되기까지 일종의 미봉책으로서 선박 능률을 향상시켜 웅기의 발전을 도모하고 부류의 일부를 활용할 수 있는 방법이라고 생각한다. 그러므로 면영잔교안을 제의하는 바이다. 이 잔교는 만약 토목학자의 기술적 측면에서 어렵게나마 논하자면, 수만 원의 공사비가 필요할지도 모른다. 그러나 지금 말하는 잔교는 임

---

[106] 길이를 나타내는 단위로서 1척은 약 30.3cm에 해당한다.
[107] 자유롭게 선박을 안벽에 대는 방식이 아니라 정해진 절차와 순서에 따라 차례대로 선박을 접안하는 제도이다.
[108] 부두에서 선박에 닿을 수 있도록 해 놓은 다리 모양의 구조물(잔교)을 면이라는 행정당국이 자체적으로 운영하는 방안이다.

시 시설이기 때문에 가장 간편하게, 즉 지나(支那)[109] 양자강의 강기슭 주변에서 쉽게 찾을 수 있는 창선(倉船)[110] 겸 잔교 방식을 취해도 무방하다. 만약 이렇게 간단한 방식을 사용하면, 7~8,000원의 공사비로 수년 동안 사용이 가능한 실용적인 잔교를 만들 수 있다. 따라서 웅기면은 먼저 이와 같은 잔교를 올해 중에 제작하여 실용적으로 이용하고 그런 뒤에 10척의 선박이 접안하여 50만 톤을 처리할 수 있는 시설을 도모해야 한다. 이 방식은 웅기항에 출입하는 선박과 승객에게 편리함을 제공할 뿐만 아니라 국비를 절약하여 일본 해운의 발달에 이바지하고 아울러 만몽(滿蒙)[111] 대륙의 개발을 촉진할 것이라 확신한다. 이 방안의 속성을 대단히 요망하는 바이다.

어선과 발동선(發動船)은 용수호(龍水湖)로

이 계획이 실시되면 어선과 발동선은 피난처를 상실한다. 때문에 본 방안의 실시와 더불어 어선과 발동선은 용수호로 옮겨야 한다. 약간의 인위적 공사를 가미할 경우 용수호는 절대적으로 안전한 피난처가 될 뿐만 아니라 오지(奧地)의 철도 개통을 계기로 이후 철도를 통해 물밀듯이 밀려오는 두만강과 길림(吉林) 지역 목재를 처리하는 곳으로서 반드시 이용해야 하는 중요 지점이 된다.

나아가 용수호는 장차 대웅기항의 미래를 좌우하는 핵심 요소일 정도로 중요성을 가지고 있다. 용수호를 준설하여 대형 선박의 출입이 가능해지면, 매년 1천만 톤 이상의 화물을 처리할 수 있다고 확신한다. 대웅기 건설 과정에서 용수호가 웅기의 생명과 같다고 주장하는 이유가 여기에 있다.

용수호의 이용 방법은 앞으로 차츰차츰 상론할 기회가 주어질 것으로 생각한다.

결빙에 대하여

작년 웅기항의 결빙은 세상에 큰 물의를 빚었다. 앞으로도 경우에 따라서는 작년과 같이

---

109 중국을 지칭하는 용어이다.
110 항구에 매어 놓고 창고용으로 충당하는 배이다.
111 만주와 몽고를 약칭하는 용어이다.

겨울철에 얼마간의 결빙이 반복해서 발생할 수 있다는 점을 각오해야 한다. 그런데 이는 결빙, 그 자체의 피해보다도 운용적 측면에서 동력이 약한 부선(艀船)의 운항에 지장이 발생하기 때문에 문제이다. 만약 선박이 직접 얼음을 깨고 입항한다면 특별히 우려할 만한 사항이 아니다. 가령 결빙기에 쇄빙이 없어도 6척은 안전하게 안벽에 접안할 수 있다. 나머지 4척도 길어야 2~3일 정도의 지장을 겪을 뿐이다. 그러므로 여름철과 가을철에 찾아오는 저기압(폭풍우)에 비하면, 결빙은 크게 걱정할 사항이 아니다. 또한 대형 강철 선박이 항구를 휘저으면, 대부분의 결빙은 분쇄되고 그렇게 깨진 얼음은 웅기에서 불어오는 세찬 바람을 타고 항구 밖으로 떠밀려 나갈 것이다.

강제 수선의 효과

인문의 발달은 분업이 필요하다. 오늘날 모든 사업은 분업을 통해 진척·발달한다. 세계의 주요 항구는 항만과 선박의 능률 향상을 위해 강제 수선 내지 준강제수선제도를 채택하여 항구 안을 정리하고 항만 경제에 관해 한층 더 신경을 쓴다. 그런데 유독 일본은 세계의 후진국이면서도 이러한 점이 극히 불철저하다. 조선은 더욱 심하다.

농업의 경우 원시 농업은 조방적이지만 진보하면서 집약적으로 변한다. 항만도 마찬가지이다. 그러나 농업이 대단히 집약적으로 발달한 일본의 항만 경제가 매우 조방적이라는 사실은 우리들 해원(海員)이 보기에 정말로 이해하기 어려운 부분이다.

유심히 당국의 항만시설을 살펴보면, 형식에 치우쳐 실용을 무시한 것처럼 보인다. 이는 정말로 유감스럽다고 생각한다. 항만시설을 구축할 때 직접적으로 항만을 이용하는 사람들인, 해원의 의견은 고려되지 않고 육지 사람들이 항만시설을 독단적으로 결정한다. 시설의 불비한 점도 돌아보지 않는다. 실제 이용자인 해원(하나의 개인 사업으로 비유하면 내무국은 항만 제조회사이고 해원은 가장 중요한 단골손님 중의 한 명인데, 지금까지 단골손님의 의사를 무시해도 차질이 없을 정도로 해원은 순종적이었음)에게 강매하는 행위는 오랫동안의 누습(陋習)으로서 진실로 좋지 않은 습관이었다. 국가 차원의 경제적 어려움을 마주한 금일, 국가 경제의 관점에서 이러한 문제의 해결을 위해서는 한층 더 관민의 협력이 필요하다고 생각한다.

일찍이 나는 웅기의 부류에 1,000톤 급의 선박을 입항시키는 방안에 대해서 반대 의견을 표시한 적이 있다.

대개 조방 축항(만일 이러한 용어 사용이 가능하다면)에는 조방적인 선박 운용의 방법이 있고 집약 축항에는 집약에 대한 시설 및 정리 수단과 방법이 있다. 그런데 집약 축항에 없어서는 안 되는 수선이 무시되는 조선의 해운업계에서 집약적 준비 없이 해원에게만 어려운 일을 집약적으로 처리하라고 강요하는 것은 해원의 직책에 비추어 매우 괴로운 일이다. 때문에, 나는 앞서 언급한 방안에 대해 반대 의사를 표명했다.

예전에 나는 청진 축항에 관한 소견을 피력했다. 그때 축항 당국자는 해원이 협소하다고 말했던 까닭에 이전에 준비한 256만 원의 계획이 640만 원으로 확장되었다고 설명했다. 그러나 우리들 해원이 말한 대로 청진 축항 비용이 250만 원에서 640만 원으로 확장된 것은 사실이지만, 이것은 단지 금액의 증가에 머물렀다. 항만 이용의 측면에서 확장이라고 할 만한 요소가 없었다. 우리들 해원이 희망하는 축항은 비용이 얼마가 들어도 상관없다. 오히려 비용이 최소한 투입되더라도 축항이 목적하는 항구 안의 안전과 이용 가치가 증대되어야 한다. 이러한 의미에서 당시 당국자에게 개진한 의견과 같이 우리들 해원은 당초 250만 원이 책정된 방안에서 계획된 수면 면적을 그대로 두고 여기에 1개에 불과한 방파제 겸 계선(繫船)[112] 안벽을 증축하는 동시에 항구 안에 강제수선제도(대련과 마찬가지)를 시행하여 완벽히 항구 안을 정리하면, 3,000톤 급 선박 10척을 접안할 수 있고 매년 50만 톤 이상의 화물 처리가 가능하다고 주장했다. 결국 총독부 토목회의에서 결의된 내용, 즉 640만 원을 투입하여 5척을 갖다 댈 수 있는 시설을 만들고 20만 톤을 처리한다는 계획보다도 250만 원(방파제와 안벽 증축을 위해 250만 원을 추가로 투입하면 약 500만 원)을 투입하여 10척이 접안할 수 있는 시설을 구축하고 50만 톤을 처리한다는 방안이 더욱 실질적인 효과를 지닌다. 따라서 나는 640만 원이 사용되는 방안이 아니라 강제수선제도와 연계되어 250만 원(500만 원)이 투입되는 계획이 비용을 적게 쓸 뿐만 아니라 사실상 항만 이용의 측면에서 진정한 확장이라고 주장했다.

예를 들어 두 방안을 숫자로 대비하면, 640만 원에서 500만 원을 제외한 140만 원은 국가의 이득이다. 또한 능률적인 측면에서 640만 원을 투입하여 5척을 댈 수 있는 시설을 만들고 20만 톤을 처리하는 방안과 500만 원으로 10척을 접안시켜 50만 톤을 처리하는 방안은 비교조차 불가능한 대단한 차이를 가진다. 하물며 640만 원을 사용하는 계획은 방파제가 불완전

---

[112] 배를 항구에 매어 둔다는 의미이다.

하여 물결침이 심하고 그로 인하여 당초 예상과 달리 안벽 능률이 감쇄될 우려까지 있다.

해원이 바라보는 축항에 대한 관점은 대체로 이와 같다. 요컨대 수선제도를 시행할지 여부에 의해서 설계의 근본에 큰 차이가 발생한다.

조방 축항, 다시 말해 자유 정박을 허용하여 항구 안이 혼잡해지면 640만 원의 방안도 결국 협소한 항구를 만드는 일이 되고 만다. 해원은 이를 우려하여 강제수선제도가 결여된 축항에 대해 협소하다고 소리 높여 외쳤다. 반대로 집약 축항, 즉 강제수선제도를 시행하여 항구 안이 정리되면, 500만 원 투입으로 640만 원이 사용된 방안보다도 항구를 넓게 사용할 수 있다. 결국 항구의 크고 작음은 수면 면적의 넓고 좁음에 관계되는 것이 아니라 이용 가치의 대소에 의해 결정된다는 시각이 오늘날 항구를 바라보는 올바른 관점이지 않을까 한다. 이처럼 연구하여 접근하면, 청진 축항만으로 이미 140만 원이 절약된다. 나아가 이용 능률에서 2.5배의 격차가 발생한다.

항만 이용의 측면에서 수선제도는 이러한 효과가 있다. 또한 혼잡한 항구에 익숙하지 않은 원양 선박의 선장이 안벽에 정박하려면 오랜 시간이 필요할 뿐만 아니라 주변 환경으로 인하여 항구 안에서 선박을 운항할 때 지장이 발생하고 조난(遭難)까지 야기될 우려가 적지 않다. 이렇게 되면 다른 선박이 항구에 출입할 때도 불안감을 주고 그 결과 항만 능률에 미치는 악영향이 크다고 생각되는 지금, 발달한 제국의 해운업계에 해원이 분업하는 강제주선제도를 도입하는 일은 해운정책의 측면에서 소홀히 다룰 수 없는 문제라는 사실이 충분히 납득될 것이다. 이에 현명한 항만 위정자의 심심한 숙고를 간청하는 바이다.

제국은 긴축 정책을 고창하지 않으면 안 될 정도로 경제적 국난(國難)에 직면해 있다. 이때 이와 같은 간명한 절약법이 있다는 점을 정부 당국에게 들려주고 싶다.

용수호를 이용하기 위한 제1기 계획의 편린(片鱗)

전술했듯이 1930년도(昭和 5)에 면영 잔교를 건설하여 연 7~8만 톤을 처리하면서 내년도부터 10척을 접안하여 50만 톤을 처리할 수 있는 부류 이용 방안을 진행하면, 길회선(吉會線)[113] 개통 때까지 웅기는 항만시설 상에 차질이 없을 것으로 생각한다.

---

[113] 함경북도 회령과 중국 동북부의 길림(吉林) 사이를 잇는 철도이다. 일제는 이 철도를 부설하여 만주 일대에 대한 지배

한편 소위 대웅기항의 건설로 넘어가면, 대웅기항의 건설은 결국 용수호의 이용으로 귀착이 된다.

종래 보도된 내용에 의하면, 총독부는 현재 부류를 연장하여 송평동(松坪洞) 해안에 계선안벽을 축조하는 계획을 수립한 듯하다. 무엇보다 총독부에게 이 방안은 늘 하던 대로 지도상에 표시해 둔 일에 불과하다. 그러나 실제적인 문제로서 송평동 해안에 안벽을 설치하여 선박을 접안하는 방식은 먼 바다로부터 파도가 직접적으로 밀려오는 관계로 인하여 만약 막대한 공비를 투입하여 완전한 방파제를 구축하지 않으면, 원산이나 원산 그 이상으로 저기압이 내습(來襲)했을 때 비상한 위험을 무릅써야 한다. 따라서 안벽의 작업 능률이 매우 떨어지는 효과를 예기하지 않으면 안 된다.

이상의 이유로 우리들 해원은 현존하는 부류를 연장하는 공사를 반대하는 동시에 대안(對岸)의 용수호 입구, 즉 현재 철도용 안벽이 있는 위치에서 용수호를 굴착(掘鑿)·준설하는 방법을 제안했다. 이 방안은 막대한 방파제 비용을, 되도록 후일로 미루거나, 아니면 가능한 한 방파제 비용을 절약하여 유효한 항내 시설을 완비하는 데에 충당할 수 있다.

또한 가난한 사람들의 구제책이라고 웃어넘길지도 모르겠지만, 간이방파제는 실제적인 차원에서 예상 밖으로 유효하게 작동할 수 있다고 생각한다. 그러므로 간이방파제에 대해서 한 마디 덧붙이겠다. 용수호의 입구인 용수동(龍水洞) 해안으로부터, 즉 200간(間)[114] 떨어진 송평동 해안으로부터 남쪽과 동쪽의 중간에서 약간 동쪽으로 기울어진 방향, 다시 말해 근해를 향해 약 300간(200간으로 충분함), 수심 3심(尋)[115]까지 통나무를 일렬로 하여 2~3척마다 박고 여기에 배판(背板)과 같이 거친널판을 끼워 붙이면 해변에서 유동하는 토사의 퇴적으로 자연적으로 중간 방파제가 형성된다. 그 결과 방파제의 안쪽은 안전지대로 변모한다. 혹자는 이렇게 간단히 만들어진 방파제는 한 번 파도가 칠 때마다 전부 사라지지 않을까 하고 의심할지도 모르겠다. 그러나 측면에서 받는 파도의 압력이 약하고 강대한 파도가 근해에서 직접적으로 내습할 뿐인 이 지점이 받는 압력은 극히 미약하다. 측면 널판이 받는 힘이 널판과

력을 공고히 하고자 했다.
114 길이를 나타내는 단위로서 1간은 1.81818m에 해당한다.
115 수심을 나타내는 단위로서 1심은 약 1.8m에 해당한다.

평행하게 작용하기 때문이다. 방파제 중에서 단시일에 토사가 퇴사·퇴적되고 그것이 파도로 인하여 씻겨 사라질 부분은 매우 작다. 설사 그러한 일이 발생한다고 하더라도 그것을 복구하거나 수리하는 데에 들어가는 비용은 수백만 원이 투입되는 방파제에 비해 조족지혈(鳥足之血)에 불과하다.

그리하여 용수동 해안으로부터 호안(湖岸)의 철도선로를 따라 한 방향으로 하나의 안벽을 만들 경우는 겨우 300만 원 내외의 공사비로 5~6,000톤 급 선박 10척의 접안이 가능하다. 이후 용수호를 완전히 이용하는 날이 되면, 매년 1,000만 톤(재목를 제외)의 화물을 처리하는 일도 그다지 곤란하지 않다. 웅기항 수축에 관한 소견은 이와 같다. 정말로 현명하신 당국과 선배들이 질타와 교시를 내려 주면, 극히 다행으로 감사할 따름이다.

(이명학)

자료 85 | 藤佐 群山府尹, 1937, 《朝鮮公論》第二十五卷 十二月號, 朝鮮公論社, 140~143쪽.

약진 조선의 원동력, 군산항의 현재 및 장래

군산 발전 사초(史抄)

1) 군산은 1899년(明治 32) 5월 1일 개항했다. 목포 영사 분관이 설치되었다. 한국 정부는 개항과 동시에 옥구감리서(沃溝監理署)와 군산 해관을 설치했다.

2) 같은 해 12월 각국 거류지회(居留地會)가 조직되었다.

3) 1901년(明治 34) 3월 일본민회(日本民會)가 설립되었다.

4) 1906년(明治 39) 2월 영사관 분관이 폐지되고 군산이사청(群山理事廳)[116]이 설립되었다.

5) 그해 7월 '거류민단법(居留民團法)'이 실시되어 일본민회가 거류민단[117]으로 변모했다.

6) 같은 해 10월 한국 정부는 관제 개혁에 따라 감리서를 폐지하고 옥구부윤을 두었다.

7) 1910년(明治 43) 10월 1일에는 8월 29일에 발표된 한일(韓日) 합병에 의해 조선총독부 관제가 공포되어 옥구부와 군산이사청이 폐지되는 동시에 군산부가 설치되었다.

8) 1914년(大正 3) 4월 1일 부제(府制)가 시행되어 각국 거류민회가 폐지되고 법인격의 군산부가 설립되었다. 더불어 일본인 교육은 '학교조합령(學校組合令)', 조선인 교육은 '공립보통학교비용령(公立普通學校費用令)'에 의해 학교가 별도로 유지·경영되었다.

---

[116] 종전 일본 영사관의 담당 업무를 비롯하여 관할 구역 내 경찰·재판·감옥 사무 등을 관장한 통감부 기구이다. 이사청은 1905년 12월 20일 칙령 제267호로 공포된 '통감부급이사청관제(統監府及理事廳官制)'에 의거하여 1906년 1월부터 부산, 마산, 군산, 목포, 경성, 인천, 평양, 진남포, 원산, 성진(城津)에 순차적으로 들어섰고 이후 대구, 신의주, 청진(淸津)에 추가로 신설이 되었다. 이사청은 1910년 9월 29일 칙령 제354호로 '조선총독부관제(朝鮮總督府官制)'가 공포될 때까지 존속했다(민족문제연구소, 2017, 『일제식민통치기구사전-통감부·조선총독부 편』, 민연주식회사, 65~73쪽).

[117] 1906년부터 1914년까지 존속한 한국 거주 일본인들의 자치기구이다. 개항기 한국으로 건너온 일본인들은 거주의 편익을 위하여 자신들의 이익을 대변하는 기구를 만들어 운영했다. 그런데 1906년 7월 통감부령 제21호로 발포된 '거류민단법시행세칙(居留民團法施行細則)'을 계기로 지역에 따라서 자유롭게 운영되었던 일본인 자치기구는 공식적으로 법인의 지위를 획득하고 명칭이 거류민단으로 통일되었다. 강제병합 이후에도 명맥을 유지했던 거류민단은 1914년 '부제(府制)' 실시와 함께 역사의 뒤안길로 사라졌다. 일본인 거류민단의 구체적인 운영상에 대해서는 박양신, 2012, 「재한일본인 거류민단의 성립과 해체-러일전쟁 이후 일본인 거지의 발전과 식민지 통치기반의 형성」, 『아시아문화연구』 26; 천지명, 2014, 「재한일본인 거류민단(1906-1914) 연구」, 숙명여자대학교 사학과 박사학위논문; 추교찬, 2020, 「인천 일본인 거류민단의 구성과 운영(1906-1914)」, 인하대학교 사학과 박사학위논문 참조.

9) 1921년(大正 10) 4월 1일 '공립보통학교비용령'이 폐지되고 '조선학교비령(朝鮮學校費令)'이 신설되어 보통학교 이외의 조선인 교육에 관한 비용을 처리하는 단체가 조직되었다.
10) 1931년(昭和 6) 4월 1일 지방제도의 개정으로 부, 학교조합, 조선학교비 등 세 단체가 부로 통일되었다.
11) 1932년(昭和 7) 10월 15일 부의 행정구역이 변경되어 옥구군 미면(米面)의 신풍리(新豊里), 둔율리(屯栗里), 경장리(京場里)의 각 일부와 옥구군 개정면(開井面) 구암리(龜岩里)의 일부 등 도합 75만 9,909평이 군산부의 구역으로 편입되었다. 부의 총면적은 138만 1,414평으로 늘어났다.
12) 호구(戶口)의 소장

군산부는 원래 갈대와 물억새 사이에 어부의 집이 여기저기 흩어져 있는 한촌(寒村)에 불과했다. 그런데 1899년(明治 32) 5월 1일 개항과 러일전쟁을 거치면서 융성해진 국운(國運)에 상응한 일본인의 잇따른 이주, 연안 항로의 발달, 호남선의 개통, 항만의 설비, 부제의 진전과 함께 군산부는 장족의 발전을 이루었다. 현재 호구의 소장을 보면 다음과 같다.

(단위: 명)

연도	일본인	조선인	외국인	합계
1899년(39년 전, 개항 당시)	77	700		777
1908년(30년 전)	3,060	1,494	131	4,685
1918년(20년 전)	5,985	5,990	161	12,136
1928년(10년 전)	8,145	16,075	538	24,858
1933년(5년 전)	9,106	26,508	385	35,999
1936년	10,063	31,493	572	42,127

비고: 1932년(昭和) 10월 1일 부의 구역 확장에 의해 일본인 486명, 조선인 9,454명, 외국인 107명, 합계 10,047명이 증가했다.

이와 같이 호구는 매년 현저히 증가했다. 부근의 인접한 부락을 합산했을 때는 6만 명을 상회한다. 기왕의 실적에 비추어 보면, 부의 구역 확장과 더불어 10년 후에는 부내 호구가 11만 명에 달할 것이다.

조선의 개항지 가운데 군산은 제일 늦은 1899년(明治 32) 5월 1일에 개항이 되었다. 목포보다 2년, 인천보다 17년이 지난 뒤였다. 지도를 보면 군산이라는 곳은 조선 반도의 남부 서해안에 위치하여 대전에서 철도가 분기하여 들어와야 하는 불편한 지위에 있다고 생각하는 사람이 적지 않았다고 생각한다. 또한 항구의 수심이 얕아 대형 기선이 과연 출입할 수 있을지 의문을 가진 사업가도 있었다. 실로 놀라운 이야기이다. 아마도 군산에 대한 인식이 부족했던 것은 아니었을까 하는 생각이 든다. 한 번 군산을 시찰한 사람 가운데 말문이 막히지 않은 사람이 없다고 해도 과언이 아니다. 그러나 항구의 상태가 완전히 바뀌고 도시가 명랑해지며, 오지(奧地)에 광범한 상권을 가진 장래성이 풍부한 경제 도시로 변화하고 부의 시설과 사업이 매년 웅대해지면서 잘못된 인식이 전환되고 발전, 그 자체를 경이의 눈으로 바라보게 된 점은 엄연한 사실이다. 군산을 찾는 시찰자마다 이구동성으로 이야기한다. 약진 군산에 놀랐다, 군산은 전혀 장래성이 없는 수면 상태에 있는 곳으로 생각했는데 완전히 상상할 수 없을 정도로 대단히 발전했다고 말이다.

군산은 개항 당시 인구가 겨우 700명인, 갈대와 물억새로 뒤덮여 있는 한촌에 불과했다. 그러나 지금의 인구는 4만 2,000명(일본인 1만 명)에 달하고 조만간 부의 구역이 확장됨에 따라 6만 5,000천 명에 이를 것이다. 기왕의 실적, 즉 7.4%라는 놀라운 인구증가율을 좀 적게 어림잡아 6%로 가정하면 10년 후 군산은 인구가 11만 명에 달하는 대도시로 변모한다. 현재 상황에서 종방(鐘紡)[118] 공장 하나만으로도 직공과 가족 등을 포함하여 약 1만 명이 증가한다. 여기에 현재까지 확정된 대소 공장도 여러 회사에 달하기 때문에 10만 명이라는 인구는 10년은커녕 5년이 지나면 돌파할 수 있는 상태이다.

항구는 간조(干潮)가 절정에 달하면, 6m 내지 7m의 수심을 보인다. 만조(滿潮)와 간조 때의 수심 차이는 6~7m에 이른다. 285만 원의 자금으로 1926년(昭和 1)에 착수하여 1933년(昭

---

[118] 1887년 설립된 이래 조선에 진출하여 여러 곳에 공장을 설치한 종연방적(鐘淵紡績)주식회사의 약칭이다.

和 8)에 완성된 축항(築港)은 3,000톤 급 선박 3척의 접안과 3만 톤[119]의 화물 처리를 목표로 했다. 그러나 준공 후 불과 3년이 흐른 1936년(昭和 11) 말 세관 통계에 의하면 처리되는 화물은 96만 톤으로 3배가 증가했다. 선박도 7,000톤 급이 정박하고 있다. 무역액은 1936년(昭和 11) 말 9,000만 원이고 연안 무역까지 합산하면 실로 1억 1,000만 원에 이른다. 최근 해마다 톤수로 10만 톤씩, 금액으로 20만 원씩 늘어나므로 이후 화물은 2만 톤, 무역액은 2억 원을 돌파할 것이다. 더하여 군산, 전주, 강경, 대전 지방에 대공장이 만들어지면, 건축 재료, 기계와 원료, 생산품 등이 항구로 쇄도하기 때문에 10년 후, 짧으면 5년 후에는 200만 톤의 화물이 처리될 것으로 확신한다. 그러므로 무슨 일이 있어도 제2기 축항은 적어도 200만 톤을 목표로 하여 수축하지 않으면 안 되는 상황이다.

시가(市街)는 완전히 경제 도시의 면모를 띤다. 군산의 상권이 미치는 범위는 전라북도의 대부분, 전라남도의 일부, 충청남도와 충청북도, 강원도, 경기도에 이르고 포옹 인구는 약 600만 명에 달한다. 따라서 항구는 항상 활기차고 도시는 어딘지 모르게 명랑하다. 우선 기분 좋게도 도로가 넓고 정연할 뿐만 아니라 간선도로가 포장되어 있는 점, 공원이 기려(奇麗)하고 조선의 어느 곳에서도 찾아볼 수 없는 풍치를 가지고 있는 점, 청소도 빈틈없이 이루어지고 있는 점, 여관과 요리옥이 잘 갖추어져 있는 점 등을 말로 듣는 것과 실제로 보는 것에는 큰 차이가 있다.

군산부의 시설과 사업을 보면, 도로와 상하수도는 물론이고 공회당, 병원, 시장, 도장(屠場), 직업장려관(職業奬勵館)을 비롯하여 목욕탕(浴場, 욕장), 전당포(質屋, 질옥), 사회적 공공시설이 완비되어 있다. 나아가 해면 매립과 철도, 1,200평에 달하는 부영(府營) 상옥(上屋) 창고, 기본 재산 조성을 위한 죽림(竹林), 가정공업의 진흥에 이바지하는 직업장려관, 정신 작흥(作興)을 위한 연습으로서 다이쇼(大正) 천황 방한[120] 기념식 거행 등 다른 부에서는 전례가 없는 사업도 시행 중이다. 1937년도(昭和 12) 군산부의 예산은 일반 경제만으로 126만 원, 여기에 특별 경제를 합하면 150만 원에 이른다.

---

[119] 뒤에 나오는 96만 톤에 비추어 보면 30만 톤의 오기로 보이지만, 여기서는 원문 그대로 번역했다.
[120] 이토 히로부미(伊藤博文)는 한국인의 저항을 무마하고 원활한 통치를 도모하고자 한국과 일본 황태자의 상호 교류를 도모했다. 그 결과 1907년 10월 요시히토[嘉仁, 훗날 다이쇼(大正) 천황]가 한국을 방문하고 같은 해 11월 이은[李垠, 훗날 영친왕(英親王)]의 일본 유학이 결정되었다.

군산부는 장래 공업 도시로의 발전을 도모하고자 현재 시가의 동북부 일대의 약 500만 평을 공업지대로 만들고 이곳에 산업도로, 운하, 인입선(引込線) 등을 조성하여 어느 도시보다 뛰어난 공업지대가 되도록 공업도시계획을 입안하고 있다. 공장부지의 경우에도 종연방적주식회사를 비롯한 3개 공장의 용지 매수가 이미 완료되었다. 또한 현재 군산부는 기채를 통해 앞으로 필요하게 될 40만 평의 용지를 매수하는 중이다. 따라서 이후 공장 설치에 동반하는 용지 매수는 다른 곳과 같이 다대한 불편이 없을 것이다.

용수와 관련해서는 현재 103만 2,000원을 투입하여 1937~38년(昭和 12~13) 동안 사업을 진행하는 계획이 수립되었다. 1938년(昭和 13) 가을에는 공사가 완성될 예정이다. 이를 통해 1일 35만 석(石)[121]의 공급이 가능하다. 더불어 조선총독부 공업시험장의 시굴 조사에 의하면 군산에는 상당량의 지하수가 존재하여 방적 등 1일 2만 석 정도의 용수가 필요한 공장은 지하수를 통해 이 문제의 해결이 가능하다. 그런데 비록 우량할지라도 현재 1일 35만 석에 달하는 용수량은 규모가 작다. 다수의 대공장을 설치하려면 아무래도 1일 100만 석 정도가 요구된다. 그러므로 군산부는 현재 확장 방법을 연구하고 있다. 1938년(昭和 13) 가을경에는 이것 역시 완성될 것으로 보인다. 요금은 공업용수라는 점을 감안하여 현재 상수도 요금의 20분의 1 정도로 낮추려고 한다. 공장의 채산(採算)에 적합한 가격으로 계산하지 않으면 쓸모가 없기 때문에 군산부는 극히 저렴한 가격으로 용수를 공급할 예정이다.

지금까지 내용은 《경성일보(京城日報)》에 실린 사토(佐藤) 군산부윤의 이야기에 근거했다.

(이명학)

---

[121] 곡식, 가루, 액체 따위의 부피를 잴 때 사용하는 단위로서 1석은 180L에 해당한다.

자료 86 | 群山商業會議所, 1925, 《港灣》第三卷 第三號, 港灣協會, 56~58쪽.

군산항세의 개요

위치와 지세

군산항은 전라북도와 충청남도의 경계를 나누는 금강의 하류에 위치한다. 동경은 126도(度) 42분(分) 45초(秒), 북위는 35도 19분 10초이다. 서남쪽은 봉화(烽火), 월명(月明) 등의 산맥이 존재하고 동북쪽의 일부는 작은 구릉이 끝없이 이어져 있다. 북쪽은 금강을 사이에 두고 충청남도와 마주보고 동쪽은 광대한 대평야가 펼쳐진다. 군산항은 지질이 풍요로워 옛날부터 조선의 보고라고 칭해지는 전라북도와 충청남도에 걸친 호남평원을 포용하고 있다. 금강, 만경강, 동진강 등의 여러 하천은 관개와 조운에 이점이 많고 미곡의 산출이 많으며, 교통 역시 편리하여 배후의 상권이 자못 광대하다.

시가 면적은 한없이 넓은 금강을 따라 동서 24정(町) 44간(間),[122] 남북 18정 19간, 총면적 20방리(方里,[123] 60만 8,825평)이다.

항구는 소위 강기슭에 있는 항구로서 해구(海口)로부터 11리(浬)[124] 정도 떨어져 있다. 선박이 닻을 내리고 계류(繫留)할 수 있는 구역은 약 23만 평이다. 그러나 만조와 간조 때의 수심 차이가 18척(尺)[125] 내지 21척에 달하기에 화물의 하역은 모두 부선(艀船)[126]을 이용한다. 게다가 조류가 빨라 하역에 오랜 시간이 요구된다. 하역비용이 다른 항구에 비해 자못 고율이므로 적당한 설비를 시설하여 항만 능률의 증진과 비용 감소를 도모할 필요가 있다. 이에 최근 축항 공사가 시급하다는 열망이 형성되었다.

기후는 온화하고 추위와 더위 모두 혹독하지 않다.

---

122 길이의 단위로서 1정은 1간의 60배로 약 109m이고 1간은 1.81818m에 해당한다.
123 사방으로 1리(里)가 되는 넓이이고 1리는 약 0.39km에 해당한다.
124 바다 위나 공중에서 거리를 나타낼 때 쓰는 단위로서 1리는 1,852m에 해당한다.
125 길이의 단위로서 1척은 약 30.3cm에 해당한다.
126 동력 설비가 없어서 짐을 실은 채 다른 배에 끌려 다니는 배를 지칭한다.

수륙(水陸)의 교통은 편리하다. 육상은 호남선을 통해 각 도읍(都邑)으로 이어진다. 수로는 대판상선주식회사(大阪商船株式會社), 조선우선주식회사(朝鮮郵船株式會社), 산하기선주식회사(山下汽船株式會社), 천기기선주식회사(川崎汽船株式會社), 이케기기선부(尼ヶ崎汽船部) 등의 정기선과 기타 부정기선 및 범선에 의해서 내외 항구들과 오고 가고 금강이나 기타 하천을 통한 연안 각지와의 항운(航運)도 편리하다. 이에 화물의 집산이 활발하고 상업 역시 매우 번성하다.

호수는 5,075호, 인구는 21,633명이다. 이를 민족별로 구분하면 다음과 같다.

종별	호수	인구		
		남	여	계
일본인	1,771	3,708	3,410	7,118
조선인	3,207	7,725	6,492	14,217
외국인	97	272	26	298
합계	5,075	11,705	9,928	21,633

상업과 무역 개요

상업의 경우 군산은 배후에 전주, 강경, 김제 등의 대평야를 끼고 있어 미곡의 산출이 전국에서 제일이라고 칭해지는 전라북도, 충청남도의 대부분을 상권으로 포용하여 미곡의 집산이 특별히 많다. 부근 일대의 바다 어업에도 이점이 풍부하여 수산물의 집산 역시 적지 않다. 군산항은 실로 농산물을 기초로 하고 여기에 부수하는 수산물을 통해 발달했다. 그러므로 미곡은 군산항 상업의 핵심이다. 철도, 금강, 기타 항운에 의해 집중되는 미곡의 양은 연 120여만 석(石)[127]에 이른다. 1923년(大正 12) 중의 미곡의 수·이출액은 111만 7,167석이었고 1924년(大正 13) 중(한발 때문에 미작 흉년)에는 103만 7,752석을 기록했다. 미곡의 수·이출 항구로서 다른 주요 시가지의 상인이 취급하는 소위 통과 화물을 제외하고 상권 안의 화물을 군산항 상인이 취급하여 수·이출한 수량을 기준으로 하면 군산항은 각 항구 가운데 제

---

[127] 곡식, 가루, 액체 따위의 부피를 잴 때 사용하는 단위로서 1석은 180L에 해당한다.

4위를 차지한다. 군산항 상업의 성쇠는 미작의 경작 상황에 좌우가 된다. 매년 상업이 활기를 띠는 시기는 10월 이후부터 이듬해 3월까지 미곡이 출고되는 때이다. 이 시기에 군산항은 각지에서 집산된 미곡이 부두에 도착하여 산을 이루고 수·이출이 활발해지는 동시에 각종 잡화물의 수·이입 역시 자못 성황을 이룬다. 그리하여 상권 안으로 이주하는 일본인 영농자가 매년 증가하는 한편으로 수리의 정리와 농사의 개량을 통해 미곡의 산출량이 해마다 늘어난다. 이에 군산항의 상업은 장족의 발전을 거듭하고 있다.

군산항의 대외 무역은 1899년(明治 32년) 개항 이래 매년 견실히 성장했다. 1924년(大正 13) 중의 무역액은 수·이출이 3,595만 9,057원, 수·이입이 1,272만 9,052원, 합계 4,868만 8,109원이었다. 인천의 무역액에 버금가는 실로 조선 각 항구 가운데 제3위의 기록이다. 군산항의 수·이출 품목 중에서 수위를 차지하는 것은 앞서 언급한 미곡이다. 이외에 주요 수·이출 품목은 금건(金巾)[128], 면포(綿布)[129], 쌀, 조, 맥분(麥粉), 설탕(砂糖, 사당), 철물(金物, 금물), 잡화 등이다. 무역 상황을 표시하면 다음과 같다.

군산항 출입 화물의 연도별 톤수

연도	대외 무역			연안 무역			합계
	수·이출	수·이입	계	이출	이입	계	
1912	29,908	50,043	79,951	13,627	4,176	18,403	98,354
1913	62,493	55,497	117,990	3,650	2,403	5,053	123,043
1914	123,431	65,014	188,445	3,479	3,870	7,349	195,794
1915	198,212	43,856	242,068	3,353	1,959	4,312	246,380
1916	113,932	36,977	150,909	8,542	1,626	10,168	161,077
1917	98,525	43,262	141,787	4,334	2,804	7,138	148,925
1918	126,464	40,159	166,623	133	366	499	167,122
1919	168,932	75,858	244,790	23,639	94,415	107,054	351,844
1920	126,724	42,910	169,634	13,957	105,977	119,934	289,568

[128] 평직으로 제직하여 표백 가공한 면직물이다.
[129] 무명실로 짠 피륙이다.

연도	대외 무역			연안 무역			합계
	수·이출	수·이입	계	이출	이입	계	
1921	177,444	54,302	231,746	14,594	106,579	121,170	352,916
1922	231,626	78,677	310,303	27,968	136,874	164,842	466,145
1923	291,259	81,626	372,885	38,796	171,000	209,796	282,681
1924	275,193	88,289	363,482	39,658	168,656	208,314	571,796

연안 무역은 매년 연안 각지의 일본인 이주자가 증가하고 경제 관계가 발달함에 따라 대외 무역의 신장과 함께 순조롭게 성장했다. 이출·입 연액은 1,098만 7,876원[1924년(大正 13) 중 집계]에 달한다. 1913년(大正 2) 중의 110만 원에 비하면 약 10배의 증가이고 5년 전인 1920년(大正 9)에 비해서도 282만 8,865원이 늘어났다. 상권은 충청남도(연해와 금강 유역 각 군, 전라북도 연해와 금감 유역, 만경강 유역), 전라남도 영광군 연안을 주로 하여 인천, 부산, 목포의 각 항구에 이른다. 주된 이출품은 면포, 철물, 미곡, 조, 성냥(燐寸·인촌), 석유, 기타 식료품이고 주된 이입품은 미곡, 잡곡, 석유, 신탄(薪炭), 석재 등이다.

창고의 경우 군산에서 순연한 창고업을 경영하는 곳은 조선상업은행(朝鮮商業銀行) 군산지점과 군산미곡신탁주식회사(群山米穀信託株式會社)에 불과하다. 각 은행은 각자 창고 설비를 갖추고 스스로 담보물을 보관한다. 해운업자 역시 마찬가지로 창고를 보유하고 운송 화물의 보관을 수탁한다. 개인이 창고를 빌리는 경우도 왕왕 존재한다. 따라서 창고업의 발달은 지지부진한 상황이다. 군산의 창고 수는 189동(棟)이고 면적은 8,216.5평이다. 화물의 수용 능력은 약 36만 7,290톤에 이른다.

운수의 경우 군산은 농산물이 가장 풍부한 전라북도와 충청남도를 상권으로 포용하고 있기 때문에 수·이출입 화물의 집산이 다대하다. 따라서 해운 교통이 발달하여 내지(內地)[130], 연안 각지와의 정기 항로가 많다. 또한 군산은 금강, 만경강, 동진강 유역의 수운이 편리할 뿐만 아니라 지형적으로 매우 중요한 지위를 점한다. 1924년(大正 13) 중 군산항에 입항한 선박은 기선이 455척(隻)에 36만 2,500톤(최대 기선 5,750톤, 최소 기선 4,930톤)이었고 범선

---

[130] 일본 본토를 지칭하는 용어이다.

과 융극(戎克)[131]이 150척에 7,711톤이었다. 기선에 산적된 이출 미곡의 수량은 대판상선주식회사가 47만 7,226석, 조선우선주식회사가 15만 4,805석, 협동해운주식회사(協同海運株式會社)가 취급한 산하기선주식회사와 천기기선주식회사가 21만 2,149석, 이케기기선부가 10만 458석, 군산해수주식회사(群山海輸株式會社)가 13만 6,904석을 취급했다. 철도를 통해 발송된 화물 수량은 4만 4,859톤, 도착한 화물 수량은 14만 2,802톤이었다.

그 밖에도 군산항의 형세에 관해 기재할 만한 부분이 많다. 그러나 불일간 발표될 1924년(大正 13) 『통계연보』에 모든 부분이 상세히 기록되어 있으므로 군산항과 관련된 개요는 이것으로 마무리한다.

(이명학)

---

[131] 중국의 연해나 하천 등에서 사용된 전통적인 목조 범선을 총칭하는 용어이다.

자료 87 | 朝鮮郵船株式會社, 1937, 『朝鮮郵船株式會社二十五年史』, 朝鮮郵船株式會社, 143~144쪽.

신의주 오사카 항로

서선(西鮮)[132]에서 조선 쌀을 탑재한 선박의 항로가 한신(阪神)까지 연장된 시기는 제1차 세계대전이 절정에 달한 1917년(大正 6)이었다. 이때부터 조선 쌀은 점차 효고(兵庫), 도지마(堂島) 시장에 풀리기 시작했다. 그 후 우리 회사는 경우에 따라서 임시 선박을 한신 항로에 배치했다. 조선총독부도 서선과 한신 구간에 명령항로[133]를 설정할 필요를 인식하여 1920년 (大正 9) 4월 기항지를 다음과 같이 정하고 매월 2회, 매년 36회 이상의 항해 조건을 덧붙여 항로를 개설했다.

신의주, 진남포, 인천, 군산, 목포, 부산, 간몬(關門), 고베(神戶), 오사카(大阪)

명령항로가 설정될 당시에 사용된 선박은 신의주호, 충청호, 웅기호의 3척(隻)이었다. 모두 700톤 급의 소형 선박이었다. 적재할 수 있는 조선 쌀은 겨우 1만 입(叺)[134]에 불과했다. 이는 신의주에서 출발하여 부산에 이르는 동안 6곳의 항구를 거쳐 소형 선박에 실렸다. 현재 한 곳의 항구에서 2만 입이나 3만 입의 쌀이 한 번에 적재되는 상황을 고려하면, 정말로 격세지감이 아닐 수 없다.

1935년(昭和 10) 이후 이 항로는 북부 노선과 남부 노선으로 분할이 되었다. 북부 노선은 신의주-진남포-인천에서 내지(內地)로 직항한다. 남부 노선은 인천을 기점으로 하여 군산-목포-부산에 기항한 후 내지로 간다. 따라서 북부 노선에는 4,000톤 급 화물 선박 2척이 사

---

132 황해도, 평안남도, 평안북도 일대를 지칭한다.
133 정부 또는 지방공공단체가 해운업자에게 선박의 운항을 지정하는 항로이다. 필요에 따라 보조금을 주거나 면세 따위의 특전이 제공된다.
134 곡식 따위를 담기 위하여 짚으로 엮은 가마니를 뜻하는 부피의 단위로서 석(石)과 동한일 의미를 지닌다. 따라서 1입은 180L에 해당한다.

용되고 남부 노선에는 3,000톤 급 2척이 활용된다. 이를 통해 수송의 원활을 도모하고 있다.

조선 쌀의 운임과 조선곡물협회연합회(朝鮮穀物協會聯合會)·선항동맹회(鮮航同盟會)·선미수송협회(鮮米輸送協會)의 관계는 항로 개황에서 기술한 그대로인데, 조선 쌀의 운임을 결정할 때의 기준은 항상 신의주-오사카 항로의 운임이다. 조선 쌀의 수송과 관련된 역사는 곧 이 항로의 소장(消長)과 궤를 같이한다.

(이명학)

2. 1930년대 초·중반 일제의 대륙 침략과 북선 지역의 항만 '개발'

자료 88 | 安部良忠, 1925, 《港灣》第三卷 第二號, 港灣協會, 24~30쪽.

나진항과 그 장래

1. 북선(北鮮)[135] 각 항구와의 비교

조선 반도 가운데 항상 계륵처럼 취급되는 곳이 함경도이다. 이조(李朝) 500년 동안 국가의 통치력이 미치지 않는 변경으로 경시되었던 함경도는 예부터 국경 경비의 측면에서 두만강 남안(南岸) 일대에 소위 6진(鎭)이 설치된 이후 적의 습격을 대비하는 곳으로 알려졌을 뿐이다. 함경도의 토양은 돌이 많고 메말랐다. 기후는 몹시 춥다. 교통은 불편하다. 제대로 된 산물(産物)도 없다. 따라서 조정과 민간 모두 함경남도와 함경북도를 중시하지 않았다. 반대로 남선(南鮮)[136]은 토양이 비옥하고 기후가 온화하며, 교통이 편리하고 농수산물이 풍부하다. 이에 남선은 조선 수출품의 대부분을 차지한다. 옛날 사람들은 대체로 조선이라고 하면 미곡과 해산물을 연상했는데, 이는 하늘의 혜택을 입은 남선에만 해당한다. 북선, 그중에서도 함경북도는 하늘의 혜택을 전혀 입지 못했을 뿐만 아니라 높은 산이 중첩되어 교통이 지극히 불편한 까닭에 가치가 일도 없는 토지로 취급을 받았다. 그러나 자연환경이 매우 나쁘고 농산물이 적은 함경북도에는 무한대의 광석이 매장되어 있다. 특히 석탄의 풍부함은 대서특필할 만하다. 함경북도 가운데 유망한 지역은 경흥(慶興), 경원(慶源), 온성(穩城), 종성(鍾城), 회령(會寧)의 5곳이다. 그곳에 매상된 석탄의 양은 15억 톤 정도이다. 이는 정확히 일본 규슈(九州)의 지쿠호(筑豊) 탄전(炭田)에 매장된 양을 상회한다고 일컬어진다.

회령의 석탄은 청회선(淸會線)의 개통과 함께 채굴이 시작되면서 다소 세상에 알려졌지만, 나머지 4군(郡)은 무관심의 대상이었다. 그런데 1917~1918년(大正 6~7) 제1차 세계대전으로 인해 조선에서도 중석(重石), 흑연(黑鉛) 등을 채굴하는 광산 열기가 고조되었고 이 흐름은 철광, 탄광으로 이어졌다. 그 결과 조선에는 세계적인 흐름과 마찬가지로 광석을 찾는 이

---

135 일반적으로 함경남도와 함경북도를 지칭한다.
136 전라북도, 전라남도, 경상북도, 경상남도 일대를 지칭한다.

들이 족출(簇出)했다. 조선을 여행하는 사람의 대부분이 탐광업자(探鑛業者)라고 칭해질 정도였다. 종래, 거들떠보지 않은 함경북도의 산야도 이들 탐광업자에 의해 광범위한 실지 조사가 이루어졌다. 비로소 함경북도에 무한대의 석탄이 매장된 대규모의 탄전이 소재한다는 사실이 발견되었다. 이에 광구를 획득하기 위한 치열한 쟁탈전이 벌어졌다. 앞서 언급한 5군을 대상으로 출원된 건수는 자그마치 1,000여 건에 이르렀다.

그러나 가령 탄전이 매우 유망하고 인접한 러시아와 중국 영토의 농산물과 임산물이 아무리 풍부해도 운수기관이 구비되어 있지 않으면, 이는 마치 보물산(寶物山)에 들어가 빈손으로 나오는 것과 동일하다. 그러므로 어떤 곳이든지 북선의 동해안에 대화물을 적재할 수 있는 좋은 항만을 선정하고 해당 항만을 기점으로 하여 탄전을 횡단하는 철도의 종점을 동서 간도의 혼춘과 회령으로 삼아야 한다. 그러면 현재 교통 불편으로 인하여 부진한 무역 실태를 한탄하고 있는 길림성(吉林省)의 동부를 개발하는 동시에 장차 길회선(吉會線)의 전체 개통이 가능하다. 나아가 해당 항만부터 내지 북부에 위치한 쓰루가항(敦賀港)까지 연락되는 대간선(大幹線)을 도모하는 일은 실로 일본과 만주(滿洲)의 무역 측면에서 중요한 사항이다.

전술한 광대한 지역의 해안선에 있는 항만을 탐구하면, 개항지로서는 원산이 가장 오래되었다. 개항 이후 이미 40년이 흘렀다. 원산은 북선의 항만으로서 어느 정도 설비가 구비되어 있지만, 거리가 멀다는 단점이 있다. 이어서 개방된 성진항은 배후에 명천(明川), 길주(吉州)가 있고 생우(生牛)의 수출지로 알려져 있다. 그러나 성진항은 항만으로 칭하기에는 다수의 핵심 요소가 결핍되어 있다. 세 번째로 개방된 곳은 청진항이다. 청진을 성진과 비교하면 항만으로서의 가치가 앞선다. 청진은 가지서(加之西), 나남(羅南), 경성(鏡城)과 가깝고 북으로는 부령(富寧), 회령과 통한다. 소위 북선의 탄토항(呑吐港)으로 절호의 위치에 있다고 말할 수 있다.

함경남도와 함경북도는 해안선이 길다. 육로로 가려면 십수 일이 필요하다. 장백산(長白山)의 지맥은 서쪽에서 동쪽으로 완연히 뻗어 있고 일본해(日本海)에 이르는 험준하고 물살이 센 하천과 겹겹이 병행한다. 따라서 이곳은 예로부터 교통이 불편한 곳으로 소문이 자자하다. 러일전쟁 당시 러시아군의 1개 지대가 두만강을 넘어 이 방면에 출몰하여 우리 병참선을 위협한 적이 있었다. 이때 대본영(大本營)은 사하회전(沙河會戰)[137] 이후 북한군(北韓軍)을 따

---

137 1904년 10월 5일부터 17일까지 심양(瀋陽)의 사하강에서 러시아군과 일본군이 치른 대규모 전투이다.

로 조직하고 남하한 러시아군 부대의 섬멸을 추진했다. 북한군은 회령을 거쳐 간도로 진입하면서 병참용으로 청진과 회령 사이 40리(里)에 달하는 군용경편철도를 부설하여 북선의 유한일 교통기관으로 삼았다. 바로 이것이 청진 개항의 시초이다. 전쟁이 종식된 다음 조선총독부는 경성과 원산 구간에 광궤철도를 부설하는 동시에 청진과 회령 구간의 군용경편철도를 광궤로 개축했다. 또한 두문철도주식회사(豆們鐵道株式會社)는 회령부터 상삼봉(上三峰)을 거쳐 종성에 이르는 10여 리에 협궤철도를 부설했다. 최근에는 경성부터 경원을 거쳐 성천[城川, 훈융(訓戎)]까지 가는 12여 리와 다른 한편으로 온성에 도달하는 11리 구간에 승합자동차가 운전 중이다. 이를 통해 일반 여객의 운수가 개선되고 대안(對岸) 간도 지방의 국자가(局子街), 용정촌(龍井村), 두도구(頭道溝)로 통하는 교통이 편리해졌다.

그러나 하나의 사설 협궤철도인 두문철도는 교통적인 측면에서 가치가 매우 크다고 말하기 어렵다. 자원의 보고인 길림 지역을 개발하려면 길회철도의 부설이 급선무이다. 이는 두말할 나위가 없다. 현재 그러한 기운은 바야흐로 도래하고 있다. 270여 리의 길회철도가 부설되면 길림성의 전반적인 임산물과 농산물이 청진항을 통해 수출되고 길림성에 살고 있는 일본인, 중국인, 조선인이 찾는 각종 물품이 청진항을 거쳐 수·이입되며, 한 발 나아가 함경북도에 매장된 15억 톤의 석탄이 청진항을 통해 수·이출되는 등 청진항은 예상한 대로 능히 이들 수출·입품을 처리하는 훌륭한 항구로 자리매김할 것이다.

1921년(大正 10) 네 번째 개항장으로 지정된 웅기항은 동쪽으로는 두만강, 동북쪽으로는 경흥과 신아산(新阿山), 북쪽으로는 경원과 훈융을 거쳐 중국 혼춘에 이르는 북선 최북단에 위치한 항구이다. 웅기항은 혼춘 무역과 두만강 목재를 통해 사람들의 입에 오르내린다. 웅기항은 수심이 얕고 항구 안이 협소할 뿐만 아니라 먼 바다로부터 밀려오는 격랑을 막아 줄 수 있는 갑각(岬角)[138], 혹은 도서가 없다. 이에 청진항과 마찬가지로 물결이 정박선을 덮치는 일이 발생하는 웅기항은 부선(艀船)[139]의 운행이 온종일 불가능한 때가 있으며, 하역 중의 목재가 유실되는 사태가 빈번히 일어나기도 한다. 웅기항은 현재 상태로 봐서 어항(漁港)의 명맥을 유지하는 데에 머무를 수밖에 없다. 즉 비록 육상으로는 배후에 웅기령(雄基嶺)을 끼고

---

138 부리 모양의 형태로서 바다 쪽으로 뾰족하게 뻗은 육지를 의미한다.
139 동력 설비가 없이 짐을 실은 채 다른 배에 끌려 다니는 배이다.

시가가 형성된 평탄한 지역이 충분히 존재할지라도 전술한 바와 같이 항구로서의 가치가 결여된 웅기항은 대규모 탄토항의 역할을 수행하기에 전연 자격이 없다고 단언할 수 있다.

그렇다면 이미 개항된 4곳 가운데 대규모 탄토항의 기능을 담당할 수 있는 자격을 갖춘 항구가 없다면 어느 곳에서 훌륭한 항만을 구할 수 있는가. 이는 각자의 뇌리에 떠오르는 문제로서 함경북도의 탄광업자와 철도경영자가 가장 고심하는 부분인데, 수많은 조사와 연구에 의하면 항만의 조성을 통해 앞서 언급한 문제의 해결이 가능하다고 단언할 수 있는 곳이 존재한다. 그곳은 바로 웅기항과 청진항의 중간에 개재한 나진만(羅津灣)이다.

2. 나진만의 위치와 대략적 역사

나진만은 북위 42도(度) 9분(分) 26초(秒), 동경 120도 6분 24초에 위치한다. 나진만은 함경북도 경흥군 남부에 소재한 동해안 유일의 훌륭한 항만이다. 최초로 이곳을 밟은 일본인은 지금으로부터 332년 전, 즉 분로쿠(文祿) 연간에 도요토미 히데요시(豊臣秀吉)가 정한지역[征韓之役, 소위 조선의 임진지역(壬辰之役)]을 일으켰을 때 한반도 북부의 올량합(兀良哈)[140]에 진입한 가토 기요마사(加藤淸正)이다. 그는 나진만에 병참을 설치하고 오랫동안 머물렀다. 항구의 요충지에 위치한 대초도(大草島)에는 기요마사가 손수 심었다고 전해지는 벚나무 2그루가 있는데, 이 나무는 매년 봄마다 그 당시를 이야기하듯 만개한다. 또한 체류 중에 나질(癩疾)[141]에 걸린 기요마사가 치료를 위해 입욕(入浴)했다고 전해지는 온천 유적이 풍해면(豊海面) 촌락에 존재한다. 그 당시 왜소한 병선(兵船)이 일본해의 거친 바다를 뚫고 훌륭한 항만을 찾기 위해 고군분투한 결과 이러한 양항(良港)을 발견한 일은 위대하다고 할 만하다. 병선이 나진만을 통해 얼마나 큰 이득을 얻었는지는 상상하기 어렵지 않다. 다음으로 나진만이 세계의 항해용 지도에 표시된 시기는 1880년(明治 13년)[142], 즉 1888년(明治 21년) 영국의 동양함대(거문도점령사건 이후 3년)의 측량과 더불어 해도(海圖)에 발표된 것이 효시이다. 당시 사망

---

[140] 옛날 몽고 동부와 조선의 두만강 일대에 살던 여진족, 혹은 그들의 거주지를 의미한다.
[141] 나균(癩菌)으로 말미암아 생기는 만성전염병으로 나병(癩病), 개라(疥癩), 뇌풍(腦風), 대풍창(大風瘡), 천형병, 한센병 등 여러 가지 병명이 있다.
[142] 문맥상 정확한 시기는 1888년이지만, 여기서는 원문 그대로 번역했다.

한 해병을 매장한 기념비가 소초도(小草島)의 삐죽 나온 부분에 남겨진 사실이 이것을 증명한다. 이어서 1904~1905년(明治 37~38) 러일전쟁 때 비로소 우리 해군도 이곳을 인지하고 나진만 일대를 실측했다. 그러나 나진만의 진가는 일본인에게 알려지지 않은 채 현재에 이르렀고 항해자 사이에는 함경북도에 이렇게 훌륭한 항만이 존재한다는 사실이 세상에 알려지지 않은 것은 불가사의하다는 풍설이 퍼지게 되었다. 그런데 1919년(大正 8)에 이르러 일부 관계자, 즉 탄광업자와 운수업자가 나진만에 주목하기 시작했다. 경원군 고건원(古乾原)과 경흥군 아오지(阿吾地)에 탄전을 소유한 아소 오토하(麻生音波)가 발기인의 한 사람으로 참여한 나진과 훈융 구간의 북선철도(北鮮鐵道)는 스가와라 미치요시(管原通敬) 외 16명의 합작으로 1920년(大正 9) 2월 부설 면허를 획득하고 현재 전체 구간 가운데 약 30리를 우선적으로 부설하기 위해 준비하고 있다. 또한 전(前) 남만주철도주식회사(南滿洲鐵道株式會社) 부총재였던 공학박사 구니사와 신베에(國澤新兵衛) 외 20명은 나진과 회령을 운행하는 조선탄광삼림철도(朝鮮炭鑛森林鐵道)에 대한 면허를 신청 중이다. 이외에도 2~3명의 출원자가 더 있다.

나진만은 면적이 동서 4여 해리,[143] 남북 6여 해리로 약 2,500만 평의 정박이 가능한 해면을 가지고 있다. 1919년(大正 8) 제국의 모 함대가 대·소형 32척을 이끌고 나진만에 정박했을 때 항만 안의 일부분을 채우는 데에 불과했던 점은 나진만의 포옹력이 얼마나 웅대한지를 말해준다. 나진만 입구에 있는 대초도와 소초도는 가장 적당한 곳에 배치되어 남풍에 의해 발생하는 물결을 막는 자연 방파제의 기능을 수행한다. 또한 나진만은 2개의 항로가 있어 선박의 출입이 편리하다. 동쪽 항로는 대초도와 반도의 귀퉁이, 즉 성정단(城亭端) 사이로서 폭이 1여 해리, 수심이 6심(尋)[144] 내지 8심인데, 소초도와 성초단(城草端)[145] 사이에 2심 내지 3심에 불과한 얕은 곳이 존재하여 대형 선박의 출입에 적합하지 않다. 반면에 서쪽 항로는 대초도와 대유동[大楡洞, 유진(楡津)]의 돌출된 부분 사이의 폭이 약 2.5해리이고 수심이 12심 내지 15심으로 대형 기선의 출입이 자유롭다. 2개의 섬으로 엄호를 받는 항구 안의 수심은 10심 내지 12심이고 대초도 먼 바다의 수심은 15심 내지 23심이다. 해안과 가까운 항만 안의

---

[143] 바다 위의 거리를 재는 길이의 단위로 1해리는 약 1,852m 정도에 해당하는데, 나라마다 약간의 차이를 보인다.
[144] 물의 깊이 등을 재는 길이의 단위로 1심은 6척(尺), 곧 1.81m 정도에 해당한다.
[145] 문맥상 앞에 나온 성정단을 의미하는 것으로 보이지만, 여기서는 원문 그대로 번역했다.

수심도 4심 내지 6심으로 여유롭다. 대련항(大連港)과 같이 계선(繫船) 안벽을 축조할 때는 대형 기선을 손쉽게 부두에 정박시킬 수 있다.

바다의 밑바닥은 세토(細土), 사토(沙土), 이토(泥土)가 섞여 있다. 간만의 차는 가장 클 때가 1.4척(呎)[146], 가장 작을 때가 0.4척이다.

지세는 동쪽, 서쪽, 북쪽의 3면에 산맥이 펼쳐져 있고 남쪽은 바다를 품고 있다. 평지는 중앙에 위치한다. 동쪽은 반도의 형태를 띠고 취진(鷲津)과 경계를 이루는 연두봉(烟頭峰, 507척), 향로봉(香盧峰, 1,178척)이 있어 동남풍을 막는다. 서쪽은 도개봉(道開峰, 1,158척), 탕건봉(宕巾峰, 1,282척), 대안령(大安嶺, 1,692척), 장광령(長廣嶺, 1,120척)이 우뚝 솟아 있어 서북쪽에서 불어오는 센 바람을 막는다. 북쪽은 평지를 두고 관동령(館洞嶺, 650척), 진진하대봉(珍眞下岱峰, 1,428척), 보노지봉(保老地峰, 2,690척)이 늘어서 북풍을 방지한다. 남쪽은 일본해에 이어지고 항구에 대초도(772척, 주위가 약 4리), 소초도(주위가 약 1리) 등의 2개 섬이 개재하여 일본해의 물결이 파쇄되고 거친 파도의 침입이 자연적으로 방어된다. 그리하여 비바람이 아무리 극심하여도 선박이 안전하게 정박할 수 있을 뿐만 아니라 부선(艀船) 등의 운행도 자유롭다.

1922년(大正 11) 10월 조선총독부의 촉탁으로 청진 축항을 시찰한 히로이(廣井) 공학박사는 비교 조사의 일환으로 나진만을 시찰했다. 그는 인공을 가미하지 않은 천연의 양항으로서 청진항이나 웅기항에 어떠한 인공적 요소를 가미해도 도저히 나진항에 이르지 못한다고 말했다.

이에 총독부는 나진만이 일본 해군의 통제로부터 해방되자마자 즉시 나진항 축항과 시가 경영에 대한 조사에 착수해 1920년(大正 9) 2월 조사를 완료한 후 축항 계획 예정 도면을 만들고 제1기 공사로 500만 원의 축조 비용을 투입하여 부두 세 개를 조성하는 사업을 제안했다. 다만 이 계획은 경비 문제로 아직까지 실행되지 못했는데, 조만간 나진항이 조선 동해안의 제일가는 양항으로 등장하리라는 점은 이상의 계획들을 통해 미루어 짐작할 수 있다.

---

[146] 길이의 단위인 피트(feet)와 같은 의미로서 1척은 약 30.48cm에 해당한다.

3. 나진만의 육상 지구

단순히 수면적과 수심으로 항만의 가치를 결정하는 일은 전체 가운데 한 부분만을 논하는 것이다. 오지(奧地)의 물자 여하, 교통의 편리 등을 비롯하여 가장 중요한 관계를 가진 요소로서 육상에 시가지를 형성하는 데에 충분한 지적(地積)을 보유했는지, 처리할 화물을 쌓아놓을 수 있는 여유지가 충분한지를 살피는 작업이 제일 필요하다. 그 모든 측면이 구비되었을 때 비로소 양항이라고 부를 수 있다. 이와 관련하여 나진만의 육상 지구에 대해 개요를 설명하면 다음과 같다.

나진만과 연결된 촌락은 신안면(新安面)과 풍해면(豊海面)이다. 육상 지구는 초도동(草島洞, 대초도, 소초도), 나진동(羅津洞), 간의동[間依洞, 간진(間津), 간동(間洞), 이동(梨洞)], 신안동[新安洞, 지경(地境), 원봉리(圓峰里), 창평(蒼坪)], 유형동[蹂峴洞, 유동(蹂洞), 광현(廣峴)], 명유동[明楡洞, 명촌(明村), 신호(新湖)], 신수동[新水洞, 수좌평(水佐坪), 송진(松津), 신진(新津)], 원창동[原蒼洞, 창평(倉坪)], 신동(新洞), 대유동[大楡洞, 유진(楡津)]의 10개 동으로 이루어져 있다. 해안 길이는 약 7리이다. 중앙 지역은 동쪽의 간의동부터 중앙의 신안동을 거쳐 서쪽의 유현동에 이르는 구간의 길이가 약 1.5리, 남해안부터 신안동(원봉리) 구간의 길이가 약 1리로서 500만 평의 평탄지가 펼쳐져 있다. 그 후방에는 산맥이 울타리처럼 둘러져 있어 자연적으로 겨울철의 거센 북풍이 차단된다. 기온 역시 홋카이도(北海道) 삿포로(札幌)와 대동소이하다. 서남쪽은 이진항(梨津港)과 함께 푸른 고둥이 서로 마주보는 형세를 취하고 있다. 동쪽은 산맥을 두고 웅기항과 이웃한다. 이처럼 육상 지구는 매우 넓기 때문에 시가를 건설할 경우 2~3개의 정차장과 공장 부지를 설정해도 협소한 감을 전혀 느낄 수 없다. 단언컨대 상공업의 발전은 물론 군사적으로도 나진만은 극히 중요한 위치를 차지한다.

나아가 일본 육군은 이곳에 보충지부를 신설할 수 있다. 이미 나진만과 웅기항의 중간인 관동령의 동쪽 산기슭에 소재한 관곡동(寬谷洞)에 지부를 두고 나진만의 신안동 원봉리에 분소를 설치하는 작업이 1921년(大正 10)에 기공하여 1922년(大正 11) 말에 완성되었다. 현재 군마가 왕성히 육성되고 있다. 들은 바에 의하면, 방목장의 규모는 나진만의 배후 산맥을 중심으로 경흥군과 경원군의 관유(官有) 임야 수백만 평에 달한다.

이와 같이 군사적인 측면으로 보아도 나진만의 장래는 결코 지금과 같은 상태가 계속되지 않으리라고 확언할 수 있다.

4. 나진만을 중심으로 한 산물

부근의 경흥군, 경원군, 종성군에서 생산된 물품은 대두(大豆), 밤, 소량의 쌀이 전부이다. 쌀과 밤은 지방민의 식용으로 활용이 된다. 대외적으로 수출할 수 있는 것은 대두, 한 종류인데, 품질이 양호하여 명성이 높다. 반면에 두만강 오른쪽 연안의 5개 군에서는 나진만의 산물 가운데 대종이라고 할 수 있는 갈탄(褐炭)이 생산된다. 5개 군은 전부 탄전지대라고 부를 만하다. 1918년(大正 7) 이후 출원 건수가 1천여 건에 달한 점을 보아도 갈탄의 풍부함을 헤아릴 수 있다. 그 가운데 가장 유망한 지역은 경흥군의 청학동(青鶴洞)과 적지탄전(赤池炭田)과 아오지탄전, 경원군의 고건원탄전, 회령군의 행영탄전(行營炭田)과 회령탄전이다. 여기에 매장된 양은 전부 시추하지 않아 정확한 결과를 말하긴 어렵지만, 대략 15억 톤을 하회하지 않을 것으로 추산이 된다.

중유(重油)의 독자적 공급은 현재 국가의 일대 문제로서 하루라도 지체할 수 없다. 이에 정부 차원의 첫 번째 해결책으로서 조선총독부는 함경북도 탄전에 대한 채굴 허가권을 수중에 장악하고 저온건류(低溫乾溜)[147]의 방식을 통해 갈탄에서 중유를 빼내고자 연료연구소를 경성부 한강 연안 노량진에 신설했다. 이를 통해 먼저 갈탄의 저온건류시험(즉 중유 채취), 다음으로 무연탄의 미분연소시험, 마지막으로 연탄제조시험을 진행하고 계속해서 금광에 대한 시험을 실시한다는 계획이 수립되었다. 1922년(大正 11)부터 시작된 실험 장치의 설치는 전부 완성을 보았다. 1924년 4월 개소식이 열렸고 소장에 공학박사 가모 마사오(加茂正雄), 건류시험부장에 석탄 연구의 권위자인 공학박사 나이토 유(內藤游)가 임명되었다. 현재 왕성한 연구가 진행 중이다. 불일간 저온건류에 의한 중유의 독립이라는 복음이 발표될지도 모른다.

또한 전 남만주철도주식회사 무순탄갱장(撫順炭坑長)이었던 공학박사 요네쿠라 기요츠구(米倉清族)는 저온건류를 통해 함경북도 갈탄에서 중유를 채취해 일본 해군의 연료 독립을 기

---

[147] 석탄을 500℃ 정도로 가열·건류하여 저온 타르와 반성코크스를 얻는 방법으로 현재는 거의 사용하지 않는다.

도하고 부산물로서 해화(骸化),[148] 탄휘발유(炭揮發油), 황산암모니아를 비롯하여 여기에 필요한 전력까지(해화탄과 가스에 의해 발생) 획득하는 사업을 1921년에 발표했다. 들은 바에 의하면, 현재 사업은 차근차근 나아가고 있다. 과학의 힘을 통해 무진장이라고 일컬어지는 함경북도의 갈탄을 공업용과 기타 부분에 응용할 수 있는 길이 열리면서 나진항은 공장지로서, 전력 발생지로서, 석탄을 운반하는 철도 기점으로서, 석탄의 배출 항구로서 모지항(門司港) 이상의 항구로 발전할 수 있는 유망한 장소로 거듭날 수 있다. 이는 결코 두말할 나위가 없다.

나아가 북선철도와 조선탄광삼림철도가 부설되면 동·서간도, 즉 연길(延吉)과 혼춘의 풍부한 농산물과 임산물의 수·이출이 가능하다. 뿐만 아니라 해당 지방에 필요한 물품의 수·이입까지 감안하면 나진항은 1,158만 원에 이르는 청진항[1921년(大正 10) 조사]의 5분의 4, 300만 원에 달하는 웅기항의 5분의 4, 도합 1,166만 원의 무역액을 손쉽게 달성할 수 있다. 여기에 더하여 길회철도가 부설되면 나진항은 북만주와 길림성에 대한 탄토항의 역할을 수행하고 마침내 대련항에 비견되는 거대 무역항으로 부상할 것이다.

5. 교통기관

현재 한촌(寒村) 벽지에 가까운 나진항은 하등의 육상교통기관을 구비하지 않았다. 도로도 불완전하다. 웅기에서 나진만을 거쳐 청진에 이르는 이른바 국도는 러일전쟁 당시 육군의 병참용으로 수축된 가도(街道)를 계승한 도로로서 자동차를 운전할 정도는 아니다. 육군 군마보충부의 요구와 지방 주민의 희망에 따라 1~2년 안에 이 국도가 개수되면 이후에는 자동차를 통해 나남, 청진에서 나진과 웅기를 거쳐 국경 지역인 경흥과 신아산 등지에 도달할 수 있다.

이상은 차량과 말에 관한 서술이다. 또 다른 교통기관인 철도는 스가와라 미치요시 외 16명이 이미 인가를 받은 북선철도가 나진만에서 출발하여 웅기, 청학동, 경흥, 아오지, 신아산 등을 거쳐 경원, 훈융에 이르러 두만강 연안을 주행한다. 구니사와 신베에 외 20명이 출원 중인 조선탄광삼림철도는 나진만에서 시작하여 녹야(鹿野)를 거쳐 회령에 이른다. 전자는 탄광 개발과 더불어 혼춘의 물자 수송을 담당한다. 후자는 탄전과 삼림의 개발, 나진을 통한 길회철

---

[148] 석탄을 500~750℃의 저온으로 건류하여 만드는 코크스를 의미한다.

도 화물의 처리, 우라니혼(裏日本)과의 교통과 판로 확보라는 역할을 담당한다. 우리들과 가까운 사람들이 널리 해당 지방을 실지 조사한 결과에 따르면, 구니사와 신베에 외 20명이 계획하는 회라선(會羅線) 가운데 나진에서 약 22리 떨어진 종성군 종산동(鍾山洞)에서 우회전하여 봉산천(鳳山川)을 따라 봉산동(鳳山洞)에 이르고 이어서 오룡천(五龍川)의 오른쪽 강변을 따라 녹두산(鹿頭山) 근처의 경원군 용덕면(龍德面) 고건원[고건원탄전 소재지로서 장평리(長坪里), 용신동(龍新洞), 용향동(龍香洞), 용남동(龍南洞), 용북동(龍北洞), 유수동(柳樹洞), 용현동(龍峴洞), 용서동(龍西洞), 용문동(龍門洞) 등 9개 동리를 포함하는 대분지, 약 30리]을 통과하여 안농면(安農面) 안원동(安原洞), 상동(上洞), 석현동(石峴洞) 등을 거쳐 경원에 도달하며, 마지막으로 혼춘의 대안인 훈융에 이르는 약 45리의 훈라선(訓羅線)이 부설될 경우 스가와라 미치요시 외 16명이 준비하는 두만강안 경유 북선철도와 상응하여 탄광 개발과 물자 수송 상에 다대한 편리함을 줄 것이라고 한다.

원래 약 270리에 달하는 길회철도는 1910년 구니사와 신베에가 남만주철도주식회사 부총재로 있을 때 부하 직원인 야마모토(山本鎭) 기사가 답사한 노선이다. 길회철도가 예정된 연선 지역의 산출품은 농산물과 길림의 목재이다. 이들 화물을 장춘에서 대련을 거쳐 내지의 동해선(東海線) 마이바라역(米原驛)에 이르는 구간과 장춘에서 길회선을 이용하여 나진으로 간 다음 쓰루가를 거쳐 마이바라에 도달하는 구간의 거리와 소요 시간을 비교하면 다음과 같다.

(단위: 리)

기점	경유지	종점	육상 거리	해상 거리	합계	소요 시간
장춘	나진-쓰루가	마이바라	416	469	885	52
	대련-고베	마이바라	525	860	1,385	89

비고: 철도는 시간당 30리, 해상은 시간당 12리로 소요 시간을 산출했다.

위 표처럼 각 노선의 거리와 소요 시간은 한 눈에 파악이 가능하다. 길장선(吉長線)과 길회선 일대 화물의 나진항 통과는 필연이다. 멀리 북만주의 화물도 나진항을 경유할 수밖에 없다.

그렇다면 나진항의 설비는 어떠한가. 전체 시민이 혈안이 되어 축항문제에 광분하고 있는 청진항은 수천만 금을 투입해도 완벽한 수륙 연락을 도모하기가 곤란하다. 반면에 나진항은 현재 그대로 어떠한 설비를 구축하지 않아도 상당한 기능을 발휘할 수 있다. 그러나 앞서 언급한 대규모 화물을 처리하기 위해서는 우선 500만 원을 투입하여 완전한 형태의 부두

3개를 축조할 필요가 있다. 그러면 화물자동차를 통해 안벽에 계류 중인 기선의 화물을 직접 하역할 수 있고 화물의 증가에 동반하여 원하는 만큼 부두를 쉽게 늘릴 수 있으며, 영국 사우스웰스(South Wells) 항구와 같이 석탄을 적재하는 부두를 별도로 설치하여 자동적재기에 의해 석탄을 기선에 실을 수 있다. 이렇게 되면 과연 청진을 주장할 필요가 있을까. 청진의 일본인과 조선인 가운데 일부분은 다소 고통스럽겠지만, 국가 백 년의 대계를 위해 길회선의 종착지를 나진만으로 설정하는 것은 어찌 보면 당연한 일이다.

6. 나진만과 경쟁하는 항구

장래에 나진만과 경쟁할 수 있는 항구는 청진항, 웅기항(웅기의 상인은 나진의 발전과 더불어 이곳으로 이동하고 웅기항은 어항으로 남음) 등을 비롯하여 셀 수 없이 많다. 원산은 물론이고 거리적 측면에서 관계가 없을지라도 우리들이 제일 두려워하는 상황은 중국 혼춘에서 시작하여 러시아령 보세트(Bosset)만에 자리한 연추(煙秋)와 노보키예프스키(Novokiyevskiy)에 도달하는 철도가 회라선과 훈라선에 앞서 부설되는 일이다. 생각건대 중국 정부는 길회선을 회령에 연결하기보다는 오히려 용정촌(龍井村)이나 국자가(局子街)에서 혼춘으로 나아가는 지선 부설을 희망할지도 모른다. 그러면 러시아인은 혼춘에서 연추에 이르는 철도를 부설하여 북만주의 화물을 보세트만에 집적한다는 계획을 당연히 염두에 둘 터인데, 실제로 러시아 유식자 사이에는 이러한 계획이 존재한다. 다만 혼돈한 상황에 놓인 러시아가 이러한 대규모 계획을 확립할 수 있으리라고는 생각되지 않지만, 조만간 러시아가 안정되면 그때는 실현될 수 있다. 뿐만 아니라 오소리철도(烏蘇利鐵道)는 궤조를 비롯한 여러 측면에서 장점이 많다. 따라서 우리들은 하루라도 빨리 이것에 앞서 나진만을 중심으로 한 각 철도를 신속히 부설하는 사업은 매우 시의 적절한 조치라고 생각한다.

앞으로 함경북도와 간도에는 많은 일들이 발생할 것이다. 그럼에도 두만강 연안 3개 군을 그대로 방치해 두는 모습은 한심하기 그지없다. 경제적인 이해는 차치하더라도 군사적인 측면에서 천혜의 양항이라고 할 수 있는 나진만을 등한시하는 행위는 실로 국가 차원의 일대 손실이지 않을까 한다.

(이명학)

자료 89 | 雄基憲兵分遣隊, 1929~1932, 『滿洲關係資料』 (아시아역사자료센터, C13010182700), 1040~1050쪽.

나진만의 개황

1. 일반상황

　　나진만은 웅기(雄基)에서 서남 방면으로 약 4리(里) 떨어진, 조선 동해안 유일의 양항(良港)으로 장래 개항(開港) 가능성이 확실한 곳이라고 최근 조야(朝野)의 주목을 받고 있다. 부근 거주 토착민의 말에 따르면 이 항구는 러일전쟁 전 1899년(明治 32) 영국 군함 12척이 입항했고 또 러일전쟁 당시 우리 가미무라 함대(上村艦隊)[149]가 입항해 2일간 정박했다. 다음으로 1918년(大正 7) 황군(皇軍) 시베리아 출병 당시 우리 군함 47척이 입항해 약 3개월간 정박했던 곳이다. 이러한 사례 등에서 보면 이 항만 본래의 조건이 충분하다는 것은 밝혀진 바이다. 그리고 나진항이 세상의 주목을 받기에 이른 것은 1915년(大正 4) 우리 해군군함이 입항해 항만을 시찰하면서 장래 군항 요지가 될 것이라는 소문이 유포되면서였다. 웅기 지방의 두, 세 명의 투자가는 당시 경쟁하며 나진만 부근의 토지를 매수했다. 그 후 1918년(大正 7) 우리 해군군함 다수가 정박하기에 이르러 여론이 더욱 고조되어 도쿄(東京), 고베(神戶) 지방으로부터 이권가(利權家)의 출입을 보았으나, 그 후 일시 소침(消沈) 상태에 있다.

　　그런데 1927년(昭和 2) 6월 군마보충부 본부장 오바타(小畑) 소장이 웅기로 와 나진항을 시찰하고 웅기 주민에게 "나진만은 군사교통 운수무역 상 중요한 위치에 있는 데다가 천연의 지형적 이점도 풍부해 조선 동해안 중 가장 좋은 항구로 장래 함경북도의 탄토항(呑吐港)임은 물론 훗날 만몽(滿蒙) 시베리아 개척사명을 가진 중요한 관문으로 자못 유망하다"라고 말했다고 한다. 또 같은 해 7월 시모오카(下岡) 전 정무총감이 웅기에 왔을 때 비를 무릅쓰고 나진항을 시찰해 군수 및 면장으로부터 수심(水深) 및 해저의 상황, 취급 어족(魚族)의 종류, 부근의 지가(地價) 등을 청취했고, 또 이전의 오바타 소장과 대개 같은 소감을 말한 결과 한층 활기를 보여 각지의 이권가의 시찰, 토지 매수자의 출입이 매우 증가하기에 이르러 지금 주

---

[149] 가미무라 히코노죠(上村彦之丞)는 러일전쟁 당시 제2함대를 지휘했던 장군으로 최종 계급은 해군대장에 이르렀다.

요 지구는 모두 이들 이권가의 손을 기대하기에 이르렀다.

그리고 1920년(大正 9)경까지는 나진만이라는 지명에 사로잡혀 충분하게 조사를 하지 못한 결과 매수지는 나진동(羅津洞) 부근이 중심이 되었고, 간의동(間依洞) 방면에 이르는 해안 일대를 매수하지 않았다. 그럼에도 최근에는 관민 모두 상당한 조사 연구를 끝내 나진동, 간의동 사이에 불리한 곳을 살펴, 지경동을 중심으로 전답, 들판을 매수하고 있다. 현재는 일반적으로 간의동과 지경동 사이를 개항 예정지로 주목하고 있다고 알려져 있다.

2. 지세 및 항만의 상황[별지 요도(要圖) 참조]

나진만은 동, 서, 북쪽 세 방면은 보로지봉(保老地峯) 및 관동령(館洞嶺) 등의 산맥으로 둘러싸여 있고 남쪽은 일본해에 접하고 소초도(小草島) 및 대초도(大草島) 2개 섬이 중앙의 대부분을 엄폐해 거의 호수형으로 해 겨우 남쪽 양단(兩端)에서 해안을 볼 수 있을 뿐으로 군항으로 좋은 형상을 하고 있는 상황이다.

1) 만 내 해저면적 약 210만 평(坪)

성정단(城亭端)에서 유진양단(楡津兩端)까지 1리(里) 반

지경동에서 유진 남단까지 3리

지경동에서 성정단까지 1리 반

2) 수심 3길(尋)[150] 내지 20길(尋)

다만 지경동과 간의동 중간의 관동령 지맥 돌출 곶 부근은 해안 근처 약 20 간(間)[151]으로 수심 5길 이상이다. 현재 400~500톤급 기선의 입항이 가능하다. 또 간의동 이남 동해안 나진동도(羅津洞道)는 일부분을 제외하고 해안 근처 40간 내지 60간으로 수심 4길 이상에 달한다. 그러나 그 지경동 이남 서해안은 유진(楡津) 부근을 제외하고 대부분은 해안 근처 60간

---

150 길(尋)은 물의 깊이나 새끼줄 등의 길이의 단위로 약 1.8m(약 60척)에 이른다.
151 길이의 단위 6척(尺)(약 1.818m)

이내는 수심 1길 내지 3길로 육양(陸揚)에 적당한 장소로 확인된다.

3) 해저 상황

만 내에는 노출된 바위섬 외에 따로 암초로 확인되는 것은 없지만, 성정단(城亭端)과 소초도 사이는 수심이 얕아 기선의 입항이 불가능하다. 소초도 주위에는 무수한 암초가 있어 토민의 말에 의하면 1899년(明治 32) 입항하였던 앞서 기술한 영국 군함 12척 중 1척이 섬 부근에서 암초와 충돌, 선체가 파괴되었지만, 승조원은 요함(療艦)의 구조에 따라 전부 무사 피난할 수 있었다. 그러나 선장은 책임을 중히 여겨 마침내 소초도에서 자살하여 소초도 북단에 이 기념비를 건설하였다. 또 러일전쟁 당시에도 러시아 함선이 암초에 충돌, 파손된 바가 있었다. 따라서 소초도 주위 및 대초도 북부에는 노출된 바위섬 여럿과 궤도(掛島)등이 있어 경계구역이지만, 기타 특기해야 할 것은 없다.

4) 기상

나진만 부근은 한기(寒氣) 평균 영하 12~13도로 극한기라 하더라도 만 내는 결빙되지 않고, 초여름은 짙은 안개가 내습하지만, 항해에 지장을 주는 날씨는 드물다. 또 주위는 산맥 또는 도서로 포위되어 있는 관계상 조류가 완만하여 간만의 차는 2척 내외이다. 또 폭풍 때라도, 바다가 거칠어지는 현상(大時化)을 보이는 것은 거의 없다.

5) 선박 수용량

서해안 근처는 일부분을 제외하고 20간 내지 60간, 수심 4길 내지 20길, 만의 중앙부는 10길 내지 20길에 달하므로 하등의 설비를 요하는 것이 없고, 총계 38만 톤의 선박을 수용하는 것이 가능하다.

3. 수산 상황(만의 동서안 일대)

해산물 중 주요한 것은 다시마, 고등어, 청어, 대구, 정어리 등으로 연산액(年産額)은 다음과 같다.

다시마 1만 5천 원

고등어 1천 5백 원 내외

기타 6천 원 내외

4. 부근 도로 및 부락의 상황

도로는 웅기로부터 나남으로 통하는 1등 도로 일선이 있지만, 해당 도로는 가파르고 좁은 길이 많고,

재작년에는 우차, 짐말을 통하는 것에 족할 뿐이었으나, 그 이래 점차 개선되어 1928년(昭和 3) 12월 지경동 길에 자동차 운행이 가능해 짐에 따라 포차의 통행 역시 자유롭게 되었다. 그러나 현재 지경동 부근 길, 해안에는 약 10정(町)의 습지가 있어 강우기에는 특히 교통이 곤란하다.

5. 기타

작년 내 길회선 종단항의 후보지로 신문 지면에 기재되어, 세간의 소문(喧傳)이 더욱 성하게 됨에 따라 나진만 일대는 지가가 폭등하여 목하 토지 매매가격은 평당 최저 20~30전에서 도로에 붙은 양지로 지목된 곳은 최고 40~50원으로 높게 올랐다.

(박우현)

자료 90 | 兒玉友雄, 1933, 『密大日記 第5冊 昭和8年』(아시아역사자료센터, C13010182700), 1123~1124쪽.

조참밀(朝參密) 제146호
웅라철도 부설 및 나진항 축항을 위한
공유수면 매립 및 준설의 건

1932년(昭和 7) 8월 26일 조선군 참모장 고다마 도모오(兒玉友雄)[152]

육군차관 야나가와 헤이스케(柳川平助)[153] 귀하

위 제목의 건에 관해 조선총독부에서는 남만주철도주식회사의 신청에 따라 아래와 같이 8월 22일부로 면허를 부과할 것을 통첩함

1. 철도부설 면허

남만주철도주식회사가 신청한 함경북도 경흥군(慶興郡) 웅기면(雄基面)에서 같은 도, 군 신안면(新安面)에 이르는 거리 15.3km의 궤간 1.435m, 단선, 증기철도의 부설은 1932년(昭和 7) 8월 10일부로 면허를 허가함

창업계획서(起業目論見書) 사본 및 선로도는 별지와 같음

2. 공유수면매립 및 준설의 면허 (나진항만 수축의 건)

남만주철도주식회사 신청 함경북도 경흥군 신안면 신안동, 유현동(踰峴洞) 및 명호동(明湖洞) 근처 매립 면적 제1구, 제2구 및 제3구 합계 203만 4,513㎡, 준설면적 제1구, 제2구 및 제

---

152 고다마 토모오(兒玉友雄)는 대만 총독과 육군대신을 역임했던 고다마 겐타로의 삼남이다.
153 야나가와 헤이스케(柳川平助)는 일본 육군으로 1932~1934년 육군차관을 역임하고 중일전쟁 이후 사법대신 등을 역임했다.

3구 합계 24만 5,100㎡의 공유수면 매립 및 준설은 1932년(昭和 7) 8월 22일부로 면허를 허가함

   계획개요 별지와 같음

(박우현)

자료 91 | W. H. Chamberlin, 植田空悟 譯, 1936, 《朝鮮及滿洲》第三百四十二號, 朝鮮及滿洲, 23~27쪽.

아시아로의 신관문=나진, 블라디보스토크 및 다롄 관계

윌리엄 헨리 체임벌린(William Henry Chamberlin)은 북선(北鮮)에 소재한 나진항의 중요성을 블라디보스토크, 대련(大連)과 관련하여 관찰한 결과를 최근 《크리스천 사이언스 모니터(Christian science monitor)》 잡지에 기고했다. 본 고는 외국인의 시각에서 나진의 장래를 어떻게 관찰했는지가 흥미롭다고 생각하여 이를 발췌·번역했다.

암초가 많은 북선의 연안 가운데 한적한 어촌은 현재 일본, 만주국(滿洲國)과 주요한 경제적 연관을 맺으려는 도상(途上)에 있다. 이는 러시아의 태평양에 위치한 중요한 항구인 블라디보스토크의 상업적 의의에 중대한 영향을 미칠 것으로 보인다. 문제의 어촌인 나진은 1) 경쟁 상대로서 만주국의 요항(要港)인 대련의 지위와 상태, 2) 나진 자체의 전략적 가치와 상업적 위치, 3) 필요한 개량·수축이 시행된 이후에는 1만 톤 급의 대형 선박을 수용할 수 있는 천혜의 좋은 항구를 보유할 수 있는 점 등으로 미루어 장래의 발전이 예기된다.

1933년(昭和 8) 일본은 국제연맹의 탈퇴를 발표했다. 오늘날 남만주철도주식회사[南滿洲鐵道株式會社(나진의 도시·항만·철도 건설을 감독)] 총재라는 새로운 위치에서 넘치는 정력을 쏟고 있는 마쓰오카 요스케(松岡洋右)는 새로운 축항(나진을 지칭)의 전도에 대해 필자와의 회견 도중에 다음과 같이 열정적으로 설명했다.

"나진항은 우리가 준비하고 있는 최대의 건설 계획 가운데 하나이다. 이곳은 오지(奧地)에 매장된 풍부한 자원을 밖으로 내보낼 수 있는 이상적인 항구이다. 만주국의 북부와 북동부에 있는 목재, 대두(大豆), 석탄, 광물, 기타 수출품은 당연히 이 통로를 통해 일본으로 이출이 된다. 다시 말해 이 노선은 장거리 철도 수송이 필요한 대련을 통과하여 이루어지는 현재의 수송 방법보다도 거리가 짧고 비용이 적다. 나진항의 개설은 일본 서해안에 소재한 항구들인 니가타(新潟), 쓰루가(敦賀)와의 교통적인 측면에서 대단히 편리하다. 그렇지만 나는 상업 거래의 대부분은 일본의 대공업 중심인 오사카(大阪)와 이루어지지 않을까 생각한다. 만주국의 산물을 싣고 일본으로 항해하는 선박은 돌아올 때는 일본의 직물류, 설탕정제품, 다수의 이주민을 적재할 것이다.

　우리들은 나진이 보조 항구의 역할을 하는 웅기, 청진의 발전과 상응하여 매년 1천만 톤의 화물을 취급할 수 있는 날을 기대하는데, 이는 확실히 전도요원하다. 우리들이 수립한 제1기 5개년 개발 계획은 1937년(昭和 12)에 종료한다. 그때가 되면 300만 톤이 적출될 예정이다. 이 숫자는 1942년(昭和 17)에 600만 톤, 1947년(웅기와 청진의 능력을 가산)에 1,000만 톤에 달할 것이다. 동시에 나진 개발은 현재 결정을 보았다. 단순한 서류상의 계획이 아니다. 우리들은 이미 나진과 웅기를 연결하는 단거리 철도 노선을 설비했다. 이를 통해 만주국의 수도인 신경(新京)을 비롯한 기타 도시와 나진 사이에 열차가 운행되고 있다. 3개의 대형 부두 가운데 하나는 이미 부설이 완료되었다."

　나진은 블라디보스토크로부터 겨우 150리(哩)[154] 정도 떨어진 곳에 있다. 원래 블라디보스토크란 곳은 그 옛날 동부 시베리아의 대도독인 무라비에프(Muraviev)가 소위 '연해주(沿海州)'로 알려진 만주의 동쪽, 즉 태평양 연안 일대에 러시아의 권리를 수립한 이후에 건설된 항구이다. 무라비에프는 '블라디보스토크', 다시 말해 '동방의 지배자'라는 당당한 명칭을 이 항구에 부여했다. 1905년(明治 38) 러일전쟁에 이르기까지 러시아는 태평양 문제에서 하나의 점진적인 강대한 세력으로 부상했다. 북만주를 횡단하는 동지철도(東支鐵道)의 건설을 통해 블라디보스토크와 유럽의 완전한 철도 연락이 가능해졌다. 이후 철도 연락은 동지철도보다 더욱 길고, 그리하여 더욱 불편한 오소리철도(烏蘇里鐵道)의 건설로 보완이 되었다. 이는 물론 러시아 영토 안에 설비된 노선인데, 실제로는 만주 북부에 길게 펼쳐진 국경을 빙 두르는 모습을 띠고 있다.

　마침내 러시아의 만주 진출은 무력한 중국에게서 '조차지' 명목으로 획득한 요동반도(遼東半島)의 남단에 도달하기까지 멈추지 않았다. 그러나 러일전쟁으로 남만주는 러시아로부터 양도를 받아 일본의 관리 아래에 들어갔다. 세계대전으로 인한 러시아의 와해와 여기에 더해진 혁명은 일본을 블라디보스토크와 시베리아 동부의 여러 도시를 일시 점령하는 상태로 이끌었다. 그런데 국제적 압력, 서시베리아 점거에 필요한 거액의 경비에 관한 국내적 불평, 일본이 지지했던 각종 반(反) 볼셰비키 정부의 좌절 등은 일본이 서시베리아에서 철수하

---

154 야드파운드법에 의한 거리의 단위로서 1리는 약 1.6km에 해당한다.

는 원인이 되었다. 결국 1922년(大正 11) 블라디보스토크의 철병이 완료되었다.

1924년(大正 13) 소비에트 정부는 중국과 공동공작문제에 관한 협정을 체결한 후 동지철도를 승계했다. 그러나 1935년(昭和 10) 3월 동지철도는 일본에 양도되는 결말을 맞았다. 블라디보스토크는 여전히 러시아의 수중에 있을 뿐만 아니라 일본의 요항인 대련의 경쟁 상대이다. 나아가 최근 블라디보스토크는 군사와 항공의 측면에서 중요한 근거지로 기능하고 있다.

여담이지만, 2~3년 전 모스크바 주재 일본 대사와 소비에트 외무 부(副)위원인 레프 미하일로비치 카라한(Lev M. Karakhan)이 회담하는 도중에 블라디보스토크가 대화 주제로 나오자 일본 대사는 "동방의 지배자를 뜻하는 블라디보스토크는 제국주의적이다. 소비에트 정부는 제국주의를 포기했다고 생각하는데 어째서 이 명칭을 변경하지 않는가?"라고 물었다. 이에 카라한은 "우리는 다른 명칭도 변경했기 때문에 블라디보스토크도 바꿀 것이다. 예를 들어 우리는 블라디보스토크를 '가타야마 센(片山潛)[155]'이라고 부르고 싶다"라고 대답했다.

이는 일종의 농담이지만, 여기에는 하나의 작은 가시가 있다. 왜냐하면 비록 가타야마 센은 이후 죽었지만, 일본 공산당을 개척한 지도자였을 뿐만 아니라 공산주의는 일본의 관리와 외교관에게는 매우 부정적인 문제였기 때문이다. 1932년(昭和 7)부터 1933년(昭和 8)까지 극단적인 국가주의 감정이 정점에 이르렀을 때, 일본에서는 러시아를 바이칼호수 바깥으로 구축하기 위해 동지철도를 일본이 병합하자는 목소리가 때때로 터져 나왔다. 그러나 동지철도는 매매 교섭이 순조롭게 진행된 결과 양도에 관한 자발적인 매매 협정이 성립되었다. 극동군이 보유한 다수의 비행기, 장갑차, 전차로 유지되는 소비에트의 영토 안전은 험난하고 견고한 지세 속에서 보지될 수 있었다.

나진항의 건설은 '동방의 지배자'라는 의미를 계속해서 견지하고 있는 블라디보스토크의 발전을 암암리에 저지할 수 있는 하나의 평화적 방법이다. 일본이 만주를 점령하기 이전에 블라디보스토크는 북만주 산물의 자연적인 배출구였다. 운송에 필요한 거리, 특히 합이빈(哈爾濱)을 거쳐 연장된 남북선로가 동부 지방의 물산을 수송하는 거리는 주요한 경쟁 항구인 대련에 이르는 길이보다 훨씬 짧았다. 블라디보스토크항과 대련항의 경쟁은 극심했다. 그리

---

[155] 1859년 태어난 가타야마 센은 일본의 저명한 공산주의자이다. 그는 1920년 코민테른 중앙위원회 위원으로 활동했고 1922년 일본의 다른 공산주의자와 함께 일본공산당을 창당했다.

하여 러시아가 소유한 동지철도와 일본이 소유한 남만주철도와의 사이에 체결된 정기협정 운임은 대두를 비롯한 만주의 산물에 부가된 화주(貨主)의 관세를 차지하려는 과정에서 파탄을 맞았다.

그러나 지금은 완전히 바뀌었다. 남만주철도는 이 경쟁에서 우위를 점하는 가운데 결국 종래의 경쟁자였던 동지철도까지 계승했다. 블라디보스토크로 이어지는 노선을 통한 화물 운수는 매우 적다. 화물 처리는 국경역인 포그라니치나야(Pogranichnaya)에서 화물을 내리고 다시 물건을 실어야 한다. 만주국과 소비에트의 철도 계통 사이에 화물 환적에 관한 계약이 체결되지 않았기 때문이다.

그 결과 블라디보스토크는 자연적인 오지, 즉 만주로부터 차단된 채 소비에트 군대와 공업적 수요품, 인구가 희박한 연해주와의 한정된 거래 등에 경제적 활동을 의지하고 있다.

의심할 여지없이 일본은 러시아의 태평양 연안에서 요항의 위치를 차지하는 블라디보스토크의 이러한 상황에 대해 만족할 것으로 보인다. 다만 일본에게는 북만주의 산물을 어디로 배출할지가 숙제이다. 이때 나진은 적절한 해답이 될 수 있다. 나진에서 대규모 건설 작업이 개시되기 이전에 나진에서 북쪽으로 근거리에 위치한 웅기와 남쪽으로 다소 멀리 떨어진 청진에서는 상당히 활발한 화물의 이동이 있었다. 그러나 웅기와 청진은 모두 30척(呎) 이상에 이르는 수심, 배수량 1만 톤의 대형 기선을 수용할 능력, 항만 입구의 절반을 틀어막고 있는 두 개의 섬을 항만 안에 보유한 호적의 피난 위치, 수평방리(數平方哩)[156]에 걸친 정박장 등 호조건을 구비한 나진에 비해 천연적으로 훌륭한 항구가 될 만한 자격을 가지고 있지 않다. 이에 소형 기선을 수용하는 데에 적합한 웅기와 청진은 장래의 발달을 감안하여 다액의 경비 지출이 불필요한 보조적인 항만으로 여겨진다. 이들 3개의 항구는 이미 만주국의 지방과 철도를 통해 직접적으로 연결되어 있다.

나진은 일본 본토를 기준으로 대련보다 약 200리가 가깝다. 나진은 만주국의 수입품과 수출품 가운데 변질하기 쉬운 화물의 처리에 있어서 대단히 유리하다고 간주가 된다. 만주국의 경제 생활에는 국가 관리라는 강력한 요소가 존재한다. 따라서 대련과 나진 사이에는

---

[156] 평방은 길이를 한 변으로 하는 정사각형의 넓이를 나타내는 말로서 제곱의 이전 용어이다. 리는 거리의 단위이고 1리는 약 1.6km에 해당한다.

이미 담당 지역의 비공식적인 할당이 정해졌다. 나진에 속하는 오지는 대체로 시베리아 국경의 흑하(黑河)부터 신경까지 이어지는 노선의 동부, 다시 말해 신경과 조선 연안을 연결하고자 만주국의 현재 제도가 수립된 이래 완성된 간선 철도의 북쪽에 위치하는 만주국의 연장 부분이다.

나진을 통한 화물 수송은 북만주의 상업·공업적 중심지인 합이빈과 신경-나진 노선의 납법(拉法) 사이에 철도가 부설되고 동지철도의 동부 노선에 있는 모단강(牡丹江)과 신경-나진 노선 가운데 큰 철도역인 도문(圖們) 사이에 철도가 개통되어 한층 편리해졌다. 더하여 또 하나의 연락 철도로서 봉천(奉天)-길림(吉林) 선로가 있다. 동지철도의 동부 노선은 만주국과 블라디보스토크의 운수가 실제적으로 분리되었다는 관점에서 이미 경제적 가치를 거의 대부분 상실했다는 주장이 때때로 암시된다. 그러나 이러한 설명은 매우 부정확하다. 종래 동지철도 연선의 각지에서 블라디보스토크로 출하되는 화물이 현재 모단강-도문 노선에 의해서 나진으로 수송되기 때문이다. 따라서 지금 북만주철도라고 부르는 동지노선의 필요성은 여전히 존재한다.

남만주철도의 당국자는 나진이 만주국의 요항으로써 중요한 대련의 번영을 방해한다고 생각하지 않는다. 오히려 그들은 모든 이용 가능한 항만에서 이루어지는 왕성한 작업과 상업 활동을 통해 국가가 성대히 발전할 것으로 예상한다. 남만주철도 당국자는 만주국과 북중국 사이의 국경 도시인 산해관(山海關)에 가까운 호로도(胡蘆島)에 거액의 투자를 단행하여 항구가 건설되고 있음을 지적한다. 호로도의 항구는 열하(熱河)의 광산물과 열하의 맞은편에 위치한 몽고(蒙古) 지방의 양모 등을 배출하는 역할을 수행하지 않을까 한다.

오늘날 나진은 실로 구조적인 측면에서 경기가 들끓고 있는 마을이라는 인상을 준다. 2만 명에 달하는 노동자(대다수는 조선인)가 도시 건설, 부두와 축항 공사에 종사한다. 물론 전문적인 기술과 감독 방면의 간부는 일본인이다. 나진은 조선의 도읍(都邑)이라기보다는 오히려 일본의 도회(都會)라는 인상을 풍긴다. 그러나 한편으로 현재 건설된 작은 집이나 기숙사가 결국에는 더 영구적인 형태로 개축되어야 한다는 점이 특별히 눈에 띈다. 대개 조악한 출입구나 장자(障子)를 보유한 일본식의 주거와 사무소는 겨울철 황량하기 그지없는 북선 연안을 강타하는 맹렬한 한풍(寒風)에 대항하기가 부적합하다. 마치 대련에서 보이는 특징과 같이 도회지가 한층 더 항구적인 기초 위에 조성될 때보다 견고한 건축양식이 들어설 수 있다.

나진은 두 가지 부분으로 구별할 수 있다. 웅기에 가까운 북부에는 건설계획사업에 동반하여 급격히 늘어나는 위태로운 가건물과 작은 가옥이 있다. 남부에는 도시계획에 의한 도로의 윤곽(輪廓)과 비교적 큰 건축물이 있다. 상업과 선적 구역은 해안과 가까운 저지대에, 주택구역은 서쪽 구릉지의 배후에 마주하는 고지대에 정해질 것으로 보인다.

대련과 봉천의 일본인 거리를 통해 익히 알려졌듯이, 5년 내지 10년 사이에 편안하고 값이 싼 대화(大和)호텔, 두 개의 주요 은행, 가장 중요한 관청, 회사, 상점 등이 모인 중심지가 나진에 형성되리라는 점은 누구라도 직관적으로 파악할 수 있다. 이 중심지 주위에 위생경찰의 활동을 통해 정돈된 도시 나진의 가로가 방사선으로 뻗어 나가리라 생각한다.

대부분의 지도에 표기되지 않을 정도로 한적한 어촌에 불과했던 나진은 현재 급격히 발전하여 5만 명에 가까운 인구를 포옹한 도회지로 거듭났다. 이러한 발전이 한층 가속화되면 나진 주민은 틀림없이 수만 명이 증가할 것이다.

현재 청진은 선적에 관한 한 나진보다도 활발한 움직임을 보인다. 청진과 일본 서해안의 요항인 니가타 사이에는 정기 선박이 운항한다. 일본에서 만주국으로 이주하는 사람들, 만주국에 부임하는 관리, 혹은 임무를 수행한 후 일본으로 귀환하는 군대 등은 이 항로를 이용한다. 이는 부수적으로 나진의 장래에 대해 두 가지 가능성을 암시한다.

현재까지 일본인의 만주국 이주는 대부분 도회지로 한정이 되었다. 토지에 영구히 정착하는 농업적 이주민은 참으로 미미했다. 그런데 만약 조건이 안정되고 일본 정부가 이주민 계획에 더 많은 경비를 지불하면, 방치된 채 쳐다보지도 않고 있는 북만주 지방의 불용 토지에 일본 이수민을 정착시킬 수 있다. 그러면 나진은 전도가 유망한 이주민이 처음으로 발을 내딛는 주요한 항구로 부상한다.

나아가 새로운 항구가 지닌 군사 전략적인 의의도 간과할 수 없다. 만주국의 북부 국경에서 급박한 사태가 발생한 경우 보강을 위한 증원병은 니가타, 또는 쓰루가를 거쳐 나진으로 보내지고 여기에서 합이빈이나 만주국 북부와 북동부의 중심지로 파견이 된다. 이 경로는 고베(神戶)에서 대련으로 이동하는 친숙한 경로를 통한 수송보다 훨씬 신속하다. 즉 2일이나 3일 정도가 단축된다. 현대식 전쟁에서는 예컨대 2시간, 혹은 3시간조차 결정적인 중요성을 가진다.

게다가 나진은 우수한 해군의 근거지로 이용할 수 있다. 일본 해군의 대변자는 블라디보스토크에 근거지를 둔 소비에트 잠수함 부대의 태평양 출현을 두려워한다고 말한 적이 있다. 나진은 다른 어떤 양항보다도 소련 국경에 가까이 위치한다. 군함은 상선과 마찬가지로 넓은 항구 안에 정박이 가능하다. 물론 현재 나진을 방어하기 위한 특별한 방법은 조금도 강구되고 있지 않다. 그러나 소비에트 국경에 이렇게까지 가까운 곳에 소재하고 있는 장래의 중요한 항구가 영구히 방위되지 않고 방치되리라고는 생각하기 어렵다.

일본해(日本海)를 횡단하여 직접적으로 일본과 마주하고 일본의 4대 섬 가운데 북단에 위치한 홋카이도(北海道)와 남단의 규슈(九州)로부터 거의 등거리에 있는 나진의 확실한 발전에 의해 만주국은 자신의 현관인 대련을 보족할 수 있는 측문, 이른바 통용문(通用門)의 획득이 가능하다.

아울러 일본이 아시아 대륙으로 진출하는 하나의 관문이 열린다. 일본과 만주국 사이에 가장 중대한 연결이 설정되는 것이다.

(이명학)

자료 92 | 鮮交會, 1986, 『朝鮮交通史』, 鮮交會, 1069~1087쪽.

제14편 항만시설

제1장 개황

제1절 자연조건에 관하여

대륙에서 돌출된 좁은 조선반도의 해안은 이 반도로 나뉜 일본해(日本海) 쪽과 황해 쪽이 서로 대비되는 자연 현상을 보인다. 그 주요한 특징을 열거하면,

① 반도의 등뼈가 되는[背陵] 산맥이 동해안에 접하여 종주해 있어서 일본해 쪽에서는 높은 산과 깊은 바다가 이어져 있어서 풍광이 맑고 아름다운[明媚] 해안이 많다. 한편 황해 쪽에서는 평야가 많고, 멀리까지 얕은 황해를 둘러싸고 주위의 하천이 운반하는 토사의 영향으로 항구의 수심을 유지하기 위해서는 항상 준설이 필요하다.

② 조석(潮汐)은 일본해 쪽에서는 그 차이가 적어 40cm에서 50cm 정도인데, 황해 쪽에서는 이와 반대로 대체로 간만의 차가 커서 반도 중앙의 인천에서는 9m 가까이 되어 세계에서도 예를 찾기 어렵다. 이 간만의 차는 인천을 정점으로 군산, 목포 등 남쪽으로 내려가면서, 또한 해주, 진남포, 다사도(多獅島) 등으로 북상하면서 점차 작아진다.

③ 일본해 쪽 항만은 대체로 외해(外海)에 직접 면하고 있어서 거대한 방파제가 필요하지만, 황해 쪽에서는 하구나 섬이 방파제가 되어 파도를 막아주는 지역[島陰]이 항만으로 이용되는 경우가 많다.

제2절 항만 수축에 관하여

조선의 항만은 1944년(昭和 19) 말 현재 지방항을 합쳐 3백 수십 개나 될 정도로 다수인데, 이러한 항만의 시설 정비는 대체로 한일 합병 이후에 실시되었다. 시행의 주된 방법은 현재 일본의 항만 개발 방식과 거의 같다. 지역의 진흥이나 피난을 위한 항구가 되는 유형은 국가가 예산을 보조하여 관리 주체인 지방청이 수축하고, 중요한 주요 항만은 국가가 직할 관

리하는 방식이 취해졌다. 이 주요 항만에 관해서는 그 중요성이 인식되어 병합 후 부산, 원산, 진남포, 인천, 군산, 청진 등은 열심히 수축하고 정비해 왔는데, 만주사변, 일화(日華)사변[157]을 계기로 항만의 중요성이 더욱 커져 여수, 삼천포, 묵호 등을 확충 강화하였다. 이때 마침 태평양전쟁이 발발하면서 항만을 유기적이고 효율적으로 운용하고, 특히 대륙의 방대한 물자를 육운으로 전가(轉嫁)하기 위하여 반도 종관 수송의 필요성이 커졌다. 이에 대응하여 남선(南鮮)의 여러 항인 부산, 마산, 여수, 목포, 삼천포, 울산의 시설을 증강하였다. 게다가 동만주(東滿洲) 중계 물자의 북선(北鮮) 여러 항구의 이용과 조선에서 생산되는 철광석, 기타 중요 물자의 산지 부근 항만 이용에 따른 일본으로의 증송(增送)을 위하여, 동해안에서 나진, 청진, 성진 등의 기설 항만 외에 단천(端川), 원산 북항, 묵호를 증강하였다. 그러나 시설하는 도중에 종전을 맞이하였다.

제2장 항만 관련 법령과 조사위원회

1. 법령
주요한 것을 거론하면 다음과 같다.
① 1923년(大正 12) 3월 제령 제3호 조선공유수면매립령
② 1924년(大正 13) 6월 부령 제36호 조선공유수면매립령 시행규칙
③ 1924년 12월 부령 제77호 조선공유수면매립령에 따른 조선 총독의 권한에 속하는 사항 중 지방장관이 행하도록 할 건
④ 1927년(昭和 2) 5월 부령 제47호 조선공유수면취체규칙

2. 조선총독부 항만조사위원회
이 위원회는 태평양전쟁 아래 조선 종관 수송에 의한 대륙 물자의 육운 전가를 원활히 할 목적으로 조선 남부 여러 항구의 유효하고 적절한 강화정책을 수립하기 위하여, 1944년 2월 14일 조선총독부에 정무총감을 위원장으로 하는 총독의 자문기관으로서 설립되었다.

---

[157] 1937년 7월 시작된 중일전쟁을 일컫는다.

이 위원회에 대한 총독의 자문사항은 다음 두 항목이었다.

1호 남조선 여러 항만시설의 강화방책에 관한 건

2호 대(對) 일본 조선해협 종합운용계획에 관한 건

1호에 대해서는 위원회의 답신이 있었는데, 2호에 관해서는 구체적으로 이뤄지지 못했다.

이상에서 보듯이 항만조사위원회라기보다는 내용은 오히려 전시수송조사위원회였다.

이 위원회 규정은 아래에 적은 대로,

규정

제1조 남조선의 주요 항만시설의 강화방책 및 조선해협 종합운용계획을 조사·심의하기 위하여 본부에 항만조사위원회를 둔다.

제2조 생략

제3조 위원장은 정무총감이 맡는다.

제4조 위원은 본부 부내 고등관 및 학식과 경험 있는 자에서 조선 총독이 임명하거나 위탁한다.

제5조 생략

제6조 생략

제7조 위원회에 서기를 두고 부내 고등관 또는 판임관에서 임명한다.

제3장 공사 개요

제1절 연혁

한국 정부 시대에 공사비 440만 원을 투하하여 부산, 인천, 진남포, 평양, 원산, 신의주, 군산, 목포, 청진, 마산과 성진 11항의 응급시설이 행해졌다. 모두 공사 중에 한국이 병합되어서 총독부는 이를 계승하여 실시함과 함께 확장계획을 수립하여, 인천, 부산, 평양과 진남포 네 항은 1911년도(明治 44) 이후 계속 공사로 수축하였다. 이어서 1915년(大正 4)에 원산항을,

1919년도(大正 8)에 부산 제2기 공사를, 1923년도(大正 11)에 청진과 성진항을, 1926년(大正 15)에 청진항 기정 공사액에 대하여 440만 원을 추가한 이외에, 군산, 목포, 웅기와 다사도의 네 항을 추가하였다. 계속해서 1929년도(昭和 4)에 인천과 진남포를, 1933년도(昭和 8)에 성진 저목장(貯木場), 청진 어항을 추가하였다. 각 항만 공사는 1934년(昭和 9)에 완료하였는데, 그 가운데 청진항과 청진 어항 수축공사의 일부가 1935년(昭和 10)으로 연기되었고, 그 해 모두 완료하였다.

1935년도에는 인천항 제2 독[dock, 船渠], 여수항 방파제, 부산항 북방파제의 축조와 청진 어항 제2기 공사의 계획이 인정되어, 총공비 1,400만 원에 1935년도 이후 계속사업으로 착수하였다. 1936년도(昭和 11)에는 성진, 다사도, 정라항(汀羅港) 수축과 부산, 마산 각 항의 확장과 아울러 여수항 방파제를 추가 시행하기로 하여 공비 1,180만 3,000원을 추가하였다. 그러나 정라항 수축은 1936년 8월 풍수해를 입어서 계획이 폐지되었다. 다음 해 1937년도(昭和 12)에는 부산항 확장공사비 1,300만 원을 추가한 외에 1,480만 원으로 여수항 확장, 청진 서항 방파제와 묵호항 방파제를 계획하였다. 1938년도에는 다사도항 수축공사에 1,300만 원을 추가했으며, 1939년도(昭和 14)에는 단천항 방파제 축조를 위하여 435만 원을 계상하였다. 1940년도(昭和 15)에는 성진항 수축, 부산항 확장에 2,395만 원을 추가하였고, 이밖에 972만 5,000원으로 마산항 제2기, 해주항 수축이 결정되었다. 1941년도(昭和 16)에 묵호항 방파제 축조, 여수항 확장, 인천항 제2 독 축조, 다사도항 수축, 청진 서항 방파제 축조에 1,583만 8,000원을 추가함과 함께 새롭게 1,220만 원으로 원산항 확장, 삼천포항 수축이 결정되었다. 1942년도(昭和 17)에는 167만 원으로 인천항 저탄(貯炭) 설비공사 실시가 결정되었다.

이러한 공사 가운데 청진 어항 제2기 공사는 1936년도, 마산항 제1기 확장공사와 여수항 방파제 축조공사는 1939년도, 부산항 북방파제 축조공사는 1940년도에 준공하였다. 그런데 일중전쟁을 계기로 반도의 군사상, 경제상 중요성이 급속하게 높아졌다. 따라서 이에 관련한 항만시설의 확충 강화가 더욱 필요해졌고, 태평양전쟁과 함께 육군 비상체제의 확립에 의한 대륙물자의 육운 전가에 기인하는 방대한 중요물자의 반도에서의 종관 수송이 요청되었다. 이에 대응하여 조선 남부 제 항만을 긴급하게 강화하고 정비할 필요가 생겼다. 1943년도(昭和 18)에 1,250만 원으로 삼천포항 확충, 1944년도에 2,063만 원으로 부산, 마산, 여수, 삼천포의 각 항만시설의 확충 및 하역 증강이 행해졌다. 한편, 열심히 공사가 진척 중이던 인천항 제2 독 축조공사, 다사도항 수축공사, 기타 해주와 원산, 성진의 각 항 수축공사 및 성진 서항 방파제 축조공사는 앞서 언급한 종관 수송에 직접 영향이 없는 공사가 되어 1944년 10월 이후, 미완성 공사 정리 방침에 따라 잔여공사가 중지되었다. 그리고 그 여력의 전부를 조선 남부 제 항만시설의 긴급 정비로 전용하였다. 또한, 당시 정세에 즉각 대응하여 동만주 중계 물자는 조선 북부 제 항을 이용하고, 조선 내에서 생산되는 철광석과 기타 중요 생산물자는 그 생산지 부근 항만을 이용하는 등 일본으로의 증송계획이 수립되었다. 이에 동해안에서 나진, 청진, 성진 등의 기설 항만 외에 단천, 원산 북항, 묵호항 등 일본해 쪽 항만의 증강을 꾀하였다.

제2절 항만별 공사비

항만별 공사비는 다음 표와 같다.

항만별 공사비 예산액 (단위: 원)

항만	예산			연도별 예산		
	예산총액	1911~1943년도 예산	1944~1946년도 예산	1944년도	1945년도	1946년도
부산	73,637,490	50,378,334	23,259,156	11,959,156	11,300,000	
인천	24,653,300	17,948,455	6,704,845	400,000	2,587,400	3,717,445
여수	16,906,000	12,043,000	4,863,000	2,063,000	2,800,000	
원산	13,293,000	5,410,230	7,882,770	200,000	2,084,770	5,598,000
성진	4,837,888	4,172,158	655,730	200,000	455,730	
다사도	19,412,508	12,359,543	7,052,965	500,000	3,012,360	3,540,605
묵호	3,400,000	2,359,730	1,040,270	200,000	840,270	
마산	4,545,000	3,034,675	1,510,325	1,279,000	231,325	
단천	4,300,000	2,834,410	1,465,590	200,000	1,265,590	
해주	7,200,000	2,424,055	4,775,945	7,514	2,255,845[158]	2,512,586
삼천포	15,753,000	1,739,070	14,013,930	2,103,930	11,910,930	

---

[158] 원문에는 2,255,8415인데 총계 등의 수치를 계산하면 오기여서 2,255,845로 바로잡았다.

항만	예산			연도별 예산		
	예산총액	1911~1943년도 예산	1944~1946년도 예산	1944년도	1945년도	1946년도
진남포	3,479,672	3,479,672				
평양	129,375	129,375				
청진	6,900,000	6,900,000				
청진서항	8,132,000	8,132,000				
청진어항	1,380,000	1,380,000				
성진저목장	680,000	680,000				
군산	5,392,067	5,392,067				
목포	3,850,000	3,850,000				
웅기	2,102,636	2,102,636				
합계	219,983,936	146,749,410	73,224,526	19,112,600	38,744,220	15,368,636

제4장 항만의 종류와 수

조선의 항만(1944년 현재)은 개항 14항, 지정항 38항, 관세지정항 9항, 지방항 326항, 합계 387항인데, 중복한 것을 제외하면 실제 수는 368항이다. 이를 종류별로 나누면 아래와 같다.

1. 개항

통상항(通商港)으로서 개방된 14항

도	항만	개항 연월	항만 경계[방위는 진방위(眞方位)][159]
경기도	인천항	1883.1	소월미도(小月尾島) 등대를 중심으로 2해리 반경으로 하는 원형 범위의 둘레 내
전라북도	군산항	1899.5	소치(所雉)곶부터 173도로 그은 선과 당말(堂末)부터 전망산(前望山) 정상 98m로 그은 선 이내

---

[159] 진방위는 진자오선(眞子午線), 곧 남북과 북극을 지나가는 자오선을 기준으로 설정한 방위를 뜻한다.

도	항만	개항 연월	항만 경계[방위는 진방위(眞方位)]
전라남도	목포항	1897.10	남각(南角)에서 고하도(高下島) 82m 산 정상으로 그은 선, 고하도 69m 산 정상에서 15m 섬의 산 정상을 거쳐 대안으로 그은 선과 아산(牙山) 산 정상부터 삼학도(三鶴島)의 동단을 거쳐 무안(務安)반도로 그은 선 이내
경상남도	부산항	1876.10	부민동(富民洞) 남단에서 절영도(絶影島) 대풍포(大風浦)로 향하여 그은 선과 광섬말(廣蟾末) 끝부터 부봉말(浮鳳末)까지 그은 선 이내
황해도	해주항	1940.7	읍천(挹川) 하구 좌안부터 하화지(荷花枝) 북단으로 향하여 그은 선과 그 연장선 및 수심정산(水心亭山) 저송(著松) 108m부터 9도로 그은 선 이내
평안남도	진남포항	1897.10	저도각(猪島角)부터 와우도(臥牛島) 동단으로 향하여 그은 선과 동경 125도 30분의 선 이내
평안북도	신의주항	1910.8	하단동[下端洞: 해도(海圖)의 위화동(威化洞)에 해당] 목표(目標)부터 343도의 대안 소사하(小沙河) 하구 우안으로 그은 선과 삼교천(三橋川) 하구 목표부터 270도로 그은 선 이내
평안북도	용암포항	1906.8	진곶취(辰串嘴) 목표부터 영도(永島) 정상으로 그은 선, 영도 정상부터 마안도(馬鞍島) 정상을 거쳐 연장한 선과 삼교천 하구 목표부터 270도로 그은 선 이내
평안북도	다사도항	1939.8	사자도(獅子島) 82m 산 정상에서 가차도(加次島) 정상으로 그은 선, 가차도 정상에서 수운도(水運島) 정상으로 그은 선, 구운도 정상 목표부터 영도(永島) 정상으로 그은 선과 영도 정상에서 진곶취 목표로 그은 선 이내
함경남도	원산항	1880.5	연도리(連島里) 41m 산 정상에서 양일천(陽日川) 하구 우안으로 그은 선 이내
함경북도	청진항	1908.4	고말산(高秣山) 183m 산 정상에서 별봉(別峰) 143m 산 정상으로 그은 선 이내
함경북도	성진항	1899.5	사진(沙津) 끝부터 대안 후리진산(厚里津山) 정상으로 그은 선 이내
함경북도	웅기항	1921.6	비파도(琵琶島) 동단에서 웅기산 정상으로 그은 선 이내
함경북도	나진항	1936.11	성정단(城亭端)부터 소초도(小草島) 남단으로 향하여 그은 선과 그 연장선 이내

2. 지정항

조선공유수면취체규칙 제3조에 따라 독, 선류(船溜), 계선벽(繫船壁), 하양장(荷揚場), 잔교, 교가(橋架)[160] 호안, 방파제, 방사제(防砂堤), 순도제(馴導堤), 갑문, 계선, 기타 부표, 각종 등표

---

160 교각 위에 가로질러 맞춘 나무이다.

(燈標)[161] 또는 견고한 건물을 신축, 개축, 변경 또는 제거하고, 수면 구역을 변경하는 공사를 시행하거나, 굴착 등에 관한 행정상의 처방이 조선 총독의 권한에 속하는 항만을 말한다. 당초 지정항은 여수, 포항, 삼천포, 겸이포, 장전(長箭), 서호진(西湖津), 신포(新浦), 웅기의 8항에 지나지 않았다. 그 뒤 증감이 있어서 1944년 말 현재 다음의 38항이 되었다.

조선공유수면취체규칙 제3조에서 규정한 항만

도	항만	지정 연월	항만 경계
함경북도	서수라항(西水羅港)	1927.6	서포항동(西浦項洞) 남서쪽 돌단(突端)[162]에서 서수라 서쪽 돌단으로 그은 선과 서수라 남단에서 조갈암(鳥碣岩)으로 그은 선 이내
	웅기항	1938.5	대단(大端)에서 비파도(琵琶島) 동단으로 그은 선과 비파도 서단에서 굴항산(屈項山) 정상으로 그은 선 이내
	나진항	1938.5	곽단(郭端)에서 대초도(大草島) 남단을 거쳐 노세단(老世端)에 이르는 선 이내
	청진항	1938.5	사하진(沙下津) 끝에서 고말산(高抹山)[163] 끝을 거쳐 입암(立岩) 끝에 이르는 선 이내
	어대진항(漁大津港)	1930.5	어대진 동쪽 돌각(突角)에서 서쪽으로 그은 선 이내
	성진항	1938.5	유진단(楡津端)에서 송오리단(松五里端)으로 그은 선 이내
함경남도	단천항	1940.12	정석단(汀石端) 뒤쪽 표고 109.3m 지점에서 동으로 그은 선과 괘도(掛島) 40.6m 정상에서 남북으로 그은 선 이내
	차호항(遮湖港)	1930.5	전초도(全椒島) 남단에서 대안의 입석(立石)으로 그은 선 이내
	신창항(新昌港)	1930.5	응암단(鷹岩端)에서 용고단(龍古端)으로 그은 선 이내
	신포항(新浦港)	1927.6	우산단(禹山端)에서 서암단(西岩端)으로 그은 선 이내
	흥남항(西湖津港)	1927.6	외양도(外洋島) 남단에서 해망갑(海望岬) 남단으로 그은 선 이내

---

161 암초나 물이 얕은 곳의 위치를 표시하는 등불이다.
162 툭 튀어나온 끝을 뜻한다.
163 원문에는 고송산(高松山)으로 표시되어 있는데 고말산이 맞기에 바로잡았다.

도	항만	지정 연월	항만 경계
함경남도	원산항	1938.5	갈마각(葛麻角)에서 대안 효반도(孝半島) 남단 영방오(永方五)로 그은 선 이내
강원도	고저항(庫底港)	1930.5	총석리(叢石里) 64.9m 산 정상에서 대안 흥운리(興雲里) 봉수대 터로 그은 선 이내
	장전항	1927.6	장전리(長箭里) 봉수대 터 동남쪽 돌단(突端)에서 대안인 남동쪽 25도의 돌단으로 그은 선 이내
	속초항	1942.10	비선장(飛仙場) 동단에서 남으로 그은 선 이내(청초호를 포함)
	주문진항	1927.6	주문진(注文津) 끝에서 남으로 그은 선 이내
	묵호항	1937.10	묵호진리(墨湖津里) 동단에서 남으로 그은 선 이내
	정라항	1930.5	만리도(万里島) 정상을 지나 남동으로 그은 선과 오십천(五十川) 남쪽 하구 우안의 돌각에서 북동으로 그은 선 이내
경상북도	강구항(江口港)	1930.5	삼은동(三恩洞) 북부 표고 82m 지점에서 동으로 그은 선과 오십천 하구 북안의 돌각에서 남동쪽으로 그은 선 이내
	포항항	1927.6	설목동(雪木洞) 돌단에서 대안 엄남취(俺南嘴)로 그은 선 이내
	구룡포항	1927.6	토라말(土羅末)에서 남쪽 50도 30분으로 그은 선 이내
	감포항	1927.6	송대말(松台末)에서 남쪽 대안 돌단으로 그은 선 이내
	도동항	1927.6	도동 북동쪽 돌단에서 남서쪽 돌단으로 그은 선 이내
경상남도	울산항	1943.10	슬도(瑟島) 동단에서 25도 동으로 그은 선과 슬도 남단에서 황성리(黃城里) 남단으로 그은 선 이내
	부산항	1938.5	남방파제 앞쪽 끝 주정(柱灯)을 중심으로 반경 1만 m의 원형 내
	진해항	1927.6	고춘산(高出山) 산기슭에서 대안인 대일말(台一末)로 그은 선 이내
	마산항	1927.6	마지두리말(馬知頭里末)에서 이심말(以深末)로 그은 선 이내
	통영항	1927.6	미륵도(彌勒島) 식송말(植松末)에서 북 27도로 그은 선과 태평동(太平洞) 남쪽 돌단에서 남으로 그은 선 이내
	삼천포항	1927.6	향촌리(香村里) 남쪽 돌단에서 서금리(西錦里) 돌단을 거쳐 서리(西里) 돌단에 이르는 선 내
전라남도	여수항	1927.6	마래산(馬來山) 정상에서 오동도(梧桐島) 동단을 거쳐 우두산(牛斗山) 정상으로 그은 선과 우두산 정상에서 봉산리(鳳山里) 돌단으로 그은 선 이내
	목포항	1938.5	목포역을 중심으로 반경 5,000m 원형 내
	법성포항	1927.6	정도(鼎島) 남단에서 동서로 그은 선과 목단(牧丹) 돌단에서 동쪽 좌우두(左右頭)로 그은 선 이내

3. 관세지정항

조선과 일본, 대만, 가라후토(樺太) 또는 남양 제도와의 사이에 선박과 화물 출입에 관한 규정에 기초하여 조선 총독이 지정하는 개항 이외에 선박 및 화물 출입을 할 수 있는 항만을 말한다. 당초 19항이었는데, 그 뒤 변경되어 현재는 9항이다.

경상남도 울산군 방어진항
경상남도 마산부 마산항
경상남도 창원군 진해항
경상북도 영일군 포항항
경상북도 울릉도 도동항
함경남도 흥남읍 서호진항
경상남도 통영군 통영항
전라남도 여수군 여수항
전라남도 제주도 성산포항

4. 지방항

앞의 1에서 3에 예로 적은 항만 이외의 항만(어항을 포함)으로 1944년 말 현재 326항이 있다.

제5장 각 항만시설 개략

1944년 현재를 기준으로 나눈 범위에서 이미 설치된 것과 공사 중 또는 계획 중인 것으로 분류하였다. 38도선 이북의 항만에 관해서는 이러한 분류가 명확하지 않은 것도 있어서, 이미 설치된 것과 공사 중인 것을 일괄하여 거론하였다.

38도선 이남 항만 중 주요한 것으로, ① 부산항, ② 마산항, ③ 삼천포항, ④ 여수항, ⑤ 목포항 및 군산항, ⑥ 인천항, ⑦ 울산항, ⑧ 포항항, ⑨ 묵호항, 38도선 이북 항만 중 주요한 것은 다음의 11항이다. ⑩ 해주항, ⑪ 진남포항, ⑫ 다사도항, ⑬ 웅기항, ⑭ 나진항, ⑮ 청진항, ⑯ 청진 서항(西港), ⑰ 성진항, ⑱ 단천항, ⑲ 흥남항, ⑳ 원산항 및 원산 북항(北港).

이하, 남조선의 항, 북조선의 항과 지역을 나눠 서술한다. 남조선의 항부터 서술한다.

1. 부산항

조선의 관록 있는 가장 중요한 항으로, 영도[影島. 별명 마키노지마(牧の島)]와 방파제에 둘러싸여 있다. 영도와 시가를 연결하는 다리에 의하여 어항(남항)과 무역항(商港, 동항)으로 나뉘어 있다. 동측 방파제의 안쪽을 내항이라 부르며, 수면적 744ha, 계획 중인 바다 위의 방파제와 기설 방파제 사이 993ha의 수역을 외항이라 부른다.

이 항은 예로부터 관부연락선(시모노세키와 부산 사이의 연락선)의 기지로서 알려져 있다.

간만의 차는 평균 삭망(朔望)[164] 1.36m이다. 부산항의 시설 개요는 다음 표와 같다.

시설명	현황 (1944년 현재)	수심 (m)	수량	비고
제1부두	기설	7.2~8.0	683m	관부연락선 용으로 사용 중. 철근콘크리트 잔교 3,000톤 3버스[165], 5,000톤 1버스, 7,000톤 1버스
제2부두	〃	8.0~11.0	803m	20,000톤 1버스, 7,000톤 4버스 철근콘크리트 잔교
중앙부두	〃	9.0	645m	8,000톤 4버스, 안벽
제3부두	〃	9.0	1,145m	6,000톤 7버스, 안벽
제4부두	공사 중	9.0	1,304m	6,000톤 9버스, 안벽. 1944년 현재 813m는 이용 가능, 1945년 말 준공 예정
화차항송 (貨車航送) 안벽	〃	7.0	160m	약 3,000톤 협궤용 화차항송선 버스 1개, 1945년 말 준공 예정
적기(赤崎) 안벽	〃	5.5	350m	개(改)E형선용 버스로 약 5버스

---

[164] 음력 초하룻날과 보름날을 의미한다.
[165] 버스(バース, berth)는 항구의 선박 계류장을 의미한다.

시설명	현황 (1944년 현재)	수심 (m)	수량	비고
물양장 (物揚場)[166]	기설	1.9	449m	제1급 제3물양장 연장 각기 154m와 291m
	〃	3.5	1,405m	제2물양장 282m, 제4물양장 362m, 제5물양장 295m, 제6물양장 106m, 제8물양장 360m
	〃	3.5	4기	목조 잔교
부산진 잔교	〃	4.0	13기	목조
적기 물양장	〃	2.0~4.0	7기	목조 잔교
북방파제	〃	-	460m	
남방파제	〃	-	933m	
외방파제	〃	-	850m	
부산진방파제	〃	-	610m	
매립 면적	일부 공사 중	-	920,443m²	1944년 현재 701,000m² 준공
정박 면적	기설	6.0 이상	8,700,000m²	

2. 마산항

대륙 정책상 부산항의 보조항으로서 정비된 항으로 시설 개요는 다음 표 참조.

간만의 차(평균 삭망) 2.18m

시설명	현황 (1944년 현재)	수심 (m)	수량	비고
새 안벽	기설	9.0	140m	
	〃	7.3	150m	
부영(府營) 부두 물양장	〃	5.5	220m	
	〃	2.0	1,020m	제1물양장 520m, 제2물양장 500m
	〃	1.5	100m	

---

[166] 소형 선박이 접안하는 부두를 말한다.

시설명	현황 (1944년 현재)	수심 (m)	수량	비고
마계장(馬繫場)물양장	미착수	2.0	150m	1945년 3월 완성 예정
매립 면적	공사 중	-	181,300m²	
정박 면적		6m 이상	5,700,000m²	

3. 삼천포항

대륙 정책상 부산의 보조항으로서 성격을 가지며, 옛고을 진주(晉州)에서 20여 km 남하한 곳에 있다. 전면에 섬이 많아 방파제가 필요 없는데, 뱃길에 암초가 많아 대형선 출입이 현재 상태로는 곤란하다. 시설 개요는 다음 표 참조.

간만의 차(평균 삭망) 3.27m

시설명	현황 (1944년 현재)	수심 (m)	수량	비고
기·범선 안벽	기설	3.4	200m	
안벽	공사 중	4.0	120m	
〃	〃	5.2	90m	
〃	미착수	8.0	540m	
물양장	기설	2.0	400m	
매립 면적	공사 중	-	345,000m²	153,000m²은 준공, 192,000m²은 공사 중
방파제	〃	-	300m	
정박 면적		6m 이상	2,800,000m²	

4. 여수항

박여(博麗)항로[하카타(博多)항-여수항 간]의 기지로서 잘 알려진 항만이다. 방파제 부근은 지반이 연약하고, 동시에 항 내 암초 제거 등 공사에 곤란함이 많았다. 시설은 다음 표 참조.

간만의 차(평균 삭망) 3.49m

시설명	현황 (1944년 현재)	수심 (m)	수량	비고
연락선 안벽	기설	6.0	120m	박여[167] 연락선용으로 사용
구 안벽	〃	6.0	80m	
새 안벽	〃	8.0	526m	
물양장	〃	2.0	1,200m	제1물양장 380m(연락선 안벽 안 서쪽). 제3물양장 520m, 제4물양장 300m. 제3·제4는 구복식(龜腹式)
물양장	〃	3.5	360m	
서방파제	〃		730m	
동방파제	공사 중	-	450m	기초 사석(捨石)[168]은 이미 만들어짐
파제제(波除堤)[169]	기설	-	240m	제1물양장 전면에 소선류(小船溜)[170] 45,000m2를 형성
파제제	공사 중	-	884m	제1파제제 254m 거의 완성. 제2파제제 450m 사석 중. 제3파제제 180m 거의 완성
매립			494,000m²	이 중 372,000m2 준공
정박 면적		6m 이상	2,150,000m²	

5. 목포항 및 군산항

남조선의 여수항과 인천항의 중간에 있다. 목포는 영산강, 군산항은 금강의 하구항이다. 두 하천 모두 비옥한 평야를 관류하고 있는데, 이 평야 농산물의 적출항으로 발전하였다. 간만의 차가 커서 폰툰[171]을 이용하였다. 하천으로 흘러내리는 토사가 많아 항 유지를 위하여 준설이 필요한데, 방파제는 불필요하다. 시설은 다음 표 참조.

간만의 차(평균 삭망): 목포항 4.09m, 군산항 6.26m

---

167 원문에는 관여(關麗)로 잘못 기재되어 있어서 박여(博麗)로 바로잡았다.
168 기초를 만들거나 물 흐름을 완화하기 위해 물속에 던져 넣는 돌이다.
169 항만 안쪽에 작은 파도를 막기 위해 설치하는 소규모 방파제이다.
170 바람과 파도를 피하여 배를 정박시키는 곳이다.
171 폰툰(ポンツーン pontoon)은 바닥이 납작한 작은 배를 이른다.

목포항

시설명	현황 (1944년 현재)	수심 (m)	수량	비고
기·범선용 잔교	기설	-	3기	서(曙)잔교 1, 송도(松島)잔교 2
부용(艀用) 잔교	〃	-		역 내부[驛裏] 적용(積用) 3, 양용(揚用) 6
부잔교(浮棧橋)	〃	4~6m	5기	갑종부잔교 1, 병종부잔교 3
가(假)잔교	공사 중		10기	
매립 면적			79,500m²	이 중 5,800m² 준공
정박 면적		6m 이상	3,303,000m²	

군산항

시설명	현황 (1944년 현재)	수심 (m)	수량	비고
부잔교	기설	6.0	3기	제1·제2·제3부잔교
잔교	〃	1~4	3기	제1병종 4.0m, 제2병종 3.0m, 을종잔교 1.0m
물양장	〃	2.0~2.5	280m	제1·제2물양장: 수심 2m, 길이 160m 제3물양장: 수심 2.5m, 길이 120m
매립 면적	〃		42,400m²	
정박 면적		6m 이상	1,100,000m²	

6. 인천항

이 항은 상업항구(이하 상항)와 공업항구로 나뉘어 있다. 간만의 차가 크기 때문에 상항은 독(dock)식으로, 배의 출입에는 갑문(ロック, lock)을 통과하게 되어 있다. 이 예로 유명한 것이 런던항, 리버풀항이다. 독의 폭은 21.8m, 길이 454m로, 4,500톤 세 척과 2,000톤 네 척이 동시에 계류할 수 있다. 상항의 확장계획으로서 폭 450m, 길이 1,200m의 독은 전쟁 때문에 실현될 수 없었다. 공업항 쪽은 일반적인 항구와 같은 형식이다. 시설 개요는 다음 표 참조.

간만의 차(평균 삭망) 8.79m

시설명	현황 (1944년 현재)	수심 (m)	수량	비고
안벽	기설	8.3	454.5m	독 내 안벽. 독 촌법(寸法) 1,500피트×720피트
안벽	〃	8.2	116.0m	독 내 도크벽
잔교	〃	6.5	364.0m	독 내 잔교
물양장	〃	2.0	290.0m	독 내 물양장
물양장	〃	2.0	370.0m	독 밖 길이 290m와 80m 2개소
돌제(突堤) 동기부(東基部) 물양장	〃	2.0	87.0m	
저탄장 물양장	〃	2.0	443.0m	
순도제(馴導堤)	〃	-	1,718.2m	
방사제(防砂堤)	〃	-	468.0m	
월미도와 연락제(連絡堤)	〃	-	1,078.0m	
매립 면적	〃	-	약 430,000m²	
정박 면적			도크 내 유효 약 95,000m²	

7. 울산항

울산항은 부산 동북쪽 70km 위치에 있는 좁고 긴 만 안쪽에 만들어진 공업항이다. 서쪽 연안에 다가서 있는 산은 천연의 방파제와 방풍제를 겸하고 있다. 항구의 얕은 부분은 연약한 침니(沈泥, silt)[172] 층인 곳이 많다. 일본해로 향해 있는 항이다. 시설 개요는 다음 표 참조.

간만의 차(평균 삭망) 0.60m

시설명	현황 (1944년 현재)	수심 (m)	수량	비고
목조 잔교	공사 중	4.0	7기	1기 길이 7m
매립 면적	공사 중	-	120,000m	84,000m²는 준공. 잔여 공사 중
정박 면적	-	4m 이상	210,000m²	

---

[172] 모래와 점토 사이의 중간 굵기의 흙이다.

8. 포항항

울산항 북쪽 100km에 있는 일본해로 향한 항구로, 고대 일본과 인연이 깊은 영일만에 접해 있다. 신라의 옛 도읍 경주 가까이에 있다. 형산강의 하구 좌안에 접한 항구로, 시설 개요는 다음 표 참조.

시설명	현황 (1944년 현재)	수심 (m)	수량	비고
안벽	기설	4.0	540m	
방파제	〃		780m	남북 각기 390m. 방사제를 겸함.

9. 묵호항

매우 질이 좋은 무연탄 산지가 가까이에 있는 석탄의 적출항으로, 일본해의 거친 파도를 막기 위해 긴 방파제로 항만 안이 보호받고 있다. 적출 시설은 잔교로 100만 톤을 적출한 실적이 있다. 시설은 표 참조.

간만의 차(평균 삭망) 0.38m이다.

시설명	현황 (1944년 현재)	수심 (m)	수량	비고
잔교	기설	9.0	180m	
방파제	〃	-	952m	
방사제	〃	-	210m	
정박 면적	-	6m 이상	2,800,000m^2	

10. 해주항

인천에서 서북쪽으로 100km 위치에 있고, 만 안쪽에 있어서 방파제는 없다. 가까이에 조선시멘트[우베흥산(宇部興産)계]의 전용 안벽이 있었다. 국가의 직할로, 수심 7.3m의 안벽에 버스가 축조 중이었는데, 미완인 채로 종전을 맞이하였다. 만의 지형 관계에서 시설 앞면에 간조와 만조에 의한 적당한 유속이 생겨 황해 쪽에서는 드물게 준설할 필요가 없었다. 시설은 다음 표 참조.

간만의 차(평균 삭망) 6.80m

시설명	현황 (1944년 현재)	수심 (m)	수량	비고
7.3m 안벽	공사 중	7.3	230m	
6.4m 안벽	기설	6.4	100m	
5.0m 안벽	〃	5.0	80m	
4.5m 안벽	〃	4.5	80m	
매립 면적	-	-	83,000m²	
정박 면적	-	6m 이상	2,615,000m²	

11. 진남포항

대동강 우안에 있는 하구항으로 황해의 선로로부터 30km 남짓 거슬러 올라간 곳에 있다. 길이 500m, 폭 200m, 수심 60m의 굴입식(掘込式)[173]으로 항 내 준설이 항상 필요하여, 드래그 석션 준설선(drag suction dredger)[174]으로 준설하고 있다. 또한 간만의 차가 5m 남짓이어서, 하역은 기중기로 하고 있다. 80km 상류의 평양까지는 소형 배로 운항할 수 있다. 대동강 간만의 차에 따른 급류 부분의 어려움을 없애기 위하여 운하를 만들고 갑문을 설치하였다. 항만시설은 다음 표 참조.

간만의 차(평균 삭망) 5.61m

시설명	현황 (1944년 현재)	수심 (m)	수량	비고
동안벽	기설	6.0	254m	굴입식 개거(開渠)
서안벽	〃	6.0	333m	〃
물양장 (도크 내)	〃	(+)1.5	564m	굴입식 개거. 간만의 차(평균 삭망)가 5.61m여서 고조(高潮) 때 이용
신항 물양장		(+)1.5	931m	〃
매립 면적	-	-	245,000m²	
정박 면적				

---

[173] 육지를 파서 조성하는 방식을 의미한다.
[174] 배 옆에 흡입 파이프를 매달고 바다 밑 토사를 빨아 올려 배 위에 싣고 준설구역 밖으로 나가 토사를 버리는 배이다.

12. 다사도항

조선과 만주의 국경을 흐르는 압록강에 댐을 만들고, 이에 따라 발생하는 전력을 이용하여 신의주 부근에 공장지대를 조성하며, 그 외항으로써 항구를 만들 계획이 수립되어 탄생한 것이 다사도항이었다. 당시는 만조 때 이용할 물양장 외에 바다 위의 소다사도(小多獅島)로 향하여 약 2,000m, 폭 100m의 돌제를 내고, 그 위에 길이 750m의 안벽을 만들었다. 간만의 차가 크기 때문에 안벽 전면에 돌핀[175]을 설치하고, 하역은 크레인으로 하는 것으로 하였는데, 도중에 종전을 맞이하였다. 시설은 다음 표 참조.

간만의 차(평균 삭망) 6.48m

시설명	현황 (1944년 현재)	수심 (m)	수량	비고
물양장	기설	만조 때 수심 2.3	200m	간만의 차 6.48m여서 고조 때 이용.
돌제	〃		120m	
매립 및 정지(整地) 면적	공사 중		63,000m²	
정박 면적		6m 이상	2,400,000m²	

13. 웅기항

소련 영토에 가장 가까운 일본해 쪽의 북조선 상업항으로, 청진항과 함께 예로부터 개방된 항이었다. 시설은 다음 표 참조.

간만의 차(평균 삭망) 0.41m

시설명	현황 (1944년 현재)	수심 (m)	수량	비고
안벽	기설	8.0	255m	
안벽	〃	6.0	200m	
물양장	〃	2.0	735m	

---

[175] 돌핀(ドルフィン, dolphin)은 선박 계류 시설 가운데 하나로 석유나 곡류 등을 실어나르는 대형 전용선을 대상으로 이용되고 있다. 보통 육지에서 떨어져 바닷속에 고립되어 배 길이의 1/2~1/3 간격으로 축조되어 돌고래와 비슷하게 보인다고 하여 이름을 붙였다.

시설명	현황 (1944년 현재)	수심 (m)	수량	비고
방파제	〃	-	285m	
방사제	〃	-	300m	
매립 면적	-	-	248,000m²	
정박 면적	-	6m 이상	2,540,000m²	

14. 나진항

청진의 동북쪽 100km에 있고, 당시 남만주철도주식회사가 경영을 맡고 있어서 하역시설이 잘 정비되어 있었다. 대형부두가 만주국 건국 후 머지않아 만들어졌는데, 그다지 이용되지 못한 채 종전을 맞이하였다. 시설은 표를 참조.

간만의 차(평균 삭망) 0.50m

시설명	현황 (1944년 현재)	수심 (m)	수량	비고
제1부두	기설	9.5	725m	
갑부두	〃	8.0	190m	
제2부두	〃	9.5	725m	
을부두	〃	9.5	230m	
제3부두	〃	9.5	561m	
만철 물양장	〃	4.0	400m	
부영(府營) 물양장	〃	3.0	467m	
잔교	〃	3.0	2기	
정박 면적	〃	6m 이상	19,000,000m²	

15. 청진항

함경북도의 일본해 쪽 항으로, 산을 등지고 상업항과 어항이 있으며, 조금 떨어진 모래사장에 공업항이 있다. 상항과 어항의 전면은 갑자기 깊어져서 방파제의 앞쪽 끝은 수심 30m에 달하고 있다. 쓰루가(敦賀)와 청진의 연락 항로는 우리나라의 중요한 항로 가운데 하나였다. 청진어항은 정어리어업의 근거지로 번영한 바 있다. 이 항에서 약 100km 지점에 무산

(茂山)철광산이 있다. 빈광(貧鑛)[176]이었지만 양이 많아서 대규모의 제철공장이 설립되고 있었는데, 완성하여 가동하는 데까지 못 간 채 종전을 맞이하였다. 시설은 표 참조.

간만의 차(평균 삭망) 0.61m

시설명	현황 (1944년 현재)	수심 (m)	수량	비고
본항부 8.5m 안벽	기설	8.5	555m	
본항부 7.6m 안벽	〃	7.6	360m	
본항부 물양장	〃	1.0~4.6	86m	
본항부 방파제	〃	-	675m	
본항부 매립 면적	〃	-	141,000m^2	
본항부 정박 면적	〃	6m 이상	283,000m^2	
어항부 물양장	〃	3.5	180m	
어항부 방파제	〃	-	756m	
어항부 방사제	〃	-	120m	
어항부 매립 면적	〃	-	449,000m^2	
어항부 정박 면적	〃	3.5m 이상	396,000m^2	

16. 청진 서항

무산의 철광석 적출항으로 시설은 표 참조.

시설명	현황 (1944년 현재)	수심 (m)	수량	비고
동안벽	기설	9.0	897m	
서안벽	〃	8.0	810m	
방파제	〃	-	1,000m	
방사제	〃	-	540m	
정박 면적	〃	6m 이상	379,000m^2	

---

176 쓸모 있는 성분이 적은 광산. 채산상 이익이 적은 광산을 뜻한다.

17. 성진항

함경북도 남단에 있는 일본해에 임한 항으로, 서쪽은 약간 높은 산을 등지고 있다. 안벽은 산에 병행하여 만들어져 있고, 상옥(上屋)[177]도 거의 완성하고 있었다. 시설은 표 참조.

간만의 차(평균 삭망) 0.60m

시설명	현황 (1944년 현재)	수심 (m)	수량	비고
안벽	기설	9.0	158m	
안벽	〃	8.8	250m	
저목장 물양장	〃	2.7	670m	
물양장	〃	1.8	186m	
방파제	〃	-	440m	
파제제	〃	-	515m	배 정박용 205m, 저목장용 310m
저목장 방사제	〃	-	100m	
매립 면적	〃	-	210,000m²	
정박 면적	〃	-	180,000m²	

18. 단천항

황산마그네슘(내화벽돌의 원료) 등 지하자원을 일본으로 적출하기 위하여 계획된 항으로, 함경남도 북단에 가까운 곳에 있다. 방파제는 항의 양측에서 바다 위로 향하여 연장하고, 항 내에는 지름 600m의 선회장(船廻場)[178]이 갖춰졌다. 철도에 의한 광석 적재용 시설은 미완이었다. 시설은 표 참조.

간만의 차(평균 삭망) 0.60m

시설명	현황 (1944년 현재)	수심 (m)	수량	비고
안벽	기설	9.0	155m	

---

[177] 정거장이나 부두 등에 짐을 일시 보관하거나 승객이 비바람을 피할 수 있도록, 기둥에 지붕만 얹어 지은 건물이다.
[178] 선박이 회전하는 데 필요한 시설이다.

안벽	공사 중	9.0	145m	
어항부 물양장	기설	3.5	1,970m	
북방파제	일부 공사 중	-	1,101m	709m 준공. 나머지 392m 공사 중
남방파제	〃	-	770m	636m 준공. 나머지 134m 공사 중
파제제	기설	-	391m	
정박 면적		3.5m 이상	95,000m²	

19. 흥남항

쇼와(昭和) 초기 장진강, 부전강의 수력 발전에 의한 전력을 이용한 공업지대가 함흥부 남쪽 10km 지점 일본해 연안에 건설되어, 공업지대로의 원료와 제품 하역을 위한 안벽 등이 회사에서 만들어졌다. 당시로서는 희귀했던 강철 말뚝(鋼管杭) 등이 사용되었다. 이 항은 별명, 서호진항으로도 불리었다. 시설은 다음 표 참조.

간만의 차(평균 삭망) 0.60m

시설명	현황 (1944년 현재)	수심 (m)	수량	비고
안벽	기설	8.0~9.0	300m	
안벽	〃	6.0~9.0	670m	
안벽	〃	6.0~8.0	598m	
안벽	〃	6.0	180m	
방파제	〃	-	837m	
매립 면석	〃	-	571,000m²	
정박 면적	〃	6m 이상	1,282,000m²	

20. 원산항 및 원산 북항

일본해 쪽 항으로 영흥만(永興灣)의 남서쪽 귀퉁이에 있다. 이 항은 동쪽으로 열려 있고 남에서 북으로 향하여 펼쳐진 갈마(葛麻)반도가 일본해의 거친 파도를 막고 있는데, 북쪽에서 돌아오는 파도를 막기 위하여 2개의 길이 1km 방파제를 만들었고, 그 배후에 배를 매어두는 안벽이 만들어져 있다. 북항은 본항에서 약 10km 북쪽의 기업에 의한 항구로, 무연탄 적출 잔교가 만들어져 있다. 일본으로 향하는 적출항이다. 시설은 다음 표 참조.

간만의 차(평균 삭망) 0.46m

시설명	현황 (1944년 현재)	수심 (m)	수량	비고
본항 안벽	기설	7.3	272m	
본항 갑종물양장	〃	3.0	200m	
본항 을종물양장	〃	1.0	285m	
본항 잔교	미착수	6.0	90m	
본항 매립 면적	기설	-	86,000m^2	
본항 정박 면적	〃	6m 이상	6,000,000m^2	
북항부 안벽	〃	9.0	150m	
북항부 안벽	공사 중	9.0	480m	이 중 130m 준공.
북항부 안벽	〃	4.0	150m	기선·범선용
북항부 물양장	일부 공사 중	3.0	370m	길이 200m인 것과 길이 170m인 것이 있는데, 170m짜리 일부 미완성. 선박용[179]
북항부 파제제	기설	-	360m	선박용
북항부 매립 면적	〃	-	225,000m^2	
북항부 정박 면적	〃	6m 이상	1,800,000m^2	

이상으로 1944년 당시 조선의 주요 항만의 시설 개요를 서술하였다. 자료도 모자라고 평면도도 전혀 없으며, 다 같이 약식도[見取圖]와 같은 것도 없어서 개요를 서술하는 것에 그쳤다.

(고태우)

---

[179] 원문에는 선박내(船舶內)라고 표시되어 있으나, 선박용(船舶用)의 오기로 보인다.

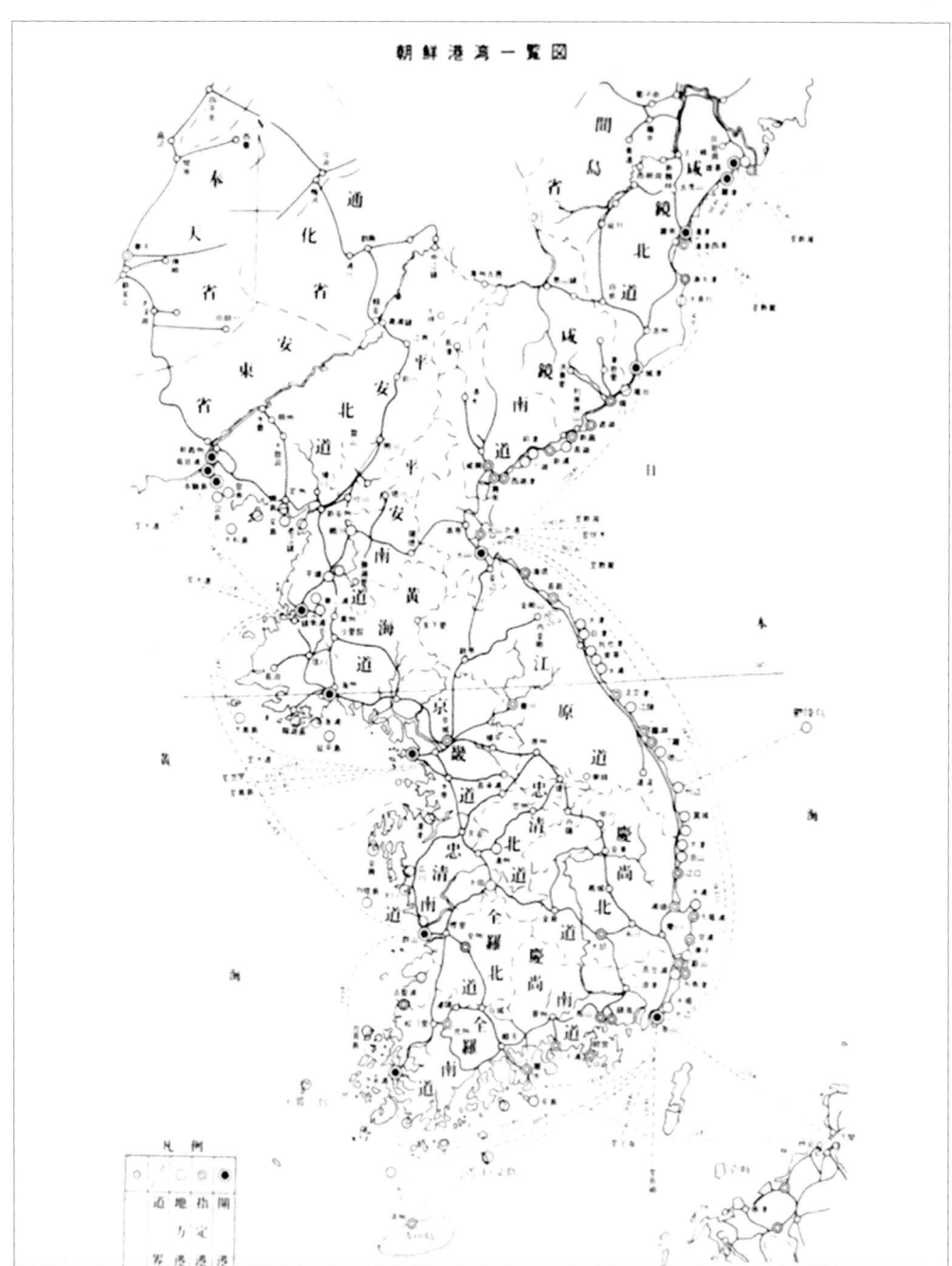

조선 항만 일람도
출처: 鮮交會, 1986, 『朝鮮交通史』, 鮮交會, 1087쪽.

자료 93 | 《北鮮日報》, 1932. 12. 10.

우가키총독 기타 요로에 웅기항만 확축

6일부 웅기항만확축기성회(雄基港灣擴築期成會)로부터 관계 요로(要路) 약 500명에 발송된 진정서

우리 웅기항은 도문동부철도(圖們東部鐵道)의 종단항에 위치하여 장래 만몽(滿蒙)대륙의 종단항으로서 그 항만시설의 용이한 면도 가장 안전 자리(自利)가 되고, 축항을 거듭하는 점에 있어서 달리 비견할 수 없고, 기타 경제적 시설 및 교통 운수상에 있어서 땅의 이익을 차지한 최량항(最良港)의 소질을 구비한 것은 우리 웅기 시민의 자화자찬의 인정에 그치지 않고 우리나라 항만시설 상에 있어 식자(識者)는 본디 최대 권위 단체협회가 전후 2회에 걸쳐서 우리 웅기항을 대륙의 종단항으로서 능히 여겨야 할 것으로 정부에 건의한 사실에 비춰 보아도 명확하다. 이같이 웅기항의 항만 가치는 지금 다시 지껄일 필요가 없는 바이다.

그런데 본년 8월 23일 갑자기 종단항이 나진으로 결정되니 이것은 정말로 맑은 날의 벼락으로 실로 웅기 시민의 머리 위에 큰 철퇴를 가한 것이다. 그럼에도 그 당시 웅기 시민이 희망을 품으며 스스로 위안을 삼은 까닭은 종단항이 나진으로 결정되었다 할지라도 현재의 나진은 무인(無人)의 황야라 아무런 시설도 없는 원시적 항만지대니 이제 곧 착수하는 웅기 나진 간 15킬로의 철도 "터널"공사에 3개년을 필요로 하며, 또한 제1기 나진축항공사 완성까지 5개년을 필요로 하니 전도가 매우 요원한 계획이 되는 고로 그 장기간의 소위 보조항으로서 현재 개항장에다가 인구 약 3만의 시민이 거주하는 웅기항에 당면 필요한 항만시설을 추가 급설하여 가장 백효(百効)하게 이용되어야 할 것이라고 믿었기 때문이다. 그러나 그 후 정세를 보니 총독부에서도 또 만철에서도 우리 웅기의 항만시설에 대해서는 하등 돌본 바 없고 만철과 같은 것은 웅기의 수도시설조차 웅기에 편의를 주어야 하는가 같은 태도를 보여 주기에 이른 사실에 직면하여, 만약 이를 그대로 방치해서 추이에 맡긴다면 웅기의 전도(前途)는 실로 암담한 것이다. 더하여 남회선(南廻線)의 실현에 한 줄기 희망을 걸지만 웅기의 상공업이 청진에 흘러가는 자연적 추세를 생각할 때 결국 웅기에는 장래에 희망을 품을 만한 것이 남아 있지 아니하니 참으로 한심하지 않을 수 없다.

이리하여 수년 후 나진 축항 완성과 함께 폐감(廢減)을 운명지어 웅기 3만 시민은 오랜 세월 고심·참담·분투·노력 하에 쌓아올린 웅기를 떨쳐버리고 나진 회막동(灰幕洞) 방면에 이산(離散)의 부득이한 지경에 이를 것이 불을 보기보다도 명확하게 생각하니, 이에 이르러 피부로부터 밤이 나듯 웅기 갱생을 위해 간절히 당국의 심후한 동정을 간청하는 것이다. 일이 이 지경에 이르러 웅기 3만 시민의 불안을 제거하고 그 생활의 안정을 계(計)하며 시민으로서 이산 유랑을 하지 않기 위해 좌(左)의 3항목을 최소한도로서 시비(是非)와 함께 특별 ■전■(■詮■) 상(上) 실시해주실 것을 간절히 원한다.

1. 번선안벽(繁船岸壁) 200간(間) 연장 시설의 건
현재 완성된 철도안벽 200간…[180]

(노상균)

---

[180] 이하 원문이 부재한다.

자료 94 | 《北鮮日報》, 1933. 5. 2.

북선 3항 이관 문제에 대한 고찰 1

청진 이북 국철(局鐵)의 이관 및 북선 3항 관리 문제에 관하여는 만철(滿鐵)의 무라카미(村上) 이사 아래 이시하라(石原) 참사, 호즈미(穗積) 기사가 근본방침을 연구 중에 있음에, 본월 5~6일쯤 무라카미 이사가 조선으로 와 본부와 사전협의를 하게 되어 항만 및 철도를 어떠한 형식으로 관리할지, 북선의 항만 철도 경영은 위임할지, 행정은 여전히 조선총독부의 손에 남아 있으니 대련항과 같이 단순한 역에는 가지 않을지, 그간에 델리게이트한 문제가 개재하는 이유로 만철 내에서 상당한 논의를 ■했는지, 결국 다음의 전혀 상이한 3가지 근본방침에 따라 신직제(新職制)가 운명지어지게 되었다.

▲ 현재의 만철 철도부에 속하는 한 기관으로 한다. ▲완전히 독립된 총재(總裁) 직속의 기관으로 한다. 예를 들면 북선철도국(北鮮鐵道局)과 같이. ▲만주국철로총국(滿洲國鐵路總局)에 속하는 한 기관으로 한다.

우리의 북선 3항이 앞선 것 중 어느 기관에 관리를 위임해야 하는지는 연구해야 할 북선 3항의 운명이 걸린 중대 문제가 아닐 수 없다.

제1안의 고구(考究). 현재의 만철 철도부에 속하는 한 기관으로 한다는 방침은 400킬로에 가까운 철도 연장과 청진, 웅기, 나진(제1기 계획) 합계 400만 톤의 탄토(吞吐) 능력을 가진 3항의 대조직을 철도국과 같은 한 부문이 관리하도록 하는 것으로 다른 방면과의 균형상 불온당하다는 설이 유력하기 때문에 이 방침의 실현성은 없을 것이다.

제2안의 고구. 총재의 직속기관으로 한다는 방침은 가장 유망시(有望視) 되는데, 북선철도국의 명칭 아래 만철과도 철도총국과도 완전히 독립하고, 다만 총재의 직속 아래 생살여탈의 권(權)은 총재가 쥐기 때문에 일반으로부터도 만철에 이관한다는 자구(字句) 상으로 보아 가장 적절하다고 보여질 뿐만 아니라 만철로서도 이 방침에 가장 힘을 주고 있는데 과연

이 안의 실현이 북선 3항에 있어서 은혜일까 아닐까 연구의 여지가 많이 있는 것이다.

제3안의 고구. 이관되어야 할 국철(局鐵)은 길돈길장선(吉敦吉長線)[181]의 연장에 있어 북선 3항은 만주국 내 지간(地間)의 최연락(最連絡)을 이루는 점에서 볼 때 철도국에 관리를 위임해야 하는데, 사무적 취급에서 볼 때 최선의 방침임에도 불구하고 운임문제와 그 밖에 만주 전반 철도의 원만 발달에 지장이 오는 경우가 고려된다는 이유로 실현성이 부족한 것은 무엇이 원인인지, 생각하지 않으면 안될 점은 이것에 있다.

제1안, 제2안과 함께 만철에 생살의 전권이 있고, 북선은 만철의 출장소와 같은 형태가 되는 것이니 일방적으로 생각하면 지극히 당연하고 철로총국(鐵路總局) 이관과 다를 바 없는 것 같지만, 거기에 북선 3항의 운명을 지배하는 대문제가 개재하는 것은 간과할 수 없는 중요점이다.

(노상균)

---

[181] 길돈선은 길림-돈화 구간 노선, 길장선은 길림-장천 구간 노선을 말한다.

자료 95 | 《北鮮日報》, 1933. 5. 4.

북선 3항 이관 문제에 대한 고찰 2

우사 켄(宇左見)씨를 ■로, 이자와(伊澤), 오타(太田) 양씨를 차장(次長)으로 한 만주국 철로총국(鐵路總局)이란 어떤 것인가? 일반적으로 만철의 한 분신처럼 보여지지만, 양자 사이에 ■로서 움직일 수 없는 장벽이 있는 것이다. 3월 1일 오후 3시 만주국 국무원(國務院)의 발표에 의하면,

▲ 만주국의 치안을 확보하고 그 산업을 발달시키기 위해서는 국내 교통, 그중 철도의 정비발달에 기대하지 않을 수 없다. ▲그런데 현시 국내에는 아직 철도망이 충분 보급되지 않을 뿐만 아니라 소철(小鐵)로 분립되어 개개 경영이 행해져 불리한 실정에 있다. ▲고로 이들 소(小) 철도를 통일하여 합리적 경영을 이루어 경제적 및 기술적 능률을 올리지 않으면 안 된다. ▲그리고 본 목적 달성을 위해서는 다년 만주에서 철도경영에 숙달한 만철로 하여 통일경영에 임하는 것이 가장 적당하다. ▲만주국 제(諸) 철도에 관하여 만주국 만철에 대한 거액의 채무를 처리하는데 있어 쌍방을 위해 편리한 것이니 이것이 곧 이번 계약에서 만주국 철도의 경영을 만철에 의탁하는 까닭이다. ▲또 일만의정서(日滿議定書) 2항에 정한바 일만 양국이 공용하여 국가를 방위한 취지에도 합치되리라. (하략 下略)

이상에 의해서 보면, 독립국인 만주 정부가 어떠한 불편도 부도합(不都合)도 없이, 경영해 볼 제(諸) 철도를 일동(一東)으로 하여 외국의 철도회사에 위임하여야 했던 이유는 거액의 채무 처리와 합리적 경영을 이루기 위하여 위임하였을 뿐이고, 철도를 양도한 것도 아무것도 아니므로 철로총국 인사 등은 편의상 만철 사람을 충당했지만, 철로총국의 권한은 만주국 정부를 배영(背影)으로 볼 때 만철 그 자체와는 결코 동일시 할 수 없는 것이고, 철로총국의 생살여탈권이 만철에 있다고 생각하는 것은 인식의 부족이라고 말해야 한다.

이곳에 이르러 북선 3항 및 청진 이북 철도의 관리를 철로총국에 속하고 싶지 않은 만철의 속내를 이해할 수 있다. 전에도 썼듯이 북선 3항은 만철의 달러항인 대련과는 조금 다른 점이 있기 때문에 만철로서는, 북선 3항의 이상한 발전이 대련항의 쇠징(衰徵)을 초래하는 원인이 되는 점에 다분히 고민을 갖는 까닭으로 북선 3항을 철로총국의 손에 맡겨 자유롭게 발전시키지 않고, 자기의 수중에 넣고 적당히 손을 봐 대련항의 쇠징을 막으려는 것이다. 실제로 대련항과 북선항을 비교할 때 만주국의 문호(門戶)로서 내지와의 교역은 어느 것이 편리한가? 만주국의 소비경제 관점에서 볼 때 그 대조(對照)는 오사카이자 나고야라는 사실은 분명하다. 오사카를 중심으로 만주국 도읍 신경(新京)까지의 거리를 비교해 보면, 군■(軍■)가 어느 쪽에 거론될지는 이해할 수 있다.

▲ 오사카-대련-신경 = 2,400.8킬로. ▲오사카-돈하(敦賀)-청진-신경 = 1,689.2킬로.

즉 북선 경유에 의하면 700킬로 이상의 단거리가 되는 것이니, 만철이 실권을 잡고 ■아(■兒)라도 하지 않으면 북선 각 항구나 대련을 위협할 것이 불 보듯 뻔하다. 이에 이르러 북선인(北鮮人)은 전기(前記) 세 방안 중 어느 것을 취해야 하는가? 큰 소리로 "북선 3항은 철로총국의 관리에 맡겨라!"라고 외치지 않을 수 없지 않은가.

(노상균)

자료 96 | 《北鮮日報》, 1933. 5. 5.

북선 3항 이관 문제에 대한 고찰 3

그런데 항 간(巷間)에 어느 발표기관은 이마이다(今井田) 정무총감의 말로서 "북선 3항의 관리는 달리 맡길 곳 없이 어디까지나 총독부가 관리해 나간다"라고 말한 점을 고창(高唱)하고 있다. 아직 아무런 교섭도 구체안도 없는 것을 이유로 보는 모양이지만, 철도 이관문제조차 교섭 개시에 이르지 못한 현재, 철도 이관과 함께 일어나야 할 항만 관리 위임 문제가 발생할 이유는 없을 것이다. 철도와 그 종단항 사이에는 불리(不離) 밀접한 관계에 있음은 말할 것도 없는 일로, 그 양자를 각각 다른 기관이 관리한다면 운임문제는 물론 중간 수수료 문제 등 매우 번잡함을 초래하고 양자의 협정 등이 전혀 불가능해지는 것은 분명하다. 그런 의미에서 말해도 철도와 그 종단항은 동일 관리자에게 맡겨야 하기 때문에 북선 3항과 청진 이북 400킬로의 철도가 총국의 손에서 다른 위임경영으로 옮겨갈 경우 어느 것의 형태를 불문하고 당연히 경영관리를 위임하지 않으면 안 되는 것이다.

총독부가 절대 이관하지 않는다고 알고 있으면, 앞에서 기술한 바와 같은 3안 등이 중대 문제화되어 만철 내에 논의를 빚을 이유 없고 나아가 청진 이북 철도의 이관문제도 일어나지 않았을 것이다. 더욱 한걸음 순서대로 보아 웅나선(雄羅線)도 나진항 수축도 만철로 하지 않으면 안 된다. 이상을 고찰하여 북선 3항도 이관의 운명에 있음은 명백한 사실이라고 말하지 않으면 안 된다. 내선(來鮮)을 전하였다가 여러 가지 사정으로 연기되었던 만철의 무라카미(村上) 이사도, 드디어 6일 내선한 요시다(吉田)국장과 철도 이관 근본방침의 사전 협의가 이루어졌지만, 그중에는 당연 북선 3항 문제도 포함되지 않으면 안 되나 문제는 만철이 관리하는가 철로총국이 관리하는가 둘 중 하나로 극히 간단하지만, 북선 3항에 있어서는 운명의 기로에 선 중대 문제이다. 물론 만철로서도 배 아픈 대련항을 더 크게 키우기 위해서는 대문■(大間■)으로 덮어 국철로서도 400킬로의 간신히 유고(流苦)한 철로와 1,300명의 소공(小供) 등의 문제를 가볍게 생각할 수 없고, 총독부로서도 북선 개발 기타 모든 방면에서 볼 때 간단히 치우기 어려운 일이기에 이 문제를 어떻게 해결할지는 북선인(北鮮人)이 주목할만한 일이다.

(노상균)

자료 97 | 《平壤每日申報》, 1937. 6. 17.

선만일여 구현에 따른 항만의 정비와 확축

현하의 남포에서 가장 중요한 급무인 항만확축(擴築)의 실현에 대박차를 가하는 진남포상공회의소 의원총회는 16일 오후 3시부터 개최되었다. 결의에 의해 현하 남포의 항만은 현재의 무역고에 의하면 이미 항만의 협애(狹隘)로 판연(判然)된 바인데, 남포의 근황은 더욱이 무역의 팽창을 포■하는 것으로 곧 남포선 전체 개통이 될 때에 대해서는 연선의 풍부한 공영의 자원인 물자는 무진장이기 때문에 이 대책으로써 금회 경성에서는 전선상의연합대회에 항만확축의 중요급무, 이 실현을 기하는 회두 쇼잔 이쿠지로(象山郁次郎), 부회두 가토 후지타로(加藤藤太郎), 부회두 윤기원(尹基元), 이사 이시카와 마스지(石川益次)의 네 명이 출석하였는데, 이 때 대진남포기성회에서도 동회 역원의 스즈키 고타로(鈴木孝太郎), 가와무라 구니스케(河村國助), 이종섭(李鍾燮), 오우라 아키요시(大浦秋吉) 네 명도 참가하여, 이 실현에 박차를 가한 것이다. 기성회의 네 명은 경성에 대해서 동회의 회원을 구할 예정이고, 따라서 진남포상공회의소 제출의안은 다음과 같이 결정하였다.

만선일여의 구현에 수반하는 항만 정비 확축을 요망한다.
이유
선만일여의 구현은 나날이 농도를 더해 산업이나 교통에 점차 구체화의 영역에 나아가고 있음에도 시국의 중대와 선만의 국방자원의 확보 및 이용후생에 수반하여 조선의 항만확축정비를 시급히 실시함으로써 적극적으로 그 개발 조장을 도모하는 것이 현하의 중요한 급무라고 본다.

(박정민)

3. 1930년대 후반 이후 식민지 조선의 병참기지화와 전시 물자 수송을 위한 항만 확충

자료 98 | 澁谷禮治, 1939, 《朝鮮及滿洲》 第三百七十四號, 朝鮮及滿洲社, 24~27쪽.

조선무역과 근상과 그 조장발전책

조선무역협회부회장 시부야 레이지(澁谷禮治)[182]

1.

최근 조선의 무역계에서는 일지사변(日支事變)의 확대에 수반하여 전시경제통제의 강화, 그중 엔블록 내 수출제한의 실시, 무역조장기관의 확대, 외국경제사절의 내왕 등에 따라 호오(好惡) 양면에서 받은 바의 영향은 적지 않았지만, 여전히 산업경제의 발전 특히 그 광공업의 약진, 내선의존의 농화(濃化), 선만일여(鮮滿一如)의 구현, 대지(對支)[183] 관계의 호전 등에 의해 일반무역은 계속 왕성을 도모하고 있다. 이를 무역통계로 나타내면 작년 1월 이후 11월까지의 수이출은 7억 8,800만 원을 넘고, 이를 전년의 것과 비교하면 1억 원 이상의 증가를 보여준다. 수이입은 마찬가지로 9억 4,400만 원이며 전년 중의 것과 비교하면 8,100만 원의 증가를 보여주고 있는 상태로, 11월까지의 입초고(入超尻)는 작년 같은 기간에 비교하여 3,700만 원의 감퇴를 보여주고 있다. 이 중 대외무역의 작년 1월부터 11월까지의 수출액은 1억 5,100만 원을 넘고, 이를 전년의 같은 기간에 비교하면 4,600만 원의 격증을 보여주고 있지만, 그 수입액은 마찬가지로 1억 1,700만 원이 되어 전년 같은 기간에 비교하여 50만 원의 감퇴를 보여주고 있다. 위(右) 수출증가는 주로 대만주, 대지 무역에 기초하고 또 그 수입의 감소는 대만주, 대관동주 관계에서 800만 원의 감소를 초래한 것에 인한다. 다시 대외무역 중 제3국에 대한 것만 뽑자면, 작년 1월~11월의 수출은 거의 547만 원으로 계산되는 데 전년에 비해 약 3분의 1의 격감을 보여준다. 한편 그 수입은 4,700만 원을 보여주고 전년부

---

[182] 시부야 레이지(澁谷禮治)는 1905년 동경 와세다대학 정치경제부를 졸업하고 1907년 한국 정부 고문부부(顧問部附)로 초빙되었다. 1916년 조선은행에 들어간 뒤 조사역 등을 역임하고 1935년 현재 조사과장으로 승진했으며 공업협회, 무역협회의 실무에도 종사했다. 이상의 내용은 한국사데이터베이스 한국근현대인물자료, http://db.history.go.kr/id/im_215_11857 를 참조했다.

[183] 대지나, 즉 대중국을 의미하며 이하 남지, 북지도 같은 경우이므로 주를 생략한다.

터 300만 원의 증가가 되어 현저히 역조(逆調)를 보여주고 있다.

때가 때인 만큼 조선의 지위로써 제3국의 수출무역에 큰 기대를 걸고 있는 것에도 불구하고, 이와 같은 수출부진의 상황에 함몰된 것은, 전시통제 하의 금일에 원재료의 공급난, 여러 외국의 보이콧에 화를 입고, 또 종래 아마도 만주와 지나(支那)를 주로 한 마켓이었던 관계라고 언급되고, 돌이켜보아 크게 유감이라 하지 않을 수 없다.

2.

조선에서 대만주와 함께 대지 무역은 조선이 지리적으로 극히 우위에 있는 관계상, 그 양자에 대한 무역액은 대외무역 중의 7~8할을 점하고 있는데, 그 수출입액은 해마다 증가의 추세를 향하고 있고, 따라서 작년과 같이 엔블록 내의 수출제한을 봄에도 불구하고 그 수출의 현저한 증대를 본 것은 전 문단에 서술한 것과 같다. 대만주 무역과 같은 것은 선만일여의 견지로부터 이후의 이익을 촉진하고 피아 경제제휴의 긴밀화를 도모해야 하는 것은 당연한 일에 속하고, 이를 위해서는 배로 교통운수의 개선정비를 기함과 함께 만주국에서의 관세와 같은 것도 적당하게 개정될 것을 간절히 바란다. 거의 현재의 만주국은 그 재정상 관세 수입에 의존하는 바가 극히 크기 때문에 급속히 이 실현을 바랄 수 없음에도 장래 그 산업의 발달과 일반문화의 향상에 수반하여 반드시 관세의 저감을 고려하는 데 이를 것이라 생각한다. 이 사이 조선산품의 대만주 수출의 증가 추세가 자못 급격해지고 있음과 함께 대련(大連), 봉천(奉天), 신경(新京), 합이빈(哈爾濱)[184], 모단강(牡丹江)[185] 등의 조선 산품 취급의 무역 상사는 약 300 이상에 달하는 상태이다. 한편 대지 관계는 그 작전의 진전에 수반하여 치안의 회복과 선무(宣撫) 공작으로부터 이른바, 부흥기분이 횡일(橫溢)하고 있음과 함께, 정치기구는 점차 정비되고, 경제공작은 구현(具現)되고, 특히 작년 중에는 북지(北支)의 연은권(聯銀券)[186]에 의한 통화의 통제가 더욱 진전되고, 남북해관의 접수가 행해지고, 또 군용품의 수요증대 등

---

184 하얼빈을 말한다.

185 무탄장을 의미한다.

186 일제는 중국 점령지마다 발권은행을 설립하고 현지에서 은행권을 발행하여 전쟁비용을 조달했다. 이에 연은권은 1938년 3월 10일자로 개업한 중국연합준비은행에서 발행한 현지 통화인 연합준비은행권을 의미한다(조명근, 2013, 「월경하는 화폐, 분열되는 제국 - 만주국폐의 조선 유입 실태를 중심으로」, 『동북아역사논총』 42, 동북아역사재단, 185쪽).

에 수반하여 조선의 대지무역은 배로 호조를 보이고 있는데 최근 중남지(中南支)에서 전과(戰果)의 확대로 이 방면에 대해서도 속히 상권의 확보와 판로의 확장을 도모하게 된다면 그 무역은 이상(異常)의 진전을 초래할 것으로 기대된다.

일만지 경제블록의 결성을 강화하기 위해서는 조선으로서는 북지, 중지의 경제 개발을 촉진해야하고, 미맥(米麥), 면화(棉花), 축산 등의 증산에 협력함과 동시에 북지에서는 자원개발에 필요한 자재공급을 담당하고, 현재 북지에서는 도로, 항만의 개수와 광산의 작업에 요하는 시멘트 및 폭약과 같은 것을 수출하고 있음과 함께 북지의 면화, 수모(獸毛), 소금 등을 조선에 수입하고 이를 공업화 할 계획도 있는 것이다. 대지 무역의 장래는 더욱 유망해지고 있는데, 차제 한 층 더 촉진을 기도하기 위해서는 조선과 지나와의 교통관계를 원활하게 해야 하고, 먼저 조선에서는 항만과 그 부속시설과의 개수정비를 필요로 하는 것은 물론 해상트럭의 이용, 정기항로의 설정 등이 가장 긴급히 실시를 요하는 것이다. 이것들은 조선이 대륙의 병참기지로 한편으로는 배급기지로서 기능을 충분히 발휘하는 위에 배로 그 완비의 필요를 통감함과 함께 신지나정부에 대해서는 동아의 신체제에 기초하는 고율관세의 인하를 요망하지 않을 수 없다.

다음으로 엔블록 내의 수출제한은 종래 만주, 북지 등을 주로 한 시장으로 조선의 무역에 의해서는 중대한 문제가 되어, 그 실시를 본 당초에 있어서 이 제한을 강화하는 데 있어서는 최근 점점 발흥의 기운이 있는 조선 공업을 좌절하게 하고, 특히 엔블록 내의 소비를 대상으로 하는 경공업에 큰 악영향을 미침에도 불구하고 북지 기타에 있어서 외국의 기업 투자를 유발하는 결과가 됨에 따라, 이 완화를 요망하는 바가 있지만 최근에는 이 점에 대해 상당 고려가 되고 있는 것은 기쁜 차제(次第)이다. 사실 일만지 경제블록의 건전(建前)을 따르자면, 그 자원 또는 가공품과도 유통의 원활함을 기본으로 하고, 각 무역의 증진을 도모하고, 블록 내의 물자조정에 기여해야 하는 것이다. 환언하자면 엔블록 내에서는 무엇이라도 그 특장이 되는 바를 활용하고 있고, 서로 협조하여 각기 전 기능을 발휘함을 득책으로 한다.

요컨대 조선에서는 대만주, 대지 무역은 계속 호조를 보이고, 또 크게 그 장래가 기대됨에 따라 한 층 이 촉진에 노력하여 소위 블록경제의 결성을 원활하게 해야 하는 것이다.

3.

조선에서 소위 제3국 무역이 작년에 이르러 심히 부진한 상황인 것은 전에 일언한 바 있다. 시국이 배로 중대해진 결과, 외화를 획득하고, 군수자재 수입력의 증대를 기하기 위해 제3국에 대한 수출에 전념하지 않을 수 없는 금 일에 있어서는 조선의 제3국 수출무역에 대해 일단의 고려를 요하는 차제(次第)이다. 이하 작은 조선에 있어서 그 현상과 그 조장발전에 관한 방책에 대해 설명, 서술한다.

종래 조선으로부터 제3국에 수출하는 것을 말하자면 면직물, 인견직물, 전구, 법랑철기, 도자기, 흑연, 엽연초(葉煙草)[187], 어유, 어분 등이 거론되고 다시 게통조림(蟹罐詰), 토마토 정어리 통조림[188] 등의 수산가공품을 주로하고 있지만, 원래는 이것만이 아니고 천산품(天產品)도 공업생산품도 수출호망품은 조금 있었다. 그중 두 세 개를 예로 들면, 청완두(靑豌豆), 능금(林檎), 밤, 탄산천(炭酸泉) 등 외 포백가공품, 인조진주 등이 있지만 특히 화학공업의 생산품인 비누(石鹼)와 같은 것은 현재 다량으로 생산되어 크게 유망을 보여주고 있을 뿐 아니라, 조선에서는 저렴한 발전수력이 집중적 능률적으로 풍부하게 존재하고, 또 특수한 지하자원으로서 거의 독점적으로 생산되는 코발트광, 납석(蠟石), 중석광(重石鑛), 수연(水鉛), 명반석(明礬石), 형석(螢石) 등이 있고, 다시 텅스텐, 니켈, 만엄광(滿俺鑛), 안질모니(安質母尼), 마그네사이트광 등이 있는 바, 이를 산출함으로써 조선의 화학공업의 장래는 크게 기대된다. 이에 따라 제3국 대상 수출품이 산출되어 온 것도 명료하다. 현재 함북 성진에 있는 일본고주파의 공장에서는 철에 전기한 특수광물을 배합하고 고속도강이 된 것을 제조하고 있는데, 이는 거의 구미에 수출할 수 있는 것이다. 목하의 것은 아국의 수요에 응할 수 없어도 장래 증산계획이 실현되면 자연 그것이 수출품이 될 뿐 아니라 이 특수강에 의한 체도(剃刀), 펜 촉 태엽[189], 톱니바퀴(齒車) 등도 제작되고 이것도 수출을 향한 것이 된다고 말한다. 또 성진에 있는 마그네사이트 공장의 제품으로 마그네시아, 클링커, 기타의 내화벽돌(耐火煉瓦)이 있고 이것

---

[187] 잎담배를 말한다.
[188] 토마토 사-진(トマト サージン)은 조선어 신문에서는 토마토 써-진으로 표기되고 있으며, 정어리와 토마토를 혼합하여 통조림으로 만든 것이다. 이상의 내용은 「조상에 오른 함북자원 4 한난류교류로 각종 어족이 서식」, 《조선일보》, 1936년 12월 16일 자 기사를 참조했다.
[189] 원문은 ペン先ゼンマイ로 표기되어 있다.

도 독일, 미국을 향해 유망하고, 마그네사이트는 원래 독일과 오스트리아로부터 많이 생산되고 있지만 그것이 근래 결핍해졌기 때문에 세계적으로 조선산 마그네사이트에 의한 생산품의 진도는 더욱 호망이 되고 있는 것이다. 또 조선에서는 수출 대상 공예품의 장래는 가장 기대되고 있는 것으로 종래 조선에는 공예품 제작의 소지가 있고, 현재에도 가정적으로 혹은 중소공업에 의해 완초(莞草) 슬리퍼, 기타 등이 가능하다. 따라서 이후 이 판로를 개척하면 충분히 뻗어갈 가능성이 있다. 일체 여기까지 수출을 향한 공예품은 그 생산은 장려하지만, 그 판로라는 것에 대한 연구도 수단도 만들어지고 있지 않은 유감이 있다. 따라서 차후는 주로 먼저 판로의 상태를 충분히 조사하고, 그를 향해 제작하게 하는 생산과 판로와의 연결을 밀접하게 하면 좋을 것이다. 이 일은 이미 관계에 대해서는 구체적으로 계획이 진행되고 있다. 또 무릇 무역품이라고 말하면 강한 독점력을 갖고 있는 것이 조건이고, 그 견지로부터 하자면 내지(內地)[190]에서는 백합근(百合根)이라든가 제충국(除蟲菊)이라든가 이와 같이 조선에서도 그러한 천산물은 있고, 이들은 한도가 있는 것이기 때문에 조선의 산업경제와 무역의 긴 생명으로부터 보자면 공산품 특히 조선에서 특수한 원료와 특기로 생산되는 공업 제품에 대한 기대는 당연하다.

다음으로 제3국 무역의 상대국은, 이를 세별하면 약 80을 넘어서는데, 최근 그 주요한 곳으로는 애급(埃及)[191], 독일, 미국, 난인(蘭印)[192], 영인(英印)[193], 필리핀, 향항(香港)[194], 포와(布哇)[195], 해협식민지, 나이지리아 등이 거론된다. 그리고 전게한 구미 선진국에 대해 전구, 법랑철기, 면직물 등의 공업품이 수출되고 있는 것도 주목해야 하고, 특히 조선특산의 수산 통조림(罐詰)류는 금후 그 증대가 예상되고, 한편 남양 일체에 대해서도 점차 상권을 확대하는 경향이 있는데 작년은 아국(我國)에서 일반의 무역통제와 해외의 일화(日貨) 배척으로 약간(幾分) 후퇴할 수밖에 없는 모양이다. 그 사이 작년 6월 이태리(李太利)[196]의 경제사절단이 조

---

[190] 일본 본토를 의미한다.
[191] 이집트.
[192] 네덜란드령 인도네시아.
[193] 영국령 인도.
[194] 홍콩.
[195] 하와이.
[196] 이탈리아.

선에 왔을 때 이태리 측에서 바터 시스템[197]에 의해 조선으로부터 어유, 어분, 미강유(糠油), 흑연 등을, 이에 대해 이태리로부터 기계류, 유황, 수은, 소금 등을 조선으로 보낸다는 제의가 있었다. 다시 작년 10월 중남미의 비로(秘露)[198]의 대일경제문화사절단이 입선(入鮮)할 때에도 상호 사이에 어유, 통조림류, 법랑철기 등과 비로 측의 석유와의 교환 거래(取引)의 회합이 있었다. 이것들이 점차 구체화하고 있음과 조선의 제3국 수출무역은 호전의 계기를 얻어오고 있다고 생각된다.

또 장래에는 조선에서 제3국 무역을 대상으로 하는 상당한 인구를 포옹하고, 세계의 원료 및 식료공급을 하고 또는 그 시장성이 문화의 침윤, 산업의 개발과 함께 더욱 증대의 경향을 갖는 남부아세아 및 대양주(大洋州) 등에 구해야 하고, 타방 아국 무역의 신시장으로 보이고 있는 아프리카, 중남미 또는 서부 아세아 등도 그 대상으로써 이 진출에 노력해야 한다. 차제 제3국 수출무역의 진흥을 기하기 위해 어떤 것도 방책이 되지 않으면 안 된다. 그것에는 첫 번째로 조선에서 산업의 발전에 대해 생산력의 확충에 노력해야 하는 것은 물론이고 전술한 수출을 향한 호망품의 대량 주문에 응하는 것과 같은 그 생산의 조장이 급무이다. 또 수출장려금의 교부도 필요하고, 이것에는 현재 온유와 어분의 수출에 대해 상당 다액의 보조금을 지급하는 것이 되고 있지만, 이는 손실보상제도의 실행과 함께 다른 것도 미쳐야 하는 것이 간절하다. 해외 항로로는 남양인도와 구주 함부르그(ハンブルグ)의 세 항로가 조선에 기항하는 것이 되고 있지만, 이를 확충하는 것도 그 진흥 상 가장 급히 요함과 함께 대외수출항으로써 이용된 항만의 정비가 필요하다. 그러나 조선은 이 점이 크게 결여되어 있다. 또 이에 관련한 조선 내의 각 항과 그 대외수출항인 것과의 연락을 밀접하게 함과 동시에 명령항로와 자유항로를 묶고, 이에 육운의 관계를 접배(接排)하고, 그에 따라 무역품의 반출 집화를 원활하게 해야 하는 것이다. 또 조선의 여러 공업의 발달에 수반하여 특수보세공장제도를 실시하고 수입의 원재료와 조선산품과의 배합조화, 혹은 가공공업의 진흥 등을 실시해야 한다. 그 외 조선산품에 대해서도 적당의 링크제[199]를 채용하는 것도 목하의 급무이고, 무역

---

[197] 바터제, 바터무역, 구상무역을 말하며 수출입물품의 대금을 그에 상응하는 수입 또는 수출로 상계하는 국제무역거래 방식의 수출입을 의미한다. 이상의 내용은 국세법령정보시스템의 용어사전, https://txsi.hometax.go.kr을 참조했다.
[198] 페루이다.
[199] 일정한 수출입을 수량이나 금액 따위와 관련지어 수출한 만큼 수입을 허가하는 제도이다. 이상은 표준국어대사전,

금융을 원활히 하는 시설도 상당히 급박한 문제이다. 또 조선 내에서 무역지식의 보급을 도모하고, 해외에서도 견본시(見本市)를 열고, 다시 무역의 조사선전, 알선기관을 각 방면에 증설 및 분포하게 하는 것의 필요에 대해 당국과 함께 관계기관에서 이 구체화에 노력하고 있는 것은 주지와 같고, 이는 반드시 실현을 바라는 일이다. 요컨대 조선에서는 제3국을 대상으로 한 수출호망품은 현재 상당히 존대하고 또 장래의 발전을 기대하는 것도 많이 있다. 한편 이들의 판로로는 작년 이래 적은 위축을 향하고 있음에도 조선의 급격한 산업 발전에 수반한 우수한 무역품을 증산하는 것으로부터 이까지의 판로를 회복하고 또 신시장의 개척도 가능하고 유망하다. 따라서 차후는 조선이 일반으로부터 기대되는 것과 같이 소위 대륙의 병참기지인 사실을 거론해 온 것과 함께 제3국을 대상으로 한 수출무역 상에도 상당의 실적을 보여준다고 생각되는데, 이에 관련한 일체의 조장수단을 진력으로 요하는 것은 물론 이에 속한다. 또 아국이 당면하고 있는 무역정책의 대국부터 한다면 원래 조선을 포괄하는 아국만의 수출능력과 그 무역품의 범위에 대해서만 고려해야 하는 것이 아니고, 만주와 지나와의 자원 개발이용을 도모하고, 이와 우수한 우리 공업상의 능력을 연결 융합하여 이에 혼연하는 일체로써 엔블록의 제3국에 대한 수출증진을 기해야 하는 것이다.

(박정민)

---

https://ko.dict.naver.com/#/entry/koko/e3e4c0c212f543e3bfdb3b0ffda54e5c를 참조했다.

자료 99 | 朝鮮總督府 交通課, 1939, 『陸滿密大日記 第19號』(아시아역사자료센터, C01007458400), 937~958쪽.

국방상 긴요한 조선철도 항만 능력 증강에 관한 건

육만밀(陸滿密) 차관으로부터 조선총독부 정무총감 앞으로(척무성 경유)

위 제목의 건에 관한 육군의 요망을 별지와 같이 하고 대체로 1942년(昭和 17)도 말까지 이를 실현할 방안을 계획해 주셨으면 합니다.

육참밀 제861호, 1939년(昭和 14) 10월 3일

육만밀 차관으로부터 조선군 참모장에 통첩

위 제목의 건에 관해 별지 사본과 같이 조회에 부치고 해당 세부 사항에 대해서는 별책과 같이 각각 조선총독부 주무자에게 연락하여 주셨으면 합니다.

추가로 별책 요망에 적은 각 년도의 물동(物動) 실시에 대해서는 가능한 한 이것의 실현을 도모하는 것으로 조처하지만, 국가 전반의 물동적 판단에 따라 물동 실시에 변화가 있는 경우에는 해당 요망의 완성에 관해 다소 변경이 있을 수 있는 것에 양해 바랍니다.

육만밀 차관으로부터 대장(大藏), 상공(商工) 차관에 통첩

위 제목의 건에 관해 척무성 경유, 조선총독부 정무총감 앞으로 별지 사본으로 조회해 두었던 것에 대해서 척무성으로부터 어떠한 의견이 있었을 때는 실현 방안에 대해 적절한 배려를 해주시기 바랍니다.

육만밀 차관으로부터 참모차장에 통첩

8월 29일 참밀(參密) 제410호 제1에 의한 위 제목의 건에 관해 별책과 같이 요망 및 통첩하였으니, 이에 관해 통첩한다.

육만밀 제861호 1939년(昭和 14) 10월 3일

국방상 긴요한 조선 철도 · 항만 능력 증강에 관한 요망

1939년(昭和 14) 9월 29일 육군성

국방상의 필요에 따라 대체로 1942년(昭和 17) 말까지 아래와 같이 철도·항만의 능력을 증강한다. 또 그 증강 정도 등에 관해서는 육군 촉탁, 장교로 하여 직접 조선총독부 주무자에게 연락하도록 한다.

다음

1. 철도
1) 다음의 5개 선로를 개량한다.
   : 경부신, 경의선, 경원선, 함경선, 만포선
2) 군용 부대(附帶) 시설 및 기타의 시설을 정비한다.
3) 철도 종사원을 충원하여 철도 운영 조직을 정비한다. 특히 전시 소요될 예비 종사원을 보유할 수 있도록 충비(充備)한다.
4) 윤전(輪轉) 재료를 정비한다.

2. 항만
1) 부산, 진해, 마산, 여수, 목포, 인천, 해주 및 진남포 각 항만의 시설을 증비한다.
2) 조선 남해안에 항로 표식을 설치한다.

(극비) 별책 조선 철도·항만에 대한 국방상의 요망

1939년(昭和 14) 9월 29일 육군성

1. 요지

1) 국방상 조선 종관철도는 1942년(昭和 17) 말을 목표로 하여 조선 남안 제 항만으로부터 날마다 군용 55개의 열차가 선만(鮮滿) 국경으로 향하게 운행할 수 있도록 정비한다.

2) 철도는 경부, 경의, 삼랑진-마산, 창원-진해, 대전-여수, 중앙선 및 경원·함경선을 주요 간선으로 하고 경인선, 평양-만포진, 이리-목포선을 보조선으로 예정한다. 평양-진남포, 사리원-해주선을 사용할 것이다.

3) 항만은 부산, 진해, 마산, 여수를 주요 항으로, 목포, 인천을 보조항으로 예정한다. 진남포, 해주항을 사용할 것이다.

4) 군용 열차 배당의 일례는 부도 제1과 같다.

2. 철도

5) 철도 시설은 1940년(昭和 15) 말을 목표로 할 기정 계획 외에 아래와 같이 그 능력을 향상한다.

(甲) 선로 용량

(1) 경부, 경의선

: 1942년(昭和 17) 말까지 삼랑진-대전 및 평양-안동 간의 선로 용량을 60 열차로 한다. 단, 경부, 경의선이 통과하는 주요 부분은 더욱더 능력 향상을 위해 필요한 시설을 행할 것이다.

(2) 경원, 함경선

: 1942년(昭和 17) 말까지 그 선로 용량을 30 열차로 한다. 단, 주요 부분은 다시 능력 향상을 위해 필요한 시설을 행할 것이다.

(3) 평양-만포진선은 1942년(昭和 17) 말까지 그 선로 용량을 24 열차로 한다.

(乙) 측선 유효 길이

: 평양-만포진선의 측선 유효 길이를 1942년(昭和 17) 말까지 군용 1 열차의 계산 양수를 20량으로 연장한다.

(丙) 군용 부대시설

(1) 양 종착역의 승차 탑재 설비 및 군용 열차의 조성 체류를 위한 제 시설은 아래 각 역에 날마다 기재된 군대 또는 군대 물품의 열차를 발차하도록 하는 것을 기준으로 한다. 그리고 1942년(昭和 17) 말까지 이를 완성하는 것으로 한다.

역 명	군대 열차	군수품 열차
부산	25(계산 33량 열차 15, 40량 열차 10)	10(환산 23량)
마산	12(계산 40량)	
진해	8(계산 40량)	
여수	20(계산 20량)	
목포	10(계산 20량)	
인천	16(계산 20량)	8(환산 13량)
진남포	10(계산 20량)	

(2) 방호·방공에 관해 철도 측에서 시행해야 할 시설은 1942년(昭和 17) 말까지 정비하기로 한다.

(丁) 기타 시설

: 통신, 조차(操車), 공작, 기타 시설을 본 요망에 응할 열차 운행에 적용하도록 하여 1942년(昭和 17) 말까지 정비한다.

6) 철도 종사원은 1942년(昭和 17) 말까지 본 요망에 응할 열차 운행에 지장이 없도록 충실히 함과 동시에 전시 소요 예비 종사원을 보유, 충원하도록 한다. 또 철도 운영 조직은 본 요망에 응할 열차 운행에 대해 만전을 기하도록 하여 정비, 확충하는 것으로 한다.

7) 운전 재료는 1943년(昭和 18) 초순에 다음의 수량을 보유하는 것을 목표로 하여 정비하는 것으로 한다.

〈1943년(昭和 18) 초순 보유 수〉

기관차 약 1,100량

객차 약 2,400량

화물차 약 18,200량

* 단, 신조(新造) 화물차 종별에 관해서는 별도로 연구하는 것으로 한다.

3. 항만

1) 항만은 1942년(昭和 17) 말까지 별지 제1에 기재한 군사상 요구를 충족하는 방향으로 증강한다. 단, 1941년(昭和 16) 말까지 전시에 필요한 보충설비 정비 등의 응급시설을 조성한다.
2) 1941년(昭和 16) 말까지 조선 남해안에 무선항로 표식을 설치한다.

별지 제1 조선 항만 능력에 관한 군사상의 요망

항만은 후술한(左記) 군사 사용에 지장이 되지 않도록 해야 한다.

제1. 개전 후 6개월간 군사 사용일 양

1. 부산항

1) 탑재량: 군대 약 15만 톤, 또는 군수품 약 2만 톤
2) 급수: 20 척 분(약 3천 톤)
3) 연료의 보급: 10척분

　이상을 위해 20척은 접안 하역, 약 25척은 근해 하역을 하도록 설비한다.
4) 대기 명령(待命): 20척

2. 진해항(해군 요항을 포함한다.)

1) 탑재량: 군대 약 4만 톤
2) 급수: 8 척 분(약 1,200톤)
3) 연료의 보급: 4척분

이상을 위해 약 13척의 근해 하역을 하도록 설비한다.

4) 대기 명령: 8척분

3. 마산항

1) 탑재량: 군대 약 8만 톤

2) 급수: 10 척 분(약 1,500톤)

3) 연료의 보급: 5척분

　　이상을 위해 작은 것 2척은 접안 하역, 약 20척은 근해 하역을 하도록 설비한다.

4) 대기 명령: 10척

4. 여수항

1) 탑재량: 군대 약 6만 톤

2) 급수: 10척분(약 1,500톤)

　　이상을 위해 4척은 접안 하역, 약 10척은 근해 하역을 하도록 설비한다.

3) 대기 명령: 7척분

5. 목포항

1) 탑재량: 군대 약 3만 톤

2) 급수: 4 척 분(약 600톤)

　　이상을 위해서는 약 8척의 근해 하역을 하도록 설비한다.

3) 대기 명령: 8척

6. 인천항

늦어도 1944년(昭和 19) 말까지 다음과 같이 증강한다.

1) 탑재량: 군대 약 8만 톤 또는 군수품 약 1만 5천 톤[1942년(昭和 17) 말까지 군대 약 3만 톤 또는 군수품 약 7천 톤]

2) 급수: 15 척 분(약 3천 톤) [1942년(昭和 17) 말까지 11척]

이상을 위해 작은 것 11척[1942년(昭和 17) 말까지 7척]은 접안해역, 약 19척[1942년(昭和 17) 말까지 4 척]은 거룻배 하역을 하도록 설비한다.

3) 대기 명령: 10척

7. 해주항

1) 탑재량: 군대 약 3만 톤

2) 급수: 7척분(약 1,500톤)

　　이상을 위해 7척을 접안 하역을 하도록 설비한다.

3) 대기 명령: 7척

8. 진남포항

1) 탑재량: 군대 약 3만 톤

2) 급수: 5 척 분(약 1,000톤)

　　이상을 위해 5척은 접안 하역, 4척은 근해 하역을 하도록 설비한다.

3) 대기 명령: 9척

제2. 이후 군사 사용일 양

제1에서의 군사 사용일 양의 약 절반으로 한다.

비고. 연료의 보급을 위해서는 바닷배 약 60일 분의 소요량을 보급할 수 있는 시설을 보유하는 것에 그쳐, 연료 저장을 해야 한다.

　부도 제1 조선 철도 요도

조전(朝電) 제213호

육만밀(陸滿密) 제861호에 따른 국방상 요망 및 조선 방위상 필요하다고 하는 군의 요망에 관해서는 총독부 측의 철저한 이해에 따라 그 방면에 큰 희생이 됨을 인정한다. 예산 편성의 실현 사정을 인식하고 작전 방위 국방 산업 진흥상 필요하다고 생각되는 교통 통신 방면의 충실 및 조선의 특수성에 의해 국방력의 충실을 견지하여 중앙부에서도 해당 예산의 편성에 각별한 배려, 협력을 바란다.

(박우현)

자료 100 | 島元勤, 1938, 《朝鮮及滿洲》第三百七十三號, 朝鮮及滿洲社, 53~58쪽.

북선 4항 잡관

"북선을 보지 아니하고 오늘의 조선, 내일의 조선을 말하지 마라"라는 말이 유행어가 되고 있다. 북선은 기초건설을 완료하고 거의 본격적인 개발건설의 단계에 도달했다. 만주사변 전의 북선과 현재를 비교하면 격세의 감이 있다. 북선의 개척과 관심이 높아진 것은 노구치의 부전강, 장진강 수력발전소의 개발에 따른 흥남의 대화학공장의 건설이 계기가 되었던 것인데, 흥남은 어느새 신흥으로 칭하고자 하는 기백도 없이 일반사업가의 흥미를 끄는 어떤 것도 없다.

이기적 독점과 독재와 만족할 줄 모르는 착취에 추하고 일그러진, 노구치 콘체른의 아성이라는 것에 지나지 않는다. 그곳은 공장경영의 합리화, 능률주의, 내지는 다각적 경영 등등의 공장경영학의 아름다운 명목하에 착취된 노동자의 희생과 2,800만 농민의 고혈을 야기한 죄가 요기가 되어 떠다니고 있다고 느낄 뿐이다. 조선에서 사업경영 십수 년, 금일의 큰 성공을 이룰 수 있었음에도 불구하고 조선에 대해 실제로 일리의 이익도 배분하지 않았다. 노구치의 불손한 사업지에 증오가 향해지고 있을 뿐이다. 이미 사람들은 흥남을 방문하는 흥미가 없는 것 같다. 머지 않아 가까운 장래에 반도 2,300만 농민의 이름에 의해 노구치 콘체른의 이름이 말살될 일이 오지 않는다고 누가 보증할 수 있을까.

북선은 함북 4항을 중심으로 시작하여 그 위용을 관파(觀破)함과 함께 생생약동의 기백이 충족되었던 위대한 장래성을 발견할 수 있었던 것이다. 금일 말한 장소인 북선이라는 것은 함북이다. 이 북선의 개발과 일만지를 연결하는 대륙 루트는 북선 4항에 의해 완성되어야 하는 운명에 있다. 일본의 대륙정책의 목표인 만주국, 지나의 건설성장은 일본 민족에게 주어진 숙명이다. 이 숙명을 완수하고, 민족생성의 요구에 응하고, 대동양권(大東洋圈)을 결성하는 것이 이번 성전의 가장 큰 주안점이다. 이 대륙정책의 중요간선의 연락지는 북선이다. 또 동북만주의 개발, 연해주의 경제적 개발의 기지가 되는 것도 북선이다. 이 관점에서 일만지 경제 블록의 강력한 유대를 위해 북선의 4항이 확보되지 않으면 안 되는 것이고, 국책을 운영하기 위해 큰 사명이 부하되고 있다. 산업경제 때문뿐만 아니라 국방상의 중요성은 말할 것까지도 없다. 장고봉사건[200]에 의해 소련의 만만한 야심은 명확하고 소련과의 일전을 피할 수 없다면 북선 4항의 교통경제 기타의 시설을 하루라도 빨리 완성하지 않으면 안 되는 것이다. 여기에 대륙정책의 수행근거지, 국방상의 중요거점으로서 북선의 중요성이 있는 것이다.

북선 4항 문제

2~3년 이래로, 지방문제가 아닌 조선개발의 중요문제로서 일체의 검토가 더해졌다. 북선철도가 만철에 위관(委管)한 나진이 그 종단항으로 결정되기까지 웅기, 나진, 청진 그 세 항 중 무엇을 종단항으로 해야 하는지에 대해서 떠들썩한 논의가 반복되었다. 결국 현재와 같이 나진이 종단항으로 결정되고, 대규모 축항계획도 제1기 계획을 완료하고 여기에 본격적인 경제활동이 개시되는 데 이르렀다. 웅기도 청진도 최근에는 각각의 사명에 재검토를 더해, 새로운 목표를 향해 기상하고 있다. 그러나 북선은 그 세 항만을 가지고 만족해야 하는 상태에 놓여 있는 것은 아니다. 세 항이 각각 독자의 사명을 가지고 있는 것이지만 이 세 항으로 하여금 보충할 수 없는 것을 어느 항에 의해 보충해야 할 것인가의 문제가 남아 있다. 그것은 함북과 함남과의 도경계에 가까운, 함북의 오지 산악지대에 부존(賦存)하는 지하의 대자원개발과 그 오지를 거쳐 만주국으로 통하는 산업루트의 기점을 어느 곳에 구해야 하는가라는 점이다. 청진의 왕성한 발전과 대규모 항만도시 계획 실시로 이곳을 교통의 기점으로 어느 정도까지는 이를 뒷받침할 수 있지만, 그것만으로는 충분하다고 말하기 어렵다. 직접 오지에 통할 수 있는, 바꾸어 말하자면 항구와 오지자원부존지의 추축을 형성할 수 있는 기지를 필요로 하는 것이 아닌가라고 생각된다. 이 점에 있어서 천연의 혜택과 땅의 이점이 있는 성진항이 등장하는 것이다. 북선 4항과는 전기 3항에 성진을 더하여 북선 4항으로 하는 것인데 이 4항의 완성이야말로 대륙정책수행의 중요한 일환이 되므로 일반의 관심을 환기하고 싶다.

북선 4항을 개관하면 각각 특수하게 독자의 경제적 우월성, 국방상의 중요성, 만주국으로의 관련성을 가지고 있는데, 이 대상은 대단히 흥미있는 문제이다. 북선 4항이 가야 하는 방향을 각각의 입장으로부터 검토하면 서로 관련이 있고, 각각의 분야를 담당하고 또 상호

---

[200] 조선과 만주국, 소련의 접경 지역인 장고봉에서 1938년 7월 일본군이 소련군에게 무력을 행사하며 군사적으로 충돌한 국경분쟁 사건이다(김영숙, 2022, 「조선·만주국·소련의 접경, 장고봉 – 장고봉사건의 군사 외교적 고찰」, 『사림』 80 참조).

에 마찰을 야기하는 것 없이 발전과정에 도달할 수 있는 것이고, 또 4항을 하나하나로 떼어 놓아서는 북선의 개발도 만주국에의 연환(連環)도 고려할 수 없는 것이다. 장황하게 말했지만, 4항이 유무상통하여 서로 제휴하는 데에서 대륙 정책에의 큰 기여가 이뤄질 수 있는 것이다. 대항적 태세를 고집할 수 있지만, 그것은 국방상 산업경제상의 필연적 요구에 따라 영속 가능하지 않다고 말하는 것보다 도리어 대항적 태세 그 자체가 불리함을 초래한다. 흥미로운 관련 현상을 발생시키는 것은 특히 주의하고 계진을 요하는 포인트인 것 같다.

지금부터는 4항의 특수성을 살펴보자.

나진은 일본해 항로의 통제에 따라, 대륙과 내지를 연결하는 기지로 한다는 것은 이미 결정되었다. 즉 나진, 니가타(新潟)를 연결하는 선이 정간선이 되고 나진, 쓰루가(敦賀) 사이가 부간선이 되는 것이다. 이 간선항로를 중심으로서 웅기·청진과 니가타·쓰루가가 묶인다. 솔직하게 말하면 웅기·청진과 니가타·쓰루가의 선은 보조선의 역할로 돌려진 것이다. 현재는 청진이 니가타·쓰루가선의 선항권을 가지고 있지만, 이것을 나진으로 대체한 것이다. 청진과 나진 사이의 지위를 경도시킨 선택이다. 그러나 청진은 국책을 위해서라면 여하한 희생을 싫어하지 않는다고 말하는 것처럼 억지를 쓴다라고 들리지 않고, 담백하게 이 지위를 용인하고 있다. 여기에는 마찰이 일어나지 않는 북선의 특수성이 있는 것이라 말할 수 있다. 나진을 기점으로 하는 일본해 항로의 통제에 따라 나진은 만주국의 항구라고 해도 과언이 아니다. 동북 만주의 대현관이다. 일본으로부터의 대량이민, 개발자재의 수송은 전부 여기에 집주되고, 신경(新京)·북지(北支)에의 루트도 이곳을 중심으로 편성된다. 또 만주 특산물의 수출항으로서 사명을 가지고 있다.

청진은 북선 지하자원 개발의 중심으로서 대공업지대의 건설에 올라타기 시작하여, 그 기초공사는 이미 가능한 데다가 자금과 기술과 공장의 출현을 기다릴 뿐이다. 더욱이 일본의 경화유(硬化油) 원료의 6, 7할을 점하는 정어리(鰯) 양식지(水揚地)이고 그 가공공업지이다. 정어리에 의한 청진 경제력의 팽창은 경이적인 것이다. 한편 항만의 설비준공과 본고장(地場) 무역상의 진출로 이일본(裏日本)뿐만 아니라 오사카(大阪), 고베(神戶) 방면과의 물자 거래가 왕성하고 오지로의 물자 배급지로서 무역의 장래성이 있다. 그럼에도 동북만주를 향해 강력한 상권망을 추구하고 오지로의 개척에 뜻을 두고 있다.

웅기는 역사적으로 훈춘(琿春)[201]을 통하여 동만주를 향해 깊이 들어가고 있다. 이 상권은 기초 공고한 것이 있고 동만주의 지방 소도시에까지 망을 뻗쳐 둘러싸고 있다. 이를 북만(北滿)에까지 늘리는 소위 동북만주의 농촌을 마켓-토[202]로 하는 무역항이다. 또 정어리 어업의 근거지로서 수산가공업, 만주 특산을 원료로 하는 화학공업의 건설을 목표로 하고 일면 북선의 목재집산지로서의 사명을 가진 것이 강미(强味)이다.

성진은 일본고주파의 공장건설이 되어 일약 전국의 주목을 받았는데, 장래 일본의 중공업자재 공급의 중심으로서의 항만이다. 배후 지하자원이 이를 요구하고 있다.

이상과 같이 4항은 각각 특수한 사명을 가지고 있다. 지금부터는 4항을 각각 등장시켜 개개에 대하여 검토해 보자.

나진항

나진항은 무역항으로서 지세(地勢)의 혜택을 받아, 지리적으로는 다른 3항보다 현저히 탁월하다. 축항의 규모는 웅대하다는 한마디로 끝난다. 배면은 산으로 둘러싸이고 항구의 앞에는 대초도, 소초도 양도가 나란히 있어, 이상적 항만을 형성하고 있다.

축항은 총공비 6,900만 원, 이를 3기에 나누고 완성 후의 무역 탄토량(吞吐量)은 900만 톤을 목표로 하는 대규모인 것으로, 대만철의 위력은 여기에서 유감없이 발휘되고 있다. 현재 제1기 공사를 완료하고 3개의 부두 대(大) 안벽에는 부두사무소, 세관, 운송기관, 철도 인입선(引入線), 상옥(上屋)[203], 창고 등 유감없이 설비되고 만주특산은 이곳에 한 번에 60만 톤을 야적할 수 있는 설비도 있고, 부두에는 1만 톤급의 선박을, 한 번에 수척을 계류하여 하역할 수 있다. 아마도 전국 제일이라 칭함에도 과언이 아닌 정도의 웅대함에 사람들로 북적이고 있다.

나진이 가진 강미는 지리적 우월성이다. 나진을 중심으로 이일본에, 동북만주의 주요지에 선을 놓으면 나진은 쌍방 부채의 사북에 해당한다. 나진을 중심으로 해서 각지로 등거리의 방사선상이 형성된 것이다. 즉 이일본 여러 항에 선을 놓으면, 오타루(小樽), 니가타(新潟),

---

[201] 현재의 중국 지린성 훈춘시이다.
[202] 마켓을 의미한다.
[203] 정거장이나 부두 등에서 지붕과 기둥만 있는 간단한 건물이다.

후시키(伏木) 쓰루가(敦賀) 등의 제항에는 850~860km부터 900km가 된다. 발길을 되돌려 만주에 대하면 주요지에는 전부 교통의 연계를 가지고 있다. 신경(新京), 합이빈(哈爾濱)에 이르는 경도선(京圖線), 납빈선(拉濱線) 및 이에 접속하는 빈주선(濱州線), 빈북선(濱北線), 북리선(北里線) 등에 의해 소만국경의 만주리(滿洲里), 대흑하(大黑河)를 통하고, 다음은 도문부터 목단강으로 빈수선(濱綏線)에서 교차하여 가목사(佳木斯)[204]에 이르고, 또 도가선(圖佳線)부터 밀산(密山) 대탄전을 관통하는 호림(虎林)[205]으로, 동만주의 보고에는 훈계(訓戒)[206]로부터 혼춘을 거쳐 대문자(大門子)에 통하여, 소위 사방팔방(四通八)에 달할 수 있는 지점으로 위치하고 있다. 만철은 일본해 항로의 경로 통제에 따라, 매우 적극적으로 특산물의 나진 집주(集注)주의로 힘을 쏟게 되는 것으로 본년 중에도 일찍이 이것이 무역숫자의 위에 나타나고 있다. 또 만주국개발에 요하는 자재도 일만양국에 의해 배급통제가 행해지고 있기 때문에 이 통제에 의해 할당된 것은 모든 일이 나진을 통과하게 된다는 것으로 의심할 여지가 없다. 최근의 무역총액을 비교하면 만철이 나진축항의 진보와 병행하여 화물의 나진집주정책을 계속하고 있는 것이 즉시 엿보인다.

무역액 비교표 [1938년(昭和 13)은 9월 말 현재]

(단위: 천 원)

1936년(昭和 11)	1937년(昭和 12)	1938년(昭和 13)
234,491톤	534,989톤	963,265톤
18,357	40,450	72,781

구주 방면 대두수출 비교

(단위: 톤)

	북선 (주로 나진)	대련[207]
적취선박수	48척	86척
특산적취고	341,331	338,690

---

204 현재 중국 헤이룽장성 자무쓰시이다.
205 현재 중국 헤이룽장성 후린시이다.
206 현재 중국 지린성 훈춘시 쉰지에샤주이다.
207 원문에는 大速으로 표기되어 있으나 大連의 오기로 보인다.

또 9월 말 현재를 보면 나진은 52만 9,000톤, 대련은 본년 중 60만 톤을 예상하는데 무역량의 증가는 만철의 나진집주주의가 드러나는 것이고, 대련과 비교하여 왕성해진 특산수출의 우세를 보이고 있는 것은 만철의 운임정책이 부분적으로 개정된 것도 있지만, 지리적으로 또 지세적으로 나진이 국제무역항으로써의 이상형을 가지고 있음에 말미암은 바가 크다고 보아도 좋은 것이 아닐까. 나진의 구주 대상 운임이 정기선, 임시선 공히 대련에 비교하여 6편고(片高)가 되고 있는 사실에 대해서도 보면 그것이 증명(裏書)되고 있다고 생각한다. 최근 대규모로 개발된 밀산탄도 나진항을 이출항으로 하고 있고, 본년은 근히 5만 톤에 지나지 않지만 1939년(昭和 14)은 20만 톤, 1940년(昭和 15)은 60만 톤으로 예정되고 있다. 동만주에서는 펄프도 같은 추세이고, 수이출이 함께 약증하는 것은 필연의 추세이며, 수이입도 또 같은 추세일 것이라 기대된다. 만주 중공업이 기도(企圖)하는, 만주국의 외화 취득에 따른 개발기재의 수입이 실현되면 다시 한 단계의 증가를 보게 된다.

이리하여 나진의 무역량은 수년 증가하여, 다른 3항을 압도하고, 이 차이를 벌려(引離) 완료한 것 같지만, 유감스럽게도 그 화물은 전부 통과화물이고 나진이라는 고장(地場)이 필요하게 된 것은 아니다. 따라서 무역의 변화하고 풍성한 발전과 나진의 도시적 발전은 반드시 일치하지 않는다. 오히려 양자의 관계는 현상에 방치하는 한 파행성을 일단으로 확장하고 행하는 것이 아닌가라고 생각된다. 이것은 나진의 경제적 발전에 대해 특히 별개의 고안과 계획을 필요로 하는 것이다. 현재의 도시계획은 인구 30만을 목표로 하여 도시구성의 각 조건, 설비는 착착 실시되고 있지만, 인구의 증가가 이에 수반하지 않는다. 통과무역항이고 상업적으로 번영할 요소가 결핍되어 있기 때문이다. 나진의 발전책은 어떻게 해서, 상업적 번영의 요소를 어느 것이든 구할 수 있는가. 지하자원도 없고 무역상도 없다. 만철과 만철 내지 관청에 기타건축 등에 의존하고 있는 소소비도시의 형태로밖에 있을 수 없다. 그러나 나진의 경제적 발전은 국책이다. 인공으로 좋은, 모든 지능을 동원하여 목표의 도시를 만들지 않으면 안 되는 것이다.

도청제도를 설치한다는 안도 나타나고 있다. 나진은 한번 보고 알 수 있듯이, 자연으로 발생한 도시가 아니고 인공도시이다. 항만의 설비를 보면 웅대함에는 놀라지만 맥맥이 다가오는 생명의 숨결이 없다. 인공도시의 비애이다. 단 동북만주의 대현관으로써 통과무역의 일 기관으로써 허용하면 이로써 족하게 되지만 30만의 인구에 도달하게 하는 것이 국책인 한,

이곳에도 지속되는 적극적인 계획이 필요하다. 나진취인소의 설치문제도 그중 하나이다. 경제현상의 자연적 요구가 취인소를 만드는 것이라는 사실은 너무나도 잘 알고 있는데, 나진항은 자연의 법칙을 어느 정도 무시하고 만든 것이기 때문에 먼저 인공적 시설과 지능상의 설계를 이루고 그렇게 된 이상에 경제적 기초를 배양하려는 것이 있는 듯하다. 여기에 하나의 기초로써 투입해야 할 것은 대자본의 희생적 진출에 의한 대유방(油房) 화학공장의 설치와 밀산탄에 의한 공업의 수립이다. 더욱이 특산무역상으로 하여금 나진에 거주하는 근거지를 설치하게 하는 것이다. 쓴 것과 같이 국책으로써 강행하고 가는 것 외에 대나진건설의 방도는 없다.

웅기

나진과 종단항 다툼을 벌이고 일패지 투성이가 된 웅기가 최근에는 동만주 지방의 구매력 증가와 정어리 어업의 왕성에 따라 신흥의 기분이 퍼지고 있다. 축항계획 당초에 용수호를 취입했던 대축항계획 나카무라 나오사부로(中村直三郎)의 안(案)에 읍민이 일치결속하고, 전면적 계획의 실현은 없음에도 적어도 그 기초공사가 될 예정의 체용을 정비하면 당연 종단항은 여기에 올 것이라는 것이었다. 어항선의 집합이 항구의 골칫거리로 보이는 현상으로 보아 축항계획은 어느 곳을 불문하고 백 년의 대계에서 출발하지 않으면 안 되는 것을 통감한다.

그러나 현재의 시설도 당당한 무역항이고, 감히 비관하는 것은 맞지 않다. 웅기가 금후 살아갈 길은 동북만주 오지로의 상권 확대, 수산 가공 공업, 만주 특산물 처리에 의한 화학공업, 혼춘탄을 이용하는 공업의 건설에 있다. 동북만주에는 예로부터 경제문화 상의 깊은 연결이 있고, 경제적으로는 친화무역, 친화목재를 주체로 하는 상당히 광범위한 뿌리, 강한 지반이 구축되고 있다. 친화무역 하나의 회사만으로 본년은 900만 원의 이입고를 보이고 있으며, 당당한 경제력을 보이고 있다. 공업지대는 웅창(雄昌)을 읍에 편입하고 여기에 어항을 축조하는 한편, 도의 손에 의한 매립공사를 시행하고 평지분과 만나는 공장지대로써 분양하고자 공사를 진행하고 있다. 도당국은 분양에 의해 공사비를 조달하는 한편, 토지(地方)의 고등을 억제하고 공업자본의 진출에 편의를 도모하고 있는 것인데 나진의 토지 인기(思惑)가 준 교훈에 따른 것이다. 사업가는 안심하고 기업진출을 이룰 수 있겠다. 공업원료를 취득하는 편리와 석탄의 혜택을 입고 있는 것은 장래의 강미이고, 다른 마찰을 기하는 어떤 것도 없다. 지장(地場)의 경제력이 상당히 공고하기 때문에 이에 입각하여 동북만주의 대중을 마켓-토로 삼는 곳으로 성장할 가능성이 있다. 이 점에서 청진·나진보다도 땅의 이점을 얻고 있다. 그럼에도 십수 년 이래 배가 된 만주의 지세이기 때문에 잡화를 주로 하는 배급기지로서 새로운 사명을 만들 것이다.

최근 맥분을 주로 하는 식량잡화가 증가하고 있는 것으로 보면 그 동향은 확실해지는 것 같다.

청진

청진은 북선 제일의 무역항이고 대표적인 도시이다. 나진으로 종단항이 결정되었던 당시, 청진의 장래에 의문을 품는 사람이 많았다. 그것에 굴하지 않고 금일의 생생약동하는 기백을 가지는데 이른 것은 시국의 사물(賜物)이고, 이 고장(地元)의 경제력과 항구이다. 청진을 만든 것으로써 먼저 제일로 들 수 있는 정어리이다.

함북 정어리 어업의 중심지는 청진이다. 조선의 정어리 어업은 통제가 확립되고 있는 것에 있어서 일본 제일로 칭해야한다. 각 도의 정어리 어업 수산조합은 정어리 건착망 조합, 기타의 관계조합을 솔하에 두고 어로, 자금, 시설, 어구의 개선, 가공공업과 일사불란한 통제 하에 지도받고 있는 것인데, 조선 정어리유비수산조합연합이 전체적 통제를 맡고 있다. 이 통제력은 놀라울 정도로 공고한 것으로 금일의 정어리업의 발달, 가공공업의 단시일 간의 발전도 이것에 의지하고 있는 것이다. 함북 정어리 어획의 7할은 청진이다. 가공공업에 이르는 것은 9할을 여기에서 행하고 있다. 조선유지(朝鮮油脂), 청진어량(淸津漁糧)의 화학공업공정에 의해 경화유, 휘-슈미루[208]는 당연히 일본 제일의 것이다. 정어리의 어획고는 연 850~860만 원부터 1,000만 원, 이것이 전부라고 말해도 괜찮지만, 청진에 떨어진 것이기 때문에 꺼림칙해도 경제력은 충실하다. 이 발전으로 일전하여 내일의 희망을 붙잡은 바, 무산철광의 개발이 실현되는 단계에 이르렀다. 더욱이 대일본방적주식회사(大日本紡)가 청진에 인견스후[209]

---

[208] 피쉬밀을 말한다.
[209] 스테이블 파이버(섬유)를 지칭한다.

공장의 설치를 결정했다. 풍부한 경제력과 간극 없는 지역 관민의 협력으로 성공한 것이다. 지가 가치의 상승에 따라 한 층 더 경제력은 충실해진 것이고, 금일의 청진은 다른 3항과 무용의 경쟁 없이 자력으로 독자의 진출 부문에 만진할 수 있는 혜택을 받은 환경으로 만들어졌다. 배후지하자원과 바다가 남긴 이점이 청진을 살려낸 것이다. 게다가 또 북선 철로선이 전부 통과함에 따라 동북만주로의 물자배급에 착목하고, 이전에 해 두었던 초석을 매개로 오지로, 오지로의 상권 확대에 노력하고 있다. 압록강의 가교완성을 앞두고 동변도로 상권 확대를 도모하고, 회의소가 중심이 되어 실정조사를 행함과 함께 파이롯트[210]로서 일체의 준비를 하고 있기 때문에 이 방면으로 장래의 신장될 힘(伸力)은 깔보기 어렵다. 정어리와 중경공업과 만주국으로의 상권확대에 따라 청진의 무역량은 비약적으로 증가하고 있다. 만주특산물의 나진집주, 만철의 나진중심주의의 운영에 따라 청진의 통과무역은 감소하고 있는데, 총무역량이 더욱 증가하고 있는 것은 청진의 경제력을 입증하는데 충분하다고 말할 수 있을 것 같다. 최근 5년간의 수출입무역액은 다음과 같다.

최근 5년간 청진의 수출입무역액

(단위: 천 원)

	1934년 (昭和 9)	1935년 (昭和 10)	1936년 (昭和 11)	1937년 (昭和 12)	1938년 9월 말 (昭和 13)
수이출입액	36,476	51,044	74,431	90,057	76,743
통과무역액	13,734	12,677	21,279	26,767	20,592

이상과 같이 본년은 1억 원을 돌파할 것이 확실하다.

청진의 도시계획은 구시가의 서부 천마산 공원부터 유성평야에 펼쳐진 지역에 면적 1평방리를 구획하고, 목하 도로 기타를 건설 중인데, 근대도시로서 완벽을 기하고 있다. 제2기 공사는 유성천에 이르는 1천만 평의 광대한 것으로 목하 실측 중이다. 장래 60만의 인구를 목표로 하고 있는 것은 공장건설의 현세로부터 보면 결코 크게 지나친 계획이 아니다.

공업에서는 목하 정어리유비 제조공업이 중심이 되고 있다. 제2기 시가계획의 중심지대

---

210 파일럿. 시험 삼아 해보는 것을 의미한다.

에 있는 어업의 안벽에 조선유지, 청진어량, 추전수산(秋田水産), 협동유지(協同油脂) 기타 크고 작은 십수 회사의 공장이 건설되고 있지만 장래 이들 공장은 화학공업으로의 발전할 소질을 가지고 있다. 일면 이들 공장부터 생산된 기름과 지게미(油竝搾粕)를 한 손에 취득하는 화학공업회사의 창립도 가능하다. 정어리 가공에 의한 생산고는 1,300만 원에 달한다. 대일본방적은 제1기 공사의 외형을 완성하고 기계의 거치 및 부착 중으로, 완성 후에는 인견스후 일 생산 20톤, 제3기 완성 후에는 일 생산 60톤으로 하여 본방 제일의 공장이 된다. 인견스후뿐만 아니라 유산(硫酸)의 자급을 계획하고 배후의 유화광을 개발하여 유화공장도 건설 중이다.

청진을 공장지로 만든 결정적인 것은 일철(日鐵)의 대제철소와 삼릉제강소(三菱製鋼所)이다. 무산철광의 개발은 국책으로서 급시를 요하는 것인데, 더구나 매장량은 1억 톤을 돌파한다. 장래 일본의 제철사업의 중심지는 청진과 성진으로 이동해서 온 것은 명확하다. 일본제철의 청진공장투하자본은 2억 원으로 말해지고, 1941년(昭和 16) 완성 후는 연 생산 200만 톤, 삼릉제강소는 투하자본 1억 원으로 내년 봄 5월부터 조업을 개시하는데 연 생산량이 8만 톤이다.

이 양 공장 건설에 따라 유성평야의 연안은 전부 시가지가 되고, 한편 대소비도시로서 인구도 격증한다. 따라서 현재의 축항은 연안항로용으로 밖에 쓸모가 없고, 삼릉제강소지대를 중심으로 하는 대축항 계획이 필요하게 된다는 의미이다. 청진은 우라(裏) 일본 여러 항과의 연락뿐 아니라 한신(阪神) 방면과의 무역량이 격증하고 있다. 국제항이기 때문에 다음 대축항 계획의 실현은 국책상으로부터도 급시를 요하는 것이고, 국가의 손에 의해 백 년의 대계가 수립되지 않으면 안 되는 것을 통감한다. 축항에는 수심이 깊은 것과, 파도가 높은 것이 결점이 되고 있는 듯 한데 자원개발과 동북만주로의 연락지로서 갖는 중요성에 비춰보아 중앙의 대방파제만이라도 착공해야한다.

성진

성진의 이름이 일반의 주목을 받아 관심을 야기한 것은 작년부터이다. 일본고주파중공업이 이곳을 공장부지로 결정했기 때문에 처음으로 성진은 세상에 나온 것이다. 따라서 천연의 좋은 항만을 가졌지만 북선 4항 중에는 가장 빈약하고, 입지 구축이 늦어지고 있다. 북선 3항론이 명확했던 때 성진이 침묵을 지키고 있던 것은 인적 요소의 결함이 원인이다. 성진 유지로 칭하는 사람들은 재산을 이룬 노성(老成)한 자뿐이고, 건설적 기미를 가지고 있지 않았다. 이에 비해 청진은 소위 제2세대(世達)가 제1선에 서 있기 때문에 스스로 다른 것이 있다. 성진도 제2세대가 많이 제1선의 역할에 서는 것처럼 되었기 때문에 인적 활약은 금후로 돌린다.

지금 함남북의 오지 지하자원은 국책의 요구에 따라 개발이 급히 다가오고 있다. 그것과 동시에 이 군수품의 재생산도 또 급무 중의 급무이다. 이에 적합한 공업지대의 설치는 어떤 것도 제외하면 안 된다. 지하자원을 원료로 하고 공업입지의 여러 인자(因子)부터 관찰하여 어느 곳이 가장 적합지가 되는 것인지를 검토하면, 함남북에서는 남은 땅으로는 성진밖에 있을 수 없다. 그렇다면 성진과 지하자원의 분포는 여하한 관계가 되고 있는 것인가.

성진항을 기점으로 하여 배후를 향한 부채꼴의 방사선을 펼치면 성진의 교통망은 함남북과 만주국을 포함하는 대블럭을 형성한다. 즉 북선개척사업의 진보, 혜산선·백무선삼림철도의 개통과 함께 부설촉진, 성진-혜산간의 도로의 개수에 따라 성진의 세력권에 들어오는 것은 성진, 길주, 명천, 무산, 서천, 이원, 북청, 풍산, 갑산, 삼수의 함남북 10군에 미친다. 길장선(吉長線)이 완성하는 데 이르면 선만일대의 국책에 의해 성진은 만주국 중앙부로의 경제적 연락기지로서 중요성을 더하게 된다. 만주국과 함께 국경지방의 자원은 잠시 제쳐둠으로써 세력권 내에 있는 함남북 10군의 지하자원의 조급개발이 요청되고 또 비교적 개발이 용이한 것은 다음과 같은데 그 풍부함에 놀랄 것이다.

1. 이원철산(목하 개발 중 확대 계획 있음. 일본제철, 일본고주파로 공급)
2. 성진군내의 중소금광
3. 서천유화철광연산 7만 톤, 장래 50만 톤 계획
4. 함남갑산유화철광 연 생산 5만 톤, 증산 계획 중
5. 서천 아연철산(동양 4대 아연광 중 하나) 개발 계획 중
6. 갑산동점 동광 개발계획 중
7. 서천 마그네사이트광 개발계획 중

8. 백암 마그네사이트광 연생산 5만 톤 일본 마그네에서도 증산 계획 중

9. 운모광(서천 길주군에 걸쳐있다) 연 생산 30만 톤에서 50만 톤으로 증산계획. 광량의 풍부함이 세계적

10. 길주탄광

11. 흑연 연생산 30만 증산계획 중

12. 고령토석탄암은 무진장

13. 서천 오지에는 대수력 전원의 개발가능

위와 같이 놀라운 지하자원을 품고 있는 것인데, 이 개발을 위해 일본고주파중공업은 이미 제2기 확장공사의 기초공사를 완료하고 일본 마그네사이트는 다각적 화학공업으로의 대규모 계획을 추진하고 있다. 한편 항만과 도로의 설비를 기다려서 기업을 세우고자 대기하고 있는 자본도 많이 있는데 현재의 축항으로써는 도저히 이 요구에 응할 수 없는 것이다. 현재의 축항은 탄토량 20만 톤을 목표로 한 것인데 1938년(昭和 13)의 탄토량은 10월 중에 이 목표를 돌파하고 있다. 자원의 분포 관계로부터 보아 성진은 함남북의 자원개발기지로서 중요한 사명이 있는 것이고 이 조건에 적합하게 하는 것에는 대축항계획이 수립되지 않으면 안 된다. 수심이 깊고 간만의 차이가 적은, 현재의 축항안벽에도 1만 톤(噸)급의 선박을 계류하고, 하역이 가능하기 때문에 항구로써의 조건은 완전히 구비되어 있다. 성진항에 대항만시설을 실시하고 대공장지대가 되어 이를 발휘하는 것은 함남북의 지하자원을 살리고, 국책에 순응하는 바이다. 즉 자원개발의 근거지로서 성진항의 건설이 급무가 되는 것이고 북선의 중요항으로서 다른 3항과 비견하게 해야 하는 이유는 여기에 있다.

(박정민)

자료 101 | 朝鮮總督府 時局對策調査會, 1938, 『朝鮮總督府時局對策調査會諮問答申案試案』, 朝鮮總督府, 67~72쪽.

제6 해운의 정비에 관한 건

북지(北支) 및 중지(中支)[211]의 정세 안정에 따라 이제 동 방면의 경제 건설은 착착 실행에 옮기는 정세에 있다. 한편 조선은 기타 지리적 우위성으로 비추어 보기만 해도 제국 발전의 전진 기지 혹은 병참기지로서 정치 산업 및 문화상 중요한 위치를 점하기에 이른 것은 명확하다. 그런데 제반 시설에 선행되어야 할 해운시설의 현실은 극히 빈약하므로 이것의 근본적 대책을 강구할 취지 하에 대강 아래의 방책을 채택하는 것이 필요하다고 인정된다.

시설 계획

(가) 대지(對支)[212] 명령 항로의 확충을 도모할 것
아래 각 항로의 충실 및 개설을 도모하는 것이 필요하다.

1. 서선(西鮮)-천진(天津) 항로
사용선: 총 톤수 1,500톤급 화객선 6척

항해 횟수: 월 15회 이상 연 180회 이상

기항지 및 기항 순서

   갑선: 인천을 기점, 천진을 종점으로 하여 진남포 및 대련(大連)에 기항한다.

   을선: 인천을 기점, 천진을 종점으로 하여 진남포 및 지부(芝罘)에 기항한다.

2. 서선-청도(靑島) 항로
사용선: 총 톤수 2,000톤급 화객선 3척

---

211 각기 중국의 화북, 화중지방을 가리키는 당시 일제의 용어다.
212 대 중국을 뜻한다.

항해 횟수: 월 9회 이상 연 108회 이상

기항지 및 기항 순서

　인천을 기점, 청도를 종점으로 하여 인천 정박 중 진남포에 연항(延航)하도록 한다.

3. 서선-상해(上海) 항로

사용선: 총 톤수 1,500톤급 화객선 2척

항해 횟수: 월 5회 이상 연 60회 이상

기항지 및 기항 순서

　인천을 기점으로 하고 군산·목포를 경유하여 상해에 이르고, 인천에서 귀항하여 인천 정박 중 진남포로 연항하도록 한다.

4. 북선(北鮮)-부산-상해 항로

사용선: 총 톤수 1,500톤급 화객선 2척

항해 횟수: 월 4회 이상 연 48회 이상

기항지 및 기항 순서

　나진을 기점으로 하고, 상해를 종점으로 하며, 청진·성진·원산·부산에 기항하도록 한다.

5. 북선-부산-북지 항로

사용선: 총 톤수 1,500톤급 화객선 2척

항해 횟수: 월 3회 이상 연 36회 이상

기항지 및 기항 순서

　나진을 기점으로 하고, 천진[당고(塘沽)]을 종점으로 하며, 청진·성진·원산·부산·청도에 기항하도록 한다.

비고

부산과 천진을 연락하는 항로에 대해서는 위 내용 외에 내지(內地)-천진 항로의 부산 기항 시설의 확충을 도모하는 것으로 한다.

장래 정세에 응하여 해주 및 다사도에 기항 항로를 고려하는 것으로 한다.

(나) 선박 수선 설비의 정비를 도모할 것

현재 조선 서해안에는 선박 수선 설비를 볼 수 없어, 항운업자가 받는 불리함과 불편이 적지 않으므로 이를 구제하고 대지(對支)항로의 발전을 촉진하기 위해 인천에 5,000톤급 건선거(乾船渠) 및 그 부속 설비의 정비를 도모하고, 이를 국가에서 정비하거나 적당한 조성방법을 강구하여 민간업자로 하여 시설하도록 할 것.

(다) 인천항 제2 선거(船渠) 축조공사 준공기를 앞당기고 공사 추가를 할 것

대지항로의 기점이 되었을 때 인천-■■■■■■■■■의 극히 좁으므로 목하 공사 시행 중인 제2 선거 준공기를 2개년으로 앞당겨 1942년(昭和 17)에 준공하도록 함. 동시에 전술한 준공기 경 출입 화물의 톤 수 증가 상황에 대응하기 위해 언급 기한 내에 기정 계획된 안벽 800m를 1,200m로 연장하고, 갑문 1개소를 증설할 것.

(라) 항로 표식 시설을 확충할 것

조선에서 항로 표식 시설은 극히 불비한 고로 금번 사변에 따라 그 정비의 필요가 특히 긴급하게 되었으므로 가급적 빨리 전선 연안에 등대, 무신호, 무선 방위 신호소의 신설 강화를 도모할 것.

(마) 특수 구조선의 건조 조성을 도모할 것

북지항로의 발전을 촉진하기 위해 북지 및 서선 항만의 특수조건에 적합한 얕은 흘수(吃水)와 감빙성(堪氷性)을 갖추고 있는 특수선을 건조하도록 하고, 그 건조비의 증설은 국가에서 보조할 것.

(바) 민간 해사 단체를 강화할 것

해운의 발전은 이것을 조장할 민간 해사 단체의 활동과 발맞출 것, 그런데 조선에서 유일의 해사 단체였던 사단 법인 해사회의 기능은 극히 미약하여 본래의 목적 달성이 곤란하게 되었으므로 동 회를 확충·강화하고 국가에서도 적당한 조성 방법을 강구하여 대지 및 일반 해운의 발전에 기여하도록 할 것.

(박우현)

자료 102 | 第十九師團長 波田重一, 1940, 『陸支密大日記 第20號 2/2 昭和15年』(아시아역사자료센터, C04122178800), 572~580쪽.

북선 수송부대 철도 수송 중의 병참 및 급양 업무 상세 보고의 건(3)

조참보(朝參報) 제31호

조선 내 철도 수송 부대 수송에 관해 병참 업무 능률의 건 보고

1939년(昭和 14) 4월 27일 조선군 사령관 나카무라 고타로(中村孝太郞)

육군대신 이타가키 세이시로(板垣征四郞) 귀하

1939년(昭和 14) 3월 위 제목의 업무 자세한 보고(詳報)는 별책과 같이 보고

(군사기밀) 별책

1939년(昭和 14) 3월의 조선 내 수송 부대 철도 수송 간 병참 및 급양 업무 상보

1939년(昭和 14) 4월 조선군 사령부

1939년(昭和 14) 3월의 조선 내 수송부대 철도 수송 간의 병참 및 급양 업무 상보

개황

1939년(昭和 14) 3월 조선 내 철도 수송 부대[북선(北鮮) 통과 제외]는 아래와 같이 그 급양 인원 장교 이하 601명이다.

〈다음〉

1) 군의 급양을 담당하는 부대
   : 제19사단 위생병 보충 요원
     제19사단 교대 파견 인원
2) 군의 급양을 알선하는 부대
   : 히시다(菱田) 부대 요원

그리고 위 부대의 조선 내 철도 수송 간의 급양 및 승선지 병참 업무는 극히 순조롭게 실시되었다.

1. 병참 급양 실시 준비

별지 제1, 제2와 같이 조선군 임시 병참 사령관 및 제19사단에게 통첩하여 실시토록 한다. 당시 조선군 임시 병참 사령부 동(同) 지부의 편성은 별지 제3과 같다.

2. 병참 업무 실시

조선군 임시 병참 사령관 및 제19사단에 통첩하여 승선지에서 병참 업무 및 철도 수송 간의 급양은 병참 사령부 제19사단과 수송기관 등의 협동, 주지된 준비에 따라 극히 원활히 실시되었다.

별지 제1

조참밀(朝參密) 제154호

위생병 보충 요원의 병참 업무 및 급양에 관한 건 통첩

1939년(昭和 14) 3월 25일 조선군 참모장 기타노 겐조(北野憲造)

조선군 임시 병참 사령관 고하타 가즈키(小幡一喜) 귀하
제19사단 참모장 나구라 시오리(名倉栞) 귀하

제19사단으로부터 중지(中支) 방면으로 보충되어야 할 위생병 요원 206명은 3월 1일 각 주둔지를 출발하여 3월 3일 인천에서 승선해 수송된다. 또 야전 철도 사령부와 연락하여 그 관내에서 철도 수송 간의 급양 및 인천에서의 병참 업무를 실시하길 바라며 통첩한다.

별지 제2

조참밀 제208호

파견 인원의 병참 업무 및 급양에 관한 건 통첩

1939년(昭和 14) 3월 14일 조선군 참모장 기타노 겐조(北野憲造)

조선군 임시 병참 사령관 고하타 가즈키(小幡一喜) 귀하
제19사단 참모장 나구라 시오리(名倉栞) 귀하

제19사단의 청구에 관련한 교대 파견 인원은 별지의 개략적 표에 따라 수송되어야 할 것에 대해 야전 철도 사령부에 연락하고 그 관내 철도 수송 간의 급양 및 부산에서의 병참 업무를 실시하길 바라며 통첩한다. 추가 급양 계획은 후송하여야 할 때 첨부한다.

별지 제3 조선군 임시 병참 사령부 동 지부 편성표[1939년(昭和 14) 3월 1일]

부명	장교		차출 부대	하사관	차출 부대	병	차출 부대
용산 사령부	사령관	공병 소좌 고하타 가즈키 (小幡一喜)	군사령부	보병 군조 야스다 우미오 (保田卯三男) 보병 오장 히로타 마사토 (廣田政登)	79연대	위생 상등병 하시모토 카메마쓰 (橋本亀松)	용산 육군 병원
	부관	보병 중위 고즈키 고로 (上月五郎)	79연대				
	부원	보병 중위 요시다 히데오 (吉田秀雄)	79연대				

부명	장교	차출 부대	하사관	차출 부대	병	차출 부대
부산 지부	지부장 보병 소좌 노구치 리이치로 (野口理一郎)	79연대	보병 보장 오쿠보이 와타로 (大久保岩太郎)	80연대	보병 이등병 하야시 기요시(林淸) 보병 일등병 하야시타 쇼이치 (林田昌一) 위생 일등병 야마다 요시노부 (山田義信)	80연대 대륙병원

비고: 3월 1일 사령부 위생 일등병 하시모토 카메마쓰를 상등병으로 진급한다.

(박우현)

자료 103 | 軍務課·朝鮮總督, 1940, 『密大日記 第10冊 昭和15年』(아시아역사자료센터 C01004839000), 1752~1762쪽.

북선의 철도 및 항만의 경영 조정에 관한 협정

차관으로부터 관동군 참모장 및 조선군 참모장 앞으로의 통첩

위 제목의 건(6월 1일)에 관해 별지대로 일부 사무관 회의 결정과 일치함에 따라 양해를 구하고자 합니다.

육밀(陸密) 제1170호 1940년(昭和 15) 6월 14일

북선의 철도 및 항만의 경영 조정에 관한 협정

1940년(昭和 15) 6월 1일 일부 사무관 회의 결정

북선의 철도 및 항만의 경영 조정에 관한 협정

북선의 철도 및 항만의 경영 조정에 관해 1940년(昭和 15) 3월 5일 각의 결정에 기초하여 조선총독부(이하 갑으로 칭함)와 남만주철도주식회사(이하 을로 칭함) 간에 다음의 취지에 따라 별지대로 협정한다.

1) 갑은 을이 경영하는 북선의 철도 및 항만의 운영 및 건설에 대해 각의 결정의 취지에 따라 법령 적용상 국유 철도 및 항만에 준하여 가급적 편의 조치를 하는 것으로 한다.
2) 을은 북선의 철도 및 항만 경영에 있어 각의 결정의 취지에 따라 갑의 교통행정에 순응하고, 외지 방면 산업개발 및 교통 운전의 편리 증진에 관해 충분한 조치를 강구하는 것으로 한다.

1940년(昭和 15) 월 일

조선 총독 미나미 지로(南次郎), 남만주철도주식회사 총재 오무라 다쿠이치(大村貞一)

제1조 갑을 간 체결되었던 1933년(昭和 8) 9월 30일의 조선 국유철도 일부의 위탁 경영 계

약 동 부속 협정과 더불어 1936년(昭和 11) 5월 30일의 웅기(雄基)항 및 청진항 종단 시설에 관한 각서는 1940년(昭和 15) 월일에 한해 이것을 해제하고 갑은 1940년(昭和 15) 월일로부터 개정하여 다음의 시설을 을에 대부하는 것으로 한다.

1) 웅기 상삼봉(上三峰) 간 철도 시설

2) 웅기항에서의 시설

전 항의 시설 대부에 관해서는 갑을 간에 별도 계약을 체결하는 것으로 한다.

제2조 전 조에 따라 대부할 웅기항 항만시설의 범위는 본 협정 성립 당시 을에 대부 중인 것으로 한다. 다만, 웅기동 측의 토지 2,040평을 축소하는 것으로 한다.

평수는 갑을 양자가 입회, 측량하여 결정하는 것으로 한다.

제3조 전 2조 시설의 대부에 대해 을이 갑에 납부할 대부료는 다음의 투자액에 비율 연 3푼9리를 차용한 금액으로 한다.

1) 웅기 상삼봉 간 철도 시설액 2,261만 2,029원 17전 3

2) 웅기항 항만시설액의 일부 105만 9,718원 59전

제4조 을은 전 조의 대부료를 매년 4월 및 10월의 2기로 나누어 납부하는 것으로 한다.

제5조 천도(天圖) 철도 매수, 기타 처리에 관한 척무대신 지령에 기초한 보조금은 1940년(昭和 15) 이후 을이 갑에게 이를 청구하지 않도록 한다.

제6조 을은 웅기 상삼봉 간 철도에 대해 부설 면허 신청 수속을 하는 것으로 한다.

제7조 갑은 장래 본 대부 시설 강화를 위해 철도의 복선 또는 이에 대신할 새로운 선로 및 지선을 건설하거나, 항만시설을 확장하여 경영할 필요가 있을 때는 을이 이를 행하도록 한다.

제8조 갑은 을이 경영할 철도에 관한 인가, 단속 및 제 보고에 대해 가능한 한 그 수속을 간단하고 빠르게 하도록 한다.

- 인가 사항 예시

1) 북선의 중요한 개량 계획

2) 북선의 지방적 운임 및 요금에 대한 기본적인 것의 제정 또는 변경

- 단속 사항 예시

1) 열차의 발착 시각, 횟수의 실시 및 변경

2) 타 운수기관과의 연락 운수

3) 인가를 받은 공사 착수

4) 운수의 개시를 할 때

5) 중대한 열차 운전사고 및 이례적인 사고의 발생

- 보고사항 예시

1) 통계 보고서, 부표

2) 운수 개산(槪算) 월보

제9조 갑은 별도로 정한 차량 임대비 협정에 기초하여 환원구역 내에서 현재 운영에 충당 중인 차량을 당분간 을로부터 빌리는 것으로 한다.

제10조 을은 국제운수주식회사로 하여 환원구역 연선의 소운송업, 각 역 구역 내 청부 작업 및 청진항에서의 부두 작업(거룻배 및 선박회사대리점 업무를 포함함)을 조선운송주식회사에 양도하도록 한다. 또 이의 없는 양도 가격의 결정은 국제운송주식회사로써 손실이 없도록 하여 충분한 고려를 하고 양도의 세목은 별도 협의를 하도록 한다.

제11조 상삼봉에 대한 갑의 철도 관계 업무는 이를 을에 위탁하는 것으로 하고, 이 세목에 관해서는 갑을 사이에 별도 협정하는 것으로 한다.

제12조 상삼봉역에서의 수출 수속의 대변(代辨)은 을로써 이를 하도록 한다.

제13조 현재 갑이 을로써 대행하도록 하는 회령·웅기읍 간의 자동차 운수사업은 이를 환원하는 것으로 한다.

제14조 웅기항 시설 중 용수동(龍水洞) 측의 토지에 대해서는 장래 을이 필요로 하는 경우 갑이 대부할 범위를 확장하는 것으로 한다.

제15조 대부한 항만시설은 원 측이 이를 타인에게 전대(轉貸)할 수 있도록 한다.

제16조 웅기항 및 나진항에서의 예선(曳船), 기타 선박 계리(繫離) 작업은 을이 이것을 수행하는 것으로 하고, 이에 필요한 시설에 대해서도 역시 동일하다.

현재 나진항에 배치된 나진세관 소속의 예선은 갑이 이를 인양하는 것으로 한다.

다만, 상황에 따라 당분간 그대로 한다고 하더라도 을은 이를 되도록 빨리 정비하여야 한다.

제17조 을의 웅기항 및 나진항의 항만시설 및 예선의 사용에 관한 사용료, 수수료, 기타 항만 경영에 관련하여 징수할 여러 요금의 요율에 관한 규정에 있어, 갑이 조선 내 타 항만에서 갑이 직접 결정하거나 인가 또는 허가 등을 제정하거나 변경하였을 때 갑의 인가를 받는 것으로 한다. 갑은 전술한 인가에 대해 가능한 그 수속을 간단하고 빠르게 하는 것으로 한다.

제18조 을은 갑으로부터 항만 관계 조사 사항의 조회가 있는 경우에는 빠르게 이를 보고하여야 한다.

제19조 웅기항 및 나진항에서의 항만 경영 및 공사를 위한 을 소유 선박의 사용에 관해서는 갑에 대한 편의 제공 방안을 고려하는 것으로 한다.

제20조 을이 웅기항 및 나진항 내에서 항로 표식 시설을 하도록 할 때는 '조선항로표식규칙'의 적용을 받도록 한다.

제21조 갑은 항만시설의 확충, 보수, 항내의 준설 등이 필요할 때 을에게 이를 행하도록 하게 한다.

제22조 조선 내에서 을이 경영할 철도 및 항만시설의 운영 및 건설에 요하는 물자는 만주의 물동에 의해 을이 현지 조달(調辨)하는 것으로 한다. 단, 1940년(昭和 15)에 한해 갑이 기정 계획에 기초하여 취득하였던 자재는 이를 을에게 배분하는 것으로 한다.

제23조 갑은 만주인 노동자의 사용제한을 가급적 완화하는 것으로 한다.

제24조 갑은 을이 경영하는 시설 및 이것의 운영에 대한 지방세를 면제한다. 단, 을은 그 상당액을 기부하는 것으로 하고 그 금액 및 납부처는 갑이 매년 이를 지정하는 것으로 한다.

제25조 갑은 당분간 대부 철도 내에서 운용할 을의 차량 수선에 대해 청진 철도 공장 이용 등의 편의를 제공하는 것으로 한다. 단, 을은 가능한 빨리 차량 수선 시설을 조성하는 것으로 한다.

제26조 인사에 관해서는 별도로 정한 협정에 따르는 것으로 한다.

제27조 대부 및 환원과 더불어 인계에 관해서는 별도로 정한 부속 협정에 따르는 것으로 한다.

제28조 본 협정은 2통을 작성하여 갑을 각 1통씩 보유하는 것으로 한다.

나진부에서의 부두 및 기타 물 공급에 관한 협정

조선총독부와 남만주철도주식회사(이하 만철이라 칭함) 간에 나진부에서의 부두 및 기타 용수 공급에 관한 협정한 것은 다음과 같다.

제1조 나진부에서의 부두, 철도 및 사택용수는 만철이 이를 공급하는 것으로 한다.
제2조 나진부에서의 공중용수는 일일 3,000톤을 한도로 하고, 만철이 상당가격으로 분수(分水)하는 것으로 한다.
제3조 장래 나진부에서 증수 계획을 할 때 만철은 성심성의껏 편의를 계획하는 것으로 한다.
제4조 본 협정은 2통을 작성하여 갑을 각 1통씩 보유하는 것으로 한다.

1940년(昭和 15) 월 일
조선 총독 미나미 지로(南次郎), 남만주철도주식회사총재 오무라 타쿠이치(大村貞一)

(박우현)

자료 104 | 朝鮮總督府, 1941, 『第79回帝國議會說明資料(司政)』, 朝鮮總督府, 320~329쪽.

항만 수축 개량 공사의 연혁, 각항의 개요, 수축 계획과 현재

1. 연혁 개요

한국 정부 시대에 공사비 440만 원을 들여 부산, 인천, 진남포, 평양, 원산, 신의주, 군산, 목포, 청진, 마산 및 성진의 11개 항에 대하여 응급적 시설을 했음에도 모두 마무리 짓지 못하고 병합이 되었다. 그렇기 때문에 총독부는 이를 계승 시행함과 함께 또한 설비의 확장 계획을 수립하여 인천, 부산, 평양 및 진남포의 4개 항에 대하여 1911년(明治 44) 이후 계속 사업으로 하여 수축을 시행하고 이어서 1915년(大正 4)에 원산항을, 1919년(大正 8)에 부산항 제2기 공사를, 1922년(大正 11)에 청진 및 성진항을, 1926년(大正 15)에 청진항의 이미 정해진 예산에 440만 원을 추가하였고 그 밖에 군산, 목포, 웅기 및 다사도(多獅島)의 4개 항을 추가하였다. 1929년(昭和 4)에 인천 및 진남포를, 1933년(昭和 8)에(1933년 이후 명목을 항만 수축비로 개정함) 성진 저목장 및 청진어항(漁港)을 추가하고 이 중 청진항 및 청진어항 수축 공사의 일부를 1935년(昭和 10)에 이월[繰越]하였고 그 밖에 각 항 공사는 1934년(昭和 9)으로 완료하였다. 위 이월된 공사도 1935년으로 모두 완료하였다.

또한 1935년에 인천항 제2 선거(船渠), 여수항 방파제, 부산항 북방파제의 축조 및 청진어항 제2문 공사 시행의 필요성을 인식하여 신규 계획으로서 총공사비 1,400만 원(항만수축 개량비로 함)을 계상, 1935년 이후의 계속 사업으로서 착수하였다. 이듬해인 1936년(昭和 11)에는 성진, 다사도, 정라(汀羅) 각 항의 수축 및 부산, 마산 각 항의 확장과 함께 여수항 방파제를 추가 시행하기로 하고 공사비 1,180만 3,629원을 추가하였지만, 내정라항 수축은 1936년 8월의 풍수해를 고려하여 폐지하였다. 또한 1937년(昭和 12)에는 부산항 확장 공사비 1,300만 원을 추가한 것 외에도 1,480만 원으로 여수항을 확장하고, 청진서항 방파제 및 묵호항 방파제를 계획, 시행하였다. 1938년(昭和 13)에는 다사도항 수축 공사에 1,300만 원을 추가하였고 1939년(昭和 14)에는 단천항 방파제 축조를 위하여 430만 원을 계상하였다.

1940년(昭和 15)에는 성진항 수축, 부산항 확장에 2,395만 원을 추가하였고, 그 밖에 1,077만 5천 원으로 마산항 제2기, 해주, 진해항 각 항의 수축 결정을 내렸지만, 진해항 수축은 군(軍)의 사정에 의하여 착수에 이르지 못하고 중지되었다. 1941년(昭和 16)에는 묵호항 방파제 축조, 여수항 확장, 인천항 제2 선거 축조, 다사도항 수축, 청진서항 방파제 축조에 1,583만 8천 원을 추가함과 함께 새로이 1,220만 원으로 원산항 확장, 삼천포항 수축의 각 공사를 실시하기로 결정하였다.

이들 공사 가운데 청진어항 제2기 공사는 1936년, 마산항 제1기 확장공사 및 여수항 방파제 축조 공사는 1939년, 부산항 북방파제 축조 공사는 1940년에 준공하였고 기타는 현재까지도 실시 중에 있다.

한일병합(韓日倂合) 이래의 각 항만별 공사비 예산액은 다음과 같다.

항만별 공사 예산액조

항명	예산 총액	1911~1940년	1941~1945년	연도별				
				1941년	1942년	1943년	1944년	1945년
부산	53,861,035	28,479,139	25,281,896	8,111,896	9,350,000	7,520,000	400,000	
인천	23,033,915	12,869,787	10,164,128	1,216,000	3,178,000	2,640,400		
여수	11,643,000	7,824,191	3,788,809	1,817,809	1,971,000			
원산	13,293,000	3,493,000	9,800,000	700,000	2,200,000	2,400,000	2,400,000	2,100,000
청진서항	8,132,000	6,136,284	1,995,416	969,416	1,026,000			
성진	4,837,888	2,718,556	2,119,332	964,332	550,000	605,000		
다사도	19,412,508	7,411,622	12,000,886	2,930,000	9,070,886			
묵호	3,400,000	1,393,000	2,005,000	600,000	755,000	650,000		
마산	3,616,000	1,644,500	1,971,500	800,000	800,000	371,500		
단천	4,350,000	1,236,836	3,113,164	1,000,000	2,113,164			
해주	7,200,000	900,000	6,300,000	2,700,000	2,700,000	900,000		
삼천포	2,400,000		2,400,000	500,000	1,000,000	900,000		
진남포	3,482,680	3,482,680						
평양	129,272	129,272						
청진	6,229,012	6,229,012						

항명	예산 총액	1911~1940년	1941~1945년	연도별				
				1941년	1942년	1943년	1944년	1945년
청진 서항	1,280,000	1,280,000						
성진 저목장	680,000	680,000						
군산	2,820,274	2,820,274						
목포	569,200	569,200						
웅기	998,626	998,626						
계	171,798,524	90,758,393	81,040,131	22,309,453	34,714,050	16,476,228	5,440,400	2,100,000

2. 각 항만의 개요 수축 계획

조선반도 및 그 도서에는 다수의 항만이 있지만 그중에서도 주요한 185개 항(관항 14개, 지정항 35개, 지정 외항 136개)이 있다. 이들 항만의 수축 유지 등에 관하여 종래 관항에 대해서는 감독을 시행하고 기타의 항만에 대해서는 국고에서 30% 내지 75%를 보조해서 지방 공공단체로 하여금 시설을 경영하게끔 해왔다. 그리고 관항에 관해서는 일찍이 축조 계획을 정하여 그 일부는 준공되었거나, 혹은 비록 현재 시행 중인 것이 있더라도 그 수가 아직 적고 모든 설비가 충분하지 않기 때문에, 장래 이를 차차 완수하기 위해서는 관항 2억 4천 6백 8십만 원[나진항을 제외하고 미개항(未開港)을 포함함], 지방항[공공단체 및 사인(私人) 수축항을 포함함] 1억 5천 3백 9십 4만 원, 총 4억여 원을 요한다. 즉, 수축 계획의 개요를 보자면 별표와 같다.

항만별 공사 예산액조

항명	총 계획 공사비	지출 완료 및 기정 예산액	장래 계획 공사비	장래 계획 개요
부산	99,212,310	55,712,310	43,500,000	해륙 연락 설비 및 방파제 기타
인천	52,594,316	23,894,316	28,700,000	제2 선거 축조 확충 추가 및 석탄 하역설비
원산	37,763,309	13,763,309	24,000,000	송도원(松濤園) 방파제 및 해륙 연락 설비
진남포	20,532,138	3,832,138	16,700,000	해륙 연락 설비 확장

항명	총 계획 공사비	지출 완료 및 기정 예산액	장래 계획 공사비	장래 계획 개요
목포	7,631,209	631,209	7,000,000	해륙 연락 설비 확장
군산	10,872,677	2,872,677	8,000,000	해륙 연락 설비 확장
성진	15,566,755	5,566,755	10,000,000	해륙 연락 설비 확장
청진	41,201,613	16,201,613	23,000,000	해륙 연락 설비 확장
웅기	1,998,059	1,998,059	-	
다사도	49,412,390	19,412,390	30,000,000	해륙 연락 설비 확장
제주	7,200,000	7,200,000	-	
신의주	43,607	43,607	-	
여수(미개항)	27,143,000	11,643,000	15,500,000	방파제 축조
군산(미개항)	3,616,000	3,616,000	-	
묵호(미개항)	5,700,000	3,400,000	2,300,000	방파제, ■石 치장
단천(미개항)	9,350,000	4,350,000	5,000,000	해륙 연락 설비
삼천포(미개항)	12,400,000	2,400,000	10,000,000	해륙 연락 설비 및 방파제
진해(미개항)	147,500	147,500	-	
정라(미개항)	2,100,000		2,100,000	방파제 축조
보산(미개항)	9,000,000		9,000,000	해륙 연락 설비
성주(미개항)	10,000,000		10,000,000	해륙 연락 설비
합계	423,486,883	176,686,883	246,800,000	

비고: 지출 완료 액수에는 구한국 정부 시대의 분도 포함한다.

(박진서)

자료 105 | 朝鮮總督府, 1941, 『第79回帝國議會 說明資料(遞信)』, 朝鮮總督府, 842~846쪽.

항만운송업 등 통제령 시행의 상황과 그 영향

1. 본령 제정의 취지와 그 실시

해운에 관한 기본 운수 또는 대운송(大運送)에 관한 점을 주요한 대상으로 하는 해운통제 법규와 해운통제기구는 사태의 추이와 함께 점차 강화 정비되어 왔다. 그런데 부대운송(附帶運送) 또는 소운송(小運送)으로도 일컬어지는 항만운송업무가 해운업의 일환으로서 불가결한 사태가 되는 현재 상황에 비추어 이에 대한 통제 강화가 긴요해지고 있다. 이에 7월 말의 제16회 국가총동원 심의회에서 항만운송업의 통제에 관한 칙령안 요강 결정 이후 관계 법령이 성문화되어 내지에서는 9월 20일부터, 조선에서는 10월 1일부터 시행되었다.

2. 본령의 주된 내용과 그 통제방침

본령에서 항만운송업이란 본선(本船) 운송의 양단(兩端)에서 선행하거나 후속해서 가는 화물의 선적, 육양(陸揚)을 하기 위한 하별(荷捌), 그리고 부선(艀船)이나 예선(曳船)에 의한 운반을 하는 사업을 가리킨다. 또한, 종래 선직업, 육양 하별업, 선내 하역업 등이라고 칭하는 해륙 연락업과 같은 것, 부업(艀業), 예선업(曳船業), 조업(漕業)이라고 칭하는 수상 소운송업과 같은 것, 그리고 연안 하역업이라고 칭하는 업태(業態)를 포함한다.

본령은 항만운송업의 남립(濫立)을 방지하고 업무의 원활을 기하기 위하여 지정 지역(근처 수면을 포함)인 신의주(新義州), 다사도(多獅島), 진남포(鎭南浦), 보산(保山), 광량만(廣梁灣), 겸이포(兼二浦), 해주(海州), 인천(仁川), 군산(群山), 장항(長項), 목포(木浦), 여수(麗水), 마산(馬山), 부산(釜山), 포항(浦項), 묵호진(墨湖津), 원산(元山), 흥남(興南), 차호(遮湖), 성진(城津), 청진(淸津), 나진(羅津), 웅기(雄基)의 23개 항에 본 사업을 개시하려는 것이다. 이에 조선 총독의 허가를 요하는 규정, 사업의 양도, 공동 경영, 위탁 또는 합병에 관한 명령권 및 사업 설비의 시설 명령권이 규정되고, 통제회적 성격과 기능을 가진 통제 단체(지구별 단체)를 설립할 지구로서 진남포지구(부산지구, 청진지구)의 설립 명령이 더해져서, 현재 그 통제 운용에 대해서는 아래의 방침에 의하여 만전의 방책을 강구하며 관계 국(局)과 협의 중이다.

통제 방침

(1) 각 주요 항별로 기존 업자를 통합하고 항만운송업의 운영을 목적으로 하는 항만작업 회사를 신설할 것. 단, 해당 항의 실정(實情)을 고려하여 유력 회사에 흡수될 수도 있게 할 것.

[주] 주요 항이란 조선 총독의 고시에 의하여 지정된 23개 항 지역으로 한다.

제1기 계획으로서는 통제의 중요도를 고려하여 신의주, 진남포, 인천, 군산, 목포, 부산, 원산, 성진의 9개 항으로 하고 기타는 제2기 계획으로 한다.

(2) 위 작업 회사는 각 항에 대하여 단일 회사로 할 것을 원칙으로 하지만 국가의 직영에 대한 청부 작업 또는 특수한 업종에 대해서는 잠정 조치로서 별도로 적절하게 독립적으로 할 것.

(3) 해당 항에서 항만운송업자가 사용하는 부선, 예선, 상륙, 창고, 사무소, 토지, 하역 용구, 우마차, 트럭 등 기타 필요하다고 인정되는 사업 설비는 원칙적으로 이를 위의 작업 회사에 출자시킬 것. 단, 실정을 고려하여 설비의 대여 운영에 의하여 잠정 조치를 강구하도록 할 것.

(4) 육상 소운송업자 및 창고업자 또는 기타 업자가 항만운송업을 겸영하는 부분에 관해서는 이를 분리하여 작업 회사에 포함시킬 것.

육상 소운송업과 항만운송업 간 업무 범위에 대해서는 철도국(鐵道局)과 별도 협정을 하는 동시에 해륙 소운송업 통합 강화 조치에 관해서는 항만운송업의 통합 완성을 전제로 대처할 것.

(5) 선내(船內) 하역 작업과 연안 하역 작업도 원칙적으로 작업 회사에 직영시키고 운영상 실무에 지장이 없도록 특수한 고려를 할 것.

(6) 작업 회사의 자본 형성에 대해서는 실적 및 수익율 기타를 기초로 하고 이를 정하는 현물 출자의 평가에 대해서는 적당한 위원회나 기타의 방법을 정하여 적정을 기할 것.

(7) 작업 회사에는 (3)에 의한 현물 출자 외에 필요에 따라서 관계 영업자 등으로부터 소

요 자금의 출자를 하게 할 것.

관계 업자는 선주(船主)의 경우 조선에서 해운 통제가 가진 특수성에 비추어 조선우선주식회사(朝鮮郵船株式會社) 1개 회사로 하고 하주(荷主) 기타의 경우 유력자만으로 한정하고 그 정도는 총 자본의 3할 이내로 제한한다.

위 현금 출자는 새 회사의 적극적 사업 설비 확장 자금 및 ■■ 자금에 충당하는 것으로 한다.

(8) 지구별 단체 설정 지구인 진남포지구에서는 진남포에 대해서만 직접 작업 회사를 설립하고 부산지구 및 청진지구에서는 우선 국가의 운영에 대한 청부 작업을 제외한 부분에 대해서 빠르게 작업 회사를 설립할 것.

(9) 중앙 단체는 당분간 지구별 단체 및 설립된 작업 회사로써 결성할 것.

(박진서)

자료 106 | 朝鮮總督府, 1941, 『第79回帝國議會說明資料(財務 -A)』, 朝鮮總督府, 316~321쪽.

만주사건 이후의 대만(對滿) 및 대지(對支) 무역

1. 대만(對滿) 무역(관동주 포함)

　조선에서 대외국(對外國) 무역 중 그 주요 위치를 점하는 대만(對滿) 무역은 1931년(昭和 6) 9월 만주사건이 발발하고 만주의 정세와 인심(人心)의 불안, 경제기구의 휴지(休止), 운수의 불원활 등이 착종하여 이후 동년 말까지 4개월간은 그 영향을 받아 심각한 부진을 초래하였다.

　그런데 이듬해 만주 건국이 이뤄지고, 국내 지나(支那) 해관의 접수에 이어서 배일(排日) 관세의 시정, 폐례(弊例)의 개혁, 전만철도(全滿鐵道)의 일원화, 치안의 확립, 산업개발 공작의 진전, 교통망의 보급 등 산업경제의 각 부문에 걸쳐 점차 그 면목을 세우게 되었다. 그러한 한편, 우리나라가 타국에 솔선하여 만주국을 정식 승인하였을 뿐만 아니라, 치외법권의 철폐로 인하여 일만일체(日滿一體) 선만일여(鮮滿一如)의 실현화에 따라 양국의 경제 관계가 더욱 긴밀해짐으로써 이후 대만(對滿) 무역은 해마다 급격하게 증진을 보였다. 1939년(昭和 14)에는 수출 2억 2,800만 원, 수입 8,800만 원 합계 3억 1,600만 원으로 팽대(膨大)하는 등 최고조를 보였지만 이듬해인 1940년(昭和 15)에는 '엔 블록'을 위한 수출 제한이 확대 강화되어서 수출의 쇠조(衰調)가 점차 나타나 전년 대비 8,100만 원, 보합(步合)으로 36%의 감퇴를 보였다.

　그리고 올해 들어서는 전년까지 증가 경향을 보여 왔던 만주국과의 수입 무역도 위축되어 11월까지 수출 1억 2,000만 원, 수입 7,100만 원, 합계 1억 9,200만 원을 기록했다. 이를 전년도 같은 기간과 비교하면 수출 1,100만 원(9%), 수입 2,000만 원(22%), 합계 3,200만 원(14%), 각각 감소했다. 그러나 이를 만주사건 직전인 1930년(昭和 5)과 비교했을 때는 수출 6배 수입 1배, 합계는 3배 약진한 것이다.

　그리고 수출입의 균형에서는 1932년(昭和 7)까지 꾸준히 수입초과 일변도였지만, 1933년(昭和 8) 이후에는 이번 사변 발발 직전인 1936년(昭和 11)에 수입초과를 기록한 것 외에 매년 수출초과를 지속하고 올해 역시 11월까지 4,900만 원의 수출초과였다.

즉, 아래와 같다.

조선 대만주(對滿洲)(관동주 포함) 수출입 무역액

(단위: 천 원, 천 원 미만 절사)

연도	수출	지수	수입	지수	합계	지수	출입초과
1931	10,845	59	33,409	164	44,144	63	입초(入超) 22,464
1932	27,205	148	42,202	81	69,407	98	입초 14,996
1933	45,563	248	44,455	85	90,018	127	출초(出超) 1,108
1934	53,462	291	50,810	97	104,273	148	출초 2,651
1935	58,043	316	53,948	103	111,992	159	출초 4,095
1936	65,434	356	66,045	126	131,480	186	입초 610
1937	92,143	501	69,156	132	161,299	228	출초 22,987
1938	140,741	765	68,208	130	208,949	295	출초 72,532
1939	228,101	1,241	88,640	166	316,742	448	출초 139,461
1940	147,033	804	94,669	181	241,702	342	출초 52,363
1941 1~11월	120,923	658	71,272	136	192,196	272	출초 49,650
전년 동기	132,756	722	91,797	149	224,553	318	출초 40,958

2. 대지(對支) 무역

1931년(昭和 6) 7월 평양을 중심으로 전선(全鮮) 주요 도시에서 발발했던 선지인(鮮支人) 충돌 사건 결과 재선(在鮮) 지나(支那) 상인이 경제적으로 실각(失脚)하였다. 이는 상해(上海)를 중심으로 하는 반일(反日) 원교회(援僑會)의 도량(跳梁)과 맞물려 대지(對支) 무역의 쇠퇴를 초래하였다. 마침 같은 해 9월 갑자기 만주사건이 발발하고 지나 각지에서 배일화(排日貨)가 더욱 격화하기에 이르러, 1931년(昭和 6) 대지(對支) 무역은 전년도의 총액 1,400만 원에서 갑자기 700만 원으로 반감했고, 1932년(昭和 7)에는 상해사변(上海事変)의 영향을 받아 총액 470만 원으로 위축되면서 근년에 보기 드문 불황을 보였다.

그리고 그 후에도 1933년(昭和 8) 열하(熱河) 문제[213]의 발발, 항일 운동의 재연(再燃), 일지(日支) 관세 협정의 기간 만료, 기타 지나(支那) 관세의 인상 등과 같이 환경이 극히 불리한 상태였다. 그럼에도 같은 해 5월 일지(日支) 휴전 협정 성립을 계기로 하여 점차 이전의 정도를 넘어 남경(南京) 정부의 성립과 숙정(肅正) 공작의 진전 등을 호감(好感)하였다. 이 3, 4년 동안 급격하게 팽창하여 1940년(昭和 15) 수출액은 3,900만 원으로 만주사건 직전의 해인 1930년(昭和 5)의 6배 이상에 달했다.

그리고 올해 들어서도 여전히 증가 경향을 지속하여 11월까지 3,800만 원을 기록했고, 전년도 같은 기간에 비하여 200만 원(6%)의 증가를 보였다.

한편 수입에 있어서도 점차 호전되어 1936년(昭和 11)에는 만주사건 직전의 17%로 증진해 왔지만, 이듬해 1937년(昭和 12) 이후 환율 관리의 강화와 함께 이번 사변의 영향을 받아서 다시 부진에 빠졌다. 이후 부침을 거듭하다가 지난 1940년(昭和 15)에는 1,700만 원을 웃돌며 이를 만주사건 직전과 비교하면 약 2배에 이르렀으며, 올해에는 더욱 수출이 왕성해서 11월까지 3,600만 원의 출하를 보이면서 이미 전년도 분의 2배 이상에 달하는 성황을 보였고, 기왕의 통계와 비교하더라도 대지(對支) 수입 무역의 신기록을 수립하였다.

그리고 수출입의 균형에서는 1937년(昭和 12)까지 수입초과가 지속되었지만, 이번 사변을 계기로 해서 수출의 증진이 현저했기 때문에 1938년(昭和 13) 이후는 매년 수출초과를 지속했고 올해 또한 11월까지 200만 원의 수출초과이다.

즉, 아래와 같다.

조선 대지나(對支那) 수출입 무역액

(단위: 천 원, 천 원 미만 절사)

연도	수출	지수	수입	지수	합계	지수	출입초과
1930	6,196	100	8,695	100	14,892	100	입초 2,498
1931	1,240	20	6,197	71	7,438	50	입초 4,957
1932	947	15	3,772	43	4,720	32	입초 2,824
1933	1,598	26	5,857	67	7,456	50	입초 4,259

[213] 1933년 2월 일본군이 열하성을 공격해 만주국에 편입시킨 사건을 가리킨다.

연도	수출	지수	수입	지수	합계	지수	출입초과
1934	2,007	32	7,796	90	9,803	66	입초 5,788
1935	3,312	53	16,448	189	19,761	33	입초 13,135
1936	3,702	60	15,148	174	18,850	127	입초 11,445
1937	4,842	78	10,367	119	15,209	102	입초 5,525
1938	22,155	357	12,217	140	34,372	230	출초 9,938
1939	33,565	548	10,334	119	43,899	295	출초 23,231
1940	39,160	632	17,453	201	56,614	380	출초 21,706
1941	38,819	626	36,654	422	75,470	307	출초 2,162
전년 동기	36,537	590	13,415	177	51,952	349	출초 21,121

(박진서)

자료 107 | 朝鮮總督府, 1941, 『第79回帝國議會說明資料(財務-A)』, 朝鮮總督府, 103~108쪽.

지나사변(支那事變)이 조선 무역에 미친 영향

1937년(昭和 12) 7월 지나사변의 발발에 따라 반도(半島) 무역 역시 우리나라 무역계의 동향과 기조를 같이 하는 추이를 보였다. 즉, 일시적으로 전시 동원에 의하여 해륙 수송기관의 핍박(逼迫), 일반 화물의 수송 제한이라는 제약을 받아 현저히 그 확장되는 힘이 저해되었을 뿐만 아니라, 환율[爲替] 관리의 강화, 무역통제, 각종 경제 통제 등으로 무역은 더욱 억제되었다. 그런데 같은 해 말 수도 남경 공략을 계기로, 해륙 수송기관 상태가 현저히 완화되고 연안 특허선의 증가에 힘입어 대지(對支) 무역은 점차 부활 과정에 들어갔다. 전과(戰果)의 확대와 맞물려 제국 블록이 일만(日滿) 블록에서 일만지(日滿支) 블록으로 확장됨에 따라, 우리 반도도 종래의 '일만 유대적 지위'에서 '대륙 병참기지' 또는 '산업적 거점'으로 전환하였다. 이에 군수공업을 중심으로 하는 각종 공업 생산 활동이 약진하여 무역이 상승일로에 있는 한편, 일본 경제와 일련(一連)을 이루는 만주국 산업 5개년 계획의 전시 편성체(編成替)가 반도 무역의 신전(伸展)에 박차를 가하여 1939년(昭和 14) 최고조에 이르렀다. 그러나 제2차 구주대전(歐洲大戰) 발발을 계기로 하여 각종 제한 통제의 강화가 반영되어 무역은 저조한 상태에 이르렀다.

즉, 다음과 같다.

조선 대외국 및 대내지 무역액

(단위: 천 원, 천 원 미만 절사)

연도	대외국 무역			대내지 무역			합계
	수출	수입	계	이출	이입	계	
1936	75,265	114,499	189,764	518,047	647,918	1,165,965	1,355,730
1937	113,097	128,138	241,236	572,445	735,413	1,307,858	1,549,095
1938	169,066	134,582	303,649	710,539	921,345	1,631,885	1,935,534
1939	269,911	159,031	428,942	736,882	1,229,417	1,966,299	2,395,242
1940	206,384	200,652	407,037	741,424	1,335,715	2,077,140	2,484,177

연도	대외국 무역			대내지 무역			합계
	수출	수입	계	이출	이입	계	
1941(1~11월)	170,834	152,710	323,545	734,024	1,233,743	1,967,768	2,291,313
1940(1~11월)	186,039	188,555	374,594	675,077	1,228,795	1,903,873	2,278,468

(1) 대외국 무역

사변 발발과 함께 선만(鮮滿) 간 수송기관의 군 징발로 인하여 수송 제한 또는 수송력의 감쇄가 부득이하여 대만(對滿) 무역은 수출입 모두 상당한 영향을 받았다.

그럼에도 불구하고 1937년(昭和 12)하반기 이후 상황이 점차 완화되고 전시체제 아래 만주 개발 공작의 진척과 더불어 무역은 약진 일로를 걸었다. 1937년(昭和 12)의 수출은 9천 2백만 원이 되었고, 1939년(昭和 14)에는 2억 2천 8백만 원에 달하였다. 사변 발발 전년도였던 1936년(昭和 11)과 비교하면 3.4배로 약진하였다. 그러나 1940년(昭和 15) 이래 내지 생산품의 중계 수출이 격감하면서 수출이 점차 감소하였다. 올해 11월까지는 1억 2천만 원, 이를 전년도 같은 기간과 비교하면 1천 1백만 원(9%) 감퇴하였다.

한편 수입에서는 사변 발발 후 만주에서 생산하여 조선으로 수입된 물품의 대종이었던 만주좁쌀[滿洲粟]과 목재 등이 북지(北支)로 출하되는 것으로 전환되어서 조선으로의 공급 여력이 현저하게 감퇴하였다. 이에 1938년(昭和 13)의 대만(對滿) 수입은 전년도에 비하여 90만 원(1%)의 감소를 보였는데, 이후 점차 회복하였다. 작년 1940년(昭和 15)에는 만주 대두(大豆), 목제 등의 입하가 격승하면서 9천 4백만 원에 달하며 대만(對滿) 수입 무역상 신기록을 수립하였다. 올해 들어서는 대두를 필두로 소두(小豆), 기장[黍], 고량(高粱), 메밀[蕎麥] 등의 잡곡류, 멧누에[柞蚕], 명주실[生糸]과 명주실 보푸라기[生糸屑], 황산암모늄[硫安], 콩깻묵[豆粕] 등이 현저하게 감소함으로써 11월까지 전년 대비 1천만 원(22%)의 격감을 보이기에 이르렀다.

즉, 다음과 같다.

조선 대만(對滿) 무역액(관동주 포함)

(단위: 천 원)

연도	수출		수입		합계		수출입 초과
	수출액	지수	수입액	지수	합계액	지수	
1936	65,434	100	66,045	100	131,480	100	입초 610
1937	92,143	141	69,156	105	161,299	123	출초 22,987
1938	140,741	215	68,208	103	208,949	159	출초 72,532
1939	228,101	349	88,640	134	316,742	241	출초 139,461
1940	147,033	225	94,669	143	241,702	184	출초 52,363
1941(1~11월)	120,923	185	71,272	108	192,196	146	출초 49,650
1940(1~11월)	132,756	203	91,797	139	224,553	171	출초 40,958

(2) 대지(對支) 무역

사변 발발과 함께 중북지(中北支)의 전장화, 상해(上海) 항로, 대련(大連) 항로의 휴지 등에 의하여 수출과 수입 모두 완전히 끊어지기에 이르렀다.

그러나 점령 지역의 확대와 치안 회복과 함께 각 항로가 부활하면서 1937년(昭和 12) 말 이래 점차 이전 수준에 다다랐다.

즉, 수출에서는 오랜 기간 대종을 이루었던 수산물, 홍삼, 흑연, 사과, 어개(魚介)[214], 통조림[罐詰] 및 목재 등이 증진하였을 뿐만 아니라, 쌀, 밀가루[小麥粉], 청주(淸酒), 맥주, 담배, 면직물, 인견직물, 시멘트, 철도차량 등의 신규 수출이 있었다. 또한 광유(礦油)[215], 과자 등 군(軍) 수요품의 증가를 반영하여 1938년(昭和 13)의 대지(對支) 수출은 전년도의 4백 8십만 원에서 일약 2천 2백만 원으로 팽창한 이래 증가 경향이 지속되었다. 작년 1940년(昭和 15)에는 수산물, 사과, 홍삼, 카바이트 등의 출하가 왕성하여 3천 9백만 원으로 다시 늘어났다. 올해에도 쌀의 출하가 드물게 맞은 활황이고 담배와 화약[爆發藥] 등의 수출 증가도 있어서 11월까지 3천 8백만 원으로 계상되었다. 전년도 같은 기간과 비교하면 2백만 원 증가하여 사변 발발 전년도인 1936년(昭和 11)과 비교하면 10배의 약진이다.

---

214 해산 동물의 총칭이다.
215 석유 등 광물질의 기름, 식물성 기름, 동물 유지(油脂)를 말하며, 광물유, 광물성유(鑛物性油)라고도 한다.

한편 수입에서는 제3국으로부터 수입이 억제된 덕에 면화 등의 입하가 호조를 보였다. 북지탄(北支炭) 또한 일시 두절된 영향을 받아 수입 증가가 뚜렷하였음에도 북지에서 생산해 들어오는 조와 고추[蕃椒] 및 중지(中支)에서 생산한 지나의 마포(麻布) 등이 사변 이래 완전히 두절되었다. 참깨[胡麻子] 역시 큰 불황에 빠져서 1937년(昭和 12)에는 전년도의 1천 5백만 원에서 1천만 원으로 하강하였다. 이어서 1938년(昭和 13)에는 점차 회복되었으나 1939년(昭和 14)에는 다시 감퇴하였다. 사변 직전의 수입액과 비교하면 68%에 불과하지만 작년 1940년(昭和 15)에는 다시 만회하였다. 올해에는 북지탄, 천일염, 참깨 등의 입하가 활황을 보였다. 수입액이 현저히 증가한다면 11월까지 2천 1백만 원(138%)으로 격증할 것이다.

즉, 다음과 같다.

조선 대지(對支) 무역액

(단위: 천 원)

연도	수출		수입		합계		수출입 초과
	수출액	지수	수입액	지수	합계액	지수	
1936	3,702	100	15,148	100	18,850	100	입초 11,445
1937	4,842	131	10,367	68	15,209	81	입초 5,525
1938	22,155	598	12,217	81	34,372	182	출초 9,938
1939	33,565	907	10,334	68	43,899	233	출초 23,231
1940	39,160	1,058	17,453	115	56,614	300	출초 21,706
1941(1~11월)	38,816	1,049	36,654	242	75,470	400	출초 2,162
1940(1~11월)	36,537	987	15,415	102	51,952	276	출초 21,121

(3) 제3국에 대한 무역

① 수출 무역

매년 비약적으로 약진하고 있는 제3국으로의 수출 무역은 이번 사변을 계기로 환율 관리, 수입 통제 강화에 따른 원료 확보 어려움, 남양(南洋) 방면에서 화교 측의 일본 상품 배척운동 및 국내 물가 상승에 의한 생산 비용 증가 등의 영향을 받아 사변 발발과 함께 해마다 감퇴 경향을 보였다. 1938년(昭和 13) 수출은 전년의 1천 6백만 원에서 6백만 원으로 감소하였다. 또한 1939년(昭和 14)에는 상반기 중 겨우 2백만 원에 지나지 않았지만, 이후 어분(魚粉), 면직물, 법랑철기(琺瑯鐵器), 전구, 도자기 등의 실적이 점차 회복되어 같은 해 수출액은 전년도에 비하여 2백만 원(33%)이 증가하였다. 이듬해 1940년(昭和 15)에는 대약진하여 조선의 제3국에 대한 수출 무역의 신기록을 수립하였다. 그러나 그와 같은 약진은 경화유(硬化油) 1천 4백만 원의 독일 수출에 기인한 것이어서, 이를 제외하면 오히려 5백만 원 감퇴하였다. 올해 들어서도 의연히 증가 경향을 보이며 상반기에는 8백 5십 2만 원, 전년 대비 3백 1십 4만 원 증가하였다. 그리고 최근 제3국 대상 수출 무역의 약진이 시베리아를 경유하는 독일로의 수출이 왕성함에 기인하였다는 것은 전술한 바와 같다. 그런데 독일-소련 간 전쟁이 발발하여 독일 대상 수출은 완전히 두절되어, 11월까지 전년도 같은 기간에 비하여 5백 6십만 원(34%)의 감퇴로 마무리되었다.

② **수입 무역**

제3국으로부터의 수입은 환율 관리의 강화에 따라 사변 이래 원료, 당업(糖業), 담배, 옥수수, 모직물, 재봉틀[縫衣機], 인쇄료지(印刷料紙) 등이 억제되었다. 그럼에도 종래 거래 관계상 내지에서 수입 통관 후 이입되었던 면화, 생고무, 인광석, 철 등 생산 자재에 대하여 임시조치법[216] 등이 실시되어 그 수입 수속이 조선에서 이뤄지면서 해마다 수입이 증가하기에 이르렀다. 즉, 사변 전 1936년(昭和 11)의 수입은 3천 3백만 원에 지나지 않았지만 이후 매년 증진하여 1937년(昭和 12)에는 4천 8백만 원, 1938년(昭和 13) 5천 4백만 원, 1939년(昭和 14) 6천만 원, 1940년(昭和 15) 8천 8백만 원을 기록하며 호조를 보였다. 그러나 올해 들어서는 국제 정세의 악화에 따라 점차 감소하는 경향으로 11월까지 4천 4백만 원을 기록하는 데에 지나지 않았다. 전년도 같은 기간에 비하여 3천 6백만 원(45%) 감소하였다.

즉, 다음과 같다.

---

216 1937년 9월 10일 법률 제92호로 공포되어 전시 물자통제를 위하여 무역을 통제하기 위한 「수출입품 등에 대한 임시조치에 관한 법률」을 의미한다.

조선의 제3국에 대한 무역액

(단위: 천 원)

연도	수출		수입		합계		수입 초과액
	수출액	지수	수입액	지수	합계액	지수	
1936	6,128	100	33,304	100	39,433	100	27,176
1937	16,111	263	48,615	146	64,727	164	32,503
1938	6,170	101	54,157	163	60,327	153	47,986
1939	8,243	135	60,056	180	68,299	173	51,812
1940	20,191	329	88,528	266	108,720	276	68,337
1941(1~11월)	11,094	181	44,783	134	55,878	142	33,688
1940(1~11월)	16,746	273	81,342	244	98,088	249	64,595

(4) 대내지(對內地) 무역

사변 발발과 함께 철도 수송 제한 및 선복[217]난(船腹難)이 있어서 일시적으로 이출입(移出入) 모두 부진에 빠졌다.

그럼에도 같은 해 10월 철도 수송 제한 해제에 이어 선복 문제가 완화됨에 따라 무역 역시 점차 이전 수준으로 회복하였다. 또한, 사변으로 인한 물가 앙등으로 무역액이 현저히 증가하였고, 사변 이후 조선 내 군수 공업의 약진, 광물 자원의 개발 등이 그 사업 용품의 입하를 촉진시키면서, 이들 생산품의 대내지(對內地) 이출이 경이적으로 번성하였다. 이후 이출입 모두 성황을 보여 1940년(昭和 15)에는 이출 7억 4천 1백만 원, 이입 13억 3천 5백만 원의 거액에 달하였다. 전년도에 비하면 이출 4백 5십만 원, 이입 1억 6백만 원이 증진하여 사변 전인 1936년(昭和 11)에 비하여 이출은 1.4배, 이입은 2배 약진하였다. 또한 올해 11월까지 이출 7억 3천 4백만 원, 이입 12억 3천 3백만 원에 달했다. 전년도 같은 기간에 비하여 이출은 조선 쌀의 이출이 증가한 것에 힘입어 5천 8백만 원, 이입은 4백 9십만 원 각각 증진하였다.

즉, 다음과 같다.

---

[217] 여기에서 선복(船腹)은 선박에 적재하는 화물 용량을 뜻한다.

조선 대내지(對內地) 무역액

(단위: 천 원)

연도	이출		이입		합계		수입 초과액
	이출액	지수	이입액	지수	합계액	지수	
1936	518,047	100	647,918	100	1,165,965	100	129,870
1937	572,445	111	735,413	114	1,307,858	112	162,968
1938	710,539	137	921,345	142	1,631,885	140	210,806
1939	736,882	142	1,229,417	190	1,966,299	169	492,534
1940	741,424	143	1,335,715	206	2,077,140	178	594,291
1941(1~11월)	734,024	142	1,233,743	190	1,967,768	169	499,719
1940(1~11월)	675,077	130	1,228,795	189	1,903,873	163	553,717

(박진서)

자료 108 | 《釜山日報》, 1941. 11. 13.

삼천포 여수항 시설을 시찰, 통영 다니모토(谷本) 회두(會頭) 이야기하다

　　선진 인접지의 항만과 철도 부설 상황을 실지 시찰하기 위해 지난 7일 밤 광본(光本) 기선으로 항해에 나선 통영상공회의소(統營商工會議所)의 다니모토(谷本) 회두(會頭)와 미즈타니(水谷) 부회두와 세마(瀨間) 서기, 이센(渭川) 경성일보 지국장, 도요카와(豊川) 부산일보 기자 등 일행 5명은 다음 날 8일 아침 8시 반에 여수에 상륙했다. 그들은 여항매축조합(麗港埋築組合) 고■(古■) 이사, 여수상공회의소(麗水商工會議所)의 가와사키(河崎) 부회두와 노무라(野村) 이사의 안내를 받아 시내의 요소(要所)와 항만시설, 매축 상황 등을 시찰하고 하루를 숙박한 다음 날 아침 배편으로 삼천포에 도착했다. 그들은 여수와 마찬가지로 구니미쓰(邦光) 부읍장, 기노시타(木下) 부산일보 지국장의 안내를 받아 시내를 시찰한 후 하루를 숙박하고 다음 날인 10일 자동차로 고성에 가서 별항과 같이 이 지역의 유지와 회합했다. 그들은 양 지역의 당면한 긴급 문제인 도로의 개수·확장, 50인승 이상 대형 자동차의 운행 방법, 철도부설운동 등에 대해 격의 없는 대화를 교환하고 매우 화기애애한 좌담회를 진행한 다음 오후 8시 자동차로 무사히 통영에 돌아왔다. 다니모토 회두는 이번 시찰 소감을 다음과 같이 말했다.

　　여수는 1920년에 잠깐 한 번 간 적이 있지만, 나머지는 처음 시찰했다. 미래의 통영 발전 방책을 위해 실로 얻은 것이 많았고 참고할 만한 점도 많았다. 우리 스스로도 역시 사람은 널리 견문을 넓히지 않으면 안 된다는 점을 다시금 느꼈다. 이번 시찰을 통해 지금까지 통영이 모든 측면에서 천연의 혜택을 받았다고 생각한 점이 오판이었다는 사실을 알았다. 시찰하기 전에는 선입견을 갖고 통영은 여수, 삼천포 등지보다 모든 방면에서 혜택을 받았다고 생각했는데, 이번에 두 곳의 발전을 보니 진실로 괄목할 만했다. 확실히 두 곳은 통영보다도 더 뛰어났다. 두 지역의 항만과 철도 시설에 관한 세세한 사항을 자유롭게 말할 수 없지만, 어쨌든 여수와 삼천포의 오늘날과 같은 지위는 요컨대 하늘의 이로움보다도 땅의 이로움, 땅의 이로움보다도 사람의 화합을 통해 획득할 수 있었다고 확실히 말할 수 있다. 이른바 전시 상황에서 통영이 안고 있는 연래의 철도문제를 비롯하여 항만시설의 문제에 대해 19만 군민이 앞서서 목소리를 높이고 관계 지역민이 힘을 보태는 열의가 없는 한 이 문제의 해결은 해를 거듭해도 가망성이 없다고 확신한다. 어떠한 구체적 방안이 도출될 때는 큰 아량으로써 적극적 지원을 해주길 부탁하는 바이다.

(이명학)

자료 109 | 《釜山日報》, 1944.3.21.

운수 교통의 애로를 타개, 삼천포항의 사명 중대

삼천포의 오노(大野育二)씨 집에서 하루를 숙박한 일만지운수조사단(日滿支運輸調査團) 일행, 즉 단장 대의사(代議士)[218] 이마이 다케히코(今井健彦), 대의사 기노시타 기스케(木下義介), 대의사 고바야시 데쓰타로(小林鐵太郎), 익찬정치회(翼贊政治會) 사무국 도키와(常盤嘉正) 등은 지난 15일 진주를 경유하여 부산으로 출발했다. 이마이 단장은 시찰의 대요를 다음과 같이 말했다.

이번 시찰의 목적은 일본, 만주, 지나(支那) 사이의 연락, 운수, 교통의 실정을 살펴서 ■■■■ 애로 사항이 있으면 타개하고 어떻게 하면 교통이 완전히 원활하게 이루어질 수 있을지를 조사하는 것이다. 북선(北鮮)부터 만주까지, 남선(南鮮)에서는 여수와 삼천포를 살펴보았다. 나머지는 어찌 되었든 부산만으로 이 정도의 화물을 처리할 수 있을지 의문이다. 따라서 보조 항구가 반드시 필요하다. 지금보다 화물이 더욱 늘어나면 여수는 배후의 연락이 그다지 편리하지 않아 화물을 어느 곳으로 옮기는 데에 매우 큰 노력이 든다. 삼천포의 경우 항구는 좋지만 설비가 부족하여 겨우 걸음마를 뗀 정도이다. 장래성을 생각하면 삼천포는 진주-대전 철도의 연결을 통해 비로소 부산을 보조할 수 있고 부랴부랴 기선과 범선의 기지로서 역할을 수행할 수 있지 않을까 한다. 나아가 마산 역시 더 이상 물량을 처리할 수 없게 되면, 삼천포가 상당한 화물을 처리할 수 있을 것이다. 그러면 삼천포의 사명은 중대해진다. 조선은 전쟁을 계기로 새로 발견된 지하자원이 활발히 개발되고 있는데, 내지(內地)에는 없어서 곤란한 자원이 상당하다. 이를 가일층 열심히 개발하지 않으면 안 된다. 일반적으로 공업이 지체된 지금까지는 원료를 내지로 보내 가공품을 가져왔다. 그러나 이는 수송 교통의 애로 사항을 나타내는 증거로서 앞으로는 더욱 기대할 수 없는 문제 가운데 하나이다. 따라서 작업 수송의 측면으로 보아 일관 작업으로 공업을 발흥시켜 역으로 내지를 도와주는 것에 한층 박차를 가해야 한다. 한편 도로문제는 우선 현재의 도로를 개량하여 장래의 중요한

---

[218] 일본의 제국의회 중의원을 지칭하는 말이다.

발판으로 삼아야 하고 조선과 만주를 연결하는 트럭도로도 필요하다. 삼천포를 예로 들면 정부당국은 대전으로 조속히 철도를 연결하는 데에 필요한 자재를 어떻게 해서라도 마련해야 한다. 용수문제는 인구 증가에 따라 하수(河水)를 끌어오는 방법에 대한 고민이 필요하다. 만약 그렇게 되면 공업용수도 걱정이 없다. 또한 비싸다고 일컬어지는 전력요금은 발송전의 통일이 이루어질 경우 전력이 통제되어 근심이 사라진다. 운수의 마지막 남은 문제는 내지와 조선의 화물 수송인데, 그 기지는 하카타(博多)와 최단거리에 위치한 부산이 삼천포와 아울러 고려될 문제라고 생각한다.

일행은 삼천포에서 일단 시찰 조사를 마치고 24일경 총리와 운수통신성(運輸通信省)[219] 대신에게 보고할 예정이다.

(이명학)

---

[219] 1943년 11월 일본의 철도성(鐵道省)과 체신성(遞信省)을 통합하여 설립한 기관이다.

자료 110 | 朝鮮總督府, 1944, 『第86回帝國議會 說明資料(交通)』, 朝鮮總督府, 199쪽.

전가(轉嫁) 화물과 기타 조선 내 중요물자 수송상 애로가 되고 있는 개소의 상황과 대책은 어떠한가?

문: 전가(轉嫁) 화물과 기타 조선 내 중요물자 수송상 애로가 되고 있는 개소의 상황과 대책은 어떠한가.

답:

(1) 전가 화물 수송상의 애로

① 선로

만철 안봉(安奉), 봉산(奉山) 두 노선의 복선 완성에 대응하여 빨리 조선철도의 복선화를 완성할 필요가 있다. 그런데 물자동원, 기타 사정에 따라 특수한 방법을 강구하지 않으면 예정 완성 시기를 확보하기가 곤란하여서 비상조치로 만철로부터 레일[軌條]과 부속품 220km분을 일시 융통 받기로 하였다. 현재 열심히 공사 중이어서 1945년(昭和 20) 2월 말에는 3대 교량[청천강(淸川江), 대령강(大寧江), 왜관(倭館) 낙동강 교량] 구간과 남시(南市)-신의주(新義州) 간 [양시선(楊市線)]을 제외하면 복선이 완전히 개통될 예정이다. 3대 교량은 트러스 보[構桁]의 제작과 가설에 시일이 필요하여, 1945년(昭和 20) 말까지 차례대로 완성될 전망이다.

② 조차장

조차장 시설에 대해서는 선내(鮮內)에 발생한 낡은 레일도 충당하고, 대체로 1944년도(昭和 19) 중에는 월간 50만 톤 정도의 전가 화물 수송이 가능해질 것이어서 부산, 경성(수색(水色)), 평양의 각 조차장을 증강하고 있다.

③ 항만시설

부산, 마산, 목포 등 남선(南鮮) 모든 항만시설은 열심히 증강에 힘쓰고 있다. 앞서 언급한 조차장과 마찬가지로 1944년(昭和 19)도 말에는 월간 50만 톤의 대일(對日) 물자 적출(積出)이

가능하게 되는 만큼 측선(側線)[220] 부설, 하치장(荷置場) 증설, 하역 기계 확충 등의 공사를 시행 중이다. 그리고 앞으로의 수송 증가에 대응하기 위해 부산에는 화차 항송(航送)[221] 설비를 신설함과 함께 적기(赤崎)[222] 지구에 안벽(岸壁)을 축조하며, 목포항에는 맞은편 삼학도(三鶴島)에 항만시설을 축조하고 여기에 이르는 철도를 부설할 계획을 수립하여 1944년부터 착공한다.

④ 차량 증비(增備)

전가 화물의 격증에 따라 차량이 매우 부족해져서 여객 열차를 크게 줄이고[大壓縮] 조선 내 화물의 수송 제한 등 여러 방책을 강구하였다. 기관차, 화차를 염출(捻出)하여 전가 화물로 돌리는 한편, 1945년(昭和 20)에 새로 만드는 기관차 100량, 화차 1,600량으로는 도저히 1945년(昭和20)의 수송 계획을 충족하기에 곤란하여, 종래대로 대륙 철도로부터 차입할 예정이다. 상차량(商車輛)의 증비, 복선의 완성에 따라 조차장, 기관고(機關庫), 차량 수리 공장의 확충, 급수시설 증비 등 정비가 필요하므로, 1945년(昭和 20) 이후 다시 추가 확충할 계획이다.

(2) 조선 내 중요 물자 수송상의 애로

조선 내 중요 물자 수송은, 그 수송량이 큰 경원(京元), 함경(咸鏡), 평원(平元), 만포(滿浦) 각 노선의 경우 기설(旣設) 능력으로는 도저히 수송의 원활을 기할 수 없다. 이에 경원선·함경선 일부의 복선화, 선로 개량, 신호장 설치, 기관차의 확충 및 급수 설비 개량 등을 실시하여 수송력의 증강에 힘쓰고 있다. (교통국 공무과)

(박진서)

---

[220] 측선은 철도 선로의 본선 이외에 대피선(待避線) 따위의 선로를 뜻함.
[221] 화차 항송은 화물 수송용 철도 차량인 화차를 선박으로 수송하는 행위를 말함.
[222] 적기만은 현재 부산 남구 우암동과 감만동에 해당하는 지역이다. 부산진매축주식회사로부터 매립권을 양도받은 이케다 스케타다(池田佐忠)가 1934년부터 1944년 말까지 총 3기에 걸쳐 매축 공사를 진행하였다. 배석만·부산대학교 한국민족문화연구소 편, 2013, 『일제시기 부산항 매축과 池田佐忠』, 선인, 2013 참조.

Ⅲ

관련 법령

해제

Ⅲ장에서는 일제시기에 제정된 조선 항만 정책 관련 주요 법령 12개를 수록했다. 그 법령은 1.「부산세관잔교사용규칙」,「인천 선거 사용규칙」,「세관·잔교·계선벽 및 선거 사용규칙」, 2.「관유수면매립규칙」,「조선공유수면매립령」,「조선공유수면취체규칙」, 3.「항만운송업등통제령」과「항만운송업등통제령시행규칙」이다. 법령 최초 제정부터 이후 변화 과정을 통시적으로 살펴볼 수 있도록 수록 내용에는 제정과 개정 내역을 포함했다. 관련 자료의 주요 내용은 아래와 같다.

첫 번째 범주의 법령은 주요 개항장의 항만시설의 이용, 출입 선박의 관리, 위험물 감독 등 운용을 위한 별도의 규칙을 마련한 것이었다. 1912년 부산항 제1부두가 완성되면서 그 운용규칙이 마련되었고, 인천항 제1 선거(船渠)가 완성된 1918년에 그와 관련된 사용규칙이 제정되었다. 1922년 4월에는 부산, 인천, 진남포, 원산의 4개 주요 항구의 사용규칙이 통일적으로 정비되었다.

다음으로 조선총독부는 항만의 건설과 관리, 경영에 대한 감독 필요성에 따라 법규를 제정했다. 이에 1914년「관유수면매립규칙」을 제정했고, 이 규칙의 주요 규정을 보면, 공공용으로 제공하는 수면을 매립하고자 할 때는 조선 총독의 허가를 받도록 하였다. 이 법령은 1923년 3월에 제정된「조선공유수면매립령」으로 대체가 되었다.「조선공유수면매립령」은 일본의「공유수면매립법」을 의용한 것이다. 이 법령에 따른 공유수면 매립의 시기별 성격 변화는 아래와 같다.

우선「조선공유수면매립령」제정 당시에는 '산미증식계획'에 동반한 농업을 목적으로 하는 매립(간척)사업이 주요했다. 그런데 1930년대 들어서 토지개량사업의 필요성이 감소하자, 항만 및 그 배후지의 개발과 관련이 깊은 일반적인 성격의 매립이 중요성을 가지게 되었다. 한편 매립 사업은 면허를 받고 사업 수행 후 준공 인가를 받으면 그 소유권을 취득하여 재산권을 행사할 수 있는 수익사업이기도 했다. 이에 매립 사업의 주체는 매립지가 항만, 공장, 도시 등의 주변에 위치하여 수요가 많은 지역일 경우 매립지의 매각이나 대부를 통해 막대한 이익을 볼 수 있었다. 더불어 사업자가 해당 매립지를 매각·대부하지 않더라도 상대적으로 저렴하게 부동산을 취득하는 것이기 때문에 이 경우에도 사업자는 큰 이익을 얻을 수 있었다. 따라서 당시 정책상 개발이 활발한 지역에 매립사업이 집중되었다.[1]

마지막으로 1942년 10월 조선총독부는 「전시해운관리법」을 공포함으로써 100t급 이상의 선박을 징용하여 법인체인 선박운영회가 운영하도록 했다. 이에 물자와 인력 동원의 강화를 비롯하여 항만운송업을 일원적으로 통제하려는 목적에서 「항만운송업등통제령」과 「항만운송업등통제령시행규칙」이 제정되었다. 그중에서 〈자료 120〉의 「항만운송업통제령」과 관련된 시행세칙은 1942년 3월과 1943년 12월에 개정이 되었다. 1943년 12월의 개정으로 관련 서류를 담당하는 기관이 해당 기관과 조선총독부 체신국에서 해당 기관과 조선총독부 교통국으로 바뀌었다. 이유는 육상교통과 해상교통을 연결하는 항만을 통합적으로 관리하기 위해 1943년 교통국이 신설되었기 때문이다. 그 결과 항만 행정은 교통국 산하 '항만과'와 '부두국(埠頭局)'으로 귀속이 되었다. 다만 항만건설은 토목과가 담당했다.[2]

(김태현)

---

[1] 권성국, 2022, 「1930년대 公有水面埋立사업의 일본 자본 주도와 대륙 침략 보완성」, 고려대학교 한국사학과 석사학위논문, 1~2쪽.

[2] 朝鮮總督府 交通局, 1944, 『朝鮮交通狀況 第一回』, 2~6쪽.

자료 111 | 《朝鮮總督府官報》第五百三十四號, 1912.6.8.

조선총독부령 제113호 부산세관잔교사용규칙을 다음과 같이 정함

제1조 잔교[3]를 사용하려는 선박은 입항 예정 시각 전 적어도 24시간 사이에 별기 제1호 양식의 잔교사용신청서를 세관장에 제출하여 허가받아야 한다.

철도원[4] 관부 연락선은 전월 말일까지 별기 제2호 양식의 잔교 사용 신청서를 세관에 제출하여 1개월간 사용 허가를 받아야 한다.

세관장은 제1항 또는 제2항의 허가를 줄 때는 별기 제1호 또는 제2호 양식의 허가서를 교부한다.

제2조 전조의 허가를 받은 선박 예정의 입항 시각을 변경할 때는 직접 세관에 제출해야 한다.

제3조 잔교 사용 허가를 받은 선박은 등박(登薄)톤수 1톤에 대해 24시간마다 2전의 비율로서 사용료를 세관에 납입해야 하고 단 1톤 미만의 단수는 그것을 절사한다.

세관장은 필요가 있다고 인정될 때는 조선 총독의 인가를 받아서 기한을 정하고 전항 사용료의 정률을 감액하는 것을 할 수 있다.

철도원 관부 연락선에 대해서는 사용료의 정률에 의해 각 선에 대해 입항 예정 횟수를 고려하여 1개월간의 사용료를 익월 15일까지 납부해야 한다.

제4조 철교의 사용 시간은 선박을 잔교에 계류한 때부터 24시간으로 한다. 다만 사용 시간 경과 후 다시 사용하려고 할 때는 재차 별기 제1호 양식의 잔교 사용 신청서를 제출하여 세관장의 허락을 받아야 한다.

제5조 세관장은 필요가 있다고 인정될 때는 잔교 사용 전에 제1조의 허가를 취소할 수

---

3 배를 접안시키기 위해 물가에 만들어진 하역시설이다.
4 일본이 철도 국유 후 설치한 철도 관할 관청으로 철도 국유법 공포의 다음 1907년 4월 1일, 국유 철도의 업무 운영 관청으로서 체신성에 제국 철도청이 설치되었지만, 국유 철도의 운영과 사설 철도 등의 감독을 일원적으로 관할하기 위해, 1908년 12월 5일에 철도원이 설치되었다.

있다. 전항에의 경우에 대해서 기납 사용료는 환부한다.

제6조 기납의 사용료는 전조의 경우를 제외한 그것을 환부한다.

제7조 잔교 사용 허가를 받은 선박은 세관장의 지정하는 장소에 계류해야 하고 다만 세관장에 대해서 필요가 있다고 할 때는 그 계류장소를 변경하는 것을 할 수 있다.

제8조 날씨 험악 및 기타 사고가 있는 경우에 선박의 계류로 인한 잔교를 훼손하는 충돌이 있을 때는 기타 잔교의 보존상 필요가 있다고 안정될 때는 세관장은 선박을 일시 잔교에서 물러나게 하거나 그 사용에 관해 제한할 수 있다.

제9조 잔교의 사용을 정지해야 하는 경우에 대해서는 주간에는 적색 깃발 1류, 야간에는 적색등 1개를 잔교의 돌단에 걸어서 그것을 표시한다.

제10조 선박을 잔교에 계류하는 순위는 제1조의 허가의 순위에 의한다.

철도원 관부 연락선에 대해서는 기차와 연락 상 필요가 있다고 할 때는 세관장은 전항의 순위에 불구하고 잔교에 계류하려는 또는 이미 계류된 선박에 대해 상당의 시간을 정해 잔교를 떠나도록 한다.

제11조 잔교에 계류된 선박은 서로 60척 이상의 간격을 두어야 한다.

제12조 선박을 잔교에 계류 또는 선박이 잔교를 떠날 때 조작은 제1조의 허가를 받은 선박만 가능하다.

제13조 선박은 그 계류 또는 조작에 대한 풍파가 난폭할 때는 반드시 방파제 위에 있는 남주(纜柱)[5]를 사용해야 한다.

제14조 잔교 상의 하중은 면적 1평에 대해 270관을 초과해서는 안 된다.

제15조 폭발질 또는 용이하게 연소되는 물품 혹은 석탄, 하족(荷足)[6] 기타 타물을 오염시키는 화물은 잔교에 육양 또는 선적할 수 없다.

제16조 잔교에 계류된 선박은 선박 석탄, 하족 기타 타물을 오염시킬 수 있는 화물을 부선(艀船)[7]에 적재시키려고 할 때는 세관장의 승인을 받아야 한다.

---

5 닻줄을 다는 기둥이다.
6 배의 안정을 유지하기 위한 바닥짐이다.
7 항만내에서 짧은 거리의 해상운송에 사용되는 동력을 갖고 있는 소형선박이다.

제17조 교량에 계류한 선박은 하족, 회신(灰燼)[8], 쓰레기 등을 교량 또는 바다에 투기하면 안 된다.

제18조 교량에 계류한 선박 또는 잔교에서 피치(타르)[9], 기타 연소질의 물품을 태울 수 없다.

제19조 고의 또는 과실로 인해 잔교가 훼손되었을 때는 훼손한 사람에게 수선하도록 하고 또는 훼손자가 지불한 비용으로 세관에서 그것을 수선해야 한다.

제20조 제1조의 허가를 받은 선박 본령 또는 제8조에 의한 세관장의 처분에 위반될 때는 세관장은 잔교에서 그것을 퇴거시킬 수 있다.

제21조 제8조 또는 제10조 제2항의 규정에 의해 선박이 잔교를 사용하는 시간에는 잔교 사용시간에 그것을 산입하지 않는다.

제22조 제1조 제2항에 의해 정기사용 허가를 받은 선박에서 임시대선(代船)[10]을 사용하려고 할 때는 미리 세관에 신청해야 한다.

전항 임시대선은 그것을 본선이라고 간주한다.

부칙

본령은 1912년[明治 45] 6월 15일부터 그것을 시행한다.

(김태현)

---

[8] 재와 불탄 끄트러기를 말한다.
[9] 송진으로 대표되는 나무의 수액을 분해 증류하는 과정에서 만들어지는 방수 기능을 갖춘 수지 전반이다.
[10] 현재 취역하고 있는 선박이 노후화, 목적의 추가·변경, 규모의 확대·축소 등을 이유로, 교대하는 선박이다.

자료 112 | 《朝鮮總督府官報》第八百十九號, 1918.10.18.

조선총독부령 제98호 인천 선거 사용규칙을 다음과 같이 정함

제1조 인천 선거(船渠)[11]에 선박을 입항시키는 자는 그 전 일까지 제1호 양식의 신청서를 세관에 제출해서 허가받아야 하고, 다만 정기 항행 선박 및 상시 선거를 사용하는 선박에 대해서는 제2호 양식의 신청서를 세관에 제출하여 미리 기간을 정해 사용허가를 받도록 한다.

제2조 전조의 허가를 받은 자가 그 사용 시간을 변경하려고 할 때는 세관의 허가를 받아야 한다.

제3조 사용시간 경과 후 계속해서 선거를 사용하려는 자는 허가 시간 종료 전 3시간 전까지 제1호 양식의 신청서를 세관에 제출하여 허가받아야 한다.

제4조 선거의 사용료는 선박의 등박 톤수 1톤에 대해 사용 24시까지는 2전, 24시를 초과할 때는 경과 시간 24시까지 매번 1전의 비율로서 전납해야 하고 다만 1톤 미만의 그것은 계산하지 않는다.

전조의 허가를 받은 경우에 대해서는 납부해야 할 사용료는 최초 사용의 시부터 통산하여 사용시간에 상당한 사용료 금액부터 기납한 분을 공제한 전액으로 한다.

제5조 세관장은 필요하다고 인정될 때는 선거의 사용을 정지시키고, 사용 허가를 취고 또는 선거 사용 중의 선박에 대한 계류의 장소를 변경하거나 일시 선거에서 퇴거 시킬 수 있다.

전항의 규정에 의한 선거를 사용하는 시간은 그 사용시간에 산입하지 않고, 이 경우에 대해서는 사용시간 종료 후 그 상당한 시간상 거의 사용을 계속할 수 있다.

제8조 선거갑문의 폐쇄등은 세관장이 정한 바에 의한다.

제9조 선거 내에서는 세관장의 승인을 받는 경우 외 아래의 행위를 할 수 없다.

---

11   보통 해안 위 또는 근처 또는 그러한 구조물 자체의 취급과 관련된 하나 또는 그 이상의 인공 구조물 사이 또는 옆에 있는 물의 영역이다.

1. 선박의 수선을 하는 것
2. 폭발질 혹은 인화질의 물품, 석탄, 하족 또는 다른 물건을 오염시킬 수 있는 화물을 육양하는 것
3. 선거 내에서는 하족, 회신, 쓰레기 등을 수중에 투기하는 것을 할 수 없다.

제10조 전조의 외 세관장이 필요하다고 인정될 때는 선거의 사용에 관한 제한하는 것을 할 수 있다.

제11조 고의 또는 과실로 인해 선거가 훼손되었을 때는 훼손한 사람에게 수선하도록 하고 또는 훼손자가 지불한 비용으로 세관에서 그것을 수선해야 한다.

제12조 선거 내에 대한 표류물 또는 침몰품에 대해서 선거의 사용에 장애가 있다고 인정될 때는 세관장은 그 물건의 소유자 또는 그것을 투기하고 혹은 탈락시킨 자에 대해서 제거하게 할 수 있다.

제13조 선거 사용 중의 선박본령의 규정 또는 세관장의 명령에 위반할 때는 세관장은 선거에서 그것을 퇴거시킬 수 있다.

제14조 제1조 단서의 허가를 받은 자가 임시대선을 사용하려고 할 때는 미리 세관에 신청을 해야 한다.
전항의 임시대선 사용료는 본선의 사용료와 동액으로 한다.

제15조 선거 내에서 화물 적재를 위해 선박을 사용하려는 자는 제3호 양식의 신청서를 제출해서 허가받아야 한다.

제7조 제1항, 제9조 내지 제13조의 규정은 전조의 선박에 대해 그것을 준용한다.

부칙

본령은 1918년(大正 7) 10월 28일로부터 그것을 시행한다.

(김태현)

자료 113 | 《朝鮮總督府官報》第二千八百八十八號, 1922. 4. 1.

조선총독부령 제47호 세관잔교계선벽 및 선거 사용규칙을 다음과 같이 정함

제1조 본령에서 잔교라 함은 부산세관 소속의 제1잔교 및 제2잔교를, 계선벽[12]이라 함은 원산세관 소속의 계선벽을, 선거라 함은 인천세관 및 진남포세관 소속의 선거를 말한다.

제2조 잔교·계선벽 또는 선거를 사용하고자 하는 자는 그 전날까지 제1호 양식의 신청서를 세관에 제출하여 허가받아야 한다. 다만, 세관의 승인을 받은 때는 사용개시 전 3시까지 신청서를 제출할 수 있다.

정기항행선박 및 상시 잔교·계선벽 또는 선거를 사용하는 선박에 대하여는 제2호 양식의 신청서를 세관에 제출하고 미리 기간을 정하여 사용허가를 받을 수 있다.

제3조 전조의 허가를 받은 자가 사용시간을 변경하고자 하는 때는 세관의 허가를 받아야 한다.

제4조 사용시간 경과 후 계속하여 잔교·계선벽 또는 선거를 사용하고자 하는 자는 사용 종료 3시간 전까지 제1호양식의 신청서를 세관에 제출하여 허가를 받아야 한다.

제5조 잔교·계선벽 또는 선거의 사용 허가를 받은 자는 선박의 등부 톤수 1톤에 대하여 사용 24시마다 2전의 비율로 사용료를 전납히여야 한다. 다만, 1톤 이만의 단수는 계산하지 않는다.

전조의 허가를 받은 경우에 납부하여야 하는 사용료는 최초 사용시부터 통산한 사용 시간에 상당하는 사용료액에서 기납한 분을 공제한 금액으로 한다.

제6조 세관장은 조선 총독의 인가를 받아 정기항행 선박 또는 상시 잔교·계선벽 또는 선거를 사용하는 선박에 대해서는 기간을 정하여 사용료를 감액하거나 납부 방법을 정할 수 있다.

---

12 선박을 매어 두는 벽이다.

전시 군용의 선박에 대하여는 세관장은 조선 총독의 인가를 받아 사용료를 면제할 수 있다.

제7조 기납한 사용료는 환부하지 않는다. 다만, 사용허가를 취소한 경우에는 해당하지 않는다.

제8조 세관장은 필요하다고 인정하는 때는 잔교·계선벽 또는 선거의 사용을 정지하고, 사용허가를 취소하며, 계류장소를 변경하거나 일시 잔교·계선벽 또는 선거로부터 멀어지게 할 수 있다.

전항의 규정에 의하여 잔교·계선벽 또는 선거를 사용하지 아니하는 시간은 사용시간에 산입하지 아니한다. 이 경우에는 사용시간 종료 후 이에 상당하는 시간동안 그 사용을 계속할 수 있다.

제9조 잔교·계선벽 또는 선거의 사용 중에는 다음 각호의 행위를 할 수 없다. 다만, 제1호 및 제2호의 행위는 세관장의 허가를 받은 때는 그러하지 아니하다.

1. 선박의 수선을 하는 행위
2. 폭발질 또는 인화질의 물품·석탄·하족 또는 타 물품을 오손하는 물질을 적재하는 행위
3. 하족·회신·진개·오물 등을 수중에 투기하는 행위

제10조 부산세관 잔교의 사용에 대하여는 다음 각호의 제한에 의하여야 한다.

1. 하중은 면적 1평에 대하여 제1잔교는 기부에서 연장 90간(間)에 이르는 해면 연폭 5간은 1080관 기타는 270관, 제2잔교는 1350관의 비율을 초과할 수 없다.
2. 제2잔교에서는 중앙 2선의 궤도상에는 경기관차 이외의 기관차, 양측의 궤도상에는 기관차 또는 자중 모두 26톤 이상의 화차를 통과할 수 없다. 운전속도는 1시간 6리를 초과할 수 없다.

제11조 인천세관의 선거갑문 개폐시는 세관장이 정한 바에 의한다.

제12조 본령에 규정한 것 외에 세관장이 필요하다고 인정하는 때는 잔교·계선벽 또는 선거의 사용에 관하여 제한을 둘 수 있다.

제13조 고의 또는 과실로 인하여 잔교·계선벽 또는 선거를 훼손한 때는 세관장은 훼손한 자에게 수선하게 할 수 있다.

제14조 표류물 또는 침몰품으로 잔교·계선벽 또는 선거의 사용에 장애가 있다고 인정되는 때는 세관장은 물건의 소유자 또는 이를 투기하거나 탈락하게 한 자에게 제거하게 할 수 있다.

제15조 잔교·계선벽 또는 선거를 사용하는 자가 본령의 규정 또는 세관장의 명령에 위반한 때는 세관장은 잔교·계선벽 또는 선거로부터 그 선박을 멀리하게 할 수 있다.

제16조 제2조 제2항의 허가를 받은 자가 임시 대선을 사용하고자 하는 때는 미리 세관에 신고하여야 한다.

전항의 임시 대선의 사용료는 본선의 사용료와 동액으로 한다.

제17조 인천세관 선거 안에서 화물적재를 위하여 선박을 사용하고자 하는 자는 제3호 양식의 신청서를 세관에 제출하여 허가를 받아야 한다.

전항의 선박에 대하여는 사용료를 징수하지 아니한다.

부칙

본령은 공포한 날부터 시행한다. 다만, 계선벽은 1922년(大正 11) 5월 1일부터 사용을 개시한다.

부산세관잔교사용규칙 및 인천 선거 사용규칙은 폐지한다.

본령 시행 전에 잔교 또는 선거의 사용 허가를 받은 자 및 본령 시행 당시 선거를 사용하는 자에 대하여는 종전의 예에 의한다.

(김태현)

자료 114 | 《朝鮮總督府官報》第五百二十號, 1914. 4. 27.

조선총독부령 제48호 관유수면매립규칙을 다음과 같이 정함

제1조 공공의 용도에 이바지하는 관유수면의 매립을 하려고 하는 자는 조선 총독의 허가를 받아야 한다.

제2조 전조의 허가를 받은 자는 아래의 사항을 기재한 원서를 제출해야 한다.

    1. 매립의 목적

    2. 매립해야 할 수면의 위치 및 면적

    3. 매립의 착수 및 준공 기한

제3조 전조의 원서에 대해서는 아래의 서류 및 도면을 첨부해야 한다.

    1. 설계서 및 도면

    2. 공정서 또는 공정도

제4조 설계서에는 계획의 설명, 매립공사, 수로, 도로 기타 공작물의 사양, 재료, 수량과 공비를 기재해야 한다.

제5조 도면은 지형도, 계획평면도, 구적도, 종단면도 및 공작물 구조도를 아래의 방법에 의해 그것을 조제해야 하고, 단 공사의 간이한 것에 대해서는 지형도 및 계획평면도는 견취도로 하고 종단면적 및 공작물 구조도는 그것을 소략하게 할 수 있다.

    1. 지형도

    축척은 적당한 부근 일반의 형세로 표시해야 한다.

    2. 계획 평면도

    축척은 3천 분의 1 이상으로 계획을 표시하고 매립구역의 전부 및 그 부근의 형세를 표시해야 한다.

    3. 구적도

    축척은 천 2백 분의 1 이상으로 하고 삼사법(三斜法)[13]에 의해 매립의 면적 산출

---

13 면적을 측량하는 방법의 하나. 다각형의 토지 따위를 측량할 때에, 여러 개의 삼각형으로 분할하여 각 삼각형의 면적

의 간수를 기입해야 한다.

4. 종단면적

축척은 호안 중 심선에 걸쳐서 측량한 거리를 계획평면도와 동한일 높이로 2백분의 1이상의 시공 기면의 고저를 표시한다.

5. 공작물구조도

축척은 백분의 1 이상으로 그 구조 및 재질, 촌법을 표시하고 또 필요가 있느 것은 구조의 약부를 표시해야 한다.

전 항호의 도면에는 홍수위, 상수위[14] 또는 만조위[15], 간조위[16]와 계획에 필요한 사항을 기재 해야 한다.

제6조 허가를 받은 자는 그 매립해야 할 수면을 구별하기 위해 매립의 면적과 준공기한, 허가의 연월일 및 허가를 받은 자의 주소, 씨명을 기재하고 표주(標柱)를 건설해야 한다.

제7조 매립공사에 착수할 때는 직접 신청해야 한다.

매립공사 준공할 때는 준공인가의 신청을 해야 한다.

매립구역을 몇 개 구로 나눠 각 구 준공기한을 다르게 하는 경우에 대해서는 그 준공하는 구역마다 준공인가의 신청을 해야 한다.

제8조 매립공사를 준공할 때는 도로 구거물, 양장(揚場)[17] 기타 허가의 때 특히 지정한 부분은 무상으로서 관의 소유로 하고, 기타 부분은 허가를 받은 자가 그것을 대야 한디.

제9조 매립의 허가를 받은 후 설계 또는 목적을 변경하려고 할 때는 허가를 받아야 한다.

허가를 받은 자 주소 또는 씨명을 변경할 때는 14일 내에 신청해야 한다. 허가를 받은 자의 주소 씨명을 변경하려고 할 때는 14일 이내에 신청해야 한다.

을 측정하여 전체 면적을 구한다.
14 유입수의 평균 수위이다.
15 일정 기간 동안 측정한, 바다에서 조수가 들어와 해수면이 가장 높아진 상태의 조위의 평균이다.
16 일정 기간 동안 측정한, 바다에서 조수가 빠져나가 해수면이 가장 낮아진 상태의 조위의 평균이다.
17 전면 수심이 보통 4~5m 이내인, 1천톤급 미만의 소형선박이 접안하는 간이부두이다.

제10조 매립의 권리는 당사자 연서로서 신청해서 허가받아야 하고 그렇지 않으면 양도 될 수 있다.

제11조 천재사변 기타 정당의 사유에 의해 기한내에 착수 또는 준공할 수 없을 때는 기한 연장의 허가를 받을수 있고, 다만, 공사에 착수한 것에 대해서는 원서에 공정서 또는 공정도를 첨부해 원출해서 허가를 받아야 한다.

제12조 허가를 받고 기한 내에 착수하지 못할 때는 허가는 그 효력을 잃는다.

제13조 위의 각호의 1에 해당할 때는 허가의 전부 혹은 일부를 취소 또는 허가의 조건 혹은 설계의 변경, 공사의 개축, 공작물 건의 제거 기타 필요한 명령을 할 수 있다.

    1. 원서, 신청서 또는 첨부의 서류 혹은 도면에 허위의 기재한 때

    2. 착오에 의해 허가를 받은 것을 발견할 때

    3. 법령의 규정 또는 허가의 조건에 위반될 때

    4. 기한 내에 준공하지 못했을 때

    5. 공익상 필요하다고 인정될 때

제14조 허가를 취소할 때 또는 그 효력을 잃을 경우인데 허가 구내에 공작물건이 존재할 때는 무상으로 그것을 관유로 하거나 그것을 제거하고 기타 원형의 회복을 명해야 한다.

제15조 제1조를 위반하여 매립을 하려는 자는 조선 총독이 명을 내려 기한 내에 원형으로 회복시켜야 한다.

제16조 제1조 또는 제9조 제1항의 규정을 위반한 자는 2백 원 이상의 벌금에 처한다.

제17조 제6조, 제8조 제1항 제2항 또는 제9조 제2항의 규정을 위반한 자는 과료에 처한다.

부칙

본령은 발포일로부터 그것을 시행한다.

본령 시행 전 공공의 용도에 이바지하는 관유수면의 매립 허가를 받은 자는 본령에 의해 허가를 받아야 할 자로 간주한다.

위 항의 허가를 받은 조건 또는 명령은 본령에 저해되지 않는 한 그 효력을 가진다.

(김태현)

자료 115 | 《朝鮮總督府官報》第三千百七十三號, 1923. 3. 12.

제령 제4호 조선 공유수면매립령 1899년 법률 제30호 제1조 및 제2조 [칙재(勅裁)를 얻어 이에 이를 공포함]

제1조 공유수면의 매립에 관하여는 본령에 규정한 사항 외에 공유수면매립법에 의한다. 다만, 동법 제3조, 제25조, 제26조, 제44조 내지 제47조 및 제49조의 규정은 그러하지 아니하다.

공유수면매립법 중 입어권은 어업령 제5조의 규정에 의하여 입어를 할 수 있는 권리, 등록한 저당권은 조선 총독의 허가를 받아 설정한 저당권, 시·정·촌장은 부윤·면장, 지방장관은 조선 총독, 칙령은 조선총독부령으로 하고 동법 제42조 중 제3조는 제4조로 한다

제2조 공유수면매립법 제15조의 경우에 보상금액에 대한 협의가 조정되지 아니하는 때는 지방장관의 재결을 청구하여야 한다.

제3조 본령 또는 본령의 명령에 의하여 지방장관이 행한 처분에 불복이 있는 자는 그 처분을 받은 날부터 기산(起算)하여 60일 내에 조선 총독의 재결을 청구할 수 있다.

부칙

본령 시행기일은 조선 총독이 정한다.

조선공유수면매립령은 1924년 8월 1일부터 시행.

본령 시행 전에 행한 처분 및 이에 부속하는 조건은 본령 또는 본령에 의한 명령에 저촉되지 아니하는 한 본령에 의해 행한 처분 및 이에 부속하는 조건으로 본다. 다만, 조선 총독은 공익상 필요하다고 인정하는 때는 본령 시행일부터 기산하여 3월 내에 한해 공유수면매립법 제32조의 규정에 불구하고 처분에 부속하는 조건을 변경하거나 처분에 조건을 붙일 수 있다.

본령 시행 전에 행한 조선 총독에 대한 신청 기타 매립에 관한 수속은 본령에 의하여 행한 것으로 본다.

(김태현)

자료 116 | 《朝鮮總督府官報》第三千七百一號, 1924. 12. 13.

조선총독부령 제77호 조선 공유수면 매립령

조선공유수면매립령 제1조의 규정에 의해 조선 총독의 권한에 속하는 사항 중 아래에 제시된 것을 제외하고는 외지 지방장관이 그것을 행한다.

1. 개항 및 요항 경역(境域)[18] 제일구선의 구역 내의 매립에 관한 처분
2. 1920년(大正 9) 조선총독부령 제41호 단서[19]의 지정 항만 내의 매립에 관한 처분
3. 하천취체규칙 제일선의 규정에 의한 지정 하천에 대한 매립에 관한 처분
4. 면적 50정보(농업상의 이익을 목적으로 하는 것에 대해서는 10정보)를 초과한 매립에 관한 처분
5. 공사의 시행구역이 2개 도(道) 이상에 걸친 매립에 관한 처분
6. 항로, 조류, 수운 혹은 수량 또는 선박의 항행 정박에 영향을 미치는 바에 있어 매립에 관한 처분
7. 수질 또는 저질에 영향을 미치는 중요 수산동식물의 양식으로 현저한 피해를 끼칠 우려가 있는 매립에 관한 처분
8. 공유수면매립령 제1조 및 공유수면 매립법 제50조의 규정에 의한 축조물에 관한 처분

부칙

본령은 발포일로부터 그것을 시행한다.

(김태현)

---

[18] 경계 안의 땅을 말한다.
[19] 「大正3年朝鮮總督府令第47號左ノ通改正ス」(1920.4.1, 부령 제47호)를 말한다.

자료 117 | 《朝鮮總督府官報》第三百號, 1927.12.28.

제령 제4호 조선 공유수면 매립령 1869년 법률 제30호 제1조 및 제2조

조선공유수면매립령 중 개정의 건 1911(明治 44)년 법률 제30호 제1조 및 제2조에 의한 칙재를 받아서 이에 그것을 공포한다.

제1조 제2항 중「지방장관은 조선 총독」의 아래에「경지정리 대한 조선토지개량」을 추가.「등록한 저당권은 조선 총독의 허가를 받아 설정한 저당권」을 삭제.

부칙
본령은 조선토지개량령 시행일부터 시행한다.[20]

(김태현)

---

[20] 「조선토지개량령」은 1927년 12월 28일 제정되었으며 본령 시행일은 조선 총독이 그것을 정한다.

자료 118 | 《朝鮮總督府官報》第六百十九號, 1929. 1. 26.

제령 제2호 조선 공유수면 매립령 중 개정의 건
1869년 법률 제30호 제1조 및 제2조

제1조 2항중 「어업령 제5조」를 「조선어업령 제25조」[21]로 고치고 「등록한 저당권은 조선총독의 허가를 받아서 설정한 저당권」을 삭제

부칙

본령은 조선어업령 시행일[22]부터 시행한다.

---

[21] 전용어업의 어업권자는 종래의 관행에 의하여 그 어장에서 어업을 한 자의 입어를 거부할 수 없다.
[22] 1930년 5월 1일을 말한다.

자료 119 | 《朝鮮總督府官報》第百四號, 1927. 5. 7.

조선총독부령 제47호 조선공유수면취체규칙을 다음과 같이 정함

제1조 본령에서 공유수면이라 함은 바다·호수·늪 기타 공공용 국유수면으로 조선하천령을 적용 또는 준용하지 아니하는 것을 말한다.

제2조 다음 각호의 1에 해당하는 경우에는 도지사의 허가를 받아야 한다.

    1. 공유수면에 공작물을 신축·개축·변경 또는 제거하고자 하는 때

    2. 공유수면 구역을 변경하는 공사를 시행하고자 하는 때

    3. 공유수면을 준설 또는 굴착하고자 하는 때

    4. 공유수면에서 인수하거나 공유수면에 주수(注水)[23]하고자 하는 때

    5. 공유수면에서 토석 또는 자갈을 채취하거나 식물을 식재 또는 채취하고자 하는 때

    6. 제1호 및 전2호에 규정한 경우를 제외하고 공유수면을 점용하고자 하는 때

    7. 현저하게 공유수면의 수질을 오염시키는 행위를 하거나 공유수면에서 위생상 유해의 우려가 있는 행위를 하고자 하는 때

    8. 다량의 토석·진개 등을 공유수면에 투기하거나 기타 수심에 영향을 끼칠 수 있는 행위를 하고자 하는 때

    9. 공유수면에 있는 국유의 호안·방파제 등을 점용하고자 하는 때

제3조 개항·요항의 경계지역 제1구선안 및 조선 총독이 지정한 항만의 공유수면에서 다음 각호의 1에 해당하는 경우에는 전조의 규정에 불구하고 조선 총독의 허가를 받아야 한다.

    1. 선거·선류·계선벽·하양장·잔교·교량·호안·방파제·방사제·순도제(馴導

---

23 액체나 가루 등을 붓거나 물을 대다.

堤)²⁴·도수제²⁵·갑문·계선 기타 부표, 각종 등표 또는 견고한 건물을 신축·개축·변경 또는 제거하고자 하는 때

2. 전조 제2호 또는 제3호의 행위를 하고자 할 때

제4조 전2조의 경우에는 공공을 위하거나 공익을 위한 비영리사업에 대한 허가를 제외하고 요금을 징수할 수 있다. 기납 요금은 제9조의 규정에 의한 처분을 한 때는 그 전부 또는 일부를 환부할 수 있다.

제5조 제2조 또는 제3조의 규정에 의한 허가로 인하여 생긴 권리의무는 이전할 수 있다.

제6조 공유수면에 대하여 다음 각호의 1에 규정하는 행위를 할 수 없다.

1. 공유수면에 유독물 또는 동물의 사체류를 투기하거나 방류하는 행위

2. 공유수면의 시설물인 수문 기타를 고의로 개폐하는 등의 행위

3. 공유수면의 시설물을 훼손 또는 훼손할 우려가 있는 행위

제7조 침몰 또는 전복한 선박 기타 물건으로 공유수면의 효용을 해칠 우려가 있을 때는 행정관청은 그 점유자 또는 소유자에게 제거하게 할 수 있다.

제8조 행정관청은 공유수면의 보전상·위험예방상 기타 필요한 때는 공유수면의 사용을 정지 또는 제한할 수 있다.

제9조 다음 각호의 1에 해당하는 경우에는 허가한 관청은 본령에 의하여 허가를 취소하거나 효력을 정지 또는 조건을 변경하여 허가에 의하여 시설한 공작물 기타 물건을 변경 또는 제거하게 하거나 원상회복 또는 손해예방을 위한 시설을 하게 할 수 있다.

1. 공유수면의 상황 변경으로 인하여 필요하게 된 때

2. 공해를 제거 또는 경감시키기 위하여 필요한 때

3. 전호의 경우를 제외하고 법령에 의하여 토지를 수용 또는 사용가능한 사업으로 인하여 필요한 때

제10조 전조의 규정은 다음 각호의 1에 해당하는 자에게 준용한다.

1. 본령 또는 본령에 의한 처분이나 그 조건에 위반한 자

---

24 출입하는 선박의 항로 유지와 연안 수송을 말한다.
25 물의 흐름을 조절하는 것이다.

2. 사기의 수단으로 본령에 의한 허가를 받은 자

3. 본령에 의하여 허가를 받아야 할 시설 또는 행위를 허가받지 아니하고 한 자

제11조 제2조·제3조 또는 제6조의 규정에 위반하거나 제8조의 정지 또는 제한에 위반한 자는 200원 이하의 벌금에 처한다.

제12조 본령에 규정한 사항을 제외하고 도지사가 필요한 때에는 공유수면의 단속에 관하여 필요한 명령을 할 수 있다.

제13조 조선하천령시행규칙 제7조 내지 제12조, 제15조 내지 제18조·제27조·제28조·제35조 제2항 및 제56조의 규정은 공유수면에 준용한다.

부칙

본령은 1927년(昭和 1) 6월 1일부터 시행한다.

1925년(大正 13年) 조선총독부령 제46호(항만기타공공용수면과 그 부지의 취체에 관한 건)를 폐지한다.

본령 시행 전에 구령(舊令)에 의하여 공유수면에 관한 처분 및 이에 붙인 조건은 본령에 의한 처분 및 이에 붙인 조건으로 본다.

본령 시행 전에 구령에 의하여 공유수면에 관하여 행한 신청은 본령에 저촉되지 아니하는 한 본령에 의하여 신청한 것으로 본다.

제9조의 규정은 구령에 의하여 공유수면에 관한 허가를 받아야 할 사항을 허가받지 아니하고 행한 자에게 준용한다.

(김태현)

자료 120 | 《朝鮮總督府官報》第四千四百七號, 1941. 9. 30.

칙령 제860호 항만운송업 등 통제령

제1조 국가총동원법 제8조의 규정에 기초한 항만운송업에 대한 화물의 이동에 관한 법령, 동법 제16조의 2의 규정에 기초한 항만운송업등에 속한 설비의 양도 기타 처분 및 사용에 관한 법령, 동법 제16조의 3의 규정에 기초한 항만 운송업등의 개시, 위탁, 공동경영, 양도 혹은 폐지에 관한 명령문은 항만 운송사업 등을 경영하는 회사의 합병 혹은 해산에 관한 명령과 동법 제19조의 규정에 기초한 항만 운송업의 통제를 목적으로 한 단체의 설립 등에 관한 명령 및 해당 단체에 관한 필요한 사항에 대해서는 본령이 정한 바에 의한다.

제2조 본령에서 항만 운송업이라고 하는 것은 해상운송에서 부수하여 화물의 선적 또는 육양을 위해 하팔(荷捌)[26], 적사(積卸)[27] 또는 부선(艀船)[28]에 의한 운반을 위해 사업 및 이들의 작업의 청부를 위한 사업을 일컫는다.

제3조 항만 운송업을 개시하려는 자는 명령이 정한 바에 의해 체신대신의 허가를 받아야 한다.

제4조 체신대신은 항만운송업자에 대한 사업의 위탁, 수탁, 공동경영, 양도 또는 항법의 조건은 당사자 간의 협의에 의한 협의조정을 하고 또는 협의를 할 수 없을 때는 체신대신이 그것을 재정한다.

　체신대신 전항의 재정을 하려고 할 때는 사안의 중요한 것에 대해서는 해사심의회의 논의를 경유한다.

제5조 체신대신은 항만운송업자에 대한 사업 설비의 사용에 관한 그 방법의 개선 기타 필요한 사항을 명하는 것을 할 수 있다.

---

26 입하한 물건의 매각을 말한다.
27 짐을 싣거나 부리거나를 의미한다.
28 동력 설비가 없어서 짐을 실은 채 다른 배에 끌려 다니는 배이다.

전조 제2항 및 제3항의 규정은 전항 전단 경우에 그것을 준용한다.

제6조 체신대신은 항만운송업자에 대해 화물을 지정해서 그 취급을 하려고 하는 것을 명하고 또는 화물의 취급 방법 혹은 순위에 관해 필요가 있는 명령을 할 수 있다.

제7조 항만운송업자사업을 양도하고 또는 폐지하려고 할 때는 명령이 정한 바에 의한 체신대신의 허가를 받아야 한다.

항만운송업자가 경영하는 회사의 합병 또는 해산의 결의또는 총사원의 동의는 명령이 정한 바에 의해 체신대신의 인가를 받지 않으면 그 효력이 생기지 않는다.

제8조 제4조, 제5조 및 전조의 규정은 항만운송업에서 사용하는 설비의 임대를 하여 사업 경영하는 자에 그것을 준용한다.

제9조 체신대신은 항만하역의 총력을 가장 유효하게 발휘하게 할 필요가 있다고 인정될 때는 명령이 정한 바에 의해 제12조의 규정에 의해 단체원인 자격을 가진 자에 대해 항만 운송업의 총합적 통제 운영을 도모하고 또 항만운송업에 관한 국책의 수행에 협력하는 것을 목적으로 한 단체(이하 중앙단체라고 칭함)의 설립을 명하는 것을 할 수 있다.

전항의 규정에 의한 중앙단체의 설립 명령이 있을 때는 명령이 정한 바에 의해 창립총회를 개최하고 거기서 논의해서 정관 기타 중앙단체의 설립에 필요한 사항을 정하여 체신대신에 허가를 받아야 한다.

제10조 중앙기관은 그 목적을 달성하기 위해 아래에 게재된 사업을 수행한다.

1. 단체원 및 단체원으로 단체를 조직한 자의 항만운송업에 관한 통제지도
2. 항만운송업의 정비확립
3. 능률의 증진, 경리의 개선 기타 단체원 및 단체원으로 단체를 조직한 자의 항만운송업의 발달에 관한 시설
4. 항만운송업에 관한 조사 및 연구
5. 단체원 및 단체원으로 단체를 조직한 자의 항만운송업에 관한 검사
6. 전 각 호에 게재된 것의 중앙단체의 목적을 달성할 필요가 있는 사업

제11조 중앙단체의 정관에는 아래에 게재된 사항을 기재해야 한다.

1. 목적

2. 명칭

3. 사무소의 소재지

4. 단체원에 관한 규정

5. 사업 및 그 집행에 관한 규정

6. 역원에 관한 규정

7. 회의에 관한 규정

8. 회계에 관한 규정

제12조 중앙단체의 단체원인 자격을 가진 자는 아래에 게재된 것으로 한다.

1. 항만운송업자로서 체신대신의 지정을 받은자

2. 제26조의 규정에 의해 설립한 단체

제13조 중앙단체는 제9조 제2항의 인가가 있는 때 또는 국가총동원법 제18조 제3항의 규정에 의한 정관의 작성이 있는 때 성립한다.

전항의 경우에 대해서는 체신대신은 중앙단체 성립의 뜻 및 정관을 고시해야 한다.

제14조 중앙단체성립을 할 때는 그 단체원인 자격을 가진 자는 모두 중앙단체의 단체원으로 한다.

제15조 중앙단체에는 역원으로서 회장 1인 이사장 1인, 이사약간인, 감사약간인 및 평의원 약간인을 둬야 한다.

제16조 회장은 중앙단체를 대표로 단체사무를 총리한다.

이사장은 회장을 보좌하는 단체사무를 장리하고 회장사고시때는 회장의 직무무를 대리하고 회장결원이 있을 때는 그 지무를 행한다.

이사는 회장 및 이사장을 보좌하고 단체사무를 분장하여 미리 히장을 정하는 순위에 의해 회장 및 이사장이 같이 사고가 있을 때는 회장의 직무를 대리로하고 회장 및 이사장이 함께 결원이 있을 때는 회장의 직무를 행한다.

제17조 회장, 이사장, 이사, 감사 및 평의원은 항만운송업에 관한 경험이 있는 자 및 학식이 있는 자를 중심으로 체시대신이 명한다.

체신대신은 전항의 규정에 의해 회장, 이사장 또는 이사를 이명할 때는 그 뜻을 고시해야 한다.

회장, 이사장 및 이사의 임기는 3년, 감사 및 평의원의 임기는 2년으로 한다.

제18조 회장, 이사장 및 이사는 다른 직무 또는 사업에 종사하는 것을 할 수 없고, 다만 체신대신의 인가를 받을 때는 그것을 제한하지 않는다.

제19조 중앙단체는 항만 운송업에 관한 사항에 대해 관계 각 대신에 건의할 수 있다.

중앙단체는 관계 각 대신의 자문에 대해 답신해야 한다.

제20조 중앙단체는 그 단체원 및 단체원인 단체를 조직한 자에 대해 항만 운송업 관한 사항의 조사를 하기 위해 필요한 자료의 제출을 구하는 것을 할 수 있다.

제21조 중앙단체는 정관이 정한바에 의한 그 단체원에 대해 경비를 부과할 수 있다.

제22조 중앙단체는 그 사업을 행하기 위해 특히 필요할 때는 명령이 정한바에 의해 체신대신의 인가를 받아 그 단체원의 전부 또는 일부에 대한 전조의 규정에 의한 부과금의 외 특별의 부과금을 부과하는 것을 할 수 있다.

제23조 중앙단체는 정관이 정한 바에 의해 정관 또는 통제규정에 위반한 단체원에 대해 과태금을 부과할 수 있다.

제24조 제11조 혹은 제22조의 규정에 의한 부과금 또는 과태금을 체납한 자가 있을 경우에 대해서 중앙단체에 청구할 때는 시정촌은 시정촌세의 례에 의해 그것을 처분하고 이 경우에 대해서 중앙단체는 그 징수 금액의 4/100을 시정촌에 교부해야 한다.

전항의 규정에 의해 징수금의 선취특권 순위는 시정촌 기타 그에 준해야 할 것의 징수금에 다음에 그 시효에 대해서 시정촌세의 예에 의한다.

제25조 중앙단체는 그 단체원 또는 단체원인 단체를 조직한 자의 항만운송업에 관한 통제규정에 규정해야 한다.

제26조 정관의 변경 아울러 통제 규정의 설정 및 변경은 체신대신의 인가를 받지 않으면 그 효력이 생기지 않는다.

체신대신이 전항의 인가를 해야 할 때는 그 뜻을 고시해야 한다.

제27조 중앙단체의 단체원 및 단체원이 단체를 조직한 자는 중앙단체의 통제규정의 의해야 한다.

제28조 중앙단체가 필요가 있다고 인정될 때는 중앙단체의 역원 또는 사용인으로서 단체원 및 단체원이 단체를 조직한 자의 업무 혹은 재산의 상황 또는 장부 서류, 설비 기타 물건을 검사하는 것을 할 수 있다.

중앙단체의 단체원 및 단체원이 단체를 조직한 자는 전항의 규정에 의한 검사를 막고, 방해 또는 기피하려고 하는 것을 할 수 없다.

중앙단체 제1항의 규정에 의한 역원 또는 사용인으로서 검사하는 경우에 대해서 그 자신을 표시하는 증표를 휴대해야 한다.

제29조 통상 총회는 매년 1회 회장이 그것을 소집한다.

회장이 필요가 있다고 인정될 때는 어느 때라도 임시총회를 소집하는 것을 할 수 있다.

제30조 아래에 게재된 사항은 총회에 내용은 회장이 그것을 결정한다.

1. 정관의 변경
2. 수지 예산
3. 제31조 또는 제22조의 규정에 의한 부과금의 부과 징수 방법

제31조 회장은 매년 총회에 중앙단체의 사업의 상황을 보고·감사를 진행하여 재산의 상황을 보고해야 한다.

제32조 체신대신은 항만운송업의 통제 운영상 필요가 있다고 인정될 때는 중앙단체에 대해 필요한 사업의 집행을 명하고 또는 정관의 변경 기타 필요가 있는 사항을 명하는 것을 할 수 있다.

제33조 체신대신은 중앙단체에 대한 업무 회계에 관한 감독상 필요한 명령을 발하고 또는 처분을 하는 것을 할 수 있다.

체신대신 필요가 있다고 인정될 때는 감사를 해서 감사의 결과를 보고하는 것을 할 수 있다.

제34조 체신대신은 중앙단체의 역원의 행위가 법령 또는 법령에 기초하기 위해 처분에 위반할 때는 공익을 해할 때는 기타 항만운송업의 통제 운영상 역원이 부적당하다고 인정될 때는 그를 해임하는 것을 할 수 있다.

체신대신 전항의 규정에 의해 회장, 이사장 또는 이사를 해임할 때는 그 뜻을 고시해

야 한다.

제35조 중앙단체는 체신대신의 명령에 인해 해산한다.

체신대신 전항의 명령을 할 때는 그것을 고시해야 한다.

제36조 체신대신은 항만하역의 총력을 가장 유효하게 발휘하기 위한 필요가 있다고 인정될때는 명령이 정한 바에 의해 미리 지구를 정하고 그 지구 내에서 제39조의 규정에 의해 단체원인 자격을 가진 자에 대해 해당 지구 내에 대한 항만운송업의 통제 운영을 도모하는 것을 목적으로 한 단체(이하 지구별 단체라고 칭한다)설립을 명하는 것을 할 수 있다.

제37조 지구별 단체는 그 목적을 달성하기 위해 아래에 게재된 사업을 행한다.

1. 단체원의 항만운송업 및 그것에 부속된 사업에 관한 통제지도
2. 해당 지구 내에 대한 항만운송업의 정비 확립
3. 능률의 증진, 경리의 개선 기타 단체원의 항만운송업의 발달에 관한 시설
4. 항만운송영업 및 그것에 부속한 사업에 관한 조사 및 연구
5. 단체원의 항만운송업 및 그것에 부속한 사업에 관한 검사
6. 전 각호에 게재된 것 외의 지구별 단체의 목적을 달성할 필요가 있는 사업

제38조 지구별 단체의 정관에는 아래에 게재된 사항을 기재해야 한다.

1. 목적
2. 명칭
3. 지구
4. 사무소의 소재지
5. 단체원에 관한 규정
6. 사업 및 그 집행에 관한 규정
7. 역원에 관한 규정
8. 회의에 관한 규정
9. 회계에 관한 규정

제39조 지구별 단체의 단체원인 자격을 가진 자는 아래에 게재된 것으로 한다.

1. 항만운송업자에서 체신대신이 지정한 것.

2. 항만운송업에 부속한 사업을 경영하는 자에 대해서 체신대신의 지정한 자

제40조 지구별단체는 명령이 정한 바에 의해 등기할 필요가 있다.전항의 규정에 의해 등기해야 할 사항은 등기 후가 아니면 제3자에 대항하는 것을 할 수 없다.

제41조 제9조 제2항, 제3조 내지 제16조, 제17조 제1항, 제3항, 제19조 내지 제33종, 제34조 제1항 및 제35조 제1항의 규정은 지구별 단체에 그것을 준용하고 다만 제19조 중 관계 각 대신은 관계 행정관청으로 한다.

제42조 체신대신 또는 체신국장이 필요가 있다고 인정될 때는 국가총동원법 제31조[29]의 규정에 의해 중앙단체, 지구별 단체, 항만운송업자, 항만운송업에 부속된 사업을 경영하는 자 또는 항만 운송업의 용도에 사용되는 설비의 임대를 하는 사업을 경영하는 자에게 그 사업에 관한 보고를 받고, 또는 해당 관리로서 그 사무소, 영업소, 선박, 창고, 기타의 장소에 임검한 사무의 상황 혹은 장부서류, 설비 기타의 물건을 검사하는 것을 할 수 있다.

전항의 규정에 의한 해당 관리로서 임검 검사[30]하는 경우에 대해서는 그 자신을 보이는 증표를 휴대해야 한다.

제43조 체신대신은 본령에 정한 직권의 일부를 체신국장에 위임하는 것을 할 수 있다.

제44조 체신대신은 아래에 게재된 경우에 대해서 내무대신에 협의해야 한다.

1. 제4조 제1항, 제5조 제1항 또는 제8조의 규정에 기초한 명령을 해야 하는 경우에 대해서 항만운송업 또는 항만운송업의 용도로 사용하는 설비의 임대를 하는 사업을 경영하는 자가 그 명령 사항의 실시상 항만, 운하 또는 공유수면에 관한 허가를 필요로 하는 것이 있을 때

2. 공공단체에 대한 제4조 제1항 제5조 제1항 또는 제8조의 규정에 기초해 명령할 수 있을 때

제45조 본령 중 체신대신 또는 관계 각 대신이 조선, 대만, 또는 화태에 대해서 각 조선 총

---

29 「國家總動員法ヲ朝鮮,臺灣及樺太ニ施行スルノ件」(1938.5.5, 칙령 315호). 정부는 국가 총동원상 필요한 경우에는 명령이 정하는 바에 따라 보고를 받거나 해당 관리가 필요한 장소에서 임검(臨檢)하여 업무의 상황 또는 장부 서류 기타 물건을 검사하도록 할 수 있다.

30 일이 일어난 현장에 가서 검사하는 것이다.

독, 대만총독 또는 화태청[31] 장관에게 체신국장이 조선 또는 체신에 대해서는 각 조선총독부 체신국장 또는 대만총독부 교통국 총장으로 한다.

제24조 중 시정촌에 있는 조선에 대해서는 부읍면, 대만에 대해서는 시정촌으로 하고 시정촌세는 조선에 대해서는 국세, 대만에 대해서는 시정촌세로서 백분의 4로 하고 조선에 대해서는 백분의 오로 한다.

제4조 제3항(제5조 제2항 및 제8조에서 준용한 경우를 포함) 및 전조의 규정은 조선, 대만, 화태에 대해서는 그것을 적용하지 않는다.

제46조 본령에 규정한 것을 제외한 외 중앙단체 및 지구별 단체에 관한 필요가 있는 사항은 명령으로 그것을 정한다.

부칙

본령은 1941년(昭和 16) 9월 20일부터 그것을 시행하고 다만 조선, 대만 및 화태(和泰)[32]에 대해서는 1941년(昭和 16) 10월 1일부터 그것을 시행한다.

(김태현)

---

[31] 일본 제국이 설립한 가라후토민정서(樺太民政署)가 그 모체이다. 러일전쟁 결과 포츠머스 조약에 따라 러시아 제국으로부터 할양받은 남사할린 일대를 통치하기 위해 1907년 4월 1일 발족되었다.

[32] 일본어로 가라후토-사할린을 일컫는다. 러일전쟁 이후 체결된 포츠머스 강화조약에 의해 북위 50도 이남의 사할린 남부는 가라후토(樺太)라는 이름으로 일본의 권역으로 편입, 일본인들을 정착시켰다. 1905년 9월 5일 가라후토 민정서를 설립했고 1907년 3월 15일 가라후토청으로 개편했다. 조선에서는 한국 한자음인 '화태도(樺太道)'라 불렸다.

자료 121 | 《朝鮮總督府官報》第四千五百二十六號, 1942. 3. 17

칙령 제99호 항만운송업 등 통제령 중 개정의 건

제6조 중「양도」의 아래에「혹은 출자」를 추가한다.

제7조 내지 제9조 중「제5조 제2항」을 제5조 제3항으로 고친다

제13조의 제7조 제1항의 허가는 아래에 하역기계설비, 계선설비, 상옥(上屋)[33], 부선, 예선 기타의 선박 이외의 사업설비의 양도 또는 자도를 위한 때

기간 2월 이내의 대도를 할 때

제13조의 3령 제7조 제1항의 규정에 의해 사업 설비의 양도 또는 대도(貸渡)[34]의 허가를 받을때는 그 사유 및 시기, 양도 또는 대도하려는 사업 설비의 종류, 명칭 및 소재 아울러 상대방의 씨명은 명칭 및 주소 또는 주된 사무소의 소재지를 기재한 신청서를 조선 총독에 제출해야 한다.

부칙

본령은 1942년(昭和 17) 3월 20일로부터 시행한다.

(김태현)

---

[33] 수송 화물의 보관·선별을 위하여 부두나 역 가까이에 지은 건물이다.
[34] 대여하는 것을 말한다.

자료 122 | 《朝鮮總督府官報》第四千四百七號, 1941. 9. 30

조선총독부령 제261호 항만운송업 등 통제령 시행규칙

제1조 조선 총독이 지정한 지역(이하 지정지역이라 한다) 이외의 지역에서 항만운송업을 개시하고자 하는 자는 항만운송업등통제령(이하 령이라 한다) 제3조의 허가를 받을 것을 요하지 아니한다.

제2조 령 제3조의 허가는 다음 각호의 경우에는 받을 것을 요하지 아니한다.

    1. 항만운송업 이외의 사업을 경영하는 자가 그 사업의 전용으로 사용할 목적으로 항만운송업부선 또는 예선(曳船)[35]에 의한 운반을 하는 사업을 제외한다)을 개시하고자 하는 때

    2. 철도 또는 궤도의 역 구내 또는 이에 준하는 장소에서 부선에 대하여 화물의 적사를 하는 사업을 개시하고자 하는 때

제3조 허가는 조선 총독이 지정한 업종별 및 사업지마다 받아야 한다.

제4조 제3조의 허가를 받고자 하는 때는 다음 각호의 사항을 기재한 신청서를 조선 총독에게 제출하여야 한다.

    1. 본적 및 주소
    2. 성명 또는 상호 및 영업상 사용하는 기호
    3. 본점·지점 기타 점포의 소재지
    4. 사업지
    5. 개시하고자 하는 업종
    6. 부선·예선 하역용구·창고·상옥[36]·하역기계 설비 기타 사업설비의 개요
    7. 종업자의 수

---

35 통상적으로 선박자체의 동력으로 이·접안이 곤란한 대형 화물·여객선과 위험물운송선박 등을 항만시설 보호와 선박안전을 위해 이·접안하거나 입출항할 수 있도록 대상 선박을 밀거나 끌어주는 고마력의 엔진을 가진 특수선박이다.

36 수송 화물을 보관·선별하거나, 작업 또는 대기하는 데 쓰려고 부두나 역 가까이에 지은 건물이다.

8. 취급화물의 종류 또는 단골 등으로 한정한 자는 그 개요

9. 항만운송업 이외의 사업을 겸영하는 자는 겸영하는 사업의 종류

　전항의 신청서에는 공공단체로서 항만운송업의 경영에 대하여 의결기관의 결의를 요하는 것은 결의요령서를, 기설 회사는 정관·등록부의 등본·최근 영업연도 말의 재산목록 및 대차대조표를, 회사를 설립하고자 하는 자는 정관을, 기타의 자는 납세증명서 및 호적초본을 첨부하여야 한다.

제5조 령 제4조 제1항의 규정에 의한 명령은 당사자 쌍방에 대하여 상대방의 성명이나 명칭 및 주소 또는 주사무소의 소재지와 양도·위탁 또는 공동경영의 범위, 공동경영 또는 위탁 기간이나 양도 또는 회사의 합병을 하여야 하는 기한 기타 필요한 사항을 기재한 영서(令書)를 발하여 행한다.

제6조 령 제5조 제1항의 규정에 의한 명령은 당사자 쌍방에 대하여 상대방의 성명이나 명칭 및 주소 또는 주사무소의 소재지, 사업 설비의 종류·명칭 및 소재지와 양도를 하여야 하는 기한 또는 대차 기간 기타 필요한 사항을 기재한 영서를 발하여 행한다.

제7조 령 제4조 제2항 또는 제5조 제2항의 협의 조정을 한 때는 당사자가 연서한 후 계약서 사본을 첨부하여 그 취지를 조선 총독에게 신고하여야 한다.

제8조 제4조 제2항 또는 제5조 제2항의 규정에 의하여 재정을 받고자 하는 때는 다음 각호의 사항을 기재한 정·부 2통의 신청서를 조선 총독에게 제출하여야 한다.

1. 신청자 및 상대방의 성명이나 명칭 및 주소 또는 주사무소의 소재지

2. 신청 목적 및 사유

　조선 총독은 전항의 신청서를 수리한 때는 부본을 상대방에게 송부하고 지정한 기간 내에 답변서를 제출하게 한다.

　전항의 기간 내에 답변서를 제출하지 아니한 때는 조선 총독은 신청서에만 의하여 재정을 한다.

제9조 조선 총독령 제4조 제2항 또는 제5조 제2항의 규정에 의하여 재정을 한 때는 재정서에 이유를 부기하여 당사자 쌍방에게 송부한다.

제10조 다음 각호의 사업에 대하여는 령 제7조의 허가 또는 인가를 받을 것을 요하지 아니한다.

1. 지정지역 이외의 지역에서 경영하는 항만운송업

2. 제2조 각호의 항만운송업

제11조 제7조 제1항의 규정에 의하여 사업 양도의 허가를 받고자 하는 때는 다음 각호의 사항을 기재한 신청서에 당사자가 연서하여 조선 총독에게 제출하여야 한다.

1. 양도하는 사업의 범위

2. 양도 가격 및 시기

3. 양도를 필요로 하는 사유

4. 양수받고자 하는 자가 항만운송업자가 아닌 때는 양수 후의 제4조 제1항 각호에 게기한 사항

전항의 신청서에는 다음 각호의 서류를 첨부하여야 한다.

1. 양도계약서의 사본

2. 양도 가격산출의 기초를 명확하게 한 서면

3. 양도에 관한 공공단체의 의결기관, 주주총회 또는 사원총회의 결의록 사본이나 이를 대신할 서면

4. 양수에 요하는 자금의 조달 방법을 기재한 서면 및 양수 후의 사업수지 계획서

5. 양수하고자 하는 자에 대하여 제4조 제2항의 서류에 준하는 서류

제12조 항만운송업의 양도가 종료한 때는 당사자가 연서하여 지체없이 그 취지를 조선 총독에게 신고하여야 한다.

제13조 제7조 제1항이 규정에 의하여 사업 폐지의 허가를 받고자 하는 때는 그 사유·범위 및 시기를 기재한 신청서를 조선 총독에게 제출하여야 한다.

전항의 신청서에는 공공단체의 의결기관, 주주총회 또는 사원총회의 결의록 사본이나 이를 대신할 서면을 첨부하여야 한다.

제14조 제7조 제2항의 규정에 의하여 합병 결의의 인가를 받고자 하는 때는 다음 각호의 사항을 기재한 신청서에 당사자가 연서하여 조선 총독에게 제출하여야 한다.

1. 합병의 방법 및 조건

2. 합병을 필요로 하는 사유

3. 합병의 상대방이 항만운송업을 경영하는 회사가 아닌 때는 합병 후 존속하는

회사 또는 합병으로 인하여 설립한 회사에 대하여 제4조제1항 각호에 게기한 사항

　신청서에는 다음 각호의 서류를 첨부하여야 한다.
　　1. 합병계약서의 사본
　　2. 합병에 관련한 주주총회 또는 사원총회의 결의록 사본
　　3. 합병 후 존속하는 회사 또는 합병으로 인하여 설립한 회사에 대하여 제4조제2항의 서류에 준하는 서류

제15조 항만운송업을 경영하는 회사의 합병이 종료한 때는 합병 후 존속하는 회사 또는 합병으로 인하여 설립된 회사는 등기부 등본을 첨부하여 지체없이 그 취지를 조선 총독에게 신고하여야 한다.

제16조 령 제7조 제2항의 규정에 의하여 해산 결의의 인가를 받고자 하는 때는 그 사유를 기재한 신청서에 주주총회 또는 사원총회 결의록의 사본을 첨부하여 조선 총독에게 제출하여야 한다.

제17조 다음 각호의 경우에는 지체없이 그 취지를 조선 총독에게 신고하여야 한다. 다만, 지정지역 이외의 곳에서 항만운송업을 경영하는 경우에는 그러하지 아니하다.
　　1. 허가를 받아 사업을 한 때
　　2. 성명 또는 상호를 변경한 때
　　3. 본점의 이전 또는 지점 기타 점포의 신설이나 이전을 한 때
　　4. 금치산 또는 준금치산 선고를 받은 때
　　5. 파산선고를 받은 때
　　6. 법인은 임원 또는 정관을 변경한 때
　　7. 업무 운행에 관하여 중대한 지장을 미칠 수 있는 사고가 발생한 때

제18조 지정지역에서 항만운송업을 경영하는 자는 4월 1일부터 익년 3월 31일까지의 영업에 대하여 제1호 양식에 의한 영업개황보고서를 사업지마다 작성하여 매년 5월 31일까지 조선 총독에게 제출하여야 한다.

　회사는 전항의 규정에 의한 것 외에 영업연도마다 영업보고서를 해당 영업연도 경과 후 2월 이내에 제출하여야 한다.

제19조 제9조 제1항에 규정한 단체(이하 중앙단체라 한다)의 설립명령은 조선 총독이 설립을 명한 취지, 단체원의 자격 및 설립인가를 신청하여야 하는 기한을 고시하여 행한다.

전항의 경우에 조선 총독은 단체원의 자격을 가진 자 중에서 설립위원을 임명하고 성명 또는 명칭 및 주소를 고시한다.

전항의 고시가 있는 때는 설립위원은 지체없이 창립총회를 소집하여야 한다.

제20조 창립총회를 소집하기 위해서는 단체원의 자격을 가진 자에 대하여 회의의 목적사항·일시 및 장소와 전조 제1항의 고시 내용의 사항을 적어도 2주간 전에 통지하여야 한다.

제21조 다음 각호의 사항은 창립총회에 부쳐 설립위원이 정하여야 한다.
1. 정관
2. 중앙단체의 부담에 속하는 창립비 및 그 상각방법
3. 초년도의 수지예산 및 초년도의 령 제21조의 규정에 의한 부과금의 부과 징수방법

제22조 창립총회가 종결한 때는 설립위원은 지체없이 중앙단체의 설립인가 신청서를 조선 총독에게 제출하여야 한다.

전항의 설립인가 신청서에는 정관·사업계획·창립총회 결의록의 사본과 전조 제2호 및 제3호에 게기한 사항을 기재한 서면을 첨부하여야 한다.

제23조 중앙단체령 제22조의 규정에 의한 인가를 받고자 하는 때는 다음 각호의 사항을 기재한 신청서를 조선 총독에게 제출하여야 한다.
1. 특별 부과금을 필요로 하는 사유
2. 특별 부과금의 수지예산 및 부과 징수방법

전항의 신청서에는 전항 제2호의 수지예산 명세서 및 총회의 의사록 사본을 첨부하여야 한다.

제24조 중앙단체는 정관의 변경 인가를 받고자 하는 때는 그 사유를 기재한 신청서에 총회의 의사록 사본을 첨부하여 조선 총독에게 제출하여야 한다.

제25조 중앙단체통제 규정의 설정 또는 변경 인가를 받고자 하는 때는 그 사유를 기재한

신청서를 조선 총독에게 제출하여야 한다.

제26조 총회를 소집하기 위해서는 단체원에 대하여 회의의 목적사항·일시 및 장소를 적어도 2주간 전에 통지하여야 한다.

제27조 중앙단체는 매 사업연도의 수지 예산 및 령 제21조의 규정에 의한 부과금의 부과 징수방법을 정한 때는 지체없이 조선 총독에게 신고하여야 한다. 이를 변경한 때에도 같다.

제28조 중앙단체는 매 사업연도의 사업보고서(재산목록 및 대차대조표를 포함한다) 및 수지 결산서를 작성하여 통상총회 종료 후 지체없이 조선 총독에게 신고하여야 한다.

제29조 중앙단체의 단체원은 해당 항의 전순의 하역실적에 대하여 제2호 서식에 의한 하역실적보고서 2통을 작성하여 매순 말일까지 조선 총독에게 제출하여야 한다.

제30조 령 제36조에 규정한 단체(이하 지구별 단체라 한다)를 설립하여야 하는 지구는 조선 총독이 고시로써 지정한다.

제31조 제19조 내지 제28조의 규정은 지구별 단체에 준용한다.

제32조 령 제42조 제2항의 증표는 별기 양식에 의한다.

제33조 본령의 규정에 의하여 조선 총독에게 제출하여야 하는 서류는 1910년(明治43) 조선총독부령 제5호의 규정에 불구하고 해당 관청을 거쳐야 한다. 다만, 중앙단체가 제출하는 것은 직접 조선총독부 체신국에 제출하여야 한다.

부칙

본령은 1941년(昭和16) 10월 1일부터 시행한다.

본령 시행 당시 지정지역에서 항만운송업을 경영하는 자는 본령 시행일부터 30일 이내에 제4조 제1항에 게기한 사항을 구비하여 그 취지를 조선 총독에게 신고하여야 한다.

(김태현)

IV

실행 결과

해제

　Ⅳ장에서는 일제시기 항만 정책의 결과를 살펴볼 수 있는 5개의 주요 통계를 수록했다. 1. 해관 공사비의 내역, 2. 이출 미곡의 가액 추이, 3. 주요 항만의 수축 현황이 여기에 해당한다. 이들 통계는 조선총독부에서 발간한 『조선총독부 통계연보(朝鮮總督府統計年報)』, 국가기록원에 소장된 「해관 공사비 각 연도별 일람표(海關工事費各年度別一覽表)」, 『조선교통상황(朝鮮交通狀況)』을 바탕으로 정리했다. 그 외의 자료로는 남조선과도정부에서 편찬한 『조선통계연감(朝鮮統計年鑑)』을 참조했다.

　첫 번째 범주에 속한 통계는 대한제국시기 주요 해관 공사의 전반전인 현황과 양적 변화를 보여 준다. 〈자료 123〉과 〈자료 124〉를 보면, 메가타가 주도한 세관 시설 확충 5개년 계획에 따라 진행된 해관 공사는 주로 부산항[1], 진남포항, 인천항에 집중이 되었다. 공사는 예정대로 진행되어 인천항과 진남포항에 대한 일부 공사를 제외하고 대체로 1910년까지 준공이 되었다. 그중 부산항의 시설은 1902년부터 1909년까지 1기에 32,627평이, 2기에 8,347평이 매축되었다.[2]

　두 번째 범주의 통계는 조선의 항만에서 일본으로 이출 된 미곡의 가액 추이이다. 〈자료 125〉를 보면, 개항 이래 미곡은 조선의 수출 상품 가운데 가장 중요했고 일제시기에는 그 비중이 더욱 높아졌다. 1910년 전체 수이출 가운데 31.5%를 차지한 미곡의 비중은 1919년에 50.09%까지 치솟았다. 그런데 미곡이 차지하는 비중은 1937년 33.91%를 거쳐 1940년에는 1.73%까지 감소했고 이후에는 미곡의 수이출이 거의 이루어지지 않았다.[3]

1　송정숙, 2011, 「개항장으로서의 부산항과 기록」, 『한국기록관리학회지』 11. 292~294쪽.
2　朝鮮總督, 1937, 「朝鮮土木事業誌」, 朝鮮總督府, 474~475쪽.
3　송규진, 2002, 「일제하 식민지자본주의와 조선무역」, 『한국사학보』 12, 158~159쪽.

세 번째 범주의 통계는 강제병합 이후 주요 항만의 수축 현황이다. 이를 보면, 일제시기 부산, 인천, 진남포를 중심으로 한 항만 공사가 계속해서 이루어졌는데, 추가로 1930년대 '북선 루트' 개발에 따라 나진항의 축조가 결정되었다. 중일전쟁 이후에는 '군사항'·'국책항'의 건설에 초점이 맞춰졌고 태평양전쟁 시기에는 '대륙 물자의 육운전이' 기조에 따라 삼천포항, 부산항, 마산항, 여수항의 확충이 결정되었다.[4] 이에 〈자료 127〉을 보면 삼천포항의 공사비 예산은 1911~1943년 1,739엔에서 1944~1946년 14,014엔으로 약 8배가량 급증했다.

이러한 통계를 종합해 보면 식민지 조선의 항만 수축은 일제의 대륙 침략을 위한 교두보를 마련하는 동시에 미곡 이출과 같은 조선의 지하자원을 일본으로 유출할 목적에서 진행되었음을 확인할 수 있다.

(김태현)

---

[4] 국가기록원, 2010, 「항만 관련 기록물의 개설과 해제」, 『일제문서 해제(토목편)』, 국가기록원, 377~379쪽.

자료 123 | 1928, 『(舊韓國政府時代)各海關工事費豫算調書』, CJA0013247, 1197쪽.

1906~1913년 해관 공사비(갑호)

(단위: 엔)

구분	1906	1907	1908	1909	1910	1911	1912	1913	계
인천세관	69,932	282,050	245,841	213,485	110,585	33,394	-	-	955,287
군산세관	5,892	62,610	20,058	-	-	-	-	-	88,560
목포세관	25,700	57,313	10,667	-	-	-	-	-	93,680
경성세관	-	81,280	9,814	35,500	-	-	-	-	126,594
부산세관	60,400	413,918	526,966	271,551	157,814	-	-	-	1,430,649
원산세관	25,230	72,130	276,260	77,300	55,333	-	-	-	506,253
청진세관	-	28,200	82,217	140,600	210,549	-	-	-	461,566
진남포세관	75,908	43,450	19,854	114,270	185,000	335,000	350,000	170,000	1,293,482
신의주세관	-	23,500	19,900	-	-	-	-	-	43,400
성진세관	-	-	7,200	41,580	-	-	-	-	48,780
대구세관	-	-	5,600	-	-	-	-	-	5,600
마산세관	-	-	11,000	-	-	-	-	-	11,000
평양세관	-	-	-	35,000	-	-	-	-	35,000
합계	263,062	1,064,451	1,235,377	929,286	719,281	368,394	350,000	170,000	5,099,851

출처: 1928,「海關工事費各年度別一覽表(甲號)」, 『(舊韓國政府時代)各海關工事費豫算調書』, CJA0013247, 1197쪽.
비고: 종시(終始) 공사비는 본 표에 편입하지 않았다.

(김태현)

자료 124 | 1928, 『(舊韓國政府時代)各海關工事費豫算調書』, CJA0013247, 1220쪽.

1906~1910년 해관 공사비(을호)

(단위: 엔)

구분	1906	1907	1908	1909	1910	계
인천세관	69,932	28,205	245,841	156,540	77,190	577,708
목포세관	25,700	57,313	33,567	0	0	116,580
군산세관	5,892	63,610	14,258	0	0	83,760
경성세관	0	81,280	11,050	0	0	92,330
부산세관	60,400	413,918	503,130	271,551	157,814	1,406,813
원산세관	25,230	72,130	267,260	77,300	55,222	497,142
청진세관	0	28,200	82,217	140,600	210,549	461,566
진남포세관	75,908	43,450	25,354	0	0	144,712
신의주세관	0	23,500	16,900	0	0	40,400
성진세관	0	0	7,200	0	0	7,200
대구세관	0	0	6,600	0	0	6,600
마산세관	0	0	11,000	0	0	11,000
합계	263,062	811,606	1,224,377	645,991	500,775	3,445,811

출처: 1928, 「海關工事費各年度別一覽表(乙號)」, 『(舊韓國政府時代)各海關工事費豫算調書』, CJA0013247, 1220쪽.
비고: 등대 공사비는 포함하지 않았다.

(김태현)

자료 125 | 朝鮮總督府, 각년판, 《朝鮮總督府統計年報》, 朝鮮總督府.

연도별 이출 미곡 가액 추이

(단위: 엔)

연도	미곡종류				합계
	현미	정미	싸라기	기타 미곡	
1909	3,152,870	694,343	0	95,868	3,943,081
1910	3,439,920	552,641	0	161,028	4,153,589
1911	2,415,852	300,583	0	109,675	2,826,110
1912	2,768,143	1,244,529	0	0	4,012,672
1913	6,175,343	4,688,987	0	0	10,864,330
1914	7,459,750	5,804,008	0	624,364	13,888,122
1915	12,325,623	7,010,800	0	1,341,262	20,677,685
1916	7,084,837	6,243,367	0	842,830	14,171,034
1917	7,660,506	9,035,150	0	1,092,747	17,788,403
1918	29,574,944	24,356,201	0	2,092,118	56,023,263
1919	60,153,259	42,917,263	0	2,984,661	106,055,183
1920	40,130,719	30,906,390	0	2,069,896	73,107,005
1921	42,170,417	44,052,558	0	2,470,278	88,693,253
1922	39,414,332	52,720,238	0	1,555,498	93,690,068
1923	62,022,087	49,075,455	0	1,834,740	112,932,282
1924	99,083,369	61,887,828	0	2,326,577	163,297,774
1925	100,754,786	69,805,487	0	2,068,363	172,628,636
1926	115,820,411	74,213,586	0	2,186,705	192,220,702
1927	103,769,185	85,426,021	1,471,155	474,429	191,140,790
1928	106,948,021	73,738,376	1,946,368	788,270	183,421,035
1929	87,524,998	58,108,466	1,685,948	1,230,235	148,549,647
1930	58,290,899	49,105,688	1,395,229	714,743	109,506,559
1931	75,314,499	60,844,262	1,512,874	766,774	138,438,409

연도	미곡종류				합계
	현미	정미	싸라기	기타 미곡	
1932	76,318,069	66,910,141	1,228,036	340,563	144,796,809
1933	73,833,656	76,359,633	1,901,067	598,656	152,693,012
1934	121,084,328	98,538,913	2,112,886	553,399	222,289,526
1935	134,050,583	102,918,838	2,634,926	523,595	240,127,942
1936	122,429,605	122,306,829	4,132,878	557,225	249,426,537
1937	100,408,059	126,360,457	3,190,668	1,128,589	231,087,773
1938	151,942,250	145,598,080	3,550,444	963,015	302,053,789
1939	59,193,446	86,069,499	3,452,163	650,976	149,366,084
1940	25,923	15,803,669	499	537,912	16,368,003
1941	23,055,746	129,361,230	111,430	247,839	152,776,245

출처: 朝鮮總督府, 각년판,《朝鮮總督府統計年報》, 朝鮮總督府.

(김태현)

자료 126 | 朝鮮總督府, 각년판, 《朝鮮總督府統計年報》, 朝鮮總督府.

연도별 주요 항만의 수이출액과 수이입액

(단위: 엔)

연도	수이출액									
	인천	군산	부산	목포	신의주	진남포	나진	원산	청진	웅기
1908	2,179	1,817	4,302	857	–	1,949	–	993	2	–
1909	3,316	2,050	5,156	1,203	–	2,076	–	1,055	16	–
1910	4,055	2,210	6,050	1,335	1,121	2,566	–	1,019	38	–
1911	3,908	1,453	5,865	1,152	–	2,830	–	967	25	–
1912	3,788	1,712	6,974	1,075	–	3,232	–	1,115	64	–
1913	5,818	4,199	9,845	1,954	–	4,284	–	1,327	104	–
1914	5,256	6,177	11,794	2,429	–	3,960	–	1,142	171	–
1915	8,131	7,289	17,899	2,968	–	4,987	–	3,440	181	–
1916	7,139	5,360	21,069	3,093	–	8,232	–	4,374	551	–
1917	9,869	6,763	33,250	5,495	–	10,489	–	4,282	1,126	–
1918	15,655	13,782	64,620	7,144	–	25,847	–	4,329	3,442	–
1919	26,375	26,538	89,393	16,447	–	25,604	–	6,690	3,380	–
1920	24,569	19,806	74,969	12,034	–	24,123	–	4,341	2,868	–
1921	42,413	20,167	64,060	9,874	–	26,860	–	5,887	4,072	365
1922	43,366	27,127	58,210	11,027	–	21,835	–	4,348	4,058	1,322
1923	39,728	32,815	93,724	15,551	–	16,755	–	4,635	6,279	2,715
1924	60,152	35,959	118,106	20,355	–	29,474	–	7,854	9,024	2,604
1925	63,563	37,739	124,040	21,677	11,372	36,773	–	8,408	6,899	3,190
1926	59,844	47,328	124,731	23,769	11,611	41,250	–	9,488	7,235	4,190
1927	57,111	45,120	126,400	21,133	9,432	42,285	–	8,922	9,459	4,559
1928	55,839	44,518	118,945	21,693	13,691	48,238	–	8,273	10,488	4,310
1929	47,476	34,223	109,710	22,873	19,013	50,728	–	7,481	13,197	3,838
1930	42,259	24,330	82,255	17,454	12,728	40,159	–	5,645	8,284	1,752

연도	수이출액									
	인천	군산	부산	목포	신의주	진남포	나진	원산	청진	웅기
1931	38,524	30,497	82,352	15,458	8,218	39,956	-	3,577	6,718	1,869
1932	44,196	33,854	82,897	16,558	18,642	48,937	-	4,641	9,160	1,452
1933	43,067	37,595	88,577	18,463	28,937	62,340	-	8,984	9,770	2,875
1934	60,219	55,951	104,043	22,562	30,535	77,030	-	5,754	12,921	8,394
1935	66,327	63,303	120,105	29,072	28,310	101,169	-	7,741	20,977	13,758
1936	72,754	57,541	134,073	31,737	29,337	93,324	-	10,879	31,910	11,123
1937	92,607	51,636	156,398	31,768	33,905	116,766	-	10,683	39,009	9,567
1938	129,860	62,830	209,362	40,777	58,653	135,462	7,434	21,114	38,703	9,251
1939	106,401	37,156	284,908	30,261	78,699	103,627	18,697	19,820	56,115	16,743
1940	29,928	4,132	29,238	1,505	34,210	9,548	6,354	10,650	22,127	7,174
1942	37,645	812	22,889	1,080	38,763	6,356	2,667	8,027	9,179	164
1943	37,319	1,940	28,624	2,515	37,501	5,444	2,210	5,044	5,295	207

연도	수이입액									
	인천	군산	부산	목포	신의주	진남포	나진	원산	청진	웅기
1908	17,889	973	9,258	659	1,187	3,058	-	2,885	436	-
1909	13,351	913	8,308	724	833	3,215	-	2,687	1,024	-
1910	12,667	1,186	9,836	964	699	1,994	-	2,503	600	-
1911	16,526	1,910	12,458	1,460	-	2,257	-	3,534	989	-
1912	18,489	2,715	15,386	2,138	-	2,892	-	4,751	1,165	-
1913	17,589	3,282	17,555	2,813	-	3,024	-	5,387	1,266	-
1914	14,217	2,714	16,910	1,878	-	2,359	-	4,202	1,477	-
1915	12,833	2,293	14,356	1,558	-	2,545	-	3,308	2,056	-
1916	17,394	2,292	16,835	1,808	-	3,844	-	4,244	2,474	-
1917	21,294	2,505	24,526	2,244	-	8,575	-	5,738	2,800	-
1918	29,083	3,885	36,408	3,217	-	20,977	-	7,171	4,138	-
1919	64,613	8,564	65,445	4,756	-	21,006	-	13,782	6,679	-
1920	51,254	5,243	54,598	4,452	-	17,348	-	10,701	6,077	-

연도	수이입액									
	인천	군산	부산	목포	신의주	진남포	나진	원산	청진	웅기
1921	52,836	6,520	50,561	4,014	-	9,452	-	8,592	7,633	346
1922	58,622	7,888	55,334	5,678	-	7,375	-	11,385	7,645	851
1923	53,562	8,639	73,568	5,727	-	9,730	-	12,778	10,640	763
1924	66,096	12,729	95,856	8,737	-	11,351	-	12,438	11,148	848
1925	66,459	18,341	103,572	11,896	50,628	13,471	-	12,949	10,617	1,130
1926	68,043	19,285	115,201	12,520	54,844	14,994	-	17,425	12,137	1,637
1927	74,931	20,799	115,398	11,232	51,419	16,390	-	18,123	13,074	2,059
1928	84,337	18,065	125,050	11,046	47,223	18,847	-	26,178	14,035	3,069
1929	83,290	18,207	130,387	14,226	44,919	20,897	-	20,768	13,944	3,915
1930	70,040	15,168	108,442	11,818	38,851	20,442	-	17,679	9,953	2,446
1931	51,628	9,397	90,572	7,585	25,492	14,548	-	11,260	6,762	1,815
1932	59,663	11,491	102,164	8,349	37,644	19,722	-	12,612	12,321	2,869
1933	75,573	13,805	129,984	10,066	38,903	27,491	-	15,474	15,832	8,248
1934	100,121	18,443	165,394	11,633	42,611	37,919	-	18,676	23,555	13,345
1935	137,776	24,088	205,180	15,479	42,813	47,928	-	28,498	30,067	15,974
1936	158,906	28,794	238,265	19,042	43,803	49,502	-	36,031	42,521	15,605
1937	187,372	24,893	250,181	18,365	41,849	68,335	-	47,106	51,048	15,065
1938	214,741	26,269	326,394	19,692	49,042	91,010	14,463	47,488	71,858	11,161
1939	261,016	25,323	447,601	18,540	55,804	109,197	25,986	58,344	101,694	14,559
1940	31,951	1,571	16,337	2,196	36,509	25,857	6,139	32,904	16,191	6,215
1942	21,285	2,899	3,347	777	38,340	12,598	2,282	3,830	12,084	146
1943	27,146	5,666	8,765	5,472	245,439	19,186	9,017	17,484	15,927	12

출처: 朝鮮總督府, 각년판,《朝鮮總督府統計年報》, 朝鮮總督府.

(김태현)

자료 127 | 朝鮮總督府 交通局, 1944, 『朝鮮交通狀況 第一回』, 朝鮮總督府, 206~207쪽.

주요 항만의 공사비 예산

(단위: 엔, %)

항만별	1911년~1943년		1944년~1946년	
	금액	구성 비율	금액	구성 비율
부산항	50,378	34	23,259	32
인천항	17,948	12	6,705	9
여수항	12,043	8	4,863	7
원산항	5,410	4	7,883	11
성진항	4,852	3	656	1
다사도항	12,360	8	7,053	10
묵호항	2,360	2	1,040	1
마산항	2,035	1	1,510	2
단천항	2,834	2	1,466	2
해주항	2,424	2	4,776	7
삼천포항	1,739	1	14,014	19
진남포항	3,480	2		
평양항	129	0.1		
청진항	16,412	11		
군산항	5,392	4		
목포항	3,850	3		
웅기항	2,103	1		
합계	146,759		73,225	

출처: 朝鮮總督府 交通局, 1944, 『朝鮮交通狀況 第一回』, 朝鮮總督府, 206~207쪽.
비고: 원문의 본년도 항목인 1944~1946년도 예산은 제외했다.

(김태현)

제2부

도로

V

관련 신문기사

해제

Ⅴ장에서는 일제시기에 발행된 신문 속에서 식민지 조선의 도로정책과 관련된 주요 기사 71개를 선별 수록했다. 신문은 당시 민족지 역할을 담당했던 《동아일보》, 《조선일보》, 《시대일보》, 《조선중앙일보》를 비롯해 조선총독부 관변지 역할을 수행한 《매일신보》를 대상으로 했다. 기사는 1. 도로 용지 수용과 토지 소유자로의 강제적 비용 전가, 2. 도로의 위치와 지역·민족별 차별, 3. 도로 건설 부역과 조선인의 저항 등의 세 가지 주제를 중심으로 선별했다. 각 주제별 주요 내용은 다음과 같다.

1. 도로 용지 수용과 토지 소유자에 대한 강제적 비용 전가	〈자료 128〉~〈자료 145〉
2. 도로의 위치와 지역·민족 간 차별	〈자료 146〉~〈자료 156〉
3. 도로 건설 부역과 조선인의 저항	〈자료 157〉~〈자료 198〉

1. 도로 용지 수용과 토지 소유자에 대한 강제적 비용 전가

제1절에서는 조선총독부가 식민지 조선의 도로를 건설하는 데 있어 도로 용지에 대한 토지 수용과 강제성에 관한 18개의 기사를 수록했다. 이는 총독부가 도로 건설에 필요한 토지를 어떻게 확보했으며, 결과적으로 식민지 사회에 도로 건설 비용을 어떤 방식으로 전가했는지를 보여준다.

1911년 4월에 발포된 「토지수용령」은 관공서 설립, 도로·철도 시설, 국방·군사 및 제철·광산업 등에 대해 "공공의 이익이라고 할 수 있는 사업을 위해 필요할 때"에는 "토지를 수용하거나, 혹은 사용할 수" 있다고 규정했다(제1조). 시행 지역은 점진주의가 채택되었는데, 「토지수용령」을 전면적으로 실시했을 때에 나타나는 사회적 부작용을 최소화하는 한편

으로 기부 행위의 강요를 통해 토목사업에 사용되는 부지의 확보가 가능했기 때문이다.[1]

사실상 조선총독부는 제1기 치도사업을 시행하면서 조선인의 토지를 기부라는 명목으로 수용했다.[2] 그중 〈자료 140〉과 같이 1930년대 장진강수전주식회사의 저수지를 지나는 도로 건설 과정에서 토지 수용이 빈번했다. 〈자료 144〉에서 잘 드러나듯이, 그 이후에도 토지 수용을 둘러싼 사회적 갈등이 자주 발생했다.

2. 도로의 위치와 지역·민족 간 차별

제2절에서는 재조일본인 거주 지역 중심으로 도로가 건설된 것에 대한 비판적 기사 11건을 수록했다. 이는 일제시기 도시 '개발'의 한 축이었던 시구개정과 도로 건설이 일본인 위주로 진행되었음을 잘 보여준다.

경성의 경우 조선인 거주 지역인 북촌과 일본인 거주 지역인 남촌으로 나눠져 있었는데, 시가 도로는 남쪽을 중심으로 건설이 되었다. 이에 〈자료 146〉을 보면, '세계에서는 동과 서의 차별이 있다 하여 인종차별의 철폐 문제까지 절규하더니 경성에서는 남과 북의 차별이 있어도 아무 소리도 없다'는 비판적 기사가 나올 정도였다. 더불어 경성 이외에 인천, 연기, 성천 등지에서 제기된 도로 건설에 대한 문제 제기와 차별적인 정책을 비판하는 주민대회 관련 기사를 보면, 도로정책의 민족 차별적인 식민성을 파악할 수 있다.

3. 도로 건설 부역과 조선인의 저항

제3절에서는 식민지 조선의 도로를 건설하는 데 있어 조선인 노동력을 부역으로 동원한 것에 대한 기사 42개를 수록했다. 이는 일제시기 도로 관련 신문 기사에서 가장 중요하게 다루어진 주제 중 하나로 도로 건설에서 부역이 어떻게 운영되었는지 그 실상을 잘 보여준다.

1911년 4월 제정된 「도로규칙」의 축조, 유지·수선 조항을 보면 '관행에 따라 관계 부락

---

[1] 이명학, 2023, 「일제시기 토지수용제도의 특징과 적용 추이」, 『한국독립운동사연구』 82, 288쪽
[2] 廣瀨貞三, 1997, 「1910年代の道路建設と朝鮮社會」, 『朝鮮學報』 164, 26~30쪽.

이 담당'한다고 되어 있는데, 이는 사실상 부역을 가능케 하는 조항이었다. 1910년대 1등, 2등, 3등 도로 모두의 신설과 유지·수선을 가리지 않고 부역이 실시되었다. 지역민들은 이러한 부역 동원에 대해 큰 불만을 품었다. 부역을 둘러싼 갈등은 1930년대에 들어서 더욱 격렬하게 전개되었다. 특히 도로품평회가 개최될 때는 도로 부역이 과중하게 부과되기 일쑤였다.[3] 그뿐만 아니라 면장이 사적으로 부역을 동원해 자택 통로를 넓히는 일도 있었다.

예를 들어 〈자료 166〉을 보면, 충청북도 제천군 봉양면(鳳陽面) 원박리(院朴里) 민홍식(閔興植) 외 94명은 제천-평동 간 2등 도로 중 박달령 수축 공사에 대하여 부역한 인부에게 지불해야 할 임금을 교부하지 아니함은 극히 억울하다며, 토목국장에게 진술서를 제출하고 법정에 기소했다. 또한 〈자료 163〉을 보면, 대전군 유천면 당대리 송병기는 대전-금산 3등 도로 수선 공사의 부역에 대하여 농번기로 의무를 수행하기 어려웠기 때문에 대신 임금 20원을 지출했다. 이상과 같이 도로 건설의 부역 문제와 이에 대한 조선 언론의 신랄한 비판도 확인이 가능하다.

(김태현)

---

3   박이택, 2002, 「식민지 부역의 추이와 그 제도적 특질」, 『경제사학』 33, 53~56쪽.

V. 관련 신문기사

1. 도로 용지 수용과 토지 소유자에 대한 강제적 비용 전가

자료 128 | 《매일신보》, 1911. 10. 25, 2면 6단

남문 외(外) 토지 수용

남대문 외(外) 도로 확장에 대하여 해당 방면의 토지소유자가 관헌의 매수에 불응하는 자가 있으므로 부득이 「토지수용령」을 시행하기로 하였는데, 그 인원은 조선인 박선호(朴宣浩), 윤정석(尹晶錫) 및 내지인 하마오카(濱岡良哲)의 3명인데, 박·윤 양(兩) 씨는 당국의 간유(懇諭)에 의하여 마침내 그 매수에 응하였으나, 하마오카(濱岡)는 단연히 불응하므로 부득이 해당 토지를 수용하기로 일반에게 공시하였다는데, 상당한 상식과 상당한 자력(資力)이 있는 내지인으로 이렇게 몰상식한 일을 행하는 자는 실로 가악(可惡)할 자라 하더라.

자료 129 | 《매일신보》, 1911. 10. 31, 2면 5단

토지 수용 재결안(裁決案)

남대문 밖 어성정(御成町)에 도로 확장 용지 매수에 대하여 지난해 이래의 일문제(一問題)인데, 점차 본년 7월에 이르러 각 지주가 함께 그 매수에 응한 고로, 현재 공사에 착수 중이나, 길야정(吉野町)에 하마오카(濱岡良槌) 1명이 지금까지 승낙하지 않아 총독부의 매수에 불응하는 고로, 이번에 해당 「토지수용령」에 의하여 수용 재결안을 데라우치(寺內) 총독의 명의로 경기도 장관에게 신청하였다 한즉, 동(同) 확장공사도 본년 내에는 준성(竣成)할 예정이라더라.

자료 130 | 《매일신보》, 1912. 1. 27, 2면 6단

민단(民團) 앞의 신(新)로

경성민단 역소(役所)의 앞길은 심히 협애(狹隘)하여 불편이 적지 않은 고로, 총독부에서는 이를 확장하기로 결정하여 서측 약 10간(間) 너비의 신(新)로를 만들어 조선은행과 민단 역

소 사이를 일직선으로 통하게 할 터인데, 토지의 매수는 1평(坪) 120원이요, 이전료는 55원이나, 소유주 등은 이에 불응하는 고로 「토지수용령」을 통용함에 이르리라더라.

자료 131 | 《매일신보》, 1912. 2. 14, 2면 3단

도로 확장과 수용령

일출소학교(日出小學校) 정문으로부터 영락정(永樂町) 및 황금정(黃金町)으로 통하는 도로 확장의 건은 재삼(再三) 보도한 바이어니와, 해당 구역 내 2~3의 불승낙자에 대한 「토지수용령」 집행은 현재 경기도청의 재결에 부(附)한 즉, 머지않아 집행하여 내달 초에 건물 훼철(毁撤)에 착수할 터이요, 본정(本町) 일정목(一丁目) 부청 앞 도로 확장의 건도 1~2의 불승낙자에 대하여 수용 수속을 경기도청에서 재결할 터인데, 이는 본월 내에 결행할 터이라더라.

자료 132 | 《매일신보》, 1912. 5. 14, 3면 2단

토지 소유자의 주의

당국의 고심, 노력과 토지소유자의 주의

백반 제도를 개혁하는 동시에 가장 먼저 개량할 만한 것은 교통기관이라. 그런고로 당국에서는 오늘날 교통기관을 완전케 하기 위하여 국고의 금전을 다수히 지출하며, 각 지방의 시찰원과 기수(技手)를 출장케 하여 어느 곳은 어디로 교통케 함이 가하고, 어느 곳은 어디로 철도를 부설함이 가하다 하여 밤낮으로 의론이 분분하며, 설계가 복잡하여 일변으로는 경원철도(京元鐵道)를 부설하고, 일변으로는 호남선의 개통식을 거행하며, 서편으로는 평남선을 개축하고, 평원선을 신축하여 교통을 편리하게 함에 급급함은 조선 전도에 식산흥업을 발전하게 하기로 목적함에 있는지라. 그런데 지금 각 철도 부설하는 도로에 수용된 토지소유자들이 공공사업이나 실업 발전에 크게 관계있는 것은 생각지 못하고 공연히 자기의 조그마한

이익을 도모하기 위하여 2전이나 혹 3전을 더 받을 목적으로 크게 방해하는 사람이 많다. 그러나 방해를 하면 혹 1전이나 2전을 더 주는 일이 이왕에는 간혹 있었으되, 토지수용령이 발포된 이후로는 당국자가 상당한 값을 평정한 이후는 토지소유자가 어떠한 의론을 제출할지라도 1푼 1리의 증감이 없게 하기로 결정한즉, 공연히 의론을 제출하여 사무 진행에 방해를 더하게 하고 자기도 이익을 받을 리가 없는즉, 각각 주의하여 심력을 허비치 않음이 가하며, 금번에 평원(平元) 도로에 수용된 토지대금을 제1공구는 지나간 8일, 9일에 모두 지발하였는데, 토지소유자로부터 아무 이론도 없이 그 성적이 극히 좋은즉, 이후 제2공구 제3공구와 각처의 수용되는 토지소유자들도 모두 그와 같이 당국에서 상당한 처분을 하면 이에 대하여 잘 복종함이 가하다더라.

자료 133 | 《매일신보》, 1913. 7. 4, 1면 6단

토지 수용과 설유(說喩)

평양경찰서통(通) 종점으로부터 육로동(陸路洞) 장경문(長慶門)에 이르는 방수제(防水提) 및 도로 양 공사에 대하여 민유지를 수용한다 함은 이미 보도하였거니와, 6월 30일 혼다(本田) 평양부윤은 택지 및 가옥 소유자 이공건(李公健), 김정훈(金廷勳) 외 100여 명을 평양면사무소에 소집하고 위 공사에 민유 택지 및 가옥 매수, 입용(入用)에 대하여 상세한 설유(說諭)를 여(與)하였는데, 그 개요는 이 공사는 개인을 위하는 일이 아니요, 공중을 위하여 당국에서 경영하는 바는 거개지실(擧皆知悉)할 듯하며, 구한국시대에는 이들 공사에 민유를 몰입하는 비행이 있었으나, 오늘날 총독정치 하에는 결코 이러한 일이 없을지라. 고로 도로에 범입한 민유 택지 및 건물을 일일이 조사하여 상당 가격과 입퇴료를 여(與)할지라. 그런데 7월 1일부터는 공사에 착수 진행할지니, 그 도로구역에 범입한 택지 및 건물 소유자는 동월(同月) 20일 내로 입퇴하게 하되, 그 가액은 입퇴하는 동시에 출급(出給)하겠다 운운하더라.

자료 134 | 《매일신보》, 1917. 6. 19, 4면 3단

3등 도로의 기부금

봉화군(奉化郡)에서 울진군(蔚珍郡)으로 통하는 3등 도로 공사 중 먼저 동군(同郡) 봉성면(鳳城面) 우곡리(愚谷里)까지 10리 20정을 40일할(日割)로 이번 달 20일까지 준공될 터인바, 본 군수 백원필(白元弼), 헌병분대장 경시(警視) 시마다 모키치(島田茂吉) 양씨가 열심 진력한 결과로 당지 유력자의 자원에 인하여 많은 기부금을 좌기와 같이 수입하였다. 또, 기타 교량목(橋梁木)의 기부자가 다수인 바. 기부금 500원은 봉화군 춘양면(春陽面) 의양리(宜陽里) 권철연(權喆淵), 기부금 200원은 동군(同郡) 동면(同面) 동리(同里) 강필(姜泌), 기부금 200원은 동군(同郡) 법전면(法田面) 법전리(法田里) 강규원(姜珪元), 기부금 200원은 동군(同郡) 내성면(乃城面) 해저리(海底里) 김뢰식(金賚植).

자료 135 | 《매일신보》, 1918. 5. 4, 2면 2단

본년 도로 개수

경성부 토목계에서는 1918년(大正 7) 부(府) 내 국부 개수도로의 부분적 측량에 착수하였는데, 본년도에 부가 계상한 개수비의 예산은 총액 약 2만 1,000원이므로 돌발 임시적인 도로 개수 등을 예상하면 2만 4~5,000원을 산(算)함에 이르리라 하며, 그 주요한 개수 부분은 삼판통(三版通)으로부터 한양공원(漢陽公園)에 이르는 연장 750간 너비 1간 반 도로의 부설, 남대문으로부터 서소문에 이르는 연장 200간 너비 3간, 봉래정(蓬萊町)으로부터 마포(麻浦)에 이르는 연장 200간 너비 3간, 남산정(南山町) 소방 대기소(詰所) 앞 연장 5간 너비 2간 반의 4개소를 본년도의 예정지구로 결정하였고, 위 삼판통으로부터 한양공원에 이르는 도로와 여(如)함은 용산 및 경성 연락 교통도로의 일(一)■ 일반에 다대한 이편(利便)을 줄로 믿는다고 당국은 말하더라.

자료 136 | 《매일신보》, 1918. 10. 26, 4면 1단

토지 수용 재결

평양부 남문통(南門通) 도로 개수공사에 관하여 도로부지 수용 보상액의 협정 부조(不調) 때문에 한찬주(韓贊周) 및 양봉서(楊鳳瑞)의 소유토지에 대하여 기업자(起業者) 평양부윤으로부터 수용 재결을 도장관에게 신청하였는데, 이에 대한 도장관은 지난 18일부로 아래와 같은 재결이 있었더라.

기업자: 평양부윤 혼다 쓰네키치(本田常吉)
관계자: 평양 계리(鷄里) 33 한찬주, 평양 수옥리(水玉里) 81 양봉서

위 당사자 간 토지수용 재결 신청에 의하여 심리(審理) 재결함이 다음과 같음.

주문

1. 기업자는 평양 수옥리 81번지 대(垈) 41평의 37평을 수용할 것.
2. 기업자는 손실토지의 보상액 금 370원 및 동(同) 지상 가옥 이전료 금 94원을 관계인에게 지불할 것.
3. 수용 시기는 1918년(大正 7) 11월 30일로 함.

사실 및 이유

기업자 신청의 요지는 토지수용령에 의하여 사업 인정을 받은 평양부 남문통 도로 개수부지를 수용하기 위하여 각 관계자와 협의한 바, 전기(前記) 관계자의 토지에 대하여 협의 부조(不調)에 귀(歸)함으로써 수용 재결을 구한다고 하였고, 이에 대한 양봉서 제출 의견서는 본건 및 토지, 가옥은 1918년 2월 23일 금 1,900원의 값으로 매수하였는데, 기업자로부터 본건 토지수용 손실보상액 및 가옥 이전료로 금 564원을 출급(出給)하겠다 하니, 연(然)한즉 손해가 다대함으로써 적당히 결정을 원한다 하였더라. 이에 이를 심리하니, 본건 토지는 기업자

가 사업 인정을 받은 도로 개수 부지에 해당하고 기업자가 이를 ■용함은 부득이한 일이라. 관계인 양봉서로부터 신출(申出)이 있으나, 실제 매매하는 대금이 가령 신출과 같을지라도 토지가격은 매매당 업자의 경우 또는 용법(用法) 관계자에 의하여 보통 시가로서 율(律)하기 불능함에 의하여 매매가격과 손실보상으로 표준(標準)하기 어렵고, 기업자 신청의 토지 손실 보상 견적액 및 가옥 이전료는 시내 다수 경험자의 평가에 의하여 결정한 것인즉, 이것이 상당액으로 인정할 것이요, 현(現)에 본건 토지, 가옥은 인접한 지역 80번지 대(垈)에 위치 및 정도가 심히 동일한데, 기업자가 이에 대하여 제시한 승낙서에 징(徵)하여 명백한지라. 수용 시가는 관계인으로부터 하등 신출할 바가 없고 기업자는 사업 경영의 사세(事勢)상 정(定)한 것으로 인정하고 주문과 같이 재결한다 하였더라.

자료 137 | 《조선일보》, 1924. 12. 6, 2면 8단

대정수조(大正水組) 구성(龜城) 지주의 불평

의주군 고령삭면(古寧朔面)에 있는 대정수리조합에서는 지주 승낙도 없이 동면(同面) 내 대하동(大蝦洞)으로부터 구성군(龜城郡) 관서면(館西面)에 통하는 도로를 저수지로 사용하고, 그 대신으로 본년 6월경에 신작로를 수선하였으므로 그곳 지주 일동은 수리조합에 대하여 그 도로를 수선할 때 수용한 토지 1평에 대하여 평균 20전, 산림 1평에 대하여 평균 5전, 농작물 수확 예정 석수 20석에 대하여 매 석에 평균 12원의 대금을 배상하라고 하였으나, 응치 아니하므로, 내년 춘기에는 도로를 전부 기경(起耕)하겠다 하여 의주군청에 배상하도록 교섭하여 달라는 연명 진정서를 제출하였으므로, 군 당국에서는 수리조합에 교섭한 결과 각 지주의 요구대로 배상금을 지불한 바 문제는 원만히 해결되었다는데, ■■ 구성군에 있는 지주 일동이 대정수리조합의 처치에 불노하여 연명 진정서를 구성군청에 또 제출하였다는데, 자세한 내용을 대개 들으면 전기(前記) 수리조합에서는 구성군 관서면 송림동으로부터 의주군 고령삭면 대하동에 이르는 도로 개수비용만 지불하였을 뿐이요, 개수도로에 사용한 토지 대금은 지불하지 않았으므로, 외에 의주군 고령삭면 지주에게는 지불하고 어찌하여 우리에게는 지불하지 않느냐 하여 그와 같이 진정서를 제출한 것이라 하며, 사실에 대하여 의주군

청에 조회를 발(發)하였다는데 수리조합에 대한 일반의 불평이 자자하다더라.

자료 138 | 《조선일보》, 1925. 4. 7, 2면 8단

도로에 수용된 집값에도 차별

해주의 시가를 개정하려고 종로에서 해운교(海雲橋)로 가는 길을 1등 도로로 개정하기 위하여 시가지에 있는 집을 헐어내고 집값으로 얼마씩을 분배하여 주는 중에, 황해도 토목과에서는 해주면사무소에 촉탁하여 집을 허는 대로 대금을 지불하려 하는 중에, 일본인의 집은 평수로 계산하고 조선인의 집은 간수로 계산하여 대금을 지불하므로, 결국에 이익이 되는 것은 평수 계산이 간수 계산보다 낫다 하여 집을 헐린 조선인들은 많은 불평을 가지고 토목과장을 방문하고 이유를 질문한즉, "사실 평수 계산이 간수 계산보다 낫다 하면 참으로 미안합니다. 그러나 이번 이 일은 해주면에서 조사하여서 한 일인데 이 같은 일을 한 사람이 귀신이 아닌 이상 다소 결점이 없다고도 할 수는 없겠지요. 좀 불공평하게 된 점이 있다 하여도 우리 해주의 발전을 위하시는 마음으로 다소 양해하여 주심을 바랍니다."라고 말하였다 하며, 불평을 품은 여러 사람들은 분함을 참지 못하고 서로 만나는 대로 불평을 토한다더라.

자료 139 | 《조선일보》, 1934. 11. 4, 4면 4단

기부에 불응한다고 토지를 강제 수용

대동강 상류 맥전강(麥田江)에 맥전교 가설문제는 평남도회에서도 팽대한 비용을 투(投)하여 가설할 필요가 없다는 이유로 상당한 분규가 있었거니와, 당국은 기어코 원안을 고집하여 목하 공사를 진행 중인 바, 최근에는 강동군 고천면(高泉面) 수리(壽里) 일대의 주민이 밭 2만여 평과 임야 1만여 평을 무상으로 제공하라고 강요하여 분규가 일어나 130여 명의 관계 지주들은 반대를 부르짖고 누차 도 당국에 진정하였으나, 당국에서는 갖은 교활한 수단과 언어를 좌우하면서 여전히 무상 제공을 강요하고 있어 피차에 대치 중이더니, 최근에

는 지주의 승낙이 없음에 불구하고 도로 공사를 진행하여 인민의 땅을 함부로 사용하고 있는 횡포한 태도를 감행하고 있어 지주들은 대회를 열고 최후까지 반대하기로 태도를 결정한 후 지주대표로, 김명선(金明善), 김준택(金濬澤), 이관실(李觀實), 손태석(孫泰錫) 등 4명을 선정하여 평남지사를 방문케 하고 3일간을 계속하여 면회를 요구하였으나, 종시(終是) 만나주지 않아 할 수 없이 1일 오전에 총독, 총감, 토목과장, 평남지사 등에게 서면으로 반대 진정을 하였다 한다. 그런데 이번 반대를 부르짖고 있는 지주들은 대개가 소지주들로서 많은 토지를 무상으로 기부할 유여가 없는 처지들이라 한다.

자료 140 | 《동아일보》, 1935. 5. 13, 3면 1단

함자선(咸慈線) 도로부지에도 토지수용사업 인정

장진강수전회사에서는 저수지 용지로 68만 3,000여 평의 임재관(林在觀) 등 142명의 소유토지에 토지수용령을 신청하여 지난 10일부로 조선 총독의 사업 인정을 받았다고 함은 별항과 같거니와, 그와 동시에 함자선 도로부지 9,250평도 수용령의 사업 인정을 받았다 한다.

동(同) 함자선 2등 도로=중남면(中南面) 사수리(泗水里)에서 상남면(上南面) 갈전리(葛田里)에 달하는 2만 5,400m와, 하갈전천선(下碣前川線) 3등 도로=하갈우리(下碣隅里)에서 서한면(西閑面) 국수리(國水里) 간 1만 9,230m는 장진강수전회사 저수지로 말미암아 새로 부설하기로 된 바, 지난 1월 중순 도 당국의 도로부설 허가를 얻어 부지매수에 착수하였으나 지주와 회사 간에 서로 가격에 현격한 차이를 보게 되어, 지주 이덕모(李德模) 등 12명의 소유 토지 9,250평을 매수할 수 없으므로 오는 7월의 침수기 전에 공사를 준공할 가망이 보이지 않는다고 하여, 지난 30일에 함남 도 당국에 「토지수용령」을 신청한 것으로 지난 10일부 총독으로부터 사업인정을 받고 속속 공사에 착수할 것으로, 총공비는 24만 원이라고 한다.

자료 141 | 《조선일보》, 1935. 6. 5, 5면 6단

함자선(咸慈線) 수용 재결

조질 회사에서 장진강수전발전소 용지 78만 평과 함께 함남도지사에게 수용재결 신청을 한 함자선 1등 도로 용지 3만 평, 하갈전천 간의 3등 도로 용지 1만여 평, 도합 4만여 평의 토지도 수용재결 신청을 수리하기로 되어 지난 1일부로 공시하였다는데, 이것도 오는 7월 20일에 강제수용 집행을 하기로 결정되었다 한다.

자료 142 | 《동아일보》, 1935. 7. 15, 4면 2단

함자선(咸慈線) 용지도 강제 수용 예정

장진강수전회사의 용지 문제가 별항과 같이 함남도지사의 재결 결정을 받게 되는 것과 동시에 동(同) 수전회사의 저수지로 인하야 새로 부설될 함자선 2등 도로 = 중남면 사수리에서 상남면 갈전리에 달하는 2만 5,400m와 하갈전천선 3등 도로 = 하갈우리에서 서한면 국수리 간 1만 9,230m, 부지 500여 평(6명의 소유토지) 별항 수전용지 재결 결정과 한가지로 재결 결정되어, 오는 20일 강제로 수용하여 도로 부설공사에 착수할 터이라고 한다.

자료 143 | 《동아일보》, 1936. 3. 26, 5면 1단

도로와 시장문제

평남 안주군(安州郡) 연호면(燕湖面)에서는 도로 승격과 시장 설치는 지방적으로 중요문제라 하여 대(大)운동을 개시하기로 되었다 한다.

그런데 당지(當地)는 청천강[4] 하류 남안(南岸)에 자리하여 강북과 교통이 두절되어 있으므

---

4 원문에는 청주강(淸州江)이지만, 청천강(淸川江)의 오기이므로 바로잡았다.

로, 일(一) 벽지(僻地)와 같이 보인다. 그러나 근래에 와서는 강변의 이생지(泥生地)를 이용하여 인호(人戶)가 나날이 증가되어 간다.

작년부터는 1,000정보의 몽석초(蒙石草)라는 신세계를 개척하여 600~700호의 농가를 더 수용하게 되었다 라고 하며, 또는 관개업이 발달함을 따라서 비옥한 토질의 건답(乾畓)이 전부 수답(水畓)으로 화(化)하였다.

그러므로 정조(正租)의 외지 수출이 종래에 비하여 4~5배로 격증하여가는 현상이므로 해당 면(面) 중부인 용흥리(龍興里)에는 벌써부터 4~5개소의 현정미(玄精米) 공장과 5~6처(處)의 잡비(雜比)하여 제법 도시의 체모(體貌)를 갖추게 되었다.

따라서 각 관공서며 공보교(公普校)까지 이곳에 집중되어 있으므로 인마의 왕래가 나날이 복잡하여가는 것은 주지의 사실이다. 그런데 교통으로는 당지에서 신안주역까지 통한 유일무이의 불완전한 도로가 있을 뿐인데, 그것이 역시 등외이기 때문에 신문화의 은택을 받아보지 못하여 동절(冬節)에 눈이나 춘하(春夏)에 우기를 당하면 이해(泥海)를 형성하여, 우마차의 통행 두절은 물론이고 정기 자동차까지도 운전할 도리가 없게 된다. 그러므로 거류민들이 그 교통으로 인하여 받는 손해가 막대하고 일용품을 구입 할 만한 시장으로는 50리 상거(相距)인 구(舊) 안주(安州)뿐인데, 당일 왕반(往返)이 불가능하므로 1원 치 물품을 사려다가 1원 이상의 숙박료를 비(費)하게 되기가 예사라 한다. 그러므로 부득이 좌고(坐賈)들의 간지대(間地帶)라면 어쩔 수 없거니와, 인호(人戶)가 조밀한 중요지에서 그와 같은 손해를 당하는 것은 너무나 인위적 공작의 불비(不備)라고 하지 아니할 수 없다. 만일 도로가 완성되고 시장까지 설치되면 강안통(江岸通)에 도선(渡船)의 출입이 빈번하여지며 당지에서 제일 난관이던 목석 운반 문제도 해결될 것이니, 그와 같이 되면 번화지로 화(化)할 것을 각오하는 당지 인민들은 도로의 승격과 시장 설치의 두 문제를 들어서 각 관계 당국에 진정하기로 준비 중이라고 한다. 인민의 복리증진을 꾀하여 줄 책임이 있는 당국자로서 이 민원에 대하여 상세한 조사와 신중한 고려가 있어야 할 것을 부탁하여 두는 바이다.

자료 144 | 《조선일보》, 1936. 9. 14, 2면 7단

파란 많은 함자선 용지, 수(遂) 수용 재결 신청

'수용이냐 타협이냐?'의 분기점에서 주목을 끌고 있던 장진수전(長津水電)의 함자선 도로 용지 매수 문제는 지난 6일에 함흥에서 회사의 중역 수명과 지주대표 정찬주(鄭贊周) 씨와의 사이에 최후적 타협을 거듭하였으나, 결국 지주들의 최초 의견대로 지가가 오른 오늘에 있어서는 도저히 1933년(昭和 8) 즉 4년 전의 지가 그대로 팔 수는 없다는 것으로, 절대 매수에 응하지 못할 의사를 보여 타협을 짓지 못하고 말았던 바, 지난 8일부로 드디어 회사로부터 함남도지사에게 토지수용의 지가(地價) 재결 신청을 제출하였다.

수용령을 적용할 토지는 약 2만 5,000평가량 되며 관계 지주는 이덕모(李德模) 등 22명이라고 한다. 그리고 함남도에서는 이 신청 수리 여부를 결정한 후에 오는 24~25일 경에 함남도령으로 1개월 동안 공고한 후 다시 2주일을 지낸 후 재결을 할 터이다.

방금 장진수전 제2저수지 용지 200만 평, 단풍선 철도 용지 300여만 평의 용지 매수에 일대 난관에 봉착하고 있는 이때, 이 시금석이 되는 지가가 어떻게 재결될는지가 극히 주목된다.

자료 145 | 《조선일보》, 1939. 3. 3, 7면 3단

토지 수용에 이례, 지사(知事) 재결을 번복

토지수용에 있어 그 토지 보상금은 토지대금에 상당한 대금을 지불하라는 선례:

히로시마(廣島)시 요시지마(吉島)정 시라이시 쓰네지(白石恒二)와 나고야(名古屋) 다테노 히사시(舘野久) 양씨 공유에 관한 부산부 범일정 506번지 외 세 필지 논 793평은 1937년(昭和 12) 중 부산부에서 도로 공사에 사용하기 위하여 토지수용령에 의하여 수용하고, 부에서는 그 토지에 대하여 보상금 6,997원 50전으로 결정하여 토지소유자에게 보냈던 바, 토지소유자는 너무 염가라고 다시 그 돈을 반환하고 도지사의 재가를 신립하였으나, 법정기간에 의견서 제출을 게을리하여 도지사는 1937년 5월 24일 부윤의 결정한 보상금액이 상당하다고 재결하였는 바, 토지소유자는 부산 사사키(佐佐木) 변호사에 의뢰하여 다시 총독에 대하여

보상금액을 1만 3,000여 원에 재정하여달라고 신청하였던바, 얼마 전 토지소유자가 법정의 기간 내에 의견서를 제출 안 한 경우라 해도 도지사는 부윤의 결정금액이 적당치 않다고 인정하는 때는 자기의 믿는 바에 의하여 재결할 것이다. 따라서 도지사의 재결한 금액은 부당히 싼 것이라는 이유로서 취소하고 지사 재결금액보다 3,800여 원의 증가인 1만 845원 50전을 보상금으로 지불하라고 재정하였다 한다. 이에 부에서는 지금 대책을 강구 중이다.

V. 관련 신문기사

2. 도로의 위치와 지역·민족 간 차별

자료 146 | 《조선일보》, 1921. 6. 17, 1면 2단

남북의 차별

세계에서는 동과 서의 차별이 있다고 하여 인종차별의 철폐 문제까지 절규하더니 경성에서는 남과 북의 차별이 있어도 아무 소리도 없으니, 세계에 그것은 큰 것이라서 문제가 될 것이요, 경성같이 작은 것은 문제도 아니 되는지. 큰 차별만 차별이 되고 조그마한 차별은 차별이 아닐까. 그러면 국제법이나 국제적 행동이나 그것만 두고 개인법이나 개인적 행동에는 다 몰각하여도 가(可)하는지. 이는 현세에 의문이다.

견(見)하라. 저 서양인이 동양인을 어떻게 모멸하는가. 인종에서 물질에서 과학에서 국제간이나 개인 간에나 여지없이 차별이다. 그러면 우리 동양에 서식하는 종족은 이를 당연하다 하느냐, 아니라 하느냐. 그러하고 차별을 당하여도 행복이라 할까 불행이라 할까. 아무리 우리 동양인이 피(彼)의 19세기에 강약(強弱) 우열(優劣)의 원칙에는 낙오자가 되는지 부지(不知)하거니와, 인류 평등의 일정한 조건이 생(生)한 금일에야 저들에게 일문일촌(一文一寸)의 권리라도 얼마를 해두(該頭)할 것이며 얼마를 양보(讓步)할 것인가. 대저(大抵) 이와 같은 인류세계에 ■이 조그마한 경성 내에서 남북의 차별이 존재하여 우리로 하여금 그것에 은인(隱忍)치 못할 것이다. 원래 경성 내에서 거주하는 자로는 일본인이나 조선인이나 균일적 시가지세(市街地稅)라든지 위생비라든지 납세의 의무를 수행하는 것인데 어찌하여 ■측, 곧 일본인의 거주하는 부락만■나 시가 그것에만 광명케 하는 공설전등, 번영적인 시가■정■ 또는 그 외■ 위생적 하수두의 굴차(掘鑿)과 음수전(飮水銓)의 보급을 견(見)하라. 여하(如何)의 차별이 있는가.

피(彼)의 남부에는 방방곡곡이라도 공설전등을 보설(普說)하여 불야성의 낙원을 작(作)케 하였으며, 시가도로에도 역연(亦然)하다. 남대문 외(外)로부터 황금정(黃金町) ■장까지는 하수도도 상당히 매장하여 오예(汚穢)를 지중에 배각(排却)하게 되었고, 도로의 공사도 충분으로써 이토(泥土)의 결함을 면하게 하였고, 음수전으로 보아도 공용수전을 소(少)하여도 4~5가(家)의 표준으로 가측(街側)에 장치하여, 빈민 등은 설혹(設或) 전용수도가 아니라도 하등의 곤란이 없도록 편의를 여(與)하였다

이에 반대측으로 황금정 이북에서 견(見)하라. 이상의 그것이 다 있는가. 야간에는 대로

(大路) 이외의 세소(細小)한 방곡(坊曲)에 입(入)하면 20년 전의 무전(無電) 시대의 감상이 어찌 없으리오. 연이(然而) 개인 문호(門戶)에 점치(點置)하는 것은 반드시 개인 책임이라 할 것이지만은 상당히 공설할 처(處)에도 이를 그대로 간과하는 것은 억하(抑何) 사실이며, 시가지 ■ 차별은 일별(一瞥)에 알 수 있는 것은 원래 황금정 이북에 대하여는 각반(各般)의 예산도 없는지 하수도는 개국 동시(同時)를 그대로 방임하여 연년(年年)의 요수(遼水)에 범람 파괴를 생(生)하여도 1차로 수선이라고 무(無)하였다. 견(見)하라. 사동(寺洞), 교동(校洞) 같은 도로에도 작년의 대홍수로 파괴된 것을 일부토(土) 일편석(一片石)의 수축(修築) 무(無)한 고로, 강우(降雨)의 때는 혹와혹퇴(或渦或堆)에 거의 통행키 불능일 수도 알지 못하고, 또는 음수도(飮水道)는 공용전이라고는 일정촌(一町村)의 입구에 겨우 1개씩 설치하여 급수의 곤란이 전반의 고통은 형언치 못할 것이오. 혹은 자가 전용으로 수도■을 인입(引入)하고자 하여도 원래에 북부에는 수도관을 매몰할 때 대로변에나 장치하였기로 노변(路邊)이 아닌 위치에서는 인수관(引水管)의 비용과 시설의 요금이 적고, 또 기(幾)백원의 다액을 요(要)하게 하였으며 위생에 최요(最要)한 인가(人家)의 배수기관 되는 소위 각 구거(溝渠)는 전부 폐색 ■체(■滯)의 상태인데, 그것을 배각(排却)하지 못함을 인(因)하여 부패 오루(汚陋)의 악취와 ■■에서 침류된 주거자가 자못 기천기만호나 되겠느냐.

당국에서는 여하한 방침으로써 일(一) 경성 내에서도 인종 대우의 차별을 이와 같이 하는지 오인(吾人)은 이 경성을 지(指)하여 전 조선의 소(小)모형이라 할 것이오, 이 조선으로서 동서 양(兩) 양인(洋人)의 지위까지라도 상상할 것이라.

그러하나 국제적 차별로 말하면 단순한 경쟁에서 생(生)하였다 하지만은 소위 조선적이나 경성적■ 비린내 나는 차별은 흡사히 기차나 일본 기선(汽船)에서 당하는 차별과 한 가지나, 차임(車賃)이나 선임(船賃)이나 다 같이 제공하는데 피(彼)는 피(彼)만 승(乘)하고 아(我)는 아(我)만 승(乘)하는 규칙인지 역부(驛夫) 등의 가통(可痛)한 지휘는 하사(何事)이며, 피(彼)는 1인석도 없어서 입이거(立以去)한다. 기차나 기선은 경성의 소(小)모형이다.

원래 남북촌의 차별은 고대에서 행하였으니 혹 지신(地神)의 복수전을 조봉(遭逢)하였는지, 기왕에는 총독부 된 골짜기는 다만 쌍놈이나 골 생원임(生員任)이나 살던 것이 지금은 딸깍발이, 양반 대리로 또 그와 같은 양반이 많이 와서 북촌 양반에게는 무엇이든지 복수전이다. 이로써 추구하야 볼지라도 차별이 심하면 개인이나 국가에서나 세계이나 그 망(亡)의 화쇠(禍衰)■ 필경 북촌의 모양을 작(作)하리라 한다.

자료 147 | 《조선일보》, 1924. 7. 28, 1면 6단

차별 만한 인천부 시설

인천부에서는 명년도 예산에 통과만 되면 곧 실시하고자 아래와 같은 도로 정리의 신계획을 발표하였다.

유현(杻峴)으로부터 해안 축항 부근까지 직통도로 연장 약 310간(너비는 10간) 공사비 20만 1,000여 원과 기타 비용 14만여 원, 축항 정문 앞과 궁정통(宮町通), 신정통(新町通), 인천역 부근 및 경인도로 등의 확장공사비 총계 약 10여만 원 등인데, 워낙 이 예산이 통과되면 실시하겠다는 것이니까, 곧 실행하는 것은 아니나 이 계획을 한번 볼 때 우리 조선 사람으로서는 물을 것도 없이 차별적 계획이라고 아니할 수가 없다. 전기(前記) 계획 중에 유현으로 해안통까지의 도로는 일부가 조선인촌을 통과한 것이지만 그 외에는 전부 일본인촌이다.

현재 조선인촌 도로의 중요한 곳으로 확장할 곳은 유현으로부터 외리(外里)에 통한 도로와 율목리(栗木里)로부터 외리에 통한 도로 및 화평리(花平里)에서 신화수리(新花水里)와 송현리(松峴里)로 통한 도로는 전기 일본인촌 현재 도로만도 못한 것이 사실인데, 그것은 모르는 체 하고 그보다도 월등히 나은 곳을 더 확장하는 것은 차별이 아니고 무엇이냐 한다. 도로 확장은 물론 찬성이다. 그러나 부 당국에서 조선인촌을 너무 무시하고 일본인촌만 확장하고자 하는 것은 그의 시정상 차별하는 것이 확실하다. 내년도 사업을 지금부터 말할 필요는 없으나 이 사실을 소개하여 부민 일반의 참고에 공(供)하고 당국의 반성을 촉(促)한다.

자료 148 | 《조선일보》, 1925. 2. 26, 3면 4단

인천부 도로 시설 일(日), 선인촌(鮮人村)을 차별

인천부의 내년도 신사업인 도로 개수축 총공사비는 2만 4,610원이 계상된 바 그 내용은,

> - 등외 도로 빈정(濱町) 부근 개수축비 3,200원
> - 세관 앞 1등 도로와 내리(內里)까지에 통한 도로 확장비 1만 3,200원
> - 내리 어시장 부근으로부터 외리(外里) 파출소 앞까지 통한 도로 한쪽(片側) 확장공사비 6,800원

등인 바, 이것을 조선인촌 공사와 일본인촌 공사로 나누어 보면 일본인촌 공사가 9할가량은 점령하였다 하겠는데, 원래 도로가 조선인촌은 확장할 곳이 없다 하면 무리가 아니겠으나 그렇지 아니하고, 조선인촌으로는 아주 불완전하기가 작지 않은 현상임도 불구하고 현재에도 소위 1등 도로라는 일본인촌 도로 공사만 더욱 확장함은 이 역시 차별적 시설이 아닌가 한다. 도로 개수축 공사비는 연년이 다수한 금액을 계상하는 바, 조선인촌의 좁고 추악한 도로는 엽전 한 푼 들이지 않는다고 여론이 많은 터인데, 금번 계획도 역시 예년과 같음은 조선인도 부민이고 부비로 하는 공사인 이상엔 위정자를 향하여 그대로 묵과할 수 없는 문제라고 모 부협의원은 말한다더라.

자료 149 | 《조선일보》, 1925. 7. 29, 1면 8단

시구개정의 차별로 구민대회를 개최

지난 26일 오후 7시 반에 충청남도 연기군 조치원면 제2구 진흥회에서는 수해 이래로 청결의 필요와 위생의 필요를 선전키 위하여 회장 맹의섭(孟義燮) 씨 사회 하에서 임시총회를 개최하고, 이번 침수 후 전 시가의 하수거(下水渠)가 불청결하고, 겸하여 각호의 상상상하(床上床下)가 습기로 인하여 위생상에 양호치 못한 것을 철저히 설명하는 동시, 장래라도 조치원 제2구에 거주하는 주민들은 위생에 주의하되 구내에 있는 하수거(下水渠)를 개선하고 시구를 개정하여 도로를 매립하지 아니하면 불가하니, 여하한 방침을 취하여야 가(可)하냐고 의안(議案)을 제출함에, 갑론을론(甲論乙論)으로 분운(紛紜)하다가 일 회원이 긴급 제의로 말하되, 우리도 2구에 거주하면서 상당한 면비를 지불하였을 뿐만 아니라 제2구로 말하면, 조치

원면의 전 호수에 4할 이상을 점하여 500여 호나 되는 부락임을 불구하고 면 당국에서는 제2구가 전부 조선인이 거주하는 부락이므로 시가개정에도 부주의하고, 겸하여 범백(凡百)에 불공평한 점이 보이니 이것은 일선차별이라 하는 것보다도 조선인을 멸시하는 것이라고 하여도 과언이 아닐까 하며, 그러므로 오늘날 우리도 남과 같이 시구를 시구답게 만들어 살자면, 면 당국에 상당히 교섭하여 시구개정의 책임을 전임하는 동시에 즉시 실현케 하지 아니하면 아니 될 터인즉, 오늘날 근흥회(根興會)의 명칭으로 불가하니 구민대회(區民大會)로 명칭을 변경하고 의장은 홍종태(洪鍾泰) 씨가 등단한 후, 현재 도로의 각 선을 매립하고 수 개소의 도로를 신설하여 달라는 것을 결의하고, 기타 교섭안은 교섭위원에게 일임하기로 하고 교섭위원을 선정하고 일방에서 면협의원으로 하자는 동의(動議)가 있음에 대하여, 일반에서 고성(高聲)으로 면협의원은 불가능한 바, 현재 우리가 거주하는 제2구의 시가를 면 당국에서 부주의하는 것은 면협의원들의 불성의로, 회의 시마다 결석 또는 농아적 행동을 취한 까닭이라 하며 만장이 박수로 환영의 의(意)를 표하고, 교섭위원으로 다음 제씨(諸氏)를 선정하고 동(同) 10시 30분에 폐회하였다더라.

-교섭위원: 홍종태, 변해조(卞海朝), 윤흥식(尹興植), 이영창(李永昌), 이규헌(李圭憲), 임춘희(林春熙), 맹의섭

자료 150 | 《조선일보》, 1925. 8. 18, 4면 3단

산간도로에도 차별

소위 당국의 간판 정치라는 것은 다시 말할 것도 없거니와 도시로부터 산간에 이르기까지 모든 시설의 차별이 많은 것은 낱낱이 들어 말할 수 없으되, 성천(成川)을 중심으로 평양, 원산을 통한 1등 도로가 있으며 순천(順川)으로 가는 2등 도로와 곡산(谷山)으로 연락(連絡)하는 3등 도로, 신창(新倉)으로 가는 1등 도로가 있는데, 물론 1등 도로는 많은 사람이 통행할

뿐만 아니라 자동차, 우차(牛車) 매일 통하므로 모든 시설이 정비하여 아무 지장이 없으나, 실례(實例)를 들면 성천으로부터 요파(了波)[5]를 지나 평양 가는 3등 도로는 근일 자동차까지 통하게 되었으나 한 번도 수리하지 않아 교통이 불편하며, 더욱이 강동군(江東郡) 마산면 구역 같은 곳은 파손된 곳이 많아 우차부(牛車夫)들이 돈을 모아 수리하는 등 폐단까지 있어 불평이 적지 않다는데, 이로 인하여 받을 손해는 적지 않다 하여 성천, 용리(龍里), 요파 등지의 일반은 분개한다더라.

자료 151 | 《조선일보》, 1927. 3. 19, 2면 4단

시설 상 나타나는 경성부의 차별 행위

경성부에서는 현재 320여만 원의 부채가 있음에도 불구하고 또 빚을 걸머져 가며 모든 도시적 시설에 전력을 다하여 본정(本町), 황금정(黃金町), 태평통(太平通) 등지는 세계적으로 대도시의 면목이 있으나, 다만 조선인 촌락인 북부 일대를 비롯하여 조선인이 다수 거주하는 동리는 아무리 인구가 조밀하게 사는 곳이라도 아직 미간지 상태를 면치 못하였을 뿐 아니라, 도시적 시설이라는 것은 조금도 없어서 주민은 평상시에 무한한 고통을 당하게 됨은 물론이요, 사소한 천재지변이 있어도 불의의 횡액을 당하게 됨은 지금 새삼스럽게 말할 것도 없거니와, 이로 인하여 숭(崇) 1, 2, 3, 4동과 혜화동 5동 주민들은 경성부의 너무도 태만함을 분개하여 이용헌(李容憲), 이승우(李升雨) 양 씨 외 수 씨의 발기로 18일 오후 7시에 숭정공립보통학교 내에서 5동 동민대회를 열고,

  1. 도로 확장, 2. 전차선로 연장, 3. 하수도 개축, 4. 도로 살수(撒水), 5. 기타

등에 대하여 토의하기로 하였는데, 이 대회의 결과에는 위원을 선정하여 우선 경성부와 총독부에 교섭을 하기로 될 모양인 바, 전기(前記) 동리에 있는 고등상업학교와 보성고등보통학교에서도 절대 후원을 한다더라.

---

5 원문에는 "Y波"로 되어 있으나, 성천군 영천면 요파리의 "요파(了波)"가 확실하기 때문에 바로잡았다.

자료 152 | 《조선일보》, 1927. 3. 20, 1면 1단

소위 차별 행위

'차별행위'를 말하는 것은 얼빠진 사람의 잠꼬대 같다고까지 극언하는 자가 있다. 그는 '차별' 그것의 위에 현 조선의 통치관계가 설정되어 있는 것을 믿는 까닭일 것이다. 그러나 이러한 큼직한 문제는 슬쩍 비켜놓고 우선 제각기 앞에 닥쳐오는 문제에 대하여 항쟁하는 방책을 가지고 나아가게 된다. 경성부 북부 시구개정과 시가지 정비사업의 경비를 일반 수익자의 부담으로 하기로 하고 대부(大部)의 조선인 주민에게 약 1평 10원의 부과금을 물리도록 하자는 것이 근자 문제 되는 경성부 수익세 그것이다. 여기에 관하여는 북부 주민 제씨(諸氏)의 항쟁의 기세가 퍽 높아가는 중인 것 같다. 힘닿는 대로 항쟁하는 것은 퍽 좋은 일일 것이다.

동소문(東小門) 내 6~7개 동리(洞里)의 주민들은 도시 시설상의 차별행위를 이유로써 또한 대회를 개최하여 그 대응책을 강구하게 되었다. 그는 동소문 내 일대(一帶)가 조선인 본위의 주택지 된 까닭에 지금까지 제반 시설이 퍽 등한하게 되어왔다는 것으로 인하여, 금후에는 경성부 내 다른 시가와 일례로 개선하여달라는 청구하고자 함이다. 도로 확장, 전차 연장, 하수도 개축, 도로 살수(撒水) 및 기타의 요구조항이 있다 한다. 차별행위에 의하여 자못 혹심(酷甚)한 고통을 받던 동(同) 구역의 주민들로서는 말하지 못할 요구일 것이다. 서대문 외 평동(平洞), 송월동(松月洞) 및 기타 각 동리도 도로의 좁은 것과 하수도의 불완전함 등은 곧 진흙이 정강이를 파묻고 어두운 밤에 행인이 이마를 맞부딪히게 되니, 이러한 예는 조선인의 시기인 것이 원인으로 도저에서 낭하고 있는 일이다.

시골에 수리조합 문제가 있고 서울에 시가지 정비 문제가 있으니, 모두 조선인을 구축(驅逐)하는 결과로 떨어지고 말기는 마찬가지이다. 조선인은 곱게 쫓겨갈지 그렇지 않으면 이에 대한 항쟁을 계속할지 둘 중에 하나를 골라잡게 되었다. 산미증식 토지개량의 소리가 높으니만큼 이주하는, 아니 그 실(實)은 문자대로 쫓겨가는 조선인이 담뿍 많이 느는 것은 무엇보다도 현하 조선의 현상을 살피는 대표적인 재료가 되는 것이다. 자기의 처지대로 직업대로 온갖 방면에서 단결로써 그 생존권의 옹호운동을 하는 것이 퍽 필요한 시하(時下)의 정책인 것을 다시 한번 생각게 한다.

전북 옥구(沃溝)에서는 일본인 교장을 집정적(執定的)으로 채용함으로 인하여 조선인 아

동교육이 재정 곤란으로 인한 희생을 일층 혹심하게 받는 것이라는 항쟁이 생겼었다. 강원도 춘천에서는 수리조합의 서기인 일본인의 봉급을 법외의 고액으로 함으로 빈약한 수리조합 그것의 운명에까지 관계된다는 항쟁이 있다. 경성 내의 재단법인으로 된 조선인 사립학교 대부분은 일본인 직원들의 과도한 생활비 지출로 인해 학교의 건전한 발전이 저해되는 경우가 적지 않다. 그 건전한 발전을 해롭게 하는 실례가 없지 않다. 이러한 것은 큰 문제에서도 그러하고 작은 문제에서도 그러함을 보는 바이다. 이 차별행위 그것은 온갖 형식으로 그의 존재한 전(全)시기에 통하여 항쟁을 자아낼 물건이라고 할 것이다.

자료 153 | 《동아일보》, 1928.11.23, 2면 1단

도로 살수(撒水)에도 남북을 차별

시내 각 도로 산수(散水) 문제는 연래로 부협의회가 열릴 때마다 논전을 거듭하여 오는 중이나, 조선 사람이 많이 사는 북부 일대의 문제는 의연히 도외시하는 모양으로 명년도 예산에도 별로 새로운 시설이 없다는데, 시내에서 부 예산으로 부에서 직접으로 실행하는 곳은 광화문통 등 31선인 바, 이 기정선(既定線) 외에는 직접 산수를 확장하지 아니하리라는 바, 이 외에도 창경원 등 기타 북부 일대 골목골목에는 예산이 허락하지 않는다 하여 더 늘릴 여지도 없다는 금일에, 기위(既爲) 잘 만들어진 포장도로에는 산수도 도리어 길을 훼손하기 쉽다는 것으로 명년도에는 산수도 폐지하고 약 1만 원의 신규예산으로 청소자동차 1대를 사들일 예정이라는 바, 이에 대하여 위생과 모 씨의 말을 들으면 대판(大阪)에서는 그동안에 청소자동차를 써본 결과 성적이 좋은 까닭으로 경성부에서도 새로 시험코자 한다는 바, 요컨대 얼어 죽는 사람은 영영 얼어 죽고, 데어 죽는 사람은 더욱 데어 죽는 세음이라더라.

자료 154 | 《동아일보》, 1930. 3. 31, 1면 1단

무성의한 도로 행정

1. 경성부의 모든 행정이 일본인이 많이 사는 지대에 두텁고 조선인이 많이 사는 지대에 엷은 기미가 농후하다는 것은 적어도 과거 및 현재까지 나타난 바로만 보면 불무(不誣)할 사실이다. 일례를 들면 상하수의 설비에 있어서도 그러하고 기타 위생설비에 있어서도 그러하다. 그런데 그 가운데서도 누구의 눈으로 보나 판연(判然)히 나타나는 불공평은 도로행정에서 볼 수가 있다. 시험으로 우천에 경성 시내를 일주해 보라. 주민의 거의 전부가 일본인으로 된 용산, 본정 등 남부지대와 아직까지는 조선인이 많이 사는 북부 일대(물론 총독부로 통하는 도로만은 예외에 속한다)와는 거의 완연한 딴 나라의 감(感)이 있음을 금치 못할 것이다. 즉, 남부 일대의 도로는 비가 오는 대로 물이 쪽쪽 빠져서 행보에 소허(少許)의 불편이 없을 뿐만이 아니라 도리어 우천에 소쇄청신(瀟灑淸新)의 감(感)이 있는데, 북부 일대의 도로에 있어서는 이녕(泥濘)이 발을 적시어 행보에 무쌍(無雙)한 불쾌와 곤란을 당할 지경이다.

2. 현재까지의 부내 도로의 현상은 이러한 고로 이 불공평을 기분간(幾分間)이라도 정정(訂正)해 가려면 적어도 금일 이후의 도로행정에 있어서는 북부 일대에 치중할 필요가 있다. 그런데 최근 듣는 바에 의하면 이미 상당한 정도로 개수되어 있는 용산연병장 이남 약 500간의 한강 통 도로를 1930년(昭和 5) 예산으로 약 2만 원을 들이어 개수한다고 한다. 우리는 물론 한강 통 도로는 다시 개수를 필요로 하지 않으리만치 완비해 있다고 하는 것도 아니다. 따라서 그것을 개수하는 것이 불가하다는 것도 아니다. 그러나 일에는 선후가 있고 본말이 있고 완급이 있다. 고로 차별과 불공평의 관(觀)을 떠나서 공평한 안목으로 보면 비교적 급한 대로 먼저 해야 될 것은 명백한 이치이다. 따라서 경성부가 만약 허심탄회한 도로행정을 시(試)한다 하면, 교통 인원과 차마 수에 비하여 폭원(幅員)이 협소하며 노면이 추악하여 교통에 막대한 불편을 감(感)할 뿐만 아니라, 교통사고가 빈번히 일어나는 체부동(體府洞) 도로와 의주통 도로의 개수를 먼저 하여야 될 것이다.

3. 잠간(暫間) 경찰관 입회 하에 조사한 바에 의하여 의주통 도로와 한강 통 도로와의 교

통상황을 비교해 보면, 의주통 도로의 만(滿) 1일간의 교통상황은 인원 4만 9,653인 차마 5,690대에 대하여 한강 통은 인원 7,500인 차마 4,800대에 불과하다. 더구나 의주통은 형무소 자동차, 화장장 자동차, 부영버스가 빈번이 통래하는 도로이다. 그런데 도로의 현상으로 보면 노폭(路幅)으로 보나 의주통은 한강 통에 비하여 훨씬 협소 추악하다. 따라서 교통사고의 건수로 보아도 서대문 관내의 교통사고 총 건수의 6할 이상은 의주통 도로에서 생기는 것이다. 그러므로 공평한 도로행정을 하는 데는 한강 통보다 의주통을 먼저 해야될 것이다. 이때 의주통의 도로 개수에는 공사비 30만 원이라는 거액을 요하는데, 이는 부의 재정이 허락하지 않는다고 답하는 것은 변명거리가 되지 못한다. 만약 경성부로서 체부동, 의주통 등의 도로 개수에 성의를 가진다 하면 일시에 할 수 없으면 이를 기년(幾年)간에 나누어 계속사업으로 할 것이다. 만약 그렇지 아니하고 30만 원이 일시에 생긴 다음에야 개수에 착수한다고 하면 이것은 실로 백년하청(百年河淸)을 기다리는 것과 같아서 언제 될는지 모르는 것이다.

자료 155 | 《조선일보》, 1931. 3. 26, 7면 6단

수도비문제와 도로 시설의 차별

인천부협의회를 개막한 지 제2일인 지난 24일에는 오후 2시부터 개회한 바, 출석의원은 고노(河野), 김상훈(金相勳), 무라타(村田), 오이시(大石), 이창의(李彰儀), 주조(中條), 김윤복(金允福), 정세택(鄭世澤), 요시키(吉木), 가토(加藤), 후쿠로다(袋田), 미노타니(美濃谷), 손양한(孫亮漢), 심의숙(沈宜淑) 등 제씨였다. 마쓰시마(松島) 부윤의 개회사로 세출 경상부 제9간 수도비로부터 제31간인 예비비까지의 제1독회로 마치고, 세출 임시부 제1간 선거비로부터 제3간 토목비까지 일관하여 1독회를 계속하다가 마치지 못하고, 이튿날인 25일 오후 1시부터 계속 개회하기로 하고 동 4시반 경에 폐회하였는데, 전기(前記) 수도비에 대하여 하야씨로부터 수도비의 제일 많이 지출되는 것은 전력비인데 본년 예산도 작년 그대로의 6만 6,640여 원인즉 경성과 협력하여 그 비용을 저감하게 할 방침이 없느냐는 질문을 비롯하여, 물가 저락한 오늘날에 약품비가 작년도 예산보다 많다, 또는 선박급수에 대한 등 모든 질문이 속출하자, 이창의 씨는 인천부의 전용수도 사용료가 최저 2원인데 각지와의 비례가 어떠한가를 질

문하고, 그 사용료를 감하(減下)하는 것이 어떠냐는 의사를 말하였다. 반외로서는 특별전용 1할 감하를 비롯하여 공용에 이르기까지 순차로 감하를 하게 되면 1만 9,800원의 감소를 보게 되나, 인천부의 재세(財勢)상으로 보아 도저히 불가능하다고 답변을 하였다. 그러나 이 문제는 제2독회에 들어가서 상당한 파란을 일으킬 기세를 보였으며, 그다음에는 임시부 제3간 토목비 제1행 도로비에 들어가서, 김상훈 씨는 수년 전부터 조선인 부락에 도로의 시설을 하려고 부협의회에서 결의까지 하였다가 긴축정책의 바람이 불어 그만 보류되고 말았던 것인데, 본년도 예산면에 나타난 수처의 노면개량비를 계상하였음에도 조선인 부락에는 하등의 시설이 없다는 질문이 있었으나, 의장은 시간에 상치되는 일이 있어 답변도 없이 폐회를 선언하고 말았다.

자료 156 | 《조선일보》, 1936. 3. 26, 7면 4단

도로와 하수구의 차별 시설을 통론

방금 심의 중에 있는 군산부 1936년(昭和 11) 예산회의 제2일인 지난 24일, 김영희(金永熙) 의원으로부터 임시부의 도로교량비에 있어 "모든 시설에 있어 일본 내지인 시가에만 편중하고 시설의 긴급을 요하는 조선인 중심지대인 개복정(開福町), 장재정(藏財町) 일대의 하수구 시설을 제외하였음은 시설에 있어서 차별을 한 것이 아닌가"라고, 또 "동빈정(東濱町)에서 해안으로 빠지는 하수구를 가토(加藤) 정미소가 그 하수구의 물을 쓰기 위하여 하수구를 막고 그 물을 쓰기로 허락하였다는 바, 그렇다면 이권배(利權輩)의 이익을 위하여 일반주민의 위생을 도외시 함은 옳은 처단인가"라고 신랄한 질문전이 한동안 계속된 바, 문제는 제2독회로 옮겨 다시 질문전이 전개되리라 한다.

3. 도로 건설 부역과 조선인의 저항

자료 157 | 《매일신보》, 1911. 9. 21, 2면 7단

가도(街道) 수축(修築)과 부역

경성부에서는 독도(纛島), 인천, 원산, 고양, 마포, 양주, 한강 통의 각 가도(街道) 연장 7리 ■십정(■十町)을 수축하기로 결정하고, 지난 15일부터 오는 10월 말까지 각 면의 4,290인을 부역케 한다더라.

자료 158 | 《매일신보》, 1913. 3. 9, 1면 4단

도로 개수축(改修築)과 부역

평양부에서 사동(寺洞) 광업소까지 통행하는 도로는 양지(兩地) 간 내왕이 빈번함을 수(隨)하여 개수의 필요가 있으므로 당국자가 계획이 이미 오래되었는데, 3월 15일부터 개시하기로 결정하고, 평양부청에서는 부근 대동강(大同江), 추을미(秋乙美), 임원(林原), 청룡(靑龍) 4면 인민에게 부역공사에 부(赴)하기를 권유한다더라.

자료 159 | 《매일신보》, 1913. 9. 23, 1면 2단

도로 개수와 부역

금회 평양부에서 평양-증산(甑山) 및 한천(漢川)-원장(院場) 간 도로 개수공사를 개시함에 대하여 본도에서는 지방비 중으로 200원의 보조금을 하부(下附)하였는데, 근일 중 착수할 터이요, 부역 부과 면은 평양부 용산(龍山), 대보(大寶), 서천(西川), 남형제산(南兄弟山), 재경리(在京里), 금려대(金呂垈), 서제산(西祭山), 덕산(德山) 등 8개 면이라더라.

자료 160 | 《매일신보》, 1915. 3. 25, 2면 5단

국도(國道) 부역공사

요즈음 해빙기에 경기도에서는 지방비에 의(依)치 않는 지방민의 부역으로써 고양(高陽), 장단(長湍) 양 군(郡) 내의 의주가도(義州街道)와 시흥(始興), 수원(水原), 진위(振威) 3군 내의 목포가도, 고양, 양주(揚州), 포천(抱川) 등의 원산가도 등 1등 국도를 공사 중인데, 연도 시(始)와 함께 지방비 지변(支辨)의 공사를 개시하되 4월 10일부터 착수할 예정이요, 공사 완성기는 의주가도는 1916년(大正 5), 목포가도 또한 1916년, 원산가도는 본월 말로써 준성(竣成)하리라더라.

자료 161 | 《매일신보》, 1915. 10. 24, 4면 3단

도로 개수와 부역

광량만(廣梁灣)에서 현석(玄石)을 경(經)하여 신안주(新安州)에 이르는 개수공사는 10월 상순부터 착수하였는데, 이에 필요한 부역원(賦役員)은 신안주면 1만 3,000인, 용화면(龍化面) 1만 9,000인, 현석리 1만 1,500인이라. 매일 200인 내지 300인씩 출동하여 연내로는 대(大)개수를 끝낼 예정인데, 부역 징발에 대하여는 하등 불평이 없고 일반 인민은 도작(稻作) 예취(刈取)기[6] 전 출역(出役)을 희망한다더라.

---

6 수확기를 뜻한다.

자료 162 | 《매일신보》, 1916. 5. 14, 4면 1단

도로 개수의 부역

1916년(大正 5) 지방비로서 시행할 요파(了波)와 사인장(舍人場) 간 3등 도로를 개수공사하기 위하여 5일부터 오는 10월 30일까지 아래 네 면으로부터 부역을 부과할 뜻으로 고시를 발(發)하였더라.

(단위: 명)

부과 구역	인원	1호 평균
강동군 고천면	5,614	7
강동군 마산면	3,724	7
순천군 후탄면	9,793	7
순천군 인곡면	9,296	7

위 부역의 각호 부과는 당해(當該) 면 면비 부과금 호별할 부과의 예에 준(準)한다더라.

자료 163 | 《매일신보》, 1917. 5. 22, 3면 6단

부역 임금을 자당

대전군(大田郡) 유천면(柳川面) 당대리(唐垈里) 농업 송병기(宋秉起)씨는 대전-금산 3등 도로의 수선공사를 시행함에 당하여 이민(里民)이 1호 7일간씩 부역 의무를 지게 된바, 방금 농번기를 당하여 부역을 나임에 곤란함을 생각하고 자비로써 부역에 상당한 임금을 부담하여 약 20원을 지출하였더라.

자료 164 | 《매일신보》, 1917. 8. 10, 2면 5단

도로 공사 부역 상황

1916년(大正 5) 중에 재(在)한 경기도 관내 도로 공사 부역 조사 상황을 들은즉, 부과 총 인원 150만 1,950인, 이 환산액이 56만 306원인데, 1호당 평균 2인 5푼 4리, 최대 부과 수 30인, 최소수 부과 수 1인, 부과 성적 150만 4,950인이라더라.

자료 165 | 《매일신보》, 1917. 8. 26, 4면 3단

도로 부역 부과

평남도 본년도에 시행하는 평양-영원선(寧遠線) 2등 도로 내 북창(北倉)-맹산(孟山) 간 일부 도로 개수와 은산(殷山)-북창 간의 가교(架橋) 공사를 시행하기 위하여 본도로 혹 군면에 대한 부과 부역은 아래와 같다더라.

(단위: 명)

부과 구역		부역 부과 인수	1호당
맹산군	토천면	12,870	10
	군내면	7,480	10
	원남면	8,330	10
	지덕면	9,090	9
	애전면	7,830	9
	봉인면	2,100	2
순천군	성산면	2,600	4
	신창면	4,352	4
덕천군	잠도면	4,260	5
계		58,912	

연이(然而) 부역 부과의 시기는 1917년(大正 6) 8월로, 1918년(大正 7) 3월까지요, 부과 방법은 당해면 면 부과금 호별할 부과의 계(係)에 준한다더라.

자료 166 | 《조선일보》, 1921. 5. 10, 3면 5단[7]

박달령(朴達嶺) 부역 인부 1,000여 명 억원(抑冤)함을 법정에 소(訴)코

충청북도 제천군 봉양면(鳳陽面) 원박리(院朴里) 민흥식(閔興植) 외 94명은 제천-평동 간 2등 도로 중 박달령 수축공사에 대하여 부역한 인부 여러 천 명에 지불할 임금을 교부치 아니함은 극히 억울하다 하여, 토목국장에게 아래와 같은 진술서를 제출하였더라.

풍우가 순조(順調)할 때를 이르면 흉년이 되고 만물이 평탄함을 얻지 못하면 슬프게 울고 생민이 억원을 감(感)하면 정사의 공평치 못한 것이 현저함은 옛날부터 증명할 것이 자재한지라. 1917년(大正 6)으로 충청북도 제천군 평동/2등 도로 중 박달령을/■ ■거리가 20리에 달하■/이 험악하기 막심하되/는 면민의 의무부역으로 /천명이 수축에 착수하 / 공사의 곤란이 많음으 /로에 정지하고 이공■/부 경영에 붙이어 대■/ 할일로부터 경성 ■/데라오구미(寺尾組)에서 청부■/1919년(大正 8) 봄까지 ■/그 공사에 대한 출■/박운면, 봉양면, 백/ 출역하는 중 품값을 / 인하여 인부가 희 / ■과면 역소에서 독촉하는 통첩을 발한다. 즉 원이■상한다. 가위(可謂) 강제적으로 출역케 한 바, 1918년(大正 7) 8월경에 이르러는 인부의 품값을 전부 지불치 아니하므로 인부 등은 세부득이(勢不得已) 출역을 정지하였더니, 1918년 8월 26일부로써 아래와 같은 군수의 통첩이 면장에게 도달한 바, 그 사실은

박달령 공사인부 품값에 관하여 당국으로부터 아래와 같이 전화통지가 있으니 이것을 본 후에 관계자 각 인부에게 대하여 오해치 말라고 각각 설유하고 출역하기를 독려함이 가함.

본 건에 대하여 군청원이 출장할 터이니 명 27일 오후 4시까지 각 구장과 및 지사인에게 지휘하여 면역소로 소집할 것.

---

7 원문 상태로 인해 일부 내용이 확인되지 않는다. 원문 중 접혀 있는 부분은 '/'로 표기한다.

> 1. 현재의 박달령 공사 인부 품값의 지불치 아니한 것은 공사 완성한 후 경성토목국 출장소장 야시마(八島) 기사가 책임으로서 지불할지니, 각각 안심 취업케 할 것.
> 2. 이후의 인부 품값에 대하여는 데라오구미(寺尾組)에서 지체없이 확실히 지불할 터이니 그리 알 것.
> 3. 인부의 품값 지불치 아니한 것과 기타를 위하여 총독부에서 7천 원을 보관함.

위와 같이 출역하기를 독촉하고 겸하여 군청 서기 장석충(張錫忠) 씨가 출장하여 구장과 및 지사인에게 통첩, 사의를 철저적으로 설명하므로, 일반 인부는 정부에서 백성 사랑하는 두터운 은택을 감읍하고 토목국 출장소장의 책임 지불을 확실히 믿고 계속하여 출역하였더니, 1918년 8월 전후 출역 인부 전표금액 2,835원 10전을 데라오구미에서 지불치 아니하므로 인부 등이 누누(屢屢) 청구한즉, 혹 2할을 지불하마, 3할을 지불하마 하여 인부 등은 절대로 그것을 승낙치 아니한 바, 공사를 준성한 후에는 역사를 감독하던 자는 하나씩 둘씩 다 숨어버렸는지라. 인부 등은 생각하기를 데라오구미에서 지불할 임금은 정부에서 보관한 금액 중으로 토목국 출장소장이 지불할 책임이 있을 줄로 확신하여 군청과 면장에 대하여 직접, 간접으로 누누 청구한즉 본부에 교섭하여 지불케 할지니 각각 안심하라 하기로 관청의 처분만 바라고 있던 바, 그 후 당국의 동정 관찰하면 도무지 하등의 동정이 없으므로 억울함을 이기지 못하여, 이에 봉양면 원박리 이용태(李容兌) 씨를 대표로 선정하여 작년 10월 2일 총독 각하에게 인부 임금 지불청구원을 제출하였더니, 12월 25일경 그 청원서의 전부를 반각(返却)하고 보관하였다던 금액은 이미 청부인에게 지불한 지라. 이에 대하여 세부득이 법정에 기소하여 그 억울함을 하소연할 터이라더라.

자료 167 | 《조선일보》, 1923. 4. 10, 3면 5단

웅천면민의 분기

충남 보령군에 있는 군민 일동은 당지 군수 윤헌구(尹憲求) 씨에게 진정서를 제출한다는

데, 그 내용을 들은즉, 군수 윤헌구 씨가 요사이 그 고을 웅천면 무창포에 해수욕장을 실시하려고 웅천면장 백낙춘(白樂春) 씨에게 통지를 보내었으므로, 백낙춘 씨는 곧 인부를 동독(董督)하여 20리가량이나 되는 거리를 개척하여 자동차까지 통행하게 할 계획이라는 이 같은 통지를 접한 군민 일동은, 지금 농사지을 일이 바쁜 때에 해수욕장은 인민에게 아무 이익이 없는 일을 들어 면장에게 누누이 말을 하였으나, 면장은 군수의 지휘만 따라 군민의 간절한 사정을 불응하므로, 당지 군청에 진정서를 제출하려고 진정서에 인장을 찍은 인원수가 1,400여 명에 달하였다더라.

자료 168 | 《조선일보》, 1924. 5. 31, 4면 2단

명효령(明孝嶺) 신작로 개착, 양면 인민의 불평성(不平聲)이 비등

함남 문천군 명효면(明孝面)과 도초면(都草面) 경계에 있는 명효령이란 고개에 길을 새로 내임에 대하여 그곳 인민의 불평이 비등한다는데, 이제 그 내용을 들건대 그 고개는 동군 읍내에서 송전만(松田灣)에 통하는 길인데 작년 여름에 송전만에다가 조선총독부 감화원(感化院)을 설립한 바, 읍내의 교통이 불편하므로 그 고개에 길을 새로 내기 위하여, 그 곳 명효면장과 군청 또는 도청에서 서로 협정한 결과, 그 길에 대한 공사비로는 지방비로부터 보조금으로 2,000원만 지출하고 부족되는 공사비는 전기 양면 인민의 부담으로 결정되어 즉시 공사에 착수코자 하였으나, 그곳 인민의 불평이 너무나 격렬하여 지금까지 유예하고 있었는데, 금번에 또 다시 당국의 강제 명령에 어찌할 수 없이 근자 공사에 착수하였는데, 그 고개는 본래 험준한 고개라 상당한 기계의 능력으로도 용이히 되지 못할 것이니, 이럼에도 불구하고 그 경비를 모두 인민에게 부담시킨 것은 당국자의 처사가 너무 무리할 뿐 아니라, 이 길을 대개 완성시킬진대 전기랑 면호 수 2,000여 호에 매 호에 대하여 부역 20명씩은 출역하여야 되겠으므로, 방금 농사 방극한 이 때에 농사일은 할 여가도 없이 길만 닦으라고 한다고 일반의 불평은 간 곳마다 비등한다더라.

자료 169 | 《시대일보》, 1924.9.5, 1면 4단

면장이 부역으로 자택 통로를 넓혀

지방에 있는 행정관청이나 경찰관청에 여러 가지 상서롭지 못한 일이 많다 함은 종래 각 신문지상에 그칠 새 없이 보도되는 바어니와, 이제 또 지방 백성들의 억울한 소식이 들린다. 충청남도 홍성군 고도면장(高道面長)으로 있는 이 모는 얼마 전에 그곳 공립보통학교 생도들을 보고 자기에게 인사를 하지 않았다고 하여 생도들에게 엄중한 책망을 하였으므로, 그곳 인민들 사이에는 여러 가지 여론이 속으로 많았다는 바, 그 후 그 면장은 그 면사무소에서 약 10리쯤 되는 자기의 큰 집 통행하는 길이 본래는 논둑 밭둑으로 좁은 소로(小路)이던 것을 졸지에 인력거, 마차까지 넉넉히 통행할 만하게 길을 넓혀서 아주 신작로를 만들었다는데, 빈 벌판을 많이 이용하였으므로 전답이 그다지 많이는 들어가지를 아니하였으나 그래도 다소간 들어갔다 하여, 당초 그 길을 넓힐 때 길로 들어가게 되는 전답 지주들은 그 길 넓히는 것을 극력으로 반대를 하였다 하며, 부역하게 된 인민들도 대단한 불평과 억울을 품고 다소 항의까지 하였으나, 마침내 모두 아무 효력이 없이 땅 임자들은 어쩔 수 없이 땅을 들이밀고, 부역군들은 울면서 겨자 먹는 마음으로 억울한 피땀을 흘려가며 결국 그 길을 다 만들어놓고 말았다 하며, 그 면장은 얼마 전에 부친상을 당하여 방금 상중이므로 매월 두 번씩 삭망제(朔望祭)를 지내러 간다는데, 그 부근 인민들은 그렇지 않아도 불필요한 길을 넓혔다 하여 많은 억울과 불평을 가지고 있는 중 면장의 삭망제를 지내려 다니기 위하여 인민에게 억울한 부역을 시키며 또 억울한 전답을 다만 조금이라도 들여보냈다 하여 사면에서 비난과 여론이 자자하다고 한다.

자료 170 | 《조선일보》, 1924. 10. 26, 2면 5단

하동군 당국의 비행

경남 하동군 하동면에서는 군 당국의 비행을 탄핵하기 위하여 면민대회를 열게 된다 함은 본보에 이미 보도한 바어니와, 지난 21일 오후 2시에 하동 상무회관에서 면민대회를 개

최하였는데, 면민 수백 명이 모여 공기가 긴장한 속에 김영두(金榮斗) 씨의 개회사가 있은 후 임시의장으로 이원열(李元烈) 씨가 등단하여 경과보고를 마치고, 회순을 따라 김기완(金淇完) 씨가 등단하여 조사보고가 있은 다음에, 부역에 대하여 종래부터 관공리는 하나도 부담치 아니할 일과 기타 여러 가지의 군 당국과 관공리의 비행을 들어서 성토한 후 아래와 같은,

1. 수도에 관한 건
2. 부역에 관한 건
3. 위생인부에 관한 건
4. 도로품평회에 관한 건
5. 군(郡) 농회에 관한 건
6. 광평(廣坪), 해량(鮮良) 양 운동장에 관한 건

여섯 가지의 사항을 토의하고 위원 10명을 선정하여 일체 사항은 위원으로 하여금 군 당국에 교섭하여 이 다음 군민대회에 보고하기로 결의하고, 경관의 경계가 비상한 중에 동 오후 5시 반에 폐회하였다더라.

집행위원
김응탁(金應鐸), 김영두, 김기완, 최연근(崔渷根), 김중기(金仲基), 이오석(李伍錫), 이종순(李鐘淳), 차두용(車斗用), 강두수(姜斗守), 제봉일(諸鳳馹)

자료 171 | 《조선일보》, 1925.11.19, 1면 4단

치도(治道) 부역 무리로 맹산군 옥천면민 분기

평남 맹산군 옥천면 북창시(北倉市)와 동(同)군 원남면 남창(南倉) 간 등외 도로 개수공사에 대하여 옥천면에서는 지난 16일에는 당지(當地) 북창공립보통학교 내에서 면민대회를 개최하고 아래 사항을 결의하였다는데, 그 내용을 듣건대 원래 옥천면민은 평영선(平寧線) 2등 도로와 북덕선(北德線) 3등 도로에 7~8년간을 계속 출역하여 오던 바, 이번 하등의 필요가 없는 등외 도로를 거듭 기공코저 함은 실로 그 부역을 담당키 어려울뿐더러, 전(前) 군수 안정기(安定基)가 도로부지를 지주에게 기부 강청(强請)한 일이 있으므로 이와 같이 관민(官民) 간 간격이 있었다는데, 이를 무사 해결하고자 이와 같이 대회가 개최된 것이라 하며 피임(被任)된 임원은 아래와 같다더라.

- 임원
회장 조처항(趙處恒), 부회장 야경증(夜慶增), 서기(書記) 최보국(崔輔國)
- 결의
1. 옥천-원남 간 등외 도로 개수공사에 대하여 북창시로부터 남양리 주막거리까지의 부역만 옥천면의 부담으로 할 일
1. 전기 목적을 관철키 위하여 조처항, 우공열(禹公烈) 양씨를 교섭위원으로 하여 군 당국에 파견할 일
1. 군 당국에서 면민의 결의를 무시하는 때는 해당 도로 부역은 절대 불응할 일
1. 본회의 존립기간은 동(同) 도로 문제 해결되기까지로 하되 각각 대표 1인씩을 선정하여 타인 긴급회의에 응하게 할 일

자료 172 | 《조선일보》, 1926. 4. 15, 2면 5단

출동한 부역 인부 백여 명 군청에 쇄도(殺到)

　농사에 바쁜 성천(成川)의 농민들은 도로 부역으로 매일 출동을 하는 중 어찌 된 까닭인지 11일 오전 11시경에 성천군청 문전에는 100여 군중이 쇄도하여 대표자가 군수를 면회하려고 하였던 바, 일요일이므로 숙직원을 만나 군의 당국 무책임을 힐난할 일이 있었는데 이제 그들의 말을 들으면, 그들은 성천 대분리(大分里) 백성들로 성천-기창 간 도로에 한 동리 107명이 전부 출동하였는 바, 작업장에 나갔으나 일 시키는 사람이 없으므로 어디가 자기 구역인지 몰라서 면당국에 물었으나, 면에서도 계원이 일요일이 되어 없으므로 할 수 없이 군수에게 이 말을 고하여 그날의 품삯이라도 찾겠다고 떠들었는데, 방금 군수도 출타하여 없어서 다른 직원의 알선으로 무사하였는데, 이로 인하여 수 시간을 허비하고 돌아갔다더라.

자료 173 | 《동아일보》, 1927. 4. 17, 4면 1단

치도(治道) 부역 과중, 빈부 간 균역(均役)을 면민은 불평

　안성군청에서는 평택-안성 간 3등 도로를 수선하기 위하여 동(同)군 공도면민(孔道面民)에게 사석(沙石) 6,750상(箱 1상은 약 2두)을 부역으로 채집하여 도로에 펴게 하였다. 군청의 지시대로 하면 공도면민 1호당 72상씩이 되며 동(同) 면민은 10리 이상의 원거리에 가지 않으면 채석(採石)하기 곤란한 터이므로, 매호에 약 40명의 부역을 내게 되므로 궁춘(窮春)을 당한 빈민이 부역을 부담하기에 극히 곤란할 뿐 아니라 부역은 면민의 재산 정도에 의하여 등차 부과함이 당연한 일이다. 이번 도로수선에 과중한 부역을, 빈부를 물론하고 평균하게 부담시킴은 무리하다 하여, 도청에 진정서를 제출하기로 준비 중이라는데 공도면 유지 모씨는 말하되,

빈부 균등은 부자 옹호책-공도면 유지 담(談)
공도면 구역 내에는 돌이 없기로 유명한 곳입니다. 종래 도로 수선은 부역으로 돌을 펴게

하였는데 채석이 극히 곤란하여 민유지에서 채석한 일이 있었으나, 지금은 산주(山主)가 이 것을 엄금하며 하천 변에도 세사(細沙) 외에는 돌이 도무지 없습니다. 이와 같은 곳에서 10리 이상 거리에서 채석해 와서 도로에 펴기까지 매호에 약 40명의 부역을 내어야 되겠습니까.[8] 지극한 생활난에 빠진 농민으로 더구나 농번기에 부역을 어떻게 감당할 수 있습니까. 빈부 간에 균등으로 부과함은 부자를 보호하고 빈민을 학대하는 것이 아닙니까. 3등 도로는 도지 방비로 치도하는 것인즉, 약간의 수선은 인민의 부역으로 한다 할지라도 이번과 같이 거역 (巨役)이 드는 것은 도지방비로 했으면 좋을 것인데, 이처럼 인민을 괴롭게 하니 이래서야 인 민이 생활해갈 수 있습니까. 참다못하여 도청에 진정이나 해보려 합니다.

　　안성군수 신현태(申紘泰) 씨는 말하되,

평균부역은 종래의 습관-안성 신(申) 군수 담

　　3등 도로의 수선은 종래 관습에 의하여 평균 부역으로 면민이 담당하는 것이므로 부역의 등차 부과는 하지 않는 규정입니다. 공도면에서 채석하기 곤란하다는 것은 무근한 일이오. 채석은 입방평으로 계산한 것인즉 매호 72상자라는 것은 어찌 된 계산인지 모를 일이오. 이 것을 채취하기에 매호 40명의 부역을 내게 된다는 것도 실제는 그렇지 않습니다. 노약을 인 부로 내세우게 되어 상당한 노력을 하지 않는 까닭입니다. 농번기라 하나 실상인즉 농한기 에 부역을 내도록 전임 군수가 지시한 것인데 지금까지 내지 않고 있었으니까 농번기가 된 것입니다. 지방비로 수선하려는 것은 나도 많이 고려하는 일입니다. 도지방비로 할 수 있는 일이면 내가 무슨 까닭으로 그렇게 하지 않겠습니까. 인민의 불평도 정도가 있지 않습니까. 관청에서 시키는 것은 모조리 불평을 일으킨다면 행정할 수 있습니까. 불평이 있더라도 비 난 공격이 닥치더라도 해야 할 일은 하고야 말 생각입니다, 하더라.

---

[8]　원문의 경우 '되겠습니다'로 표기되어 있으나, 문맥상 반어적 의문문 '되겠습니까'가 적절하므로 바로잡았다.

자료 174 | 《조선일보》, 1928. 4. 24, 5면 1단

면민의 생활은 불고(不顧)하고 과다한 징수와 부역

　　경남 동래군 사하면장 임병수(林炳秀)는 그 면 당리(當里)에 있는 김지태(金之泰, 24)라는 청년을 공무집행 방해, 공금 횡령과, 또는 면민을 선동하였다는 혐의로 지난 14일 부산경찰서에 고발장을 제출한 까닭에 김지태는 동 경찰서에 구금되어 방금 취조를 받고 있는 중이다. 이제 그 사실 내용을 들건대, 사하면에서는 그 면 괴정리(槐亭里)에서 다대리(多大里)로 가는 등외 도로의 치도공사를 하고자 벌써 1925년(大正 14)부터 기안은 하였으나, 면민의 생활 정도가 그에 미치지 못하므로 몇 해 동안이나 연기하다가 금년 2월에 그 면협의원 회의가 열림을 기회로, 임(林) 면장은 치도 공비 1만 7,000원의 예산을 세워가지고 2개월이라는 단촉한 기간에 괴정리에서 다대리로 가는 치도공사를 완성하고자 한다. 면협의원 둘은 몇 해 동안 계속사업으로 하는 것은 모르겠지만 그같이 많은 공비를 일시에 면민에게 징수하여 단촉한 기간에 완성하고자 하는 것은 될 수 없는 일이라 하여 반대하였음에도 불구하고, 임 면장은 이것을 기어이 실현하고자 자기의 계획대로 면민 전부에 공사비용을 부과하는 동시에 면민 각호에 부역을 명하였다. 부역 장소로 나오라고 하는 기일에 면민들은 나오지 아니하였으므로, 임 면장은 이상스럽게 생각하여 즉시 조사하여 본 결과 면민에게 배부하여 주라는 납입고지서까지도 구장들이 하나도 배부하여 주지 않았다. 이에 더욱 의아하여 구장들을 불러 그 연유를 물어본즉, 김지태와 몇몇 청년들이 구장과 면민들을 찾아다니며 우리 면 정도가 도저히 많은 공비를 들여 더구나 단촉한 기한에 공사를 완성할 수 없는 즉, 고지서를 배부하지 말고 부역에 참가하지 말라고 선전한 것이라 하므로 그같이 고발을 한 것이라 한다. 또는 김지태가 그 전 면서기(面書記)로 있을 때 그곳 공립보통학교 증축비로 기부금을 모집하는 가운데 5원가량의 돈을 쓰고 내지 아니하였다 하여 공금을 횡령하였다는 혐의까지 붙인 것이라는데, 면민들의 말을 들으면 김지태가 구장과 면민들을 찾아다니며 공무집행을 방해한 일은 전혀 없었다 하였다. 또는 구장은 면의 보조기관으로 면장의 지휘명령에 복종하는 것인즉 그들의 선동으로 그와 같이 한 것이라 하는 것은 전연 이유되지 않는 말이요, 구장들부터 반대하는 것이 아니냐 하여 일반의 여론이 자자하다는데, 그로써 그 면 내 주민들은 등급과 부역에 대하여 많은 불평을 가지고 도청에 진정서까지 하였다. 이에 대하여 그 면협

의원 이윤영(李允榮)씨는 아래와 같이 말하였더라.

> "임 면장이 김지태를 고발한 것과 그 치도공사에 대하여 면민들이 불평을 가지고 있는 것은 나도 잘 압니다. 그 치도공사는 1925년(大正 14)에 내가 면장으로 있을 때 기안한 것인데 면민의 정도가 도저히 그것을 부담하기 어려워서 지금까지 연기하여 왔는데, 먼젓번 면협의회 때에도 나는 치도는 필요하나 단축한 기일에 완성할 수 없은 즉 2개년 계속사업으로 하자고 주장하고 서명 날인도 아니하였었는데, 그 뒤 그것이 어떻게 되어, 그렇게 되었는지 공사가 순조롭게 진행되리라고는 생각하지 않습니다. 어려운 일은 차라리 변경하는 것이 좋을 것 같습니다."

자료 175 | 《조선일보》, 1929. 3. 5, 3면 6단

백여 군중이 면장을 습격

지난 27일 오후 4시경에 경남 함안군 칠원면 읍내에 있는 창녕자동차부 칠원(漆原) 정류소에 칠서면장 심상협(沈相協) 씨가 있는 줄을 알고 100여 명의 군중이 물밀듯이 닥쳐와서 이구동성으로, "저놈 잡아내어라. 밟아 죽이자"하고 외치어 일대 소란을 일으켰다는데, 이 급보를 받은 칠원주재소 경관과 칠원면장 등 수명이 현장에 급행하여 극력 진무하여 다행히 무사하였다. 이제 그 자세한 사실을 듣건대 음력 지난 16일에 칠원읍 내에서 개최하는 삭전(索戰) 대회를 앞둔 14일에 돌연히 전기 칠서면장 심상협 씨가 서부군(西部郡) 칠서면 각리 리민에게 삭전대회 날에 도로 수리를 명령하였다. 서부군 측에서는 교섭위원을 내어서 사정을 들어 양해를 구하였으나 종래 거절을 하였었다. 이리하여 그럭저럭 정각이 되어 삭전대회가 개전되자 괭이를 메고 땅을 파던 부역군들은 곧 흥분되어 괭이와 지게를 던져버리고 대회장으로 일제히 뛰어갔다 한다. 그러나 때는 이미 늦어 서부군이 참패한 후라, 몰려갔던 군중은 극도로 흥분되어 그 같이 한 것이라더라.

자료 176 | 《조선일보》, 1931. 3. 30, 4면 3단

유력자와 면리는 제외코 궁민들에게만 부역

전북 익산군 함열면에서는 다른 면과 같이 금춘 농한기를 이용하여 면 내 각 중요 도로에 자갈공사를 동(同) 면민의 등급 부역으로서 예산을 세워서 이미 등급을 배정하였다 한다. 이제 탐문한 바에 의하면 전기(前記) 자갈 부역을 동면 면리원과 각리 구장들 외 유력자 다목(多木)[9] 농장에는 면제하고, 또 유력자인 무라이(村井) 정미소와 류 모에게는 그 부담을 경감하고, 지금 주림을 참아가며 생도(生道)를 찾는 그 세민들에게 시켜 그 부담이 과중하여, 동(同)면 일반은 당국에 대하여 비난이 날로 높아가며 세민의 원성이 창일하다 한다.

자료 177 | 《조선일보》, 1931. 7. 1, 7면 3단

강원도민의 원성인 부역 과중의 민요(民謠)

가평으로부터 얼마 아니 나와 경강교(京江橋)라는 다리가 있고 이 다리로부터는 강원도의 땅이다. 강원도 땅에 들어서자 부락이 있는 곳마다 발방아가 있고 발방앗간에는 부녀들이 4, 5인씩 떼를 지어 청산을 바라보며 정성스럽게 방아를 찧고 있는데, 이곳에 초행인 나에게 이상한 흥치(興致) 주었거니와 이곳으로부터 춘천읍까지 약 60리 동안은 절벽이 용립(聳立)하여 병풍이 되었고, 북한강의 상류인 신연강(新延江)과 소양강(昭陽江)의 맑은 물이 절벽을 스치고 흘러가는데 평양의 청류벽(清流壁)과 방불한 생각이 난다. 지금에는 이 절벽 사이로 자동차가 활기 있게 통행하지만, 이 절벽을 깨트린 자취마다 도민 혈한(血汗)의 흔적이 남아 있다(이 도로는 2등 도로이지만은 전부 부역으로 되었다고 한다).

강원도는 전 면적의 7할이 산령(山嶺)이다. 경성으로부터 춘천까지 230리의 도정을 옛날에는 고산준령(高山峻嶺)이 중첩하여 10여 일 동안 악전고투의 난행을 하였지만, 금 일에는 약 4시간이면 자동차로 통행케 되는 도내 어느 군을 물론하고 자동차 통행이 되지 않는 곳이

---

9 원문은 "外木"이라 되어 있으나, "多木"이 맞기에 바로잡았다.

없도록 도로가 완성되었다. 인민의 부역으로 된 것이므로 10여 년 이래 도민은 실로 부역으로 '난(難)'을 당하여 아래와 같은 민요까지 생겼다고 한다.

> 강원도 천지엔 산도나 많아 신작로 부역에 사람 죽네
> 천명에 죽어도 원통한데 부역에 죽으면 불쌍하다
> 을축년 홍수엔 집 떠나가고 신작로 나는 덴 밭 들어간다.

> 차가 석벽을 끼고 줄기차게 달아나 춘천읍에 가까이 오자 소양강 물은 거울같이 맑아 산 그림자를 물 위에 띄웠는데, "산광청청도경면(山光靑靑倒鏡面)"

이런 옛 글귀가 생각난다. 작년 가을에 낙성식을 거행하였다는 '신연교(新延橋)'를 지나 맥국(貊國)의 고도(古都) 춘천읍에 도착하기는 이날 오후였다. 본사 춘천 특파원 박달현(朴達鉉) 군과 환담을 마친 후 동(同) 군의 인도로 읍내 동선여관(東鮮旅館)에서 여장(旅裝)을 끌렀다.

자료 178 | 《조선일보》, 1931. 11. 16, 3면 4단

조일인(朝日人) 차별 부역에 면민이 대(大) 분개

전남 보성군 벌교면민 일반은 동(同) 면 당국자의 편협적 행정에 분개하여 대표자를 보내어 질문까지 하였다는데, 그 사실을 들으면 춘추 2기의 도로 정기수선인 금년 춘추기에 두 번이나 일본인 120여 호는 전부 빼고 조선인에게는 출역시킨 것이므로, 면민들은 크게 분개하여 대표로 남상하(南相河), 김순오(金順吾), 하원숙(河元淑) 외 수명을 보내어 이유를 질문하는 동시에 명년부터는 누구든지 출역치 않겠다 하였다. 그에 대한 서무(庶務) 서기(書記) 도모미쓰(友光) 씨는 일본인에게는 부역환산금을 받겠다고 대답하였으나, 아직껏 아무 처단이 없으므로 면민 일반의 불평은 점점 높다 하며, 면장의 처사도 언제나 일본인 환심만 산다는 것

이 일반인 동시에 더욱이 서무 서기인 도모미쓰 씨가 모든 것을 주장하는 관계상 조일인 차별적 행정이 많은 것이 사실이므로 일반의 타매성(唾罵聲)이 비등하다 한다.

자료 179 | 《조선일보》, 1932. 4. 19, 6면 9단

과중한 부역에 면민 원성 창천(漲天)

충남 서산지방에는 작금 재계 불황으로 일반 농촌의 참상은 기아궁경(饑餓窮境)에서 초근목피(草根木皮)로 근근이 연명하는데, 군면당국에서는 도로연에 자갈을 펴고자 면민 매 호당 자갈 10상자로부터 70상자씩을 채집하라는 명령이 있어, 일반은 이 궁춘에 과중한 부역이 부당하다고 평판이 자자한데, 전 서산 방면으로 첫 내 되는 인지면에서는 매 호당 자갈 70상자씩 기일까지 바치지 못하는 때는 대금으로 매 상자 10전씩 환산하여 바치라는 고지서까지 발부하였다는데, 이 소식을 들은 면민들은 처음으로 보는 부역 대납 고지서라고 원성이 창천하다 한다.

자료 180 | 《조선일보》, 1933. 2. 24, 6면 1단

백의 착용자는 부역으로 제재

청도군 대성면(大城面)은 색복장려운동의 성적을 올리고자 백의자에 대한 제재로 부역을 부과시킬 작정이라 한다. 면 당국의 말을 들으면 백의 착용자뿐만 아니라 집회에 출석하지 아니하는 사람도 다 같이 부역을 시킬 것이라 한다.

자료 181 | 《조선일보》, 1935. 2. 16, 2면 1단

천여 명 면민 선동, 면사무소를 습격

이렇게 노조를 조직 확립한 후 실제 행동에 활동하여, 동년 11월 13일 오후 당시 추수기의 농번기임에도 불구하고 근덕면(近德面) 노곡동(蘆谷洞) 도로 공사에 부역을 강행하여 면민 전체의 불평을 사고 있는 면사무소를 습격하는 동시, 일대 반대시위 운동을 일으키고자 심부윤의 지도로 면민 천여 명을 규합 선동하여 장사진을 지어 시위운동을 하는 동시, 면사무소를 습격하다가 심부윤 외 다수 청년이 피검되었다. 그리고 각 면리에 조직, 확립된 적색노조 하부조직과 'K회' 등이 맹렬하게 움트기 시작한 각 분산 조직체를 통일 확립하기 위하여 정건화, 박래빈, 변소봉 등 10여 명의 중요활동가가 1933년(昭和 8) 7월 24일 삼척면 오분리(悟紛里) 해안에서 회합하고, 삼척 적색공작위원회라는 결사를 조직하고 농민과 노동자의 양부(兩部)로 구분하여 3개 강령을 수립하는 동시 부서를 결정하였다. 총 책임자에 정건화, 중앙책임비서에 심부윤, 근덕면은 이상인(李尙寅), 북삼면(北三面)에 박래빈(朴來賓), 삼척면에 정석대(鄭錫大), '레포'급 온유비(鰮油肥) 노동자책임 변소봉으로 선정하고 활동을 개시하였다. 북삼면 책임을 맡은 박래빈은 동년(同年) 9월 중순 최윤달(崔潤達) 등 3명과 회합하고 각 동리에 북삼면 적농조직위원회를 조직하여 4개 농조를 조직 확립하였고, 정석대는 삼척면 쇄운(灑雲)농조를 조직하고, 온유비노동자의 적화 책임을 맡은 변소봉은 때마침 정라항(汀羅港)에 잠입하였던 김덕환과 서로 제휴하여 12월 하순 정라노조를 조직하고, 김덕환은 중앙, 부책임자로 변소봉은 온유비노동자들을 책임 맡아 이개동, 홍길성 등을 지도하여 1934년(昭和 9) 1월 31일 화학온유비 노조 조직준비회를 조직하고, 31행의 '슬로건'과 3대 강령을 수립하고 5월 1일 '메이데이'에는 파업을 단행하여 시위운동을 하였고, 전(全) 부두 노동자 총 파업을 단행하여 계획 중 총 검거를 당하였다.

자료 182 | 《조선중앙일보》, 1935.6.5, 3면 6단

농번기를 임하야 도로 수선에 부역

수원군 일형면민들은 요사이같이 한참 바쁜 때를 당하여 1등 도로의 자갈 까는 부역을 강제로 과중하게 시켜 농사를 폐농할 지경이다. 그 사실을 듣건대 경수(京水) 1등 도로를 일형면 1,600호 12동민이 각기 구역을 담당하고 연년이 3차씩 출역한다는데, 금년에 와서는 매호에 자갈을 3마차씩 배정하여 자갈을 주어놓으면 토목국 화물차로 운반하여 주마, 하므로, 면민들은 농한기를 이용하여 1등 도로의 수선 부역을 하려고 작년 가을에 자갈 한 마차에 대하여 30전씩에 사서 놓고 속히 운반하여 달라고 면사무소에 몇 번 독촉을 하여보았으나, 차일피일하고 운반하여 주지 않더니 요새 바쁜 농시(農時)를 당하여 별안간 운반하여 줄 터이니 출역하라고 독촉이 성화같으므로, 할 수 없이 농사를 폐농하고 매일 부역에 출역한다. 그리하여 일형면민들은 토목국 처사에 비난이 자자하다고 한다.

하광교리(下光敎里) 구장(區長) 담(談)

우리 면민들은 죽으라면 죽는 체라도 하여야만 합니다. 우리가 부역을 하지 않으려는 것은 절대 아닙니다. 면이나 도로서는 조금도 면민을 도와주지 않는 것 같습니다. 우리는 관청 명령을 존중하여, 하라는 대로는 무엇이든지 다 합니다. 그러나 이와 같이 자기네들은 차일피일하여 농한기를 보내버리고 지금 한참 바쁜 때 출역하라는 것은 너무도 가혹한 줄로 생각합니다.

자료 183 | 《조선중앙일보》, 1935. 12. 12, 3면 1단

'재갈돌' 도로 부역 매 호(戶)당 육십 상자씩

경북 선산 지방은 사방공사 부역으로부터 여러 가지 부역이 심하여 일반군민은 살 수 없다는 소리가 끊기기도 전에, 지난 6일부터는 염두에도 두지 아니한 도로에 사리(砂利)를 깔라는 부역이 또다시 돌아와서 더구나 살 수 없다는 소리가 퍼지게 되었다고 한다는 바, 그중에도 조석거리도 없어서 밤낮으로 다만 몇십 전의 벌이도 못하며 4, 5인 식구가 엄동설한에 기한을 면치 못할 사람에게까지 석유 상자로 60상자씩이라는 자갈을 가져오라는 고지서를 받게 되니 그들은 어찌할 줄을 모른다는데, 이에 대하여 일반 군민은 여러 가지로 비난이 많다고 한다.

자료 184 | 《조선일보》, 1936. 2. 27, 3면 1단

농민은 부역만 할 뿐 수상(受賞)은 군·면 직원이. 이에 거액 예산 계상은 더욱 불가

평남도회 제4일인 25일 회의 석상에서 개천(价川) 선출 강원건(康元健) 씨가 농민의 고혈을 착취하는 부역으로 시행하는 도로품평회의 악폐를 들어, 착취를 당하는 농민은 착취당할 뿐 농민을 학대 착취하는 지도계급의 인물인, 군과 면직원을 표창하기 위하여 다액의 예산을 계상한 것은 대 불가라고 공격을 가하여 장내를 긴장시켰다.

그리고 이날 오후에 이르러 평양 선출 최정묵(崔鼎默), 강서 선출 정기수(鄭基琇) 양 의원은 권업비 중에서 1933년(昭和 8)에 아무 필요도 없다 하여 폐쇄하였던 상품진열관을 2년이 지난 지금에 와서 부흥시키고자 5만 원 예산을 계상한 것은 아무리 경솔한 행동이 아니라고 해석코저 해도 될 수 없고, 예산이 없어서 고통하는 현하의 도 재정으로 보아서 도저히 묵과할 수 없다고 공격을 가하여 미해결대로 있어 주목을 끌고 있으며, 다시 비료 문제에 이르러 노구치(野口) 재벌의 독점사업이라 하여 '류산 암모니아'를 엄청나게 고가로 착취하고 있기 때문에 농민에게 미치는 손해가 큼에 불구하고, 도 당국은 오불관언의 태도에 나아옴은 농민의 복리를 지도 보호하는 도 당국자로서 온당치 못하다 하여 공격을 가한 후, 금후 기회 있

는 때마다 비료 가격의 감하 운동을 당국은 반드시 노력해야 할 것을 주장했고, 따라서 최근 도 당국은 일본 내지의 대재벌 유치에 분망 중이나, 노구치 재벌의 비료 독점으로 농민을 고통시키는 것과 같이 다른 재벌이 각종 사업의 독점권을 장악하고 조선인 중소업자를 곤경에 빠지게 할진대, 절대로 유치운동은커녕 저지운동을 할 것이라고 통론하여 당국에 경고를 발하여 장내를 긴장시켰다.

자료 185 | 《조선일보》, 1936. 3. 11, 7면 6단

빈민의 도로 부역, 이는 악덕의 과세

평북도회는 지난 3일 오전 10시 반부터 개최되었는데 제2일인 지난 4일에는 각지 의원들로부터 도로 부역에 대한 불합리한 점을 들어 속히 폐지하기를 주장하였는데, 그중 자성 선출 의원 전상준 씨가 맹렬하게 당국의 처사를 공격하였다. 즉, 도로 부역에 대하여 당국자는 이를 양풍미속이라 하여 사실을 엄폐하지만, 실상은 하층 세궁민만을 곤란케 하는 악덕 과세이다. 차라리 등급을 작정하여 세금으로써 이 부역에 대신케 하라고 역설하였으나, 그러나 당국자는 도로규칙을 개정하기 전에는 어찌할 수 없다고 하였다.

자료 186 | 《조선중앙일보》, 1936. 7. 21, 3면 5단

도로 부역 과중을 군 당국에 진정!

용인 남서면(南西面)으로부터 안성 원곡면(元谷面)과 수원 성호면(城湖面)에 이르는 도로 수선공사는 해마다 3개 군민 부역으로만 개수공사를 하여왔으나, 번농기에 들어서는 공사를 중지하고 있어 교통 지장이 막대할 뿐만 아니라 피폐하여가는 농민에게 부역이 너무 과중하다 하여, 지난 10일에 용인 남서면장 남준희(南濬熙) 씨, 동(同) 군 도의[10] 조빈행(趙斌行)

---

10 도회의원(道會議員)을 가리킨다.

씨 및 수원읍면장 유지, 안성군 유지 제씨(諸氏)의 연서로 우선 용인군청에 진정서를 제출하였다고 한다.

> **자료 187** | 《매일신보》, 1938. 9. 27, 3면 6단

강원도청 근로대 춘화(春華) 도로를 수선

강원도청 근로보국대에서는 지난 24일 오후 1시부터 대원 250여 명이 출동하여 소양교(昭陽橋) 부근 춘화가도(街道)에서 도로개선작업을 실시하였는데, 김 지사를 위시 송(宋) 산업부장 외 각 과장도 참가 작업을 하였다고 한다.

> **자료 188** | 《조선일보》, 1939. 6. 20, 2면 1단

'관행 부역' 폐지 대신 집단 근로 봉사 장려

작년 12월 1일부터 「조선도로령」이 개정되어 지방 농촌의 관행부역은 법규상으로 없어진 셈인데 사실상은 아직 여전히 부역이 실행되고 있는 터이므로, 이것을 아주 폐지하고 차츰 시국하 근로봉사단의 활동이 활발하여지는 현상에 비추어 농촌의 잉여노력을 공공적으로 뜻있게 이용하기 위하여, 총독부에서는 명년도부터 농촌 근로보국대를 결성시켜 총후보국에 유감이 없기를 기하기로 되었다.

즉, 농한기의 노력을 합리적으로 집결시켜 종래와 같이 마지못하여 강제적으로 부역을 하는 것이 아니라 참말 봉사한다는 정신 밑에서 자발적으로 일을 하도록 하며, 특히 괭이와 봉사단기를 메고 집단적 훈련을 시키고 통제하는 공동작업을 하게 할 방침으로, 아무리 농한기의 봉사라고 해도 가난한 농민이 굶어가면서 일할 수는 없는 일이니까 금년부터 실시한 각 도의 자동차도로 사용료의 일부를 재원으로 삼아 근로봉사 하는 날에는 적어도 점심값 정도는 보수를 주어 명랑한 노동봉사를 시키려는 것이다.

| 자료 189 | 《매일신보》, 1939. 12. 25, 3면 5단

도로애호단(道路愛護團), 도초면(都草面)에서 조직

도초면에서는 도로수선과 하천개수에 완벽을 기하고자 지난 20일 오전 11시부터 동(同) 면사무소 회의실에서 주(朱) 면장 사회로 각 리 구장과 유지와 내빈 다수 참석 하에 도로 하천애호단을 조직하고 오후 1시에 성대리에 폐회하였다.

| 자료 190 | 《조선일보》, 1940. 4. 8, 2면 7단

송흥리(松興里) 녹정(綠町) 간 도로 근로대 동원계획

올해 원산부 송흥리와 녹정 간 도로를 개설하게 되었다 함은 기보한 바어니와, 이 도로는 길 넓이 예정이 12m이었으나 올해는 우선 3m로 할 터이라는 바, 여름으로부터 가을에 걸쳐 각 학교 생도 관계 부락민 또는 유지들의 근로봉사대를 동원하여 길을 좀 더 넓힐 터라 한다. 그런데 동(同) 도로는 앞으로 포장까지 하여 자동차가 통행할 수 있는 간선도로를 만들 작정이다.

| 자료 191 | 《조선일보》, 1940. 6. 6, 3면 1단

노력(勞力) 부족 보충책으로 농촌 잉여 노력 동원

노동자 부족으로 심각한 고통을 받고 있는 함남에서는 최후의 안으로 노동력을 보충하는 방법으로서 농촌에 근로보국대를 동원하여 각 공사장에 취역시킬 방책을 세우고 있다.

현재 함남도에서 부족한 노동자는 광·탄산에 3,890명, 토목건축에 4,000여 명, 합 8,000명이나 되는데 이것은 어떻게 하여서든지 보충할 도리가 없다. 그리하여 사회과에서는 농한기를 이용하여 농촌에 있는 도로 근로보국대와 같은 것을 동원하여 정규의 임금을 주어 취역시킬 방책을 세우고 있는데, 아직 그러한 보국대가 없는 곳은 새로 결성시켜 가지고라도 이것을 동원할 것을 생각하고 있다. 이것은 그야말로 노동자 부족 대책의 최후안으로서 그 성적이 좋고 나쁘고는 둘째 문제로, 국책이라는 의미에서 농촌의 한가한 때의 노력을 제공하여달라는 것이다.

자료 192 | 《매일신보》, 1940.11.8, 3면 4단

도(道)내 애국반 총동원, 수해 도로를 수선(修繕)

충남도에서는 지난 1939년(昭和 14년)부터 한해대책 토목공사를 실시하여 도내 각 도로망을 일신케 하였었는데, 뜻하지 않은 지난 여름 수해로 말미암아 교량이 무너지고 떠내려간 것과 도로의 유실 등 피해가 격심하여 도민의 각종 생산에 있어 큰 지장을 끼치고 있으므로, 방금 벼 베기와 보리갈이가 거진 끝난 기회를 이용해서 도내 애국반원 약 40만 명을 총동원하여 오는 8일부터 약 3주간 동안 도로수선에 대한 봉사 작업을 실시하기로 되었다.

자료 193 | 《매일신보》, 1941. 4. 9, 4면 1단

300여 애국반원(愛國班員) 도로 개수에

직역봉공과 한 가지 자기의 직분을 다하자는 정신으로 총력운동은 이미 실천화하고 있는 때에, 부영사업으로 공사를 하여야 할 도로 공사를 구내의 애국반원 300여 명이 총동원하여 근로봉사를 하였다는 미담. 화수정(花水町) 제2구 연맹에서는 구내 약 100m가량 되는 도로가 하수구의 불완비로 최근에는 도저히 통행할 수 없어서 정민(町民)은 물론 통행인의 불평이 적지 아니하나, 목하 부 토목과에서는 미처 손이 돌아가지를 못하여 2, 3개월 동안 공사를 연기하고 있으나, 장차 장마 때를 당하면 이상의 곤란할 것을 생각하고 동(同) 연맹 300여 반원이 분발하여 마침내 지난 4일부터 애한부대를 조직하여 공사에 착수하였다는 바, 공사는 오는 15일까지는 완성되리라는 바 이 공사는 연인원 3,600여 명이나 되리라 한다.

자료 194 | 《매일신보》, 1942. 5. 21, 4면 6단

평창읍(平昌邑) 애국반원(愛國班員) 도로 수선 작업

평창군에서 도로 보전상 또는 강원도 토목과 주최로 사리부(砂利敷) 품평회의 심사를 받기 위하여 전부(全部)에 도로면의 사리를 채취하고 한편 도로 수선을 하는데, 평창읍은 전부 부인애국반원이 총 출동하여 읍내의 도로를 개선하며 사리를 채취하여 도로면에 깔고 있다.

자료 195 | 《매일신보》, 1942. 9. 12, 4면 3단

도로 수리에 총동원(總動員)

포천군을 남북으로 횡관(橫貫)한 경웅가도(京雄街道)를 수리하는 바, 사리(砂利) 채집에 있어 남녀노소가 총동원하여 길가마다 돌로 산을 만드는 중인데, 70여 세 노인, 6~7세의 소아까지 총출동하고 있다.

자료 196 | 《매일신보》, 1942. 9. 13, 4면 3단

개성 전(全) 애국반원(愛國班員) 하천, 도로 청소 작업

부내 각 정(町) 연맹에서는 각 정의 치를 표준으로 하여 그 정 내의 하천, 도로의 청소 봉사 작업을 행하고 있는데, 전 애국반원의 봉사 작업에 힘을 더하기 위하여 임(林) 부윤을 비롯하여 각 과장과 직원들로 남대문 부근과 부청 뜰과 태평정 부근의 청소작업을 10일 시행하기로 되었다.

자료 197 | 《매일신보》, 1942. 9. 7, 4면 6단

애국반원(愛國班員) 총동(總動) 도로 수선 실시

전시하 국민 개로(皆勞) 정신의 강화 철저를 꾀하는 동시에, 국민 각자가 소유하고 있는 노력(勞力)을 국가에 봉사하여 애국적 적성(赤誠)에 기(基)하여 근로보국정신을 극도로 앙양(昂揚)시켜 황국신민 된 자질, 연성(鍊成)에 자(資)하게 하고자, 국민총력 해주부(海州府) 연맹에서는 부내 각 정 연맹 전(全) 애국반원을 총동원하여 오는 8일의 대조봉대일(大詔奉戴日)부터 내년 3월 말일까지 144일간의 장기간에 걸쳐 부내에 있는 서중학교(西中學校)로부터 선산리(仙山里) 부 경계에 이르는 연장 1,160m, 넓이 8m의 도로수축공사에 참가시키기로 되었다 한다. 그런데 이에 작업시간 및 동(同) 근로보국대원들의 공구별 분담은 아래와 같다더라.

1. 근로작업시간은 오전 8시 반부터 오후 6시 40분까지로 함.
   제1공구 = 상정(上町), 연하정(煙霞町), 북본정(北本町)
   제2공구 = 남본정(南本町), 본정(本町) 1정목(丁目) 서영정(西榮町), 녹■정(綠■町)
   제3공구 = 흥욱정(興旭町), 광석정(廣石町), 석계리(石溪里), 청풍정(淸風町), 중정(中町)
   제4공구 = 북항정(北港町), 선산리(仙山里) 1구, 선산리 2구, 남욱정(南旭町), 동영정(東榮町), 북행정(北幸町), 왕신리(王神里)
   제5공구 = 남항정(南港町), 용당리(龍塘里), 본정(本町) 2정목
   제6공구 = 남행정(南幸町), 결성정(結成町)

자료 198 | 《매일신보》, 1943. 8. 22, 4면 10단

황주(黃州) 애국반원(愛國班員) 도로 수선 작업

지난 19일 오전 8시부터 황주교(橋)에서 역까지의 국도(國道)를 황주읍 2,000여 명의 각 애국반원이 염천(炎天) 혹서(酷暑)를 무릅쓰고 근로봉사로써 수리하였다.

(이민성)

VI

실행 계획과 내용

해제

Ⅵ장에서는 일제시기 조선 도로정책의 계획과 실제 운영 내용을 살펴볼 수 있는 주요 자료를 수록했다. 식민지 조선의 도로정책은 크게 세 가지 흐름을 중심으로 변화했다. 주제별로 보면 1. 도로망의 골격을 형성한 제1~2기 치도사업, 2. 북선개척사업과 궁민구제사업의 도로 건설, 3. 도로를 이용한 전시 물자의 공급과 금 수탈이다.

여기에서는 세 가지 주제의 실상을 보여줄 수 있는 주요 자료 28건을 수록했다. 첫 번째 주제와 관련된 자료는 『조선 토목 사업지(朝鮮土木事業誌)』, 『한국 내 도로 개수의 건(韓國內道路改修ノ件)』, 『경성 시구개정 사업 개요: 회고 20년(京城市區改正事業: 回顧20年)』, 《조선과 만주(朝鮮及滿洲)》의 기사이다. 두 번째 주제와 관련해서는 『제79회 제국의회 설명자료(사정)[第79回帝國議會說明資料(司政)]』에 수록된 「도로 개축 계획(道路改築計劃)」, 「쇼와 12년도 척식 도로 개수 공사 실시 계획의 건(昭和十二年度拓殖道路改修工事實施計劃ノ件)」, 《조선(朝鮮)》에 수록된 관련 기사를 선정했다. 세 번째 주제는 『(쇼와 10년부터 11년까지)국경 교량 협정 관계[(自昭和十年至仝十一年)國境橋梁協定關係]』, 「금산 도로 개수 공사 시행 계획서(金山道路改修工事施行計劃書)」, 「금산 도로 예산 요구 건(191년 7월 31일)[金山道路豫算要求ノ件(1941.7.31.)]」, 「국방도로 개축에 관한 건(國防道路改築ニ關スル件)」 등의 자료를 활용했다. 이하 각 절의 내용은 다음과 같다.

1. 제1~2기 치도사업

제1절에는 제1~2기 치도사업 관련 자료 17개를 수록했다. 그중 〈자료 199〉의 「한국정부 시대의 도로 개수(韓國政府時代に於ける道路改修)」와 〈자료 200〉의 「한국 내 도로 개수의 건(韓國內道路改修ノ件)」, 그리고 『조선 토목 사업지(朝鮮土木事業誌)』에는 대한제국시기 도로 건

설의 현황이 기록되어 있다. 이들 자료의 주요 내용을 보면 조선총독부는 제1~2기 치도사업을 확정해 통일적인 개수 계획을 수립했다. 제1기 치도사업은 26개 노선 2,307.3km와 경성 시가 도로의 개수를 추진했다. 이 사업에는 총공비 1,000만 원의 예산이 배정되었다. 조선총독부는 1911년부터 5개년 계속 사업으로 공사에 착수했지만, 재정 부족으로 두 차례 사업을 연기하거나 계획된 노선을 변경했다. 〈자료 199〉를 보면, 제1기 치도사업은 전체 도로 중 일부만을 대상으로 했기 때문에 금년를 확대할 필요가 있었다. 따라서 조선총독부는 제1기 치도사업이 마무리되자 곧바로 제2기 치도사업을 시행했다.[1]

그런데 제2기 치도사업 도중 각종 자재 가격과 임금의 상승, 1929년 대공황에 따라 사업은 변경·축소되었다. 그 결과 1922년 도로 건설 목표는 1,880km였지만, 1922년까지 완공된 도로는 재해 구재를 위한 214km의 도로를 포함하여 1,011km에 그쳤다. 또한 9개를 건설하기로 했던 교량은 대동강가교의 일부만이 진행되었다. 남은 도로(868km)와 교량(8개)의 준공 기한은 1938년으로 연장되었다.[2]

2. 북선개척사업과 궁민구제사업의 도로 건설

제2절에서는 북선개척사업과 궁민구제사업의 도로 건설에 관한 자료 6건을 수록했다. 그중 〈자료 218〉의 「쇼와 12년도 척식 도로 개수 공사 실시 계획의 건(昭和十二年度拓殖道路改修工事實施計劃ノ件)」과 〈자료 219〉의 《북선시사신보(北鮮時事新報)》 기사에는 북선개척사업 당시 건설된 척식도로에 관한 정책적 배경과 현황이 기재되어 있다. 주요 내용을 살펴보면, 1931년 우가키 가즈시케(宇垣一成) 총독은 일선만(日鮮滿)블록체제를 구축하기 위한 구체적 정책으로 북선개척사업을 기획했다. 이 사업은 북선에 매장된 각종 자원을 개발하여 장차 이 지역을 군수공업지대로 육성하려는 계획이었다. 이것을 달성하기 위해서는 일차적으로 교통망 형성이 중요했다. 따라서 철도 부설과 도로의 개수·신설이 주목을 받았다. 조선총

---

1 조병로, 2009, 「일제 식민지시기의 도로교통에 대한 연구(Ⅰ)-제1기 治道事業(1905~1917)을 중심으로」, 『한국민족운동사연구』 59.
2 조병로·조성운·성주현, 2009, 「일제 식민지시기의 도로교통에 대한 연구(Ⅱ)-1930~40년대 제2기 치도계획과 자동차운송을 중심으로」, 『한국민족운동사연구』 61.

독부는 북선개척사업 예산 중 31.2%를 도로 부문에 편성하여 '북선척식도로'를 부설하고자 했다.[3] 또한 조선총독부는 국경도로의 개수를 추진했는데, 이는 신의주로부터 만포(滿浦)·자성(慈城)·창성(昌城)·초산(楚山) 등 압록강 중·상류 지역에 존재하는 삼림자원과 수자원의 이용이 주된 목적이었다. 이외에 국경 교량, 즉 두만강과 압록강에 교량을 가설하는 사업이 실시되었는데, 본질은 일제의 대륙 침략을 뒷받침하기 위한 기초 작업이었다.

다음으로 《조선》(〈자료 220〉~〈자료 221〉)에 수록된 궁민구제사업의 도로 부설에 관한 내용을 살펴보면 아래와 같다. 1920년대 후반 1930년대 초 대공황으로 식민지 조선의 사회 안정 장치가 붕괴되었다. 이에 조선총독부는 각종 토목사업을 일으켜 이러한 문제를 완화하고자 했다. 그것이 구체화된 것이 궁민구제사업이고, 이 사업의 도로 건설 관련 예산은 1931년부터 1933년까지 2,391만 원, 1934년 643만 7,000원, 1935년 354만 7,000원으로 도합 3,389만 4,000원이었다. 이는 전체 예산의 38%에 달하는 가장 큰 규모였다. 국고 지원의 비율은 사업별로 차이가 있었지만, 도로의 경우에는 대략 60% 안팎이었다.[4] 이러한 자료의 내용은 궁민구제사업의 핵심이었던 도로 건설의 배경과 현황을 이해하는데 도움이 될 것이다.

3. 도로를 이용한 전시 물자의 공급과 금 수탈

제3절에는 전시체제기 수탈을 위해 건설된 도로 관련 자료 5건을 수록했다. 조선총독부는 군용도로, 경제적인 수탈을 목적으로 한 도로를 용이하게 부설하고자 「도로규칙」을 전면 개정하여 1938년 4월 4일 자로 「조선도로령」을 제정·공포하고 같은 해 12월 1일부터 시행했다. 지적해 두어야 할 특징은 이들 도로를 건설하기 위해 사권(私權)이 제한되었다는 점이다.

그중 대표적인 것이 국방도로와 금산도로였다. 우선 〈자료 224〉의 「금산 도로 개수 공사 시행 계획서」와 〈자료 225〉의 「금산 도로 예산 요구 건(1941.7.31)」 등에 나와 있는 주요 내용

---

[3] 안유림, 1994, 「1930년대 총독 宇垣 一成의 식민정책」, 『이대사원』 27.
[4] 이종범, 1988, 「1930년대 초의 窮民救濟土木事業의 性格」, 『전남사학』 2; 大友昌子, 2007, 『帝國日本の植民地社會事業政策研究』, ミネルヴァ書房; 고태우, 2012, 「1930년대 조선총독부의 궁민구제토목사업과 지역개발」, 『역사와 현실』 86.

을 살펴보면, 전시체제기에 일제는 국제 수지의 적자 문제를 해결하고자 대외 결제의 수단인 금의 확보와 증산에 노력했다. 조선총독부는 조선 산금 증산 5개년 계획을 세워 조선에 매장된 금을 수탈하고자 했다.[5] 이에 금을 옮길 때 필요한 도로 건설이 중요해졌는데, 이것이 바로 금산도로였다.

다음으로 국방도로는 조선총독부가 일본군의 요구를 대폭 수용해 전쟁 수행을 지원할 목적으로 식민지 조선 전역에 건설할 예정이었다. 군부의 수송력 증대를 꾀하는 동시에 '중량차'나 '고속차'의 운행에 지장이 없도록 하는 것이 사업의 목적이었다.[6] 이러한 국방도로 건설 계획이 〈자료 226〉의 「(쇼와 16년도)특종도로공사[(昭和十六年度)特種道路工事]」 등에 기재되어 있다. 이들 자료를 통해 전시체제기 조선의 도로가 군용도로와 자원수탈도로로 활용되었음을 확인할 수 있다.

(김태현)

---

[5] 박기주, 1988, 「1930년대 조선산금정책에 관한 연구」, 『경제사학』 12; 박현, 2009, 「조선총독부의 전시경제정책 1937-1945」, 연세대학교 경제학과 박사학위논문.

[6] 「新國防道路淸津と國境を繫ぐ交通の大動脈」, 《京城日報》, 1938.9.30; 〈道路는 國家의 心臟 金山道路·拓殖道路·國防道路〉, 《매일신보》, 1939.1.21.

1. 제1~2기 치도사업

자료 199 | 朝鮮總督府, 1937, 『朝鮮土木事業誌』, 朝鮮總督府, 91~95쪽.

제4장 한국정부 시대의 도로 개수

이조(李朝) 시대의 도로는 앞 장에서 서술한 것처럼 조금도 인공을 가하지 않고, 교통운수 기관의 사명을 온전히 달성할 수 없는 상태여서, 보호정치 시대에 들어 산업개발상 속히 도로를 개수할 필요를 느껴, 기업(起業)자금의 일부를 나누어 치도비에 충당하고, 예산 149만 6,000원으로 1906년(光武 10, 明治 39)부터 7개년 계속사업으로서 개수 계획을 수립하여, 그 제1기 공사로서 가장 중요하고 핵심 노선인 (1) 진남포-평양 간, (2) 목포-광주 간, (3) 군산-전주 간, (4) 대구-경주 간의 4개 선로, 이 시행구간 총연장 25만 6,254m(65리 9정)의 개수를 기획하여, 1907년(隆熙 원년, 明治 40) 5월에 일제히 기공했다. 당시 개수 표준은 이를 나누어 두 종류로서, (1) 대구-포항 간과 목포-광주 간은 폭 6m, 가장 급경사 25분의 1, 곡선 반경 15m, (2) 군산-전주 간과 평양-진남포 간은 폭 7m, 가장 급경사 30분의 1, 곡선 반경 20m로 하고, 양측 모두 1m의 하수구를 놓고 가로수를 심기로 설계했다. 공사의 시행 방법은 왕년 경부철도 건설 당시 청부업자가 누차 인부에 대한 임금 지급을 게을리하는 등 각종 폐해가 많았던 점에 비추어 전부 이를 직영으로 시행했다. 이 공사야말로 장차 한국에서 최초의 것이었다.

다음으로 1908년(隆熙 2, 明治 41) 제2기 사업으로서 예산 100만 원을 추가하여, (1) 소정리(小井里)-공주 간, (2) 수원-이천 간, (3) 해주 용당포(龍塘浦) 간, (4) 황주(黃州) 읍내-정거장 간, (5) 신안주-영변 간, (6) 신의주-마전동(麻田洞) 간, (7) 신마산-진주 간의 추요 도로 7개 선로, 그 시행구간 총연장 19만 7,672m(50리 12정) 개수를 시공하고, 이어서 1909년(隆熙 3, 明治 42) 계속 연한을 1910년(隆熙 4, 明治 43)까지 5개년으로 수정하여, 지방 교통 개발을 겸하여 폭도 귀순자에 생업을 주기 위하여 전라남도 해남부터 장흥, 순천과 광양을 거쳐 경상남도 하동에 이르는 연장 16만 4,072m(41리 28정)의 이른바 폭도 도로를 개수하고, 운수 교통상 급속 시행할 필요를 느껴 함경북도 청진부터 나남을 거쳐 경성(鏡城)에 이르는 2만 1,272m(5리 15정), 또한 벌교-해창(海倉) 간 3,490m(32정)의 치도공사를 일으키는 한편 경성-인천과 대구 시가선의 개량공사를 기공했다.

1910년(隆熙 4, 明治 43)에 이르러 다시 예산 146만 1,654원을 증액하여 총예산액을 395만 7,654원으로 고쳐, (1) 진남포-광량만(廣梁灣) 간, (2) 경주-포항 간, (3) 사리원-재령 간, (4) 천안-온양 간, (5) 조치원-청주 간, (6) 대구-칠곡 간, (7) 무산령(茂山嶺) 개착, (8) 함흥-서호진 간, (9) 영흥-유도(柳島) 간, (10) 함관(咸關)-마천(摩天)-마운(摩雲)-남갈(南葛)의 여러 고개 개착, (11) 전주-여수 간 중 전주 부근 11개 노선, 이 시행구간 총연장 16만 8,000m(42리 28정)의 수축공사 중 한일 합병이 되어, 총독부에서 인계하여 시행했다. 그리고 총예산액 395만 7,654원 중 한국 정부에서는 1910년 8월 28일까지 270만 2,698원 63전 9리를 지출하여, 예산 잔액 125만 4,955원 36전 1리 내에서 9만 5,908원 80전 5리를 같은 해 8월 29일부터 9월 30일까지 답습[襲用][7] 예산으로서 지출하고, 2만 7,294원 93전 9리를 1910년 칙령 제406호에 의하여 조선총독부 예산으로 옮겨 사용하여 잔액 113만 1,751원 61전 7리가 일단 불용액이 되었다. 또한 1910년 10월 1일부터 같은 해 12월 31일에 이르는 3개월분의 경비로 113만 1,751원 61전 7리, 1911년 1월분 경비로 하여 371원 38전 3리, 합계 113만 2,123원을, 또 같은 해 2~3월분 경비로 하여 2만 6,597원을 1910년도 조선총독부 특별회계 예산으로 계상하여, 앞서 적은 이용액(移用額)과 아울러 예산총액 118만 6,014원 93전 9리로 예정 계획의 완성을 기했다. 그리고 1910년(10월 이후)에 57만 569원 79전 1리를 지출하여, 잔액 61만 5,445원 14전 8리 내에서 5전 7리를 불용액으로 한 61만 5,445원 9전 1리를 1911년도로 이월하여, 그중 59만 6,619원 25전 7리를 지출하여 1만 8,825원 83전 4리를 불용액으로 했다. 이 때문에 전 계획에 대한 지출총액은 396만 5,796원 49전 2리로 되고, 준공 거리 1등 도로 연장 26만 7,818m(68리 7정), 2등 도로 연장 53만 9,127m(137리 10정), 해창(海倉)-벌교 간 임항(臨港)선 3,490m(32정), 시가도로 7,090m(1리 29정), 합계 81만 7,525m(208리 6정), 교량 2개소를 완공했다. 지금 한국 정부의 계획에 관련된 치도 준공 거리를 노선별로 표시하면 다음 표와 같다.

---

7 습용(襲用) 또는 답습은 이전의 것을 그대로 이어받아 사용하는 것을 의미한다.

노선별 직할 개수도로 준공 거리 일람표(1907~1911년)

(단위: m)

도명	등급	노선명	구간	노폭	거리	준공 거리						기공준공 연월
						1907	1908	1909	1910	1911	합계	
경북	2	대구-경주	대구-경주	5.9 (3.3)	71,018.1 (18-03)	19,854.5 (5-02)	26,836.3 (6-30)	21,927.2 (5-21)	2,400.0 (0-22)	- -	71,018.1 (81-03)	1907.5 1911.2
전북	1	전주-군산	전주-군산	7.0 (3.9)	46,472.7 (11-30)	16,254.5 (4-05)	28,690.9 (7-11)	1,527.2 (0-14)		-	46,472.7 (11-30)	1907.5 1909.9
전남		경성-목포	광주-목포	5.9 (3.3)	86,945.4 (22-05)	20,945.4 (5-12)	31,527.2 (8-01)	29,672.7 (7-20)	4,800.0 (1-08)	-	86,945.4 (22-05)	1907.5 1910.11
충남	1	〃	소정리-공주	5.0 (2.8)	34,581.8 (8-29)	-	13,745.4 (3-18)	20,181.8 (5-05)	654.5 (0-06)	-	34,581.8 (8-29)	1908.6 1910.10
평남	1	평양-진남포	평양-진남포	7.0 (3.9)	51,490.9 (13-04)	1,854.5 (0-17)	17,781.8 (4-19)	22,800.0 (5-29)	9,054.5 (2-11)	-	51,490.9 (13-04)	1907.5 1910.10
경기	2	수원-강릉	수원-이천	5.0 (2.8)	50,181.8 (12-28)	-	5,236.3 (1-12)	22,690.9 (5-28)	22,254.5 (5-24)	-	50,181.8 (12-28)	1908.6 1910.10
황해	2	해주-용당포	해주-용당포	5.0 (2.8)	6,218.1 (1-21)	-	6,218.1 (1-21)	-	-	-	6,218.1 (1-21)	1908.6 1908.11
황해	2	황주-정거장	정거장	5.0 (2.8)	3,054.5 (0-28)	-	872.7 (0-08)	2,181.8 (0-20)	-	-	3,054.5 (0-28)	1908.6 1909.6
평북	2	신주-영변	신안주-영변	5.0 (2.8)	31,309.0 (7-35)	-	-	28,800 (7-12)	2,509.0 (0-23)	-	31,309.0 (7-35)	1908.6 1910.7
평북	2	의주-용암포	마전동-신의주	5.0 (2.8)	1,418.1 (0-13)	-	1,418.1 (0-13)	-	-	-	1,418.1 (0-13)	1908.7 1908.11
평남	2	진남포-광량만	진남포-광량만	5.0 (2.8)	13,963.6 (3-20)	-		-	13,963.6 (3-20)	-	13,963.6 (3-20)	1910.9 1911.3
함북	1	청진-경성	청진-경성	3.9 (2.2)	21,272.7 (5-15)	-	-	13,745.4 (3-18)	7,527.2 (1-33)	-	21,272.7 (5-15)	1909.8 1910.11
경남	2	마산-우수영	신마산-진주	5.0 (2.8)	70,909.0 (18-02)	-	1,418.1 (0-13)	19,418.1 (4-34)	50,072.7 (12-27)	-	70,909.0 (18-02)	1908.6 1911.3
전남	2	〃	해남-하동	3.9 (2.2)	164,072.7 (41-28)	-	-	872.7 (0-08)	163,200.0 (41-20)	-	164,072.7 (41-28)	1909.12 1911.2
경북	2	경주-양양[8]	경주-포항	3.9 (2.2)	30,000.0 (7-23)	-	-	-	30,000.0 (7-23)	-	30,000.0 (7-23)	1910.5 1911.3

---

[8] 원문에는 "慶州-襄限"으로 표기되어 있으나, 慶州-襄陽의 오기로 보여 바로잡았다.

도명	등급	노선명	구간	노폭	거리	준공 거리						기공 준공 연월
						1907	1908	1909	1910	1911	합계	
황해	2	해주-봉산	사리원-재령	5.4 (3.0)	18,872.7 (4-29)	- -	- -	- -	18,872.7 (4-29)	- -	18,872.7 (4-29)	1910.7 1911.3
충남	2	천안-홍주	천안-온양	5.4 (3.0)	14,836.3 (3-28)	- -	- -	- -	14,836.3 (3-28)	- -	14,836.3 (3-28)	1910.6 1911.2
충북	2	공주-충주	조치원-청주	4.5 (2.5)	18,109.0 (4-22)	- -	- -	- -	18,109.0 (4-22)	- -	18,109.0 (4-22)	1910.6 1911.3
경북	1	경성-부산	대구-칠곡	7.2 (4.0)	4,363.6 (1-04)	- -	- -	- -	4,363.6 (1-04)	- -	4,363.6 (1-04)	1910.12 1911.3
함북	1	원산-회령	무산령	5.0 (2.8)	6,981.8 (1-28)	- -	- -	- -	- -	6,981.8 (1-28)	6,981.8 (1-28)	1910.8 1911.8
함남	2	함흥-서호진	함흥-서호진	5.4 (3.0)	14,590.0 (3-25)	- -	- -	- -	14,590.0 (3-25)	교량 1개소	14,590.0 (3-25)	1910.9 1911.3
함남	2	영흥-유도	영흥-유도	4.5 (2.5)	20,836.3 (5-11)	- -	- -	- -	20,836.3 (5-11)	교량 1개소	20,836.3 (5-11)	1910.8 1911.3
함남	1	원산-회령	함관령 마천령 마운령 남갈령	4.5 (2.5)	15,709.0 (4-00)	- -	- -	- -	- -	15,709.0 (4-00)	15,709.0 (4-00)	1911.10 1912.3
전북	2	전주-여수	전주 부근	7.2 (4.0)	9,818.1 (2-18)	- -	- -	- -	- -	9,818.1 (2-18)	9,818.1 (2-18)	1911.8 1911.12
경북		대구 시가		5.4 (3.0)	2,618.1 (0-24)	- -	- -	2,618.1 (0-24)	- -	- -	2,618.1 (0-24)	1908.12 1909.12
경기		인천 시가		5.4 (3.0)	545.4 (0-05)	- -	- -	- -	545.4 (0-05)	- -	545.4 (0-05)	1909.11 1910.6
경기		경성 시가		7.2 (4.0) 29.0 (16.0)	3,927.2 (1-00)	- -	- -	- -	- -	3,927.2 (1-00)	3,927.2 (1-00)	1909.10 1912.3
전남		해창-벌교		3.9 (2.2)	3,490.9 (0-32)	- -	- -	- -	3,490.9 (0-32)	- -	3,490.9 (0-32)	1910.9 1911.3
합계					817,527.3 (208-06)	58,909.0 (15-00)	133,745.4 (34-02)	186,436.3 (47-17)	402,000.0 (102-13)	36,436.3 (9-10) 교량 2개소	817,527.3 (208-06) 교량 2개소	

비고: 노폭의 괄호 안 단위는 간(間), 거리의 괄호 안 단위는 이(里)-정(町)을 표시한다.

(고태우)

자료 200 | 陸軍省 軍務局 工兵課, 1911, 『密大日記 4』(아시아역사자료센터, C03023028200), 285~307쪽.

한국 내 도로 개수의 건

〈통감에 대한 조회안〉(1910년 6월 17일)[9]

한국 내 도로 개수 방법에 관해서는 종래 귀 부(府)[10]와 한국주차군사령부 사이에 협의한 바가 있었던 바, 개수는 군사상 중요한 관계가 있을 뿐 아니라 한국의 종래 정세[狀勢]에 비추면, 요즈음 축설(築設), 보존 등에 관한 근본적인 기초를 확정해 둘 필요가 있습니다. 이에 관한 별지 의견과 송부한 조건에 이의가 없으니, 해당 요령에 준하여 되도록 빨리 도로망의 정비와 개수에 착수할 수 있도록 조치하기를 조회합니다.

〈부관으로부터 한국주차군 참모장에 보낸 통첩안〉
육군성 송달 육보(陸普) 제2626호(1910년 6월 17일)[11]

육군대신으로부터 통감 앞으로 한국 내 도로 개수 방법의 건에 관하여 별지 사본[寫]과 같이 조회하고, 조항의 확인을 위하여 통첩합니다.

별지: 한국 도로 개수에 관한 의견

1. 도로법을 제정하여 개축에 관한 근본 방침을 정하고, 그 유지보존을 적절히 할 필요가 있음.

---

9 원문에 연도 표시가 없으나, "한국", "통감" 용어가 등장하며 조선총독부가 설립되기 이전으로 1910년으로 추정된다.
10 한국통감부를 의미한다.
11 원문에 연도 표시가 없으나, "한국", "통감" 용어가 등장하며 조선총독부가 설립되기 이전으로 1910년으로 추정된다.

이유

도로망의 상태와 도로의 성질[素質]은 국토 개발과 국방을 위하여 중요한 관계가 있어서, 이를 정비, 개수하는 것은 교통의 편리와 군사상의 요구가 기반이 되는 일정한 방침에 준거해야 한다. 그런데 한국에서는 아직 이에 관한 근본 방침이 확정되지 않았기 때문에, 개수의 순서를 적절히 하고 도로의 경중에 따라 적당한 도로 폭을 규정하는 도로망의 개선과 도로 제도의 통일을 기할 필요가 있다. 먼저 노선의 선정 및 그 경중, 폭 등에 관한 방침을 확정할 필요가 있을 뿐만 아니라, 한국 내 도로 상태가 매우 불량하여 동일 노선 중에도 도처에 폭이 다르고 강우 때는 거의 진창이 되며, 하천에는 어느 하나의 교량도 없다. 산지의 도로는 경사가 급하고 노면이 조악하여 겨우 소와 말이 통행할 수 있는 정도에 지나지 않는다. 이에 따라 필경 농상공업이 유치하여 양호한 도로의 필요를 느끼는데, 재정상 이를 개수할 여유가 없고 일정한 축조 표준이 없다. 수선공사를 인민에 맡겨 둔 채 그 공사의 적절성을 감독하지 않고, 지주가 멋대로 도로 측면을 범하여 경지로 편입시켜도 하등의 제재를 가하지 않는 등 완전히 수축과 건설, 보존에 관한 법령이 갖춰지지 못함에서 기인하는 문제가 적지 않다. 따라서 이제 도로를 개수하고자 하면 마땅히 도로법을 제정하여 개축에 관한 기초를 명확히 하고, 도로의 보존을 양호하게 할 방법을 고려할 필요를 느낌.

2. 도로의 종별과 그 넓이는 다음과 같이 정할 것

도로는 대략 다음과 같은 종류로 나눌 것. (이 요령에 따라 당국자가 입안한 도로망도는 별지 도면과 같으며, 각지 상황에 통하지 않는 결과 다소 수정할 필요가 있을 것으로, 참고로 제공함)

1) 1등 도로

A. 수도에서 지방 최고의 행정청 소재지, 긴요한 개항장 혹은 국경에 있는 주요 도시에 달하는 것

B. 국내를 종횡으로 관통하는 주요 노선

C. 군사상 특히 중요한 노선

2) 2등 도로

　A. 인접한 지방 최고의 행정청을 접속하고 여기에서 지청(支廳)에 달하는 것

　B. 저명한 시읍에서 전 항의 각 행정청에 달하는 것

3) 3등 도로

　A. 몇 개의 작은 지구를 관통하거나 갑구(甲區)에서 을구(乙區)에 달하는 것

　B. 작은 지구 내의 교통을 편리하게 하려고 개설하는 여러 도로

도로의 실용(實用) 폭과 그 부지 폭은 다음과 같은 도로 넓이로 하고, 부득이한 경우임에도 부지 폭은 이 기회에 수용해 둘 것.

　1등 도로: 실용 폭 7m 이상, 부지 폭 10m 이상

　2등 도로: 실용 폭 5m 이상, 부지 폭 7m 이상

　3등 도로: 실용 폭 3m 이상, 부지 폭 4m 이상

이유

도로의 종별은 되도록 간단하게 하고, 도로망의 편성에 유리할 경우 대략 우리나라[12] 현행 규정에 준하여 3등급으로 구별하는 것으로 함.

도로 넓이는 한국의 현재 상태에 비추면 조금 과대하다고 느낄 수 있으나, 주로 군사·교통상 필요한 한도와 한국 개발 후의 공공 교통상 필요한 최소 노폭을 기준으로 한 것이다. 우리나라 규정의 넓이에 비하면 훨씬 협소할 뿐만 아니라, 종래의 실례에 비추어도 일단 개수된 노선을 다시 확축하려 하면 사실상 매우 곤란하여 연도 주민을 괴롭히고 비교적 다액의 경비가 필요하다. 특히 도로는 철도와 그에 유사한 교통기관의 발달에 따라 가치가 좌우될 만한 것이 없어서, 앞서 기술한 노폭을 채용하여 국방과 장래를 위해 지장이 없도록 함이 좋다. 또한 재정상 앞 규정의 노폭으로 개수할 수 없는 경우에는 다른 날 개축을 쉽게 하도록, 도로 부지의 매수와 민가의 이전 등에 용이한 오늘날에 조금 그 부지만이라도 수용해 둠이 좋음에 의함.

12　여기에서 우리나라는 일본을 뜻한다.

3. 도로의 관리와 그 경비의 부담은 다음 요령에 준할 것

1) 1등 도로는 한국 최고의 행정부에서 경영할 것
2) 2, 3등 도로는 각 지방 행정청에서 경영할 것

이유

1등 도로는 교통망의 대동맥으로서 개인 또는 국지 교통의 이해에 관계하는 바가 적어서 일관된 맥락에서 전 노선의 교통에 조금도 지장을 주지 않아야 한다. 이 때문에 이를 통일하기 위하여 한국 최고의 행정부에서 경영하도록 함이 유리함.

2, 3등 도로는 1등 도로의 미비함을 보충하여 각 지방 교통을 편리하게 하는 것이다. 이 때문에 그 구축과 부설, 보존은 직접 그 이해관계를 갖는 각 지방 행정청에서 담당하도록 함이 유리함에 의함.

4. 도로 교량은 군용 여러 차량의 통과에 지장이 없는 정도에서 축조할 것

이유

도로 교량의 완전한 축조 표준을 규정하고 이에 준거하여 개수하도록 하는 것은 진심으로 희망하는 바이다. 그러나 한국의 재정상 여기에 다수의 경비를 투하하는 것은 불가능할 것이기에 먼저 군용 여러 차량의 통과에 지장이 없는 정도에서 개수하여 속히 전국 도로 개선의 단서를 열고, 교통을 편리하게 함이 득책이다. 그 정도로 축조한다면 지방에서 사용하는 여러 차량의 통행에도 지장이 없을 것이라 판단함.

(붙임: 한국 교통도)[13]

---

[13] 한국 교통도가 있으나 지면 관계상 생략한다.

〈한국주차군 참모부에서 육군성으로 보낸 문건〉[14]

1910년(明治 43) 3월 5일

한국주차군 참모장 아카시 모토지로(明石元二郎)

육군차관 남작 이시모토 신로쿠(石本新六) 귀하

한국 내 도로 수축에 관하여 한국 내부(內部)와 교섭한 결과, 이번 연도에 기공할 수축 선로를 별지 약도의 표시와 같이 결정하고, 또한 장래 수축에 관한 우리 부[15]의 의견을 요청(별지 약도 위에 표시함)하였으니, 잘 헤아려 주시기를 바랍니다.

추신. 주요 도로의 폭에 관해서는 우리 부 및 내부가 함께 5m를 최소한으로 하고 있습니다. 그런데 통감부에서는 한국 내 도로는 모두 2간 1척(약 4m)을 넘겨 시공할 수 없다는 방침을 갖고 있습니다만, 군용 목적의 주요 도로에 관하여 앞서 서술한 우리 부의 의견을 되도록 관철하기를 희망하는 바이므로, 이 일을 참고하시라고 덧붙여 말씀드립니다.

(붙임: 한국 교통도)[16]

(고태우)

---

14 별도의 제목이 없어서 편역자가 붙였다.
15 "우리 부"는 한국주차군 참모부를 의미한다.
16 한국 교통도가 있고, 한국주차군 참모부에서 기재한 의견이 있으나, 옮겨오기 어려워 생략한다.

자료 201 | 朝鮮總督府 內務局 京城土木出張所, 1930, 『京城市區改正事業: 回顧20年』, 朝鮮總督府 內務局 京城土木出張所, 784~789쪽.

경성 시구개정 사업 개요, 경성 시구개수 예정 계획 노선표, 경성 시구개정 개수 노선 일람표

경성 시구개정사업 개요

서언

경성 시구개정은 일찍이 그 필요를 느껴 옛 한국 정부 시대 치도공사비 중 45만 4,000여 원을 할당하여 1906년(明治 39) 이래 두세 가로의 국부 개수를 시행하고, 다음으로 총독부 설치와 함께 1911년(明治 44) 이후 제1기 치도공사비 중 82만 4,000여 원을 투입해 몇 노선의 개수를 시행하였다. 그렇지만 이는 단지 부분적인 응급 개수에 지나지 않아서 시세의 발전에 순응하고자 1912년(大正 1) 11월 개수 예정 선로를 고시하여, 이에 경성 시구개정의 통일적 계획을 확립하기에 이르렀다. 이 개수 예정 선로는 당초 43선이었는데, 그 뒤 추가되어 현재 47선이 되었다.

제1기 사업

고시된 개수 예정선 가운데 가장 핵심적이고 필요한 시급 노선을 선정하여, 제1기 사업으로서 1913년(大正 2) 이후 1918년(大正 7)까지 6개년에 걸쳐 197만여 원을 들여 15개 노선의 개수를 완료하였다.

제2기 사업

제1기 사업에 이어 핵심 구간을 제2기 사업으로 하여 당초 공사비 241만 원을 1919년(大正 8) 이후 1924년(大正 13)에 걸친 6개년 계속사업으로 계획하여 착수하였다. 그러나 1920년(大正 9) 이후 물가 및 품삯이 올라서 수차 예산을 경정하여 결국 총공사비 291만여 원을 들여 12선을 개수하였다. 1929년(昭和 4) 이후에는 경성부에서 이를 시행하여 종래의 국비 직할 시행 구간을 우선 완료하였다.

이상 개수 노선의 주요 간선은 넓이 12간 내지 19간으로, 차도와 보도를 구분하여 교통이 빈번한 구간은 '타르머캐덤'(タールマカダム, tarmacadam) 공법[17]을 이용하였고, 기타 노선도 넓이 8간 이상으로 하였다. 이로써 시가의 외관, 교통의 편리에서 완전히 옛날의 면목을 일신하기에 이르렀다.

경성 시구개수 예정 계획 노선표

경성 시구개수 예정 계획 노선

1912년 11월 6일 고시 제78호

개정 1917년 2월 2일 고시 제24호

1919년 6월 25일 고시 제173호

1922년 8월 29일 고시 제204호

1925년 5월 27일 고시 제134호

경성 시구개수 예정 계획 노선은 다음과 같다.

제1. 광화문부터 황토현(黃土峴) 광장에 이르는 노선 (넓이 30간)

제2. 남대문부터 남대문 정거장에 이르는 노선 (넓이 19간)

제3. 황토현 광장부터 대한문 앞 광장을 거쳐 남대문에 이르는 노선 (넓이 15간)

제4. 동대문부터 종로를 거쳐 경희궁 앞에 이르는 노선 (넓이 15간)

제5. 남대문부터 조선은행 앞을 거쳐 종로에 이르는 노선 (넓이 15간)

제6. 광화문 앞부터 대안동(大安洞) 광장을 거쳐 돈화문통을 횡단하여 총독부 의원의 남부를 관통해 중앙시험소 부근에 이르는 노선 (넓이 12간)

제7. 종로부터 송현동(松峴洞)에 이르는 노선 (넓이 13간 내지 12간)

제8. 대한문 앞 광장부터 황금정(黃金町)을 직통하여 광희문 밖에 이르는 노선 (넓이 12간)

17　도로 포장의 한 방법으로, 잔돌을 깔고 타르를 부은 다음 롤러로 다지는 방식을 말한다. 원문에는 "ターマガタム"으로 잘못 표기되어 있다.

제9. 돈화문 앞부터 황금정 광장을 거쳐 본정(本町) 6정목을 횡단하여 대화정(大和町)에 이르는 노선 (넓이 12간)

제10. 중앙시험소 부근에서 남으로 향하여 황금정통을 횡단하여 본정에 이르는 노선 (넓이 10간)

제11. 식물원 앞부터 총독부 의원통을 직통하여 본정 9정목을 횡단하여 대화정에 이르는 노선 (넓이 10간)

제12. 혜화문부터 중앙시험소 부근에 이르는 노선 (넓이 12간)

제13. 조선은행 앞 광장부터 본정통 남부를 직통하여 병목정(並木町)에 이르는 노선 (넓이 12간)

제14. 대한문 앞 광장부터 조선은행 앞 광장에 이르는 노선 (넓이 10간)

제15. 경희궁 앞부터 서대문을 거쳐 독립문통에 이르는 노선 (넓이 10간)

제16. 경복궁 앞 광장부터 내자동(內資洞)에 이르는 노선 (넓이 12간)

제17. 북문 부근 청풍계동(淸風溪洞)부터 경희궁 앞에 이르는 노선 (넓이 8간)

제18. 대한문 광장부터 서소문통을 거쳐 독립문통에 이르는 노선 (넓이 8간)

제19. 교북동(橋北洞)부터 의주통을 거쳐 마포가도에 이르는 노선 (넓이 8간)

제20. 남대문부터 마포로 향하는 철도 건널목[踏切]을 거쳐 봉래정(蓬萊町) 2정목 이르는 노선 (넓이 12간)

제21. 마포가도부터 남대문 정거장에 이르는 노선 (넓이 8간)

제22. 남대문부터 남미창정(南米倉町)을 거쳐 삼판통(三坂通)에 이르는 노선 (넓이 10간 내지 6간)

제23. 삭제

제24. 대안동 광장부터 북부 화개동(花開洞)에 이르는 노선 (넓이 8간)

제25. 대안동 광장부터 비스듬히 탑공원(塔公園)에 이르는 노선 (넓이 8간)

제26. 삭제

제27. 탑공원 앞 광장부터 황금정을 횡단하여 영락정(永樂町) 1정목을 거쳐 본정 3정목에 이르는 노선 (넓이 8간 내지 4간)

제28. 삭제

제29. 식물원 부근부터 혜화동에 이르는 노선 (넓이 8간 내지 4간)

제30. 황금정 2정목부터 영락정 1정목에 이르는 노선 (넓이 8간)

제31. 동대문부터 숭인동(崇仁洞)에 이르는 노선 (넓이 10간)

제32. 내자동[18]부터 사직동을 거쳐 의주통 교북동에 이르는 노선 (넓이 8간 내지 4간)

제33. 남대문 정거장 앞부터 강기정(岡崎町)에 이르는 노선 (넓이 15간)

제34. 봉래정 2정목부터 청엽정(靑葉町) 3정목에 이르는 노선 (넓이 10간 내지 6간)

제35. 봉래정 2정목부터 아현(阿峴)에 이르는 노선 (넓이 8간)

제36. 경복궁 앞 광장부터 비스듬히 경희궁에 이르는 노선 (넓이 8간)

제37. 경복궁 앞 광장부터 비스듬히 종로에 이르는 노선 (넓이 8간)

제38. 죽첨정(竹添町) 2정목부터 마포동에 이르는 노선 (넓이 6간)

제39. 황금정 2정목부터 남산정(南山町) 1정목에 이르는 노선 (넓이 8간)

제40. 중앙시험소 부근부터 동대문과 황금정을 거쳐 병목정에 이르는 노선 (넓이 8간)

제41. 봉래정 2정목부터 신공덕리(新孔德里)에 이르는 노선 (넓이 6간)

제42. 강기정부터 한강통 철도 건널목에 이르는 노선 (넓이 13간)

제43. 강기정부터 원정(元町)을 거쳐 마포동에 이르는 노선 (넓이 10간 내지 6간)

제44. 원정 3정목부터 마포가도에 이르는 노선 (넓이 6간)

제45. 원정 3정목부터 이촌동(二村洞)을 거쳐 한강통 철도 건널목에 이르는 노선 (넓이 6간)

제46. 고시정(古市町)부터 청엽정 1정목에 이르는 노선 (넓이 8간)

제47. 적선동(積善洞)부터 궁정동(宮井洞)을 거쳐 청운동(淸雲洞)에 이르는 노선 (넓이 12간)

---

[18] 원문에는 내자동이 병자동(丙資洞)으로 잘못 표기되어 바로잡았다.

경성 시구개정 개수 노선 일람표

노선 고시번호	노선명	넓이 (m)	연장 (m)	면적 (m²)	공사비 (원)	준공 연도	적요
2	남대문~경성역	34.545	390.91	13,503.99	454,604,000	1911	
8	대한문~광희문	21.818	843.64	18,406.54		1911	
	소계	-	1,234.55	31,910.53	454,604,000		옛 한국 정부 치도공사비지변
3	황토현 광장~남대문	27.273	1,009.10	27,521.18	717,477,860	1912	
8	대한문~광희문	21.818	2,114.55	46,135.25		1911	
	봉급 및 사무비	-	-	-	107,216,942		
	소계		3,123.65	73,656.43	824,694,802		도로수축비지변
1	광화문~황토현 광장	-	-	-	1,599,750	1914	
5	남대문 ~조선은행 앞 - 종로	27.273	1,436.38	39,174.39	660,213,967	1916	
7	종로~송현동	21.818	540.00	11,781.72	168,862,400	1918	
8	대한문~광희문	-	-	-	39,733,290	1917	
9	돈화문~대화정	21.818	1,847.29	40,304.17	313,731,580	1918	
11	식물원 앞~대화정	18.182	1,894.56	34,446.89	138,200,483	1916	
14	대한문 앞 광장 ~조선은행 앞	18.182	458.19	8,330.81	107,614,010	1914	
15	경희궁 앞~서대문	27.273 18.182	396.37 665.46	10,810.20 12,099.39	142,859,280	1915	
20	남대문 ~봉래정2정목	-	-	-	79,975,250	1918	
21	마포가도~경성역	14.545	227.28	3,305.79	28,295,500	1914	
27	탑공원 앞 광장 ~황금정 - 영락정1정목 -본정3정목	14.545	372.73	5,421.36	64,421,850	1917	
29	식물원~혜화동	7.273	909.10	6,611.88	5,367,010	1915	
30	황금정2정목 ~영락정1정목	-	-	-	29,288,530	1918	
31	동대문~숭인동	18.182	1,073.73	19,504.38	58,653,680	1917	

노선 고시번호	노선명	넓이 (m)	연장 (m)	면적 (m²)	공사비 (원)	준공 연도	적요
38	죽첨정2정목~마포가도	14.545	363.64	5,289.14	20,172,550	1918	
	잡공사	-	-	-	4,939,240		
	봉급 및 사무비	-	-	-	111,035,970		
	소계	-	10,183.73	197,080.12	1,974,964,340		경성 시구개정비 지변 제1기 공사
6	광화문~중앙시험소	22.000	1,633.00	35,926.00	821,282,320	1928	
9	돈화문~대화정	-	-	-	232,408,720	1922	
10, 12	종로5정목~혜화동	22.000	1,639.00	36,058.00	350,475,420	1929	
16	경복궁 앞 광장~내자동	22.000	375.70	8,265.40	274,440,150	1928	
47	적선동~청운동	22.000	852.28	18,750.16		1925	
20	남대문~봉래정2정목	21.818	396.55	8,651.93	125,446,440	1921	
21	마포가도~경성역	18.182	460.19	8,367.17	121,323,480	1919	
30	황금정2정목~영락정1정목	16.673	173.09	2,885.93	10,410,430	1919	
33	경성역~강기정	27.273	727.27	19,834.83	222,141,370	1923	
34	봉래정2정목~청엽정3정목	18.636 11.363	445.45 285.45	8,301.41 3,243.57	139,065,780	1920	
	남대문~삼판통(참궁도로)	18.182	505.63	9,193.36	475,933,040	1925	
	잡공사	-	-	-	40,836,210		
	봉급 및 사무비	-	-	-	185,519,540		
	소계	-	7,493.61	159,477.76	2,999,282,900		경성 시구개정비 지변 제2기 공사
	합계	-	22,035.54	462,124.84	6,253,546,042		

(고태우)

자료 202 | 三井物産會社 理事 波多野承五郎, 1911, 《朝鮮及滿洲》 第三十八號, 朝鮮及滿洲社, 34~35쪽.

조선 개발의 급무는 도로의 수축에 있다

도로 개발의 방법

조선 개발을 계획할 때 가장 급무라 느끼는 것은 도로의 수축이다. 오늘날에도 기차가 통하거나 정거장에 다다르는 도로가 없는 상태이다. 이 도로를 어떻게 할 수 있을까에 관하여, 나는 옛날 대만에서 부역으로 토착민[土人]에게 도로를 수축시켜 좋은 성적을 거둔 것처럼, 조선에서도 농한기를 이용하여 각 마을 농민에게 부역으로 개수하도록 하는 방법이 있으리라 믿는다. 물론 사업에 복종하는 촌민에게는 여러 가지 보수를 주지 않을 수 없는데, 그 자금은 국유 토지나 산야를 어떤 방법에 따라 불하하거나 회사를 조직하여 불하하는 것도 좋을 것이며, 개인에 파는 것도 가능할 것이다. 이렇게 하면 단지 도로를 빨리 만드는 데에 그치지 않고, 그 이상 모국[19]과 조선의 경제 관계를 한층 긴밀히 하는 데 큰 효과가 있을 것이다. 조선은 아직 공업으로서 볼만한 것이 없고, 기타 광업과 수산이 아직 발달하지 않아, 단지 삼림과 농업이 현재 가장 확실하고 유망한 사업인 것 같다. 그러면 이 사업을 모국인과 경제적으로 결합하도록 하는 일이 가장 필요한 일이라 믿는다. 그러나 나는 이들 토지, 산림에 대하여 대자본가의 큰 투자보다도 오히려 다수의 중농 정도 되는 자들이 투자하기를 희망한다.

지식과 자본의 이입

내지의 농민이 조선에 도래하여 소, 말과 똑같이 노동하고 조선인과 노력(勞力)에서 경쟁하는 경우는 아무래도 필시 조선인에 미칠 수 없을 것이다. 그러면 내지에서 그 이상의 이들을 이입할 방법을 도출해야 한다. 곧, 농업에서도 농사짓는 지식 또는 자본을 이입하여 모국민과 조선을 분리하지 않을 수 없는 관계로 만들지 않으면 도저히 조선의 개발을 바랄 수

---

19 "모국"은 일본을 뜻한다. 이하 "모국인" 또는 "모국민"은 일본인이다.

없다. 이제 내지인은 정치는 물론 경제면에서도 조선인을 지도하고 돕는 임무를 통하여 진보할 수 있다. 우리 국민이 진보하지 않는 조선인에게 부족한 지식을 보충하고 자본을 이입하여 돕고, 내지와 조선의 이해(利害) 관념을 하나로 만드는 일은 우리 제국의 판도 내에 유력한 분자를 증식하는 일이 된다. 국운의 융성은 대개 계획하지 않으면 안 되는 것이다. (경성 경제협회에서)

(고태우)

자료 203 | 持地六三郞, 1912, 《朝鮮及滿洲》 第六十三號, 朝鮮及滿洲社, 23~24쪽.

경성의 시구개정에 관하여

　11월 6일 관보에서 경성의 시구개정 예정 선로를 발표했다. 장래 경성의 예정 선로는 대량 이 예정 선로에 준하여 공사를 진행한다는 것에 지나지 않기 때문에, 곧바로 시구개정을 확정한 것으로 보는 것은 잘못이다. 먼저 경비 면에서 보아도 예정 선로대로 공사를 완성한다면 1,300만 원이 필요하다. 그 위에 하수 개착이나 수도관 매몰 등 공사비를 더하면 현재 총독부 재정으로는 결코 쉬운 사업이 아니다. 따라서 이 시구개정을 완성할 때 예산 1,300만 원 정도의 경비가 필요하다는 의미이다. 물론 그 경비가 총독부 예산 중에 계상되는 것도 아니고, 그 사업을 언제부터 언제까지 연한으로 완성한다는 예상을 세우고 있는 것도 아니다. 또한 어떤 노선부터 어떻게 착수한다는 것도 아직 확정하고 있지 않다.

　따라서 장래 경비라든가 그 밖의 상황에서 이 예정 선로가 어떻게 변경될지 모른다. 재작년부터 작년 시구개정은 1,000만 원의 치도비 가운데서 지출했기 때문에 50~60만 원 이상의 대공사를 완성하는 것이 가능했는데, 치도비는 본래 성질상 지방도로의 개착, 개수에 충당해야 할 것이기에 장래 경성 시가도로의 개정에는 이를 사용하지 않기로 하여, 다른 곳에서 재원을 구하여 사업 수행을 계획해야 한다. 따라서 이후 사업은 재작년 및 작년과 같이 공사가 수월하게 진척되지는 못할 것이다. 어쨌든 이번에 발표한 예정 선로를 그 방침으로서는 50만 원이든 60만 원이든 경비가 허락하는 범위 내에서 공사를 진행해 갈 생각이다.

　그러면 어째서 이제까지 기밀에 부친 예정 선로의 전부를 발표하게 되었는가. 근래 경성에서는 토지열(土地熱)이 발흥하면서 시세 차익을 노리는 거래가 많아져, 함부로 시세가 끌어올라 경제계에 나쁜 영향을 주고 있다. 여기에서 발생하는 여러 방면의 폐해를 없애고 진실한 사업가들에게 모든 계획을 명시하여, 사업이 중도에 틀어지지 않도록 하고자 하는 생각이다.

　원래 시구개정은 정부가 직접 담당할 사업은 아니며 어디까지나 시민이 스스로 완성하고 있다. 시의 사업이라 할 만한 일을 국고에서 돈을 내어 행하고 있기 때문에, 시민은 정부에 크게 감사해야 한다. 조선의 지방에서도 현재 시민 스스로 그 시구 도로 개수를 담당하는 곳도 있고, 또 이 시구개정에 따라 직접 가장 이익을 얻는 쪽은 물론 시민이기 때문에, 경성시민도 이 점을 십분 고려하여 그 비용도 얼마간 부담하겠다는 각오가 있으면 좋겠다. 먼저 도로 개정(改正) 비용 중 4분의 3은 배상비로, 공사에 들어가는 것은 겨우 4분의 1에 지나지 않는다. 그래서 만약 조선의 어느 지방 도시에서, 혹은 대만의 타이베이 시가처럼, 그 예정 선로에 해당하는 곳을 무상기부할 때는 비용을 크게 절감할 수 있고, 동시에 공사 착수와 완성을 신속하게 하여 시민의 이익도 빨리 얻을 수 있게 된다. 나는 경성시민 가운데는 그 정도의 생각 있는 인물이 반드시 있으리라 믿는다. 이를테면 도로에 사용한 토지를 무상기부했다 하여도, 그 양측에 남은 토지 가격은 도로의 완성과 함께 매우 등귀하게 될 것이 명백하므로, 이로 인한 이익이 적지 않을 것으로 생각한다. 또한, 총독부 쪽에서도 되도록 비용을 줄여 일찍 공사를 완성하고 싶어서, 재정이나 기타 편리한 방법을 통하여 되도록 공사를 빨리 진척시키고 싶을 것이라 생각한다.

이에 반하여 개정해야 할 선로의 길가를 매수하여 지가를 폭등시켜 부당한 이익을 탐하려 하는 자가 있다면, 이들은 공공사업의 방해자이자 시민의 적이다. 특히 그 배상금 이익만을 안중에 둔 채 공사는 뒷전이 되어 그 진척에 장해를 준다면, 시민에게는 도리어 불이익을 초래하게 된다.

경성시민은 이 점을 충분히 이해하여 협동 일치함으로써 이 총독부 사업에 힘쓰고, 공사가 착수되면 되도록 편의를 제공하여 시민의 행복을 도모해 줄 것을 명심하지 않으면 안 될 것이다.

(고태우)

자료 204 | 持地六三郎, 1913, 《朝鮮及滿洲》 第六十九號, 朝鮮及滿洲社, 99쪽.

조선의 토목 사업

교통기관의 정비가 산업의 발전, 문화의 진보에 중요하다는 것은 지금 다시 말할 필요가 없다. 넓은 의미의 교통기관이라고 할 때는 우편, 전신, 전화, 철도, 내륙 및 외양(外洋)의 수운 등 사항도 포함하는데, 여기에서는 단순히 도로, 항만, 하천, 수도, 시가개량 등의 제 항목에 관하여 조선 토목사업의 개략을 서술해 보자.

도로

도로의 개수 보전이 정치와 군사, 산업상 모든 방면에서 보아 필요한 일임은 두말할 필요가 없다. 도로의 개수, 보전은 수백 년 노력에 따라 비로소 완성할 수 있는 것이다. 하루아침에 될 수 있는 사업이 아니라고 생각하면, 더욱 평상시 분발하고 노력해야 할 사업이라는 것을 통절하게 느낀다. 조선에서는 정치가 대체로 정돈되지 않았듯이 도로 역시 하등 주의를 기울이지 않고 거의 도로가 없는 상태였던 것으로 보인다. 그러다 일본의 보호정치가 창시된 이래 통감부는 가장 이 점에 유의하여 줄곧 도로 개수에 노력했다. 통감부시대 도로 개수 사업을 보면 1907년(明治 40)에는 4개 선로 길이 65여 리, 1908년(明治 41)에는 7개 선로 50여 리, 1909년(明治 42)에는 3개 선로 48여 리, 1910년(明治 43)에는 11개 선로 42여 리를 개수했다. 이밖에 경성, 대구, 인천 세 시가에 개량한 선로도 있어서, 통감부시대에 도로 개수공사가 된 총연장은 208리 12정(町)[20], 여기에 든 총공사비는 342만 7,361원에 달했다. 병합과 동시에 총독부가 설치되고 총독 각하는 도로의 개수 보전이 조선 개발상 가장 급히 해야 할 업무의 하나라는 것을 알고 먼저 제1기 계획으로서 치도비 1,000만 원의 공채사업을 기획했다. 이 계획은 1911년(明治 44) 이후 5개년에 걸친 계속사업으로, 이에 따라 가장 중추가 되는 노선 26선, 그 연장 587여 리를 개수할 예정이다. 또한, 1911년에 도로규칙을 제정하여 도로의

---

20 일본과 대한제국에서 쓰인 거리 단위로, 1정(町)은 60간(間), 약 109.09m이며, 36정이 1리(里), 약 3,927m에 해당한다.

등급, 관리, 축조, 유지, 수선 등에 관한 통일적인 규정을 만들어서, 도로제도의 근본을 확립했다. 그리하여 오늘날에는 오로지 치도비의 도로 개수계획의 시행에 노력 중으로, 그 진행 상태는 1912년(大正 1) 11월 현재 개수 착수한 거리 208리 17정, 이 중 60% 남짓 준공되었다. 이 치도비는 총독부의 직할사업인데, 이 밖에 각 도청에서 국고의 보조로 개수한 도로 공사가 있다. 그것은 1911년에 연장 70여 리, 공사비 50여만 원, 1912년에 연장 70여 리, 공사비 55만 원이 되고 있다. 지방청에서의 도로 공사가 연장 이수(里數)에 대하여 그 공사비가 비교적 적은 이유는 오로지 지방 부역을 사용하여 개수에 노력한 결과이다. 이밖에 부와 군 등에서 부역으로 보수한 도로 연장은 무려 수천 리에 달할 것으로, 당장은 금일의 교통 상태에 차질 없을 정도로 보수하고 있다. 이처럼 오늘날 조선에서는 총독부에서 도청, 부, 군에 이르기까지 도로 개수에 열심히 노력하고 있는데, 조선 전체의 도로 개수를 완료하여 교통을 완비하기 위해서는 아직 갈 길이 멀다. 어찌 되었든 도로규칙에 기초한 도로망에 따르면 1등 도로는 16선 770여 리, 2등 도로는 73선 2,350여 리, 3등 도로는 486선 3,200여 리이기 때문에, 1,000만 원의 치도공사를 완료해도 도로망의 1, 2등 도로에 대해서는 겨우 4분의 1 이상의 노선을 개수하는 것에 불과한 결과이다. 3등 도로 이하에서 오늘날 부역으로 개수하고 있는 것은 단순히 응급한 교통을 조금 개선하는 것에 지나지 않기 때문에, 이를 축로(築路) 표준에 비추어 개수할 때는 또한 막대한 비용이 요구될 것이다. 특히 교량의 경우 오늘날 겨우 흙다리(土橋) 등 임시 다리를 가설함에 지나지 않아, 이를 축조하려면 장래 큰 비용이 들 것이다. 요컨대 조선의 도로 공사는 오늘날 겨우 그 단서를 연 것에 지나지 않는다. 이를 완성하려면 갈 길이 멀고 우리가 크게 분발하고 노력해야 할 것이나. 또한, 도로는 개수하고 보전에 노력하지 않으면 파괴되고 황폐해져 도로의 효용을 상실하게 된다. 따라서 도로 개수와 함께 그것을 유지 수선하는 일은 가장 주의하고 노력이 필요한데, 도로의 유지 수선에 정부가 해마다 많은 액수의 돈을 들이는 일은 매우 곤란하여, 일반 지방 인민이 크게 노력하도록 하는 것이 중요하다고 생각한다. 오늘날 정부가 도로의 유지수선비로서 지출하는 것은 1개년 겨우 10만 원에 지나지 않는다. 이 근소한 비용으로는 도저히 도로 보전을 완비할 수 없다. 다행히 조선에서는 고래로부터 지방 인민이 농한기 부역으로 도로의 유지 수선에 노력하는 관습이 있어서 이 좋은 관습을 끝까지 보존함으로써 기성 도로의 보전에 노력하도록 함이 가장 긴요한 일이라 생각한다. 이 식민지 지방 인민이 공공도로에서 복역하는 일은 각국 식민지 제도에서 보이는 바로, 과왜(瓜哇)[21]와 비율빈(比律賓)[22]에도 이 제도가 있다. 또한 가까이는 대만에서 신속히 도로를 개수하여 교통이 편리해진 것도 완전히 지방의 부역을 활용한 결과이다. 바라건대 조선에서도 오래전부터의 관습이 있고 또 타국의 선례도 있으니, 도로 개수, 특히 그 유지 수선에 지방 인민이 있는 힘을 다하게 하고 도로를 사랑하고 아끼는 관념을 함양하여, 도로 보전의 계기로 삼고 싶다.

(고태우)

---

21 자바를 가리킨다.
22 필리핀을 가리킨다.

자료 205 | 朝鮮總督府, 1937, 『朝鮮土木事業誌』, 朝鮮總督府, 105~116쪽.

제5장 조선총독부 창설 이후의 도로 개수
제2절 국비에 의한 도로 개수

보호정치 시대에 들어 산업개발 상 도로를 개수할 필요를 느껴, 국비 396만 5,796여 원을 투입하여 1, 2등 도로 연장 817여 km(208여 리)와 시가 도로의 일부 개수를 시행하였다. 그러나 이 계획은 각지에서 가장 급하게 필요한 일부 작은 구간의 도로에 대하여 단편적으로 시행한 것에 지나지 않았다. 이에 총독부 설치 후 운수교통 기관의 개선이 매우 간절함을 느끼고, 먼저 그 제1기 공사로 예산 1,000만 원을 계상하여, 1911년(明治 44) 이후 5개년 계속사업으로서 도로 개수 공사를 일으키기로 하였다. 교통과 운수 현황에 비추어 시행의 완급을 고려하여 특히 필요한 다음의 26개 선로를 선정하여 총연장 230만 7,272m(587리 18정)를 개수하고, 아울러 경성시가 일부의 구획 정리를 하는 계획을 수립하였다.

제1기 계획 치도비 연도별 예산액

(단위: 원)

과목	총예산액	연도별 예산				
		1911	1912	1913	1914	1915
공사비	8,700,000	1,740,000	1,305,000	2,175,000	1,740,000	1,740,000
사무비	1,300,000	260,000	195,000	325,000	260,000	260,000
총계	10,000,000	2,000,000	1,500,000	2,500,000	2,000,000	2,000,000

제1기 계획 치도공사 선로

(단위: m)

기점-종점	경과 도명	도로 등급	도로 폭	거리	시공기간	
					기공연도	준공 예상 연한
이천-장호원	경기도	1등	7.2(4)	29,454.5(7-18)	1911	2개년
이천-강릉	경기도 강원도	2등	5.4(3)	190,472.7(48-18)	〃	5개년

기점-종점	경과 도명	도로 등급	도로 폭	거리	시공기간	
					기공연도	준공 예상 연한
청주-음성	충청북도	〃	5.4(3)	47,127.2(12-00)	〃	2개년
전주-순천	전라북도 전라남도	〃	5.4(3)	125,672.7(32-00)	〃	3개년
상주-진주	경상북도 경상남도	〃	5.4(3)	172,800.0(44-00)	〃	3개년
해주-재령	황해도	〃	5.4(3)	60,872.7(15-18)	〃	2개년
평양-원산	평안남도 함경남도	1등	7.2(4)	216,000.0(55-00)	〃	5개년
안주-만포진	평안남도 평안북도	2등	5.4(3)	316,145.4(80-18)	〃	5개년
성진-혜산진	함경남도 함경북도	〃	5.4(3)	157,090.9(40-00)	〃	5개년
청진-회령	함경북도	1등	7.2(4)	92,290.9(23-18)	〃	2개년
웅기-경흥	함경북도	〃	7.2(4)	35,345.4(9-00)	1912	2개년
경성-이천	경기도	〃	7.2(4)	49,090.9(12-18)	1913	2개년
충주-음성	충청북도	2등	5.4(3)	25,527.2(6-18)	〃	1개년 이내
공주-논산	충청남도	1등	7.2(4)	39,272.7(10-00)	〃	1개년 이내
하동-원전(院田)	경상남도	2등	5.4(3)	27,490.9(7-00)	〃	1개년 이내
운산-창성	평안북도	〃	5.4(3)	74,618.1(19-00)	〃	3개년
북청-성진	함경남도 함경북도	1등	7.2(4)	137,454.5(35-00)	〃	3개년
회령-온성	함경북도	〃	7.2(4)	70,690.9(18-00)	〃	2개년
충주-상주	충청북도 경상북도	〃	7.2(4)	88,363.6(21-18)	1914	2개년
수성(輸城)-무산	함경북도	2등	5.4(3)	90,327.2(23-00)	〃	2개년
회령-운산	평안북도	〃	5.4(3)	23,563.6(6-00)	1915	1개년 이내
고참(古站)-수남(水南)	함경북도	1등	7.2(4)	35,345.4(9-00)	〃	1개년 이내
회령-행영(行營)	함경북도	2등	5.4(3)	25,527.2(6-18)	〃	1개년 이내
경성-원산선 구 도로 일부 개수	경기도 강원도 함경남도	1등	-	117,818.1(30-00)	1911	3개년
충주-장호원선 구 도로 일부 개수	충청북도	〃	-	19,636.3(5-00)	1913	1개년 이내

기점-종점	경과 도명	도로 등급	도로 폭	거리	시공기간	
					기공연도	준공 예상 연한
대구-상주선 구 도로 일부 개수	경상북도	1등	-	39,272.7(10-00)	1914	2개년
경성시가선 1, 2등 도로 개수	경기도		1등 도로 폭 12간 또는 15간		1911	4개년
총계				2,307,272.8(587-18)		

비고: 도로 폭의 괄호 안은 간(間), 거리의 괄호 안은 이(里)-정(町)이다.

이상의 계획에 기초하여 공사에 착수했는데, 1913년(大正 2)에 이르러 일반 행정과 재정 정리 때문에 각 연도 할당액이 순차 지연되어 사업 완성 연도를 1개년 연장하고 계속 연한을 6개년으로 바꾸었다.

또한, 1913년에는 기정 계획 이외에 핵심 노선으로서 급속히 시행할 필요가 있는 연장 61만 2,654m(156리)를 추가하였다. 이 노선은 이미 정해진 각 공사비를 절약하여 현 계획 예산 범위 내에서 아울러 시행하는 것으로 하고, 계획 노선 총거리를 291만 9,927m(743리 18정)로 바꾸었다. 그 추가 선로는 다음과 같다.

기점-종점	경과 도명	도로 등급	도로 폭	거리	시공기간	
					기공연도	준공 예상 연한
경성-원산	경기도 강원도 함경남도	1등	7.2(4)	106,036.3(27-00)	1914	1개년
충주-장호원	충청북도 경기도	〃	7.2(4)	15,709.0(4-00)	〃	1개년
춘천-원주	강원도	2등	5.4(3)	78,545.4(20-00)	1916	1개년
경성-춘천	경기도 강원도	〃	5.4(3)	86,400.0(22-00)	1914	2개년
천안-홍주	충청남도	〃	5.4(3)	62,836.3(16-00)	〃	1개년
공주-조치원	〃	〃	5.4(3)	25,527.2(6-18)	〃	1개년
안동-영덕	경상북도	〃	5.4(3)	45,163.6(11-16)	〃	1개년

기점-종점	경과 도명	도로 등급	도로 폭	거리	시공기간	
					기공연도	준공 예상 연한
순천-여수	전라남도	〃	5.4(3)	31,418.1(8-00)	〃	1개년
성진-길주	함경북도	1등	7.2(4)	39,272.7(10-00)	1916	1개년
성진-혜산진	함경남도	2등	5.4(3)	예정 157,090.9(40-00)	1911	5개년
성진-혜산진	함경북도	2등	5.4(3)	개정 66,763.6(17-00)	〃	3개년
신포(新浦)-혜산진	함경남도	〃	5.4(3)	212,072.7(54-00)	1913	4개년
총계				612,654.5(156-00)		

1914년(大正 3)에 이르러 재정 정리 결과 준공 기한을 바꾸어 1개년 연장하여 7개년 계속사업으로 하고, 이 계획 중 춘천-원주 간 7만 8,545m(20리)는 제2기 시공으로 이월한 뒤 대신 다음과 같이 원산-장전(長箭)선의 일부를 개수하는 것으로 하였다. 그 결과 2만 7,490m(7리)가 증가하여 총거리를 29만 6,509m(750리 18정)로 개정하였다.

기점-종점	경과 도명	도로 등급	도로 폭	거리	시공기간	
					기공연도	준공 예상 연한
원산-장전	함경남도 강원도	2등	5.4(3)	106,036.3(27-00)	1914	2개년

이상의 계획에 기초하여 공사를 진행했는데, 1915년(大正 4)에 이르러 도로망 전체에서 보아 시행상 완급을 살펴 되도록 개수 효과를 크게 하도록 다시 기획하였다. 제1기 노선으로 급하게 실시할 필요가 있다고 본 함흥-북청선 외 5개 선로와 경성-부산선 중 용산-노량진 간 한강 교량 가설을 아울러 제1기 노선으로 추가하였다. 이 때문에 차기로 넘겨도 비교적 지장이 없는 춘천-원주선 외 7개 선로를 연기하여 다음과 같이 추가 혹은 연기하였다. 그 뒤 한강 가교공사는 시국의 영향을 받아 철재, 기타 재료 가격이 폭등하여 원래 예산으로 수행할 수 없게 되어 예산 증액이 필요하였다. 이에 그 재원을 충당하기 위하여 기정 계획 선로 중 완급을 고려하여 동래-경주 간 2리 18정, 논산-전주 간 일부 6리를 차기로 연기하고, 제1기 계획 도로를 36선 총연장 269만 182m(685리)로 수정하였다.

추가분

(단위: m)

노선명	도로 등급	도로 폭	거리	비고
함흥-북청 일부	1등	7.2(4)	15,709.0(4-00)	도로 폭의 괄호 안은 간 거리의 괄호 안은 이-정
수원-소정리 일부	〃	7.2(4)	12,981.8(3-11)	
논산-전주 일부	〃	7.2(4)	32,181.8(8-07)	
상주-대구 일부	〃	7.2(4)	31,745.4(8-03)	
동래-경주 일부	2등	5.4(3)	9,818.1(2-18)	
경성-인천 일부 한강 가교	1등		연장 636.3(350간)	
계			102,436.3(26-03)	

제2기 연기분

(단위: m)

노선명	도로 등급	도로 폭	거리	비고
운산-창성	2등	5.4(3)	74,618.1(19-00)	도로 폭의 괄호 안은 간 거리의 괄호 안은 이-정
고참-수남	1등	7.2(4)	35,345.4(9-00)	
북청-성진선 내 단천-거산(居山) 간	〃	7.2(4)	81,709.0(20-29)	
안주-만포진선 내 강계-만포진 간	2등	5.4(3)	73,418.1(18-25)	
안동 영덕	〃	5.4(3)	45,163.6(11-18)	
함흥-북청 일부	1등	7.2(4)	15,709.0(4-00)	
대구-상주 국부	〃	7.2(4)	327.2(0-03)	
계			326,290.9(83-03)	추가 102,436.3m(26리 3정)를 차감하면 223,854.5m(57리) 감소

이상 서술한 바와 같이 제1기 치도공사는 착수 후 수차의 추가 또는 변경을 거친 결과, 최종 계획은 다음과 같이 되었다.

(단위: m)

노선명		경과 도명	도로 등급	도로 폭	거리
도로망에 의한 노선명	계획 노선명				
경성-부산선	이천-장호원선	경기도	1등	7.2(4)	29,454.5(7-18)
〃	경성-이천선	경기도	〃	7.2(4)	49,090.9(12-18)
〃	충주-상주선	충청북도 경상북도	〃	7.2(4)	88,363.6(22-18)
〃	충주-장호원선	충청북도	〃	7.2(4)	35,345.4(9-00)
〃	대구-상주선	경상북도	〃	7.2(4)	70,690.9(18-00)
경성-목포선	공주-논산선	충청남도	〃	7.2(4)	39,272.7(10-00)
〃	논산-전주선	충청남도 전라북도	〃	7.2(4)	8,618.1(2-07)
〃	수원-소정리선	경기도 충청남도	〃	7.2(4)	12,981.8(3-11)
경성-원산선	경성-원산선	경기도 강원도 함경남도	〃	7.2(4)	223,854.5(57-00)
평양-원산선	평양-원산선	평안남도 함경남도	〃	7.2(4)	216,000.0(55-00)
원산-회령선	청진-회령선	함경북도	〃	7.2(4)	92,290.9(23-18)
〃	성진-북청선	함경북도 함경남도	〃	7.2(4)	55,745.4(14-07)
〃	성진-길주선	함경북도	〃	7.2(4)	39,272.7(10-00)
회령-행영선	회령-행영선	〃	〃	7.2(4)	25,527.2(6-18)
행영-온성선	행영-온성선	〃	〃	7.2(4)	45,163.6(11-18)
수성-경흥선	웅기-경흥선	〃	〃	7.2(4)	35,345.4(9-00)
경성-오리진선	경성-춘천선	경기도 강원도	2등	5.4(3)	86,400.0(22-00)
경성-강릉선	이천-강릉선	〃	〃	5.4(3)	190,472.7(48-18)
공주-충주선	청주-음성선	충청북도	〃	5.4(3)	47,127.2(12-00)
〃	공주-조치원선	충청남도	〃	5.4(3)	25,527.2(6-18)
〃	충주-음성선	충청북도	〃	5.4(3)	25,527.2(6-18)
천안-홍성선	천안-홍성선	충청남도	〃	5.4(3)	62,836.3(16-00)
전주-여수선	순천-전주선	전라북도 전라남도	〃	5.4(3)	125,672.7(32-00)

노선명		경과 도명	도로 등급	도로 폭	거리
도로망에 의한 노선명	계획 노선명				
〃	순천-여수선	전라남도	〃	5.4(3)	31,418.1(8-00)
진주-상주선	진주-상주선	경상남도 경상북도	〃	5.4(3)	172,800.0(44-00)
마산-우수영선	하동-원전선	경상남도	〃	5.4(3)	27,490.9(7-00)
해주-진남포선	해주-재령선	황해도	〃	5.4(3)	60,872.7(15-18)
안주 - 부산동(富山洞)선	안주-강계선	평안남도 평안북도	〃	5.4(3)	242,727.2(61-29)
맹중리(孟中里) - 운산선	맹중리-운산선	평안북도	〃	5.4(3)	23,563.6(6-00)
원산-양양선	원산-장전선	함경남도 강원도	〃	5.4(3)	106,036.3(27-00)
신포-혜산진선	신포-혜산진선	함경남도	〃	5.4(3)	212,072.7(54-00)
성진-혜산진선	성진-갑산선	함경남도 함경북도	〃	5.4(3)	66,763.6(17-00)
무산-청진선	수성-무산선	함경북도	〃	5.4(3)	90,327.2(23-00)
무산-경흥선	행영-경흥선	〃	〃	5.4(3)	25,527.2(6-18)
경성시가선	경성시가선	경기도	-	-	-
경성-부산선 일부 한강 가교	경성-부산선 일부 한강 가교	〃			폭 9.4(21척) 길이 636.3(350간)
계					2,690,182.0(685-00)

비고: ① 위 도로망에 의한 노선 중 신포-혜산진선은 도로망으로는 북청-갑산선, 북청-신포선에 해당해야 하나, 당초부터 신포-혜산진선으로 취급되어 분할하기 어렵기 때문에, 그대로 이를 게시한다.

② 숫자의 기본 단위는 m. 도로 폭의 괄호 안은 간. 거리의 괄호 안은 이-정이다.

이 계획에 기초하여 1911년부터 순차 공사를 일으켜 그 시행은 본부 직할을 원칙으로 본부 각 출장소 또는 공영소에 담당시켰는데, 대부분 청부에 부쳐 시공하였다.

공사 시행을 맞아서는 1등 도로의 경우 폭 7.273m(4간), 비탈길 기울기 30분의 1, 2등 도로의 경우 폭 5.455m(3간), 비탈길 기울기 25분의 1이라는 수축표준 규정을 원칙으로 하였다. 교통의 편리와 불편함, 유지 수선의 난이도, 도읍 사이 연락 등을 고려하여 선로를 선정하고, 교통기관으로서 유감없이 설계하여 공사를 진행하였다. 1912년까지 연장 49만 909m(125리), 1913년에 66만 3,381m(168리 33정), 1914년에 53만 6,400m(136리 21정), 1915년에 47만 9,890m(122리 7정), 1916년에 31만 5,709m(80리 14정), 1917년에 20만 3,890m(51리 33정), 합계 연장 269만 182m(685리)를 준공하여, 1917년 10월로 제1기 계획을 완성하였다. 실시 성적에 비추면 평균 1km당 공비 1등 도로 2,745여 원(1리당 10,783여 원), 2등 도로 2,604여 원(1리당 10,229여 원)으로, 총공비는 사무비를 제외하고 714만 9,308원 51전 7리였다.

경성시가에서는 1, 2등 도로로 급속히 개량이 필요한 가로를 선택하여, 1911년부터 1913년까지 개수하였다. 곧 남대문통 외 2개 선로와 광화문통 신교(新橋) 가설로, 총공사비는 71만 7,477원 86전이었다.

또한, 한강교는 1등 도로 경성-부산선에 속하며, 경성-인천선 및 경성-목포선을 겸한 핵심 주요 노선인 한강 철도교의 상류 약 630m(350간) 지점에 한강교(기둥 사이 거리 60.6m인 것 7개)와 한강소교(기둥 사이 거리 60.6m인 것 3개)를 가설하고, 한강교와 한강소교의 중간은 둑을 쌓아 연결한 것이다. 이 다리의 가설은 교통 연락 상 매우 중요하나 일찍이 기획되지 않아서, 겨우 나룻배로 강 사이를 연락함에 지나지 않아 교통기관의 사명을 완전히 할 수 없는 상태에 있었다. 이에 철도국의 한강 구 철교의 고재목(古材)인 60m짜리 트러스 보(構桁)[23] 10열을 매수하고 보족재(補足材)는 새로 구입하여 가교공사를 시작할 것을 결정하였다. 제1기 치도 계속비 예산 내에서 예산총액 66만 원으로 1916년 3월 공사를 시작하였는데, 그 뒤 철재, 기타 재료비의 폭등 때문에 제1회 8만 원, 제2회 12만 4,000원을 증액하여 공비 총액을 86만 4,000원으로 변경하였다. 기상 혜택을 받는 등 예정 이상으로 공사가 진척된 결과 1917년 10월 83만 4,000원에 완료되었다. 본 교는 철도교의 고재목을 이용한 관계로 그 폭이 좁고, 중앙 차도는 4.5m, 좌우 보도가 약 1.6m에 지나지 않아서, 장래 교통이 번잡해지는 시기가 되면 보강 및 교체가 필요한 응급시설에 지나지 않는다.

(고태우)

---

[23] 기본 뼈대를 이루는 부재(部材)를 삼각형으로 짜 맞추어 지붕이나 교량 따위에 쓰는 보를 말한다.

자료 206 | 朝鮮總督府, 1915,《朝鮮彙報》九月號, 朝鮮總督府, 129~136쪽.

제7장 교통 2. 도로와 하천

1) 연혁

도로, 교통에 관한 제도는 이조(李朝)시대 초대(初代)에 획연하였다. 경국대전(성종 2년에 만들어져 444년[24]이 됨)은 도성(경성) 내 도로의 등급을 정하여 대로는 넓이 56척[영조척(營造尺). 곡척(曲尺)과 동일], 중로는 16척, 소로는 11척, 측구(側溝)[25]는 넓이 각 2척으로 하고, 그것을 침범하거나 점령하고 파내어 취하는 것을 금하고, 구거(溝渠)와 교량의 관리 관청을 정하였다. 도성 밖 도로는 역제(驛制)를 정하여 10리(1리는 360보. 1보는 6척)에 소후(小堠. 후에는 이수와 지명을 새김. 흔히 지하대장군이라 말함), 30리에 대후를 세워 역을 두었다. 경성을 중심으로 서로, 북로, 남로로 나누어 서로는 의주로 향하는 45참[역(驛), 원(院), 참(站), 남로는 동래로 향하는 35참, 북로는 경성(鏡城)으로 향하는 59참으로 나누고, 서로에 기발(騎撥)[26], 남북로에 보발(步撥)[27]을 두어 통신 임무를 맡겼다. 혹은 도선(渡船) 제도를 정하여 교통에 지장이 없도록 진선(津船: 나룻배)을 타고 다른 곳으로 함부로 건너는 일은 사대부와 서민을 막론하고 죄로 다스렸다. 그렇지만 이들 제도는 대개 사신을 보내고 접대(交聘儐接)하기 위해 정해진 것으로, 근래에 의의 있는 교통정책과 같은 것을 살펴보기는 어렵다. 경국대전에는 여러 관청과 도읍, 역에는 대거(大車. 손으로 끎), 편거(便車: 小車), 곡거(曲車: 수레바퀴로 도는 것), 강주(杠輈. 강(杠)은 임금이 타던 수레인 용거(龍車), 주(輈)는 썰매[橇]와 유사함)]을 두고 물건을 나르도록 하였기 때문에, 당시 지방에서 차량이 교통할 수 있을 만한 도로가 존재했던 것을 상상할 수 있다. 그러나 여러 해 동안 악성이 펼쳐져 산업은 황폐해지고 도로는 점유되어 함부로 농사를 짓게 내버려 두어 살피지 않게 되었다. 이조 말기에는 수레와 말이 교통할 수 있는 도로는 시가지를 제외하면 거의 없어졌다.

1905년(明治 38) 보호정치가 확립되자 제국정부는 산업개발상 치도사업을 소홀히 할 수

---

24 원문에는 344년으로 표기되어 있으나, 경국대전이 1470년에 완성되어 1471년에 시행되었기 때문에 1915년 기준 444년으로 바로잡았다.
25 길바닥의 물이 잘 빠지도록 차도와 인도의 경계선에 만든 얕은 도랑을 말한다.
26 조선시대에 말을 타고 급한 공문을 전하던 사람이다.
27 조선시대에 걸어서 급한 공문을 전하던 사람이다.

없다고 느끼고, 옛 한국 정부를 지도하여 1906년(明治 39) 기업(起業)자금채의 일부를 할당하여 치도비로 충당하였다. 제1기 사업으로서 당시 핵심 노선으로 파악된 진남포-평양선, 목포-광주선, 군산-전주선, 대구-경주선 네 개 선로 65리 6정의 개수계획을 수립하고, 1907년(明治 40)에 공사에 착수하였다. 다음으로 1908년(明治 41)에 제2기 사업으로 수원-이천선, 신마산-진주선, 공주-소정리선, 신안주-영변선, 황주 정거장선, 신의주-마전동선, 해주-용당포선 등 7선, 연장 50리 12정의 개수를 시작하였고, 1909년(明治 42)에는 폭도 귀순자에 생업을 주기 위하여 남선 해남-하동선 연장 41리 28정과 특수 수송에 필요한 청진-경성선 연장 5여 리 공사에 착수하였다. 동시에 경성, 인천, 대구 시가선 총연장 1리 29정의 개수를 시작하고, 다음으로 1910년(明治 43)에 다시 진남포-광량만선, 경주-포항선, 사리원-재령선, 천안-온양선, 청주-조치원선, 대구-칠곡선, 함흥-서호진선, 영흥-유도(柳島)선, 청진-회령선, 무산령 부근, 전주-광주선 전주 부근, 함북 마천령, 마운령, 남갈령, 함관령의 11선, 연장 42리 28정 공사를 일으켰다. 이상의 총공비 예산 298만 2,863원(1910년까지 지출액은 268만 4,332원), 그 연장 거리 208리 6정(1910년 말까지 준공 거리 198리 32정)에 이르렀다. 그러나 단지 각 도내 국부를 연락함에 지나지 않아, 도로 제도를 확립하고 계통적으로 도로망을 완성하지는 못하였다.

 1910년 한국 병합이 완료되자, 조선 총독은 도로정책을 확립하여 산업개발의 전제로 만들 필요를 느꼈다. 1911년(明治 44) 4월 조선총독부령 도로규칙을 발포하여 군사, 정치, 경제상 견지에서 도로의 등급을 나눠 관리 주체를 정하고, 그 축조와 유지, 수선 담당자를 명확히 하였다. 아울러 도로수축표준을 정하여 도로의 넓이, 기울기 등에 관한 축조상의 규구(規矩)를 고시하였다. 도로 등급은 1, 2, 3등 도로와 등외 도로로 하고, 1등 도로는 넓이 4간 이상에 경성에서 도청, 사단사령부, 여단사령부, 요새사령부, 진수부, 요항부 소재지, 기타 주요한 개항 또는 정거장에 달하는 도로, 기타 군사 또는 경제상 특별히 중요한 도로 중에 총독이 지정한 것으로 규정하였다. 2등 도로는 넓이 3간 이상에 인접하는 도청 소재지를 연결하는 도로, 도청 소재지부터 관내 부청(府廳) 또는 군청 소재지, 도내 주요 지점, 항구와 나루, 혹은 정거장에 달하는 도로, 또는 도내나 인접 도내의 주요 지점, 항과 진 또는 철도 정거장 상호를 연결하는 도로 중에 총독이 지정하는 것으로 하였다. 3등 도로는 넓이 2간 이상에 부청 또는 군청 소재지에서 인접하는 부·군청 소재지 또는 부·군 내 주요 지점, 항과 나루, 철도 정거장 또는 도로가 상호 연결하는 도로 중에 도장관이 지정한 것을 말한다. 등외 도로는 이상의 도로에 속하지 않는 도로로서 도장관이 지정한 것을 뜻한다.

1, 2등 도로는 1911년 7월 고시로 지정된 이래 몇 차례 개정으로 개폐된 곳이 있다. 1915년(大正 4) 7월 말 현재 1등 도로는 경성-부산선, 경성-목포선, 경성-인천선, 경성-의주선, 경성-원산선 등 17선, 2등 도로는 경성-해주선, 공주-충주선, 광주-순천선, 대구-안동선, 진주-상주선, 의정부-평양선, 의주-혜산진선, 무산-청진선 등 78선이다. 총연장은 1등 도로 774리 27정, 2등 도로 2,305리 35정에 달하며, 지방장관이 지정한 3등 도로 총연장 3,450리 9정을 더할 때는 맥락이 상통하는 대단히 큰 도로망을 형성하기에 충분하다. 1914년(大正 3) 말까지 그 개수 이정(里程)은 1등 도로 550리 20정, 2등 도로 1,685리, 3등 도로 1,923리 30정, 합계 4,159리 14정에 달한다. 이들 도로의 유지 수선은 1, 2등 도로는 각 도에 비용을 배포하여 구관에 따라 부역을 가하고, 도장관은 상시로 시행을 담당한다. 3등 도로는 지방비, 등외 도로는 부윤, 군수의 관리 아래 연도 인민의 부담으로 시행한다.

2) 제1기 직할 치도공사

도로규칙 발포에 따라 1, 2등 도로의 축조와 유지, 수선은 원칙상 총독부에서 시행하게 되었는데, 도로의 총연장이 3,080리 28정에 미치고 옛 한국 정부 시대의 시설에 속하는 1등 도로 70리 25정, 2등 도로 134리 19정을 제외하여도 2,875여 리에 이르게 되어 급속하게 완성하기 어려웠다. 이에 먼저 1,000만 원 예산의 범위 내에서 교통 운수 상황에 비추어, 제1기 치도계획이란 것을 정하여 1, 2등 도로 중에 완납과 선후의 순서를 조사하여 23개 노선, 곧 이천-장호원, 이천-강릉, 청주-음성, 전주-순천, 진주-상주, 해주-재령, 평양-원산, 안주-만포진, 성진-혜산진, 청진-회령, 웅기-경흥, 경성-이천, 충주-음성, 공주-논산, 하동-원전(院田), 운산-창성, 북청-성진, 상주-충주, 수성-무산, 영변-운산, 고참(古站)-수남(水南), 회령-행영(行營), 행영-온성의 각 선, 연장 587리의 도로를 선정하고, 아울러 경성 시가 일부를 정리하는 계획을 수립하였다. 이에 총공비 1,000만 원, 1911년 이후 5개년 계속사업으로 개수를 시행하여 1911년 8월 공사를 일으키게 되었다. 그런데 착수 후 사업 성적이 매우 양호하여 이미 개수된 노선 중 공비가 남은 것이 적지 않아, 1913년(大正 2) 11월 개수공사에 착수 중인 성진-혜산진선을 신포-혜산진선으로 변경하고 연장 31리를 증가하였다. 또한, 새롭게 경성-원산과 기타 9개 노선, 곧 충주-장호원, 춘천-원주, 경성-춘천, 천안-홍주, 공주-조치원, 안동-영덕, 순천-여수, 성진-길주, 원산-장전의 각 선 연장 152리를 개수하는 것으로 하였다. 더욱이 1915년(大正 4) 7월 지방청에서 가개수한 1, 2등 도로의 성적을 보아 춘천-원주, 운산-창성의 두 선로를 폐지하고, 새롭게 함흥-북청, 수원-소정리, 논산-전주, 상주-대구, 동래-경주의 5개 선로를 더함으로써 제1기 치도공사에 속한 도로의 연장은 757리 5분 5리가 되었다. 제1기 치도공사는 이와 같이 최초의 계획 이수에서 현저히 증가하였고, 총공비 예산을 증액하지 않고 공정이 빠르게 진척되었다. 그러나 예산 긴축에 동반한 재정상의 필요가 발생하여 1913년 이후 연 할당액 50만 원씩을 순차 연기하여 결국 계속연한을 2개년 연장하지 않으면 안 되었다.

1911년 8월 시작한 제1기 치도공사에 착수한 이래 1915년 5월 말에 이르기까지 공사의 공정은 1, 2등 도로를 통하여 공사가 준공된 것 433리 34정, 공사 착수 중인 것 72리 13정이며, 예정 총거리에 대한 달성 비율은 약 58%이다. 제1기 치도사업 계획노선으로 아직 공사에 착수하지 못한 것은 행영-경흥선, 고참-수남선, 안동-영덕선, 대구-상주선 약 72리로, 기타 여러 노선은 모두 공사에 착수 중이다. 1914년(大正 3) 말 현재 지출 완료액은 661만 9,310원 86전에 이른다.

3) 지방 개수 치도공사

도로규칙에서는 원칙상 1, 2등 도로는 조선 총독, 3등 도로는 도장관, 등외 도로는 연도 부락 주민의 부담으로 축조와 유지 수선을 시행하는 것으로 정해졌다. 1, 2등 도로이지만 지방의 이익에 밀접하여 급히 필요한데 국가의 시설을 기다리기 어려운 것은 총독의 인가를 얻어 지방청에서 축조, 개수할 수 있도록 도로규칙에서 인정하고 있다. 그런데 빈약한 지방비 경제로는 도저히 도로의 완성을 기대하기 어려우나, 지방도로의 발달은 하루라도 등한히 하기 어렵다. 이 때문에 총독부는 1911년 이후 국고보조 제도를 신설하여 매년 30만 원의 예산을 계상하고, 각 도의 주요한 도로 또는 제방 등의 공사 중 지방비로 부담하기 어려운 것에는 공비의 일부를 보조하여 그 완성을 촉진하고 있다. 중앙과 지방의 협력으로 도로망이 한층 두루 형성될 것을 기대한다.

(1) 국고보조공사

총독부는 병합 이후 각 지방의 발전이 자못 급격해지는 것을 돌아보고, 앞서 서술한 것처럼 1911년 이후 각 도의 주요 도로 공사를 보조하여 지방도로의 빠른 완성을 추진하였다. 먼저 그 경도와 위도가 될 만한 간선도로를 빨리 완성하지 않을 수 없어서, 1913년 말 국고 보조 3년 계획을 정하였다. 국고 보조에 따라 개수할 노선을 1, 2등 도로에만 한정하여 3등 도로와 등외 도로는 지방의 독자 경영에 따르도록 하는 원칙을 정하고, 연액 30만 원의 국고보조를 각 도에 분배하여 1914년 이후 3개년간 개수할 노선 27선을 선정하였다. 이 개수 예정 거리 243리를 도로수축표준에 따라 개수하도록 하는 계획을 세워 현재 실시 중이다.

1910년(1910년에는 옛 한국 정부에서 인계한 국고보조공사)부터 1914년에 이르는 국고보조공사비 총액은 214만 5,691원 75전으로, 이에 대한 국고보조액은 136만 3,124원 67전에 달하였다. 이에 따라 개수된 이정(里程)은 1등 도로 11리 23여 정, 2등 도로 203리 14여 정, 3등 도로 121리 12여 정, 시가도로 14리 21여 정, 합계 350리 35정 44여 간이다.

(2) 기타 도로 공사

1, 2등 도로 중 본부의 직할 시행 또는 국고 보조를 기다려 개수할 수 없는 것이 있다. 또한 3등 도로, 등외 도로의 수축은 먼저 지방의 필요에 따라 지방청에서 경영하는 것으로, 지방비에서만 경영함에 그치지 않고, 부와 군이 지방비에서 보조받거나 연도 주민의 부역으로 경영된다. 이들 사업은 지방의 경제 사정 발달과 서로 원인이 되어 점차 사업을 확대하는 추세에 있다. 1910년 이후 1914년에 이르기까지 지방비에 따라 수축된 도로의 연장은 국고 보조에 따른 것과 가(假)공사를 시행한 것을 합쳐, 1등 도로 218리 20정, 2등 도로 1,308리 5정, 3등 도로 1,923리 30정, 합계 3,520리 19정에 달한다.

4) 시구개정사업

조선의 시가는 대개 도로가 좁고 굴곡이 심하며 거리[街衢]가 정돈되지 않아, 교통과 외관이 모두 열악하여 대체로 그 자체로 시가의 발전을 저해하고 있다. 1910년 병합이 되면서 일반 인민의 생명과 재산의 안전이 확보되고 시가의 내용이 점차 충실하여 건전한 발달이 촉진되었다. 이는 시가지의 시구개정 계획으로 이어졌다.

1910년 이래 경영에 착수한 시가지는 경성, 진해, 대구, 평양, 전주, 함흥, 부산, 진남포, 해주, 진주, 개성, 충주, 곡성, 담양, 광주, 청진 등 여러 도시로서, 경성, 진해는 국비 경영과 관계되고, 기타는 지방비, 부 또는 소재지 주민의 경영으로 이뤄진다. 지방비 또는 부에서 경영하는 것은 대개 국고 보조를 받는다.

(1) 경성 시구개정사업

경성은 조선의 수도이지만 종래 도로가 협애하고 거리가 정돈되지 않아 아직 근세적 도시의 면목을 갖지 못하였다. 이에 통감부가 설치되자 연도(沿道) 사업의 일부로서 전후 35만 7,000원을 해당 공사비로 할당하여 1906년 이래 동대문 개착, 남대문부터 정거장 사이 250간, 황금정통 414간의 개수를 시행하였다. 병합 후에도 당초 제1기 치도공사비[28]의 일부에서 76만 163여 원을 할당하여 1911년 이후 황금정통, 청영교(青寧橋)-광희문 간, 남대문-광화문 간, 우의정(羽衣町)-어성정(御成町) 일부, 광화문통 신교(新橋) 가설공사 등 총연장 1,718간, 넓이 12간 내지 18간의 가로 개수를 시행하였다. 그럼에도 이는 단지 국부적인 개수에 지나지 않아, 장래 계통적으로 사업을 계속하여 시 전체를 질서 있게 발전시키려면, 미리 통일적인 계획을 정하여 시민에게 그 진행 방향을 알릴 필요가 있다. 이에 1912년 11월 시구개정의 통일적 계획을 정하여 공시하였다. 1913년 총공비 230만 원의 예산으로 핵심 노선 12선을 선정하고, 1913년부터 7개년 계속사업으로 제1기 시구개정 공사에 착수하였다.

제1기 시구개정 공사에 따라 개수할 노선은 황금정통, 남대문통, 돈화문통, 병원 앞 도로[病院前通], 동대문통, 광화문통, 종로부터 대안동(大安洞)에 이르는 북부대통(北部大通), 장곡천정통, 남대문 정거장부터 용산 15간 도로에 이르는 구간과 마포가도에 이르는 구간으로, 연장 5,400간, 넓이 8간 내지 15간이다. 대개 사람과 말이 가는 길과 차도를 구별하였다. 1915년 3월 말 공사의 공정은 어성정통, 황금정통, 대평정통, 남대문통(조선은행 앞부터 남대문에 이름), 장곡천정통, 남대문 정거장부터 마포가도에 이르는 총연장 361간의 개수를 종료하였고, 현재 조선은행 앞부터 종로에 이르는 도로, 병원 앞 도로, 동대문통이 개수 중이다. 1915년 3월 말까지 지출 총액은 72만 5,141원에 달한다.

---

28 원문에는 치도가 아닌 연도(沿道)로 잘못 표기되어 치도로 바로잡았다.

(2) 진해 시가 경영

진해 시가는 원래 이름없는 한촌(寒村)으로 해군방비대 설치 후 급격히 발전한 신흥 시가지이다. 거리는 정연하고 반도 내에서는 드물게 시내 교통이 팔방으로 통한다. 이 지역과 해군의 관리지역에서의 시구 계획은 대체로 당시 해군 당국에서 규획(規劃)한 것이다. 1912년(明治 45) 총독부가 그 관리를 승계하면서 군항 설비의 진척에 동반하면서 군항의 장래 발전에 부응하기 위하여, 1912년 진해 시가 경영비 총액 31만 8,000원을 예정하고, 1912년 이후 6개년에 걸쳐 매년 5만 3,000원씩 지출하기로 하였다. 시가 설비로서 도로 수축 면적 1만 1,000평, 노면 덧씌우기 공사 면적 5만 평, 가호안(假護岸), 암거(暗渠), 개거(開渠)[29], 토관(土管) 등 총연장 5,275간을 수축하고, 시가를 종단하는 하구(河溝)를 정리하기 위한 호안 공사 약 580간, 도류(導流) 공사 약 350간, 기타 교량 가설 36개소(면적 2,200평), 가로수, 공원 잡설비 등을 한다. 위생 설비로는 해군 경영 수도의 남은 물을 받아 시가에 상수도를 부설하고, 기타 시가 개발상 필수적인 여러 설비를 놓을 계획이다. 1914년 말 그 공정은 수도 설비 완성, 도로 개축 면적 4,368평, 구거(溝渠)[30] 축조 5,331간, 호안 1,165간, 수로 교체 1,922간, 교량 가설 18개소에 이른다.

(3) 평양 시구개정사업

평양은 대동강가에 위치하여 우기 중 누차 강물이 범람하고, 토지가 낮고 습하며 배수 작용이 나빠 역병을 자주 만난다. 따라서 거리의 정비와 방수 및 배수 설비의 완성은 시가 장래 발전상 빠뜨릴 수 없는 요건이다. 이미 1910년 종공비 7만 929여 원(국고보조액 4만 원 포함)으로 대화정(大和町) 외 7개 선로, 넓이 2간 내지 10간, 연장 1,770간과 하수구 개축에 착수하여 다음 해 준공하였다. 1911년 11월 다시 공비 5,620원(국고보조 2,725원)으로 정해문(靜海門) 밖 도로 1개 선 넓이 4간 내지 7간, 연장 481간을 기공하였고, 1912년에는 공비 1만 8,000원(국고보조액 9,675원)으로 도청 앞 도로 넓이 10간, 연장 289간을 개수하였다. 1913년 총공비

---

[29] 암거는 땅속이나 구조물 밑으로 낸 도랑, 개거는 철도나 궤도 아래를 뚫어 도로나 수로를 통하게 하고 위를 덮지 않은 작은 도랑을 의미한다.
[30] 급수나 배수를 위하여 판 도랑을 말한다.

1만 6,000원(국고보조 8,000원)으로 서기통(瑞氣通) 넓이 10간, 연장 400여 간을 개수하였고, 1913년부터 4개년 계속사업으로 국고보조 13만 2,000원을 받아 총공비 26만 4,000원으로 거리 정비, 방수설비 공사를 시행하기에 이르렀다.

(4) 대구 시구개정사업

대구는 남선(南鮮) 유수의 도시로 해마다 발전 추세를 보이고 있으나, 거리의 정리가 가지런하지 못할 뿐 아니라, 오수 설비가 불완전하여 자주 역병이 발생하고 있다. 이미 옛 한국 정부 시대에 치도공사비 일부를 할애하여 경성, 인천과 함께 시구개정 공사에 착수해서 총공비 1만 9,949원 예산으로 시가지 24정 개수를 시행하였다. 뒤이어 1912년 총공비 2만 930여 원, 그중 국고보조 9,960원을 받아 넓이 4간 내지 7.5간의 시내 도로 4개 선, 연장 968.9간을 개수하였고, 1913년에는 총공비 2만 원, 그중 국고보조 1만 원을 받아 도청 정거장 간 도로 넓이 12간, 연장 174간을 개수하였다. 1914년에는 지방비와 부비(府費) 3만 원으로 배수 설비에 착수하였는데 모두 단순히 응급시설에 그쳐서, 조만간 거리 전반의 개정과 함께 배수 설비의 근본적인 시설을 할 계획이다.

(5) 부산 시구개정사업

부산은 내선 교통의 관문으로 병합 전 거류민의 경제적 기초가 이미 다져져 해마다 이주자가 급증하였고, 1908년 이미 거류민단에서 시구개정사업에 착수하였다. 원래 부산 시가는 지형상 장래 발전에 부응할 만큼 확장될 여지가 적었다. 거류민단은 부산과 초량 사이의 영선산(營繕山)과 영국영사관 산을 뚫고 부근 해수면을 매립하여 신시가지를 축조함으로써 부산과 초량을 연락하는 상업지구를 만들 계획을 수립하였다. 그 시공은 전부 정부에 위탁하여 1909년 5월 착수, 총공비 99만 2,366원 9전으로 1912년 8월에 준공하였다. 이에 따라 총 4,874평의 새 지구가 만들어져 시가지, 창고 부지, 화물 적재장이 축조되고, 넓이 12간의 간선도로에 종횡으로 부수하는 넓이 8간에서 3간의 시가 도로가 부설되었다. 이 공사비는 기채 방법으로 조달하고 원리 상환은 정부에서 보증하였다.[31]

(고태우)

---

[31] 이하 하천 개수 부분은 생략한다.

자료 207 | 朝鮮總督府 土木部, 1921, 『朝鮮の道路』, 朝鮮總督府, 1~10쪽.

조선의 도로

제1장 제도

1911년(明治 44) 도로규칙의 발포에 의해 도로에 관한 근본 제도를 정하였으며, 지금의 개요를 아래에 기재한다.

(1) 도로의 종류:

도로를 나누면 1등, 2등, 3등 및 등외의 4종으로 하고 1등 도로는 경성부터 도청, 사단사령부, 여단사령부, 요새사령부, 진수부, 요항부의 소재지, 중요한 개항 및 철도정거장에 달하는 것과 군사 또는 경제상 특히 중요한 것으로 이를 정하고, 2등 도로는 도청소재지 상호간을 연결하는 것, 도청부터 관내 부군청 소재지 기타 주요한 지점인 항진, 철도정거장에 달하는 것 등, 3등 도로는 부군청 소재지 상호를 연결하는 것, 부군도청 소재지부터 관내 주요한 지점에 달하는 것 등, 등외 도로는 1, 2, 3등 도로에 속하지 않는 것으로 한다.

(2) 도로의 관리:

1, 2등 도로는 조선 총독, 3등 도로는 도지사, 등외 도로는 부윤, 군수 또는 도사가 이를 관리한다. 단 부의 구역에 한정되고 특히 총독의 지정에 의한 각등 도로에 대해서는 부윤이 이를 관리한다.

(3) 수축(修築) 표준:

도로의 유효 폭(幅員)은 1등 도로 4간(間) 이상, 2등 도로 3간 이상, 3등 도로 2간 이상으로 하고 지형상 이를 할 수 없는 경우에 한해 1등 도로 3간, 2등 도로 2간 반까지 축소하는 것이 가능하다. 또 그 경사(勾配)는 1등 도로 30분의 1, 2등 도로 25분의 1, 3등 도로 20분의 1 이하로 하고 지형상 이를 할 수 없는 경우에 있어서 단거리에 한해 1, 2등 도로는 15분의 1, 3등 도로는 10분의 1까지로 하는 것이 가능하다. 또 도로 곡선부의 중심 반경은 1, 2등 도로 8간, 3등 도로는 6간 이상으로 하고 지형상 이를 할 수 없는 1, 2등 도로에 있어서는 6간까지 단축하는 것이 가능하다.

(4) 도로망:

교통의 대계를 달관(達觀)해서 각등 도로를 지정하고 그 길이 1등 도로 782리, 2등 도로 2,401리 그 합계 3,183리, 3등 도로 2,839리가 되었다.

제2장 1, 2등 도로의 수축

제1절 병합 전의 수축

조선의 도로는 종래 거의 가공된 것이 없고 운수도 거의 사람의 어깨나 말 등에 지는 것 밖에 없는 상태였지만, 1906년(明治 39) 구 한국 정부는 통감의 지도에 의해 도로 개수의 단서(端緒)를 여는 데 이르러 먼저 진남포-평양 간, 목포-광주 간, 군산-전주 간, 대구-경주 간의 네 선로, 길이 65리 여의 개수를 계획하고 익년 1907년(明治 40)에 이를 기공해서 다음 1908년(明治 41)부터 1910(明治 43)년에 이르는 각년도에는 수원-이천 간, 신마산-진주 간, 공주-소정리 간, 신의주-마전동 간, 해남-하동 간, 청진-경성 간, 진남포-광양만 간, 경주-포항 간, 사리원-재령 간, 천안-온양 간, 청주-조치원 간, 함흥-서호진 간, 영흥-유도 간, 해주-용당포 간 기타 일부의 개수를 시행하고 총공비 390여만 원으로 총길이 270리의 개수를 완료했다.

제2절 병합 후의 수축

(1) 제1기 치도공사:

병합 전의 수축은 각도에 산재된 일부 소구간의 도로에 대해 단편적으로 시행됨에 지나지 않고 아직 전반적으로 통일적인 개수계획을 수립한 것이 없고, 총독부 설치로 통치하는 초기에 1911년(明治 44) 도로의 근본제도를 정하고 전도(全道)에 해당하는 1, 2등 도로망을 확정하고 교통운수의 관계에 비춰보아 개수의 완급 순서를 정하여 제1기 치도계획으로 주요노선 26선 587리의 수축을 기획하여 총공비 1,000만 원을 계상하였다. 1911년(明治 44)에 그 공사를 시작하고 당초 5개년의 계획이었지만 재정의 사정으로 수차례 사업의 조정을 하고 경제상황의 변천에 응하여 계획 노선의 일부를 변경하고, 또 실시상 가능한 한 경비를 절약하는 수축노선 및 리수(里數)를 증가시켜 34선 685리의 수축과 한강가교를 1918년(大正 7)까지 7개년에 걸쳐 완료하였다.

(2) 제2기 치도공사:

제2기 치도계획은 1917년(大正 6) 이후 6개년의 계속사업으로 21선로 478리 8분 특종교량 9개소의 개수를 기획하고 총공비 750만 원을 계상하여 현재 시행중인데, 1918년(大正 7)이래 물가 및 노은의 이상 등귀를 맞이하여 공비는 현저히 증대하고 예산편성시기 즉 1916년(大正 5)에 비하면 그 최고는 1920년(大正 9)의 물가 2.9배, 노은 3.9배를 보이는 데 이르렀다. 도 시세의 진운에 비추어 재래 관습적인 용지 기부 및 부역을 폐지했기 때문에 예정계획에 대해 다대한 공비부족이 발생하고 기정 750만 원으로 1922년(大正 11)까지 시행할 수 있다고 예상되는 것은 도로의 수축 257리 6분(단 한해구제 때문에 토공을 시행하고 구조물 및 암석 절취 잔공이 되는 것 길이 54리 6분을 포함한다.)과 함께 대동강가교공사의 일부에 지나지 않는다. 그러나 교통기관의 정비는 세운의 진보에 수반하여 더욱 급히 요하는 상태인데 속히 제2기 계획의 완성을 급무로 인정함에도 재정의 현상에 비추어 그 교통상태 등을 짐작하고 계획의 일부에 개폐를 시행하여 (미시행노선의 전부수축을 요하는 220리 7분 중 97리 6분 토공완성구간으로 하고 구조물 시행을 요하는 54리 6분 중 47리 2분, 부역폐지에 따라 시행을 요하는 34리 1분 중 13리, 특종교량 9개소 중 4개소를 시행한다.) 이에 산업개발 국경경비상 가장 급히 요하는 국경 도로 77리 8분의 수축을 더하여 그 공비 1,201만 원[기정계획 750만 원 중 1922년(大正 11) 시행의 대동강교공사비 83만 원을 더할 때는 1,280만 원이 된다.]을 먼저 7개년 계속사업으로써 완성하게 한다.(별지 제1표 참조)

(3) 장래의 치도계획:

1, 2등 도로 총길이는 3,184리로 이 중 본부직할수축 및 지방비수축과 함께 1921년(大正

10) 말까지의 길이 1,700리를 완성하는 것, 가장 먼저[32] 수축하게 한 것은 235리가 되지만, 따라서 기타로 시행을 요하는 것은 1,248리가 되고, 주요교량으로 특종공법에 의해 가설을 요하는 것은 다른 52개소 길이 6,605간으로 하고 이 역시 장래 시공을 요한다. 합계 개산 공비 8,523만 7,000원에 달하며 이들 도로 수축과 함께 주요교량에 대해서는 다시 그 완급순서를 정하여 다시 계획을 세워 원성을 기하는 것으로 한다. (별지 제1, 제2표 참조)

제3장 기성 1, 2등 도로 구조물의 보수

종래 수축한 도로 중 부역(夫役) 시행에 의한 것이 적지 않기 때문에 구조물이 완비되지 않은 구역이 적지 않다. 이를 축조해도 조선에서는 목재가 부족하고 또 목질이 나쁘기 때문에 교량 등의 유지는 5년 내지 10년에 그친다. 가장 빨리 퇴령(頹齡)에 달하는 것이 많기 때문에 점차 함락하고 또 해마다 이들 가교의 보충 복구는 이를 계획함에도 재원이 부족하기 때문에 이 대부분을 후년으로 조정하지 않으면 안 되는 상태에 있다. 그 효용은 현저히 감살(減殺)되는 데 이르고 따라서 이 대책을 강구함은 목하 긴급한 일에 속한다. 그리고 1, 2등 도로의 기성교량은 1919년(大正 8) 말에 목조 3,276개소 길이 3만 2,732간이 있다. 이들 교량은 1907년(明治 40) 이후 가설됨에 따라 목조교량의 내구연한에 비추어 보아 이를 10년마다 목조로써 가환(架換)하는 것으로 함에도, 그 공비 개산(槪算) 1,520만 원이 된다. 더욱이 1920년(大正 9) 이후 매년 개수되고 있는 도로의 교량을 적산하면 장래 해마다(年年) 교량가환에 요하는 비용은 200만 원 이상에 달하고, 그럼에도 영원히 이 반복을 요하고 있다. 이를 완전히 실행하는 것은 도저히 현시의 재정상 허락되지 않는 바와 같다.

생각건대 조선의 하천은 홍수가 큼에도 평수(平水)가 근소 혹은 거의 없는 것이 많으므로 하천에 대해서는 이뤄야 하는 교량의 가설을 비교하여 완전히 물이 넘어갈 수 있도록(洗越) 시행하고 특히 교통이 빈번한 노선에서 또는 평상시 상당한 수량을 갖고 있는 하천에 한하여 교량을 가설하는 것으로 한다. 이 경우에는 적어도 교대, 교각과 같은 기초부분에 썩지 않는(不朽) 재료를 사용하여 구조를 영구적으로 하고, 한편으로 축설의 공비를 절약하고 한편

---

32 활자가 지워진 위에 손글씨로 第一이라 쓰여 있다.

으로 유지비를 줄인다. 또는 연수를 한정하여 전 노선에 해당하는 구조물을 완성하는 것밖에 없다고 생각하기에 먼저 7개년 계속사업으로 총공비 816만 원을 투입해 이 방침에 따라 가장 급히 요하는 부분부터 공사를 시행하는 계획을 수립했다. 또 잔여 부분에 대해서는 공비 1,116만 원을 요하기에 필요의 정도에 따라[33] 지속하고, 이 완성을 도모하는 것으로 한다. (별지 제3 내지 제5표 참조)

금후 개축해야 하는 도로의 구조물은 축조할 때 이 방침에 의해 시행함으로써 장래에 대해 누를 남길 우려가 없다고 생각한다.

제4장 3등 도로의 수축

3등 도로는 도로망의 총길이 2,839리로 하고 그중 기성 길이 1,131리에 달함에도, 아직 미완성 길이 1,708리 여가 남아 이에 요하는 공비는 개산 5,300만 원이 된다. 종래 지방에서는 지방비에 의한 것 외, 그 대부분을 지방민의 노력 제공으로 3등 도로 외 지방의 개발 상 급시(急施)를 요하는 1, 2등 도로를 함께 수축한 것인데, 국고는 이에 대해 보조를 주었으며 그 액수가 1920년(大正 9)까지 263만 원을 상회했다. 그러나 국고보조정리의 결과 1920년(大正 9) 이후 특수한 부분을 제하고 이를 폐지함과 함께 일면으로 지방비에 약간(幾分)의 재원을 주었는데, 시세의 진운에 적합하게 지방도로의 수축을 수행한 데에는 재원이 부족하기 때문에 상당한 재원을 주어 속성을 도모할 필요가 있었다.(별지 제6표 참조)

제5장 1, 2등 도로의 유지수선

도로의 수축은 병합 당시 200여 리에 지나지 않은 것을 수년 그 길이를 증가시켜 1920년(大正 9) 말에 1,680여 리를 계산하는 데 이르렀다. 이를 도로망의 1, 2등 도로 총 길이 3,100여 리에 대조하면 그 약 5할 상당이 약진하고, 교통의 상태를 보면 근년 각 지방산업의 발달과 경제계의 팽창에 수반하는 화물의 출입, 여객의 왕래가 더욱 빈번해지고, 하우마차, 자동차

---

[33] -표시 6개로 활자가 삭제되어 있다.

등 현저히 그 수가 증가했다. 1920년(大正 9) 말에는 자동차 679대, 하우마차 7만 571대, 하차 2만 1,658대, 인력거 4,950대로 계산되고 (제13표 참조) 일반적으로 도로의 이용을 증진하는 데 따르는 그 파손의 정도도 한 층 격심해지는 데 이르렀기에 도로의 유지 수선은 교통보안 및 경제상 하루도 소홀히 하면 안 되는 긴요한 사업이 되었다. 그래서 도로의 유지수선을 나누어 당시수선과 임시수선 2종으로 한다.

(1) 당시수선:

당시수선은 당시의 유지 및 작은 파손의 수선을 지칭하는 것으로 하고 이들은 당시 부단의 주의와 시행을 가장 간요(肝要)히 하는 것이지만, 관행에 따라 연도(沿道) 관계의 부락민으로 해서 그 구역 내의 유지수선을 분담하게 하고 그와 함께 각 노선에 노선을 수선하는 공부(工夫)를 배치하고 관계 부락민과 협동해서 유지수선에 임하도록 한다. 또 도로 전반에 해당하는 적당한 구역에 감시원을 배치하고 항상 도로를 순시하게 하고 관계부락민을 지도하면서 노선을 수선하는 공부의 감독을 담당하는 것으로 한다.

당시수선에 요하는 경비는 1920년(大正 9) 말 현재 기성 1, 2등 도로 길이 1,686리에 대해 산출한 바 소요연액은 다음과 같다.

(단위: 원)

내역	당시수선비 연액	도청시행 소요액	부청시행 소요액
	일금 330만 1,030원 18전	금 297만 6,785원 23전	금 32만 4,245원 95전

총독관리에 속하는 1, 2등 도로의 당시 유지수선은 재원을 위부(委付)해서 전부 지방비의 부담으로 하고 또 경이(輕易)한 노면의 유지수선에 대해서는 1면에서 지방민의 노력제공을 기다려 이 완성을 기하는 것으로 한다.[34] 또 부의 구역 내에서 1, 2등 도로는 전부 부윤의 관리에 속하므로 이 경비는 전부 부비로 지변한다.

---

34 활자는 지워진 채 32자가 손 글씨로 쓰여 있다.

(2) 임시수선:

임시수선은 큰 파손 수선 즉 보존기한에 달하여 부후(腐朽)하여 그 사용을 할 수 없는 암거(暗渠) 등의 구조물의 개축 기타 임시의 대파손에 대한 수리를 시행하는 것으로 하고, 총독 관리에 속하는 도로에 대해서는 국비로써 이를 지변하고 필요에 따라 본부의 직할 또는 도지사에 위탁해서 시행하는 것으로 한다.

임시수선에 요하는 경비는 1920년(大正 9) 말 현재 기성 1, 2등 도로 길이 1,686리 중 총독 관리에 속하는 부분 1등 도로 555리 8분, 2등 도로 1,108리 1분, 계 1,663리 8분에 대해 종래 예산으로 계상한 연액 65만 원으로써 1922년(大正 11년) 소요액으로 한다. 단 1923년(大正 12) 이후에 있어서는 1921년(大正 10) 이후 개수 길이에 대한 소요액을 해마다 증가하는 것으로 한다. (별지 제8표 참조)

제6장 3등 도로의 유지수선

3등 도로의 유지수선은 오로지 지방청 소관으로 하고 그 수선은 부역에 의한 것이 많고 정확한 통계를 얻기 어렵기 때문에 기왕의 유지수선에 비추어 장래 계획을 수립하는 것이 곤란하므로 이를 1, 2등 도로의 유지수선에 준거하고 장래의 계획을 수립한 것이 아래와 같다.

3등 도로의 유지수선을 나누면 당시수선 및 임시수선의 2종으로 한다. 당시수선은 대개 1, 2등 도로에 준하여 그 공비는 도로 폭(幅員)에 비례하고 대체로 2등 도로 상시수선 공비의 3분의 2로써 3등 도로의 당시수선 공비로 예정한다. 또 임시수선은 위와 같이 1, 2등 도로에 준하여 시공한 것으로써 수선비를 산출하는 것은 아래와 같다.(별지 제9 내지 제10표 참조)

(단위: 원)

내역	당시수선비 개산	도지사 관리의 도로 1,124리 27정에 대한 분	부윤관리의 도로 5리 11정에 대한 분
	일금 126만 2,686원 4전	금 121만 9,229원	금 4만 3,457원 4전

비고: 수선비는 2등 도로 당시수선비의 3분의 2, 즉 도지사 관리에 속하는 것에 있는 1리 당 1,084 원, 부윤관리에 속하는 것에 있는 1리 당 금 7,788 원으로 한다.

(단위: 원)

내역	임시수선비 개산	도지사 관리의 도로 1,124리 27정에 대한 분	부윤관리의 도로 5리 11정에 대한 분
	일금 147만 8,385원 66전	금 146만 1,424원 50전	금 1만 3,961원 6전

(박정민)

자료 208 | 1926, 『朝鮮の經濟事情』, 朝鮮總督府, 211~213쪽.

도로

　　조선총독부가 설치되면서, 교통상 먼저 도로의 근본제도를 수립함과 함께 도로망을 확정하고, 국비로써 축조해야 하는 1등 도로 17선 길이 817리, 2등 도로 79선 길이 2,407리 여를 측정해 주요 노선으로 하고, 별도로 지방비로써 축조해야 하는 3등 도로 419선 길이 2,848리 여로써 지방적 맥락(脈絡) 완성을 기했다. 이내 도로축조의 제1기 사업으로 1, 2등 도로 중 가장 필요한 노선 34선 685리를 선정하여, 1911년(明治 44)부터 1917년(大正 6)에 이르는 7개년 계속사업으로 하고, 공비 1,000만 원으로 그 수축하고, 더불어 한강철[35]을 가설했다. 다음으로 제2기 계획으로는 1, 2등 도로선 중 교통과 함께 경제 상 가장 적절한 노선 26선, 길이 478리와 주요한 하천의 교량 9개소의 가설을 기획하고, 1917년(大正 6)부터 1922년(大正 11)에 이르는 6개년의 계속사업으로 하고, 총공비 750만 원으로 시행하는 중인데, 때마침 경제계 변동의 영향을 받아 예정된 개수를 하는 것이 불가능하자, 최근 사정에 비추어 새로운 노선을 더할 필요보다 노선의 개폐를 더하고, 이와 동시에 기설한 목조 교량의 내구력을 고려해, 적어도 교각과 같은 것은 영구적 공법에 의해 구조하는 필요를 인지하여 이 개량을 함께 시행하는 것으로 하였으며 1922년(大正 11) 이후 7개년 계속사업으로 2,017만 원을 추가로 계상하고 그 실시 중 재정의 관계상 1923년(大正 12)으로 준공 시기를 수정하였다. 그 외 국고보조, 지방비, 또는 부역에 의한 개수를 끝낸 것이 1, 2등 도로 999리, 3등 도로 1,934리에 달하고 있다.

　　약진하는 교통의 상태를 보면 근년 각 지방에서 산업의 발달에 수반하여 화물의 출입, 여객의 왕래가 더욱 빈번해지고 하우마차(荷牛馬車), 자동차 등 현저히 그 수가 증가해, 1924년(大正 13) 말에는 자동차 1,205대, 인력거 4,079대, 하차 3만 2,059대, 하우마차 10만 1,585대, 객마차 100대를 헤아리는 데 이르렀다.

(박정민)

---

35 한강철교를 의미한다.

자료 209 | 1930, 『朝鮮の經濟事情』, 朝鮮總督府, 191~192쪽.

도로

　　조선총독부가 설치되면서 교통상 먼저 도로의 근본제도를 수립하는 것과 함께 도로망을 확정하고, 국비로써 축조해야 할 1등 도로 17선 길이 3,218km,[36] 2등 도로 79선 길이 9,486km를 측정해서 주요 노선으로 정했다. 별도로 지방비로 축조해야 하는 3등 도로 419선 길이 1만 321km로 지방적 맥락(脈絡)의 완성을 기했다. 이후 도로수축의 제1기 사업으로써 1, 2등 도로 중 가장 필요한 노선 34선 2,690km를 선별하여 1911년(明治 44)년부터 1917년(大正 6)에 이르는 7개년간 계속사업으로 하고, 공비 1,000만 원으로 수축하였고, 아울러 한강철교를 가설했다. 다음으로 제2기 계획으로 1, 2등 도로선 중 교통과 경제상 가장 급히 요하는 선로 26선 길이 1,877km와 주요한 하천 교량 9개소의 가설을 기획해서, 1917년부터 1922년에 이르는 6개년간 계속사업으로 하여 총공비 750만 원으로 시행 중이며, 때마침 경제계 변동의 영향을 받아 예정된 개수가 불가능함에, 최근의 사정에 비추어 새로운 노선을 더할 필요보다 노선을 수정하고 폐지(改廢)하여, 총연장을 1,731km로 하였다. 이와 동전(同前)에 기설한 목조교량의 내구력을 고려해, 적어도 교각과 같은 것은 영구적 공법으로 구조하는 필요를 인지하여, 이 개량을 함께 시행하는 것으로 하였다. 1922년 이후 7개년 계속사업으로서 2,017만 원을 추가 계상하고 그 실시 중인 재정 관계상 1933년(昭和 8)으로 준공기를 수정했다. 다시 1926년에 이르러 국경도로 530km여, 공비 560여만 원을 추가하고 준공기를 1935년으로 수정하고, 그 후 1929년에 이르러 사무비를 절약하기 위해 46만여 원을 기정 총액에서 감하고 목하 실시 중이며, 그 외 국고보조 지방비 또는 부역에 의해 개수를 끝낸 것이 1, 2등 도로 9,810km여, 3등 도로 7,942km에 달하고 있다. 교통 상태를 보면 최근 각 지방에서 산업 발달에 수반하여 화물 출입, 여객 내왕이 더욱 빈번해지니 하우마차(荷牛馬車), 자동차 등 그 수가 증가하였고, 1928년 말에는 인력거 3,284대, 하차 3만 54,59대, 하우차 11만 4,829대, 하마차 1,519대, 객마차 86대, 자동차 2,544대로 헤아리는 데 이르렀다.

(박정민)

---

36 원문에는 粁으로 표기되어 있다. 이하 km로 표기한 것 역시 동일하다.

자료 210 | 朝鮮總督府 內務局, 1926, 『京城市區改正道路用地關係』, CJA0013080, 907~914쪽.

경성 시구개수

경성 시구개정공사 실시 계획 변경의 건

사(伺)[37]

본년도 공사비 예산 34만 106원으로써 시행 예정인 경성 시구개정공사 중 돈화문과 중앙시험소 앞 사이(공비 28만 7,000원)는 이왕직 소관의 대묘와 창경원과의 경계를 통과하는 계획이지만, 대묘 및 창덕궁과 본 노선과의 관계에 대해 특히 신중히 고구할 필요가 있고 또 지장(支障) 물건의 이전에 관해서도 상당한 일자를 요하는 관계상 급속 시행이 어려운 사정이 있다. 한편 같은 노선 중의 일부 안국동 이서(以西)의 도로는 이미 개수에 속하므로 차제에 전기 계획을 변경하고 안국동–돈화문을 개수하는 데 있어서는 돈화문으로부터 궁정동 및 내수동 방면의 노선 관통이 속히 되면 이용상 편리가 높아진다고 인정되는 바이기 때문에 삼가 위(右)와 같이 결정하심이 마땅할 것입니다.

높으신 재가를 앙망합니다.

경성 시구개수예정계획선도

경성 시구개정공사 실시 계획 변경의 건

내무국장→경성토목출장소장 앞

본년도 경성 시구개정 공사 내 돈화문–중앙시험소 앞 사이는 공비 28만 7,000원으로 시행 예정인 바, 우는 이왕직 소관의 대묘와 창경원과의 경계를 통과하는 관계상 대묘 및 창덕

---

[37] 伺는 관청 내부에서 하급관리가 상사에게 지휘를 구하는 용어이며, 성안(成案)에서 결재를 받는 경우에 사용하는 용어이다. 이 건의 경우 주무부서가 내무국 토목과였기 때문에 그 내부의 문서로 생각된다(박성진·이승일, 2007, 「조선총독부 공문서 일제시기 기록관리와 식민지배」, 『역사비평사』, 64쪽 각주17).

궁과 본 노선과의 관계에 대한 때에 신중 고려의 필요가 있고, 또 지장물건의 이전에 관하여도 상당한 일자를 요하는 관계상 급속히 시행하기 어려운 사정이 있으며, 한편 같은 노선 중의 일부 안국동 이서의 도로는 이미 개수에 속하므로 차제에 전기 계획을 변경하고 안국동-돈화문 사이를 개수하는 것으로 결정이 이루어졌으니 위(右)에 따라 시급히 공사시행을 이루도록 통첩하는 바이다.

돈화문 앞-황토현 광장에 이르는 사이 도로 개수공사 용지 보상비 개산(槪算) 조서

일금 27만 원이다.

(단위: 원)

내역	금 1만 2,320원	금 23만 7,712원 45전	금 1만 9,967원 55전
	민유지 84평	지장물건 1,302평 59	수도철관 및 전주 기타 이전 보상비
	매수비 평당 평균 146원 66전■	보상비 평당 평균 105원 72전■	

(박정민)

자료 211 | 朝鮮總督府, 1929, 『京城市區改修國庫補助工事』, CJA0013404, 10~13쪽.

1939년도 경성 시구개수공사 시행 및 국고 보조의 건

조선 총독 → 경성부

1929년(昭和 4) 경성 시구개수공사 시행 및 국고보조의 건 지령안

1930년(昭和 5) 3월 22일부로 제199호 신청 1929년(昭和 4) 경성 시구개수공사(돈화문에서 대학병원 앞 통까지의 선 및 원표에서 총독부까지)의 시행 건을 인가하고 아래와 같은 조건으로 국고로부터 금 11만 원을 보조한다.

1930년(昭和 5) 3월 31일

조선 총독

기(記)

1. 돈화문에서 대학병원 앞 통까지의 선

(1) 도로 기점, 낙점의 교차점에 있어서 모퉁이를 정하는 것(隅切)은 별지첨부 도면의 빨간색 선(朱線)으로 정정할 것.

(2) 보상비의 산정을 실행할 때는 신중하게 조사할 것.

2. 원표에서 총독부까지의 선

(1) 황토현 광장 서남선 지대 경계의 하수는 별지로 첨부한 지도에 표시한 빨간색선의 위치에 설치하고, 그 내측에 4.5m의 보도를 덧붙일 것.

(2) 광화문통 중앙선 지대의 각 선단은 정원(正圓)으로 하고 별지첨부한 지도에 표시한 빨간색선으로 배치를 변경할 것.

이상

공비 27만 5,000원

국고보조 11만 원

부비 16만 5,000원

이유

본건은 1929년(昭和 4)에 시행하게 된 경성 시구개수공사의 시행인가와 함께 국고보조를 신청하는 것으로, 처음 경성부의 계획은 공비 1,000만 엔, 계속사업 10년으로 별지에 기재한 21선의 개수를 하게 된 것이지만 본부에서는 1개년의 타절(打切) 사업으로 하여, 본년도에는 총공비 85만 원(그중 국고보조 34만 원)으로 돈화문에서 대학병원 앞 선 외에 3선(여유있을 때는 기타 선도 개수함)을 개수하게 한 것인데, 정부의 재정 긴축 때문에 실행 예산 편성의 결과 국고보조액을 11만 원으로 감하는 것과 동시에 근본적으로 계획을 수정할 필요가 생김으로써 경성부는 총공비를 27만 50원으로 감액하고 돈화문에서 대학병원 앞 및 원표에서 총독부까지의 2선을 선택하여 개수하는 것으로, 본 신청에 이르렀다. 이를 조사함에 대체로 지장 없다고 인정되는 바다.

원(原) 1,000만 원 계획 일람표

구간	연장 (m)	폭(m)	공비(원)
종로4정목 교차점-동대문	1,000	27.3	505,058
연병정-한강 통 18은행 앞	1,353	27.3	201,100
대안동광장-탑공원	682	15	187,825
탑공원-영락정	436	15	284,688
조선은행 앞 광장-대화정 정무총감관저 앞	1,090	22	1,768,600
조선은행 앞 광장-서사헌정	1,173	22	1,512,190
강기정-원정3정목	1,564	22	563,000
종로5정목-병목정	940	22	689,050
연건동-혜화동	1,130	22	216,300
마포가도 교차점-경성정거장 앞	1,060	22	317,175

(박정민)

자료 212 | 朝鮮總督府, 1937, 『朝鮮土木事業誌』, 朝鮮總督府, 119~135쪽.

제5장 조선총독부 창설 이후의 도로 개수

　제1기 치도공사는 전기와 같이 1917년(大正 6) 10월에 준공하고, 개수된 길이는 한국 정부시대의 것 및 국고보조에 따라 지방청에서 개수한 것을 합하여 4,987여 km (1,270여 리)를 넘음에도, 이를 도로망의 총길이 1만 2,068여 km (3,073리)에 비하면 겨우 4할 여에 지나지 않으므로 다시 제2기 치도계획을 수립하고 기정 1, 2등 도로망 중 교통과 함께 경제상 가장 긴요한 다음과 같은 26선로를 선정하고, 이 총길이 188만 378m(478리 8분)와 함께 주요 하천의 교량 9개소를 택하고, 총공비 750만 원으로 1917년부터 1922년(大正 11)에 이르는 6개년 계속사업으로 하여 이 개수와 함께 가설하기로 정하고 1917년도 10월 제1기공사의 준공과 함께 이를 기공했다.

제2기계획 치도비 예산 연할액표

(단위: 원)

과목		공사비	사무비	총계
총예산액		6,672,111	827,889	7,500,000
연할액	1917(大正 6)	607,111	62,889	670,000
	1918(大正 7)	1,332,000	168,000	1,500,000
	1919(大正 8)	1,332,000	168,000	1,500,000
	1920(大正 9)	1,332,000	168,000	1,500,000
	1921(大正 10)	1,332,000	168,000	1,500,000
	1922(大正 11)	737,000	93,000	830,000

제2기계획 치도공사노선일람

노선명	기종점 구간	도로등급	거리(m) (리.분)	적요
경성-부산선	대구-부산 간	1등	127,636.3 (32.5)	
경성-목포선	정읍-광주 간	1등	47,127.2 (12)	
경성-의주선	개성-평양 간	1등	184,581.8 (47)	
경성-의주선	평양-의주 간	1등	242,312.7 (61.7)	
경성-원산선		1등	23,563.6 (6)	
원산-회령선	성진-경성(鏡城)간	1등	98,967.2 (25.2)	
원산-회령선	함흥-북청간	1등	15,709 (4)	
원산-회령선	서천-거산간	1등	81,697.2 (20.8)	
해주-양덕선	해주-남천점간	2등	76,947.5 (20.8)	
경성-해주선	개성-벽란도간	2등	15,709 (4)	
충주-강릉선		2등	76,581.8 (19.5)	
충주-영덕선	안동-영덕선	2등	74,618.1 (19)	
통천-신안역선		2등	13,745.4 (3)	
김화-충주선	충주-원주간	2등	11,781.8 (3.5)	
김화-충주선	김화-춘천간	2등	39,272.7 (10)	
김화-충주선	춘천-원주간	2등	12,567.2 (3.2)	
광주-법성포선	송정리-영광간	2등	47,127.2 (12)	
군산-서산선		2등	24,741.8 (6.3)	
부산-경주선	동래-경주간	2등	9,818.1 (2.5)	
정주-삭주선	구성-삭주간	2등	58,909 (15)	
운산-창성선		2등	102,109 (26)	
성진-혜산진선	고보-동점간	2등	106,036.3 (27)	
장진-만포진선		2등	133,527.2 (34)	
경원-종성선		2등	33,381.8 (8.5)	
웅기-은성선	신아산-은성간	2등	72,654.5 (18.5)	
함흥-자성선	함흥-장진간	2등	149,236.3 (38)	
1, 2등 도로 교량 가설		2등	9개소	
총계		〃	1,880,378 (478.8)9개소	

이상의 계획에 기초하여 공사에 착수하였으나, 기공 후 구주(歐洲)전란의 영향을 받아 물가 및 노은(勞銀)의 등귀가 현저하고 공비견적 당초의 1916년(大正 5)에 비해 물가의 최고는 1920(大正 9) 3월의 2.9배, 노은의 최고는 1920(大正 9) 5월의 3.9배의 앙등을 보이며 1921년(大正 10)에 이르러 점차 저락의 경향을 맴돌고 있음에도 오히려 물가에 있어서 1.8배, 노은에 있어서 3.1배의 등귀율을 보인다. 더욱이 시세의 변천에 비추어 용지의 기부 및 부역을 폐지했기 때문에 예정공사의 시행에 다대한 공비부족을 고하고, 기정 예산액으로써 예정과 같은 1922년(大正 11)까지 준공하는 것은 도로 개수 101만 1,665m(257리 6분)[단 한해구제를 위해 1919·1920년(大正8·9)에 토공만 시행하고 구조물 및 암석절취공사를 남겼다. 도로 길이 21만 4,429m(54리 6분)을 포함한다]와 함께 대동강가교공사의 일부에 지나지 않는다. 잔부(殘部)의 도로 86만 8,713m(221리 2분) 및 특수교량 8개소를 완성하는 것은 공비 1,485만 원의 부족을 보는데 이르렀다. 따라서 기정계획 중 해당분 시공을 예상할 수 있도록 다음과 같이 도로 54만 2,749m(138리 2분) 및 특수교량 5개소의 축조를 중지함으로써 예산의 부족을 보조함과 동시에 한편 지방 발전에 수반하고 경제 상 제쳐두기 어려운 노선 4만 5,556m(11리 6분) 및 부역시행의 예정이 되는 노선 4만 221m(10리 7푼)와 함께 국경경비 및 산업개발 상 급시를 요하는 국경도로 20만 5,542m(77리 8분)의 수축공사를 추가했다. 수축 총길이를 173만 749m(440리 7분)로 하고 또 기설 목조교량으로 하여 가설 후 상당한 연차를 경과하여 퇴폐(頹廢)가 심해 수년 수리와 가환을 요하는 것이 현저하게 증가하고, 더욱이 교통기관의 정비에 수반한 화물적재량의 증가 또는 자동차 등과 같이 고속차량의 발달 등에 수반하여 파손의 정도가 일층 급한 것이 있다. 그 유지가 심히 곤란하므로 일시의 방편으로 이룰 수 있는 비가 교주의를 취하는 것으로 하여 당시 유수(流水)를 보지 않은 개소에 대해서는 물이 흘러 넘을 수 있도록[38] 장석(張石) 또는 소균(搔均)을 시행하고, 그칠 수 없는 가교를 요하는 개소에 대해서는 내구적 공법을 채용하는 방침아래 제1차로써 기성 교량으로 하여금 개량해야 할 것 중 468개소에 대한 개량공사를 시행하는 것으로 하고, 1922년(大正 11)에 1,327만 원(국경도로 및 교량개량과 함께 물가등귀에 의한 도로수축공사 시행 때문), 1923년(大正 12)에는 690만 원(물가등귀 때문) 계 2,017만 원을 추가하고 총공비를 2,767만 원으로 다시 수정하고 1928년(大正 17)에

---

38 세월(洗越).

이르는 계속사업으로 개정하고, 재정 사정에 따라 1922년(大正 11) 이후의 연할액에 대해 순연(繰延)하고, 기정 연한을 1917년(大正 6) 이후 1930년(大正 19)에 이르는 14개년의 계속사업으로 했다.

도로의 축조를 중지한 노선 일람

기종점				
노선명	구간	도로등급	거리(m) (리.분)	적요
경성-부산선	대구-부산 간	1등	45,556.3 (11.6)	
경성-목포선	정읍-광주 간	1등	5,498.1 (1.4)	
경성-의주선	평양-의주 간	1등	107,607.2 (27.4)	
원산-회령선	함흥-북청간	1등	2,356.3 (0.6)	
원산-회령선	서천-거산간	1등	81,687.2 (20.8)	
김화-충주선	충주-원주간	2등	5,890.9 (1.5)	
운산-창성선		2등	73,047.2 (18.6)	
정주-삭주선	구성-삭주간	2등	39,272.7 (10)	
함흥-자성선	함흥-장진간	2등	19,243.6 (4.9)	
장진-만포진선		2등	49,876.3 (12.7)	
성진-혜산진선	고보-동점간	2등	81,294.5 (20.7)	
웅기-은성선	신아산-은성간	2등	31,418.1 (8)	
총계		〃	542,749.1 (138.2)	

경제상 제쳐두기 어려운 노선을 추가한 것

기종점				
노선명	구간	도로등급	거리(m) (리.분)	적요
경성-오리진선		2등	8,640 (2.2)	
북청-갑산선		2등	7,069 (1.8)	
의주-혜산진선	신홀파진-혜산진간	2등	29,847.2 (7.6)	
총계		〃	45,556.3 (11.6)	

부역(夫役)을 시행할 예정 분을 추가한 것

노선명	기종점 구간	도로등급	거리(m) (리.분)	적요
원산-회령선	성진-경성간	1등	20,421.8 (5.2)	
충주-영덕선	안동-영덕간	2등	7,854.5 (2)	
김화-충주선	충주-원주간	2등	13,745.4 (3.5)	
총계			42,021.8 (10.7)	

국경도로를 추가한 것

노선명	기종점 구간	도로등급	거리(m) (리.분)	적요
의주-혜산진선	창성-초산간	2등	124,101.8 (31.6)	
의주-혜산진선	자성-자성강구간	2등	785.4 (0.2)	
웅기-은성선	신아산-은성간	2등	27,490.9 (7)	보조사업으로 변경(繰替)
수성-경흥선	연진동-지경간	1등	74,618.2 (19)	

위 변경계획에 기반을 두고 실시 중으로 재정 사정에 따라 1924년(大正 13)에 이르는 연할액의 일부를 순연하여 준공기를 1933년(大正 22)로 수정하였지만, 국경도로의 관통은 국경경비 및 산업개발 상 가장 급시의 필요가 있으므로 다시 1926년(大正 15)에 아래와 같은 노선 개수를 위한 공비 566만 5원을 추가하여 총공비를 3,333만 5원으로 하고 준공기를 1935년(大正 24)로 다시 정하였다.

국경도로를 관통하는 추가 노선[39]

노선명	기종점 구간	도로등급	거리(m) (리.분)	적요
경성-의주선	정주-신의주 간	1등	47,127 (12)	
의주-혜산진선	초산-자성 간	2등	154,734.5 (39.4)	

---

[39] 원문에는 표제목이 없으나 내용에 따라 편역자가 임의로 제목을 붙인 것이다.

노선명	기종점 구간	도로등급	거리(m) (리.분)	적요
의주-혜산진선	자성강구-신흘파진간	2등	191,650.9 (48.8)	
운산-초산선	온정-초산간	2등	136,669.1 (34.8)	
총계			530,181.8 (135)	

그럼에도 1927년(昭和 2)에 철도건설계획의 수립에 수반하여 이에 순응하기 위한 완급을 고려하고 일부예정계획을 개정 혹은 폐지할 필요가 발생하여 1928년(昭和 3) 4월에 이르러 다음과 같은 계획변경을 행하였다.

1928년(昭和 3) 당시 계획을 변경한 노선[40]

노선명	기종점 구간	도로등급	거리(m) (리.분) 추가	거리(m) (리.분) 삭제	적요
웅기-은성선	신아산-은성선	2등		27,490.9 (7)	보조사업으로 변경
수성-경흥선	연진동-지경간	1등	74,618.2(19)		

그 후 1929년(昭和 4)에 이르러 사무비의 절약을 위해 총액 45만 2,000원을 기정 총비용보다 감액함으로써 1929년(昭和 4) 기정예산 연할액을 다음의 제1표와 같이 하였고, 1919년(大正 8)에는 15원 30전, 1920년(大正 9)에는 8만 7,513원 65전, 1921년(大正 10)에는 2만 원을 공사비보다 사무비로 유용(流用)하고, 제1기로부터 이월(繰越)한 공사비 예산 617원 33전을 제2기 공사비와 함께 사용함으로써 1929년(昭和 4)를 시작할 때 실행예산의 연할액은 다음과 같이 되었다.

---

40   원문에는 표제목이 없으나 내용에 따라 편역자가 임의로 제목을 붙인 것이다.

제1표 제2기계획 치도비 예산연할액표(1)

(단위: 원)

과목		공사비	사무비	총계
총예산액		29,210,139	3,657,866	32,868,005
연할예산액	1917(大正 6)	607,111	62,889	670,000
	1918(大正 7)	1,332,000	168,000	1,500,000
	1919(大正 8)	1,332,000	168,000	1,500,000
	1920(大正 9)	1,332,000	168,000	1,500,000
	1921(大正 10)	1,304,250	195,750	1,500,000
	1922(大正 11)	2,259,115	370,885	2,730,000
	1923(大正 12)	1,410,000	260,000	1,670,000
	1924(大正 13)	341,729	118,276	460,005
	1925(大正 14)	428,000	72,000	500,000

제2기계획치도비 예산연할액표(2)

(단위: 원)

과목		공사비	사무비	총계
연할예산액	1926(昭和 1)	1,045,000	155,000	1,200,000
	1927(昭和 2)	1,315,000	185,000	1,500,000
	1928(昭和 3)	1,305,000	195,000	1,500,000
	1929(昭和 4)	1,755,000	180,000	1,935,000
	1930(昭和 5)	1,740,000	180,000	1,920,000
	1931(昭和 6)	2,660,000	270,000	2,930,000
	1932(昭和 7)	2,660,000	270,000	2,930,000
	1933(昭和 8)	2,660,000	270,000	2,930,000
	1934(昭和 9)	2,660,000	270,000	2,930,000
	1935(昭和 10)	963,934	99,066	1,063,000

제2표 제2기계획 치도비 실행 예산 연할액표 (1)

(단위: 원)

과목			공사비	사무비	총계
총예산액			29,103,227.383	3,765,394.950	32,868,622.333
연할 예산액	1917(大正 6)	기정액	607,111	62,889	670,000
	1918(大正 7)	기정액	1,332,000	168,000	1,500,000
	1919(大正 8)	기정액	1,332,000	168,000	1,500,000
		유용증감액	-15,300	15,300	
	1920(大正 9)	제1기 이월액	617.333		617.333
		기정액	1,332,000	168,000	1,500,000
		유용증감액	-87,513.650	87,513.650	

제2기계획 치도비 실행 예산 연할액표 (2)

(단위: 원)

과목			공사비	사무비	총계
연할 예산액	1921(大正 10)	기정액	1,304,250	195,750	1,500,000
		유용증감액	-20,000	20,000	
	1922(大正 11)	기정액	2,359,115	370,885	2,730,000
	1923(大正 12)	기정액	1,410,000	260,000	1,670,000
	1924(大正 13)	기정액	341,729	118,276	460,005
	1925(大正 14)	기정액	428,000	72,000	500,000
	1926(昭和 1)	기정액	1,045,000	155,000	1,200,000
	1927(昭和 2)	기정액	1,315,000	185,000	1,500,000

제2기계획 치도비 실행 예산 연할액표 (3)

(단위: 원)

과목			공사비	사무비	총계
연할 예산액	1928(昭和 3)	기정액	1,305,000	195,000	1,500,000
	1929(昭和 4)	기정액	1,755,000	180,000	1,935,000

과목			공사비	사무비	총계
연할예산액	1930(昭和 5)	기정액	1,740,000	180,000	1,920,000
	1931(昭和 6)	기정액	2,660,000	270,000	2,930,000
	1932(昭和 7)	기정액	2,660,000	270,000	2,930,000
	1933(昭和 8)	기정액	2,660,000	270,000	2,930,000
	1934(昭和 9)	기정액	2,660,000	270,000	2,930,000
	1935(昭和 10)	기정액	963,934	99,066	1,063,000

또 계획 치도공사노선은 전술과 같이 1917년(大正 6) 이후 추가변경을 행한 결과, 1929년(昭和 4)를 시작하며, 현재 계획노선은 다음 표와 같이 되었다.

제2기 계획치도공사 노선 일람표

노선명	기종점 구간	도로등급	거리(m) (리.분)	적요
경성-부산선	대구-부산 간	1등	82,080 (20.9)	
경성-목포선	정읍-광주 간	1등	41,629 (10.6)	
경성-의주선	개성-평양 간	1등	184,581.5 (47)	
	평양-의주 간	1등	134,705.4 (34.3)	
	정주-신의주 간	1등	47,127.2 (12)	
경성-원산선		1등	23,563.6 (6)	부분개수
원산-회령선	성진-경성 간	1등	119,389 (30.4)	
	함흥-북청 간	1등	13,352.7 (3.4)	
해주-양덕선	해주-남천점 간	2등	76,974.5 (19.6)	
경성-해주선	개성-벽란도 간	2등	15,709 (4)	
충주-강릉선		2등	76,581.8 (19.5)	부분개수
충주-영덕선	안동-영덕선	2등	82,472.4 (21)	
통천-신안역선	통천-신안주 간	2등	11,781.8 (3)	
김화-충주선	충주-원주 간	2등	21,600 (5.5)	
	김화-춘천 간	2등	39,272.7 (10)	
	춘천-원주 간	2등	12,567.2 (3.2)	
광주-법성포선	송정리-영광 간	2등	47,127.2 (12)	

노선명	기종점 구간	도로등급	거리(m) (리.분)	적요
군산-서산선	군산-서산 간	2등	24,741.8 (6.3)	부분개수
부산-경주선	동래-경주 간	2등	9,818.1 (2.5)	
정주-삭주선	구성-삭주 간	2등	19,636.3 (5)	
운산-창성선		2등	29,061.8 (7.4)	부분개수
성진-혜산진선	고보-동점 간	2등	24,741.8 (6.3)	
장진-만포진선		2등	83,650.9 (21.3)	부분개수
경원-종성선		2등	33,381.8 (8.5)	부분개수
웅기-은성선	신아산-은성 간	2등	13,745.4 (3.5)	
함흥-자성선	함흥-장진 간	2등	129,992.7 (33.1)	
경성-오리진선		2등	7,640 (2.2)	부분개수
북청-갑산선	북청-갑산 간	2등	7,069 (1.8)	부분개수
의주-혜산진선	신흥파진-혜산진 간	2등	29,847.2 (7.6)	
	창성-초산 간	2등	124,101.8 (31.6)	
	자성-자성강구 간	2등	785.4 (0.2)	
	조산-자성 간	2등	154,734.5 (39.4)	
	자성강구-신흥파진 간	2등	191,650.9 (48.8)	
안주-부산동선	도가동-후창강구 간	2등	85,221.8 (21.7)	
함흥-자성선	장진-소북동 간	2등	53,221.8 (10.7)	
운산-초산선	온정-초산 간	2등	136,669.1 (34.8)	
수성-경흥선	연진동-지경 간	1등	74,618.1 (19)	
1,2등 도로 교량가설			4개소	
교량개량			468개소	
계	도로 개수길이		2,308,058.3 (587.7)	
	교량가설		4개소	
	교량개량		468개소	

공사의 시행은 원칙으로 본부직할주의를 채택하고, 본부 각출장소 또는 공영소로 하여 담당하게 하고, 시행개소의 관계상 직할시행이 불이익으로 확인된 것 또는 간이 공사와 같은 것은 이를 도청에 위탁시행하게 하고, 그 시행방법은 제1기 공사시공 때와 같은 업무와

서류에 준거하고, 거의 전부 청부에 부쳐 실시한다.

　　제2기 치도공사시행 중 1919년(大正 8)에 황해, 평안남북의 3도에 걸쳐 수십 년 내 전혀 보지 못한 대한발에 맞닥뜨려, 농작물과 같은 그 대부분은 고사한 참상을 겪고, 더욱이 물가의 앙등에 의한 다수의 농민은 호구에 궁한 생활상의 불안을 품고, 민심은 크게 동요하게 된 것으로써 이를 구제하고 생업부조의 목적으로 피해지 일대에 걸쳐 도로 개수공사를 기하고 피해민의 출역을 독려하고 상당 임금을 주어 생활의 안정을 도모하는 것으로 결정했다. 본부직영공사로써 제2기 치도노선 중 경성-의주선, 개성-평양 간, 평양-의주 간, 해주-양덕선, 해주-남천점 간, 운산-창성선, 운산-창성 간, 정주-삭주선, 귀성-삭주 간 총연장 392km 여(100리여)를 총공비 110만 2,130원의 예산으로 황해-평안남북도의 3도에 걸친 토공공사(구조물을 제하고)시행의 계획을 수립하고, 1919년 10월 초순에 기공하여 1920년(大正 9) 7월 전부 준공을 고했다. 이 시행의 방법은 공사구간을 열 두 구간으로 구분하고 공구를 설치하여 여러 공구를 감독하도록 공장 4개소를 설치하고, 지사 이하 판임관 이상 20명, 고원(雇員) 36명, 공부(工夫) 이하 정용인(定庸人) 272명을 배치하고, 지방청의 조사에 의해 피해민을 직접 사역하고, 임금은 각인의 능률에 의해 다소의 차이가 있었지만, 1일 80전 내외를 지급했다. 이 임금지불방법은 공구에서 임금을 기입한 취역표를 매일 1인에게 매번 발행하고, 해당 지역 군청에 임시 설치한 선급(前渡) 관리로 하여금 일불(日拂)하는 방법을 채택했다. 그리고 공사는 1919년 10월 초순부터 12월 15일까지, 1920년 4월부터 7월 중순까지의 2회로 시행했지만, 공사기간은 2회를 통틀어 150일 내외였다. 이 사이에 완성된 토공공사 길이 339km 여(86리 14정 3간) 공비 76만 5,249원 83전을 지출하고, 이에 사역한 인부는 종연인원 73만 9인, 임금 62만 1,881원 37전을 넘고, 한해구제의 목적을 달성할 수 있었다.

　　제2기공사는 제1기공사시행의 정도와 같이 1등 도로에는 폭 7.273m(4간), 언덕길과 구배[41] 30분의 1, 2등 도로에는 폭 5m 455(3간), 언덕길과 구배 25분의 1을 원칙으로 하는 규정의 수축 표준으로 기반을 두고 공사를 진행하였다. 1928년(昭和 3)까지 길이 142만 1,672.8m(362리)의 수축, 특수교량 2개소, 교량개량 88개소의 가설을 행하고 총공비는 공사비 1,389만 3,305원 21전 3리, 사무비 217만 4,988원 92전 합계 1,606만 8,294원 13전 3리를

41　원문은 坂路, 勾配이며, 구배는 경사를 의미한다.

지출했다.

　위에 서술한 특수교량의 하나는 대동교, 하나는 진주교로 대동교는 1등 도로 경성-의주선이 대동강을 횡단하는 개소에서 평양부 빈정(賓町)과 대동군 선교리와의 사이에 가설된 것으로 본교의 가설은 교통 및 군사상 극히 긴요함에도 불구하고, 평양시가와 대안(對岸) 예상 공업지대와의 연쇄로 필요하므로 제2기 치도계획 결정과 1917년(大正 6) 12월부터 가환지점에 있어서 지질조사에 착수하고, 설계 상 필요한 각종조사의 종료를 대비하여 실시할 설계를 수립하고 1921년(大正 10) 이후 3개년 계속공사로 시공하기로 결정하고, 동년 5월 1일 토목부 대동강출장소를 특설하고 실시의 요충으로 삼아 동년 7월 교각축조공사에 착수했다. 먼저 교각잠수함의 침하를 끝낸 후 교대공-접속도로공-강행조립공-교면공-고란공 등 점차 예정의 공정을 진전시켜 1923년(大正 12) 11월 주체(主體)공사의 전부를 종료하였다. 동월 30일 사이토(齋藤)조선 총독의 현장 방문 하에 아래에 도초식을 거행하고 대동강출장소는 1924년(大正 13) 1월로 폐쇄했다. 그 후 인속한 평양출장소에서 교각기초사석 기타 잔공사를 시공하고 1924년 11월 21일 전부 준공했다. 본교의 준공에 의해 종래 본강 때문에 조격(阻隔)된 양안은 연결되어 일대가 되고, 평양부는 정히 서선(西鮮)의 웅도인 소질을 갖추는 데 이르렀다.

　본교는 슈우에도라[42] 형, 리벳텟도[43] 형 구형교[44]로 하여 경간 60.60m(200척), 형수 10련 그 총길이 약 616.36m(2,034척)에 달하고, 폭은 차도 유효폭 7.26m(23척 9촌 72)로 하고 단선전차궤도를 부설했다. 보도는 양측 각 유효폭 1.92m(6척 35)로 한다. 차도 교면은 강판 상에 두께 10cm(4촌)의 혼효토를 부어 고르게 하고 그 위에 두께 6.3cm (2촌 반) 내지 7.6cm(3촌) 소리데칫토[45]로써 포장하고, 보도는 쿠레온-트를 주입하여 두께 7.6cm(3촌)의 낙엽송장으로 했다. 설계 하중은 1m² 당 453.74kg(1면 평당 400관)으로 하고 야포차, 6톤 자동차 등의 중차량의 통과를 가능하게 했다.

　교각 기초는 압착 공기 잠수함으로써 하저(河底) 이하 9m(29척 7촌) 내지 12m(39척 6촌)에 달하게 했다. 이에 사용한 잠함은 총 강철제로 하여 길이 13.3(45척), 폭 4.24m(14척), 높이

42　슈베들러 트러스이다.
43　리벳 접합을 말한다.
44　트러스교를 의미한다.
45　ソリデチット. 솔리디트 시멘트를 의미하며 규산이 함유되어 있는 특수 시멘트이다.

3.64m(12척)의 것으로 한다.

　교면의 높이는 11.66m(38척 5촌)로 하고, 1923년 8월 1일의 홍수위보다 높은 2.21m(7척 3촌)가 된다.

　전후 접속 도로는 유효 폭 21.81m(12간), 길이 우안(평양 측) 88.32m(48간 58), 좌안(선교리 측) 113.78m(62간 58)로 한다.

　따라서 본교 가설에 사용한 철재는 3천 톤의 다량에 미친다.

　이상 실시에 필요한 공비 지출액은 176만 3,934원 48전이다.

　또 진주교는 2등 도로 진주-삼천포선이 낙동강 지류 남강을 횡단하는 개소에 가설된 것으로 하여 본교 가설 이전은 선교로 연락했음에도 홍수 때에 토색함이 항상 있어, 교통 상의 지장이 적지 않으므로 청부공사로 1925년(大正 14) 9월 20일 착수, 1927년(昭和 2) 5월 16일 준공하여 공비 25만 6,800원 33전을 요했다.

　본교는 길이 293.243m(161간 3분), 유효 폭 5.454m(3간), 총 폭 6.121m(20척 2촌)로 하고 교체는 공형강 높이 24촌(80봉도) 길이 40척인 것 5통, 상류 측부터 2본목은 높이 24촌(105봉도), 길이 40척의 것 1통, 계 6통을 사용하고, 교상은 철근혼효토(배합1, 2, 4) 상판을 사용하고, 교각은 철골혼효토 구주경 90.9cm(3척) 8각형 2본 건조거형으로 하고, 총높이 평균 14.865m(49척 5분 6리)의 것 14각, 같은 13.176m(43척 4촌 8분 2리)의 것 6각, 같은 11.854m(39척 1촌 2분)의 것 2각, 높이 13.473m(44척 4촌 6분 3리)의 것 1각으로 한다. 교대는 교각식 구조로 하고, 각부는 철근혼효토(배합 1, 2, 3) 총높이 10.909m(36척), 60.6cm(2척)의 각 2본 건조거형으로 하고 기초는 철근혼효토항을 타입히어 경통(鏡通)하고 설회(折廻)하며, 돌을 쌓아 울타리를 만든다. 또 설치(取附)도로 길이 188.163m(103간 5분) 폭 7.272m(4간) 및 길이 50.904m(28간), 마답 폭 3.636m(2간) 법면구배[46] 1할 5분의 제방 설치를 시행한다.

　이상 제2기 치도공사에 대해 1928년(昭和 3)까지 투입한 총공비는 사무비를 포함하여 1,606만 8,294원 13전 3리이다. 각년도 별 공사 성적 및 지출액은 다음 표와 같다.

(박정민)

---

[46] 토목에서 뚝, 호안, 절토, 성토 등의 경사를 의미한다(「법면」, 『지형공간정보체계 용어사전』, https://terms.naver.com/entry.naver?docId=3476331&cid=58439&categoryId=58439 참조).

자료 213 | 中村進吾, 1936, 『朝鮮施政發展史』, 朝鮮發展社, 964~967쪽.

제2기 치도계획

제9장 조선의 도로

(1) 병합전의 도로 수축(修築)

1906년(明治 39) 한국 정부는 통감의 지휘에 의해 내부에 치도국을 설치하고, 도로 개수의 단서를 열고 기업자금채의 일부를 나누어 치도비로 충당하였다. 제1기 사업으로써 가장 추요(樞要) 노선인 진남포-평양 간, 목포-광주 간, 군산-전주 간, 대구-경주 간의 네 노선, 65리 여의 개수계획을 수립하고 다음 해 1907년 이후 6개년 계속사업으로 하고 예산 149만 6,000원으로써 이를 기공하였다. 다음으로 1908년 소정리-공주 간, 수원-이천 간, 해주-용당포 간, 황주읍내-정거장 간, 신안주-영변 간, 신의주-마전동 간 및 신마산-진주 간의 추요 도로, 길이 50리 여의 개수와 그 예산 100만 원을 추가하였다. 1909년 계속 연한을 5년으로 단축함과 동시에 지방 교통을 개발하면서 폭도 귀순자[47]에게 생업을 주고자 해남-하동 사이 길이 41리 여 및 운수, 교통 상에 특히 급히 요하는 청진-경성 간 길이 5리 여의 개수공사를 시작하였다. 경성-인천 간, 대구시가선의 개량공사에 착수했지만, 1910년 다시 예산 146만 54원을 추가하여 진남포-광량만 간, 경주-포항 간, 사리원-재령 간, 천안-온양 간, 조치원-청주 간, 대구-칠곡 간, 예산령 개착, 함흥-서호진 간, 영흥-유도[48] 간, 함관(咸關), 마천, 마운, 남갈의 여러 고개를 개착, 전주-여수 간 내 전주 부근 등의 열한 개의 노선, 길이 42리 여의 수축공사에 착수하고, 총예산액 395만 7,654원 중 1910년 8월 28일까지 238만 8,554원을 지출했다. 예산 잔액 156만 9,100원 중 9만 5,908원 80전 5리를 1910년(明治 43) 8월 29일부터 같은 해 9월 30일까지 습용예산으로써 지출하고, 2만 7,294원 93전 9리를 1910년(조선총독부 예산)에 이월(繰越)하여 144만 5,896원 25전 6리를 불용액으로 하고 또 1910년(조선총독부) 추

---

47 시기상 「귀순조칙」, 「귀순자조례」에서 사용되는 '폭도귀순자' 용어의 대상이 의병이었으므로 이 자료의 용어 역시 의병을 칭하는 것으로 보인다(김헌주, 2017, 「후기의병의 사회적 성격에 관한 연구」, 고려대학교 한국사학과 박사학위논문, 186쪽).
48 원문에는 亻+洳島로 표기되어 있으나 영흥만 소재인 柳島의 오기로 보인다.

가예산으로써 10월부터 1월까지 2만 6,597원, 2월부터 3월까지 113만 2,123원을 계상하고 예정계획의 완성을 기하였다. 1910년(10월 이후)에 32만 7,831원 19전 5리를 지출하고, 85만 8,183원 74전 4리를 1911년(明治 44)에 이월하여 그중 53만 5,870원을 지출했다. 따라서 총 계획에 대해 지출한 금액은 334만 8,160원이다.

(2) 제2기 치도계획

제2기 치도계획은 제1기 치도계획의 최종연도인 1917년(大正 6) 이후 6개년 계속사업으로 계획되었다. 그 21개 노선은 길이 478리 8분의 개수와 특종 교량 9개소의 가설을 합해 총 공비 750만 원의 예산으로 시공 중인 바, 1918년 이후 물가 노은(勞銀) 등의 등귀로 개수공사비의 증가가 초래되어, 예산편성 당시 즉 1916년에 비해 그 등귀율 최고는 1920년 물가 2.9배, 노임 3.9배를 보이는 데 이르렀다. 더욱이 시세의 진운에 비추어 재래 관행되고 있던 용지 기부 및 부역 부과 등이 폐지되었기 때문에 예정계획에 대해 다대한 공비 부족이 초래되고 기정 예산액으로 예정된 1922년까지 시행할 수 있는 것은 도로 개수 257리 6분[단 한해 구제를 위해 1919~1920년에 토공만 시행하고 구조물 및 암석 절취공사를 남겨둔 도로, 그 길이 54리 6분을 포함한다]과 함께 대동강 가교공사의 일부에 지나지 않는다. 남은 부분의 도로 221리 2분 및 특종교량 8개소를 완성하는 데에는 공비 1,480만 원의 부족을 보는 데 이르러 기정 계획 중 당분 시행을 미뤄야 하는 도로 136리 7분 및 특종교량 5개소의 축조를 중지하고, 이로써 예산의 부족을 보충하였다. 한편 지방 발전에 수반하여 경제상 제쳐두기 어려운[49] 노선 11리 4분 및 부역시행을 예정하였다. 노선 9리 4분과 함께 국경경비 개발 성 급시를 요하는 국경도로 77리 8분의 수축공사를 추가한 결과, 수축 길이는 440리 7분으로 하였다. 이 외 기설 목조교량 중 가설한 후 상당한 연차를 경과하고 퇴폐가 심해 누년 수선 및 가환을 요하는 것이 현저히 증가하였고, 더욱이 고속도 교통기관의 발달 증가에 수반하여 파손의 정도가 일층 빠른 것이 있다. 그 유지가 곤란하니 이룰 수 있는 비가교주의(非架橋主義)에 따르는 것이 득책임을 확인하여, 당시 유수(流水)를 보지 않은 개소에 대해서는 물이 흘러 넘어갈 수 있도록[50] 장석

---

49 원문은 上差惜難き이지만, 措의 오기로 보인다. 따라서 후자의 뜻으로 번역했다.
50 세월(洗越).

(張石) 또는 소균(搔均)의 공법을 시행하고, 할 수 없이 가교를 요하는 개소에 대해서는 적어도 반영구적인 강고한 공법을 채용하는 방침 아래, 제1차로써 기성 교량으로 하여금 개량해야 하는 것 중 총길이 약 3분의 1인 468개소에 대한 개량공사를 시행하는 것으로 하였다. 그 총공비를 2,767만 원으로 증가하여 1917년 이후 12개년 계속사업으로 수정해 1922년 이후 연액 300만 원을 지출하고, 7개년 간 전기 공사를 완성할 예정으로 진행 중이지만, 재정관계상 1922년(大正 11) 27만 원, 1923년 133만 원, 1924년에는 254만 원, 1925년에는 250만 원, 계 664만 원의 연도 할액의 이연을 시행하고 그 완성기를 1933년까지 연기한 결과, 제2기 치도공사의 진보는 현저히 늦기 때문에 1917년부터 1925년까지 9개년 간 준공하고, 공정은 도로 길이 294리 2분, 특종교량 1개소, 교량개량 67개소로 하고 이 지출금액은 1,203만 5원이다. 그 남은 공사에 대해서는 계속 시행 중인 바, 1926년에 이르러 다시 국경 개발 및 경비 상 가장 급시를 요하는 구간 135리의 국경도로 개수를 추가하는 것으로 새로이 566만 5원을 추가하고 그 총예산액을 3,333만 5원으로 수정(단 1926년 이후 예산총액 2,130만 원)하여 공사를 진행하고 있지만, 경제상황의 변천과 함께 1929년(昭和 4)에 이르러 사무비 46만 2,000원을 절감하고 연할액의 일부를 이연하고, 다시 1931년에 이르러 128만 68원을 절감하여 연할액의 일부를 이연하고 완성기를 1937년으로 다시 수정하였다. 1932년에는 절감 예정된 1만 1,941원을 실행하며 부활함과 동시에 기정 예산액 중 104만 2,059원을 조상하고, 105만 4,000원으로써 이를 유용하여 시국 응급시설비로 충당하고 다시 1933년에는 9,936만 원을 절감한 것 외, 45만 8,280원을 감소(이 감소액은 시국응급시설비로 충당한 것이지만, 후년도에 추가를 요하는 것으로 하고 위 외 별도로 50만 원을 더해 계산, 95만 8,280원을 추가하고, 1932년에 남은 공사인 시국응급 1, 2등 도로, 금산도로 및 임도개수공사를 시행), 총예산을 3,111만 9,721원으로 개정하였다. 그 후 1934년에 이르러 치수업비 예산의 증액 필요 상 20만 원의 예산 이연을 행하고, 또 1935년에 이르러 선만(鮮滿) 간의 경제, 교통 및 치안 관계 등이 현저히 불리한 상태로 나아감에 비추어, 양국협의상 조선, 만주 국경을 흐르는 압록강 및 두만강에 합계 14개소의 교량 (6개소는 조선 측에서 8개소는 만주국 측에서 가교하는 것으로 한다)을 가설하는 것으로 결정했다. 이에 요하는 예산 364만 원(7개년 계속사업)을 추가하고, 총예산액을 3,475만 9,721원으로 수정하고 공사를 속행 중이다.

(박정민)

자료 214 | 榛葉孝平, 1931, 〈擴大せる朝鮮の道路網〉, 《朝鮮》第百九十四號, 朝鮮總督府, 5~7쪽(「擴大せる朝鮮の 道路網」, 『朝鮮總攬』, 朝鮮總督府, 1933, 804~805쪽).[51]

확대된 조선의 도로망

통감부 설치 이전 조선의 도로는 단지 행인의 발자국[足跡]이 그저 도로의 모양을 만들 뿐, 우마차는 물론 손수레도 통행하기 어려웠다. 따라서 운수는 모두 사람이나 말이 지고 가는 정도의 상태였다. 통감부가 설치되고서부터 한국 정부는 1906년(明治 39)에 비로소 치도국(治道局)이라는 관청을 설치하고 기업자금 채권의 일부를 할애하여 진남포-평양 간, 목포-광주 간, 군산-전주 간, 대구-경주 간 4개 노선, 255.9km(약 65리)의 개수계획을 수립하고, 다음 해 1907년(明治 40)부터 공사를 시작하여 치도의 단서를 열었다.

다음으로 계속해서 1908년(明治 41)부터 병합에 이르는 사이에 수원-이천(利川) 간, 신마산-진주 간, 공주-소정리(小井里) 간, 신의주-마전(麻田) 간, 해남-하동 간, 청진-경성(鏡城) 간, 진남포-광량만(廣梁灣) 간, 경주-포항 간, 사리원-재령 간, 천안-온양 간, 청주-조치원 간, 함흥-서호진(西湖津) 간, 영흥(永興)-유도(柳島) 간과 해주-용당포(龍塘浦) 간 등 561.6km(143리)를 개수하여, 어쨌든 병합 당시에는 816.8km(약 208리)의 이른바 도로다운 도로를 완성하였는데, 각각의 소구간을 단편적으로 만든 것에 지나지 않았다.

이러한 상태에서는 총독부가 설치됨과 동시에 도저히 문화의 보급, 경제 발달 등을 기하기 어려워, 먼저 도로의 근본제도를 정하고 전 조선에 걸쳐 통제 있는 도로망을 확정하였다. 그리고 제1기 치도계획으로서 조선 개발의 관점에서 가장 급하게 필요하다고 생각하는 주요 1, 2등 도로 34노선, 2,690.1km(685리) 개수를 기획하고 공사비 약 1,000만 원을 투입해 1911년(明治 44)부터 1917년(大正 6)에 이르는 7개년간 실시하였다. 이어 제2기 치도계획을 수립하여 1917년(大正 6)부터 1922년(大正 11)에 이르는 6개년 계속사업으로서 주요 1, 2등 도로 21개 노선, 1,880.3km(478리 8분) 개수와 특수교량 9개소 가설을 합쳐, 총공사비 750만 원 예산으로 착수하였다.

---

51 이 자료는 원자료 말미의 주석에서도 보듯이, 신바 고헤이(榛葉孝平)가 1931년 《朝鮮》에 기재한 원고를 기반으로 본인이 1933년 『조선총람』에 다시 1931년 원고를 수정 보완하여 게재한 것이다. 1931년 원고에서 작성한 도로 개수 구간 수치가 1933년 당시의 것으로 수정되고, 일부 내용이 추가된 것이기 때문에, 1933년 원고를 그대로 번역하였다.

그 뒤 지방산업개발, 혹은 국경 경비의 필요상 긴급하여 놔둘 수 없는 곳을 추가하는 등, 여러 차례 변천을 거쳐 현재 제2기 치도계획은 총공사비가 3,157만 8,001원이 되어 도로 개수 2,308km(587리 7분), 특수교량 가설 4개소와 교량 개량 468개소를 1938년(昭和 13)까지 실시할 예정으로서, 현재 착착 공사를 서두르고 있다.

제2기 치도계획 외에 근래 경제계 불황을 맞아 증가하고 있는 궁민을 구제할 필요가 있었다. 구제상 가장 유효하고 지방개발상 급히 실시할 필요가 있는 토목사업을 일으키는 사업으로써, 1932년(昭和 7)부터 해마다 예산을 요구하여, 3개년간 공사예산 439만 원으로 1, 2등 도로 9개 노선, 연장 약 183km 개수 및 교량 개량, 공사비 예산 50만 원으로 금산도로 4개 노선 67km의 개수를 계획하였다. 또한 북선지방의 천혜의 자원을 개발하고 그 이용후생의 길을 강구하기 위해, 북선개척사업으로서 1932년 이후 15개년에 걸쳐 해마다 예산을 요구하여, 총공사 예산 838만 원으로 함남·함북·평북 세 도의 8개 노선, 연장 약 926km를 개수할 예정으로 공사를 진행하고 있다.

또한, 총독부로서는 이밖에 지방청에서 실시하는 도로 개수계획에 대하여, 연액 20만 원에서 40만 원 정도의 국고를 보조하여 그 조장에 노력하였다. 그 결과, 1930년(昭和 5) 말까지 전 조선에서의 1등 도로는 총연장 3,221km의 9할(2,906km), 2등 도로는 총연장 9,504km의 7할 7푼(7,332km), 3등 도로는 총연장 1만 1,813km의 7할 3푼(8,672km) 등 합계 총연장 2만 4,538km의 7할 7푼에 해당하는 1만 8,910km의 개수를 끝내어, 교통상 면목을 완전히 일신하였다. 우마차의 이용은 물론 자동차를 운전할 수 있는 도로 연장이 1만 5,218km에 달한다.

그런데 이제 미개수 연장 1, 2, 3등 도로 5,628km뿐만 아니라, 교량, 기타 구조물 개량이 필요한 것이 많아서, 이들을 만드는 공사를 빨리 진행할 필요가 있었다. 그리하여 재정 긴축인 시절에도 불구하고 총독부는 일대 영단으로 각 도지방비에 대하여 거액의 국고를 보조하였다. 1931년(昭和 6)부터 1933년(昭和 8)에 이르는 3개년 계속사업으로, 총공사비 2,391만 원을 투자하여 1등 도로 12km, 2등 도로 47km, 3등 도로 825km, 합계 884km의 개수와 도로 개량을 함으로써 도로망의 완성을 꾀했다. 아울러 경제계 불황으로 인한 지방 궁민을 구제하기 위하여 획기적인 본 계획을 수립하고, 현재 각 도는 비상하게 노력하는 중이다.

이 공사들이 완료되면 전 조선 도로망이 한층 그 모양을 갖추고 조선 산업개발에 이바지하는 바가 클 것이라 확신한다.

[주] 이 글은 최근 상황에 기초하여 1931년 7월 잡지 《朝鮮》에 등재한 원고를 정정 증보한 것이다(1933년 3월).

(고태우)

자료 215 | 朝鮮總督府, 1936, 『朝鮮の經濟事情』, 朝鮮總督府, 60~63쪽.

제2장 교통 3. 도로

총독부 설치 당초 먼저 도로의 근본 제도를 수립함과 함께 도로망을 확정하였다. 이 도로망은 1934년(昭和 9) 말 현재 1등 도로 38선(시가지선 21선을 포함) 연장 3,221여 km, 2등 도로 96선(시가지선 9선을 포함) 연장 9,768여 km를 주요 노선으로 한다. 별도로 3등 도로 482선, 연장 1만 3,710여 km로 지방의 맥락을 완성하고자 하였다. 총독부는 도로 수축 제1기 사업으로서 1, 2등 도로 중 중요한 노선 34선 2,690여 km를 선택하여, 공비 1,000만 원으로 1911년(明治 44)부터 7개년 사업으로 공사를 개시하였다. 다음으로 제2기 계획으로서 1, 2등 도로 노선 중 26선 연장 1,731km와 주요한 교량 4개소의 가설을 기획하여 공비 750만 원으로 1917년(大正 6)부터 6개년 계속사업으로서 공사를 진행하고, 다시 1922년(大正 11) 이후 7개년 계속사업으로 2,017만 원을 추가 계상하였다. 또한, 1926년(大正 15)에 이르러 국경도로 530여 km, 공비 566만여 원을 추가하고, 그 뒤 예정계획을 고치거나 폐지할 필요가 생겨 총연장을 2,308여 km로 변경하였으며, 재정 형편에 따라 절약 또는 연기하여 결국 제2기 치도공사의 총공비 예산을 3,111만여 원, 준공기를 1938년(昭和 13)로 바꾸어 실시 중이다.

이밖에 북선지방 중 압록·두만강 두 강의 상류에 천혜의 자원을 개발하고 그 이용 방도를 세우기 위한 북선개척사업을 기획하였다. 이 목적을 달성하기 위한 사업 일부로서 중요 도로 중 2등 도로 538여 km, 3등 도로 239여 km 개수를 결정하고, 1932년(昭和 7) 이후 15개년에 걸쳐, 공비 838만 원으로 1932년부터 공사를 시작하였다. 또한 시국응급시설 토목사업으로서 1932년부터 공비 201만여 원으로 1, 2등 도로, 금산도로와 임도를 개수하였다.

만주국 확립 이래 조선-만주 간 산업, 경제, 치안, 이민 등 제반 교섭이 점차 빈번해져 그 교통 연락이 매우 중요해졌다. 양국 정부가 협의하여 압록강과 두만강에 국경 연락 교량 14개소를 가설하기로 결정하였다. 이 가운데 6개소를 총독부에서 시행하기로 하여 공비 364만 원으로 1935년(昭和 10) 이후 7개년 계속사업으로 착수하였다.

이상 본부에서 직할 시행하는 것 외에 본부는 지방 공공단체에 대하여 보조를 주어 1, 2, 3등 도로를 수축, 개축하고 있는데, 별도로 궁민구제토목사업으로서 국고에서 보조하여 1931년(昭和 6)부터 공비 3,389만여 원, 시국응급시설 토목사업으로서 1932년부터 공비 100만여 원으로 1, 2, 3등 도로의 개수 및 보수공사를 시작하였다.

그 실시 결과 최근 도로 개수가 완료된 구간의 연장은 부역 시공에 의한 것을 더하여 1, 2등 도로 1만 1,485여 km, 3등 도로 1만 673여 km, 금산도로와 임도 연장 174여 km에 달하였다.

〈고태우〉

2. 북선개척사업과 궁민구제사업의 도로 건설

자료 216 | 朝鮮總督府, 1941, 『第79回帝國議會 說明資料(司政)』, 朝鮮總督府, 540~542쪽.

북선 개척 사업 도로 공사의 현황 및 장래 계획

북선지방 중 압록강, 두만강 두 강의 상류 ■■은 ■■ 3천■백■십■ km²에 달하는 조선 제일[隨一]의 밀림을 형성하여 ■■량(■■量)이 실로 3억 7,760만 척체에 달한다. 이뿐만 아니라, 임야 중에는 면적 297km²에 달하는 농경하기에 비옥하고 적합한 땅이 끼어 있고, 지하에는 다량의 금, 은, 동, 철, 흑연, 석탄 등의 광맥이 곳곳에 길게 이어지는 등 하늘이 준 자원이 겹겹이 쌓여 있다. 그러나 교통이 매우 불편하여 이용하고 개발할 길이 없고, 인적[人煙]이 드물어 우량한 목재가 헛되이 고사하고 썩게 둘 수밖에 없는 상태에 있다. 더욱이 화전민이 발호함에 따라 해마다 광대한 아름다운 숲이 불에 다 타버리는 등 천하 만물이 낭비됨이 심하여 이 지방의 개척은 실로 초미의 급무이다. 먼저 교통 개발을 꾀하지 않을 수 없어서, 이 지방의 미개수 또는 미계획된 2, 3등 도로 가운데 중요한 9개선, 966.1km를 개수하여 운수 교통을 편하게 함으로써 북선 척식에 이바지하고자 한다. 경비 총액은 838만 원, 1932년(昭和 7) 이후 22개년 계획으로 착공하였다.

1938년(昭和 13) 4월 조선도로령이 공포되어 당초 계획한 노선명과 도로의 종류 등을 변경하였다. 이밖에 새롭게 두 노선을 추가하여 12선 총연장 1,028.4km를 개수하기로 하고 현재 공사 중이다.

이 공사가 1932년에 착수된 이래 1940년(昭和 15)까지 계상한 공비는 366만 8,000원으로, 그 시행 상황은 다음 표와 같다.

척식도로 개수공사 공정 상태(1941년 9월 말일 현재)

노선명	종별	총연장(km)	개수 완료 연장(km)	공정률(%)	적요
신의주-혜산진선	국도	34.0	26.0	76.5	1939년도 추가 계상 노선
혜산진-회령선	〃	275.1	260.1	94.6	옛 혜산진-무산선, 무산-경흥선

노선명	종별	총연장 (km)	개수 완료 연장(km)	공정률 (%)	적요
함흥 - 신갈파진(新乫坡鎭)선	〃	111.8	59.817	53.5	옛 장진-혜산진선, 신갈파-차천(遮川)선
길주-무산선	〃	222.0	1.15	0.5	
동흥(東興) - 칠평(七坪)선	〃	75.0	-	-	옛 소북동(小北洞) -동흥선. 미착수
주파(周波)-능구(陵口)선	지방도	18.0	17.971	100	옛 장진-혜산진선. 준공
중강(中江) - 강구포(江口浦)선	〃	19.9	19.874	100	옛 장진-혜산진선. 준공
상동구(上洞口) - 삼덕(三德)선	〃	37.5	12.242	32.7	옛 장진-혜산진선
혜산진-합수(合水)선	〃	63.7	63.678	100	준공
혜산진-창평(倉坪)선	〃	59.6	-	-	미착수
가림(佳林) - 대평(大坪)선	〃	28.3	28.28	100	준공
주을온장(朱乙溫場) - 연사(延社)선	〃	83.5	-	-	옛 주을온천 -사지동(四芝洞)선. 미착수
계		1,028.4	489.112[52]	47.2	

(고태우)

---

[52] 원문에는 485.112로 표기되어 있는데, 실제 합계는 489.112로 계산이 된다.

자료 217 | 榛葉孝平, 1937, 《朝鮮及滿洲》第三百五十六號, 朝鮮及滿洲社, 35~37쪽.

조선의 토목사업

2. 도로 개수

1) 보호정치시대의 상황

도로 개수가 미개하고 황폐한 토지를 개발할 때 가장 큰 급한 업무임은 두말할 필요가 없다. 보호정치시대에도 1907년(明治 40)부터 병합에 이르는 4년간 기업공채(起業公債)[53]와 기타로부터 공사비 390여만 원을 할당하여 21개 노선, 200여 리(里)의 도로를 수축했다. 그러나 이 공사는 각지에 산재한 일부 소구간의 도로에 대하여 단편적으로 시행한 것에 지나지 않았다. 조선 전체로 볼 때는 당시 도로로 볼만한 것이 거의 없고 대체로 여전히 여객은 밭두둑[畦畔]을 통행하고 화물 운반은 사람이나 말이 지고 가는 상태였다. 이에 인문의 보급과 경제의 발전은 도저히 기약할 수 없었다.

2) 도로망

따라서 본부는 도로의 근본 제도를 정하여 전 조선에 걸쳐 도로망을 규획, 확정하였다. 도로의 유효 넓이를 1등 도로 7m 이상, 2등 도로 5.5m 이상, 3등 도로 4m 이상으로 하고 일정한 규칙[規矩]에 따라 도로의 계통적 개수에 착수했다.

본부가 규획한 도로망에 따르면 1934년(昭和 9) 말 현재 1등 도로 38선(시가지 21선 포함), 연장 약 3,221km, 2등 도로 96선(시가지 9선 포함), 연장 약 9,768km로, 이에 따라 전 조선의 주요 노선을 형성하고, 도비(道費)로 축조하는 3등 도로는 도지사가 지정 규획하게 하여 482선(시가지 21선 포함), 길이 약 1만 3,710km인 상태이다. 이 도로망이 완성될 무렵에는 우선 지방 차원에서의 연락이 완전해질 것이다. 도로망 완성은 경비 관계로 시행 기간을 몇 시기로 나누어 그 주요한 것부터 점차 시행하고, 되도록 빨리 전 노선의 개수를 완성하고자 한다.

---

53 국가나 공동단체가 사업을 진행할 때 필요한 자금을 확보하기 위하여 발행하는 공채이다.

3) 제1기 계획

본부는 먼저 제1기 치도공사로서 1, 2등 도로망 중 가장 중요한 노선 34선 연장 약 2,690km를 선정하여, 1911년(明治 44)부터 1917년(大正 6)까지 7개년 계속사업으로 공사비 1,000만 원을 계상했다.

4) 제2기 계획

본부는 다시 제2기 계획을 수립하여 미개수 1, 2등 도로 노선 중 교통과 경제상 가장 적절한 26개 노선, 연장 약 1,880km의 수축과 주요 하천의 교량 9개소 가설을 꾀하였다. 1917년부터 1922년(大正 11)에 이르는 6개년 계속사업으로서 총공비 750만 원을 예산으로 계상한 이래 착착 실시 중이었다. 그런데 1918년(大正 7) 이래 물가와 품삯의 등귀, 제도 개혁에 따른 부역 및 용지 기부를 폐지한 결과 공사비가 현저하게 팽창하여 예정과 같이 공사를 진행할 수 없어서, 1921년(大正 10) 말에 약 868km를 시공하고 남았다. 그 가운데 시세의 추이에 따라 당분간 시공을 보류할 수 있는 것을 남기고 예정 노선을 단축하였다. 공사비 734만 원을 늘려 다시 산업개발 및 교통상 가장 급한 국경도로 약 305km를 수축하고, 기설한 목조 교량의 내구력에 비추어 교량 개량을 아울러 시행하여 적어도 교각의 경우 영구적인 공법에 따라 구축하기로 하였다. 1922년과 1923년(大正 12) 계속비 예산에서 앞서 서술한 734만 원과 함께 국경도로 공사비 467만 원, 교량개량비 816만 원을 추가하여 총공사비를 2,767만 원으로 해서 시행연도를 6개년 연장하는 것으로 계획을 변경하였다. 그런데 그 뒤 정부 재정 관계상 1922년부터 1924년까지 사이에 연도할 총액 중에서 414만 원을 순연할 수밖에 없게 되어, 본 계획 준공기를 1933년으로 바꾸었다.

그런데 국경 경비와 산업개발상 국경도로의 관통은 가장 급히 실시할 필요가 있어서, 1926년(大正 15)에 공사비 566만 원을 추가하여 총공사비 3,333만 5원으로 준공기를 1935년(昭和 10)로 고쳤다. 또한 재정 형편에 따라 절약하거나 순연하여 결국 총공사비를 3,111만 9,721원으로 준공기를 1939년(昭和 14)으로 바꾸었다.

5) 북선척식도로

북선지방 중 압록강, 두만강 두 강의 상류지대에 천혜의 자원을 개발하고 이용후생의 길을 강구하기 위해 북선개척사업을 기획하였다. 이에 따라 그 목적을 달성하는 데 필요한 사업 일부로 중요도로 중 2등 도로 538.8km, 3등 도로 239.7km 개수를 결정하였다. 1932년(昭和 7) 이후 22개년에 걸쳐 공사비 838만 원으로 예정하여 공사가 진행 중이다.

6) 국방도로

함경북도는 만주와 소련 국경을 접하여 국방상 매우 중요한 지대로 사단과 기타 군사시설이 배치되어 있다. 그러나 교통기관이 정비되지 않아 각종 행동에 매우 불편하고 유사시 큰 일을 당할 수 있어서 그 도로망 완성은 상당히 급한 일이다. 이것이 완성되려면 대개 525만 원이 필요할 전망인데, 재정 관계상 당장 1937년(昭和 12)부터 공사비 200만 원의 2개년 계속사업으로서, 긴급한 부분 세 노선 43.4km를 개수하고, 7개 노선 710개소의 개량과 88개소 교량의 개량을 실시하기로 되었다.

7) 선만 국경교량 가설

만주국 확립 이래 조선과 만주 사이에 산업, 경제, 치안, 이민 등 제반 교섭이 매우 빈번해져서 교통 연락이 중요해졌다. 이에 1934년(昭和 9) 5월 양국의 당무자가 만나 국경의 교통로와 그 교량에 관한 사항을 협의하고, 일정한 목표를 정하여 협상을 수차례 거듭한 이래 1936년(昭和 11) 12월에 협의가 완료되어 양국이 각서를 교환했다. 양국은 이에 기초하여 계획을 수립해 조선 측에서는 6개 교량, 만주국 측에서는 8개 교량을 압록강과 두만강 위에 가설하기로 하였다. 조선 측에서 필요 예산 364만 원(1935년 이후 7년 계속사업)을 예상하여 현재 공사 시행 중이다.

8) 국고 보조 치도공사

이상 본부에서 직접 관할해 시행하는 것 외에, 본부는 별도로 지방청에 연액 10만 원 내지 40여만 원의 국고 보조를 하여 주로지방 교통상 특히 급히 시행할 필요가 있는 1, 2등 도로의 수축·개축을, 또한 도지방비 또는 부역에 의해 3등 도로를 수축·개축하기로 하였다. 1930년(昭和 5) 말까지 수축을 완료한 것은 1, 2등 도로 약 478만 6,439m, 3등 도로 약 855만 7,160m에 달하여 이 국고 보조금액 619만여 원(한해구조보조 및 우박피해구제보조 181만 6,723원

포함)이었다. 그런데 이 개수 이정(里程)[54] 약 1,334만 3,585m 가운데는 당장 급하게 속성으로 진행하여, 일부 도로규칙에 따른 축로(築路)표준에 적합하지 않는 것이 있다. 이 국고 보조는 도지방비로 재원을 옮겨 1920년(大正 9) 이후 일단 이를 폐지했는데, 1924년(大正 13)에 이르러 부활했다. 또한 궁민구제 및 지방진흥토목사업으로서 국고에서 보조를 받아 1931년(昭和 6)부터 총공사비 3,730만 4,000원으로 1, 2, 3등 도로의 개량공사를 일으켰다.

이상에서 서술한 외에 시국응급시설토목사업으로서 1932년(昭和 7)부터 전부 국비 지변(支辨)의 총공사비 예정액 201만 2,280원으로 1, 2등 도로, 금산(金山)로와 임도의 개수를 진행했고, 국고에서 보조를 받아 3등 도로 개수와 보수공사를 일으켰다.

9) 기성 연장

이상 기성 도로의 총연장은 최근 조사에 따르면 1, 2등 도로 약 1만 1,658km, 3등 도로 약 1만 987km로서, 이를 도로망 총연장에 대비하면 1, 2등 도로는 약 8할 9푼, 3등 도로는 약 7할 7푼에 해당한다. 이밖에 금산도로와 임도 연장 174km 736곳[55]을 개수하여 영업자동차의 연장 운전망 약 2만 249km에 이르러 조선 교통의 면목을 일신하였다.

나아가 제2기 국비 치도공사가 준공될 때는 제3기 치도계획을 수립하여 산업개발과 인문의 진흥에 이바지할 것이다.

(고태우)

---

54 일본의 거리 단위인 리(里. 1리는 3,927.2m)로 표시한 거리이다.
55 원문에는 단순히 숫자 736만 표기되어 있어 736곳으로 번역했다.

자료 218 | 朝鮮總督府 土木課長, 1937, 『拓殖道路·道路修築改良·國防道路實施計劃書綴』, CJA0015364, 14~27쪽.

쇼와 12년도 척식 도로 개수 공사 실시 계획의 건

1937년(昭和 12) 척식 도로 개수 공사 실시 계획의 건 별지와 같이 결정하여도 될지 결재 부탁드립니다.

비고

척식 도로 개수 공사는 북선 척식 사업에 순조롭게 대응하기 위하여 총공사비 838만 원으로 1932년(昭和 7)부터 1946(昭和 21)에 이르기까지 15년 간 함남(咸南), 함북(咸北), 평북(平北) 각 도 오지의 2, 3등 도로 약 966km를 개수하는 계획으로, 1932년(昭和 7)부터 착수하여 진행 중이다. 1935년(昭和 10) 국경 연락 교량 가설비를 염출(捻出)했기 때문에 연 할액(割額)을 37만 5,000원(봉급사무비 3만 3,000원, 공사비 34만 2,000원)으로 줄였으며 그 시행 연도를 1953년(昭和 28)으로 연장하여 실시 중인데 올해에는 전년도에 이어서 별지와 같이 노선을 개수시키려고 합니다.

1937년(昭和 12) 척식 도로 개수 공사 실시 계획서

도로	등급	도로명	시행구간	공사비	적요
함남	2	장진-혜산진 선	장진-삼수 간	230,000	개수거리 350km
함북	2	무산-경흥 선	무산-회녕 간	100,000	개수거리 80km
계				330,000	
측량비				2,000	함남 2,000원
잡비				10,000	함남 7,000원 함북 3,000원
계				12,000	
합계				342,000	

개정 척식 도로 개수 공사 노선별 연도별표(22개년 계획) 1935년(昭和 8) 8월 개정

도명	노선명	등급	총공사비		시행 연도별						
					1932~1935 지출액	1936	1937	1938	1939	1940	1941
평안북도	소북동-동흥선	3	공사비(원)	490,000							
			연장(km)	75.0							
함경남도	장진-혜산진선	2	공사비(원)	1,754,000	218,000	171,000	197,000	222,000	142,000	142,000	132,000
			연장(km)	180.0	19.2	17.9	20.6	23.2	14.9	14.9	13.8
	혜산진-무산선	2	공사비(원)	420,000	226,200						
			연장(km)	70.0	55.9						
	혜산진-합수선	3	공사비(원)	292,000	194,492						
			연장(km)	52.1	52.1						
	혜산진-창평선	3	공사비(원)	250,000					80,000	80,000	90,000
			연장(km)	40.6					13.0	13.0	14.6
	신갈파진-차천선	3	공사비(원)	131,000	131,000						
			연장(km)	14.5	14.5						
함경북도	혜산진-무산선	2	공사비(원)	723,000	293,303				107,000	120,000	120,000
			연장(km)	105.0	46.2				14.6	16.4	16.4
	길주-무산선	2	공사비(원)	1,907,000							
			연장(km)	222.0							
	무산-경흥선	2	공사비(원)	800,000	464,000	171,000	145,000				
			연장(km)	89.8	55.7	18.5	15.6				
	주을온천-사지동선	3	공사비(원)	640,000							
			연장(km)	83.5							
	혜산진-창평선	3	공사비(원)	133,000					120,000	13,000	
			연장(km)	19.0					17.2	1.8	
	혜산진-합수선	3	공사비(원)	90,000	90,000						
			연장(km)	14.6	14.6						
공사비 계			공사비(원)	7,630,000	1,617,000	342,000	342,000	342,000	342,000	342,000	342,000
			연장(km)	966.1	258.2	36.4	36.2	40.4	44.3	44.3	44.8
봉급사무비(원)				750,000	176,000	33,000	33,000	33,000	33,000	33,000	33,000
합계(원)				8,380,000	1,793,000	375,000	375,000	375,000	375,000	375,000	375,000

시행 연도별											
1942	1943	1944	1945	1946	1947	1948	1949	1950	1951	1952	1953
			66,692	222,000	201,308						
			10.2	34.0	30.8						
158,200	162,000	152,000	57,800								
16.6	17.0	15.9	6.0								
63,800	60,000	70,000									
14.1	-	-									
			97,508								
			-								
82,692											
11.4											
37,308	120,000	120,000	120,000	120,000	140,692	194,000	214,000	214,000	214,000	214,000	199,000
4.3	14.0	14.0	14.0	14.0	16.4	22.6	24.9	24.9	24.9	24.9	23.1
						20,000					
						-					
						128,000	128,000	128,000	128,000	128,000	
						16.7	16.7	16.7	16.7	16.7	
342,000	342,000	342,000	342,000	342,000	342,000	342,000	342,000	342,000	342,000	342,000	199,000
46.4	31.0	29.9	30.2	48.0	47.2	39.3	41.6	41.6	41.6	41.6	23.1
33,000	33,000	33,000	33,000	33,000	33,000	33,000	33,000	33,000	33,000	33,000	33,000
375,000	375,000	375,000	375,000	375,000	375,000	375,000	375,000	375,000	375,000	375,000	212,000

비고: 시행 연장이 기입되지 않은 것은 가설 구조물 가환비(架換費)로 한다.

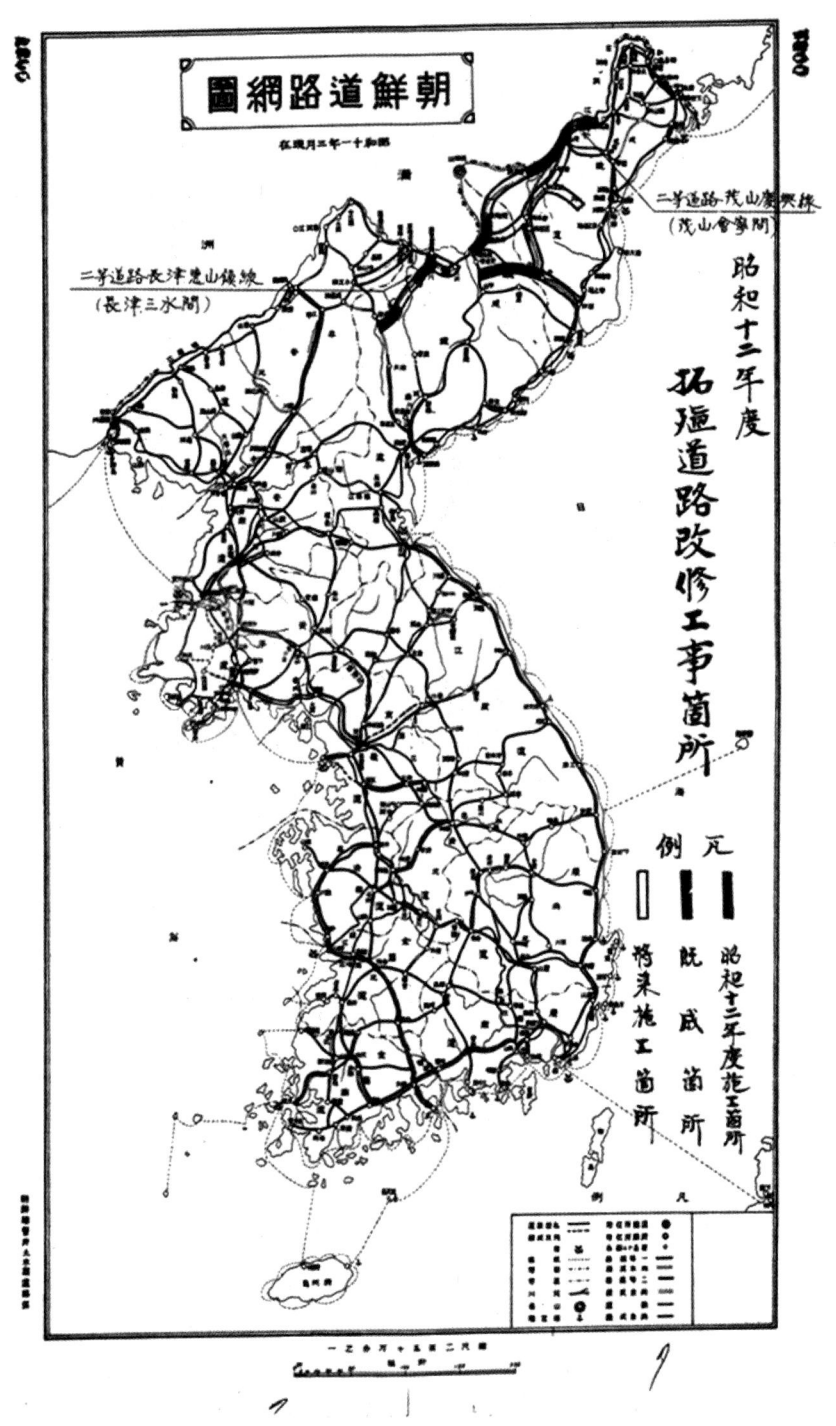

1937년(昭和 12)도 척식 도로 개수 공사 계획도, 조선도로망도(국가기록원 소장 CJA0015364)

1937년(昭和 12) 척식 도로 개수 공사 실시 계획의 건

내무국장

함경북도 지사 앞

1937년(昭和 12) 척식 도로 개수 공사에 관해서는 별지를 통해 공사 시행 방안을 귀관에게 위탁하려고 하니 설계 승인의 방안을 신청합니다.

제2안

내무국장

함경남도 지사 앞

1937년(昭和 12) 척식 도로 개수 공사에 관해서는 공사 시행 방안을 귀관에게 위탁하려고 하니 가능한 조치를 해주시기 바랍니다.

부(付)

1937년(昭和 12) 척식 도로 개수 공사 실시 계획서

등급	노선명	시행구간	공사비(원)	적요
2	장진-혜산진 선	장진-삼수 간	230,000	개수거리 35.0km
	측량비		2,000	
	잡비		7,000	
	계		239,000	

(박진서)

자료 219 | 《北鮮時事新報》, 1937. 10. 8.

함남도(咸南道) 소관 사업, 화전민 지도가 주(主), 척식 도로는 360km, 성적은 매우 순조

북선 개척사업 중 함남도 소관에 속하는 것은 그 대부분이 화전민의 지도 시설(施設)이다. 즉, 북선 개척 지역 안의 화전민 1만 3,764호에 대하여 농림업의 지도 장려, 교풍(矯風) 교화 사업 등 정착을 위해 필요한 선도 시설을 계획하는 것이다. 이를 위해서 현장에 지도원 20명, 감독 기수(技手) 2명이 배치되어 지도를 맡고 있다. 현재 경작 중인 화전 중 폐지할 필요가 있는 곳은 다른 국유림 안의 다른 땅을 대가로 주어 이주하도록 알선한다는 계획이다. 다음으로 함남도 안에서 척식도로의 신설은 364km로, 이미 올해 일부는 신설되고 있다. 특히 화전민의 지도는 순조롭게 계획이 진행되고 있으며, 이를 실시할 때는 "관의 시설에 따라서 근면한 농민으로서 정착한다"라는 승낙서[請書]를 화전민으로부터 받아서 열심히 지도에 임하고 있는데 그 성적이 매우 좋다.

(박진서)

자료 220 | 齋藤實, 1931, 《朝鮮》第百九十二號, 朝鮮總督府, 1~2쪽.

궁민구제사업에 관하여

1931년(昭和 6) 조선특별회계 세입출 예산도 무사히 제국의회를 통과하고, 미리 계획한 궁민구제사업도 예정대로 지방비 사업으로서 올해 4월이 되자마자 착수하여 참으로 흔쾌하다.

무릇, 이 사업은 6,500여만 원의 큰 비용을 들여 1931년부터 1933년(昭和 8)까지 3개년간 계속사업으로, 전 조선에 걸쳐 도로, 하천, 항만, 치수, 수도, 사방(砂防) 등 각종 공사를 시행하는 것이다. 재정 긴축인 이때에도 불구하고 이와 같은 큰 사업을 계획한 것은 첫째로 재계 불황으로 인하여 궁민(窮民)의 생활난을 완화하고, 아울러 조선의 산업개발에 이바지하기 위해서이다. 따라서 사업 실시를 맞이하여 먼저 본 사업 시행의 취지에 비추어, 품삯[勞銀]의 살포를 적정하고 공평하게 함으로써 궁민을 진휼함과 동시에, 사업 준공에 따른 효과를 가장 유의미하게 하도록 오늘부터 신경을 쓰는 것이 가장 중요하다.

이 사업은 3개년으로 마치는 단기 사업이다. 여기에 종사하는 노동자가 만약 소득을 낭비하거나 방만하게 생활비를 늘려 뒷날에 준비하는 바가 없다면, 사업 시행이 도리어 순박한 농촌의 미풍양속을 무너뜨리고, 게으르고 멋대로 노는 폐습에 젖어 장래 나쁜 폐단을 낳을 우려가 없지 않다. 그러므로 사업에 종사하는 자는 본 사업의 취지를 잘 이해하여 무익한 낭비를 피하고, 한층 소박하고 검약하게 생활하며 항상 미풍양속을 유지하고, 화려함을 좇아 가볍게 행동하지 않도록 조심해야 한다.

본 사업은 앞서 말했듯이 교통 발달, 산업개발 등과 지대한 관계가 있다. 도로의 경우는 기성 부분에 더하여 전 조선 도로망의 약 8할이 이에 따라 완성하게 되고, 지방의 어항도 가장 긴급한 11개 항이 수축될 예정이다. 하천개수는 종래 계속사업으로서 착수하고 있는 6개 하천에 더하여 12개 하천(이미 착수한 하천에 추가 시행하는 것을 포함)으로 늘어났는데, 이들 하천은 주로 넓은 면적의 경지를 포용하는 곳을 선택하였기 때문에, 준공되면 당연히 토지개량사업도 촉진할 수 있으리라 확신한다.

요컨대 본 시설은 조선으로서는 확실히 획기적인 일대 사업이라 말할 수 있다. 이에 본 사업에 직간접적으로 관계가 있는 자는 물론, 일반 관민 여러분도 위에서 서술한 취지를 잘 헤아려 사업 수행을 위해 노력할 것을 간절히 바라는 바이다.

(고태우)

자료 221 | 榛葉孝平, 1931, 《朝鮮》第百九十一號, 朝鮮總督府, 20~30쪽.

궁민구제와 토목사업

1931년(昭和 6)부터 1933년(昭和 8)에 걸쳐 3개년 계속사업으로 시행할 궁민구제토목사업에 관하여 간단하게 설명하고 싶습니다.

본 사업의 목적은 조선의 현상에 비추어 궁민을 구제하여 민력을 함양하고, 국토의 개발을 꾀하는 것입니다. 총독께서도 이 사업이 매우 중요하기에 예사롭지 않게 사업의 성립에 힘을 기울인 바입니다. 다행히 중앙정부에서도 조선의 특수사정과 당국의 굽히지 않는 열성을 헤아려 재정난이 심상치 않은 때에도 불구하고, 내지에서 이 정도의 방대한 사업을 인정한 것은 참으로 경하해 마지않는 바입니다.

본 사업의 예산총액은 6,527만 6,200원으로, 이 중 750만 원이 사방공사비이고, 토목사업비는 5,777만 6,200원입니다. (내역은 제2표)

이제 이 토목사업의 대요를 종류별로 말씀드리면,

1. 먼저 도로 공사로서는 각 도 일제히 1, 2, 3등 도로의 개량공사를 진행하려고 하여, 종래 운수 교통상 가장 필요하다고 느낀 부분을 개수하고, 아울러 교량 교체 및 신설을 하고자 합니다. 이것이 실시되면 도로교통의 면목이 일신하리라 생각합니다. 그 총공사비는 2,391만 원으로, 한 도에 적게는 40만 원, 많게는 300만 원을 계상했는데, 도 별 공사비의 차등이 있는 까닭은 각 도의 부담력과 각 도에서 필요한 공사의 분량을 고려하여 정했기 때문입니다.
2. 다음은 치수공사인데, 이는 조선의 하천 가운데 이미 1925년(大正 14) 이래 계속해서 국비 예산으로 개수하고 있는 6대 하천 외에, 가장 긴급한 12개 하천을 골라서 개수하고자 하는 것입니다. 이것이 완성되면 5만 6,690정보의 경지가 완전히 수해에서 벗어날 것이며, 총공사비는 2,427만 원입니다. 말할 것 없이 조선의 치수사업은 매우 중요한 문제입니다. 끊임없이 홍수의 위협을 받는다면 농민이 안심하고 생

업에 힘쓰는 것이 불가능합니다. 따라서 이 치수사업이 민심 안정에도 효과가 큰 점은 의심할 바 없습니다.

이외에 지방하천 8개 하천의 국부 개수공사가 있는데 총공사비 52만 9,400원입니다.

3. 다음으로 어항 수축이 11개 항으로, 총공사비는 264만 1,000원입니다.

   어업은 조선의 산업 가운데 매우 중요한 것으로, 여기에 종사하는 어선의 안전한 정박지, 곧 어항이 적은 것이 매우 유감인데, 가장 급한 11개 항이 이번에 수축되는 것은 참으로 경하할 만한 것입니다.

4. 다음으로 12개소의 수도(水道)를 신설하거나 확축하려는 것인데, 총공사비는 223만 2,800원입니다.

   종래 부설된 것에 더하면 총수가 41개소가 됩니다. 이에 따라 조선의 현재 주요한 도읍에는 대부분 수도가 보급될 것입니다.

5. 다음으로 하수가 3개소로, 43만 원의 공사비입니다.

6. 또한, 도시계획에 관한 공사는 3개소입니다. 총공사비 376만 3,000원으로, 대부분 비용은 부산의 시구개정과 부산과 목도(牧ノ島)를 연결하는 도교(渡橋)공사로, 360만 원입니다. 공사비 대부분은 부산부가 부담합니다.

이상과 같이 여러 분야의 토목공사로, 이에 따라 종래 각 지방에서 간절히 바란 현안은 대체로 일소될 것입니다. 따라서 각 지방 함께 보편적인 이익을 누리게 될 것입니다.

앞서 말씀드린 것처럼, 본 사업 목적의 첫째는 궁민구제에 있습니다. 곧 품삯을 지방에 합리적으로 살포하여, 지방민의 생활을 안전하게 하는 것입니다. 대체 토목사업이란 것은 경세가가 잊어서는 안 되는 것으로, 고래로 영웅호걸의 선비가 그 뜻을 천하에서 얻을 때 왕성하게 토목을 일으킨 점은 동서 역사에서 보는 바입니다. 이는 저 큰 토목사업이 호걸의 기상을 떨친 것이라는 의미도 있는데, 참된 뜻은 계속되는 전란에 따라 피폐한 인민을 진휼함에 있다고 해도 틀리지 않을 것입니다. 실제 이러한 경우에 손에 돈을 쥐어 주는 토목사업만큼 빨리 효과를 보는 것은 없습니다. 태평한 시대에는 전란에 피로한 민(民)이 없는데, 문화가 진전되어 빈부 격차가 벌어지면 궁민이 발생합니다. 이에 토목사업을 일으켜, 세상에 궁민이 없도록 하는 것은 경세가의 임무일 것입니다.

그래서 본 사업에 따라 어느 정도의 품삯이 지방에 살포될지 관찰하면, 이 토목사업비 5,777만 6,200원 중 약 5할, 곧 2,888만 8,100원을 품삯으로 추산하면 타당합니다. 그리되면 3년간 2,888만 8,100원의 품삯이 지방에 살포되는 것입니다. 하루 한 사람의 임금을 70전으로 가정하면, 4,127만 명의 노동력이 됩니다. 이를 3개년으로 균분하고 다시 가능한 공사일 수로 할당하면, 매일 약 5만 7,000명을 사용하게 됩니다.

이 밖에 사방공사와 이미 정해진 토목·철도·수리 등 공사에 필요한 노동력을 합산하면 많은 노동력이 필요할 전망입니다.

이상에서 말씀드린 품삯 외에 공사재료품의 구입대금도 상당히 조선에 살포되기 때문에, 지방민의 생활에 광명을 드리움은 물론 조선 재계에 활기를 부여하리라 믿습니다. 이 사업은 전부 국고보조사업으로, 지방 공공단체에서 시행해야 할 것입니다. 그 규모가 몹시 크고 공사 기간이 겨우 3년의 단기간이기 때문에, 지방 공공단체의 재정을 괴롭고 힘든 상태[苦境]로 빠뜨리지 않을까 걱정하는 분도 있는 것 같습니다. 그러나 본 사업비의 약 6할 5푼은 국고보조이며 그 잔액을 지방 공공단체가 부담합니다. 게다가 사업비는 공사 시행 연도의 소요에 응하여 기채(起債)로 조달하여 이를 5년간 거치하고 그 뒤 15년간에 연부 상환할 계획으로, 충분히 지방 공공단체의 부담력을 고려하여 계획하였습니다. 따라서 결코 재정을 위협할 우려는 없습니다. 시험 삼아 기채 상환 연차 중 최고 연액을 산출하여 보면 다음 표와 같습니다. 상환 재원으로 현재 도지방비 세출 토목비로 충당해도 충분히 조치할 수 있다는 계산이 나옵니다.[56]

---

[56] 도로개량공사비 예산 총괄표 이하의 치수사업비, 지방비·부면보조공사비 등의 예산 총괄표는 생략한다.

제1호 표1 조선 궁민구조시설비 각 도별 부담 조사

(단위: 원)

구별	공사비 총액	공사비 내역		지방 부담 내역		기채 부담 중 확실한 수입원이 있는 부분	일반 재원에 의해 상환해야 할 기채	원리상환 연할(年割) 최고 (1938년)
		국고 부담	지방 부담	기채가 아닌 부분	기채에 따른 부분			
경기	7,360,000	5,188,000	2,172,000	60,000	2,112,000	980,000	1,132,000	111,800
충북	821,900	549,950	271,950	79,496	192,454	6,660	185,794	18,300
충남	8,010,000	5,827,000	2,183,000	550,700	1,632,300	1,444,000	188,300	18,600
전북	3,550,000	2,129,000	1,421,000	639,430	781,570	214,000	567,570	56,000
전남	3,982,500	2,146,250	1,836,250	905,210	931,040	100,000	831,040	82,100
경북	8,125,800	4,932,600	3,193,200	1,620,910	1,572,290	216,800	1,355,490	133,900
경남	7,670,000	2,882,400	4,787,600	977,700	3,809,900	2,876,600	933,300	92,200
황해	4,780,000	3,324,000	1,456,000	478,140	977,860	663,593	314,267	31,000
평남	3,710,000	2,597,000	1,113,000	317,320	795,680	313,200	482,480	47,600
평북	3,206,000	2,409,000	797,000	510,000	287,000	24,800	262,200	25,900
강원	3,320,000	2,572,000	748,000	311,440	436,560	120,000	316,560	31,200
함남	7,362,000	5,861,300	1,500,700	116,300	1,384,400	66,700	1,317,700	130,000
함북	3,378,000	2,625,000	753,000	140,920	612,080	149,954	462,126	45,600
계	65,276,200	43,043,500	22,232,700	6,707,566	15,525,134	7,176,307	8,348,827	824,200
1도 평균	5,021,246	3,311,038	1,710,208	515,966	1,194,241	552,023	642,217	63,400

제1호 표2 도지방비 상황

(단위: 원)

구별	지방비예산 (1930)	지방세수입 (1930)	지방비 잉여금 (1928 결산)	지방비 기채액 (1928)	지방토목비(1930)		
					총액	경상비	임시비
경기	3,971,792	2,207,591	533,212	0	624,876	156,118	468,758
충북	1,217,845	760,179	108,226	14,485	143,145	78,565	64,580
충남	2,345,552	1,573,723	145,207	0	280,919	90,679	190,240
전북	2,497,750	1,470,120	213,913	0	316,065	118,196	197,869

구별	지방비예산 (1930)	지방세수입 (1930)	지방비 잉여금 (1928 결산)	지방비 기채액 (1928)	지방토목비(1930)		
					총액	경상비	임시비
전남	3,164,147	2,004,292	216,720	0	456,947	101,303	355,644
경북	3,435,988	2,208,050	356,050	150,183	507,502	164,012	343,490
경남	3,426,560	2,204,090	360,034	0	510,247	89,711	420,536
황해	2,279,422	1,392,372	226,542	84,148	440,114	96,424	343,690
평남	2,535,895	1,018,932	514,315	0	381,415	150,097	231,318
평북	2,061,747	926,178	197,892	0	307,526	185,926	121,600
강원	1,742,294	852,798	166,840	310,541	202,879	88,605	114,274
함남	1,837,442	806,334	119,299	569,449	207,653	110,353	97,300
함북	1,795,735	470,809	213,068	214,579	122,808	94,568	28,240
계	32,312,169	17,895,468	3,371,318	1,343,385	4,502,096	1,524,557	2,977,539
1도 평균	2,485,551	1,376,574	259,332	103,337	346,315	117,274	229,041

제2호 표1 지방토목(궁민구제) 공사비 예산 총괄표

(단위: 원)

종별	총공비	시행 연도별 할당액		
		1931	1932	1933
도로	23,910,000	8,006,000	7,966,000	7,938,000
치수	24,270,000	8,082,000	8,092,000	8,096,000
기타	9,596,200	3,437,950	3,218,250	2,940,000
합계	57,776,200	19,525,950	19,276,250	18,974,000

제2호 표2 도로개량공사비 예산 총괄표

(단위: 원)

도명	공사명	사업주체	총공비	시행 연도별 할당액		
				1931	1932	1933
경기	1, 2, 3등 도로 개량공사	도지방비	2,450,000	820,000	820,000	810,000
충북			400,000	136,000	136,000	128,000
충남			1,400,000	470,000	470,000	460,000
전북			1,750,000	590,000	580,000	580,000
전남			2,100,000	700,000	700,000	700,000
경북			2,800,000	940,000	930,000	930,000
경남			2,310,000	770,000	770,000	770,000
황해			2,100,000	700,000	700,000	700,000
평남			1,750,000	590,000	580,000	580,000
평북			2,100,000	700,000	700,000	700,000
강원			3,000,000	1,000,000	1,000,000	1,000,000
함남			1,050,000	350,000	350,000	350,000
함북			700,000	240,000	230,000	230,000
계			23,910,000	8,006,000	7,966,000	7,938,000

(고태우)

3. 도로를 이용한 전시 물자의 공급과 금 수탈

자료 222 | 朝鮮總督府, 1941, 『第79回帝國議會說明資料(司政)』, 朝鮮總督府, 304~305쪽.

도로 개축 계획

부록

선만(鮮滿) 국경 가교(架橋)협정의 내용, 피아(彼我) 공사 진척 상황

국방 도로 개수 요구와 실시 계획

조선의 치도(治道) 공사는 국도 도로망[57] 총연장 약 1만 2,580km이다. 한국 정부 시대에 개수했던 것과 총독부에서 국비로 개수했던 것, 국고보조 및 부역으로 개수했던 것의 연장은 1만 1,480여 km이다. 남은 1,100여 km는 미개수에 속한다. 그리고 미개수 중 제2기 치도 계획으로서 1941년(昭和 16)까지 개수해야 할 것 12km, 북선개척사업으로서 1953년(昭和 28) 까지 개수해야 할 것 374km, 국방도로로서 1944년(昭和 19)까지 개수해야 할 것 198km, 국도 수축(修築)으로서 1943년(昭和 18)까지 개수해야 할 것 18km, 합계 602km를 개수할 예정이다. 이로써 여전히 계획이 다 세워지지 않은 것은 500km이다. 그러나 앞서 언급한 개수가 완료된 구간이면서 부역으로 개수한 개소는 물론 기타 개소에서도 「도로수축표준」에 적합하지 않은 것이 많아, 장래 개수 또는 개량해야 할 국도의 연장은 1만 310km이다. 여기에 교량 가설 및 반영구적이거나 일시적인 구조(構造)로 교량 개량이 필요한 것으로써 계획 미정인 것 1,700개소를 합하면, 총공사비 1억 3,500만 원이 필요하다.

부록 1) 선만 국경 가교 협정의 내용, 피아 공사 진척 상황

(1) 가교 협정의 내용

1936년(昭和 11) 12월 일만(日滿) 양국 관헌 사이에 교통로 및 그 가교에 관한 사항을 협정하였는데, 그 내용은 다음과 같다.

---

[57] 세 글자 가운데 도(道)자는 확실하지만 뒤의 두 글자는 원문 상태가 좋지 않아서 "도로망"으로 추정함.

① 압록강(鴨綠江) 및 도문강(圖們江) 가교에 관한 각서

제1. 일본국 당해 관헌은 압록강변 청성진(淸城鎭), 자성강(慈城江) 어귀, 후창강(厚昌江) 어귀, 신갈파진(新乫坡鎭) 및 도문강변 온성(穩城), 경원(慶源)에, 그리고 만주국 당해 관헌은 압록강변 벽동(碧潼), 초산(楚山), 임강(臨江), 장백(長白) 및 도문강변 삼장(三長), 무산(茂山), 회령(會寧), 경흥(慶興)에 각각 대안(對岸)에 이르는 공도교(公道橋)를 건설하는 것으로 한다.

    단, 위 가교 지점을 변경할 필요가 생길 경우, 미리 조선총독부 내무국과 만주국 국도국(國道局) 간 협의 후 결정하는 것으로 한다.

    전항의 공도교에는 부대시설로서 교량의 방호 광사(匡舍)와 함께, 일만 양국의 세관과 경찰에 제공하기 위하여 다리 쪽에 세관 감시소용과 경찰관 파출소용 청사를 건설하는 것으로 한다.

제2. 전호 제1에 의하여 건설한 각 공도교와 부대시설은 각각 이를 건설한 당해 관헌이 속한 나라의 재산으로 한다.

제3. 각 공도교와 부대시설의 건설은 조선총독부 내무국과 만주국 국도국에서 각각 이를 담당하는 것으로 한다. 조선총독부 내무국과 만주국 국도국은 위 건설을 맞아 설계서를 작성한 후 미리 상호 협의하는 것으로 한다.

제4. 각 공도교와 부대시설의 건설은 본 각서 실시 후 7년의 기간 내에 완료하는 것으로 한다. 단, 부득이한 이유로 위 기간 내에 건설을 완료할 수 없을 때는 조선총독부 내무국과 만주국 국도국이 협의하여 필요한 유예 기간을 정하는 것으로 한다.

제5. 일본국 당국자와 만주국 당국자는 각자 자국 영역 내에서 상대국 당해 관헌이 행하는 측량과 각 공도교 및 부대시설 공사 시행에 편의를 제공하는 것으로 한다.

제6. 일본국 당국자와 만주국 당국자 중 어느 한 편이 각 공도교의 교대(橋台)와 부대시설의 건설에 필요한 부지 또는 공사장에 제공할 목적으로, 상대국의 영역 내에서 토지를 차입할 경우에 상대국 관헌은 필요한 알선을 하는 것으로 한다. 단, 토지 매수가 필요할 경우에는 상대국 관헌이 자신의 ■■로써 이를 매수하여 상대방에 제공하는 것으로 한다.

제7. 각 공도교의 부대도로는 해당 도로가 소재하는 국가의 당해 관헌이 건설하는 것으

로 한다.

제8. 일본과 만주 양국 관헌은 본 각서에 의한 공도교와 부대시설의 건설 또는 수선에 필요한 재료, 기계, 기구로써, 일본국 또는 만주국 세관장이 특별히 허가하거나 지정한 공사 구역 내에서 소비되거나 사용 후 반환되는 것에 대해서는 일본국 측 또는 만주국 측에서 관세 및 기타 조세와 일체의 공과(公課)를 면제할 수 있도록 필요한 조치를 하는 것으로 한다.

제9. 각 공도교와 부대시설의 유지 및 수선은 이를 건설한 국가의 당국자가 시행하는 것으로 한다. 단, 수선이 중대한 경우이거나 수선 개소가 상대국이 사용하는 부대시설에 속할 경우에는 미리 상대국의 당국자와 협의하고 이를 행하는 것으로 한다.

제10. 일만 양국 관헌은 본 각서에 따라 건설되는 각 공도교 위의 교통에 관해 국가와 지방 관헌 또는 공공단체에서 요금을 징수하지 못하도록 필요한 조치를 취하기로 한다.

제11. 이미 도문강 위에 건설을 완료한 훈계교(訓戒橋)와, 장래 일만 양국 당국자 협의에 따라 본 각서 제1에서 규정하는 지점 이외인 곳에서 압록강 위 또는 도문강 위로 건설될 공도교와 부대시설에 관하여 가능한 한 본 각서를 적용하는 것으로 한다.

1936년(昭和 11) 12월 10일
1936년(康德 3) 12월 10일   신경(新京)에서

조선총독부 정무총감	성명	印
간도 주재 일본국 총영사	성명	印
안동 주재 일본국 영사	성명	印
만주국 민정부 대신	성명	印
만주국 국무원 국도국장	성명	印

② 압록강과 도문강 가교 지점 변경에 관한 협정

1936년 12월 10일 일만 양국 당해 관헌 사이의 협정에 의한 압록강 및 도문강 가교에 관한 각서 제1에서 정한 공도교 가교 지점 가운데 벽동, 초산, 후창강 어귀과 자성강 어귀는 동 각서 제1의 제1항 단서에 따라 다음과 같이 변경할 것을 협정한다.

조선총독부 가설 분

기정 가교 지점	변경 가교 지점	사유
자성강 어귀	연풍동(삼도구) 현재의 가교지에서 상류 약 6km 지점	이미 정한 가교 지점은 압록강 수력발전사업의 저수지 때문에 수심이 30m가 되므로 가교가 불가능함
후창강 어귀	신아산	이미 정한 가교 지점은 압록강 수력발전 사업의 저수지 사업 때문에 수심이 80m가 되므로 가교가 불가능할 뿐만 아니라, 부근에 적당한 가교 지점이 없음

만주국 가설 분

기정 가교 지점	변경 가교 지점	사유
초산	유수림자강 어귀 현재의 가교지에서 상류 약 6km 지점	이미 정한 가교 지점은 압록강 수력발전 사업 때문에 수심이 20m이므로 가교에 곤란함
벽동	만포진	이미 정한 가교 지점은 압록강 수력발전 사업 때문에 수심이 60m이므로 가교가 불가능할 뿐만 아니라, 부근에 적당한 가교 지점이 없음. 그리고 만포진 철도교 가설에 관해서는 최소 인도를 첨가할 예정이었다. 그럼에도 철도 당국이 연구한 결과 첨가했을 때 도리어 경제적으로 타당하지 않다는 결론에 이르러서, 이를 첨가하지 않기로 결정했다. 그러나 본 지점은 선만 교통의 요충지에 해당하므로 따로 이를 가설할 필요가 있다.

1938년(昭和 13) 7월 23일

1938년(康德 5) 7월 23일

조선총독부 내무국장	성명	印
만주국 교통부 도로사장(道路司長)	성명	印

③ 국경 교량(신아산교) 가설 지점 변경에 관한 협정

1938년 7월 23일 일만 양국 당해 관헌 사이의 협정에 근거하여 가교 공사를 실시 중이던 국경 교량 신아산교(新阿山橋)는 현지 상황의 변화에 따라 그 이용 가치가 현저히 감소하게 되었다. 따라서 본 교량의 가설을 중지하고 그 가설 지점을 남양(南陽, 만주국 도문의 맞은편)으로 변경한다는 의견을 조선군으로부터 받았다. 이러한 실정이 부득이함을 인지하고 일찍이 가교에 관한 각서 제1의 제1항 단서에 따라 1939년(昭和 14) 8월 5일 일만 당국자 간 위 가교 지점 변경에 관한 협정을 체결하였다.

(2) 피아 공사 진척 상황

가교 지점	예산액(원)	1941년 9월 말 진척률(%)	시행연도	적요
조선총독부 가설분				
경원	520,000	100	1935~1938	1935년 8월 기공 1936년 11월 준공
온성	240,000	100	1935~1938	1935년 10월 기공 1936년 11월 준공
청성진	876,000	46	1941~1942	
연풍동(삼도구)	714,000	미착수	1941~1942	
도문대교	435,000	90	1939~1941	1939년 5월 착수
신갈파진	362,000	미착수	1941~1942	
부대도로	233,000	40	1936~1942	
봉급사무비	260,000			
계	3,640,000			
만주국 가설분				
경흥	721,000	100	1935~1937	1937년 말 준공
회령	414,000	100	1937~1941	1941년 7월 준공
임강	674,000	80	1938~1942	1942년 7월 준공 예정
장백	242,000	5	1939~1942	지질조사 완료
무산	226,000	미착수	1941~1942	
유수림자강 어귀	726,000	미착수	1941~1942	
만포진	718,000	미착수	1941~1942	
삼장	179,000	미착수	1942	
계	3,900,000			각 교량 예산액 안에는 부대도로비와 봉급사무비가 포함됨

부록 2) 국방도로 개수 요구와 실행계획

19-4 참조.

※ 19. 치도공사의 연혁 개요와 현황(각 도별 연장, 교량 수 및 그 유지 관리의 현황)

19-4. 국방도로 공사

본 공사는 군사상의 요구에 부응하기 위하여 주요 노선 안에 개재(介在)하는 미개수 구간의 수축을 행하였다. 그와 함께 개수가 된 구간에서는 폭원(幅員)이 협소한 부분을 확장하고 급격한 곡선을 제거하였으며, 노면을 개량하고 공작물을 신설하였다. 그리고 개축을 행한 도섭(徒涉)·세월(洗越) 개소에 교량을 신설하였고, 임시 구조의 교량을 개량함으로써 중량차(重量車), 고속차(高速車)의 운행에 지장이 없도록 하였다. 이는 국방상 가장 중요 지점인 북선 도로부터 우선 착수하였다. 즉, 1937년(昭和 12) 이후 계속 공사로서 예산 2백만 원을 계상하고, 북선에서 중요 노선의 수축 개량에 착공하였다. 그러나 국제 상황이 급변함에 따라 그러한 계획으로써는 도저히 군의 행동을 충분히 만족시킬 수 없게 되었다. 따라서 1938년(昭和 13) 66만 5천 원, 1939년(昭和 14) 150만 원, 1940년(昭和 15) 416만 원을 각각 추가하여 북선 도로의 계획 확충을 꾀하였다. 아울러 새로이 경성-신의주 구간, 경성-인천 구간의 수축 개량을 위하여 700만 원을 추가하였다. 1941년(昭和 16)에는 다시 경성-부산 구간, 부산-진해 구간 및 경성, 평양, 함흥, 승량(承良) 부근 도로 수축 개량을 위하여 370만 2,000원을 추가하였다. 이에 총공사비 1,901만 7,000원에 공사 준공 목표를 1944년(昭和 19)으로 하고 현재 공사를 실시 중이다. 1941년 3월 말 북선 도로의 공사 실적은 수축 연장 124.5km, 개량 연장 109.6km, 교량 41개소이며 기타 노선은 모두 착공한지 얼마 되지 않아서 볼만 한 것이 없는 상태이다. 노선별 공사비 예산액 내역은 다음 표와 같다.

노선별	총	1937~1940	1941~1944	연할액(年割額)			
				1941	1942	1943	1944
북선도로	7,702,000	3,128,168	4,573,832	1,480,632	1,336,300	1,386,900	370,000
경성-신의주	4,962,000	317,000	4,645,000	1,016,500	1,476,500	2,152,000	-
경성-인천	1,520,000	249,000	1,271,000	483,500	735,500	50,000	-
경성-부산	1,200,000	-	1,200,000	370,000	400,000	430,000	-
부산-진해	694,000	-	694,000	200,000	240,000	254,000	-
경성 부근	498,000	-	458,000	158,000	152,000	152,000	-
평양 부근	337,000	-	337,000	170,000	167,000	-	-
함흥 부근	673,000	-	673,000	320,000	353,000	-	-
승량 부근	66,000	-	66,000	40,000	26,000	-	-
계	17,612,000	3,694,168	13,917,832	4,236,632	4,886,300	4,424,900	370,000

(박진서)

자료 223 | 日本國政府·滿洲國政府, 1936, 『(自昭和十年至全十一年)國境橋梁協定關係』, CJA0015208, 397~407쪽.

(강덕 3년 3월 23일 제2회 관계 관원 협의회에서의 수정안) 압록강 및 도문강 가교에 관한 일본국 정부 및 만주국 정부 간의 협정안 (1936년 5월 7일)

[1936년(康德 3)[58] 3월 23일 제2회 관계계관[59]협의회에서 수정안]
압록강 및 도문강[60] 가교에 관한 일본국 정부 및 만주국 정부 간의 협정안
1936년(昭和 11) 5월 2일 적요(摘要)[61]

본 건에 대한 토목과의 의견은 부의(附議)와 같음에 따라서 외사과(外事課)의 조회에 대하여 회답함.[62]

1936년 5월 7일

(제2회 협의회 수정안)
압록강 및 도문강 가교에 관한 일본국 정부 및 만주국 정부 간의 협정안

일본국 정부 및 만주국 정부는 양국 간의 교통, 경제, 통상 및 문화관계를 다시 긴밀히 할 목적으로 압록강 및 도문강 가교에 관해서 다음과 같이 협정한다.

---

58 일제가 만든 괴뢰국가 '만주국'의 연호이다. 강덕 원년이 1934년이므로, 강덕 3년은 1936년이다.
59 원문은 '관계계관(關係係官)'인데, '관계관(關係官)'의 오자로 보인다.
60 흔히 '두만강'이라고 불리는 하천을 가리킨다.
61 펜글씨로 쓰여 있다. 이하 별도로 적지 않는 한 모두 인쇄체이다.
62 펜글씨로 쓰여 있다.

비고

본 협정은 오로지 공도교에 적용하고 철도교에는 적용하지 않는 것으로 하고 이것을 명시하고자 하는 의견이 있어서 이를 위해서 협정명 또는 전문 중에서도 이것을 명시하는 것이 적당할 것이다.(협정서의 비고 참조)

[펜글씨 메모: 「가교(架橋)」를 「공도교(公道橋)」로 고친다.

이유: 본 협정은 공도교에 한정하여 적용하는 것이 적당함]{}^{63}

제1조

일만(日滿) 양국 정부는 본 협정의 규정에 따라서 조선의 창성(昌城)[64], 벽동, 초산, 자성강구(慈城江口)[65], 중강진, 후창강구, 신갈파진, 혜산진, 삼장(三長), 무산, 회령, 온성, 경원 및 경흥에서 각각 압록강 또는 도문강을 넘어서 대안(對案)의 만주국 영역에 대한 14개 교량을 가설할 것을 약속한다.

비고

만측(滿側)[66]의 지명을 게기할 수 있도록 가설지점에 관해서 다시 국도국(國道局)에서 연구할 것에 의견 일치함

그 후 국도국 연구에 따라서 만측 지명으로 게기할 수 있는 것은 중강진에 대한 임강(臨江), 혜산진에 대한 장백(長白) 정도에 불과하고 위의 2개 지명을 게기하는 것으로 하여 본 조 개정시안은 다음과 같음.

---

63 펜글씨로 쓰여 있다.
64 상기 14개 지역의 위치는 1936, 「朝鮮道路網圖(昭和十一年三月現在)」, 『(昭和十二年度)拓殖道路·道路修築改良·國防道路實施計畫書綴』, CJA0015364, 39쪽을 참조할 수 있다. 그런데 도로에는 '창성(昌城)'만 '청성(淸城)'으로 다르게 쓰여 있다. '창성'은 평안북도 창성군으로 위치상 동북쪽에 위치하고 있어서, 상기 협정안 상의 오류가 아닌가 생각된다.
65 '나루', '강어귀'를 말하나 원문 그대로 표기한다.
66 '만주국 측'을 말한다. 이하 한자 병기 없이 사용한다.

제1조

일만 양국 정부는 본 협정의 규정에 따라서 압록강안 또는 도문강안의 좌기 지점 부근에서 압록강상 또는 도문강상에 공도교 14개 교량을 가설할 것을 약속한다.

창성, 벽동, 초산, 자성강구, 임강, 후창강구, 신갈파진, 장백, 삼장, 무산, 회령, 온성, 경원, 경흥

제2조

일만 양국 정부는 가능한 한 경비를 균등하게 분담하려 하는 취지에서 각각 아래 교량을 분담 가설하는 것으로 한다.

일본국 정부: 조선의 경원, 온성, 창성, 자성강구, 후창강구 및 신갈파진에서 각각 압록강 또는 도문강을 넘어서 대안의 만주국 영역에 대한 6개 교량

만주국 정부: 조선의 경원, 벽동, 초산, 중강진, 무산, 혜산진, 삼장 및 회령에서 각각 압록강 또는 도문강을 넘어서 대안의 만주국 영역에 도달하는 8개 교량

일만 양국 정부는 각자가 가설하는 교량의 부대시설로서 교량의 방호광사(防護匡舍)[67] 및 일만 양국의 세관 및 경찰 사용에 사용해야 할 교측(橋側) 세관감시소용 및 경찰관파출소용 청사를 건설해야 하는 것으로 한다.

[펜글씨 메모: 제2조 2항을 다음과 같이 고친다.

일만 양국정부는 각자가 가설하는 교량의 부대시설로서 그 양측에 방호광사, 세관감시소 및 경찰관파출소 청사를 건설해야 하는 것으로 함][68]

앞의 2개 항의 교량, 방호광사 및 교측 세관감시소용 및 경찰관파출소용 청사는 이를 건설하는 나라(國)의 국유재산으로 한다.

---

[67] 인쇄체로 '광(匡)'으로 되어 있고 펜글씨로도 뒤에 같은 글자가 적혀 있다. 현재로서는 의미 불명이다. 선행연구도 이 글자를 판독 불가로 표기했다(오진석, 2010, 「도로(道路) 관련 기록물의 개설과 해제」, 행정안전부 국가기록원 기록편찬문화과 편, 『(國家記錄院) 日帝文書解題 [6]: 土木篇』, 행정안전부 국가기록원, 305쪽). 관련 내각 문서에서도 동한일 개념이 등장한다(「御署名原本·昭和十五年·勅令第八三号·昭和十一年勅令第二百六十六号(國有財産法ヲ朝鮮ニ施行スルノ件)中改正」(아시아역사자료센터, A03022448300). 이후에 나오는 펜글씨나 인쇄체에 반복해서 나오므로 한자 병기 없이 그대로 작성한다.

[68] 펜글씨로 쓰여 있다.

비고

제1조를 개정시안에 따를 경우에 준하여 제2조 제1항의 후단을 다음과 같이 개정한다.

일본국 정부: 경원, 온성, 창성, 자성강구, 후창강구 및 신갈파진 부근에서 각각 압록강 또는 도문강을 넘어서 대안에 도달하는 6개 교량

만주국 정부: 경흥, 벽동, 초산, 임강, 무산, 장백, 삼장 및 회령 부근에서 각각 압록강 또는 도문강을 넘어서 대안에 도달하는 8개 교량

제2항 및 제3항은 공유재산주의에 따르지 않고 각각 국유재산주의에 따르는 것으로 의견이 일치한다.

제3조

일만 양국 정부는 각각 조선총독부 내무국 및 국도국으로 본 협정에 따라서 각자가 분담해야 할 교량(부대시설을 포함, 이하 이렇게 간주한다)의 가설의 임무를 담당하는 것으로 한다.

조선총독부 내무국 및 국도국은 각각 자국 정부의 분담가설해야 할 각 교량에 관해서 미리 설계서를 작성하는 데 더해서 상호 간에 협의하는 것을 요한다.

비고

국도국이 조선총독부의 1개 국(局)으로 해석될 우려가 있다면 국무원(國務院) 국도국으로 하는 것도 하나의 안(案)일 수 있어 이하 이에 따른다.

제4조

본 협정에 따라서 일만 양국 정부의 각 분담 가설해야 할 교량은 본 협정 실시 후 7년의 기간 내에 이 가설을 완료해야 하는 것으로 한다. 단 부득이한 이유에 따라서 이 기간 내에 전부 가설을 완료하지 못할 때는 조선총독부 내무국 및 국도국 간의 협의에

따라서 필요한 유예 기간을 정하는 것으로 한다.

제5조
일만 양국 정부는 본 협정에 따라서 각 자국 영역 내에서 상대국의 해당 관헌이 행하는 측량 및 교량공사 시행에 대해 편의를 공여해야 한다고 약속한다.

제6조
일만 양국 정부의 한쪽이 본 협정에 따라서 분담가설해야 하는 교량의 공사에 관련하여 교대(橋臺) 및 부대시설의 부지용 또는 공사장용으로서 상대국의 영역 내에서 토지 매수 또는 차입을 하는 것을 요할 때는 상대국의 해당 관헌은 위 매수 또는 차입에 대해 필요한 알선을 해야 한다.

[펜글씨 메모: 제6조를 다음과 같이 고친다.

일만 양국 정부의 한쪽이 본 협정에 따라서 분담 가설해야 할 교량의 부지용 또는 공사장으로서 상대국의 영역 내에서 토지 매수 또는 차입하는 것을 요할 때는 상대국은 각국의 비용으로 이를 매수하거나 또는 차입하며 그 용도로 사용하는 것으로 한다.][69]

비고
공사 시행자가 필요에 따라서 상대국 영역 내에서 토지소유권 혹은 그 외의 지상물권을 취득하는 것을 원칙으로 하여 따르는 것에 의견이 일치한다.

제7조
본 협정에 따라서 가설될 교량 부설, 도로 건설은 해당 도로의 소재국의 해당 관헌이 이를 시행하는 것으로 한다.

제8조
본 협정에서 가설되는 교량의 가설에 요하는 재료, 기계 및 기구로서 세관장이 특허

---

[69] 펜글씨로 쓰여 있다.

하는 공사구역 내에서 가설을 위해서 소비하거나 사용 후 반환되는 것에 대해서는 일만 양국 정부는 세관 그 외 조세 및 일체의 공과를 면제해야 한다.

제9조
본 협정에 따라서 가설되는 각 교량의 유지 및 수선은 이를 가설하는 정부의 해당 관헌이 시행하는 것으로 한다. 단, 중대한 수선의 경우 및 수선개소가 상대국 정부가 사용하는 부속시설의 부분에 속할 때는 상대국의 해당 관헌과 협의상 이를 시행하는 것을 요한다.

제10조
일만 양국 정부는 본 협정에 따라서 가설되는 각 교량의 양단에서 등거리에 있는 일선(一線)으로 해당 교량에 관한 양국 주권의 한계로 정하고 위 선상에 표주(標柱) 또는 항구적 표식을 설치하여 그 조선에 대한 면에는 일본국 또 그 만주국에 대한 면에는 만주국이라 표재해야 한다.

제11조
일만 양국 정부는 본 협정에 따라서 가설되는 각 교량상의 교통에 대해서 교통료를 징수하지 말아야 하고 또 지방관청 또는 공공단체로 이를 징수하도록 하지 않도록 약속한다.

비고
본조 제2항으로서 「무엇보다도 일만 양국 정부는 전항의 규정에 따라서 재정 및 세관사항에 관한 일반적 국내법령을 제정하거나 또는 개변해야 할 권능을 훼손하지 않는 것으로 한다」는 취지를 규정하는 것은 필요 없는 것으로 의견일치한다.

제12조
본 협정에 따라서 가설되는 각 교량상에서 경찰사항에 관해서는 필요에 따라서 일만 양국의 해당 관헌 사이에 협정해야 하는 것으로 한다.

본 협정에 규정된 각 교량을 통과하는 화물의 수출입 수속 및 단속에 관한 일만 양국 세관의 사무의 공동에 관해서는 별도로 일만 양국 간에 협정해야 하는 것으로 한다.

비고
제2항의 세관사무에 관한 협정은 해당 관헌 사이의 협정으로 예정되지 않는 것으로 하고 싶다는 재정부 측 의견이다.
[펜글씨 메모: 제12조 삭제][70]

제13조
압록강 및 도문강을 항행하는 목벌(木伐) 또는 선척(船隻)의 본 협정에 따라서 가설되는 교량 아래 통과할 때의 단속에 관해서는 일만 양국의 해당 관헌 사이에 협정해야 하는 것으로 한다.

제14조
본 협정은 서명의 날로부터 효력을 발할 수 있다.

제15조
본 협정은 일본문(日本文) 및 한문(漢文)으로 본서 각 2통을 장성하고 일본문 본문과 한문 본문 사이에 해석을 달리할 때는 일본문 본문에 따르는 것으로 한다.

위 증거로서 하명(下名)은 각 본국 정부로부터 정당한 위임을 받아 본 협정에 서명 조인한다.

쇼와(昭和) 년 월 일 즉 강덕(康德) 연 월 일 신경(新京)에서 이를 작성한다.

---

70 펜글씨로 쓰여 있다.

비고

협정의 1조로서 가교공사 종사자의 월경 왕래의 자유에 대해서 규정하는 것은 하급 노동자에 대해서는 상대국의 방침 존중이 필요하고 위 이외의 자에 대해서는 당연히 허용되는 것으로 하며 실제상의 취급에 위탁하는 것으로 충분할 수 있음에 따라서 특히 협정 중으로 규정할 필요가 없을 것으로 의견 일치한다.

협정서

압록강 및 도문강 가교에 관한 일본 정부 및 만주국 정부 사이의 협정의 서명에 즈음해서 하명은 각 본국 정부로부터 정당한 위임을 받아서 다음과 같이 협정한다.

해당 협정의 규정은 이미 도문강상에 가설을 완료한 훈융교(訓戎橋) 및 장래 일만 양국의 해당 관련 간의 협의에 따라서 해당 협정에 따라서 규정하는 것 이외의 지점에서 압록강상 또는 도문강상에 가설될 수 있고 교량에 관해서 적용할 수 있는 한 이를 적용할 수 있도록 약속한다.

쇼와 년 월 일 즉 강덕 년 월 일 신경에서 일본문 및 한문으로 본서 각 2통을 작성한다.

비고

도문교(圖們橋) 및 삼봉교(三峰橋)는 철도교로 본 협정을 적용할 수 있는 여지가 적음에 따라서(도문교에 대해서는 1926년 6월 9일 협정이 있음) 본 협정 및 의정서를 공도교(公道橋)[71]에 한정하고 싶다는 관동군 교통감독부 및 국도국 측의 강한 의견에 따른다[전문(前文)의 비고 참조].

(주동빈)

---

71 원문은 '공도교(共道橋)'이나 문맥상 '공(公)'을 오기한 것으로 보인다.

자료 224 | 平安北道, 1940, 『(昭和十六年)待遇職員定員褒更關係書類綴』, CJA0003785, 140~145쪽.

금산도로 개수공사 시행 계획서

별지 1, 4
(부록 토목서기, 토목기수 증원 이유)

「금산도로 개수공사 시행 계획서」

1. 사업계획의 개요 및 재원 내역

1940년(昭和 15)에서 금산도로 개수공사는 총공비 166만 5,000원[공사비 예산 내역은 별표(別表)와 같음]으로 도내 산금지대인 의주, 삭주, 구성, 태천, 영변, 운산, 희천, 초산, 강계 및 창성의 10개 군(郡)에 걸쳐 국도(國道), 지방도 및 읍면도[72]에서 14개 노선 연장 176km 여를 개수하고 산금개발사업에 공헌하려 하여 이 공사비 재원은 국고보조, 도비(道費) 및 수익자 기부에 따르는 것으로 그 내역은 다음과 같다.

금산도로 공사비 재원내역[73]

구분	비율	금액(원)	적요
국고보조	8할	1,332,000	일시에 보조받는 것으로 함
도비	1할	166,500	기채에 의한 것으로 함
기부	1할	166,500	수익자로부터 일시에 기부받는 것으로 함
합계	10할	1,665,000	

---

[72] '국도'는 조선총독부가 담당하는 도로로 1, 2등 도로, 지방도로는 3등 도로, 읍면도로는 산간도로를 말한다.
[73] 본래 표는 국고보조와 도비의 열 사이에 항목 구분(구분, 비율, 금액, 적요)이 한 번 더 들어가 있으나, 이것은 원문에서 쪽 넘김으로 인하여 부기된 것으로 번역문에서는 삭제했다.

2. 공사시행구간 및 공사비 내역

본년도 개수예정의 각 노선별 시행구간 및 공사비 내역 등 별지 조서와 같은 것으로 한다.

1940년(昭和 15) 금산도로 개수공사 노선별 조서[74]

노선명	시행구간			연장(km)	사무비	공사비				합계	적요
	군	면	동			공사비	보상비	잡비	계		
태천-대관선	태천	서성 강서	관룡 덕평	16.0	10,000	136,500	3,400	100	140,000	150,000	1938년 부터 계속 지방도로
북진-운시선	운산 초산	북진 판	대암 판평	35.5	33,200	456,700	9,600	500	466,800	500,000	상동
운하-희천선	희천	북	관대	3.0	1,300	18,100	500	100	18,700	20,000	1938년 본 노선 일부 시행, 읍면도로
소덕-연삼	삭주	삭주 구곡	금오 연삼	5.0	1,300	17,200	400	100	17,700	19,000	1939년 부터 계속 읍면도로
창참-대덕산선	강계	입관	천산	10.0	3,300	45,500	1,100	100	46,700	50,000	상동
대관-옥강선	의주	옥상	상경 대수	5.0	2,600	36,400	900	100	37,400	40,000	1938년 부터 계속 지방도로
희천-관대선	희천	희천 서	가라지 경성	22.0	12,500	173,000	4,300	200	177,500	190,000	국도
영원-묘향산선	영변	북신현	하행	12.0	5,600	78,300	2,000	100	80,400	86,000	읍면도로
고안-이현선	구성	방현 이현	길하 평지	13.5	2,300	30,200	2,400	100	32,700	35,000	상동

74 아래 평안북도 지명은 펜글씨로 되어 잘 확인할 수 없는 경우가 있다. 국사편찬위원회 한국사데이터베이스 한국근대지리정보(https://db.history.go.kr/hgis/mod_g1/main.do, 최종확인일 2023.1.12.)에 있는 조선총독부 1:50,000 지도의 지명들과 대차대조하여 작성했다.

노선명	시행구간			연장(km)	사무비	공사비				합계	적요
	군	면	동			공사비	보상비	잡비	계		
대관-청산장시선	삭주	외남 양산	답풍 서흥	12.5	8,900	123,700	2,300	100	126,100	135,000	지방도로
대관-신창선	삭주 창성	양산 신창	서흥 화풍	20.0	12,200	169,000	3,600	200	172,800	185,000	읍면도로
개고-회목선	희천	북	개고개응	17.0	8,600	118,200	3,100	100	121,400	130,000	읍면도로
차련관-영산시선	의주	고령삭	동암 일녕		4,600	64,800	500	100	65,400	70,000	교량 2개소, 지방도로
서강-북진선	초산	송	양강 궁노	5.0	3,600	50,400	900	100	51,400	55,000	
합계				176.5	110,000	1,518,000	35,000	2,000	1,555,000	1,665,000	

별지 1 지방대우직원[토목서기] 증원설명서

1940년(昭和 15) 실시 예정인 금산도로 개수공사는 앞서 쓴 것과 같이 총공사비 166만 5,000원(전년도 총공사비는 50만 9,000원으로 함)으로 하여 전년도에 비해서 115만 6,000원의 증액이 되어서 개수연장에도 현저하게 증가가 있어서 이 용지 매수 그 외 사무가 급격히 증가하여 현재의 기설직원만으로 도저히 시행이 불가능함에 따라서 또한 토목서기 1명을 증원하는 것으로 하여 이에 동반한 경비예산액은 다음과 같다.

토목서기 증원에 관한 예산 조서

사무분장별	직별	구분	1939년		1940년		비교 증감		적요
			정원	예산액	예산정원	예산액	정원	예산액	
금산도로 개수공사 시행을 위해	토목 서기	봉급	1	920	2	2,448	1	1,528	1명 월액 127원 33전[75]
		여비		400		800		400	
		위로금		92		245		153	

75　무슨 말인지 바로 이해하기 어렵다. 1939년과 1940년의 비교 증감액인 1년 1,528원을 12개월로 나누면 1인당 월액 약 127원 33전이 증가할 예정이라는 표현이다.

별지 4 지방대우직원[토목기수] 증원설명서

1940년(昭和 15) 실시 예정인 금산도로 개수공사는 앞서 쓴 것과 같이 총공사비 166만 5,000원(전년도 총공사비는 50만 9,000원으로 함)으로 하여 전년도에 비해서 115만 6,000원의 증액이 되어서 개수연장에도 현저하게 증가가 있어서 이 시행에 이르러서는 조사측량 및 설계 감독 등에 상당히 다수의 기술직원을 필요로 하여 현재의 기설 직원만으로 도저히 시행이 불가능함에 따라서 또한 토목기수 6명을 증원하는 것으로 하여 이에 동반한 경비예산액은 다음과 같다.

토목기수 증원에 관한 예산 조서

사무분장별	직별	구분	1939년도		1940년도		비교 증감		적요
			정원	예산액	예산정원	예산액	정원	예산액	
금산도로 개수공사 시행을 위해 증원	토목기수	봉급	4	5,814	10	11,847	6	6,033	6명 1명 월액 83원 79전[76]
		여비		2,400		6,000		3,600	
		위로금		582		1,185		603	

금산도로 개수공사 시행에 필요한 지방대우직원(토목서기, 토목기수)증원관계 예산조서

일반회계(세출임시부)

과목		예산액	내역		설명			
관	항		종목	예산액	전년도 예산액	비교		적기
						증	감	
토목비	금산 도로 개수비	1,665,000			509,000	1,156,000		

---

76 앞서 토목서기와 마찬가지로, 1939년과 1940년의 비교 증감액인 1년 6,033원을 두 해 사이 예산상 증가한 6명, 그리고 12개월로 나누면 1인당 월액 약 3원 79전이 증가할 예정이라는 표현이다.

과목		예산액	내역		설명			
관	항		종목	예산액	전년도 예산액	비교		적기
						증	감	
			사무비	110,000	37,700	72,300		• 봉급 25,123원 　토목서기 2,448원 　　2인 1인 월액 102원 　토목기수 　　10명 1명 월액 98원 23전 　지방 토목기수 　　10명 1명 월액 90원 23전 • 잡급 49,357원 　고원(雇員) 급 7,158 　　12명 1명 월액 49원 71전 　공수(工手) 급 　　15명 1명 월액 1원 71전 　수시 용인(傭人)료 　　회 5,000명 1명 1원 　직원 18,3000원 　관리직원 3,300원 　위로금 6,246 • 전용비 19,056원 　비품비 12,164원 　소모품비 5,000원 　도서인쇄비 500원 　통신연락비 1,392원 • 잡비 16,464원
			공사비	1,555,000	471,300	1,083,700		• 본 공사비 1,518,000원 • 토지 매수 및 보상비 　35,000원 • 잡비 2,000원
합계		1,665,000			509,000	1,156,000		

(주동빈)

자료 225 | 朝鮮總督府 殖産局長, 1941,『(昭和十七年度)豫算關係』, CJA0015971, 324~345쪽.

금산 도로 예산 요구 건(1941년 7월 31일)

1941년(昭和 16) 7월 31일

식산국장

내무국장 귀하

금산도로 예산 요구의 건

1938년(昭和 13) 이후의 계획을 이루는 금산도로는 수 차례 준공을 보고, 금산 개발에 다대한 공헌이 있었습니다. 그러나 크게 벌린 기설도로에도 불구하고 중간의 연락이 없기 때문에 실효를 거두지 못하고 사장되는 것이 있었습니다. 또한 그 후 산금 상세(狀勢)의 변화도 있어서 기정계획만으로는 도저히 소기의 산금량을 거두지 못하는 실상에 비추어 장래 이 증산을 기대하기 위해서는 기설도로 간의 완전한 연락을 기함과 동시에 다시 유망한 금산지대에 도로를 개발하여 중소금산의 개발을 촉진하는 긴요한 것이 있습니다. 따라서 신중히 고민한 결과 별지대로 모두 가장 긴절(緊切)한 노선으로 그 효과도 극히 기대할 것이 많음에 따라서 1942년(昭和 17)에 실시되도록 예산을 요구하오니 처리해주시기를 바랍니다.

금산도로 개수비보조예산요구이유서

산금 5개년 계획에 기반을 둔 1938년 이후 3개년 계속사업인 금산도로의 개수는 총공비 1,000만 원으로 한편 완성 예정이지만 그 후 산금송전선의 비약적 전개에 대비하여 도로의 개발이 수반되지 못했기 때문에 크게 벌린 설비계획도 돈좌(頓挫)[77]가 부득이하기에 이른 것이 있다. 또한 산금 상세(狀勢)의 변화가 있어서 이들에 대응하기 위해서 1941, 1942년

---

[77] 군사용어로 '중단'을 말한다.

(昭和 16, 17) 양년도 계속사업으로서 긍장(亘長)[78] 1,297km(1,473만 원)을 신규 요구한 바 겨우 336km(300만 원)의 예산을 인정받고 현재 실시 중이나 기설의 도로로서 중간 연락을 결여하기 때문에 실효를 발휘할 수 없는 것이 있으며 이렇게 해서는 금 증산은 도저히 기대할 수 없으므로 중간의 완전한 연락을 기도함과 동시에 또한 중소부광지대(中小富鑛地帶)에 도로를 개설하는 것에 따라서 이 개발을 촉진할 필요가 있다. 따라서 1942년(昭和 17)에 당면 긴급한 노선 <u>743km</u>[79]를 계획하여 공비는 종전대로 총공비의 8할을 국고보조하는 것으로 한다.

1942년(昭和 17) 금산도로 도별 내역서

도명	연장(km)	공비	비고
경기도	35.0		
충청북도	20.0		
충청남도	50.9		
전라북도	25.0		
전라남도	24.5		
경상북도	47.8		
경상남도	29.3		
황해도	38.0		
평안남도	77.4		
평안북도	183.5		
강원도	110.0 ~~94.0~~[80]		
함경남도	77.0		
함경북도	25.0		
합계	743.4 ~~727.4~~[81]		

---

78 '선로 길이'를 말한다.
79 밑줄은 원문 그대로이다.
80 삭선은 원문 그대로이다.
81 삭선은 원문 그대로이다.

1942년(昭和 17) 예산 요구 금산도로 개수공사 노선별 내역서

도명	노선 번호	노선명	시행구간			연장 (km)	공비[82]	비고
			군	면	리			
경기도	1	양동 -건등 선	양평	양동 도계	석곡	10.0		1940년부터 실시
	2	운천 -성암 선	포천	영북 이동	운천 장암	20.0		1941년부터 계속
	3	광정 -예성호 선	개풍	서(西)	광정 전포	5.0		위와 동일
합계						35.0		

비고: 1940년(昭和 15) 실시된 것은 1941년(昭和 16) 중지된 것으로 1942년(昭和 17)에 계속 시행하려 하는 것이다.

…(중략)…[83]

1942년(昭和 17) 예산편성방침 관련 결정 사항 발췌

1. 신규 계상해야 할 사항은 다음의 제 항(項)에 한하는 것으로 함.

 (1) 군사비 그 외 군사와 밀접 불가분의 관계에 있는 것

 (2) 방공 그 외 국토방위상 필요한 시설

 (3) 그 외 전쟁목적 수행을 위해서 필요가 결핍되어서는 안 되는 시설

 (4) 식량확보 그 외 국민생활 안정에 필요한 시설

1941년(昭和 16) 7월 11일

토목과장

각 계장 귀하

---

82 참고로 공비는 13개 도 전부 공란으로 되어 있다.
83 원문에는 13개 도 내역서가 전부 포함되어 있으나, 지면상 경기도 외 12개 도는 생략했다.

1942년(昭和 17) 예산편성에 관한 건

1942년(昭和 17) 이후 신규 요구 예산에 관해서는 곧 협의하고자 하므로 이 자료로서 신규요구를 필요로 하는각 비용 용도 개산서를 아래와 같이 작성하여 7월 25일까지 서무계에 제출하기 바랍니다.

따라서 기정 사업비로서 재검토에 더해서 연할 등 변경을 필요로 하는 것이 있다면 그 변경예정표를 제출하기 바랍니다.

아래

비용 용도	총액	연할액				
		연도	연도	연도	연도	연도

비고

사업비에 있어서는 계획도 1부를 준비하기 바랍니다.

1. 1942년(昭和 17)[84] 예산편성방침[1940(昭和 15).7.5 각의 결정]

국제정세의 추이에 준비하여 사변 처리의 완수를 기함과 동시에 전시재정경제의 강화에 투자하기 위해서 1942년(昭和 17)[85] 예산의 편성에 이르러서는 노력하여 기정경비의 긴축절약을 기도하고 신규경비의 요구는 이 때 진실로 강행할 필요가 있으며 국책의 중점만으로 이것을 한정하여 정부지출의 팽창을 극력 억제하는 것이 긴요함에 따라서 각 성(省)은 국가의 전국(全局)을 고려하여 소관 사무의 입장에 치우치지 않고 일반 및 특별 각 회계를 통틀어서 대개 다음과 같은 방침에 준거하여 엄정한 전시예산의 편성에 협력하는 것으로 한다.

---

[84] 원래는 1941년이나, 삭선이 그여 있는 대신 펜글씨로 1942년으로 작성되고 있다.
[85] 원래는 1941년이나, 삭선이 그여 있는 대신 펜글씨로 1942년으로 작성되고 있다.

1. 기정 경비에 대해서는 근본적으로 재검토를 더 하여 별도로 정하는 바에 따라서 기정 경비절약 조서를 작성 제출할 것.
2. 신규경비의 요구는 시국에 비추어서 진실로 중점을 두어야 하는 국책으로 그 때 강행할 필요가 있는 것 외에 원칙으로서 이를 삼갈 것.
3. 물자 및 노무의 수요 수량은 이를 최[86]소한도로 그침과 동시에 별도로 정하는 바에 따라서 물자수요조서 및 노무수요조서를 작제제출할 것.
4. 해외 지불해야 할 경비에 대해서는 극력 이 요구를 보류함과 동시에 별도로 정하는 바에 따라서 비물품비 해외 지불 조서를 작제제출할 것.
5. 각 특별회계에서도 위 각 항에 준하여 예산편성에 이를 것
6. 각 특별회계에서는 임시군사비특별회계 또는 일반회계에 가능한 한 다액을 편입하는 등의 방법을 강구할 것.

1941년(昭和 16) 6월 18일
재무국 사계과장
예산요구 각 과실의 장, 각 과실 예산요구서 작성자 귀하

예산요구서 등 작성상 주의에 관한 건

1942년(昭和 17) 예산 요구에 대해서는 현재 준비를 진행하고 있는 바라고 생각하는 바 서류작성에서는 다음 사항을 유의하여 주시기를 의뢰합니다.

1. 요구예산의 자료로서 당연히 필요하다고 인정되는 참조서류의 불비(不備) 탈루(脫漏) 때문에 설명청취 내지 사정에 장시간을 공연히 사용하므로 충실한 자료를 정비 첨부하기 바랍니다.
2. 요구예산의 사유 및 설명 및 참조서류 등은 간소히 요점을 이해할 수 있도록 기재방식

---

[86] 원문은 '최(最)'가 '산(算)'으로 잘못 쓰여서 펜글씨로 교정했다.

에 유의해주기 바랍니다.

3. 기정계획의 수행에 동반한 경비는 전년도까지의 예산계상액 및 시설의 실적조사서[87]를 첨부해주기 바랍니다.

4. 법령 시행에 관련을 가진 경비의 요구에는 해당 법령의 사본(관계부분의 발췌도 좋고, 또한 성문화하고 있지 않은 것은 그 초안 또는 요강) 첨부하기 바랍니다.

5. 증원 요구에 대해서는 그 요원의 사무분담조 및 최근(조사월일 기입할 것)의 각 과계 별 정원 및 현원조(예산의 항별로), 1941년도 증원도 포함하고, 관제 미공포 분은 그 관명인원을 비고에 부기할 것) 첨부하기 바랍니다.

6. 영선비의 요구에 대해서는 그 신축 또는 증축의 도면(등사판 등에 의한 약도도 좋습니다.) 첨부하기 바랍니다.

전항 이외의 것이지만 도면에 따라서 설명하는 것을 편의로 하는 것도 역시 마찬가지입니다.

7. 이월이 명백히 승인되거나 보충 비용 용도로 하는 것을 요하는 비용 용도는 요구서에 그 뜻을 부기하기 바랍니다.

8. 요구서 및 참조서류는 각 사항마다 과명 및 작성연월일을 기재하기 바랍니다(이후의 추가 또는 교체서류 역시 동일합니다)

9. 요구서 및 참조서류에는 각 책을 통해서 정수를 첨부하기 바랍니다(이후 추가보충서류 역시 동일합니다)

10. 요구서 및 참조서류의 「표」류로 그 기재용지의 이면에 걸친 것은 이면에도 견출지를 부착하기 바랍니다.

11. 추가 또는 교체 서류에는 찌지(附箋) 그 외 적당한 방법에 따라서 당초 제출한 서류와의 관련성을 명확히 하기 바랍니다.

12. 요구서는 관(款)마다 사항별 금액 및 정수의 목차를 부여하기 바랍니다.

13. 요구서의 편철은 기설과목이 있는 것은 그 과목순으로 하기 바랍니다.

14. 요구서는 다른 과목과 관련이 있는 것이더라도 관(款)마다 분할하여 별지로 하여 사

---

[87] '실적조(實績調)'를 실적조사서로 작성했다.

유 말미에 다른 과목과의 관련이 있는 뜻을 부기하기 바랍니다.

15. 요구서 및 관계서류의 용지는 일본 표준규격 「B 사호(四號)」 또는 「B 오호(五號)」를 사용하기 바랍니다.

16. 관련서 및 관계서류의 인쇄 특히 숫자의 부분은 선명하게 계수에 오류가 없도록 하기 바랍니다.

17. 요구서, 참조서류 및 도면 등의 부수는 대개 5부 제출하기 바랍니다.

18. 1942년(昭和 17)부터는 요구예산에 대해서 사정이 있을 때는 그 사정액에 기반을 두고 척무성 및 대장성에 제출하기 위해 요구서 및 참조서류의 작성 교체를 요함에 따라서 요구액의 변동에 관계가 없는 필요서류 등은 그것을 포함하여 준비해 두기 바랍니다(준비해 둘 필요가 있는 부수는 5부입니다).

19. 예산 외 계약의 요구를 필요로 하는 것은 그 사유, 조건 및 금액 예정의 근거 그 외 참고가 될 수 있는 사항을 기재한 조서를 예산요구서와 함께 제출하기 바랍니다.

20. 1942년(昭和 17) 예산요구에 기반을 둔 물자수요조서는 별도 요구해야 하더라도 보통강(普通鋼) 강재(鋼材)만에 대해서 요구예산의 각 사항마다 소요수량 및 금액의 개요를 부기하기 바랍니다.

(주동빈)

자료 226 | 內務局 土木課, 1941, 『(昭和十六年度)特種道路工事』, CJA0015852, 706~708쪽.

국방도로 개축에 관한 건

(극비)[88] 국방도로응급시설요항[내무국 1940년(昭和 15) 7월 12일]

[○(원괄호 숫자)는 노선표시번호][89]

1. 시설을 요하는 이유

국제정세의 급격한 변화에 따라서 시각을 다투는 이때 국방상 필요에 따라서 조선군[90]으로부터 구두 및 서면(별지 사본 참조)로 도로의 개축·수축에 관해서 아래에 쓴 대로 응급시설의 요망이 있어서 조선총독부로서는 위 요구 및 <u>독자의 시국관찰에 따라서</u>[91] 본 시설의 긴요함을 인지하고 급속히 절차를 하려 한다.

아래

1)

(1) 웅기-청학(青鶴) 길 위 웅기령(雄基嶺) 부근 ①

웅기 청학 간 도로 중 웅기령 전후의 굴곡, 구배(句配)[92] 등 포차(砲車)의 통행에 부적절하기 때문에 이 개량을 행할 것.

(2) 청학동(青鶴洞)-사회(四會)(같은 도로 위 동남쪽 8km) 도로 ②

청학동에서 남봉산(南峰山) 바로 앞 사오장(沙吾長)[93]에 이르는 선을 포차 통행에 지장

---

88 국가기록원 자료 706쪽 상단에 '극비'의 도장이 날인되어 있다.
89 국가기록원 자료 706쪽 상단에 펜글씨로 쓰인 것을 그대로 작성했다.
90 조선주둔일본군을 말한다. 해제와 달리 본문에서는 원문 그대로 작성했으며, 이하에서도 마찬가지다.
91 밑줄은 원문 그대로이다. 펜글씨로 되어 있다.
92 '기울기'를 말한다.
93 '사오장'은 '사회장(四會場)'의 잘못된 표기로 생각된다. 조선 1:50,000 축적 지도 및 ②번 도로의 지도 도해, 월남민들이 작성한 군지(郡誌) 등을 참조했다. 朝鮮總督府 編, 1926, 『朝鮮五万分一地形圖: 古邑洞(慶興六號, 1917년 측도, 1926.7.25. 인쇄, 1926.7.30. 발행)』(국사편찬위원회 한국사데이터베이스 소장본); 「北鮮國防道路應急追加ノ分」, 『昭和十六年度)特種道路工事』, CJA0015852, 711쪽; 慶興郡誌編纂委員會 編, 1988, 『(咸鏡北道) 慶興郡誌』, 慶興郡誌編纂委

이 없도록 정비할 것. 또한 이 선 끝에서 부근 진지에 이르는 포차 복귀 도로를 축조할 것.

(3) 서번포(西藩浦)[94] 북측-증산(甑山) (같은 도로 위 동북쪽 10km) 도로 ③

웅기 서수라선(西水羅線) 번포호(藩浦湖)[95] 서안에서 증산에 이르는 선을 포차의 통행에 지장이 없도록 정비할 것. 또한 이와 같이 선 끝에서 부근 진지에 이르는 포차 복귀 도로를 축조할 것.

시공상의 주의

(1) 극비리에 실시하는 것으로 하고 지역민에게 속속들이 알지 못하게 하며 대안(對岸)에 노출될 위험이 있을 때는 야간 시공할 것.

(2) 도로는 야간의 사용에 차질 없을 것을 목표로 하고 시설할 것

(3) 실시상의 구체적 방법 등에 대해서는 나진요새사령관과 협의할 것.

2) 경성-원산-나남 간의 도로를 자동차의 통과에 적합하도록 개축 ④

2. 실시 방법

본 시설은 긴급을 필요로 하므로 즉시 청원(廳員)[(1)의 경우 야마오카[山岡] 기사, 야스타케[安武] 기수 및 이나다[稲田] 속(屬), (2)의 경우 가쿠사카[角坂] 기사]을 파견하여 현지조사를 하고 다음에 따라서 현지설계에 더해서 부분청부의 방법에 따라서 즉각 공사에 착수하려 한나.

(1) 공사비 개산액: 50만 원 30만 원 (■■■■■■ 소요액 30만 원)[96]

공사담당자: 함경북도지사

(2) 공사비 개산액: 70만 원

공사담당자: 함경북도지사 10만 원

員會, 「慶興郡地勢図」및 196~198, 319~322쪽 참조.
94 서만포(西晩浦)로 잘못 쓰여 있다.
95 만포호(晩浦湖)로 잘못 쓰여 있다.
96 삭선은 원문 그대로이며, 7글자는 해독 불가이다.

함경남도지사 40만 원

강원도지사 20만 원

3. 공사비 지변 방법

(1) 공사비 개산소요액 50만 원 중 본년도 당장 필요한[97] 30만 원은 본년도 국방도로수축개량비에서 대체 충당

(2) 공사비 개산 소요액 70만 원은 전액 본년도 국방도로 수축개량비에서 대체 충당

4. 군 요망 5. 승량(承良) 안원(安原) 간 도로는 본년도 기정계획에 포함되는 것으로 이를 촉진할 것[98]

조참밀(朝參密) 제839호
(극비)[99] 국방도로 개축에 관한 건

1941년(昭和 16) 7월 7일

조선군 참모장 다카하시 단(高橋坦)[100]

조선총독부 내무국장 고타키 모토이(上瀧基)[101] 귀하

---

[97] 삭선은 원문 그대로이다.

[98] 펜글씨로 쓰여 있다. 이 문서는 1940년 7월에 조선총독부 내무국에서 인쇄되었지만, 군 요망에 따라서 1941년 승량-안원 간 도로가 추가된 것을 의미한다.

[99] 국가기록원 자료 708쪽 상단에 '극비', '사본(寫)'의 도장이 날인되어 있다.

[100] 다카하시 단(1893~1886)은 구 일본 육군 고위 장교이다. 1893년 가가와 현 현회 의원의 아들로 출생했다. 1912년 12월 사관후보생, 1915년 5월 일본 육군사관학교를 졸업했다. 주요 경력은 다음과 같다. '시베리아 출병'(1920.10~1922.5), '지나파견군' 참모(1938.2), 조선군 참모장(1941.3), '북지나방면군' 참모장(1944.10). 최종계급 중장. 전범 구류(1946.5), 난징군사법정에서 무기금고 선고(1948.4), 가석방(1952.8). 秦郁彦, 2005, 『日本陸海軍總合事典』, 東京大學出版會, 96쪽.

[101] 고타키 모토이(1894~1979)는 조선총독부 관료이다. 1894년 후쿠오카 현 출생. 1917년 문관고등시험 합격. 1918년 도쿄제국대학 프랑스법과(佛法科) 졸업. 이후 조선총독부 도사무관, 전북 재무부장, 총독부 전매국 사무관, 식산국 광무과장, 상공장려관장, 광산과장, 총독관방 인사과장 겸 중추원 서기관, 철도국 이사관, 경북도지사(1936), 총독부 내무국장(1941.1), 식산국장(1941.11~1943.12) 역임. 일본의 '패전' 후에는 도쿄간이재판소 판사를 지냈다. 식민지 통치 사료의 수집, 정리, 출판을 목적으로 하는 구 조선총독부 관료의 모임인 우방협회(友邦協會) 이사를 지냈다. 1979년

시국에 동반한 국방도로로서 아래에 쓴[102] 구간을 군용 중차량(重車輛)[103] 통과에 적합하도록 빨리 개축하도록 촉진하였으면 합니다.

세부 사항에 관해서는 나남사단장 및 나진요새사령관과 연락하였으면 합니다.

아래

1. 웅기-청학동 도로 위 웅기령 부근
2. 청학동-사회 (같은 도로 위 동남쪽 8km) 도로
3. 서번포[104] 북측-증산 (같은 도로 위 동북쪽[105] 10km) 도로
4. 그 외 나남사단장 및 나진요새사령관이 요망할 수 있는 국지도로(局地道路)
5. 승량(承良) 안원(安原) 간 도로

사본을 나남요새사령부, 나남사단사령부[106]에 송부

(주동빈)

사망했다. 고타키의 이력에 대해서는 다음을 참조. 日本官界情報社 編, 1942, 『日本官界名鑑(昭和17年版, 5版)』, 29쪽; 「敍任及辭令(1943.12.1)」, 《朝鮮總督府官報》第5062號, 1943.12.16; 이형식, 2015, 「패전 후 조선통치관계자의 조선통치사편찬」, 『東洋史學硏究』 131, 487~488쪽.

102 원문은 '좌기(左記)', 즉 '왼쪽에 씀'이나, 한국어 표현에 따라서 '아래에 쓴', '아래'로 표기한다.
103 말 그대로 무거운 차량으로, 버스, 트럭 등을 가리킨다. 앞의 '국방도로응급시설요항'에서 '포차(砲車)' 등의 군용 중차량을 가리킴을 알 수 있다.
104 '西番浦'로 잘못 쓰여 있다.
105 원문에는 '쪽'에 해당하는 방(方)이 펜글씨로 추가되어 쓰여 있다.
106 해당 줄의 '나남요새사령부'와 '나남사단사령부'는 각각 '나요사(羅要司)', '나사사(羅師司)'로 작성되어 있으나, 문맥상 같은 것임을 유추할 수 있다.

VII

관련 법령

해제

Ⅶ장에서는 일제시기에 제정된 조선 도로정책 관련 주요 법령 10개를 수록했다. 그 주요 법령은 1.「도로규칙」, 2.「도로유지수선규칙」, 3.「조선도로령」과「조선도로령시행규칙」, 4.「조선사도규칙」이다. 법령 최초 제정부터 이후 변화 과정을 통시적으로 살펴볼 수 있도록 수록 내용에는 제정과 개정 내역을 포함했다.

「도로규칙」은 각 시기별로 조선총독부의 도로정책과 관리를 상세히 확인할 수 있다. 「도로규칙」은 강제병합 직후인 1911년에 제정되었고 도로에 관련된 제반 규정을 모두 포괄한 법령이었다. 「도로규칙」에서는 도로의 종류를 크게 1등, 2등, 3등, 등외 도로로 나누었다. 1등은 경성으로부터 각 도청 소재지, 군사시설, 부 소재지, 주요 개항장 또는 정거장에 달하는 도로, 군사상 중요한 도로, 경제상 특히 중요한 도로, 총독이 관리하며 폭 4간(間, 7.2m) 이상, 구배(勾配) 30분의 1 이하, 곡선부 반경 15m 이상이었다. 다음으로 2등은 도청 소재지를 중심으로 한 주요 도로였고 3등 도로는 부·군·도청 소재지를 상호 연결하는 주요 도로를 의미했다. 그리고 조선총독부는 1915년 10월 29일에 조선총독부령 제111호로 「도로규칙」을 전면 개정했다. 개정 「도로규칙」은 조문이 57개조로 확대되었으며 도로의 종류·관리·수축 표준·유지와 수선의 표준·감독에 관해서 총체적으로 규정했다. 더불어 「도로규칙」은 '부역'이라는 단어를 직접적으로 사용하지 않았지만, "관행에 의하여 행한다"는 규정을 삽입하여 사실상 부역 동원을 '합법화'했다.[1] 이후 「도로규칙」 1938년을 분기점으로 폐지되었고 「조선도로령」이 그 역할을 담당했다.

1938년 제정된 「조선도로령」(〈자료 234〉~〈자료 235〉)을 보면, 도로의 종류를 변경하여 종래의 1등, 2등, 3등 도로를 폐지하고 국도, 지방도, 부도, 읍면도의 4종류로 분류했다. 그리

---

[1] 小林拓矢, 2010, 「일제하 도로 사업과 노동력 동원」, 『한국사론』 56, 289쪽.

고 국도는 조선 총독, 지방도는 도지사, 부도는 부윤, 읍면도는 읍면장이 담당·관리하도록 했다. 다음으로 도로의 관리 비용은 관리자가 부담하는 것을 원칙으로 했다. 다만 수익자 부담의 제도를 신설하여 도로에 관한 공사로 현저한 이익을 받는 자에게 비용의 일부를 부담시킬 수 있도록 했다. 또한 손상부담금제도를 신설하여 도로를 손상하는 원인이 되는 사업이나 행위를 하는 자에게 비용의 일부를 부담시킬 수 있도록 하는 법적 근거를 마련했다. 한편 도로를 구성하는 부지, 기타의 물건에 대해서는 소유권의 이양, 저당권의 설정·이전을 제외한 사권의 행사를 금지했다.

이처럼 「조선도로령」은 도로를 구성하는 부지 기타의 물건에 대해서 소유권 이양 및 저당권의 설정 혹은 이전을 제외한 사권의 행사를 금지했는데, 이와 관련하여 「조선사도규칙」은 1938년 제정된 「조선도로령」에 포함되지 않는 사설도로를 임의로 건설치 못하게 하고 한 번 만든 사설도로는 임의로 폐지하지 못하도록 했다.

한편 「조선도로령」과 「조선도로령시행규칙」은 1938년 국가총동원법의 제정에 따라 구축된 인력동원체제와 맞물려 도로에 대한 노동력 동원을 강화했다. 기존의 관행부역제도는 전시 노동력 동원의 일환인 근로보국론과 공공시설애호론에 입각한 공과부역제도로 전환되었고 일부 지역에서는 출역 거부자에게 제재를 가한다는 방침이 천명되었다.[2]

(김태현)

---

2 박이택, 2002, 「식민지기 부역의 추이와 그 제도적 특질」, 『경제사학』 33, 59쪽.

자료 227 | 《朝鮮總督府官報》第百八十六號, 1911. 4. 17.

조선총독부령 제51호 도로규칙을 다음과 같이 정한다

제1조 도로를 나누어 다음의 4종으로 한다.
    1등 도로
    2등 도로
    3등 도로
    등외 도로

제2조 1등 도로는 다음 각호의 1에 해당하는 것에 대하여 정한다.
    1. 경성에서 도청소재지, 사단사령부 소재지, 여단사령부 소재지, 요새사령부 소재지, 진수부 소재지, 요항부 소재지, 주요한 개항 또는 철도 정차장에 이르는 도로
    2. 군사상 중요한 도로
    3. 경제상 특히 중요한 도로

제3조 2등 도로는 다음 각호의 1에 해당하는 것에 대하여 정한다.
    1. 인접 도청소재지를 연결하는 도로
    2. 도청소재지에서 그 관할부청 또는 군청소재지에 이르는 도로
    3. 도청소재지에서 도내의 주요한 지점, 항진(港津) 또는 철도 정차장에 이르는 도로
    4. 도내의 주요한 지점, 항진, 철도 정차장 또는 도로 상호를 연결하는 도로
    5. 인접 도내의 주요한 지점, 항진, 철도 정차장 또는 도로 상호를 연결하는 도로

제4조 3등 도로는 다음 각호의 1에 해당하는 것에 대하여 조선 총독의 인가를 받아 도장관이 정한다.
    1. 인접 부청 또는 군청-소재지를 연결하는 도로
    2. 부청 또는 군청 소재지에서 부·군 안의 주요한 지점, 항진 또는 철도 정차장에 이르는 도로
    3. 부·군 안의 주요한 지점, 항진, 철도 정차장 또는 도로 상호를 연결하는 도로
    4. 인접 부·군 안의 주요한 지점, 항진, 철도 정차장 또는 도로 상호를 연결하는 도로

제5조 등외 도로는 1등 도로, 2등 도로 또는 3등 도로에 속하지 아니하는 도로로 하고 도장관이 정한다.

제6조 3등 도로를 변경 또는 폐지하고자 하는 때는 조선 총독의 인가를 받아야 한다.

제7조 1등 도로 및 2등 도로는 조선총독부에서, 3등 도로는 도청에서, 등외 도로는 부청 또는 군청에서 관리한다.

제8조 인접 도 구획의 경계에 있는 3등 도로·등외 도로 또는 그 교량, 도선장이나 터널을 관리하여야 하는 행정관청은 조선 총독이 지정한다.

제9조 도내의 인접 부·군 구획의 경계에 있는 등외 도로 또는 그 교량, 도선장이나 터널을 관리하여야 하는 행정관청은 도장관이 지정한다.

제10조 1등 도로 및 2등 도로의 축조 및 유지·수선은 조선총독부에서 시행한다. 다만, 유지·수선에 관하여 관행이 있는 것은 그 비용의 전부 또는 일부를 지방청에게 부담하게 할 수 있다.

　3등 도로의 축조 및 유지·수선은 지방청에서 관행에 의하여 시행한다. 다만, 그 비용의 일부는 조선총독부에서 보조할 수 있다.

　등외 도로의 축조 및 유지·수선은 관행에 의하여 관계 부락이 행하는 것으로 한다. 다만, 그 비용의 일부는 지방청에서 보조할 수 있다.

제11조 도로를 관리하는 행정관청 이외의 자는 해당 관청의 인가를 받아 자기의 비용으로 도로의 개축 또는 수선을 시행할 수 있다.

부칙

본령은 공포한 날부터 시행한다.

본령에서 도로 관리청이라 함은 시가도로에 대하여는 도청을 말한다.

(김태현)

자료 228 | 《朝鮮總督府官報》第九百七十二號, 1915. 10. 29.

조선총독부령 제111호 도로규칙을 다음과 같이 개정한다

제1장 도로의 종류

제1조 도로를 나누어 다음의 4종으로 한다.

    1등 도로

    2등 도로

    3등 도로

    등외 도로

제2조 1등 도로는 다음 각호의 1에 해당하는 것에 대하여 정한다.

    1. 경성에서 도청소재지, 사단사령부 소재지, 여단사령부 소재지, 요새사령부 소재지, 진수부 소재지, 요항부 소재지, 주요한 개항 또는 철도 정차장에 이르는 도로

    2. 군사상 중요한 도로

    3. 경제상 특히 중요한 도로

제3조 2등 도로는 다음 각호의 1에 해당하는 것에 대하여 정한다.

    1. 인접 도청소재지를 연결하는 도로

    2. 도청소재지에서 그 관할 부청 또는 군청 소재지에 이르는 도로

    3. 도청소재지에서 도내의 주요한 지점, 항진 또는 철도 정차장에 이르는 도로

    4. 도내의 주요한 지점, 항진, 철도 정차장 또는 도로 상호를 연결하는 도로

    5. 인접 도내의 주요한 지점, 항진, 철도 정차장 또는 도로 상호를 연결하는 도로

제4조 3등 도로는 다음 각호의 1에 해당하는 것에 대하여 조선 총독의 인가를 받아 도장관이 정한다.

    1. 인접 부청 또는 군청소재지를 연결하는 도로

    2. 부청·군청 또는 도청소재지에서 부·군·도 안의 주요한 지점, 항진, 철도 정차장에 이르는 도로

3. 부·군·도 안의 주요한 지점, 항진, 철도 정차장 또는 도로 상호를 연결하는 도로

4. 인접 부·군 안의 주요한 지점, 항진, 철도 정차장 또는 도로 상호를 연결하는 도로

제5조 등외 도로는 1등 도로·2등 도로 및 3등 도로에 속하지 아니하는 도로로 한다.

제2장 도로의 관리

제6조 1등 도로 및 2등 도로는 조선 총독이, 3등 도로는 도장관이, 등외 도로는 부윤·군수 또는 도사가 관리한다. 다만, 조선 총독이 지정한 부의 구획 안의 도로는 도로의 등급에 불구하고 부윤이 관리한다.

전항의 경우에 도로에 접속하는 도선장 및 도선은 도로의 일부로 본다.

제7조 인접 도 구획의 경계에 있는 3등 도로 또는 등외 도로를 관리하여야 하는 행정청은 조선 총독이 지정한다.

제8조 도 안의 인접 부·군 구획의 경계에 있는 등외 도로를 관리하여야 하는 행정청은 도장관이 지정한다.

제9조 도로의 축조 및 유지·수선은 해당 도로의 관리청에서 시행한다. 다만, 1등 도로 및 2등 도로의 상시의 유지·수선은 제6조 단서에 의하여 지정한 부의 구획 안의 것을 제외하고는 도장관이 시행하여야 한다.

제10조 도로는 관리청 이외의 자라 하더라도 관리청의 허가를 받아 축조 또는 유지·수선을 할 수 있다.

제11조 도로의 축조 또는 유지·수선에 관한 비용은 도장관이 시행하는 경우에는 지방비, 부윤·군수 또는 도사가 시행하는 경우에는 부 또는 관계부락의 부담으로 한다.

제12조 행정청은 도로의 축조 또는 유지·수선을 시행하기 위하여 관계부락에 대하여 관행에 의하여 부역 또는 현품을 부과할 수 있다.

제13조 도로관리청은 특히 도로를 훼손하여야 하는 사업의 경영자에게 그 도로의 유지·수선을 하게 할 수 있다.

제14조 도로의 사용료, 기타 도로에서 발생하는 수입은 1등 도로·2등 도로 및 3등 도로는 지방비, 등외 도로는 부 또는 관계부락의 수입으로 한다. 다만, 제6조 단서

에 의하여 지정한 부의 구획 안의 도로는 도로의 등급에 불구하고 부의 수입으로 한다.

제15조 도로의 교통에 대하여는 요금을 징수할 수 없다. 다만, 특별한 설비를 하여 교량의 통행료 또는 도선의 요금 징수를 허가받은 자는 그러하지 아니하다.

교량의 통행료 또는 도선의 요금 징수를 허가받은 자는 그 징수 기간에 자기의 비용으로 교량 또는 도선장 및 도선의 유지·수선을 시행하여야 한다.

제3장 도로의 수축표준

제16조 노면의 유효 폭원은 다음의 제한 이상이어야 한다.
  1등 도로 4간(間)[3]
  2등 도로 3간
  3등 도로 2간

제17조 지형상 부득이한 경우에 전조의 제한에 의하기 어려운 때는 1등 도로는 3간, 2등 도로는 2간반까지 그 폭원을 축소할 수 있다. 다만, 축소구간은 길이 6정(町)마다 전조의 폭원을 가지는 도로 20간 이상을 존치하고 축소구간과의 연락은 체감 폭원에 의하여 하여야 한다.

제18조 도로의 구배(勾配)[4]는 다음 제한을 초과하여서는 아니된다.
  1등 도로 30분의 1
  2등 도로 25분의 1
  3등 도로 20분의 1

제19조 지형상 부득이한 경우에 전조의 제한에 의하기 어려운 때는 단거리에 한하여 1등 도로 또는 2등 도로의 구배는 15분의 1, 3등 도로의 구배는 10분의 1까지로 할 수 있다.

---

3 간이 길이로 쓰이면, 1간은 여섯 자이며, 이는 m법으로 환산하면, 60/33m로서 약 1.82m 또는 약 181.82cm이다. 또한 360보(步)는 1리(里)인데, 이때 1보가 1간이다.
4 경사면의 경사의 정도를 말한다.

전항의 경우에 1등 도로 또는 2등 도로로 구배가 20분의 1보다 급한 것, 3등 도로로 구배가 15분의 1보다 급한 것은 가능한 한 연장 100간마다 100분의 1보다 완만한 구배 연장 10간 이상을 존치하여야 한다.

제20조 도로 곡선부의 중심반경은 다음의 제한 이상이어야 한다.

1등 도로 8간

2등 도로 8간

3등 도로 6간

지형상 부득이한 경우에는 1등 도로 또는 2등 도로에서도 중심 반경을 6간까지 단축할 수 있다. 이 경우에는 폭원 1간을 증축하여야 한다.

제21조 곡선부의 중심 반경은 판로의 구배가 40분의 1보다 급한 장소에서는 10간 이상으로 하여야 한다.

제22조 중심 반경 20간 이하의 배향 곡선부 간에는 상당의 길이를 가지는 직선도로를 존치하여야 한다.

제23조 도로용지의 폭원은 등외 도로를 제외하고는 평지에서는 제16조의 유효 폭원에 가능한 한 좌우 각 1간 반 이상을 더한 것으로 하여야 한다. 다만, 수로 또는 성토[5] 등의 경우에는 가공구역 외단을 용지의 경계로 한다.

제24조 노면의 횡단 형상은 중심으로부터 좌우 양단을 향하여 24분의 1의 구배로 저하하고 중앙은 상당의 호형으로 하여야 한다.

제25조 도로 중앙의 높이는 측구의 최고 수면보다 1척 이상으로 하여야 한다.

제26조 도로의 표면은 필요에 따라 가능한 한 견질(堅質)한 할석(割席)[6] 또는 자갈로 축조하여야 하고, 그 두께는 중앙에서 5촌 이상으로 하며 양단으로 향하여 점차 이를 감하여 3촌 이상으로 하여야 한다. 다만, 3등 도로 및 등외 도로는 그 두께를 줄일 수 있다. 노면을 구성하는 할석 또는 자갈은 직경 1촌 5분 이하의 것을 사용하여야 한다.

---

5 기존보다 높이거나 돋우는 작업이다.
6 쪼갠돌을 말한다.

제27조 노면의 축조는 롤러 또는 판다누스목[7]으로 노상을 다져 상당한 호형으로 한 후 수층에 할석 또는 자갈을 살포하고 살수하여 롤러 또는 판다누스목으로 매 층 평탄하게 다져야 한다.

제28조 수로 경사면의 구배는 그 지질에 따라 적의하게 정하여야 한다. 다만, 지질이 불량하여 붕괴가 우려되는 장소에는 석축, 목책공 또는 식생공등을 하여야 한다.

수로 경사면의 상부에는 사면에 병행하여 배출구를 설치하여 빗물을 암거(暗渠)[8] 기타에 유도하여야 한다.

제29조 성토 경사면의 구배는 1할 2분보다 완만하게 하고, 경사면은 대략 1척마다 식생을 실시하여야 한다. 다만, 석축 기타 방통공사[9]를 하여야 하는 경우에는 그러하지 아니하다.

성토의 경우에는 지면의 식물을 삼제(芟除)[10]하고 전폭원에 걸쳐 매립하여 두께 1척 이내의 층마다 다져야 한다.

경사의 토지에 성토하는 경우에는 지면을 계단상으로 굴착한 후 시공하여야 한다.

제30조 교량의 구조는 면적 1평에 대하여 1등 도로 및 2등 도로는 400관, 3등 도로는 300관의 등포할중에 견디는 것으로 하여야 한다.

제31조 교량의 유효 폭원은 노폭과 동일하게 하여야 한다. 다만, 부득이한 경우에는 유효 폭원을 1등 도로는 3간, 2등 도로는 2간 반, 3등 도로는 1간 반까지로 할 수 있다.

제32조 암거의 길이는 그 부설개소의 도로법부지와 동일하게 하여야 한다.

제33조 도로의 양측에는 측구를 설치하여야 한다.

측구의 깊이 및 밑바닥 폭은 각각 1척 5촌 이상이어야 한다.

---

[7] 판다누스목(Pandanales)은 전 열대지역에 분포하는 속씨식물의 목이다.
[8] 철도 또는 제방의 아래에 물을 배수하기 위한 인공수로이다.
[9] 도로 바닥을 만드는 미장 공사이다.
[10] 풀을 벤다는 의미이다.

판로의 측구는 지질에 따라 계단상돌붙임, 조돌[11]붙임 또는 목책공[12] 등을 하여 구배의 완화를 도모하여야 한다.

제34조 터널은 유효 폭원을 1등 도로 및 2등 도로는 3간 이상, 3등 도로는 2간 이상으로 하여야 한다.

제35조 터널 안의 도로는 적당히 경사지게 하고 측구를 설치하여 하수의 소통을 충분하게 하여야 한다.

제36조 터널 안의 높이는 전 노면보다 13척 이상으로 하여야 한다.

제37조 가로수는 지방의 상태에 따라 주로 일광을 차단하거나 노면의 건조 또는 풍설을 방호하고 산간적설이 심한 지방에서는 동계노선의 목표가 되는 목적으로 심어야 하고, 그 종류는 기후 및 토질에 적합하고 줄기잎이 적의하여 교통 또는 노면에 지장이 없는 것을 선택하여야 한다.

제38조 가로수는 도로의 외측에서 노선에 병행하여 그 세로 거리를 4간 이상으로 하고, 유효노면의 끝에서부터 2척 5촌 이상, 측구의 가장자리로부터 2척 이상의 간격을 유지하여 양측이 서로 대립하지 아니하게 하여 심어야 한다.

제39조 원표는 조선 총독이 지정한 지점에 설치하여야 한다.

이정표를 설치하는 때는 그 도로가 경과하는 주요한 지점에서부터의 이정 및 그 소재지명을 기재하여야 한다.

제40조 할석·자갈 기타 도로수선용 재료를 두는 곳은 도로를 따라 유효노면 이외의 지구에 설치하여야 한다.

제41조 시가지 안의 도로는 별도로 정하는 경우를 제외하고는 이 장에 준거하는 것으로 한다.

---

[11] 연기가 밖으로 빠져나가도록 만든 구조물이다.
[12] 통나무 울타리를 치는 것이다.

제4장 도로의 유지·수선의 표준

제42조 도로의 상시 유지·수선은 가능한 한 다음 각호에 의하여 시행하여야 한다.

    1. 노면의 위에 놓은 것 또는 노면의 할석이나 자갈 등의 전보(塡補)[13]

    2. 노면의 배수, 청소, 제설 및 잡초의 삼제(芟除)[14]

    3. 측구·암거 및 홈통 등의 준설 또는 청소

    4. 수로 또는 성토 경사면의 유지·수선

    5. 교량의 유지·수선

    6. 가로수의 식재 및 보호

제43조 도로의 유지수선에 대하여는 특히 다음 각호의 사항에 주의하여야 한다.

    1. 일상의 감시를 주도하게 하여 파손을 방지하고 소파가 있는 때는 신속히 수선을 가할 것

    2. 노면의 청소와 수로 또는 성토 경사면에 식생공을 실시할 것

    3. 노면의 움푹 팬 곳은 이토를 제외하고 할석 또는 자갈을 전충하고 모래를 살포하여 재래노면과의 결합을 좋게 할 것

    4. 노면에 자갈을 깐 때는 고결되지 아니한 동안에는 계속 골라 움푹 팬 곳이 생기게 하지 않을 것

    5. 노면에 사용하는 할석 또는 자갈은 조대한 것을 사용하지 아니할 것

    6. 항상 노면의 호형을 유지하여 배수를 안전하게 할 것

    7. 노면의 잡초는 적어도 1년에 2회 삼제하고 또한 노면의 배수를 정체하지 아니하게 할 것

    8. 판로 측구의 돌붙임·목책공 기타의 유지에 힘쓸 것

    9. 교량은 그 다리의 표면에 우·설이 정체하지 아니하도록 청소를 할 것

제44조 천재, 기타 비상시의 도로보전의 응급방비는 관계부락에서 시행하여야 한다.

---

[13] [편역자주] 부족을 메워서 채운다는 의미이다.
[14] 풀을 베어버린다는 의미이다.

관계 부락은 전항의 방비를 위하여 사전에 적의한 재료를 준비하고 응급준비를 해 두어야 한다.

제45조 도로 보수용으로 사용하기 위하여 할석·자갈, 기타 수선용 재료를 두는 곳을 설치하여 농한에 상시 그 재료를 수집하는 것에 힘써야 한다.

제46조 도장관은 부의 구획 안을 제외하고는 그 관내의 1등 도로, 2등 도로 및 3등 도로의 상시 유지·수선에 대하여 관계부락에게 담당구역을 정하여 경미한 것을 시행하게 하여야 한다.

전항의 담당 구역의 경계에는 담당 구역 및 담당 부락명을 기재한 표항을 세워야 한다.

제47조 조선 총독이 지정한 1등 도로 및 2등 도로에는 전조에 의한 것 외에 도장관은 수로공을 배치하여야 한다.

제48조 도장관은 전2조에 의하여 시행하는 1등 도로 및 2등 도로의 유지·수선을 지휘·감독하기 위하여 도로 감시원을 배치하여야 한다.

제49조 도장관은 전2조의 규정에 준거하여 3등 도로의 유지·수선을 시행하여야 한다.

제5장 감독

제50조 지방행정청은 익년도에 그 청이 시행하고자 하는 도로축조의 계획을 정하고 매년 12월 말일까지 그 계획의 대요를 구비하여 노선도를 첨부하여 1등 도로, 2등 도로 및 3등 도로는 조선 총독에게, 등외 도로는 도장관에 대하여 인가를 신청하여야 한다.

제51조 도로관리청 이외의 자가 도로를 축조하고자 하는 때는 신청서 또는 원서에 설계서·계획설명서 및 도면을 첨부하여 도로관리청의 허가를 받아야 한다.

도장관은 3등 도로의 축조를 허가하고자 하는 때는 조선 총독에게 품의하여야 한다.

제52조 도로 등급의 재편성 또는 도로의 폐지는 3등 도로는 조선 총독의, 등외 도로는 도장관의 인가를 받아야 한다.

제53조 특별한 설비를 하여 교량의 통행료 또는 도선의 요금을 징수하고자 하는 자는 원서에 계획설명서, 설계서, 도면, 징수하고자 하는 금액, 기간 및 수지 계산서를 첨부하여 경찰서 또는 경찰서의 사무를 취급하는 헌병분대·헌병분견소를 거쳐 도로관리청에 제출하여 허가를 받아야 한다.

제54조 인접 도·부·군 구획의 경계에 있는 도로에 관하여는 제7조 또는 제8조의 지정을 받기 위하여 관계행정청과 협의한 후에 그 도로의 지방관계를 조선 총독 또는 도장관에게 구신하여야 한다.

제55조 제12조 및 제13조의 규정에 의한 처분을 하고자 하는 때는 도장관은 조선 총독, 부윤·군수 또는 도사는 도장관의 인가를 받아야 한다.

제56조 도로 감시원은 매월 1회 그 담당 구역 안의 유지·수선의 상황을 도장관에게 보고하여야 한다.

도장관은 1등 도로 또는 2등 도로의 수선에 관하여 국비에 의한 시행이 필요하다고 인정하는 때는 그 사유를 구비하여 조선 총독에게 신청하여야 한다.

제57조 도로관리청은 공익상 필요하다고 인정하는 때는 본령에 의하여 한 허가를 취소하거나 그 조건을 변경 기타 필요한 명령을 할 수 있다.

부칙

본령은 1915년(大正 14) 2월 1일부터 시행한다.

본령 시행 전 도로관리청에서 지정 또는 인가한 도로는 본령에 의하여 지정 또는 인가한 것으로 본다.

본령 시행 전 본령에 규정한 행위에 대하여 허가를 받은 자는 본령에 의하여 허가받은 것으로 본다.

경성부 안의 도로축조는 1912년 조선총독부고시 제78호 경성 시구개수예정계획노선에 한하여 당분간 조선 총독이 시행한다.

(김태현)

자료 229 | 《朝鮮總督府官報》第千五百四號, 1932. 1. 15.

조선총독부령 제11호에 따라 도로규칙을 다음과 같이 개정한다

제4조 중「조선 총독의 인가」를 삭제

제8조 2의 제6조 단서의 규정에 의한 지정된 부와 인접 부군구획과의 경계에 있는 1등 도로, 2등 도로 및 3등 도로를 관리해야할 행정청은 조선 총독이 그것을 지정한다.

제9조 2의 인접도 부군구획의 경계에 있는 1등 도로 및 2등 도로에 대해 전조 단서의 규정에 의한 당시의 유지 수선을 시행해야할 도지사는 조선 총독이 그것을 지정해야 함

제10조에 아래의 1항을 추가

    전항의 규정에 의한 허가신청서에는 도로의 축조 또는 수선의 경우에 대해서는 설계서, 설계설명서 및 도면을 도로의 유지의 경우에 대해서는 그 요령을 기재해야 할 서면 및 획면을 첨부해야한다.

제50조 삭제

제51조 삭제

제52조 삭제

제53조 특별한 설비를 하여 교량의 통행료 또는 도선의 요금을 징수하고자 하는 자는 신청서에 계획설명서, 설계서, 도면, 징수하고자 하는 금액 및 기간을 기재한 서면 및 수지 계산서를 첨부하여 경찰서를 거쳐 도로관리청에 제출하여 허가받아야 한다. 다만, 조선 총독이 관리하는 도로에 대하여는 도지사의 허가를 받아야 한다.

제54조 중「제7조 또는 제8조」를「제7조 내지 제8조의 2또는 제9조의 2」로 고친다.

제55조 삭제

부칙
본령은 발포일로부터 그것을 시행한다.

(김태현)

자료 230 | 《朝鮮總督府官報》第百五號, 1912. 12. 5.

조선총독부훈령 제25호에 따라 도로 유지 및 수선 규정을 다음과 같이 정한다

제1조 1등 도로 및 2등 도로의 유지수리는 조선총독부에서 직접 시행하는 것을 제외하고, 기타 본령에 따라 도청에서 시행하는 것으로 한다.

제2조 도청에서 시행하는 전조의 도로 및 3등 도로의 유지수리 개요는 아래와 같다.

    1. 노면의 상치 및 노면의 할석(割石) 또는 자갈의 전보

    2. 노면의 배수, 청소, 제설 및 잡초 제거

    3. 하수 준설 및 수선

    4. 굴할(掘割) 또는 성토 경사면 유지 수선

    5. 교량 및 암거(暗渠) 등의 유지 수리

    6. 입목의 보호 및 식재

    7. 비상 변재의 경우에 대한 방어

제3조 도로의 유지수리는 주로 관행에 기초한 관계부락의 부역에 따라 농한(農閑)에 그것을 시행한다.

제4조 도청은 각 도로 2부 관계부락의 담당 구역을 정하고 그 경계에 표목을 설치하도록 한다.

제5조 전조의 표목에는 연도 주요지로부터의 이정 및 그 소재 부락의 이름을 기재해야 한다.

제6조 도청은 필요할 때는 정고부(定工夫)를 배치하고 상시 도로의 순관과 수선에 종사해야 한다.

제7조 도로의 유지·수선에 대해서는 노면의 배수 아울러 그 요철에 주의하여 필요한 때는 노면에 전보(塡補) 할석(割石)[15] 또는 자갈의 저장면적(置場)을 설치하여 그것을 모아 둔다.

---

15 깬 돌이다.

제8조 1등 도로 및 2등 도로의 수선공사로써 중요한 것은 예정설계서, 시방서(仕樣書)[16] 및 도면을 조제하여 조선 총독의 인가를 받아야 한다.

(김태현)

---

[16] 설계·제조·시공 등 도면으로 나타낼 수 없는 사항을 문서로 적어서 규정한 것이다.

자료 231 | 《朝鮮總督府官報》第千七百十八號, 1918. 5. 1.

황해도령 제7호에 따라 도로 유지 및 수선 규정을 다음과 같이 정한다

제1조 도로규칙 46조의 규정에 의한 1등 도로 2등 도로 및 3등 도로의 상시의 유지수선은 관계 부락에서 그것을 시행한다.

전항의 관계부락 및 그 부담구역은 군수가 그것을 정하고 다만 군의 경계에 대한 부락에 대해서는 도장관이 그것을 정한다.

제2조 전조 관계부락에서 시행해야 할 도로의 상시 유지수선에 속한 사항은 아래와 같다.
1. 도면의 상치 자갈, 쇄석의 조제 쇄석 또는 자갈 등의 전보
2. 도면의 차륜굴 및 울퉁불퉁한 곳
3. 도로의 배수, 제설 및 잡초의 삼제
4. 측량, 암거(暗渠)[17], 토관 및 상자통 등의 준설 또는 소제
5. 굴할 또는 성토경사면의 유지 수선
6. 교량 또 암거의 유지 수선
7. 나무의 식재 및 보호

제3조 담당구역의 경계에는 좌기 양식의 표항을 건설해야 하고 다만 표항 및 그 건설에 요하는 비용은 관계부락의 부담으로 한다.

표항은 석재 또는 목재로 지상 3척 5촌 이상 양사면에 3촌 이상으로 한다.

부칙

본령은 시행일로부터 그것을 시해한다.

1911년 10월 조선총독부 황해도령 제5호는 본령 시행의 일로부터 그것을 폐지한다.

(김태현)

---

17 배수를 위한 땅속의 도랑이다.

자료 232 | 《朝鮮總督府官報》第二百四十七號, 1913. 5. 29.

조선총독부령 제53호에 따라 도로 단속 규칙을 다음과 같이 정한다

제1조 본령은 특별한 규정이 있는 경우를 제외하고는 공중 통행용으로 공여된 도로에 적용한다.

전항의 도로에는 도로에 부속하는 지물을 포함한다.

제2조 다음 각호의 1에 해당하는 경우에는 원서에 설계서 및 도면을 첨부하여 경찰서(경찰분서 및 경찰서의 사무를 취급하는 헌병분대·헌병분견소를 포함한다. 이하 같다)를 거쳐 해당 도로관리청에 제출하여 허가받아야 한다. 다만, 제3조 1항 제1호에 해당하는 경우에는 그러하지 아니하다.

  1. 도로에 광고표, 변소 기타 건조물을 설치하거나 변경하고자 하는 때

  2. 도로에 통관, 철관 기타 공작물을 매설하거나 변경하고자 하는 때

  3. 도로에 교량, 암거, 하수를 신설하거나 변경하고 기타 도로에 가공하고자 하는 때

  4. 도로에 수목을 식재하거나 벌채하고자 하는 때

  5. 전 각호 외에 계속하여 도로를 점용하고자 하는 때

제3조 다음 각호의 1에 해당하는 경우에는 경찰서의 허가를 받아야 한다.

  1. 전조 각호에 해당하는 사항으로 경미한 것인 때

  2. 도로에 가등, 지도표 또는 비표를 건설하거나 변경하고자 하는 때

  3. 도로에 죽목, 토석류를 두거나 널판장, 비계, 지주 등을 설치하고자 하는 때

  4. 도로에서 일시 통행을 정지하는 공사를 하고자 하는 때

  5. 도로에서 연예 기타 흥행을 하고자 하는 때

  6. 도로에 노점을 내고자 하는 때

  7. 도로를 차단하거나 도로의 유지에 영향을 미칠 만한 장대하거나 중량의 물건을 견인 또는 운반하고자 하는 때

  8. 제1호 내지 제4호 및 전조 각호의 경우 이외에 노면을 굴착하고자 할 때에

시가의 도로에서는 전항에 의한 것 외에 다음 각호의 1에 해당하는 때에도 경찰서의 허가를 받아야 한다.

1. 도로에 표기, 표등, 간판, 차양류를 돌출시키고자 하는 때. 다만, 표기, 표등, 간판은 지반으로부터 높이 8척 이상에서 2척 이내를 돌출하는 것을 제외한다.
2. 도로 주변의 장소에서 건조물의 신설, 개축 또는 철거를 하고자 하는 때
3. 도로에서 제전, 매출 또는 광고 등을 위하여 다인수가 행렬을 하거나 장식한 수레, 장식품 등을 내놓거나 장대를 묶는 말뚝 기타의 공작물을 건설하고자 하는 때

제4조 도로의 사용에 대하여는 공익을 위하여 하는 것을 제외하고 사용료를 징수하여야 한다.

전항의 사용료는 전납으로 한다. 지정 기간 내에 납부하지 아니하는 때는 그 허가를 취소하여야 한다.

이미 납부한 사용료는 관청의 사정에 의하여 허가를 취소한 경우를 제외하고 환부하지 아니한다.

제5조 허가를 받아 도로를 굴착한 자는 통행에 위험의 우려가 없게 하기 위하여 적당한 장치를 하고, 야간에는 표등을 점등하여야 한다.

전항의 굴착을 한 자가 도로의 사용이 끝난 때는 신속하게 이를 원상 복구하여야 한다.

제6조 도로 또는 도로 주변의 장소에서 토지, 공작물, 수목 기타 물건의 붕괴, 전복, 추락 등의 우려가 있는 때는 신속하게 수리, 철거 기타 위험예방의 조치를 하여야 한다.

제7조 도로에서 보행자는 우측, 우마·제차는 도로중앙부의 우방을 통행하여야 한다. 다만, 특별히 경찰관, 헌병이 지시한 경우에는 그러하지 아니하다.

도로의 굴곡부에서 좌회전을 하는 때는 크게 돌고, 우회전하는 때는 짧게 돌아야 한다.

제8조 다리 위 및 구배 또는 굴곡이 심한 도로 또는 시가의 도로에서는 함부로 거마를 질구하여서는 아니된다.

제9조 보도, 거마도(車馬道)¹⁸의 구별이 있는 도로에서 보도에는 유모차, 살수차를 제외하고 함부로 우마, 제차를 몰아서는 아니되고, 거마도에는 우마, 제차, 대오(隊伍), 행렬 등을 제외하고 함부로 그 통행을 하여서는 아니된다.

제10조 도로에서 다중이 대오·행렬을 지어 통행하는 때는 적당히 구분하여 그 상호 간에 상당한 거리를 유지하여야 한다. 우마, 제차를 연행하는 때에도 같다.

제11조 도로에서 군대 기타 대오, 행렬, 우편용·소방용·살수용의 거마 또는 맹인 등과 마주친 때는 피하여 양보하여야 한다.

제12조 도로에서 보행자, 우마, 제차가 마주친 때는 서로 우방으로 피하여야 한다. 다만, 실차(實車)[19]에 대하여는 공차(空車)[20]가 피하여 양보하여야 한다.

우마, 제차가 전자를 추월하고자 하는 때는 그 좌방으로 나와야 한다.

제13조 경찰관 또는 헌병이 필요하다고 인정하여 도로의 통행을 제지한 때는 그 통행을 정지하여야 한다.

제14조 도로에서 자동차 또는 자전거를 사용하는 때는 음향기를 장치하여 잡답하거나 협애한 장소 또는 길모퉁이, 다리 위, 비탈길 등을 통행하거나 보행자, 우마, 제차를 추월하고자 하는 때는 이를 울려 신호하여야 한다.

제15조 시가의 도로 주변의 처마 끝에는 경찰서의 지시가 있는 경우에 홈통 및 선홈통[21]을 설치하고 배수구에는 비흘림을 설치하여야 한다.

제16조 시가의 도로에서 추락, 비산 또는 누출의 우려가 있는 것을 운반하는 때는 적당한 장치를 하고, 죽목 기타 물건으로 통행인에 대하여 위해를 끼칠 우려가 있는 것을 운반하는 때는 위험 예방의 장치를 하여야 한다.

제17조 시가의 도로에서 부득이하게 일시 차량 기타 물건을 두는 때는 교통을 방해하지 아니하기 위하여 노방에 바싹대어 두어야 한다. 다만, 야간에 거대한 물건을 노방

---

18 수레와 말이 지나는 길이다.
19 짐이 실린 차이다.
20 짐이 없는 차이다.
21 홈통은 물받이를 위해 설치한 길고 오목한 골. 선홈통은 바닥에서 수직으로 댄 빗물 받는 홈통이다.

(路傍)[22]에 두는 때는 경찰서에 신고하여 위험 예방의 장치를 하고 표등을 점증하여야 한다.

제18조 시가의 도로에서 우마의 견인자는 3척 이내로 구강을 잡아야 한다.

제19조 도로에서 다음 각호의 1에 해당하는 행위를 하여서는 아니된다.

    1. 함부로 처마 기타 물건을 도로에 돌출시키는 것

    2. 우마 기타 계류를 필요로 하는 수류를 풀어놓는 것

    3. 진개, 오니(汚泥)[23], 오수 기타의 오물을 투기 또는 살포하는 것

    4. 도로 또는 도로 주변의 장소에서 공안 또는 풍속을 어지럽히거나 풍치를 해칠 우려가 있는 광고, 간판 등을 내거는 것

제20조 시가의 도로에서 다음 각호의 1에 해당하는 행위를 하여서는 아니된다.

    1. 함부로 불을 가지고 장난하며, 투석 기타 위험한 행위를 하는 것

    2. 보호자가 동반하지 아니하고 5세 미만의 소아를 보행하게 하는 것

    3. 경찰관, 헌병의 제지를 수긍하지 아니하고 유희를 행하거나 행하게 하는 것

    4. 함부로 우마, 제차를 세우거나 나란히 끌고 가는 것

    5. 자동차, 자전거 또는 승마 연습을 하는 것

    6. 복개가 없는 용기로 기타 오예물을 운반하는 것

    7. 경찰관, 헌병의 제지를 수긍하지 아니하고 방가하거나 고성을 내는 것

제21조 도로 주변의 거주자는 근처 도로의 청소, 살수 및 제설의 의무를 부담하여야 한다.

    전항의 자는 도로의 훼손 기타 교통의 방해 또는 위험한 개소를 발견한 때는 경찰관 또는 헌병에게 신고하여야 한다.

제22조 본령에 의하여 허가한 관청에서 도로의 보전 또는 단속상 필요하다고 인정하는 때는 그 허가를 취소하거나 그 조건을 변경하고 기타 필요한 명령을 할 수 있다.

제23조 제2조의 규정에 위반한 자는 100원 이하의 벌금 또는 구류나 과료에 처한다.

---

22 길가에, 도로 근처를 의미한다.
23 오염된 흙이다.

제3조, 제5조 내지 제21조의 규정에 위반한 자 또는 제22조에 의하여 발한 관청의 명령에 따르지 아니한 자는 구류 또는 과료에 처한다.

제24조 본령에 정한 것 외에 경무총장 또는 경무부장은 도로에서의 교통 단속에 관하여 필요한 명령을 발할 수 있다.

부칙

본령은 1913년 7월 1일부터 시행한다.

(김태현)

자료 233 | 《朝鮮總督府官報》第二百三十一號, 1938. 11. 17.

조선총독부령 제231호에 따라 도로 단속 규칙 중 일부를 다음과 같이 개정한다

제1조 도로의 통행은 본령에 별도로 정한 경우를 제외하고는 도로의 좌측으로 하여야 한다.

　도로를 보도 및 차도로 구별한 경우에는 전항의 규정 적용에 대하여는 이를 별개의 도로로 본다.

제2조 도 및 차도의 구별이 있는 도로에서는 그 구별에 따라 통행하여야 한다. 차도가 고속차도 및 완속차도의 구별이 있는 때에도 같다.

　신여(神輿)[24], 대오(隊伍), 장렬(葬列) 기타 행렬 또는 우마 등은 차도를 통행하여야 한다. 다만, 아동 또는 유아의 대오는 그러하지 아니하다.

　유모차는 보도를 통행하여야 한다.

제3조 도로에서는 교통표지의 표시 또는 경찰관리의 교통상의 지시에 따라야 한다.

제4조 교통이 빈번한 도로는 비스듬히 횡단할 수 없다.

　자동차 또는 우마차 등으로 1톤 이상의 중량인 것은 특별한 장치가 있는 때 또는 경찰관리의 승인을 얻은 경우를 제외하고는 보도를 횡단할 수 없다.

　교통이 빈번한 도로에서 경찰서장은 필요하다고 인정하는 때는 구역 및 시간을 한정하여 차도의 횡단을 금지할 수 있다.

제5조 대오 기타 행렬이 다인수인 때는 이를 적당히 구분하고 그 상호 간에 적당한 거리를 유지하며 통행하여야 한다. 제차(諸車) 또는 우마 등 다수가 연행하는 때에도 같다.

　제차 또는 우마 등은 병렬하여 통행할 수 없다.

제6조 제차 또는 우마 등과 마주치는 때는 서로 좌방으로 양보하여야 한다.

제7조 제차 또는 우마 등이 전방에 있는 것을 추월하고자 하는 때는 부득이한 경우를 제외하고 전자는 좌방으로 피하고 후자는 그 우방을 통과하여야 한다. 다만, 전차를 추월하고자 하는 때는 부득이한 경우를 제외하고 그 좌방을 통과하여야 한다.

전항의 경우에는 후자가 음향기의 사용 기타 방법에 의한 신호를 하여 위험의 우려가 없다고 인정한 후 통과하여야 한다.

제8조 진행 중인 신여, 소방차, 우편차, 상병(傷病)인 운반차, 군용차 및 장렬에 대하여는 피해주어야 한다.

완속차는 고속차에 대하여 공차는 실차에 대하여 서로 피해주어야 한다.

제9조 제차 또는 우마 등은 다음 각호의 1에 해당하는 경우에는 음향기의 사용 기타 방법에 의한 신호를 하고 서행하여야 한다. 다만, 제3호의 경우에 승강객이 폭주하는 때는 제차 또는 우마 등은 일시 진행을 정지하여야 한다.

1. 도로의 교차점, 길모퉁 기타 굴곡이 있는 장소 또는 복잡한 장소를 통과하는 때
2. 보도를 횡단하는 때
3. 정류장에 있는 전차의 측방을 통과하는 때

제차 또는 우마 등은 비탈길, 터널, 지하도 또는 교량을 통과하는 때는 서행하여야 한다.

제10조 제차는 야간 통행하는 때는 등화를 사용하여야 한다.

도지사는 토지의 상황에 의하여 전항과 다른 규정을 만들 수 있다.

제11조 철도 또는 궤도의 건널목에서는 위험의 우려가 없는 것을 확인한 후 통행하여야 한다.

제12조 제차 또는 우마 등은 안전지대 안을 통행할 수 없다.

제13조 도로의 교차점, 길모퉁이, 터널, 지하도 또는 교량 등에서는 특별한 사유가 있는 경우를 제외하고는 제차 또는 우마 등을 주차할 수 없다. 도로에 제차 또는 우마 등을 주차하는 때는 그 좌측 가장자리에 하여야 한다.

전항의 경우에는 제차 또는 우마 등 주차위치를 일탈하지 않도록 필요한 조치를 하여야 한다. 다만, 도로의 부속물에 이를 계류할 수 없다.

제14조 하차의 크기는 다음 각호의 제한에 의하여야 한다.

1. 너비(차대 또는 차축의 최고 돌출부 간의 거리 1.50m 이하

2. 길이 차대 3.00m 이하

총길이(끌채를 포함한다) 5.20m 이하

제15조 하차의 비드(bead)[25] 너비는 다음 각호의 제한에 의하여야 한다.

1. 소가 견인하는 것 0.12m 이상

2. 말이 견인하는 것 0.10m 이상

3. 사람이 견인하는 것 0.05m 이상

고무바퀴 기타 도로를 손상하지 아니하는 특별 장치를 한 차륜은 그 비드 너비는 전항에 규정하는 한도의 10분의 8까지 단축할 수 있다.

제1항 제1호 및 제2호의 하차로 사륜차인 때는 그 전부 차륜의 비드 너비는 용수철 장치를 가진 것은 전2항에 규정하는 한도의 10분의 6까지, 용수철 장치를 가지지 아니한 것은 그 10분의 8까지 단축할 수 있다.

제16조 하차의 적재량은 차체의 중량을 합하여 다음 각호의 제한에 의하여야 한다.

1. 소가 견인하는 것 사륜차 1.50톤 이내

이륜차 1.00톤 이내

2. 말이 견인하는 것 사륜차 1.30톤 이내

이륜차 0.80톤 이내

3. 사람이 견인하는 것 0.40톤 이내

제17조 하차의 적하 용적은 다음 각호의 제한에 의하여야 한다.

1. 전후의 출폭 차대에서 0.60m 이내

2. 좌우의 출폭 차대에서 0.30m 이내

3. 높이 차대에서 2.00m 이내

제18조 분할 할 수 없는 물건을 운반하는 경우에는 경찰서장의 허가를 받아 전2조에 규정하는 제한에 의하지 아니할 수 있다.

제19조 도지사는 토지의 상황, 도로 및 그 부속물이나 차량의 구조 또는 하차의 용도에

---

[25] 타이어를 림에 고정하는 부분이다.

의하여 제14조 내지 제17조의 규정에 의한 제한과 다른 규정을 둘 수 있다.

제20조 하차를 사용하는 자는 다음 각호의 사항을 준수하여야 한다.

1. 12세 미만인 자에게 짐을 적재한 하차를 끌게 하지 아니할 것
2. 15세 미만인 자에게 우마차를 몰지 아니할 것
3. 광조(狂躁)[26]의 버릇 또는 중병 등으로 인하여 사역에 적합하지 아니한 우마를 사용하지 아니할 것
4. 교통이 빈번한 도로에서 하차를 타고 우마를 몰지 아니할 것

제21조 도지사는 도로의 유지 또는 교통의 보전상 필요하다고 인정하는 때는 구역을 지정하여 도로를 통행하는 제차의 종류 및 구조를 제한할 수 있다.

제22조 경찰서장은 하차 또는 이에 사용하는 우마의 상태가 사용에 적합하지 아니하다고 인정하는 때는 그 사용을 금지하거나 제한할 수 있다.

경찰관리는 위험 예방상 필요하다고 인정하는 때는 하차의 적재량 및 적재방법을 제한할 수 있다.

제23조 경찰서장은 위험 예방 기타 보안상 필요하다고 인정하는 때는 도로의 통행을 금지하거나 제한할 수 있다.

경찰관리는 위험 예방 기타 보안상 필요하다고 인정하는 때는 도로의 통행에 관하여 필요한 지시를 할 수 있다.

제24조 경찰서장은 도로 및 도로 부근의 토지에서의 공작물 기타 물건에 관하여 그 점유자에 대하여 위험예방 기타 교통보전을 위하여 필요한 조치를 명할 수 있다.

제25조 다음 각호의 1에 해당하는 경우에는 줄을 쳐서 통제하거나 점등 기타 보안상 필요한 조치를 하여야 한다.

1. 도로에 관한 공사를 하거나 도로를 사용하는 경우에 교통상 장애가 될 우려가 있는 때
2. 도로 부근의 토지에 도괴 또는 붕락의 우려가 있는 물건을 퇴적하는 때
3. 도로 또는 도로 부근의 토지에서의 공작물의 신설, 개축, 변경, 제각 또는 수선

---

[26] 미처서 날뛴다는 의미이다.

등에 의하여 죽목, 토사 기타 물건이 도로에 비산하거나 추락할 우려가 있는 때

4. 도로에서 비산, 추락, 누출 등의 우려가 있는 물건을 운반하는 때

제26조 도로에서 다음 각호의 1에 해당하는 경우에는 경찰서장의 허가를 받아야 한다.

1. 죽목, 토석, 제차 기타 물건을 두고자 하는 때
2. 널판장, 비계, 지주 등을 설치하고자 하는 때
3. 노점을 내고자 하는 때
4. 장식문, 장식탑, 광고표 기타 이와 유사한 것을 건설하고자 하는 때
5. 표기, 표등, 간판, 차양 기타 이와 유사한 것을 도로에 돌출하고자 하는 때. 다만, 지상 3m 이상에서 0.6m 이내를 돌출하는 경우를 제외한다.
6. 교통을 방해하거나 도로의 유지에 영향을 미칠 우려가 있는 장대하거나 중량의 물건을 운반하고자 하는 때
7. 연예 기타 다수의 집합을 목적으로 하는 행위를 하고자 하는 때
8. 제전, 광고 등을 위하여 장식물을 걸거나 다수인이 행렬을 하고자 하는 때

전항 제1호 및 제2호의 허가를 받은 자는 그 성명, 사용기간 및 허가관청명을 기재한 표찰을 게시하여야 한다.

제27조 다음 각호의 1에 해당하는 경우에는 경찰서장은 전조 제1항의 규정에 의한 허가를 취소하거나 그 조건을 변경하고 기타 필요한 처분을 할 수 있다.

1. 본령 또는 전조제1항의 규정에 의한 허가의 조건에 위반한 때
2. 공익상 필요하다고 인정하는 때

제28조 도로에서는 다음 각호의 1에 해당하는 행위를 할 수 없다.

1. 본령 또는 다른 법령에 의하여 허가를 받은 경우를 제외하고는 처마 기타의 공작물을 돌출시키거나 상품 기타 물건을 방치하는 것
2. 소, 말 등 계류를 필요로 하는 가축을 방치하는 것
3. 진재, 오수, 오니 등 오물을 투기 또는 살포하는 것
4. 불꽃, 공기총 기타 이와 유사한 위험한 물품을 가지고 놀거나 투석, 투구 등 위험한 행위를 하는 것
5. 도로 또는 도로 주변의 장소에 공안 또는 풍속을 어지럽히거나 풍치를 해칠 우

려가 있는 광고 및 간판을 게시하는 것

6. 가로수 기타 도로의 부속물을 훼손하는 것

7. 함부로 식수지대 안에 들어가는 것

제29조 교통이 빈번한 도로에서는 전조에 규정하는 것 외에 다음 각호의 1에 해당하는 행위를 할 수 없다.

1. 유희를 행하거나 행하게 하는 것

2. 보호자가 동행하지 아니하고 유아를 보행하게 하는 것

3. 함부로 우두커니 서 있거나 방황하는 것

4. 구강을 1m 이상으로 잡고 우마 등을 견인하는 것

5. 승마 연습을 하는 것

6. 복개가 없는 용기로 분뇨 기타 오예물을 운반하는 것

제30조 도로 주변의 거주자는 그 부근 도로의 청소, 살수 및 제설을 하여야 한다.

제31조 다음 각호의 1에 해당하는 자는 100원 이하의 벌금 또는 구류나 과료에 처한다.

1. 제26조제1항의 규정에 위반한 자

2. 제23조제1항, 제24조 또는 제27조의 규정에 의한 처분에 위반한 자

제32조 다음 각호의 1에 해당하는 자는 구류 또는 과료에 처한다.

1. 제1조제1항, 제2조, 제3조, 제4조제1항제2항, 제5조 내지 제9조, 제10조제1항, 제11조 내지 제17조, 제20조, 제25조, 제26조제2항 또는 제28조 내지 제30조의 규정에 위반한 자

2. 제4조 제3항 또는 제22조의 규정에 의한 처분에 위반한 자

3. 제19조, 제21조 또는 제33조의 규정에 의한 명령에 위반한 자

제33조 도지사는 본령 시행에 관하여 필요한 명령을 발할 수 있다.

부칙

본령은 1938년 12월 1일부터 시행한다.

하차취체규칙은 폐지한다.

본령 시행 당시 종전의 규정에 의하여 경찰서장의 허가를 받은 행위는 본령에 의하여 허가를 받은 것으로 본다.

본령 시행 당시 사용 중인 하차는 제14조 및 제15조의 규정에 의한 제한에 불구하고 1941년 11월 30일까지 사용할 수 있다.

(김태현)

자료 234 | 《朝鮮總督府官報》第三千三百六十二號, 1938. 4. 4.

제령 제15호 조선도로령 메이지 44년 법률 제30호 제1조 및 제2조에 따라 칙허를 받아 이를 공포한다

제1장 총칙

제1조 본령에서 도로라 함은 일반교통용으로 제공되는 도로로서 행정청이 제2장의 규정에 의하여 노선을 인정한 것을 말한다.

제2조 본령에서 도로의 부속물이라 함은 다음 각호의 것을 말한다.
    1. 도로를 접속하는 교량·세월(洗越)[27]·도선장 및 삭도
    2. 도로에 부속하는 지벽·암거·배수·측구·가로수·선반·도로원표·이정표·보수담당구역표·도로경계표 및 도로표지
    3. 도로에 근접하는 도2로보수용재료의 상치장
    4. 전 각호 외에 조선 총독이 도로의 부속물로 정한 것
    도로에 관한 본령의 규정은 도로의 부속물에 준용한다.

제3조 본령에서 도로에 관한 공사라 함은 도로의 신설·개축 및 보수에 관한 공사를 말한다.

제4조 본령에서 다른 공작물이라 함은 제방·제언·호안·철도용 교량 기타 조선 총독이 정하는 공작물을 말한다.

제5조 도로를 구성하는 부지 기타 물건에 대하여는 사권을 행사하지 못한다. 다만, 소유권이전 또는 저당권의 설정 또는 이전은 그러하지 아니하다.

제6조 도로·도로 부근의 토지 또는 도로의 부속물에 관한 본령의 규정은 조선 총독이 정하는 바에 따라 새로 도로·도로 부근의 토지 또는 부속물이 되는 것에 대하여 준용한다.

---

27 간이적으로 만든 소규모의 교량이다.

제7조 본령에 의하여 행정청의 허가를 받아야 하는 사항으로서 궁내성 또는 국가의 사업에 관련된 사항은 궁내대신 또는 해당사업의 시행관청은 조선 총독이 정하는 바에 따라 행정청과 협의하거나 승인을 받아야 한다.

제8조 본령에 의한 허가 또는 승인으로 인하여 발생하는 권리의무는 조선 총독이 정하는 바에 따라 이전할 수 있다.

전항의 규정에 의한 권리의무의 이전 시 본령의 적용에 있어서는 그 권리의무를 승계받은 자를 본령에 의하여 허가 또는 승인을 받은 자로 본다.

제9조 본령에 의한 조선 총독의 직권은 조선 총독이 정하는 바에 따라 그 일부를 도지사에게 위임할 수 있다.

제10조 다음에 게기하는 법령의 규정은 도로에 관하여 적용하지 아니한다.

    1. 조선전기사업령 제8조

    2. 조선사방사업령 제12조

    3. 조선사설철도령에 따를 것을 정한 지방철도법 제16조

    4. 조선전신선전화선건설령에 따를 것을 정한 전신선전화선건설조례 제1조·제4조 및 제5조

제2장 도로의 종류 · 등급 및 노선의 인정

제11조 도로를 다음의 4종으로 나눈다.

    1. 국도

    2. 지방도

    3. 부도

    4. 읍면도

제12조 도로의 등급은 전조의 기재순서에 의한다.

제13조 국도의 노선은 다음 각호의 1에 해당하는 노선에 대하여 조선 총독이 인정한다.

    1. 경성부에서 도청소재지 · 사단사령부 소재지 · 여단사령부 소재지 · 요새사령부 소재지 · 요항부 소재지 또는 개항에 달하는 노선

2. 도청소재지·개항 또는 주요지·비행장 또는 철도역 상호간을 연결하는 노선

3. 군사상 중요노선

4. 경제상 중요노선

제14조 지방도의 노선은 다음 각호의 1에 해당하는 노선으로서 도내의 도로에 대하여 도지사가 인정한다.

1. 도청소재지에서 부·군청소재지에 달하는 노선

2. 부·군청소재지 상호간을 연결하는 노선

3. 도내의 비행장 또는 주요지·항구나루 또는 철도역과 밀접한 관계가 있는 비행장 또는 주요지·항구나루 또는 철도역에 달하는 노선

4. 지방개발상 중요노선

제15조 부·도의 노선은 부내의 노선에 대하여 부윤이 인정한다.

제16조 읍·면·도의 노선은 읍면내의 노선에 대하여 읍면장이 인정한다.

제17조 도지사·부윤 또는 읍면장은 도·부 또는 읍·면을 위하여 특히 필요한 경우 전3조의 규정에 관계없이 조선 총독이 정하는 바에 따라 도외·부외 또는 읍면 외의 노선에 대하여 관계행정청의 의견을 들어 지방도·부도 또는 읍면도의 노선을 인정할 수 있다.

제18조 상급 도로와 하급 도로의 노선이 중복되는 경우의 중복되는 부분은 상급의 노선으로 한다.

동급의 도로노선이 중복되는 경우의 중복되는 부분은 조선 총독이 특별히 지정하는 경우를 제외하고 노선의 인정이 우선하는 도로로 한다.

제3장 도로의 관리

제19조 도로는 노선을 인정한 행정청을 관리청으로 한다.

부내의 국도 및 지방도는 전항의 규정에도 불구하고 부윤을 관리청으로 하고, 부외의 국도 및지방도로서 제17조의 규정에 의하여 부·도의 노선인정이 있는 도로와 중복되는 부분에 대하여도 또한 같다.

제20조 도로로서 행정구획의 경계에 관계가 있는 도로는 조선 총독이 정하는 바에 따라 전조의 규정에 의한 관리청인 관계행정청의 1을 관리청으로 할 수 있다.

제21조 조선 총독이 관리하는 도로의 보수 및 유지에 관한 관리청의 직권으로서 제23조·제26조 내지 제31조·제38조·제39조·제45조·제47조 내지 제49조·제51조·제52조·제58조 및 제59조의 규정에 의한 직권은 도지사가 시행한다.

전조의 규정은 전항의 규정에 의하여 관리청의 직권을 행사하는 도지사에게 준용한다.

제22조 도로의 구역은 관리청이 인정하는 바에 의한다.

제23조 도로에 관한 공사의 시행 및 도로유지는 관리청에서 하여야 한다.

제24조 조선 총독은 필요하다고 인정되는 경우 도지사·부윤 또는 읍면장이 관리하는 도로의 신설 또는 개축에 관한 공사를 시행할 수 있고, 이 경우 관리청의 직권은 조선 총독이 정하는 바에 따라 조선 총독이 시행한다.

제25조 도지사는 필요하다고 인정되는 경우 도내의 부윤 또는 읍면장이 관리하는 도로에 관한 공사를 시행할 수 있고, 이 경우 관리청의 직권은 조선 총독이 정하는 바에 따라 도지사가 시행한다.

제26조 도로로서 다른 공작물의 효용을 겸하는 경우 관리청은 다른 공작물의 관리자에게 도로에 관한 공사를 시행하게 하거나 도로 유지를 하게 할 수 있다.

제27조 도로의 효용을 겸하는 다른 공작물이 있는 경우 관리청은 다른 공작물에 관한 공사를 시행하거나 다른 공작물을 유지할 수 있다.

전항의 규정에 의한 다른 공작물에 관한 공사 또는 다른 공작물의 유지는 본령의 적용에 있어서 도로에 관한 공사 또는 도로의 유지로 본다.

제28조 도로에 관한 공사로서 다른 공사 또는 행위로 인하여 필요하게 된 공사는 관리청이 다른 공사의 시행자 또는 행위자에게 시행하게 할 수 있다.

제29조 도로에 관한 공사로 인하여 필요하게 된 다른 공사는 관리청이 도로에 관한 공사와 함께 시행할 수 있다.

전항의 규정에 의한 다른 공사는 본령의 적용에 있어서 도로에 관한 공사로 본다.

제30조 관리청은 조선 총독이 정하는 바에 따라 도로에 직접적인 이해관계가 있는 공공

단체 또는 개인에게 도로보수에 관한 공사를 시행하게 하거나 도로를 유지하게 할 수 있다.

제31조 관리청이 아닌 자는 관리청의 허가를 받아 도로에 관한 공사를 시행하거나 도로를 유지할 수 있다.

제32조 관리청은 특별한 사유가 있는 경우에 한하여 지하도·교량·도선장 또는 삭도에 대하여 통행료를 징수할 수 있다.

제33조 제31조의 공사가 지하도·교량·도선장 또는 삭도에 관한 공사인 경우 공사시행자는 관리청의 허가를 받아 기간을 정하여 통행료를 징수할 수 있다.

전항의 허가를 받은 자는 통행료징수기간 내에 관리청이 정하는 바에 따라 전항의 지하도·교량·도선장 또는 삭도의 보수에 관한 공사시행 및 이의 유지를 하여야 한다.

제34조 관리청은 관리하는 도로의 대장을 작성하여야 한다.

대장에 기재하여야 하는 사항은 조선 총독이 정한다.

제35조 도로의 구조와 도로의 보수 및 유지방법에 관한 규정은 조선 총독이 정한다.

제4장 도로의 점용 및 도로 부근에 관한 제한

제36조 다음 각호의 1에 해당하는 경우에는 관리청의 허가를 받아야 한다.
1. 도로구역 안에서 공작물을 신축·개축·변경 또는 제거하고자 하는 때
2. 전호에 규정하는 경우를 제외하고 도로를 점용하고자 하는 때

관리청은 조선 총독이 정하는 바에 따라 도로점용의 점용료를 징수할 수 있다.

제37조 전조의 규정에 의한 점용이 법령에 의하여 토지를 수용 또는 사용할 수 있는 사업에 관계되는 점용인 경우 관리청이 정당한 사유 없이 그 허가 또는 승인을 거부하거나 부적당한 점용료를 정한 때는 조선 총독이 정하는 바에 따라 조선 총독 또는 도지사가 사업자의 신청에 의하여 점용을 허가, 승인 또는 점용료를 정할 수 있다.

제38조 도로에 관한 조사·측량 또는 공사를 위하여 필요한 경우 관리청은 조선 총독이 정하는 바에 따라 필요한 장소에 출입하고, 타인의 토지를 재료하치장·도로 또는

임시도로로 일시 사용하며, 불가피한 경우에는 입목죽 기타 장애물을 변경 또는 제거할 수 있다.

전항의 규정에 의하여 출입 또는 사용을 하고자 하는 때는 토지점유자에게, 장애물의 변경 또는 제거를 하고자 하는 때는 소유자 및 점유자에게 미리 그 취지를 통지하여야 한다.

제39조 비상재해로 인하여 필요한 경우 관리청은 도로 부근에 거주하는 자를 사역시키고, 도로 부근의 토지 및 가옥이나 기타 공작물을 일시 사용하며, 도로 부근의 공작물 기타 장애물을 변경 또는 제거하거나 토석·죽목·운반구 기타 물건(공작물을 제외)을 사용 또는 수용할 수 있다.

제40조 도로 부근의 토지·공작물 또는 죽목의 소유자 또는 점유자는 그 토지·공작물 또는 죽목이 도로에 미치는 손해를 예방하기 위하여 필요한 시설을 하여야 한다.

제41조 본령에 규정한 사항 외에 도로의 사용, 도로 또는 그 교통의 보전에 관한 규정은 조선 총독이 정하며, 도로 부근 토지에서의 공작물건설 기타 작위 또는 부작위의 제한으로서 도로 또는 교통의 보전을 목적으로 하는 사항에 대하여도 또한 같다.

제5장 도로에 관한 비용 및 도로에서 생기는 수입

제42조 도로에 관한 비용 및 도로에서 생기는 수익의 범위는 조선 총독이 정한다.

제43조 도로에 관한 비용은 본령에 별도의 규정이 있는 경우를 제외하고 조선 총독이 관리하는 도로에 관한 것은 국고의, 기타 도로에 관한 것은 관리청인 행정청이 통할하는 공공단체의 부담으로 한다. 다만, 조선 총독이 관리하는 도로의 보수 및 유지에 관한 것은 도의 부담으로 한다.

제44조 조선 총독이 관리하는 도로의 신설 또는 개축에 관한 공사에 필요한 비용의 일부는 조선 총독이 그 정하는 바에 따라 도가 부담하게 할 수 있다.

제45조 도로로서 행정구획의 경계에 관계가 있는 도로에 관한 비용의 일부는 관리청에서 조선 총독이 정하는 바에 따라 관계있는 도·부 또는 읍면이 부담하게 할 수 있다.

제46조 조선 총독이 제24조의 규정에 의하여 도로의 신설 또는 개축에 관한 공사를 시행

하는 경우에 필요한 비용은 국고의, 도지사가 제25조의 규정에 의하여 도로에 관한 공사를 시행하는 경우에 필요한 비용은 도의 부담으로 한다.

전항 비용의 일부는 조선 총독 또는 도지사가 조선 총독이 정하는 바에 따라 제43조의 규정에 의하여 도로에 관한 비용을 부담하는 자에게 부담시킬 수 있다.

제47조 관리청이 다른 공작물의 효용을 겸한 도로에 관한 공사를 시행 또는 그 도로를 유지하는 경우에 필요한 비용의 일부는 관리청에서 조선 총독이 정하는 바에 따라 다른 공작물에 대한 비용을 부담하는 자에게 부담하게 할 수 있으며, 제27조의 규정에 의하여 다른 공작물에 관한 공사를 시행 또는 그 공작물을 유지하는 경우에 필요한 비용에 대하여 또한 같다.

관리청이 다른 공사 또는 행위 때문에 필요하게 된 도로에 관한 공사를 시행하는 경우에 필요한 비용의 전부 또는 일부는 관리청에서 조선 총독이 정하는 바에 따라 다른 공사 또는 행위에 대하여 비용을 부담하는 자에게 부담시킬 수 있으며, 제29조의 규정에 의하여 다른 공사를 시행하는 경우에 필요한 비용에 대하여도 또한 같다.

제48조 도로에 관한 공사로 인하여 현저하게 이익을 보는 자가 있는 경우에는 관리청은 조선 총독이 정하는 바에 따라 그 자의 이익한도 안에서 도로에 관한 공사에 필요한 비용의 일부를 부담하게 할 수 있다.

제49조 특히 도로를 손상시키는 원인이 되는 사업 또는 행위자가 있는 경우에는 관리청은 조선 총독이 정하는 바에 따라 그 사업자 또는 행위자에게 그로 인하여 필요하게 되는 도로의 보수 또는 유지에 필요한 비용의 일부를 부담하게 할 수 있다.

제50조 제26조·제28조·제30조 또는 제40조의 규정에 의한 의무를 이행하는 경우에 필요한 비용은 그 의무를 이행하는 자의 부담으로 한다. 다만, 제26조·제28조 또는 제40조의 규정에 의한 의무를 이행하는 자가 공공단체를 통할하는 행정청인 경우에는 해당공공단체의 부담으로 한다.

제51조 관리청이 아닌 자가 제26조 또는 제28조의 규정에 의한 의무를 이행하는 경우에 필요한 비용의 일부는 관리청에서 조선 총독이 정하는 바에 따라 제43조의 규정에 의하여 도로에 관한 비용을 부담하는 자에게 부담하게 할 수 있다.

관리청이 아닌 자가 도로에 관한 공사를 위하여 필요하게 된 다른 공사를 시행하는 경우 또는 도로의 효용을 겸한 다른 공작물에 관한 공사를 시행 또는 다른 공작물을 유지하는 경우에 필요한 비용의 전부 또는 일부에 대하여도 또한 전항과 같다.

제45조의 규정은 전2항의 비용부담에 준용한다.

제52조 공공단체 또는 개인이 제30조의 규정에 의한 의무를 이행하는 경우에 필요한 비용의 일부는 관리청에서 조선 총독이 정하는 바에 따라 제43조의 규정에 의하여 도로에 관한 비용을 부담하는 자에게 부담하게 할 수 있다.

제53조 제31조의 규정에 의하여 도로에 관한 공사를 시행 또는 도로를 유지하는 경우 또는 제33조 제2항의 규정에 의하여 지하도·교량·도선장 또는 삭도의 보수에 관한 공사시행 및 이를 유지하는 경우에 필요한 비용은 해당공사 또는 행위자의 부담으로 한다. 다만, 공사 또는 행위자가 공공단체를 통할하는 행정청인 경우에는 해당 공공단체의 부담으로 한다.

제54조 제38조·제39조 또는 제58조의 규정에 의한 처분으로 인하여 손해를 입은 자가 있는 경우에는 관리청 또는 관리청의 직권을 행사하는 행정청은 조선 총독이 정하는 바에 따라 그 손해를 보상하여야 한다. 전항의 손해가 제58조제4호의 규정에 의한 처분으로 인한 손해인 경우에는 관리청 또는 관리청의 직권을 행사하는 행정청은 동조동호의 사업에 대한 비용을 부담하는 자에게 손해의 전부 또는 일부를 보상하게 할 수 있다.

제55조 도로에 관한 비용의 부담금은 조선 총독이 부담하는 경우에는 국고의, 기타 행정청에서 부담하는 경우에는 해당 행정청이 통할하는 공공단체의 수입으로 하며, 제47조의 규정에 의한 다른 공작물 또는 다른 공사에 관한 비용의 부담금에 대하여도 또한 같다. 제51조제1항 및 제52조의 규정에 의한 부담금은 전항의 규정에 불구하고 제50조에 규정하는 비용부담자의 수입으로 한다.

제51조 제2항의 규정에 의한 부담금은 제1항의 규정에 불구하고 해당공사 또는 행위에 대한 비용부담자의 수입으로 한다.

제56조 도로의 점용료 및 도로에서 생기는 수익은 조선 총독이 관리하는 도로에 관한 것은 도의, 기타 도로에 관한 것은 관리청인 행정청이 통할하는 공공단체의 수입으

로 한다.

제57조 제32조의 규정에 의하여 징수하는 통행료는 조선 총독이 관리하는 도로에 관한 것은 국고의, 기타 도로에 관한 것은 관리청인 행정청이 통할하는 공공단체의 수입으로 한다.

제33조의 규정에 의하여 허가를 받아 징수하는 통행료는 허가받은 자의 수입으로 한다.

제6장 감독 및 벌칙

제58조 다음 각호의 1에 해당하는 경우에 관리청은 본령 또는 본령에 의한 명령에 의하여 허가 또는 승인을 받은 자에게 허가 또는 승인을 취소하고, 효력정지 또는 조건을 변경하며, 허가 또는 승인에 의하여 시설한 공작물 기타 물건을 변경 또는 제거하게 하고, 원상회복 시키거나 손해예방을 위하여 필요한 시설을 하게 할 수 있다.

1. 도로의 상황변경으로 인하여 필요하게 된 때
2. 도로에 관한 공사로 인하여 필요한 때
3. 공해의 제거 또는 경감을 위하여 필요한 때
4. 전2호의 경우를 제외하고 공공의 이익을 위한 사업에 필요한 때

제59조 전조의 규정은 다음 각호의 1에 해당하는 자에게 준용한다.

1. 본령 또는 본령에 의힌 명령, 치분 또는 그 조건에 위반힌지
2. 본령 또는 본령에 의한 명령에 의하여 허가받아야 하는 시설 또는 행위를 허가 받지 아니하고 시행한 자
3. 부정한 수단으로 본령 또는 본령에 의한 명령에 의한 허가를 받은 자

제60조 본령에 의한 행정청의 직권행사에 관하여 감독상 필요한 규정은 조선 총독이 정한다.

제61조 행정집행령 제5조 및 제6조의 규정과 이에 의하여 발하는 명령은 본령 또는 본령에 의한 명령 또는 이에 의한 처분에 따라 하여야 하는 작위 또는 부작위를 행정청이 강제하는 경우에 준용한다.

제62조 본령 또는 본령에 의한 명령으로 도지사·부윤 또는 읍면장이 행한 처분에 불복하는 자는 조선 총독이 정하는 바에 따라 재정을 신청할 수 있으며, 제54조의 규정에 의한 보상에 불복하는 자도 또한 같다.

제63조 다음 각호의 1에 해당하는 자는 천원 이하의 벌금 또는 과료에 처한다.

    1. 허가받지 아니하고 도로 또는 그 부속물에 관한 공사를 시행한 자

    2. 부정한 수단으로 본령 또는 본령에 의한 명령에 의한 허가를 받은 자

제64조 다음 각호의 1에 해당하는 자는 500원 이하의 벌금 또는 과료에 처한다.

    1. 허가받지 아니하고 도로구역 안에서 공작물을 신축·개축·변경 또는 제거한 자

    2. 허가받지 아니하고 도로 또는 그 부속물을 점용한 자

    3. 허가받지 아니하고 도로사용에 대하여 통행료 기타 재물의 교부를 청구 또는 수수한 자

    4. 제39조의 규정에 의한 관리청의 명령에 따르지 아니한 자

    5. 제40조의 규정에 위반하여 도로 또는 그 부속물에 미치는 손해를 예방하기 위하여 필요한 시설을 하지 아니한 자

    6. 제41조의 규정에 의하여 발한 명령에 위반한 자

제65조 본령은 조선 총독이 정하는 바에 따라 제1조제1항의 도로 이외의 도로에 그 일를 준용할 수 있다.

    전항 외에 제1조제1항의 도로 이외의 도로에 관하여 필요한 규정은 조선 총독이 정한다.

부칙

본령의 시행기일은 조선 총독이 정한다.

조선도로령은 1938년(昭和 13) 12월 01일부터 시행.

본령 시행에 관하여 필요한 규정은 조선 총독이 정한다.

(김태현)

자료 235 | 《朝鮮總督府官報》第八百十九號, 1938. 6. 10.

조선총독부령 제126호 조선도로령 시행규칙을 다음과 같이 정한다

제1장 총칙

제1조 조선도로령(이하 도로령이라 한다) 제2조 제1항 제1호에 게기한 도선장[28]에는 도선 및 도선이 교통하는 수면을, 삭도에는 운반기 및 운반기가 교통하는 공간을 포함한다.

제2조 도로령 제1항 제4호의 규정에 의하여 도로의 부속물로 정한 것은 고시한다.

제3조 도로에 관한 본령의 규정은 도로의 부속물에 준용한다.

제4조 도로령의 규정에 의하여 다른 공작물로 정한 것은 고시한다.

제5조 도로령 제7조·제8조·제36조·제37조, 제39조 내지 제41조, 제50조·제54조·제56조 및 제58조 내지
　　　제64조와 본령 제6조, 제12조 내지 제15조, 제38조 내지 제45조, 제60조 내지 제68조, 제71조 내지 제74조 및 제76조의 규정은 새로 도로·도로 부근의 토지 또는 도로의 부속물이 된 것에 준용한다.

제6조 도로령에 의하여 관리청 또는 관리청의 직권을 행사하는 행정청외 허가를 받아야 하는 사항으로 궁내성이나 국가의 사업에 관련된 것에 대하여 궁내대신 또는 해당 사업을 행하는 관청은 조선 총독과 협의하거나 승인을 얻어야 한다. 다만, 조선총독부 소속관서에서 시행하는 사업에 대하여는 해당 사업을 하는 관청은 관리청의 승인을 얻어야 한다.
　　　전항의 규정에 의하여 궁내대신 또는 해당사업을 하는 관청이 행정청과 협의하거

28　하천, 호수, 해협 등에서 폭이 좁거나 얕아서 건너기 쉬운 곳으로 대안과 연락할 수 있는 나루터를 말한다. 폭이 좁거나 수심이 얕은 하천 등 건너기 쉬운 교통상의 요점이다.

나 승인을 얻고자 하는 때는 본령 중 허가의 신청에 관한 규정을 준용한다.

제7조 도로령에 의한 허가 또는 승인으로 인하여 발생하는 권리·의무를 이전하고자 하는 자는 이전의 사유를 구비하여 허가지령서의 등본을 첨부하고, 양도의 경우에는 양도인 및 양수인이 연서하여 관리청에 허가를 신청하거나 승인을 얻어야 한다.

제8조 도로령에 의한 허가로 인하여 발생하는 권리·의무는 상속인이 승계한다.

전항의 규정에 의하여 권리·의무를 승계한 상속인은 상속일로부터 30일 내에 상속을 증명하는 서류를 첨부하여 관리청에 신고하여야 한다.

제9조 회사의 발기인이 회사를 위하여 도로령에 의한 허가를 받은 경우에 회사가 성립된 때는 허가로 인하여 발생하는 권리·의무는 회사가 승계한다.

전항의 회사는 설립등기일부터 30일 내에 설립등기 등본을 첨부하여 관리청에 신고하여야 한다.

제10조 도로령에 의한 허가를 받은 회사가 합병으로 소멸한 때에 허가로 인하여 발생한 권리·의무는 합병 후 존속하는 회사 또는 합병으로 인하여 성립된 회사가 승계한다.

전조 제2항의 규정은 전항의 경우에 준용한다.

제11조 전2조의 규정은 회사 이외의 법인에 준용한다.

제12조 도로령 제36조의 규정에 의한 조선 총독의 직권은 도지사가 행사한다.

동령 제58조 또는 제59조의 규정에 의한 조선 총독의 직권으로 전항의 규정에 의하여 허가한 사항에 관한 것도 전항과 같다.

제13조 2인 이상이 공동으로 도로령 또는 본령에 의한 허가를 신청하는 때는 그중 1인을 대표자로 정하여 신청서에 부기하여야 한다.

2인 이상이 공동으로 도로령 또는 본령에 의한 허가를 받은 때는 그중 1인을 대표자로 정하여 신고하여야 한다.

전항의 신고가 있기까지는 제1항의 대표자를 전항의 대표자로 본다.

제14조 도로령 또는 본령에 의한 허가의 신청자 또는 허가를 받은 자(공동사업인 때는 전조의 대표자)가 조선에 주소(법인은 주사무소의 소재지. 이하 동일)가 없는 때는 조선에 주소가 있는 대리인을 정하여 성명 및 주소(법인은 명칭 및 주사무소의 소재지. 이하 동일)를 신고하여야 한다.

제15조 도로령 또는 본령에 의한 허가의 신청자나 허가를 받은 자 또는 전조의 대리인은 성명이나 주소가 변경된 때는 지체없이 신고하여야 한다.

제16조 본령에 의하여 조선 총독이 하는 고시는 조선총독부 관보에, 기타 행정청이 하는 고시는 해당 행정청의 공문식에 의하여야 한다.

제2장 도로의 종류 · 등급 및 노선의 인정

제17조 지방도의 노선을 인정하고자 하는 경우 다른 도에서 이와 연락하는 지방도를 요하는 때에 도지사는 관계 도지사와 협의하여야 하고 중요한 변경 또는 폐지에 대하여도 같다.

부도 또는 읍면도의 노선을 인정하고자 하는 경우 다른 부 또는 읍면에서 이와 연락하는 부도 또는 읍면도를 요하는 때에 부윤 또는 읍면장은 관계 부윤 또는 읍면장과 협의하여야 하고 중요한 변경 또는 폐지에 대하여도 같다.

제18조 도로의 노선을 인정한 때에 행정청은 도로의 종류와 노선의 명칭 · 기점 · 종점 및 주요 경과지를 고시하여야 하고 변경 또는 폐지에 대하여도 같다.

제19조 도로령 제17조의 규정에 의하여 도 외 · 부 외 또는 읍면 외의 노선에 대하여 노선을 인정하고자 하는 때에 행정청은 도로의 종류와 노선의 명칭 · 기점 · 종점 · 주요 경과지 기타 필요한 사항을 구비하여 관계 행정청과 협의하고, 노선을 인정한 때는 관계 행정청에게 통지하여야 한다.

전항의 통지를 받은 행정청은 요령을 고시하여야 한다.

제3장 도로의 관리

제20조 도로 원표는 각 부읍면에 1개를 설치하여야 한다.

제21조 경성부의 도로 원표의 위치는 광화문통 광장의 중앙으로 한다.

전항에 규정하는 것을 제외하고 부읍면의 도로 원표의 위치는 도지사가 정하여야 한다.

제22조 도로의 공용을 개시하고자 하는 때에 관리청은 미리 고시하여야 하고, 도로 공용의 폐지도 같다.

제23조 행정구획의 경계에 관련된 도로를 관계행정청의 한 곳에서 관리할 필요가 있다고 인정하는 때는 관계 행정청의 협의에 의하여 해당 도로의 구간 및 관리를 할 행정청을 정하여야 하고, 협의가 조정되지 아니한 때는 관계 행정청은 협의의 전말 및 관리상의 의견을 구비하여 국도 및 도계에 관련된 도로는 조선 총독에게, 기타 도로는 도지사에게 결정을 청구하여야 한다.

전항의 규정에 의하여 관리할 행정청이 정하여진 때는 관계 행정청은 해당 도로의 종류·노선명 및 구간과 관리 행정청을 고시하여야 하고, 변경 또는 폐지에 대하여도 같다.

제24조 도로의 구역을 인정한 때에 관리청은 고시하여야 한다.

제25조 도로구역에 이해관계를 가지는 자는 관리청에 도로구역의 인정을 신청할 수 있다.

관리청은 도로구역을 인정하는 경우 필요한 때는 이해관계자에게 입회를 청구할 수 있다.

전항의 경우에는 최소한 7일 전에 일시 및 장소를 정하여 이해관계자에게 통지하여야 한다.

제26조 조선 총독 또는 도지사가 도로령 제24조 또는 제25조의 규정에 의하여 도로에 관한 공사를 하는 때는 도로의 종류·노선명 및 구간, 공사 개요와 공사 착수 및 준공 예정연월일을 미리 관리청에 통지하고 요령을 고시하여야 한다.

전항의 공사를 준공한 때는 관리청에 취지를 통지하고 고시하여야 한다.

제27조 조선 총독 또는 도지사가 도로령 제24조 또는 제25조의 규정에 의하여 도로에 관한 공사를 하는 때는 다음 각호의 관리청의 직권은 조선 총독 또는 도지사가 행사한다.

1. 도로령 제22조의 규정에 의한 도로 구역의 인정
2. 동령 제26조 내지 제29조, 제31조 또는 제38조의 규정에 의한 처분
3. 동령 제39조의 규정에 의한 비상재해로 인한 필요한 처분

4. 동령 제47조 또는 제48조의 규정에 의한 비용의 부담에 관한 처분

제28조 관리청은 도로령 제26조 또는 제28조의 규정에 의하여 도로에 관한 공사를 시행하게 하고자 하는 때는 설계서·도면 및 비용예산서를 첨부하고, 동령 제26조의 규정에 의하여 도로를 유지하게 하고자 하는 때는 유지 요령서 및 비용예산서를 첨부하여 명령을 하여야 한다. 다만, 다른 공작물의 관리자·시행자 또는 행위자가 행정청인 때는 협의하여야 한다.

전항의 공사를 준공한 때에 공사시행 의무자는 지체없이 준공조서·도면 및 비용정산서를 구비하여 관리청의 승인을 얻어 관리청에 인도하여야 한다.

제29조 관리청이 도로령 제27조의 규정에 의하여 다른 공작물에 관한 공사를 하거나 동령 제29조의 규정에 의하여 다른 공사를 하는 때는 설계서·도면 및 비용예산서를 첨부하고, 동령 제27조의 규정에 의하여 다른 공작물을 유지하는 때는 유지 요령서 및 비용예산서를 첨부하여 다른 공작물 또는 다른 공사의 관리자에게 통지하여야 한다. 다만, 다른 공작물 또는 다른 공사의 관리자가 행정청인 때는 협의하여야 한다.전항의 공사를 준공한 때에 관리청은 지체없이 준공조서·도면 및 비용정산서를 첨부하여 다른 공작물 또는 다른 공사의 관리자에게 인도하여야 한다.

제30조 관리청은 특히 도로 손상의 원인이 되는 사업 또는 행위를 하는 자에게는 도로의 수선에 관한 공사를 하게 하거나 도로를 유지하게 할 수 있다.

제31조 관리청은 도로 부근지의 공공단체 또는 주민으로 도로에 직접 이해관계를 가진 자에게 도로의 경이한 수선에 관한 공사를 하게 하거나 도로를 유지하게 할 수 있다.

제32조 관리청이 전2조의 규정에 의하여 도로의 수선에 관한 공사를 하게 하거나 도로를 유지하게 하는 때는 명령서에 도로의 종류·도로명 및 구간과 공사 또는 유지 요령을 기재하여야 한다.

제33조 관리청이 아닌 자가 도로령 제31조의 규정에 의하여 도로에 관한 공사를 하고자 하는 때는 다음 각호의 사항을 구비하여 관리청에 허가 신청을 하여야 한다.

1. 도로의 종류 및 노선명
2. 도로의 소재

3. 목적 및 사유

4. 공사 착수 및 준공 예정연월일

5. 계획서

6. 설계서·설계도 및 일반 평면도

7. 비용예산서

관리청이 전항의 신청을 허가한 때는 요령을 게시하여야 한다.

허가를 받은 자가 공사에 착수한 때는 5일 안에 그 취지를 관리청에 신고하고, 공사를 준공한 때는 지체없이 준공조서·도면 및 비용정산서를 첨부하여 관리청의 승인을 얻어 관리청에 인도하여야 한다.

제34조 관리청이 도로령 제32조의 규정에 의하여 통행료를 징수하는 때는 도로의 종류 및 노선명·시설물의 명칭·통행료의 징수 구간 및 기간과 통행료의 금액 및 징수방법을 정하여 고시하여야 한다.

제35조 관리청이 아닌 자가 도로령 제33조의 규정에 의하여 통행료를 징수하고자 하는 때는 다음 각호의 사항을 구비하여 관리청에 허가 신청을 하여야 한다.

1. 도로의 종류 및 노선명

2. 시설물의 명칭

3. 통행료의 징수구간 및 기간

4. 통행료의 금액 및 징수방법

5. 수지예산명세서

6. 원금소각연차표

관리청이 전항의 신청을 허가한 때는 허가 연월일·피허가인의 주소 및 성명과 전항 제1호 내지 제4호에 게기한 사항을 고시하여야 한다.

제36조 통행료를 징수하는 자는 잘 보이는 곳에 다음 각호의 사항을 게시하여야 한다.

1. 통행료 징수자

2. 시설물의 명칭

3. 통행료의 징수구간 및 기간

4. 통행료의 금액 및 징수방법

5. 무료로 통행할 수 있는 것

통행료 징수 허가를 받은 자는 제33조 제3항의 규정에 의한 공사의 준공승인을 얻은 후가 아니면 통행료를 징수할 수 없다.

제37조 다음 각호의 사항에 대하여는 통행료를 징수할 수 없다.
1. 공공 제전 행렬
2. 군대
3. 연습중인 군인 및 군속
4. 소집영장 또는 소집 전달서를 소지하고 응소를 위하여 통행하는 군인 또는 소집영장 배달인
5. 간열점호영장 배달인 또는 간열점호 전달서를 소지하고 간열점호에 참석하기 위하여 통행하는 군인 또는 간열점호영장 배달인
6. 징발에 관한 영장 배달인
7. 징발인부 및 인솔인
8. 징발물건 및 운반인
9. 근무 중인 헌병·경찰관리·도로 감시원 및 도로수선 인부
10. 경방 또는 그 연습을 위하여 통행하는 관공리 또는 제복을 입은 경방원
11. 호송 중인 수인 또는 형사피고인 및 호송인
12. 직무집행 중의 우편체송인·우편집배인·우편전용 배·차·말 등
13. 직무집행 중의 전신 또는 전화의 인부·배달인·배달용 배·차·말 등
14. 소학교에 왕복하는 아동

제4장 도로의 점용 및 도로 부근에 관한 제한

제38조 도로령 제36조 제1항 각호의 1에 해당하는 때는 다음 각호의 사항을 구비하여 관리청에 허가신청을 하여야 한다.
1. 동조 동항 제1호의 경우에는 목적·사유·공작물의 종류·존치기간·설치장소 및 공사의 착수·준공예정연월일과 공사의 설계서·설계도 및 일반 평면도, 점

용을 동반하는 것은 점용기간·면적 및 구적도

2. 동조 동항 제2호의 경우에는 목적·사유·점용장소·기간 및 면적과 일반 평면도 및 구적도

전항의 규정에 의한 허가신청서는 정부 2통을 제출하여야 한다.

관리청이 제1항의 신청을 허가한 때는 요령을 고시하여야 한다.

제39조 도로령 제36조 제1항의 규정에 의한 허가를 받은 자는 지체없이 잘 보이는 곳에 성명 및 주소·허가연월일 기타 허가요령을 게시하여야 한다.

제40조 도로령 제36조 제1항의 규정에 의한 점용이 공용 또는 공익을 목적으로 하는 비영리사업을 위한 때는 도로점용료를 징수할 수 없다.

제41조 관리청이 도로령 제36조 제2항의 규정에 의하여 도로점용료를 징수하는 때는 점용료 징수에 필요한 규정을 정하여야 한다.

제42조 도로령 제37조의 규정에 의한 점용의 허가나 승인 또는 점용료의 결정은 도지사의 처분에 관련된 것은 조선 총독이, 기타 행정청의 처분에 관련된 것은 도지사가 하여야 한다.

제43조 도로령 제37조의 규정에 의한 신청은 다음 각호의 사항을 구비하여야 한다.

허가 또는 승인을 신청하는 때는 일정한 신청과 사업의 종류·사업계획의 개요·일반 평면도·사업용지의 구역과 시설물의 배치도, 불허가 또는 불승인 신청서와 지령서의 사본 및 허가 또는 승인이 정당하다고 하는 사유

점용료의 변경을 신청하는 때는 결정을 청구하고자 하는 점용료 및 그 산출근거와 사업의 종류·사업계획의 개요·허가신청서의 사본·허가지령서의 사본·관리청이 정한 점용료 및 이를 부당하다고 하는 사유

제44조 전조의 규정에 의한 신청서는 처분을 하는 행정청에 제출하여야 한다.

행정청이 전항의 신청서를 수리한 때는 의견을 첨부하여 10일 내에 조선 총독 또는 도지사에게 진달하여야 한다.

제45조 조선 총독 또는 도지사가 도로령 제37조의 규정에 의하여 도로의 점용을 허가 또는 승인하거나 점용료를 결정한 때는 결정서 등본을 관리청 및 신청자에게 교부하고 도로의 점용에 대한 요령을 고시하여야 한다.

제46조 도로령 제38조 제1항의 행위를 하는 때에 해당관리 또는 이원은 신분을 증명하는 증표를 휴대하여야 한다.

제47조 도로령 제38조 제1항의 규정에 의하여 타인의 저택 안에 출입하고자 하는 경우 일출 전이거나 일몰 후인 때는 점유자의 승인이 있어야 한다.

동조 제2항의 통지는 출입하거나 사용하고자 하는 때는 미리 출입 장소 및 일시를, 장애물을 변경 또는 제거하고자 하는 때는 최소한 7일 전에 변경이나 제거하고자 하는 물건의 종류 및 소재지와 일시를 지정하여야 한다.

제5장 도로에 관한 비용 및 도로에서 발생하는 수입

제48조 다음 각호를 도로령 제42조의 도로에 관한 비용으로 한다.
1. 도로에 관한 공사의 조사 및 설계비용
2. 도로에 관한 공사비용(봉급 및 사무 포함)
3. 도로의 유지비용(봉급·사무비 및 장려비 포함)
4. 도로에 필요한 용지의 매수 및 보상에 필요한 비용
5. 도로에 필요한 공작물 기타 지상물건의 매수·이전 및 보상에 필요한 비용
6. 도로령 제54조의 규정에 의한 보상비용
7. 도로에 필요가 발생한 배상비용
8. 다른 법령에 의하여 관리청이 의무를 이행하기 위한 비용
9. 도로령에 의한 의무의 대리집행에 필요한 비용
10. 전9호에 게기한 것을 제외하고 도로의 관리에 필요한 비용
11. 도로에 관한 체납처분에 필요한 비용
12. 도로에 관한 부담금 징수에 필요한 비용
13. 전 각호에 게기한 것 외에 조선 총독이 도로에 관한 비용으로 결정한 것
    전항의 비용을 지변하기 위한 기채 및 상환에 필요한 비용은 도로에 관한 비용으로 본다.

제49조 다음 각호를 도로령 제42조의 도로에서 발생한 수익으로 한다.

1. 행정집행령 제5조의 규정에 의한 처분을 한 때의 징수금

2. 불용건물. 다만, 조선 총독이 지정한 것은 제외

3. 전2호에 게기한 것 외에 조선 총독이 도로에서 발생한 수익으로 결정한 것

제50조 도로령 제44조의 규정에 의한 부담금은 도로의 신설 또는 개축에 관한 공사에 필요한 비용 예산액의 100분의 20을 초과할 수 없다. 다만, 특별한 사유가 있는 때는 100분의 50이내를 부담하게 할 수 있다.

제51조 조선 총독이 도로령 제44조의 규정에 의하여 도로의 신설 또는 개축에 관한 공사에 필요한 비용의 일부를 도에 부담시키고자 하는 때는 설계서·도면 및 비용예산서를 첨부하여 명하여야 한다. 조선 총독이 도로령 제46조 제2항의 규정에 의하여 도로의 신설 또는 개축에 관한 공사에 필요한 비용의 일부를 도·부 또는 읍면에게 부담시키거나 도지사가 동조 동항의 규정에 의하여 도로에 관한 공사에 필요한 비용의 일부를 부 또는 읍면에 부담시키고자 하는 때에도 전항과 같다.

제52조 관리청이 도로령 제45조의 규정에 의하여 행정구획의 경계에 관련된 도로에 관한 비용의 일부를 관계있는 도·부 또는 읍면에 부담시키고자 하는 때는 부담금액 및 납부기한과 공사의 설계서 또는 유지요령서, 도면 및 비용예산서를 구비하여 도·부 또는 읍면을 통괄하는 행정청과 협의하여야 하고 협의가 조정되지 아니한 때는 국도 또는 도계에 관련된 도로는 조선 총독에게, 기타 도로는 도지사에게 결정을 청구하여야 한다.

제53조 관리청이 도로령 제47조의 규정에 의하여 비용을 부담시키고자 하는 때는 공사설계서 또는 유지 요령서·도면 및 비용예산서를 첨부하여 명하여야 한다.

전항의 경우에 비용을 부담할 자가 행정청 또는 공공단체인 때는 전항의 서류를 구비하여 협의하여야 한다.

제54조 관리청이 도로령 제48조의 규정에 의하여 도로에 관한 공사에 필요한 비용의 일부를 부담시키고자 하는 때는 부담금액 및 부담방법에 필요한 규정을 정하여야 한다.

도지사·부윤 또는 읍면장이 전항의 규정을 정하고자 하는 때는 조선 총독의 인가를 받아야 한다.

제55조 부윤 또는 읍면장이 전조의 규정에 의하여 비용을 부담하게 하는 때는 미리 부회·읍회 및 면협의회의 의견을 들어야 한다.

제56조 국가 또는 공공단체의 소유지로 공용 또는 공공용으로 제공하는 것은 제48조의 규정에 의한 비용을 부담하게 할 수 없다.

제57조 관리청은 다음 각호의 1에 해당하는 자가 아니면 도로령 제49조의 규정에 의한 도로의 수선 또는 유지에 필요한 비용을 부담하게 할 수 없다.

1. 도로의 내하중량을 초과하는 하물 등의 운송으로 도로를 손상한 자
2. 자동차운수업자 및 자동차운송업자
3. 자동차를 자가용으로 사용한 자
4. 전 각호 외에 특히 도로를 손상하는 차량을 사용한 자

　　전항의 규정에 의하여 부담하게 하는 금액은 제1호의 경우에는 도로의 수선 또는 유지에 필요한 비용의 100분의 70, 제2호 내지 제4호의 경우에는 수선 또는 유지에 필요한 비용의 100분의 50을 초과할 수 없다. 다만, 특별한 사정이 있는 때 제1호의 경우에는 100분의 90, 제2호 내지 제4호의 경우에는 100분의 70까지 부담하게 할 수 있다.

제58조 관리청이 도로령 제49조의 규정에 의하여 도로의 수선에 관한 공사 또는 유지에 필요한 비용의 일부를 부담하게 하고자 하는 때는 제54조의 규정을 준용한다.

제59조 관리청이 아닌 자가 도로령 제51조 또는 제52조의 규정에 의한 관리청의 처분을 청구하고자 하는 때는 이유를 구비하여 관리청에 신청하여야 한다.

제60조 도로령 제54조의 규정에 의한 보상은 손해의 원인인 처분 또는 행위로 인하여 통상 발생하는 직접적인 손해에 대하여 하여야 한다.

제61조 관리청 또는 관리청의 직권을 행사하는 행정청은 도로령 제54조의 규정에 의한 보상이 필요하다고 인정하는 때는 처분 또는 행위를 한 날 익일부터 기산하여 60일 내에 보상받을 자에게 의견서를 제출하여야 하는 취지를 고지하여야 하고, 고지가 불가능한 때는 고시하여야 한다. 보상을 받을 자는 전항의 고지 또는 고시가 있은 날의 익일부터 기산하여 30일 내에 의견서를 제출하여야 한다.

　　보상을 받을 자가 전항의 기간 내에 의견서를 제출하지 아니한 때는 의견이 없는

것으로 본다.

제62조 도로령 제54조의 규정에 의한 보상을 받고자 하는 자는 전조의 고지 또는 고시가 없는 때라 하더라도 손해의 원인인 처분 또는 행위가 있은 날의 익일부터 기산하여 90일 내에 관리청 또는 관리청의 직권을 행사하는 행정청에 다음 각호의 사항을 구비하여 보상을 청구할 수 있다.

    1. 손해사실

    2. 손해의 견적금액 및 산출근거

      전항의 규정에 의한 신청서에는 증거서류를 첨부하여야 한다.

제63조 제61조 제1항의 고지 또는 고시가 있거나 전조의 신청이 있는 때에 관리청 또는 관리청의 직권을 행사하는 행정청은 제61조 제2항 또는 전조 제1항의 기간 경과 후 30일 내에 보상을 결정한 결정서의 등본을 지체없이 보상권리자, 보상의 목적인 토지물건에 대하여 등기할 권리를 가진 자 및 보상의무자에게 교부하여야 하고 교부가 불가능한 때는 요령을 고시하여야 한다.

제64조 보상 결정서에는 최소한 다음 각호의 사항을 기재하여야 한다.

    1. 손해사실

    2. 보상금액

    3. 보상기일

    4. 보상권리자(보상권리자가 수인인 때는 각 인이 받아야 할 금액을 부기할 것)

    5. 보상의 목적인 토지물건에 대하여 등기권리를 가진 자

    6. 보상의무자

제65조 다음 각호의 경우에는 보상금을 공탁하여야 한다. 다만, 제3호의 경우에 등기한 권리자가 보상금의 지불에 동의한 때는 그러하지 아니하다.

    1. 보상권리자가 보상금의 수령을 거부 또는 기피할 때

    2. 보상권리자 또는 주소·거소가 모두 불분명하거나 기타 사유로 인하여 보상금을 지불할 수 없는 때

    3. 보상의 목적인 토지물건에 대하여 등기권리를 가진 자가 있는 때

    4. 보상의 목적인 토지물건이 소송의 목적인 때에 소송당사자로부터 청구가 있은 때

제66조 관리청 또는 관리청의 직권을 행사하는 행정청이 보상결정을 위하여 필요하다고 인정하는 때는 감정인·사실참고인 또는 이해관계인의 의견을 듣거나 이들 또는 보상을 받을 자를 호출하여 의견이나 진술을 들을 수 있다.

제67조 전조의 감정인 및 사실참고인에게는 여비 및 수당을 지급하고 금액 및 지급방법은 토지수용시행규칙 제16조의 규정에 준하여 관리청 또는 관리청의 직권을 행사하는 행정청이 정하여야 한다.

전조의 이해관계인에게는 전항의 규정에 준하여 여비 및 수당을 지급할 수 있다.

제6장 감독 및 벌칙

제68조 도로령 제54조 제2항의 보상의무자는 보상금을 지불하거나 제65조의 규정에 의하여 보상금을 공탁한 후가 아니면 보상권리자에게 손해가 발생하는 시설 또는 행위를 할 수 없다.

제69조 조선 총독이 감독상 필요하다고 인정하는 때는 관리청 또는 관리청의 직권을 행사하는 행정청에 처분의 변경이나 취소를 명하고 기타 필요한 명령 또는 처분을 할 수 있다.

제70조 도지사가 다음 각호의 사항에 관한 처분을 하고자 하는 때는 조선 총독의 인가를 받아야 한다.

1. 지방도 노선의 인정 또는 변경이나 폐지
2. 통행료의 징수
3. 통행료 징수의 허가

제71조 도지사가 다음 각호의 사항에 관한 처분을 한 때는 지체없이 조선 총독에게 보고하여야 한다.

1. 도로원표의 위치 결정
2. 지방도 공용의 개시 또는 폐지
3. 도로령 제26조 내지 제30조, 제47조 또는 제58조의 규정에 의한 처분

제72조 부윤이 다음 각호의 사항에 관한 처분을 하고자 하는 때는 도지사의 인가를 받아

야 한다.

 1. 부도 노선의 인정 또는 변경이나 폐지

 2. 도로령 제30조 또는 제58조의 규정에 의한 처분

 3. 통행료의 징수

 4. 통행료 징수의 허가

제73조 읍면장이 다음 각호의 사항에 관한 처분을 하고자 하는 때는 군수 또는 도사의 허가를 받아야 한다.

 1. 읍면도 노선의 인정 또는 변경이나 폐지

 2. 도로령 제26조 내지 제30조, 제47조 또는 제58조의 규정에 의한 처분

 3. 통행료의 징수

 4. 통행료 징수의 허가

제74조 도지사는 조선 총독의 인가를 받아 본령에 규정한 것 외에 도로령 또는 본령에 의한 부윤 또는 읍면장의 직권 행사에 관하여 감독상 필요한 규정을 정할 수 있다.

제75조 도로령 제22조·제26조·제28조·제30조, 제47조 내지 제49조 또는 제54조의 규정에 의하여 부윤 또는 읍면장이 행한 처분에 불복하는 자는 도지사의 재결을 신청할 수 있다.

 전항의 재결에 불복하는 자는 조선 총독의 재정을 신청할 수 있다.

제76조 도로령 제22조·제26조·제28조·제30조 또는 제47조 내지 제49의 규정에 의하여 도지사가 행한 처분에 불복하는 자는 조선 총독의 재정을 신청할 수 있고, 동령 제54조의 규정에 의한 보상에 불복하는 자도 같다.

제77조 제75조 제1항 또는 전조의 규정에 의하여 재결 또는 재정의 신청을 하고자 하는 자는 처분에 불복하는 때는 처분에 관한 명령서나 통지의 도달일 또는 고시가 있은 날의 익일부터 기산하여 30일 내에, 보상에 불복하는 때는 결정서 등본의 도달일 또는 요령의 고시가 있은 날의 익일부터 기산하여 60일 내에 일정한 신청 및 불복의 사유를 기재한 신청서를 처분을 행한 행정청에 제출하여야 한다.

 전항의 신청서를 수리한 행정청은 의견을 첨부하여 30일 내에 재결관청 또는 재정관청에 진달하여야 한다.

제78조 제75조 제2항의 규정에 의하여 재정을 신청하고자 하는 자는 재결서 등본의 도달일 또는 요령의 고시가 있는 날의 익일부터 기산하여 30일 내에 일정한 신청 및 불복의 사유를 기재한 신청서를 재결관청에 제출하여야 한다.

전항의 신청서를 수리한 재결관청은 의견을 첨부하여 30일 내에 재정관청에 진달하여야 한다.

제79조 재결관청에서 재결을 한 때는 재결신청자 기타 관계자에게 재결서의 등본을 교부하여야 하고, 교부할 수 없는 때는 요령을 고시하여야 한다.

전항의 규정은 재정에 준용한다.

제80조 제66조 및 제67조의 규정은 재결 또는 재정의 경우에 준용한다.

제81조 부윤 또는 읍면장은 필요하다고 인정하는 때는 도지사의 인가를 받아 도로령 제1조 이외의 도로에 도로령 및 본령 중 부도 또는 읍면도에 관한 규정의 일부를 준용할 수 있다.

전항의 경우에 부윤 또는 읍면장은 도로의 명칭·구간 및 준용할 규정을 고시한다.

제1항의 도로는 부윤 또는 읍면장을 관리청으로 한다.

도로령 제1조의 도로 또는 도로령을 준용하는 도로에 연락하여 설치하는 사도에 필요한 규정은 별도로 정한다.

제82조 제36조 제2항 또는 제37조의 규정에 위반하여 통행료를 징수한 자는 100원 이하의 벌금 또는 과료에 처한다.

제83조 다음 각호의 1에 해당하는 자는 50원 이하의 벌금 또는 과료에 처한다.

    1. 제8조 내지 제11조의 규정에 의한 신고를 하지 아니한 자

    2. 제36조 제1항 또는 제39조의 규정에 의한 게시를 하지 아니하거나 허위로 게시한 자

    3. 제66조 또는 제80조의 규정에 의한 호출에 응하지 아니한 자

부칙

본령은 조선도로령 시행일부터 시행한다.

도로규칙은 폐지한다.

본령 시행 전에 도로규칙 제10조·제13조·제15조 또는 제57조 또는 도로취체규칙 제2조 내지 제4조 또는 제22조의 규정에 의하여 도로에 관하여 행한 처분 및 부대조건은 도로령 또는 본령 중 이에 상당한 규정이 있는 때는 도로령 또는 본령에 의한 처분 및 부대조건으로 본다.

도로규칙 또는 도로취체규칙에 의하여 도로에 관하여 행한 신청 기타 수속으로 본령 시행 당시 아직 처분하지 아니한 것은 도로령 또는 본령 중 이에 상당한 규정이 있는 때는 본령에 의한 것으로 본다.

(김태현)

자료 236 | 《朝鮮總督府官報》第三千五百四十號, 1938. 11. 5.

조선총독부령 제226호 조선사도규칙을 다음과 같이 정한다

제1조 본령에서 사도(私道)라 함은 일반 교통을 위하여 사용하는 도로로서 조선도로령 제1조의 도로 또는 조선도로령을 준용하는 도로에 연락하여 설치하는 도로를 말한다.

공원·광구·공장 기타 동일 구안에 설치하는 도로, 5호 이내의 주가용으로 제공하는 도로 및 조선자동차교통사업령에 의하여 설치하는 도로에는 본령을 적용하지 아니한다.

부윤 또는 읍면장은 필요하다고 인정하는 때는 전항의 규정에도 불구하고 5호 이내의 주가용으로 제공하는 도로에 본령을 적용할 수 있다.

조선시가지계획령, 조선토목개량령 및 조선공유수면매립령에 의하여 도로의 신설·개축·변경 또는 폐지를 하는 경우에는 본령을 적용하지 아니한다.

제2조 사도를 신설·개축·변경 또는 폐지하고자 하는 때는 부윤 또는 읍면장의 허가 또는 승인을 얻어야 한다.

부윤 또는 읍면장은 전항의 허가 또는 승인에 조건을 붙일 수 있다.

제3조 전조의 규정에 의한 허가신청서에는 공사의 착수 및 준공 예정연월일을 기재하고 계획도면을 첨부하여야 한다.

부윤 또는 읍면장은 필요하다고 인정하는 때는 공사계획서·설계서 및 비용예산서를 제출하게 할 수 있다.

제4조 제2조 제1항의 규정에 의하여 사도의 신설·개축 또는 변경허가를 받은 자는 그 사도의 계획선에 따르는 부지에 새로 건축물을 건축하는 경우에는 부윤 또는 읍면장이 지정하는 기한 내에 그 정하는 바에 의하여 허가받은 공사를 준공하여야 한다.

제5조 사도의 시설자는 부윤 또는 읍면장의 허가 또는 승인을 얻어 사도의 교통을 제한하거나 금지할 수 있다.

제6조 부윤 또는 읍면장은 필요하다고 인정하는 때는 사도의 시설자, 연도의 토지 또는 가옥의 소유자 또는 거주자에게 사도의 수선 또는 유지를 명할 수 있다.

제7조 사도의 구조는 부·도 또는 읍면·도의 구조에 준하여야 한다.

제8조 제2조 제1항·제4조 및 제5조의 규정에 위반한 자 또는 제6조의 규정에 의한 명령에 위반한 자는 200원 이하의 벌금 또는 과료에 처한다.

부칙

본령은 조선도로령 시행일부터 시행한다.

본령 시행 당시 존재하는 도로로서 제1조의 규정에 해당하는 도로는 본령에 의하여 설치한 사도로 본다.

전항 사도의 시설자는 본령 시행일부터 6월 내에 평면도 및 공작물 구조도를 첨부하여 부윤 또는 읍면장에게 신고하여야 한다.

(김태현)

VIII

실행 결과

해제

Ⅷ장에서는 일제시기 도로정책의 결과를 살펴볼 수 있는 4개의 주요 통계를 수록했다. 1. 제1기 치도계획의 건설 현황과 예산액 추이, 2. 제2기 치도계획의 건설 현황과 예산액 추이, 3. 궁민구제사업의 도로 공사비, 4. 등급별 도로 공사 현황이 여기에 해당한다. 이들 자료는 조선총독부 내무국에서 발행한 『조선의 도로(朝鮮の道路)』와 《조선총독부통계연보(朝鮮總督府統計年報)》를 바탕으로 정리했다.

4개의 통계는 도로 관련 신문 기사와 정책에서 언급된 조선인의 강제 부역을 통해 조선총독부가 식민지 조선 도로망을 어느 정도 확충했는지를 파악할 수 있다. 첫 번째 통계를 보면, 제1기 치도계획 시기에 예정된 1~2등 도로는 1천만 원의 건설비로 총연장 750여 리를 건설하기로 예정되어 있었다. 그러나 1등 도로인 경성 - 목포선 중 한강 교량의 가설이 경성 이남의 주요 도로와의 연락과 군사상 중요한 시설로 분류되어 제1기 기정 예산으로 공사를 시행하기로 되었기 때문에 계획된 노선 중 1~2등 도로의 일부 개수가 제2기로 이월되었다. 그 결과 제1기에 건설할 도로의 연장은 685리로 조정되었다. 또한 제1기 치도사업의 도로 건설은 전체 도로 길이의 40%에 불과했다. 이에 조선총독부는 1917년부터 1922년까지 공사비 667만 2,111원, 사무비 82만 7,889원, 총 750만 원의 예산으로 제2기 치도사업을 계획했다.[1]

〈자료 238〉과 〈자료 239〉의 통계를 살펴보면 제2기 치도계획의 예산은 총 750만 원이었다. 그런데 제2기 치도계획은 3·1운동으로 인해 심각한 차질을 빚었다. 우선 용지 기부와 부역제도를 기반으로 한 1910년대의 도로 건설은 3·1운동 결과 변경하지 않을 수 없었다.

---

[1] 조병로, 2009, 「일제 식민지시기의 도로교통에 대한 연구(Ⅰ)-제1기 治道事業(1905~1917)을 중심으로」, 『한국민족운동사연구』 59, 23~24쪽.

토지보상비와 부역 폐지에 노임(勞賃) 반영으로 도로 건설에 필요한 예산이 급격히 팽창하고 여기에 더해 물가 역시 급등했던 탓이다. 이에 당초 예산으로 건설할 수 있는 도로는 257리 6분에 불과했고 나머지 221리 2분과 교량 8개는 차질을 빚을 수밖에 없었다.[2]

〈자료 240〉의 통계는 세계 대공황으로 인한 '대량 실업'이라는 혼란한 상황을 타개하기 위해 실업·빈민 대책의 일환으로 실시된 궁민구제사업의 도로 건설 관련 내용이다. 이 사업으로 도로망은 약 2,700km 증가했다.

(김태현)

---

[2] 조병로·조성운·성주현, 2009, 「일제 식민지시기의 도로교통에 대한 연구(Ⅱ)-1930~40년대 제2기 치도계획과 자동차운송을 중심으로」, 『한국민족운동사연구』 61, 261쪽.

자료 237 | 연도별 제1기 치도계획의 건설 현황과 예산액 추이

(단위: 리, 분, 엔)

노선별	1911		1912		1913		1914		1915	
	거리	예산액	거리	예산액	거리	예산액	거리	예산액	거리	예산액
청진-회령	10	194,000	12.5	261,900	10	148,000	10	148,000	11	202,400
평양-원산	14	257,600	10	184,000	11	8,800				
경성-원산	5	4,000	14	11,200						
해주-재령	10	124,000	5.4	68,200		305,280				
안주-만포진	10	144,000	5.3	76,320	21.2		22	316,800	22	316,800
청주-음성	8	107,200	4	53,600		131,100				
보주-상주	22	260,800	10.5	119,700	11.5	160,800				
이천-강릉	8	107,200	6	80,400	12	108,000	10	134,000	12.5	167,500
순천-전주	13	156,000	10	120,000	9	0				
이천-장호원	7	120,500	0	-		0				
성진-혜산진	10	144,000	4	57,600	10	144,000	9	129,600	7	100,800
웅기-경흥			4	61,600	5	77,000				
경성-이천					6.5	113,100	6	104,400		
공주-논산					10	142,500				
충주-음성					6.5	87,100				
회령-행영					0	0			6.5	93,600
회령-온성					9	129,600	9	129,600	0	
성진-북청					9	165,600	13	239,200	13	239,200
하동-원전					7	86,800				
수성-무산							10	114,000	13	148,200
상주-충주							12	208,800	10.5	182,700

노선별	1911		1912		1913		1914		1915	
	거리	예산액	거리	예산액	거리	예산액	거리	예산액	거리	예산액
충주-장호원					5	4,000				
대구-상주							1.5	1,200	8.5	6,800
경성시가선		120,700		210,480		284,120		56,000		
고참-수남		120,700					8.5		9	165,600
운산-창성					5.5	79,200		122,400	5	72,000
영변-운산	0		0	-	0	0	0		6	44,400
합계	117	1,860,700	86	1,305,000	148	2,175,000	111	1,704,000	124	1,740,000

출처: 朝鮮總督府 內務局, 1935, 「附錄 第三號表」, 『朝鮮の道路』, 朝鮮總督府.
비고: 봉급사무비는 제외했다.

(김태현)

자료 238 | 연도별 제2기 치도계획의 건설 현황과 예산액 추이

(단위: 리, 분, 엔)

노선명	구간	도로등급	현재 진행거리	예산총액
경성부산선	대구-부산	1등	20.9	788,896
경성목포선	정읍-광주	1등	10.6	388,260
경성의주선	개성-평양	1등	47	1,091,157
	평양-의주	1등	34.3	1,142,146
	안주-신의주	1등	12	720,000
경성원산선	부분개수	1등	6	168,487
원산회령선	성진-경성(鏡城)	1등	30.4	677,632
	함흥-북청	1등	3.4	72,731
	단천-거산	1등	0	0
수성경흥선	청진-동지경	1등	19	570,000
평양원산선		1등	0	0
해주양덕선	해주-남천점	2등	19.6	299,974
경성해주선	개성-벽란도	2등	4	67,820
충주강릉선	부분개수	2등	19.5	361,254
충주영덕선	안동-영덕	2등	21.0	711,189
통천신안역선	통천-안주	2등	3	145,656
금화충주선	충주-원주	2등	5.5	172,902
	금화-춘천	2등	10	194,790
	춘천-원주	2등	3.2	163,749
광주법성포선	송정리-영광	2등	12	68,569
군산서산선	부분개수	2등	6.3	233,692
부산경주선	동래-경주	2등	2.5	63,848
정주삭주선	구성-삭주	2등	5	1,788,756
운산창성선	부분개수	2등	7.4	52,511

노선명	구간	도로등급	현재 진행거리	예산총액
성진혜산진선	고보-동점	2등	6.3	151,256
장진만포진선	부분개수	2등	21.3	432,633
경원종성선	부분개수	2등	8.5	111,988
웅기온성선	신아산-온성	2등	3.5	127,780
함흥자성선	함흥-장진	2등	33.1	1,051,528
경성오리진선	부분개수	2등	2.2	100,000
북청갑산선	부분개수	2등	1.8	150,000
의주혜산진선	신갈파진-혜산진	2등	7.6	458,186
	창성-초산	2등	31.6	1,718,421
	자성-자성강구	2등	39.4	1,200,000
	신갈파진-제선동	2등	0.2	9,524
	자성강구-신갈파진	2등	48.8	1,700,000
안주부산동선	도가동-후창강구	2등	21.7	959,855
함흥자성선 함흥자성선	후창강구-장진소북동	2등	13.6	716,244
	오가산동-자성	2등	10.7	473,293
운산자산선	온정-초산	2등	34.8	150,000
총계			587.7	19,454,727

출처: 朝鮮總督府 內務局, 1935, 「附錄 第九號表」, 『朝鮮の道路』. 朝鮮總督府.
비고: 교량개량비, 측량조사비, 봉급사무비는 제외했다.

(김태현)

자료 239 | 궁민구제사업의 도로 공사비

(단위: 엔, %)

도별	총공비	연도별					국고보조 비율
		1931년	1932년	1933년	1934년	1935년	
경기	3,920,000	820,000	820,000	810,000	970,000	500,000	34.9
충북	920,000	136,000	136,000	128,000	290,000	230,000	42.3
충남	2,037,000	470,000	470,000	460,000	400,000	237,000	32.3
전북	2,370,000	590,000	590,000	580,000	370,000	250,000	25.3
전남	2,900,000	700,000	700,000	700,000	450,000	350,000	20.7
경북	3,930,000	940,000	930,000	930,000	730,000	400,000	23.8
경남	3,330,000	770,000	770,000	770,000	670,000	350,000	24.6
황해	2,630,000	700,000	700,000	700,000	330,000	200,000	28.1
평남	2,370,000	590,000	580,000	580,000	420,000	200,000	30.4
평북	3,060,000	700,000	700,000	700,000	680,000	280,000	40.3
강원	3,960,000	1,000,000	1,000,000	1,000,000	680,000	280,000	38.9
함남	1,637,000	350,000	350,000	350,000	380,000	207,000	44.5
함북	830,000	240,000	230,000	230,000	67,000	63,000	33.9
계	33,894,000	8,006,000	7,976,000	7,938,000	6,437,000	3,547,000	

출처: 朝鮮總督府 內務局, 1935, 「附錄 第十三號表」, 『朝鮮の道路』, 朝鮮總督府.

(김태현)

자료 240 | 등급별 도로 공사 현황

(단위: km, 소숫점 첫째자리 반올림)

연도	1등 도로		2등 도로		3등 도로		합계	
	도로망 연장	기성 연장	도로망 연장	기성 연장	도로망 연장	기성 연장	도로망 연장	기성 연장
1921	3,114	2,318	9,400	5,745	11,127	6,680	23,642	14,743
1922	3,120	2,347	9,401	5,799	11,157	6,922	23,678	15,068
1923	3,195	2,390	9,409	5,996	11,188	7,146	23,793	15,532
1924	3,209	2,482	9,456	6,115	11,246	7,596	23,911	16,193
1925	3,211	2,742	9,414	6,518	11,359	7,852	23,984	17,112
1926	3,218	2,766	9,426	6,630	10,985	7,514	23,630	16,911
1927	3,218	2,803	9,486	6,808	11,321	7,717	24,025	17,328
1928	3,220	2,819	9,494	6,992	11,492	7,953	24,207	17,764
1929	3,221	2,854	9,506	7,137	11,792	8,457	24,519	18,449
1930	3,221	2,906	9,502	7,335	11,814	8,674	24,637	18,916
1931	3,221	2,959	9,475	7,542	12,143	8,986	24,841	19,487
1932	3,222	2,982	9,653	8,081	12,968	9,707	25,843	20,770
1933	3,223	2,991	9,779	8,340	13,355	10,282	26,357	21,613
1934	3,222	2,990	9,769	8,495	13,711	10,674	26,701	22,159
1935	3,218	2,981	9,899	8,677	14,340	10,987	27,457	22,645
1936	3,224	3,009	9,897	8,754	14,650	11,437	27,771	23,200
1937	3,242	3,033	9,966	8,816	14,524	11,665	27,733	23,515
1938	3,236	3,028	9,976	8,880	14,675	11,771	27,878	23,679

출처: 朝鮮總督府, 각년판, 《朝鮮總督府統計年報》, 朝鮮總督府; 남조선과도정부, 1948, 『朝鮮統計年鑑』, 남조선과도정부.

비고: ① 원본에는 1921~24년의 단위가 리, 정, 간으로 분리되어 있고 1925년에는 단위가 리정으로, 1926~31년에는 m로, 1932년 이후에는 km로 기재되어 있는데, 1931년 《朝鮮總督府統計年報》에는 앞 시기까지 km로 환산되어 있어서 이것으로 표기했다. ② 기성 연장은 이미 완료된 도로 연장을 의미한다. ③ 도로망 연장은 여러 도로가 얽혀있는 것의 연장을 의미한다.

(김태현)

참고문헌

1. 자료

《東亞日報》《每日申(新)報》《釜山日報》《北鮮日報》《時代日報》《朝鮮日報》《中央日報》
《中外日報》
『朝鮮』『朝鮮公論』『朝鮮及滿洲』『朝鮮思想通信』『朝鮮總督府官報』『朝鮮總督府統計年報』
『朝鮮彙報』『港灣』

釜山稅關, 1928, 『釜山港』, 釜山稅關
鮮交會, 1986, 『朝鮮交通史』, 鮮交會
陸軍省 軍務局 工兵課, 1911, 「韓國內道路改修ノ件」, 『密大日記 4』(아시아역사자료센터, C03023028200)
日本政府·滿洲國政府, 1936, 「康德三年三月二十三日第二回關係係官協議會ニ於ケル修正案)鴨綠江及圖們江架
 橋ニ關スル日本國政府及滿洲國政府間ノ協定案(1936.5.7.)」, 『(自昭和十年至全十一年)國境橋梁協定關係』,
 CJA0015208
朝鮮郵船株式會社, 1937, 『朝鮮郵船株式會社二十五年史』, 朝鮮郵船株式會社
朝鮮總督府, 1926·1930·1936, 『朝鮮の經濟事情』, 朝鮮總督府
_____, 1931, 『朝鮮港灣要覽』, 朝鮮總督府
_____, 1932, 『羅津灣の槪況』, 朝鮮總督府
_____, 1937, 『第79回帝國議會說明資料』, 朝鮮總督府
_____, 1937, 『朝鮮土木事業誌』, 朝鮮總督府
_____, 1938, 『朝鮮總督府 時局對策調査會 諮問 答申案 試案』, 朝鮮總督府
_____, 1944, 『第86回帝國議會說明資料』, 朝鮮總督府
朝鮮總督府 交通課, 1939, 「國防上緊要なる朝鮮鐵道港灣能力增强に關する件」, 『陸滿密大日記 第19號』(아시아역사
 자료센터, C01007458400)
朝鮮總督府 內務局, 각년판, 『朝鮮の道路』, 朝鮮總督府
_____, 1926, 「京城市區改修」, 『京城市區改正道路用地關係』, CJA0013080
朝鮮總督府 內務局 京城土木出張所, 1930, 『京城市區改正事業: 回顧20年』, 朝鮮總督府 內務局 京城土木出張所
朝鮮總督府 土木部, 1921, 『朝鮮の道路』, 朝鮮總督府

中村進吾, 1936, 『朝鮮施政發展史』, 朝鮮發展社

平安北道, 1941, 「金山道路改修工事施行計劃書」.

海軍軍令部, 1911, 『極秘 明治三十七八年海戰史 第4部 卷1』, 海軍軍令部

2. 저서

국가기록원, 2010, 『일제문서 해제(토목편)』, 국가기록원

배석만, 2012, 『일제시기 부산항 매축과 池田佐忠』, 선인

＿＿＿, 2014, 『한국 조선업사: 일제시기편』, 선인

손정목, 1996, 『日帝强占期 都市社會相研究』, 일지사

염복규, 2016, 『서울의 기원 경성의 탄생: 1910~1945 도시계획으로 본 경성의 역사』, 이데아

조병로 외 지음, 2011, 『조선총독부의 교통정책과 도로건설』, 국학자료원

조성운 외, 2011, 『시선의 탄생: 식민지 조선의 근대관광』, 선인

加藤圭木, 2017, 『植民地期朝鮮の地域變容：日本の大陸進出と咸鏡北道』, 吉川弘文館

大友昌子, 2007, 『帝國日本の植民地社會事業政策研究』, ミネルヴァ書房

原朗, 2013, 『日本戰時經濟研究』, 東京大學出版會大

3. 논문

고태우, 2012, 「1930년대 조선총독부의 궁민구제토목사업과 지역개발」, 『역사와 현실』 86

＿＿＿, 2019, 「일제하 토건업계와 식민지 개발」, 연세대학교 사학과 박사학위논문

김경남, 2009, 「1930·40년대 전시체제기 부산 시가지계획의 군사적 성격」, 『한일관계사연구』 34

＿＿＿, 2015, 「1894-1930년 '전통도시' 전주의 식민지적 도시개발과 사회경제구조 변용」, 『한일관계사연구』 51

＿＿＿, 2021, 「아시아태평양전쟁기 대구의 시가지계획과 군사기지화 정책」, 『영남학』 78

김대래·정이근, 2023, 「일제강점기 부산항의 무역 변동 - 시계열 통계의 정비와 기초적 분석」, 『항도부산』 46

김병희, 2015, 「구한말~일제강점기 전주와 수원의 경관 변화 - 식민지 경관 및 도로와의 관계를 중심으로」, 『역사와 교육』 21

김승, 2018, 「일제시기 다사도항(多獅島港) 개발과 신의주·다사도간의 철도 부설」, 『해항도시문화교섭학』 18

김윤미, 2019, 「1930년대 나진 개항과 항만도시 건설의 군사적 전개」, 『인문사회과학연구』 20-4

＿＿＿, 2021, 「제국 일본의 교통망과 부산항의 군사적 역할」, 『항도부산』 42

김종혁, 2007, 「근대 지형도를 통해 본 경인로의 노선 변화」, 『역사문제연구』 18

김흥관, 1998, 「일제강점기 부산의 도시개발과 그 성격 - 도시계획, 항만개발을 중심으로」, 『향도부산』 15

轟博志, 2004, 『20世紀 前半 韓半島 道路交通體系 變化 - "新作路"建設過程을 中心으로』, 서울대학교 지리학과 박사학위논문

박기주, 1988, 「1930년대 조선산금정책에 관한 연구」, 『경제사학』 12

박성준, 2009, 「1901~1910년 海稅 징수체계의 변화」, 『역사문화연구』 32.

박이택, 2002, 「식민지기 부역의 추이와 그 제도적 특질」, 『경제사학』 33

_____, 2005, 「1894~1910년 海稅制度의 변화와 稅制 정비의 방향」, 『한국사연구』 128

박진한, 2014, 「개항기 인천의 해안매립사업과 시가지 확장」, 『도시연구』 12

_____, 2016, 「1900년대 인천 해안매립사업의 전개와 의의」, 『도시연구』 15

_____, 2020, 「1910년대 인천부의 주요 정책과 시가지행정에 관한 연구」, 『도시연구』 23

박현, 2009, 「조선총독부의 전시경제정책 1937-1945」, 연세대학교 경제학과 박사학위논문

배석만, 2012, 「부산항 매축업자 이케다 스케타다(池田佐忠)의 기업 활동」, 『한국민족문화』 42

_____, 2020, 「일제시기 장항항 개발과 그 귀결」, 『역사와 현실』 117

서일수, 2014, 「1930년대 海州의 도시기반시설 확충과 '식민 권력'」, 『한국사연구』 167

_____, 2019, 「1930년대 '北鮮開拓事業'과 城津의 도시 공간 변동」, 『도시연구』 22

소두영, 1992, 「韓末·日帝初期(1904-1919) 道路建設에 對한 一研究 : 用地收奪과 夫役을 中心으로」, 한양대학교 사학과 석사학위논문

小林拓矢, 2010, 「일제하 도로 사업과 노동력 동원」, 『한국사론』 56

송규진, 2002, 「일제하 식민지자본주의와 조선무역」, 『한국사학보』 12

_____, 2012, 「조선의 '북방권' 무역을 통한 경제협력 네트워크 강화과정」, 『사총』 76

_____, 2012, 「일제강점기 '식민도시' 청진 발전의 실상」, 『사학연구』 110

_____, 2013, 「일제의 대륙 침략기'북선 루트'·'북선3항'」, 『한국사연구』 163

_____, 2014, 「함경성 부설과 길회선 종단항 결정이 지역경제에 끼친 영향 - 나진·웅기·청진을 중심으로」, 『한국사학보』 57

송정숙, 2011, 「개항장으로서의 부산항과 기록」, 『한국기록관리학회지』 11-1

안유림, 1994, 「1930년대 총독 宇垣 一成의 식민정책」, 『이대사원』 27

양지혜, 2020, 「일제하 기업의 항만 개발과 '번영'의 동상이몽 : 일본질소의 지역진출과 함흥의 항만 건설을 중심으로」, 『역사와 현실』 177

_____, 2021, 「총력전과 바다 : 전시체제기 인천항 연안의 변용」, 『역사와 현실』 121

이기훈, 2010, 「일제하 전라남도의 육상교통망 형성과 일상의 변화」, 『지방사와 지방문화』 13-2

이동훈, 2018, 「1910년대 인천항 축항 사업과 식민자 사회」, 『인천학연구』 28

이명학, 2023, 「일제시기 토지수용제도의 특징과 적용 추이」, 『한국독립운동사연구』 82

이종범, 1988, 「1930년대 초의 窮民救濟土木事業의 性格」, 『전남사학』 2

이찬우, 2018, 「인천지역 도로망 변천 연구」, 『인천학연구』 29

임송자, 2021, 「부산항만을 중심으로 본 일제 말기와 미군정기의 하역노동과 하역노동자」, 『역사학연구』 82

장지용, 2013, 「일제강점기 부산항 무역의 전개과정 연구」, 『향도부산』 29

전성현, 2009, 「일제시기 東萊線 건설과 근대 식민도시 부산의 형성」, 『지방사와 지방문화』 12

전현정, 2022, 「일제하 관광도로와 자동차관광의 변화양상」, 서울시립대학교 국사학과 석사학위논문

조병로, 2009, 「일제 식민지시기의 도로교통에 대한 연구(Ⅰ) - 제1기 治道事業(1905~1917)을 중심으로」, 『한국민족운동사연구』 59.

조병로·조성운·성주현, 2009, 「일제 식민지시기의 도로교통에 대한 연구(Ⅱ) - 1930~40년대 제2기 치도계획과 자동차운송을 중심으로」, 『한국민족운동사연구』 61.

조성운, 2016, 「1910년대 조선총독부의 금강산 관광개발」, 『한일민족문제연구』 30

차철욱, 2010, 「일제시대 부산항 설비사업과 사회적 의미」, 『한국학논총』 33

하지영. 2019, 「조선총독부 해운정책과 朝鮮郵船株式會社의 항로 경영」, 동아대학교 사학과 박사학위논문

廣瀨貞三, 1997, 「1910年代の道路建設と朝鮮社會」, 『朝鮮學報』 164

水內俊雄, 1985, 「植民地都市大連の都市形成 - 1899 - 1945年」, 『人文地理』 37 - 5

자료목록

자료번호	문건명	자료(책)명/생산자	발행연월	발행처	본문 쪽수
자료 1	나진과 웅기의 장래 발전책 여하	《동아일보》	1933.5.10	동아일보사	27
자료 2	북조선 항만문제 검토	《조선일보》	1938.1.18	조선일보사	33
자료 3	다사도(多獅島)항 확충안 의외로 선만(鮮滿)간 확집(確執)	《조선일보》	1938.11.7	조선일보사	37
자료 4	황해호수화(黃海湖水化), 대륙 진출의 문호(門戶)로 서해안 4대항 비약	《조선일보》	1939.2.25	조선일보사	38
자료 5	대나진(大羅津) 건설을, 미나미(南) 총독 관민에 격려	《동아일보》	1939.5.2	동아일보사	39
자료 6	대륙정책 수행 상 조선 지위는 중대	《조선일보》	1939.5.7	조선일보사	39
자료 7	신의주 다사도(多獅島)를 연결, 40키로 대도시계획의 전모	《조선일보》	1939.6.19	조선일보사	40
자료 8	나진항의 운영 청진항과 협조	《매일신보》	1940.9.8	매일신보사	42
자료 9	원산항 3배로 확장 묵호(墨湖), 삼천포, 여수항도 확충	《매일신보》	1941.1.13	매일신보사	43
자료 10	남선(南鮮) 항만 개선, 본부에 조사위원회 설치	《매일신보》	1944.2.16	매일신보사	44
자료 11	부산항의 사명 중대	《매일신보》	1944.12.29	매일신보사	45
자료 12	총독 부산항만 시찰	《매일신보》	1944.12.30	매일신보사	46
자료 13	수이출 미곡 상황	《매일신보》	1911.9.14	매일신보사	49
자료 14	만주의 조선미(朝鮮米)	《매일신보》	1912.3.14	매일신보사	49
자료 15	수이출미(輸移出米)의 호망(好望)	《매일신보》	1913.2.26	매일신보사	50
자료 16	인천의 수이출미(輸移出米)	《매일신보》	1913.6.24	매일신보사	50
자료 17	미속(米粟) 수입과 조선	《매일신보》	1914.7.30	매일신보사	51

자료번호	문건명	자료(책)명/생산자	발행연월	발행처	본문 쪽수
자료 18	회착미(回着米)와 이출미(移出米)	《매일신보》	1916.5.2	매일신보사	52
자료 19	전주에서	《매일신보》	1916.11.14	매일신보사	52
자료 20	내지행(內地行) 이출미(移出米)의 선재(船載)로 활기를 정(呈)한 인천항	《매일신보》	1918.7.23	매일신보사	53
자료 21	군산항 이출미(移出米)	《동아일보》	1921.3.22	동아일보사	54
자료 22	곡물 이출 격증	《동아일보》	1922.11.25	동아일보사	55
자료 23	청진항(淸津港) 번창, 곡물의 출회 왕성	《조선일보》	1924.11.30	조선일보사	55
자료 24	원산 현미 이출 격증	《시대일보》	1926.5.22	시대일보사	56
자료 25	원산항 이출미(移出米)	《동아일보》	1926.10.26	동아일보사	56
자료 26	미곡 이출 활황	《매일신보》	1928.12.22	매일신보사	56
자료 27	마산항 금월 중 이출미(移出米) 상황	《매일신보》	1929.12.30	매일신보사	57
자료 28	미곡 이출항(移出港) 군산에 모순	《동아일보》	1935.8.19	동아일보사	57
자료 29	원산항 일대 화물 수송 활황	《동아일보》	1935.11.7	동아일보사	57
자료 30	개항 이래 신기록, 12월 부산 미곡 이출	《조선일보》	1936.1.24	조선일보사	58
자료 31	군산 미업(米業)도 부진	《조선일보》	1937.2.16	조선일보사	58
자료 32	조선 제1 미항(米港)에서 공업군산(工業群山)에로 전향	《조선일보》	1937.6.19	조선일보사	59
자료 33	내지향(內地向) 이출미강(移出米糠) 7만 톤으로 결정	《매일신보》	1941.10.16	매일신보사	60
자료 34	미창(米倉) 항만 운송 항만회사에 양도	《매일신보》	1942.10.27	매일신보사	61
자료 35	웅기만(雄基灣) 인부 파업	《매일신보》	1913.4.26	매일신보사	63
자료 36	실업고(失業苦)! 생활난! 남포(南浦) 노동계의 참상	《조선일보》	1924.12.10	조선일보사	63
자료 37	홍원(洪原) 부두 인부 파업 해결	《조선일보》	1924.12.26	조선일보사	64
자료 38	무허가 노동자 부두에서 검거	《시대일보》	1925.5.17	시대일보사	64
자료 39	조선 노동자를 위협하는 고력군(苦力群)	《조선일보》	1926.4.25	조선일보사	65
자료 40	남포 부두 노동조합 창립	《시대일보》	1926.6.3	시대일보사	65
자료 41	200여 노동자 부두에서 방황	《동아일보》	1926.7.14	동아일보사	66

자료번호	문건명	자료(책)명/생산자	발행연월	발행처	본문 쪽수
자료 42	각 항 파업 형세, 부두 노동자 계속 파업?	《동아일보》	1926.11.28	동아일보사	66
자료 43	신의주 부두조(埠頭組) 노동야학 개시	《조선일보》	1927.11.25	조선일보사	67
자료 44	한산기(閑散期)에 든 마산 부두에 격증하는 실업군(失業群)	《조선일보》	1931.7.22	조선일보사	67
자료 45	온발(鰮拔)노동 부녀(婦女)간 노동 쟁탈 격심	《조선일보》	1931.7.23	조선일보사	67
자료 46	노동터를 뺏고자 양(兩) 조합원 난투	《조선일보》	1931.7.27	조선일보사	68
자료 47	노동단체 충돌	《조선일보》	1931.7.29	조선일보사	68
자료 48	임금 인하 절대 반대, 부두노동조(埠頭勞動組) 긴장	《조선일보》	1931.9.16	조선일보사	69
자료 49	결국은 타협 해결	《조선일보》	1931.9.22	조선일보사	69
자료 50	노동자 구제금 분배하라고 200여 명 또다시 소란	《조선일보》	1931.10.5	조선일보사	70
자료 51	와카마쓰시(若松市) 부두 인부 150명 총파업	《조선일보》	1931.10.7	조선일보사	70
자료 52	마산 부두○조(埠頭○組) 인부 동맹파업을 단행	《조선일보》	1932.1.23	조선일보사	71
자료 53	마산 자유노동자 동맹하여 파업	《조선일보》	1932.1.24	조선일보사	73
자료 54	청진 운수조원(運輸組員) 맹파(盟罷) 30여 명 마침내 검거	《조선일보》	1932.3.1	조선일보사	73
자료 55	진남포 부두 인부 200여 명 동맹파업	《동아일보》	1933.11.21	동아일보사	74
자료 56	부두 노동자 거절은 구파(舊派)에 대한 분풀이	《동아일보》	1933.11.30	동아일보사	75
자료 57	임금 반감(半減)을 취소, 파업은 해결 형세	《조선일보》	1936.2.23	조선일보사	76
자료 58	요구에 불응하면 최후론 동맹파업	《조선일보》	1937.1.14	조선일보사	76
자료 59	인천 부두 인부 맹파(盟罷)사건 해결	《조선일보》	1938.6.16	조선일보사	77
자료 60	구호기관을 설치, 대우까지 개선	《매일신보》	1940.9.21	매일신보사	77
자료 61	인부 보충에 "여역군(女役軍)" 군산 운수 관계 회사에서 적극 채용	《매일신보》	1940.9.22	매일신보사	78
자료 62	부두 인부에 낭보	《매일신보》	1940.9.27	매일신보사	78

자료번호	문건명	자료(책)명/생산자	발행연월	발행처	본문 쪽수
자료 63	석탄 양륙(揚陸)에 지장, 인천항 인부 부족으로	《매일신보》	1940.10.8	매일신보사	78
자료 64	노임문제로 상쟁(相爭), 인천항 내 인부 석탄 하역을 중지	《매일신보》	1940.10.25	매일신보사	79
자료 65	항만작업 7월 개시	《매일신보》	1942.7.3	매일신보사	79
자료 66	항만작업회사의 설립 촉진을 통첩	《매일신보》	1942.8.11	매일신보사	80
자료 67	근로가 열어준 "새길"	《매일신보》	1944.9.12	매일신보사	80
자료 68	1. 조선의 항만	『朝鮮交通回顧錄 工務・港灣編』第六章 港灣	1973	鮮交會	93
자료 69	각 개항의 연혁 및 개황 (各開港の沿革及槪況)	「各開港の沿革及槪況」, 『朝鮮港灣』	1925	朝鮮及朝鮮人社	103
자료 70	제4부 방비 및 운수통신 (第4部 防備及ヒ運輸通信)	『極秘 明治三十七八年海戰史』第4部 卷1	1911	海軍軍令部	181
자료 71	진해의 군용지(鎭海の軍用地) 소작지 배분에 불평의 목소리	《朝鮮思想通信》第三十七號	1929	朝鮮思想通信社	183
자료 72	제7장 교통 3. 항만(第七章 交通 3.港灣)	《朝鮮彙報》九月號	1915	朝鮮總督府	184
자료 73	각지의 항만문제 요망 (各地の港灣問題要望)	『朝鮮港灣』	1925	朝鮮總督府	189
자료 74	조선의 항만 개황(朝鮮の港灣槪況)	『港灣』第三卷 第二號	1925	港灣協會	230
자료 75	조선의 산업과 항만(朝鮮の産業と港灣)	『港灣』第三卷 第八號	1925	港灣協會	241
자료 76	조선의 항만문제 관견 (朝鮮の港灣問題管見)	『港灣』第二卷 第一號	1925	港灣協會	252
자료 77	긴급을 요하는 조선 항만시설 (緊急を要する朝鮮港灣施設)	『港灣』第三卷 第一號	1925	港灣協會	254
자료 78	군사상으로 본 조선의 제항만 (軍事上より見たる朝鮮の諸港灣)	『港灣』第三卷 第二號	1925	港灣協會	258
자료 79	조선 제항만 수축 개요 (朝鮮諸港灣修築槪要)	『港灣』第四卷 第八號	1926	港灣協會	262
자료 80	조선항만요람(朝鮮港灣要覽) 제2~4장	『朝鮮港灣要覽』	1931	朝鮮總督府	269
자료 81	인천항(仁川港) 일반	『朝鮮港灣』	1925	朝鮮總督府	287

자료번호	문건명	자료(책)명/생산자	발행연월	발행처	본문 쪽수
자료 82	부산항(釜山港)	『釜山港』	1928	釜山稅關	298
자료 83	국운 발전과 항만 정책 (國運發展と港灣政策)	《朝鮮及滿洲》 第二百十號	1925	朝鮮及滿洲社	307
자료 84	항만 이용자가 본 웅기의 항만수축문제-최소의 경비로써 최대의 능률을 발휘하는 안(港灣利用者の觀たる雄基の港灣修築問題-最小の經費を以て最大の能率を發揮する案)	《朝鮮公論》 第十八卷 四月號	1930	朝鮮公論社	309
자료 85	약진 조선의 원동력, 군산항의 현재 및 장래(躍進朝鮮の原動力, 群山港の現在及將來)	《朝鮮公論》 第二十五卷 十二月號	1937	朝鮮公論社	317
자료 86	군산항세의 개요(群山港勢の槪要)	『港灣』 第三卷 第三號	1925	港灣協會	322
자료 87	신의주 오사카 항로(新義州大阪線)	『朝鮮郵船株式會社 二十五年史』	1937	朝鮮郵船 株式會社	327
자료 88	나진항과 그 장래(羅津港と其將來)	『港灣』第三卷 第二號	1925	港灣協會	331
자료 89	나진만의 개항(羅津灣の槪況)	『滿洲關係資料』 (아시아역사자료센터, C13010182700),	1929~ 1932	웅기 헌병 분유대	342
자료 90	조참밀(朝參密) 제146호 웅라철도 부설 및 나진항 축항을 위한 공유수면 매립 및 준설의 건(雄羅鐵道敷設竝羅津港築港ノタメ公有水面埋立及浚渫ノ件)	『密大日記 第5冊 昭和8年』(아시아역사자료센터, C13010182700),	1933	아타마토모오	346
자료 91	아시아로의 신관문=나진, 블라디보스토크 및 다롄 관계(亞細亞への新關門=羅津-對浦鹽及大連關係)	《朝鮮及滿洲》第 三百四十二號	1936	朝鮮及滿洲	348
자료 92	제14편 항만시설(第14編 港灣施設)	『朝鮮交通史』	1986	鮮交會	355
자료 93	우가키총독 기타 요로에 웅기항만 확축 (宇垣總督その他要路に雄基港灣擴築)	《北鮮日報》	1932.12.10	북선일보사	380
자료 94	북선 3항 이관 문제에 대한 고찰 1 (北鮮三港移管問題への考究 一)	《北鮮日報》	1933.5.2	북선일보사	382
자료 95	북선 3항 이관 문제에 대한 고찰 2 (北鮮三港移管問題への考究 二)	《北鮮日報》	1933.5.4	북선일보사	384
자료 96	북선 3항 이관 문제에 대한 고찰 3 (北鮮三港移管問題への考究 三)	《北鮮日報》	1933.5.5	북선일보사	386
자료 97	선만일여 구현에 따른 항만의 정비와 확축 (鮮滿一如の具現に伴ふ港灣の整備擴築)	《平壤每日申報》	1937.6.17	평양매일 신보사	387

자료번호	문건명	자료(책)명/생산자	발행연월	발행처	본문쪽수
자료 98	조선무역과 근상과 그 조장발전책 (朝鮮貿易と近狀と其の助長發展策)	《朝鮮及滿洲》第三百七十四號	1939	朝鮮及滿洲社	389
자료 99	국방상 긴요한 조선철도 항만 능력 증강에 관한 건(國防上緊要なる朝鮮鐵道港灣能力增强に關する件)	『陸滿密大日記 第19號』(아시아역사자료센터, C01007458400)	1939	朝鮮總督府 交通課	396
자료 100	북선 4항 잡관(北鮮四港雜觀)	《朝鮮及滿洲》第三百七十三號	1938	朝鮮及滿洲社	404
자료 101	제6 해운의 정비에 관한 건(第六海運ノ整備ニ關スル件)	『朝鮮總督府時局對策調査會諮問答申案試案』	1938	朝鮮總督府	416
자료 102	북선 수송부대 철도 수송 중의 병참 및 급양 업무 상세 보고의 건(3) [北鮮輸送部隊鐵道輸送間に於ける兵站幷給養業務詳報の件(3)]	『陸支密大日記 第20號 2/2 昭和15年』(아시아역사자료센터, C04122178800)	1940	第十九師團長 波田重一	420
자료 103	북선의 철도 및 항만의 경영 조정에 관한 협정(北鮮の鐵道及港灣の經營調整に關する協定件)	『密大日記 第10冊 昭和15年』(아시아역사자료센터 C01004839000)	1940	軍務課 軍務課	424
자료 104	항만 수축 개량 공사의 연혁, 각항의 개요, 수축 계획과 현재(港灣修築改良工事ノ沿革, 各港ノ槪要, 修築計量幷現在)	『第79回帝國議會說明資料(司政)』	1941	朝鮮總督府	429
자료 105	항만운송업 등 통제령 시행의 상황과 그 영향(港灣運送業等統制令施行ノ狀況ト之ガ影響)	『第79回帝國議會說明資料(遞信)』	1941	朝鮮總督府	433
자료 106	만주사건 이후의 대만(對滿) 및 대지(對支) 무역(滿洲事件以後ニ於ケル對滿及對支貿易)	『第79回帝國議會說明資料(財務-A)』	1941	朝鮮總督府	436
자료 107	지나사변(支那事變)이 조선 무역에 미친 영향(支那事變ノ朝鮮貿易ニ及ボセル影響)	『第79回帝國議會說明資料(財務-A)』	1941	朝鮮總督府	440
자료 108	삼천포 여수항 시설을 시찰, 통영 다니모토(谷本) 회두(會頭) 이야기하다(三千浦麗水港施設を視察, 統營谷本會頭語る)	《釜山日報》	1941.11.13	부산일보사	447
자료 109	운수 교통의 애로를 타개, 삼천포항의 사명 중대(運輸交通の隘路を打開, 三千浦港の使命重大)	《釜山日報》	1944.3.21	부산일보사	449
자료 110	전가(轉嫁) 화물과 기타 조선 내 중요물자 수송상 애로가 되고 있는 개소의 상황과 대책은 어떠한가?(轉嫁貨物其他朝鮮內重要物資輸送上隘路トナリ居ル箇所茲ニ其狀況及對策如何)	『第86回帝國議會說明資料(交通)』	1944	朝鮮總督府	451

자료번호	문건명	자료(책)명/생산자	발행연월	발행처	본문쪽수
자료111	조선총독부령 제 113호 부산세관잔교사용 규칙을 다음과 같이 정함(朝鮮總督府令 第113號 釜山稅關棧橋使用規則ノ通定ム)	《朝鮮總督府官報》第五百三十四號	1912.6.8		456
자료112	조선총독부령 제98호 인천선거 사용규칙을 다음과 같이 정함(朝鮮總督府令 第98號 仁川船渠使用規則左ノ通定ム)	《朝鮮總督府官報》第八百十九號	1918.10.18		459
자료113	조선총독부령 제47호 세관잔교계선벽 및 선거 사용규칙을 다음과 같이 정함(朝鮮總督府令 第47號 稅關棧橋繫船壁及船渠使用規則左ノ通定ム)	《朝鮮總督府官報》第二千八百八十八號	1922.4.1		461
자료114	조선총독부령 제48호 관유수면매립규칙을 다음과 같이 정함(朝鮮總督府令 第48號 官有水面埋立規則左ノ通定ム)	《朝鮮總督府官報》第五百二十號	1914.4.27		464
자료115	제령 제4호 조선 공유수면매립령 1899년 법률 제30호 제1조 및 제2조 [칙재(勅裁)를 얻어 이에 이를 공포함](制令 第4號 朝鮮公有水面埋立令明治44年法律第30號第1條及第2條ニ依リ勅裁ヲ得テ玆ニ之ヲ公布ス)	《朝鮮總督府官報》第三千百七十三號	1923.3.12		467
자료116	조선총독부령 제77호 조선 공유수면 매립령(朝鮮總督府令 第77號 朝鮮公有水面埋立令ニ依リ朝鮮總督ノ權限ニ屬スル事項中地方長官ヲシテ行ハシムルノ件左ノ通定ム)	《朝鮮總督府官報》第三千七百一號	1924.12.13		468
자료117	제령 제4호 조선 공유수면 매립령 1869년 법률 제30호 제1조 및 2조 (制令 第4號 朝鮮公有水面埋立令明治44年法律第30號第1條及第2條ニ依リ勅裁ヲ得テ玆ニ之ヲ公布ス)	《朝鮮總督府官報》第三百號	1927.12.28		469
자료118	제령 제2호 조선 공유수면 매립령 중 개정의 건 1869년 법률 제30호 제1조 및 제2조 (制令 第2號 朝鮮公有水面埋立令中改正ノ件明治44年法律第30號第1條及第2條ニ依リ勅裁ヲ得テ玆ニ之ヲ公布ス)	《朝鮮總督府官報》第六百十九號	1929.1.26		470
자료119	조선총독부령 제47호 조선공유수면취체규칙을 다음과 같이 정함(朝鮮總督府令 第47號 朝鮮公有水面取締規則左ノ通定ム)	《朝鮮總督府官報》第百四號	1927.5.7		471
자료120	칙령 제860호 항만운송업 등 통제령 (勅令 第860號 港灣運送業等統制令)	《朝鮮總督府官報》第四千四百七號	1941.9.30		474

자료번호	문건명	자료(책)명/생산자	발행연월	발행처	본문쪽수
자료121	칙령 제99호 항만운송업 등 통제령 중 개정의 건(勅令 第99號 港灣運送業等統制令中改正ノ件)	《朝鮮總督府官報》第四千五百二十六號	1924.3.17		482
자료122	조선총독부령 제261호 항만운송업 등 통제령 시행규칙(朝鮮總督府令 第261號 港灣運送業等統制令施行規則左ノ通定む)	《朝鮮總督府官報》第四千四百七號	1941.9.30		483
자료123	1906~1913년 해관 공사비(갑호)[海關工事費各年度別一覽表(甲號)]	『(舊韓國政府時代)各海關工事費豫算調書』, CJA0013247	1928		492
자료124	1906~1910년 해관 공사비(을호)[海關工事費各年度別一覽表(乙號)]	『(舊韓國政府時代)各海關工事費豫算調書』, CJA0013247	1928		493
자료125	연도별 이출 미곡 가액 추이	《朝鮮總督府統計年報》	각년판	朝鮮總督府	494
자료126	연도별 주요 항만의 수이출액과 수이입액	《朝鮮總督府統計年報》	각년판	朝鮮總督府	496
자료127	주요 항만의 공사비 예산	『朝鮮交通狀況 第一回』	1944	朝鮮總督府	499
자료128	남문 외(外) 토지 수용	《매일신보》	1911.10.25	매일신보사	509
자료129	토지 수용 재결안(裁決案)	《매일신보》	1911.10.31	매일신보사	509
자료130	민단(民團) 앞의 신(新)로	《매일신보》	1912.1.27	매일신보사	509
자료131	도로 확장과 수용령	《매일신보》	1912.2.14	매일신보사	510
자료132	토지 소유자의 주의	《매일신보》	1912.5.14	매일신보사	510
자료133	토지 수용과 설유(說喩)	《매일신보》	1913.7.4	매일신보사	511
자료134	3등 도로의 기부금	《매일신보》	1917.6.19	매일신보사	512
자료135	본년 도로 개수	《매일신보》	1918.5.4	매일신보사	512
자료136	토지 수용 재결	《매일신보》	1918.10.26	매일신보사	513
자료137	대정수조(大正水組) 구성(龜城) 지주의 불평	《조선일보》	1924.12.6	조선일보사	514
자료138	도로에 수용된 집값에도 차별	《조선일보》	1925.4.7	조선일보사	515
자료139	기부에 불응한다고 토지를 강제 수용	《조선일보》	1934.11.4	조선일보사	515
자료140	함자선(咸慈線) 도로부지에도 토지수용사업 인정	《동아일보》	1935.5.13	동아일보사	516
자료141	함자선(咸慈線) 수용 재결	《동아일보》	1935.6.5	동아일보사	517

자료번호	문건명	자료(책)명/생산자	발행연월	발행처	본문쪽수
자료142	함자선(咸慈線) 용지도 강제 수용 예정	《동아일보》	1935.7.15	동아일보사	517
자료143	도로와 시장문제	《동아일보》	1936.3.26	동아일보사	517
자료144	파란 많은 함자선 용지, 수(遂) 수용 재결 신청	《조선일보》	1936.9.14	조선일보사	519
자료145	토지 수용에 이례, 지사(知事) 재결을 번복	《조선일보》	1939.3.3	조선일보사	519
자료146	남북의 차별	《조선일보》	1921.6.17	조선일보사	523
자료147	차별 만한 인천부 시설	《조선일보》	1924.7.28	조선일보사	525
자료148	인천부 도로 시설 일(日), 선인촌(鮮人村)을 차별	《조선일보》	1925.2.26	조선일보사	525
자료149	시구개정의 차별로 구민대회를 개최	《조선일보》	1925.7.29	조선일보사	526
자료150	산간도로에도 차별	《조선일보》	1925.8.18	조선일보사	527
자료151	시설 상 나타나는 경성부의 차별 행위	《조선일보》	1927.3.19	조선일보사	528
자료152	소위 차별 행위	《조선일보》	1927.3.20	조선일보사	529
자료153	도로 살수(撒水)에도 남북을 차별	《동아일보》	1928.11.23	동아일보사	530
자료154	무성의한 도로 행정	《동아일보》	1930.3.31	동아일보사	531
자료155	수도비문제와 도로 시설의 차별	《조선일보》	1931.3.26	조선일보사	532
자료156	도로와 하수구의 차별 시설을 통론	《조선일보》	1936.3.26	조선일보사	533
자료157	가도(街道) 수축(修築)과 부역	《매일신보》	1911.9.21	매일신보사	535
자료158	도로 개수축(改修築)과 부역	《매일신보》	1913.3.9	매일신보사	535
자료159	도로 개수와 부역	《매일신보》	1913.9.23	매일신보사	535
자료160	국도(國道) 부역공사	《매일신보》	19155.3.25	매일신보사	536
자료161	도로 개수와 부역	《매일신보》	1915.10.24	매일신보사	536
자료162	도로 개수의 부역	《매일신보》	1916.5.14	매일신보사	537
자료163	부역 임금을 자당	《매일신보》	1917.5.22	매일신보사	537
자료164	도로 공사 부역 상황	《매일신보》	1917.8.10	매일신보사	538
자료165	도로 부역 부과	《매일신보》	1917.8.26	매일신보사	538
자료166	박달령(朴達嶺) 부역 인부 1,000여 명 억원(抑冤)함을 법정에 소(訴)코	《조선일보》	1921.5.10	조선일보사	539

자료번호	문건명	자료(책)명/생산자	발행연월	발행처	본문쪽수
자료 167	웅천면민의 분기	《조선일보》	1923.4.10	조선일보사	540
자료 168	명효령(明孝嶺) 신작로 개착, 양면 인민의 불평성(不平聲)이 비등	《조선일보》	1924.5.31	조선일보사	541
자료 169	면장이 부역으로 자택 통로를 넓혀	《시대일보》	1924.9.5	시대일보사	542
자료 170	하동군 당국의 비행	《조선일보》	1924.10.26	조선일보사	542
자료 171	치도(治道) 부역 무리로 맹산군 옥천면민 분기	《조선일보》	1925.11.19	조선일보사	544
자료 172	출동한 부역 인부 백여 명 군청에 쇄도(殺到)	《조선일보》	1926.4.15	조선일보사	545
자료 173	치도(治道) 부역 과중, 빈부 간 균역(均役)을 면민은 불평	《조선일보》	1927.4.17	조선일보사	545
자료 174	면민의 생활은 불고(不顧)하고 과다한 징수와 부역	《조선일보》	1928.4.24	조선일보사	547
자료 175	백여 군중이 면장을 습격	《조선일보》	1929.3.5	조선일보사	548
자료 176	유력자와 면리는 제외코 궁민들에게만 부역	《조선일보》	1931.3.30	조선일보사	549
자료 177	강원도민의 원성인 부역 과중의 민요(民謠)	《조선일보》	1931.7.1	조선일보사	549
자료 178	조일인(朝日人) 차별 부역에 면민이 대(大) 분개	《조선일보》	1931.11.16	조선일보사	550
자료 179	과중한 부역에 면민 원성 창천(漲天)	《조선일보》	1932.4.16	조선일보사	551
자료 180	백의 착용자는 부역으로 제재	《조선일보》	1933.2.24	조선일보사	551
자료 181	천여 명 면민 선동, 면사무소를 습격	《조선일보》	1935.2.16	조선일보사	552
자료 182	농번기를 임하야 도로 수선에 부역	《조선중앙일보》	1935.6.5	조선중앙일보사	553
자료 183	'재갈돌' 도로 부역 매 호(戶)당 육십 상자씩	《조선중앙일보》	1935.12.12	조선중앙일보사	554
자료 184	농민은 부역만 할 뿐 수상(受賞)은 군·면 직원이, 이에 거액 예산 계상은 더욱 불가	《조선일보》	1936.2.27	조선일보사	554
자료 185	빈민의 도로 부역, 이는 악덕의 과세	《조선일보》	1936.3.11	조선일보사	555
자료 186	도로 부역 과중을 군 당국에 진정!	《조선중앙일보》	1936.7.21	조선중앙일보사	555

자료번호	문건명	자료(책)명/생산자	발행연월	발행처	본문쪽수
자료 187	강원도청 근로대 춘화(春華) 도로를 수선	《매일신보》	1938.9.27	매일신보사	556
자료 188	'관행 부역' 폐지 대신 집단 근로 봉사 장려	《조선일보》	1939.6.20	조선일보사	556
자료 189	도로애호단(道路愛護團), 도초면(都草面)에서 조직	《매일신보》	1939.12.25	매일신보사	557
자료 190	송흥리(松興里) 녹정(綠町) 간 도로 근로대 동원계획	《조선일보》	1940.4.8	조선일보사	557
자료 191	노력(勞力) 부족 보충책으로 농촌 잉여 노력 동원	《조선일보》	1940.6.6	조선일보사	557
자료 192	도(道)내 애국반 총동원, 수해 도로를 수선(修繕)	《매일신보》	1940.1.18	매일신보사	558
자료 193	300여 애국반원(愛國班員) 도로 개수에	《매일신보》	1941.4.9	매일신보사	558
자료 194	평창읍(平昌邑) 애국반원(愛國班員) 도로 수선 작업	《매일신보》	1942.5.21	매일신보사	559
자료 195	도로 수리에 총동원(總動員)	《매일신보》	1942.9.12	매일신보사	559
자료 196	개성 전(全) 애국반원(愛國班員) 하천, 도로 청소 작업	《매일신보》	1942.9.13	매일신보사	559
자료 197	애국반원(愛國班員) 총동(總動) 도로 수선 실시	《매일신보》	1942.9.7	매일신보사	560
자료 198	황주(黃州) 애국반원(愛國班員) 도로 수선 작업	《매일신보》	1943.8.22	매일신보사	561
자료 199	제4장 한국정부 시대의 도로 개수 (第四章 韓國政府時代に於ける道路改修)	『朝鮮土木事業誌』	1937	朝鮮總督府	569
자료 200	한국 내 도로 개수의 건 (韓國內道路改修ノ件)	『密大日記 4』(아시아역사자료센터, C03023028200)	1911	陸軍省 軍務局 工兵課	573
자료 201	경성 시구개정 사업 개요, 경성 시구개수 예정 계획 노선표, 경성 시구개정 개수 노선 일람표(京城市區改正事業概要·京城市區改修豫定計劃路線表·京城市區改正改修路線一覽表)	『京城市區改正事業: 回顧 20年』	1930	朝鮮總督府 內務局 京城 土木出張所	578
자료 202	조선 개발의 급무는 도로의 수축에 있다 (朝鮮開發の急務は道路の修築にあり	《朝鮮及滿洲》	1911	朝鮮及滿洲社	584
자료 203	경성의 시구개정에 관하여 (京城の市區改正に就いて)	《朝鮮及滿洲》第六十三號	1912	朝鮮及滿洲社	586

자료번호	문건명	자료(책)명/생산자	발행연월	발행처	본문 쪽수
자료 204	조선의 토목 사업 (朝鮮に於ける土木事業)	《朝鮮及滿洲》第六十九號	1913	朝鮮及滿洲社	588
자료 205	제5장 조선총독부 창설 이후의 도로 개수, 제2절 국비에 의한 도로 개수(第五章 朝鮮總督府創設以後に於ける道路改修 第二節 國費に依る道路改修)	『朝鮮土木事業誌』	1937	朝鮮總督府	591
자료 206	제7장 교통 2. 도로와 하천 (第7章 交通 二. 道路及河川)	《朝鮮彙報》九月號	1915	朝鮮總督府	599
자료 207	조선의 도로 (朝鮮の道路)	『朝鮮の道路』	1921	朝鮮總督府	607
자료 208	도로(道路)	『朝鮮の經濟事情』	1926	朝鮮總督府	615
자료 209	도로(道路)	『朝鮮の經濟事情』	1930	朝鮮總督府	616
자료 210	경성 시구개수(京城市區改修)	『京城市區改正道路用地關係』CJA0013080	1926	朝鮮總督府 內務局	617
자료 211	1939년도 경성 시구개수공사 시행 및 국고 보조의 건(昭和四年度京城市區改修工事施行竝國庫補助ノ件)	『京城市區改修國庫補助工事』, CJA0013404	1929	朝鮮總督府	619
자료 212	제5장 조선총독부 창설 이후의 도로 개수 (第五章 朝鮮總督府創設以後に於ける道路改修)	『朝鮮土木事業誌』	1937	朝鮮總督府	621
자료 213	제2기 치도계획(第二期治道計畫)	『朝鮮施政發展史』	1936	朝鮮發展社	634
자료 214	확대된 조선의 도로망(擴大せる朝鮮の道路網)	《朝鮮》第百九十四號	1931	朝鮮總督府	637
자료 215	제2장 교통 3. 도로(第二章 交通 三. 道路)	『朝鮮の經濟事情』	1936	朝鮮總督府	640
자료 216	북선 개척 사업 도로 공사의 현황 및 장래 계획(北鮮開拓事業道路工事ノ現況並將來ノ計畫)	『第79回帝國議會說明資料(司政)』	1941	朝鮮總督府	643
자료 217	조선의 토목사업(朝鮮の土木事業)	《朝鮮及滿洲》第三百五十六號	1937	朝鮮及滿洲社	645
자료 218	쇼와 12년도 척식 도로 개수 공사 실시 계획의 건(昭和十二年度拓殖道路改修工事實施計劃ノ件)	『拓殖道路·道路修築改良國防道路實施計劃書綴』, CJA0015364	1937	朝鮮總督府 土木課長	649
자료 219	함남도(咸南道) 소관 사업, 화전민 지도가 주(主), 척식 도로는 360km, 성적은 매우 순조(咸南道所管事業火田民指導が主拓殖道路は三百六十キロ成績は最も順調)	《北鮮時事新報》	1937.10.8	북선시사신보	654

자료번호	문건명	자료(책)명/생산자	발행연월	발행처	본문 쪽수
자료 220	궁민구제사업에 관하여 (窮民救濟事業に就て)	《朝鮮》第百九十二號	1931	朝鮮總督府	655
자료 221	궁민구제와 토목사업 (窮民救濟と土木事業)	《朝鮮》第百九十一號	1931	朝鮮總督府	656
자료 222	도로 개축 계획 (道路改築計劃)	『第79回帝國議會說明資料(司政)』	1941	朝鮮總督府	663
자료 223	(강덕 3년 3월 23일 제2회 관계 관원 협의회에서의 수정안) 압록강 및 도문강 가교에 관한 일본국 정부 및 만주국 정부 간의 협정안(1936년 5월 7일)[(康德三年三月二十三日第二回關係官協議會ニ於ケル修正案)鴨綠江及圖們江架橋ニ關スル日本國政府及滿洲國政府間ノ協定案(1936.5.7)]	『(自昭和十年至全十一年)國境橋梁協定關係』CJA0015208	1936	日本國政府 滿洲國政府	670
자료 224	금산 도로 개수 공사 시행 계획서 (金山道路改修工事施行計劃書)	『(昭和十六年)待遇職員定員裏更關係書類綴』CJA0003785	1940	平安北道	678
자료 225	금산 도로 예산 요구 건(191년 7월 31일) [金山道路豫算要求ノ件(1941.7.31)	『(昭和十七年度)豫算關係』CJA0015971	1941		683
자료 226	국방도로 개축에 관한 건 (國防道路改築ニ關スル件)	『(昭和十六年度)特種道路工事』CJA0015852	1941		690
자료 227	조선총독부령 제51호 도로규칙을 다음과 같이 정한다(朝鮮總督府令 第51號 道路規則左ノ通定ム)	《朝鮮總督府官報》第百八十六號	1911.4.17		698
자료 228	조선총독부령 제111호 도로규칙을 다음과 같이 개정한다.(朝鮮總督府令 第111號 道路規則左ノ通改正ス)	《朝鮮總督府官報》第九百七十二號	1915.10.29		700
자료 229	조선총독부령 제11호에 따라 도로규칙을 다음과 같이 개정한다(朝鮮總督府令 第11號 道路規則左ノ通改正ス)	《朝鮮總督府官報》第千五百四號	1932.1.15		709
자료 230	조선총독부훈령 제25호에 따라 도로 유지 및 수선 규정을 다음과 같이 정한다(朝鮮總督府訓令 第25號 道路維持修繕規程左ノ通定ム)	《朝鮮總督府官報》第百五號	1912.12.5		710
자료 231	황해도령 제7호에 따라 도로 유지 및 수선 규정을 다음과 같이 정한다(黃海道令 第7號 道路維持修繕規程左ノ通定ム)	《朝鮮總督府官報》第千七百十八號	1918.5.1		712

자료번호	문건명	자료(책)명/생산자	발행연월	발행처	본문 쪽수
자료 232	조선총독부령 제53호에 따라 도로 단속 규칙을 다음과 같이 정한다(朝鮮總督府令 第53號 道路取締規則左ノ通定ム)	《朝鮮總督府官報》 第二百四十七號	1913.5.29		713
자료 233	조선총독부령 제231호에 따라 도로 단속 규칙 중 일부를 다음과 같이 개정한다(朝鮮總督府令 第231號 道路取締規則中左ノ通改正ス)	《朝鮮總督府官報》 第二百三十一號	1938.11.17		718
자료 234	제령 제15호 조선도로령 메이지 44년 법률 제30호 제1조 및 제2조에 따라 칙허를 받아 이를 공포한다(制令 第15號 朝鮮道路令明治44年法律第30號第1條及第2條ニ依リ勅裁ヲ得テ玆ニ之ヲ公布)	《朝鮮總督府官報》 第三千三百六十二號	1938.4.4		725
자료 235	조선총독부령 제126호 조선도로령 시행규칙을 다음과 같이 정한다(朝鮮總督府令 第126號 朝鮮道路令施行規則左ノ通定ム)	《朝鮮總督府官報》 第八百十九號	1938.6.10		735
자료 236	조선총독부령 제226호 조선사도규칙을 다음과 같이 정한다(朝鮮總督府令 第226號 朝鮮私道規則左ノ通定ム)	《朝鮮總督府官報》 第三千五百四十號	1938.11.5		751
자료 237	연도별 제1기 치도계획의 건설 현황과 예산액 추이(附錄 第三號表)	『朝鮮の道路』	1935	朝鮮總督府	756
자료 238	연도별 제2기 치도계획의 건설 현황과 예산액 추이(附錄 第九號表)	『朝鮮の道路』	1935	朝鮮總督府	758
자료 239	궁민구제사업의 도로 공사비 (附錄 第十三號表)	『朝鮮の道路』	1935	朝鮮總督府	760
자료 240	등급별 도로 공사 현황	《朝鮮總督府統計年報》	1935	朝鮮總督府	761

찾아보기

ㄱ

가시이 겐타로(香椎源太郞) 210
거류민 300, 301, 518, 606
국도 13, 143, 154, 339, 536, 561, 643, 663, 678, 679, 696, 697, 726, 727, 738, 744
국방도로 564, 566, 567, 647, 663, 668, 690, 692, 693
공유수면 88, 276, 346, 347, 454, 467, 468~473, 480
궁민구제토목사업 566, 640
금산도로 566, 567, 636, 638, 640, 641, 648, 678~681, 683~685

ㅁ

매축(埋築) 262
메가타 다네타로(目賀田種太郞) 16, 301

ㅂ

부산매축주식회사(釜山埋築株式會社) 302
부산잔교주식회사(釜山棧橋株式會社) 303
부산상업회의소 210
부선(艀船) 24, 78, 79, 114, 189, 233, 255, 286, 288, 312, 322, 333, 336, 433, 457, 474
북선(北鮮) 16, 27, 42, 94, 130, 136, 202, 259, 309, 331, 348, 356, 417, 420, 449

ㅅ

상항(商港) 29, 95, 97, 99, 100, 157, 286, 349, 374
선거(船渠) 117, 186, 229, 239, 281, 287, 418, 429, 454, 459
세키야 긴로쿠(關谷金六) 164
쇼잔 이쿠지로(象山郁次郞) 387
수운(水運) 153, 165, 187, 197, 199, 201, 307, 308, 325, 468, 588
시구개수 578, 579, 617
시구개정 14, 564, 578, 582, 583, 586, 603, 604, 606, 617

ㅇ

우에무라 코지로(植村鏗次郞) 212
원산상업회의소 206
일만지운수조사단(日滿支運輸調查團) 449

ㅈ

조선기선주식회사(朝鮮汽船株式會社) 304
조선기업주식회사(朝鮮起業株式會社) 279, 303, 306
조선도로령 17, 556, 566, 643, 696, 697, 725, 734, 735, 750~752

지방도 13, 644, 696, 697, 726, 727, 737, 747

ㅊ

축항(築港) 259, 309, 320
치도(治道) 544, 545, 547, 570, 598, 663

ㅌ

통영상공회의소 447

ㅎ

하타노 쇼고로(波多野承五郎) 584
하항(河港) 130, 169, 201, 234, 285
항만운송업 79, 433, 434, 474, 479, 480, 482~485

동북아역사재단 일제침탈사 자료총서 45
경제편

식민지 산업기반 침탈(3)
도로 항만 정책의 수립과 운영

초판 1쇄 발행 2024년 12월 30일

기획 | 동북아역사재단 일제침탈사 편찬위원회
편역 | 이명학·고태우·구병준·김태현·노상균·
　　　박우현·박정민·박진서·이민성·주동빈
펴낸이 | 박지향
펴낸곳 | 동북아역사재단

등록 | 제312-2004-050호(2004년 10월 18일)
주소 | 서울시 서대문구 통일로 81 NH농협생명빌딩
전화 | 02-2012-6065
팩스 | 02-2012-6186
홈페이지 | www.nahf.or.kr
제작·인쇄 | 청아출판사

ISBN 979-11-7161-168-3 94910
　　　978-89-6187-697-1 (세트)

- 이 책은 저작권법으로 보호를 받는 저작물이므로 어떤 형태나 어떤 방법으로도 무단전재와 무단복제를 금합니다.
- 책값은 뒤표지에 있습니다. 잘못된 책은 바꾸어 드립니다.